U0931043

本报告的出版受到陕西省文物保护专项资金资助

本报告系2013年国家社科基金一般项目

（编号13BKG013）研究成果

陕西省考古研究院田野考古报告　第90号

华阴兴乐坊
——新石器时代遗址考古发掘报告

陕西省考古研究院　编著

科　学　出　版　社
北　京

内 容 简 介

兴乐坊遗址位于陕西省华阴市桃下镇兴乐坊村南部，渭河的二级阶地上，东距华阴市约10千米，西距罗敷河约1.3千米，南距华山北麓约2千米，北距渭河约8千米。该遗址为第三次文物普查新发现的遗址，经过考古调查与测绘，遗址范围东西长约600米，南北宽约500米，面积达28.5万平方米。2009年3～7月，陕西省考古研究院对兴乐坊遗址进行了发掘，发掘总面积约1000平方米，共清理仰韶文化庙底沟类型的灰坑52个、窑址3座、墓葬、瓮棺葬各1座，汉及明清时期墓葬3座，出土了一批重要的遗迹和遗物。该遗址的发掘丰富了关中地区庙底沟类型遗存的文化内涵，为该时期文化面貌、聚落形态、生态环境、生计方式等问题的研究增添了新资料，为关中地区同期及不同时期遗址间的比较研究提供新信息。

本书可供考古学、历史学研究人员及高等院校相关专业师生阅读、参考。

图书在版编目（CIP）数据

华阴兴乐坊：新石器时代遗址考古发掘报告 / 陕西省考古研究院编著.
—北京：科学出版社，2019.11
（陕西省考古研究院田野考古报告. 第90号）
ISBN 978-7-03-062793-3

Ⅰ. ①华… Ⅱ. ①陕… Ⅲ. ①新石器时代文化－文化遗址－发掘报告－华阴 Ⅳ. ①K878.05

中国版本图书馆CIP数据核字（2019）第240340号

责任编辑：王琳玮 / 责任校对：邹慧卿
责任印制：肖 兴 / 封面设计：陈 敬

科学出版社 出版
北京东黄城根北街16号
邮政编码：100717
http://www.sciencep.com

中国科学院印刷厂 印刷
科学出版社发行 各地新华书店经销
*
2019年11月第 一 版 开本：889×1194 1/16
2019年11月第一次印刷 印张：19 1/2 插页：21
字数：560 000

定价：298.00元
（如有印装质量问题，我社负责调换）

目　　录

插 图 目 录

插 表 目 录

图 版 目 录

第一章 绪　言

第一节　历史沿革与自然环境

华阴市地处关中八百里秦川东端，渭河流域下游。东起潼关，西邻华县，南依秦岭与洛南接壤，北临渭河与大荔相望。县境介于东经109°53′～110°12′13″，北纬34°19′22″～34°41′之间，总面积817平方千米。

华阴夏、商时属雍州，西周属豫州，春秋置阴晋邑，秦设宁秦县，西汉高祖八年（前199年）改称华阴。新莽初至唐代，华阴隶属关系几次变动，疆域面积亦有扩有缩，县治位置几经变迁，县名曾称华坛、仙掌、太阴等。唐宝应元年（762年）复称华阴，此后历1200余年，沿用未更。1949年新中国成立后，华阴县属陕西省渭南专区。1956年改属陕西省。1958年并入渭南县。1961年恢复建制，属渭南专区。1969年属渭南地区。1990年改称华阴市，现属渭南市管辖。

华阴市地理环境特殊，境内山、川、塬、滩均有分布。地势南高北低，海拔329～2483.6米；南部为秦岭山地，山高谷深，峰峦叠翠，海拔500～2400米，受河流切割，山脉多呈南北向分布，河谷深切，基岩裸露，占全县总面积的40%，著名风景区西岳华山即位于此；东部为黄土高原，地势较高，占全县总面积的8%；中部为山前洪积扇，沿秦岭北坡脚呈东西向带状分布，南北宽2～3千米，扇面向北倾斜，与北侧的渭河阶地呈缓坡状相连，占全县总面积的5.6%；北部为一望无际的渭河平原，占全县总面积的46.4%。全境属暖温带大陆性季风气候，春季温暖多风，夏季高温多雨，秋季温凉湿润，冬季寒冷干燥，四季分明为主要气候特征。年平均气温13.5℃，1月平均气温－6℃，7月平均气温26.5℃。全年平均≥10℃的积温天数为214天，平均积温4541℃，年平均日照2130.6小时，无霜期208天。县全年平均降水量为599毫米，夏多冬少，秋季略多于春季。

华阴市地处渭水下游，渭水西自良坊附近入境，东至贾村附近出境，横贯县北境，境内全长47.7千米。境内河流发源于南部山地，自南向北注入渭河，二级支流有方山河、罗敷河、柳叶河、长涧河、白龙涧、葱峪河和磨沟河，较大的三级支流有柳峪河、竹峪河、瓮峪河、华山峪河、杜峪河、秦峪河等，较大的四级支流有桃峪河等。全县河流年均径流总量为1.21亿立方米。

域内河灵岳秀，畴平土沃，横镇等遗址表明，早在七八千年前，这里就是农耕居民开辟田园、繁衍生息的理想之地。据考古调查，全市共有古遗址18处，古墓葬21处，古建筑34处，革命遗迹4处，其中国家级文物保护单位1处，县级文物保护单位21处。

兴乐坊遗址位于华阴市桃下镇兴乐坊村南部（图一），东距华阴市约10千米，西距罗敷河约1.3千米，南距华山北麓约2千米，位于山前洪积扇地区，其上有黄土堆积，北距渭河约8千米，地势呈阶

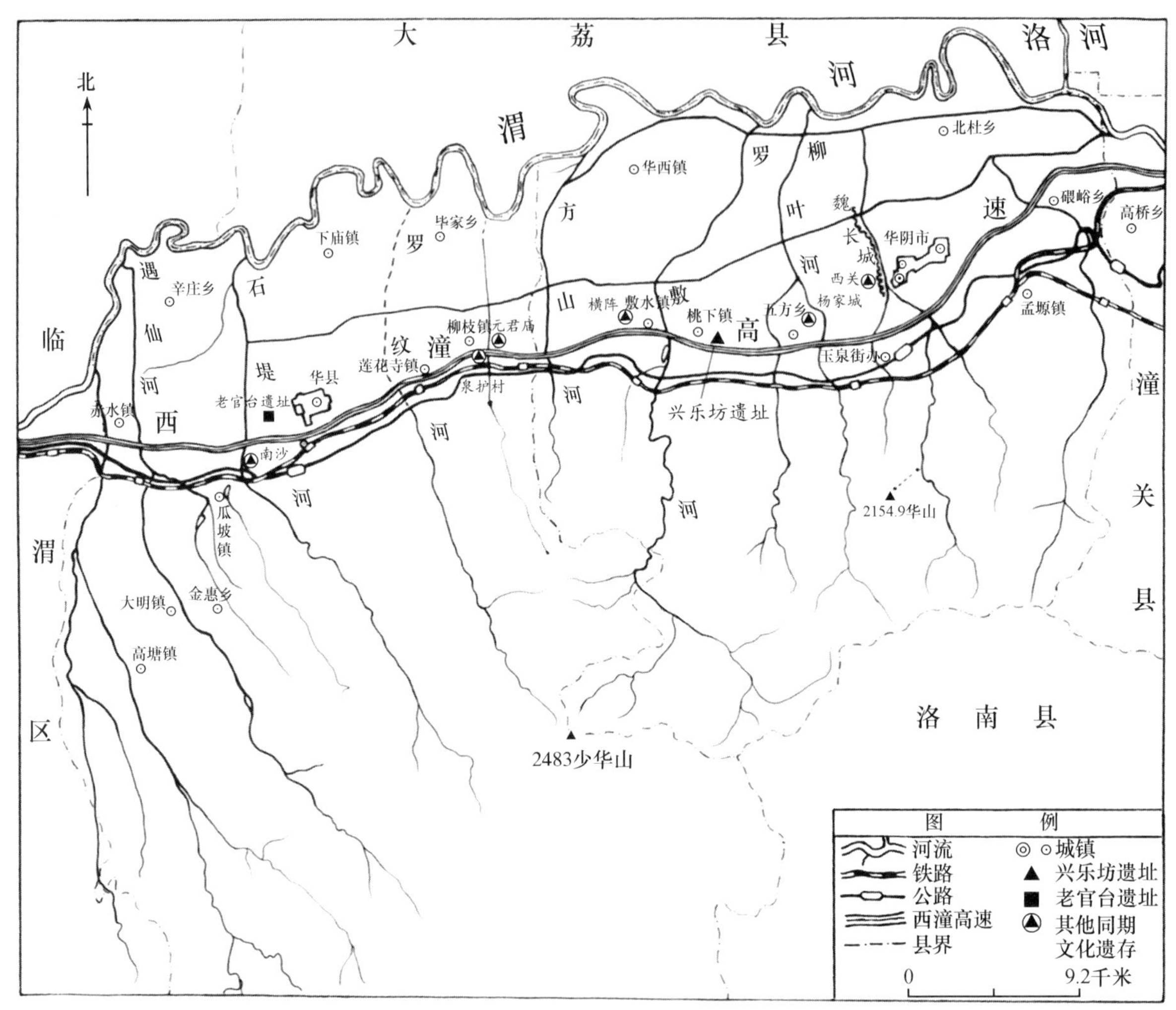

图一　兴乐坊遗址位置示意图

梯状，由北向南逐渐抬高。地势开阔，光照、水流充足，为先民居住生活的理想场所（图版一）。

第二节　调查与发掘过程

华阴市及其邻近地区新石器时代遗址的调查及发掘工作开展较早，且发现数量较多。早在1955～1959年，为配合三门峡水库的建设，北京大学历史系考古专业华县队在华县、渭南展开了一系列的考古调查和发掘工作，发现了众多仰韶文化和部分龙山文化的遗址①，并于1958年和1959年分别对华县的泉护村、元君庙及老官台等仰韶及前仰韶遗址进行了不同程度的发掘②，得到了一批

① 北京大学历史系考古教研组华县报告编写组：《黄河三门峡水库考古调查简报》，《考古通讯》1956年5期。

② 李遇春：《陕西华阴横阵发掘简报》，《考古》1960年9期。黄河水库考古队华县队：《陕西华县柳子镇考古发掘简报》，《考古》1959年2期。黄河水库考古队华县队：《陕西华阴柳子镇第二次发掘的主要收获》，《考古》1959年11期。

重要的前仰韶、半坡及庙底沟时期的考古资料。1958～1959年，黄河水库考古工作队陕西分队对华阴横阵遗址进行了调查和三次发掘，发现了仰韶及龙山、战国时期的文化遗存。1974年和1976年，西安半坡博物馆分别对渭南市的白庙、史家等遗址进行了发掘。1977年，西北大学历史系考古专业77级实习队对华县梓里村进行了发掘，发现了半坡类型及客省庄二期文化的墓葬、窖穴等一批遗迹单位。1997年7～12月，为配合临渭高速公路建设，陕西省考古研究院对华县泉护村遗址进行了第二次发掘。2009年10月～2010年4月，为配合潼西高速公路改扩建工程，陕西省考古研究院对泉护村遗址进行了第三次发掘。后两次的发掘结果基本证实了过去对泉护村的发掘及整理所得结论。至2007年启动的全国第三次文物普查为止，在华阴市及西部华县地区调查、发掘所发现的新石器时代的遗址点总计已有40余个，其中庙底沟类型的遗址点20多个。

2008年11月～2009年1月，为了配合潼西高速公路改扩建工程项目（潼关—西安）的建设，陕西省考古研究院和渭南市文物考古研究所联合对该线路进行了文物调查。2009年3～7月，陕西省考古研究院组建了潼—西考古队，对该遗址进行了发掘。

此次发掘由陕西省考古研究院胡松梅领队，参加发掘的有陕西省考古研究院杨岐黄，技工刘建峰、张军龙、郭小强、史高峰、杜红艳（图版六）。

本报告是对兴乐坊遗址考古资料进行全面、系统整理和研究的最终成果，其他有关该遗址的介绍、简报及报道，如有不符，一切皆以本报告为准（图版五，2）。

考古发掘期间，考古队对遗址及其周边地区进行了深入的踏查，并进行了RTK测绘（图版四；图版五，1）。根据陶片的大致分布范围，遗址东西长约600米，南北宽约500米，分布面积达28.5万平方米（图二）。

为了更好地了解遗址的面貌，我们选取了遗址中部地区及中部偏东的位置布方进行了发掘。两个地点有一定的距离，而且由于地势和后期破坏等原因，地层分布也有些不同，因此分了A、B两区。A区位于遗址中部，南北纵向布置10米×10米探方6个，编号为T1～T6；B区位于遗址中部偏东，东西横向布置10米×10米探方4个，编号为T7～T10。发掘总面积约1000平方米（图三；图版二）。共清理仰韶文化庙底沟类型的灰坑52个、窑址3座、墓葬2座（其中瓮棺葬1座），汉及明清时期墓葬3座，出土了一批重要遗物（图版三，1）。下面按区域做一一介绍。

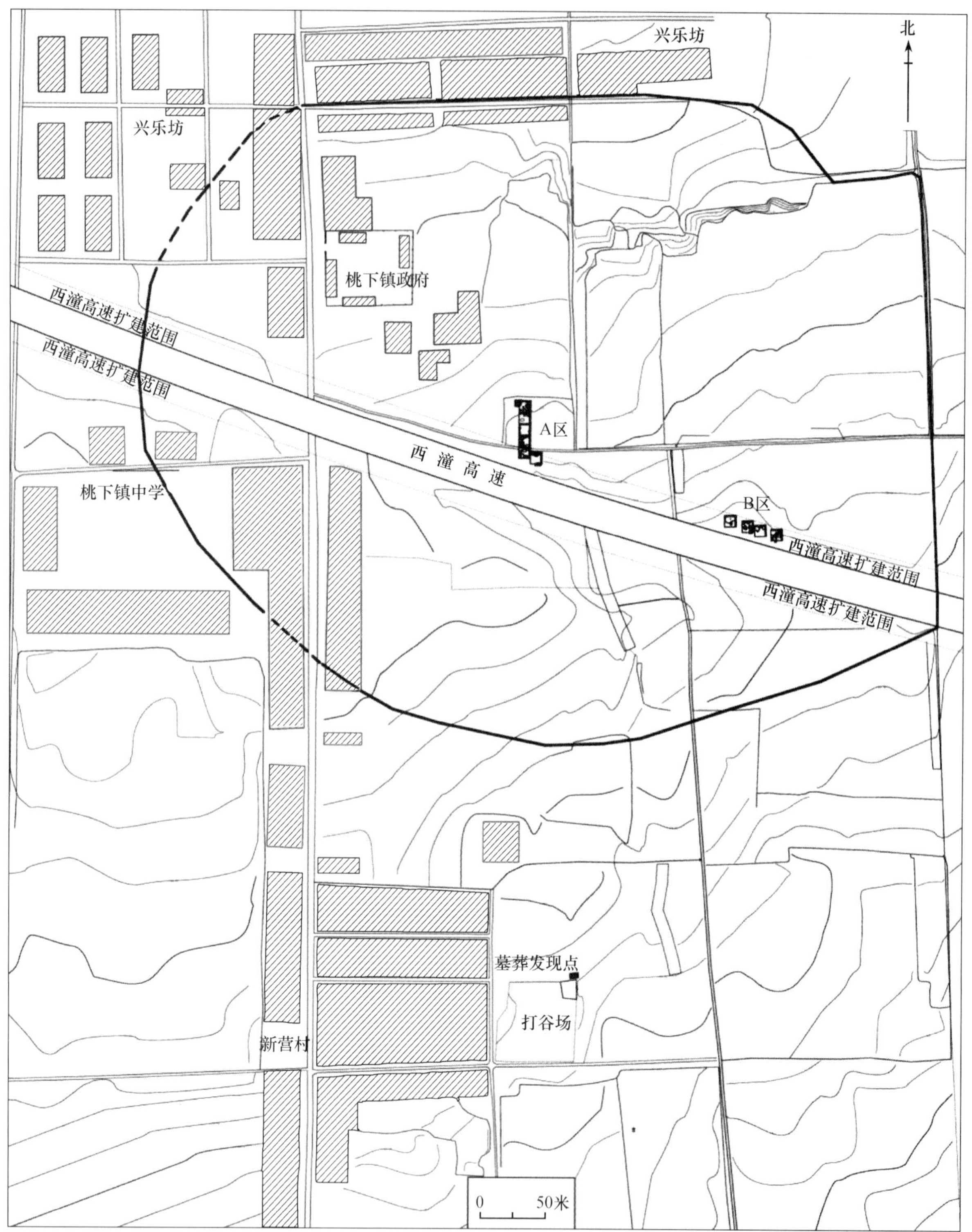

图二　兴乐坊遗址地形及分布范围

T4
H10
H9
H20
H21
H26
近代墓
H8
H7
H11
H12
H19
T3
H4
H13
H14
T2
H15
H16
H17
H5
T1
M1
M2
H1
H2
H3
M3
H6
T5
H23
H22
H25
H24
T6
H27
H29
H28
H30
0
10米

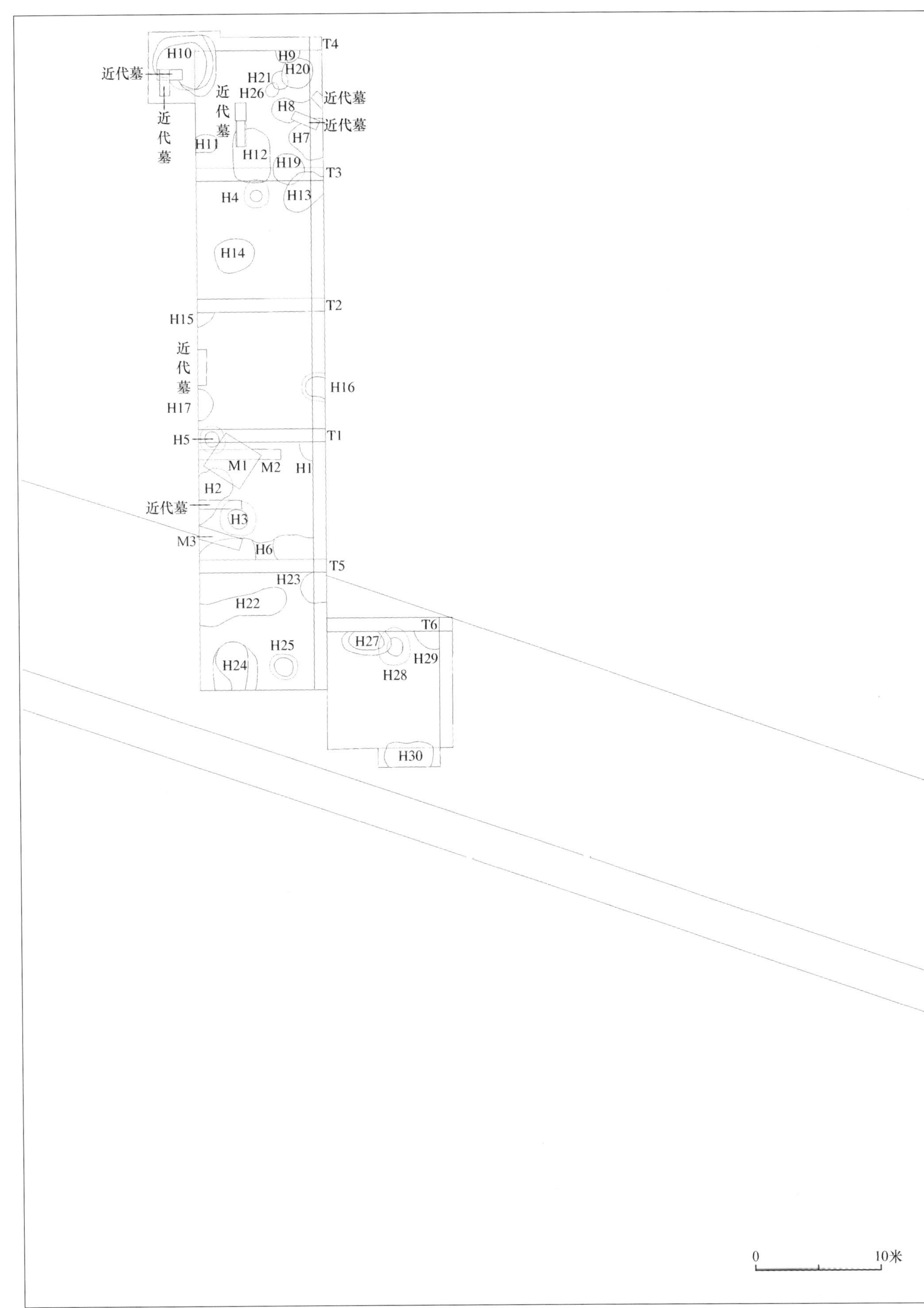

图三　华阴兴乐坊

北
T7
②
Y1
Y2
H31
T9
H52
H50
H51
H41
H47
T10
H45
H44
H46
H4
T8
H39
H42
W1
H40
H36
H43
H35
H32
H33
H34
H38
H37
Y3

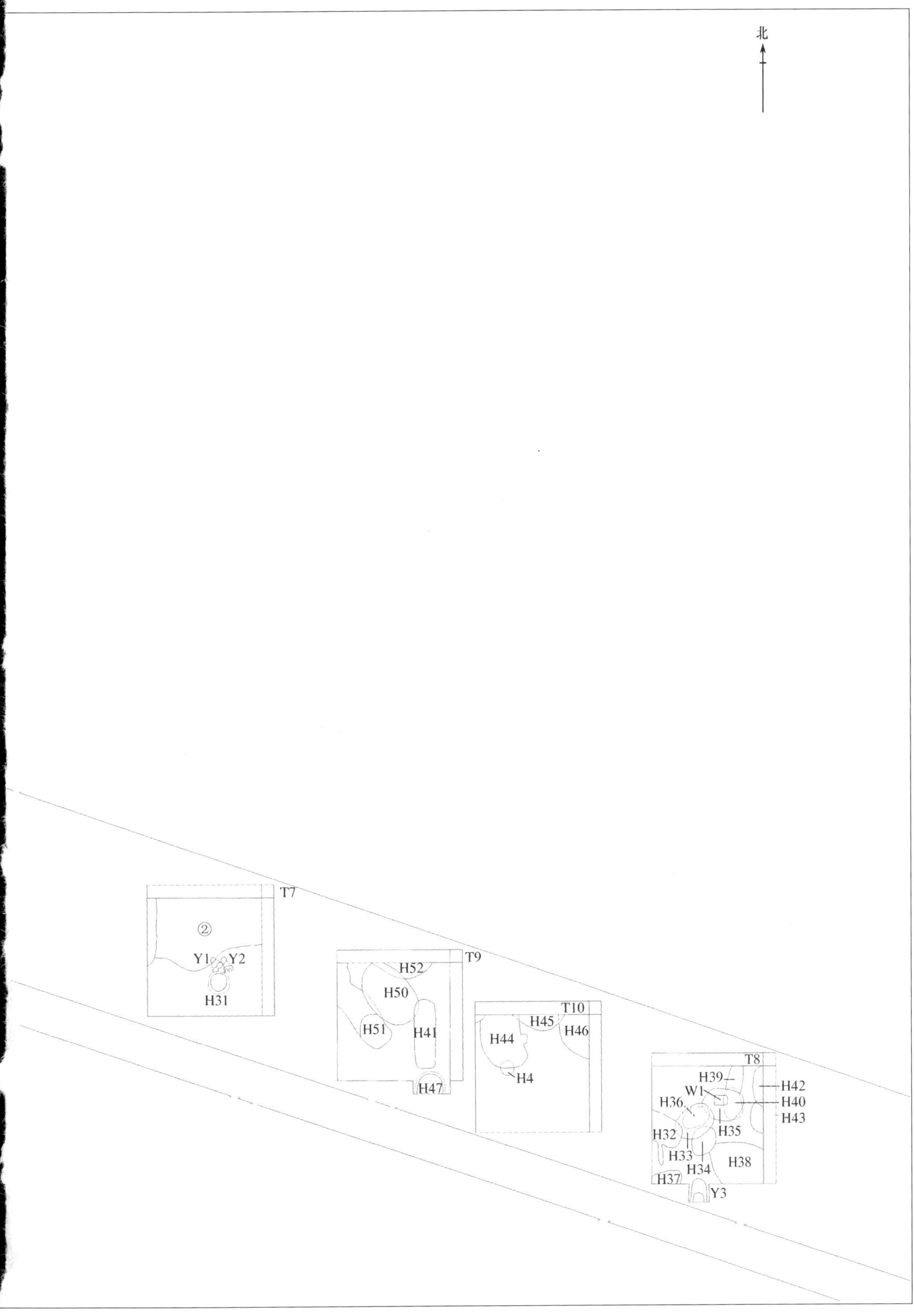

遗址探方总分布图

第二章 A区遗存

A区位于发掘区中部，高速路北侧，南北向共布10米×10米探方6个，编号分别为T1～T6，发掘总面积约600平方米，共清理灰坑30个，编号H1～H30。灰坑中出土了大量仰韶时期的陶器及部分石器、骨器（图四；图版三，2）。

第一节 地层堆积

本区地势较低。由于历年人类活动，特别是平整土地的破坏，早期文化堆积已破坏殆尽，有些遗迹已经暴露于地表，因此地层堆积极为简单，所有遗迹均直接叠压于耕土层下。现以T6北壁剖面为例（图五），介绍如下：

第1层：耕土及平整土地的填土层。土色呈灰褐色，土质疏松，厚0.3米。富含植物根系，包含有现代瓦、瓷片和仰韶时期陶片。仰韶时期灰坑H27、H28、H29均开口于此层下。

本区共清理遗迹30个，均为灰坑。遗迹之间共存在5组打破关系：

① H12→H14

② H7→H8

③ H9→H20→H21→H26

④ H13→H19

⑤ H27→H28

各组打破关系相对比较简单。其中第3组是一个连续打破的关系。

第二节 灰坑及出土遗物

本区共清理灰坑30个。按口部平面形状可分为圆形、椭圆形、不规则形、圆角长方形四大类。椭圆形灰坑最多，共16个，分别为H1、H7、H9、H0、H11、H12、H14、H15、H16、H17、H18、H20、H21、H24、H27和H30。圆形灰坑共7个，分别为H3、H4、H5、H19、H25、H26和H28。圆角长方形灰坑仅1个，为H29。其余6个为不规则形灰坑，有的呈长条状。

下面依据灰坑的编号次序进行介绍。

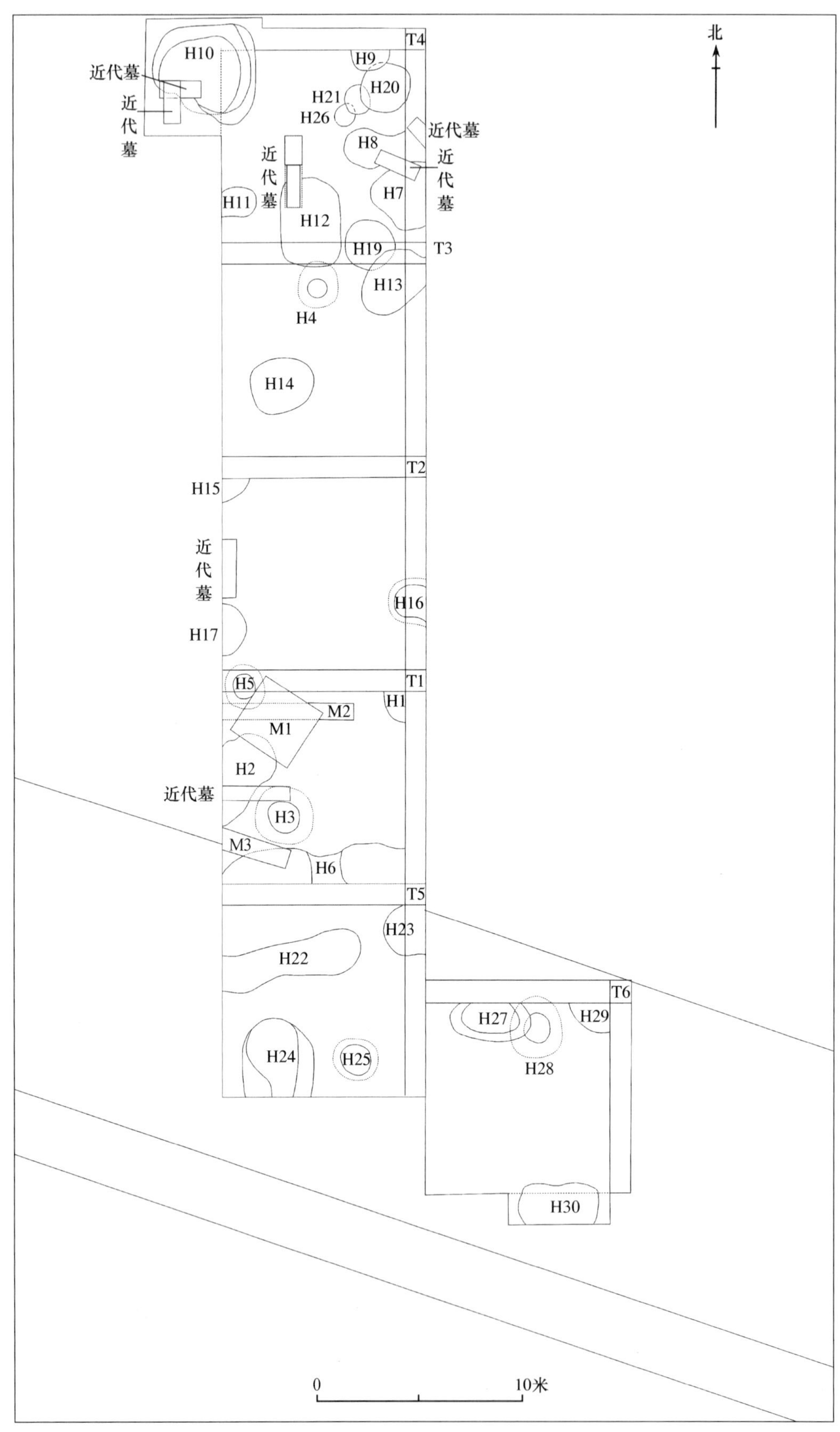

图四 A区探方分布及遗迹平面图

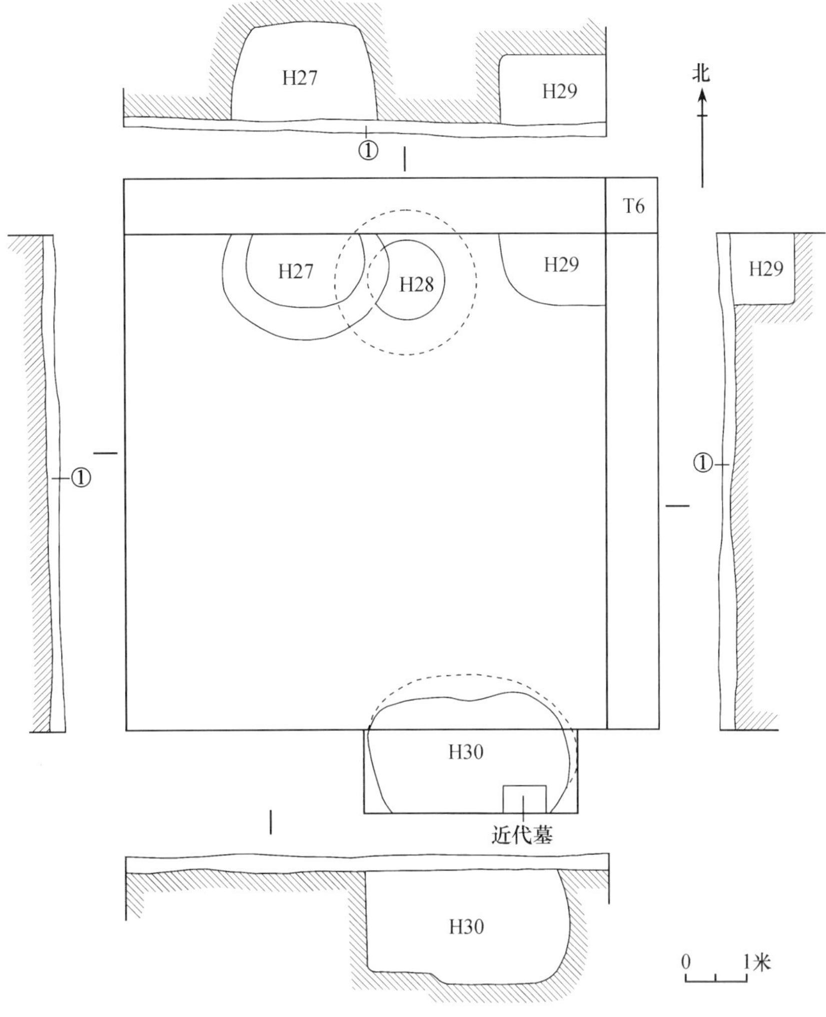

图五 T6平、剖面图

1. H1

H1位于T1的东北角，部分延伸至东、北隔梁下。开口于第1层下，打破生土。开口距地表25厘米。口部为近椭圆形，直壁，坑壁清晰，未见工具痕迹，平底。口部南北长140、东西宽100、残深80厘米（图六）。

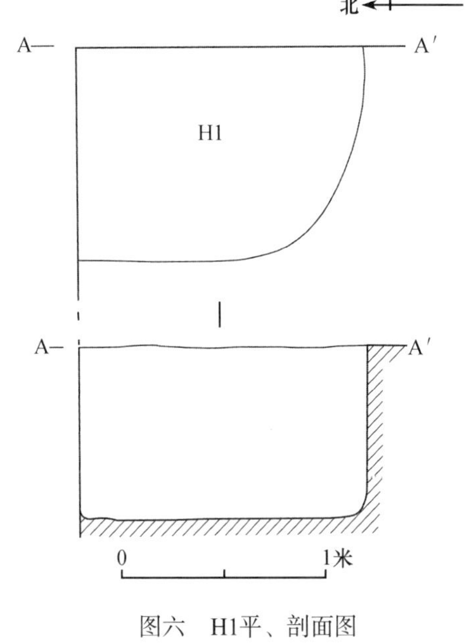

图六 H1平、剖面图

坑内堆积为浅灰色土，土质疏松，夹大量灰烬、礓石、砂石等，出土有若干陶片。陶片多为泥质陶，其中泥质红陶最多，夹砂红陶次之；纹饰以绳纹为主，素面次之，其他还有线纹、彩陶等（表一）。

表一　H1陶系、纹饰统计表

纹饰 \ 数量 \ 陶系	泥质陶				夹砂陶				合计	百分比
	红	褐	灰	小计	红	褐	灰	小计		
素面	19		3	22	2	2		4	26	29.55%
绳纹		2		2	20	14		34	36	40.91%
线纹	25			25					25	28.4%
彩陶	1			1					1	1.14%
合计	45	2	3	50	22	16		38	88	100%
百分比	51.14%	2.27%	3.41%	56.82%	25%	18.18%		43.18%	100%	

H1共出土5件标本，均为陶器。

重唇口尖底瓶　1件。标本T1H1：5，口部残片。泥质灰陶，敛口，双唇退化，内外唇界线不明显，下唇沿面稍宽于上唇，下唇圆唇、沿面微上斜，颈部内收。素面。口径6.2、残高2.7厘米（图七，5）。

大口罐　4件。均为口、腹部残片。标本T1H1：1，夹砂褐陶。直口微侈，圆唇，平沿略凸，束颈，鼓腹。颈下饰稀疏的纵向绳纹。残高10厘米（图七，1）。标本T1H1：2，夹砂灰陶。侈口，圆唇，沿面窄平，腹部外鼓。颈部以下饰右上至左下的斜向绳纹。口径12、残高7.2厘米（图七，2）。标本T1H1：3，夹砂褐陶。口微侈，圆唇，沿面稍弧，沿内有一周浅凹槽，沿外下方有一圈凸棱，束颈，鼓腹。颈部以下饰交错绳纹。残高6.2厘米（图七，3）。标本T1H1：4，夹砂褐陶。侈口，圆唇，平沿稍外斜，沿面窄平，束颈，腹部较鼓。颈下饰交错绳纹及一圆形泥饼。残高6.4厘米（图七，4）。

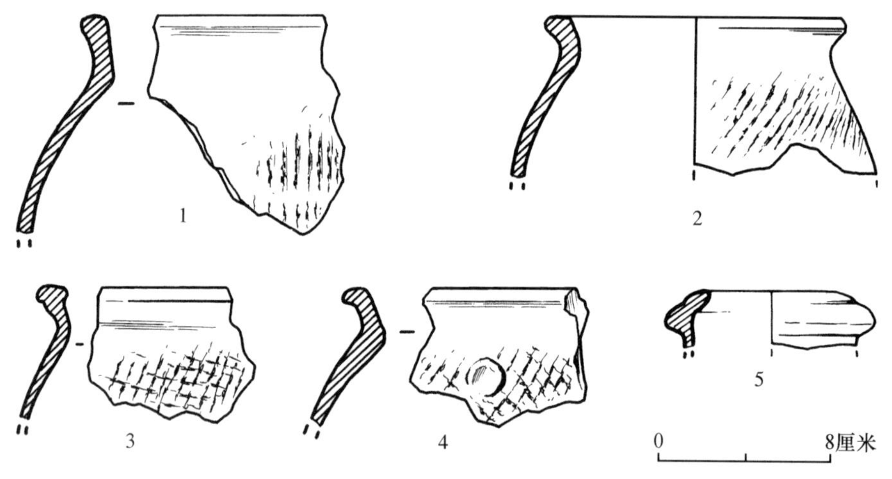

图七　H1出土陶器

1～4. 大口罐（T1H1：1、T1H1：2、T1H1：3、T1H1：4）　5. 重唇口尖底瓶（T1H1：5）

2. H2

H2位于T1的西部，部分延伸至西壁下。开口于第1层下，打破生土，北部被M1打破，南部被两座近代墓打破。开口距地表25厘米。口部为不规则形，直壁，坑壁清晰，底西高东低。口部南北长408、东西宽130～280、残深80～122厘米（图八）。

坑内堆积为深灰色土，土质疏松，夹草木灰、烧土、螺壳等，内含陶片、石器及动物骨头。陶片以泥质褐陶居多，夹砂褐陶和泥质红陶次之；纹饰以素面为主，绳纹次之，其他还有线纹、彩陶、弦纹等（表二）。动物骨头经鉴定种属为猪。

表二 H2陶系、纹饰统计表

陶系 / 数量 / 纹饰	泥质陶				夹砂陶				合计	百分比
	红	褐	灰	小计	红	褐	灰	小计		
素面	143	310	34	487	11	12		23	510	51.36%
绳纹						226	11	237	237	23.87%
线纹	80	60		140	20			20	160	16.11%
彩陶	50			50					50	5.04%
弦纹					23			23	23	2.32%
绳+弦						6		6	6	0.6%
附加堆纹					1	6		7	7	0.7%
合计	273	370	34	677	55	250	11	316	993	100%
百分比	27.49%	37.26%	3.42%	68.17%	5.54%	25.17%	1.11%	31.82%	100%	

H2共出土标本46件。以陶器为主，另有少量石器。

陶器 45件。

瓶 4件。可分为尖底瓶、平底瓶。

尖底瓶 3件。可分为重唇口尖底瓶、底部残件。

重唇口尖底瓶 2件。标本T1H2：37，残留部分口部和颈部。泥质褐陶。敛口，双唇退化，上下唇间界线不明显，上唇口稍高，下唇宽于上唇，下唇圆唇，沿面上斜且微凹。沿面可见轮修痕，素面。口径4.4、残高4.4厘米（图九，3）。标本T1H2：38，残留部分口部和颈部。泥质红陶。敛口，双唇退化，上下唇间界线不明显，上唇口稍高，下唇宽于上唇，下唇方圆，沿面上斜。颈内壁可见泥条盘筑痕，素面。口径6.6、残高6.7厘米（图九，4）。

底部残件 1件。标本T1H2：39，泥质红陶。形态尖瘦、底部磨圆。腹壁饰竖向细线纹，内部可见泥条盘筑痕迹。残高5厘米（图九，5）。

平底瓶 1件。器底残件。标本T1H2：11，泥质红陶。斜直壁，平底。腹壁近底部一周抹光，其上部饰右上至左下的细线纹。残高8厘米（图一〇，3）。

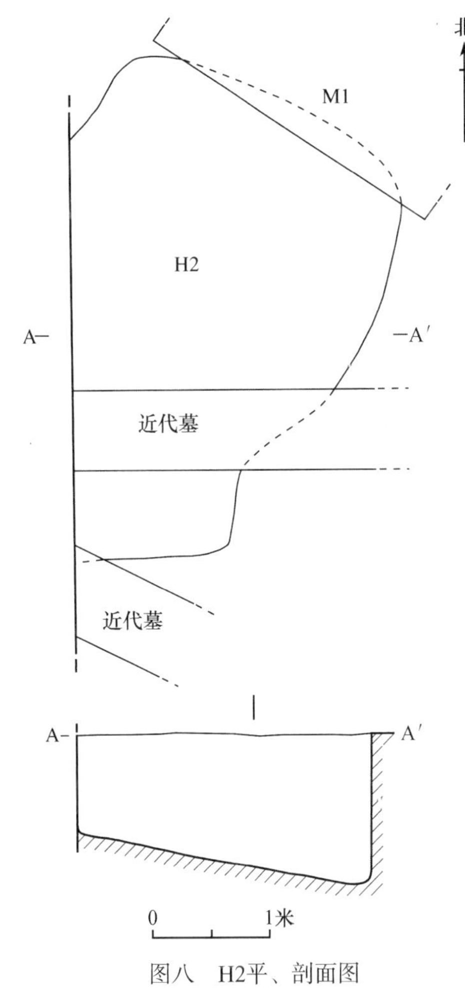

图八 H2平、剖面图

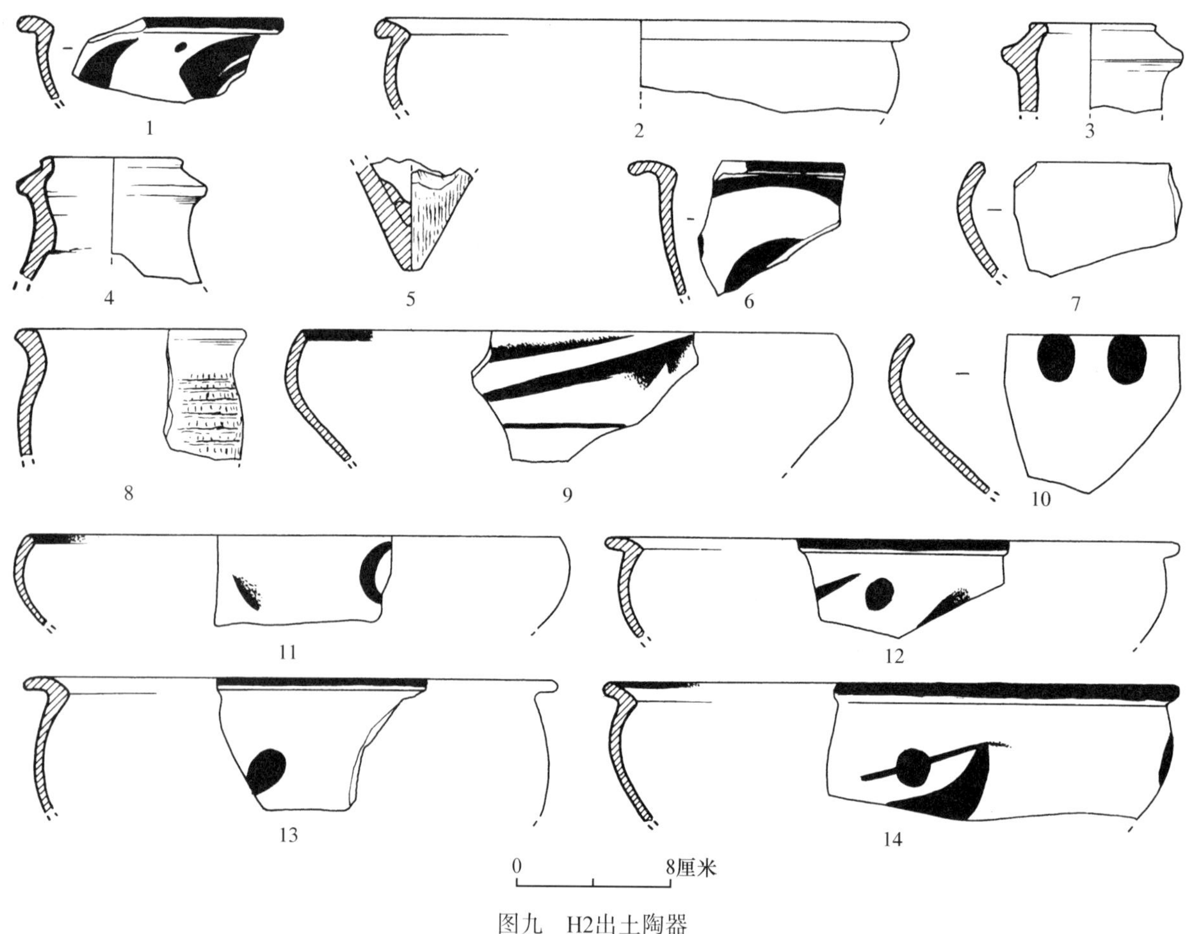

图九　H2出土陶器

1、2、6、12～14. 折沿盆（T1H2：22、T1H2：25、T1H2：23、T1H2：24、T1H2：21、T1H2：20）
3、4. 重唇口尖底瓶（T1H2：37、T1H2：38）　5. 尖底瓶底部残件（T1H2：39）
7、9～11. 敛口钵（T1H2：29、T1H2：26、T1H2：27、T1H2：28）　8. 大口罐（T1H2：8）

盆　6件。均为折沿盆。均为口、腹残片。弧腹斜收。遗址所见折沿盆根据腹部的弯曲程度可分为折沿弧腹盆、折沿曲腹盆，但是由于标本多数仅余口颈部，不能保证分类的准确性，因此报告中对折沿盆不做划分。标本T1H2：20，泥质红陶。敛口，圆唇，折沿较窄。唇外缘饰一周黑彩，腹部饰黑彩圆点、直线及勾叶纹样。口径29.2、腹径29.2厘米（图九，14）。标本T1H2：21，泥质红陶。敛口，圆唇，上腹微鼓。唇外缘饰一周黑彩，腹部饰一个黑彩圆点纹样。口径27.8、腹径26.8、残高6.7厘米（图九，13）。标本T1H2：22，泥质红陶。敛口，圆唇，折沿。唇部及沿外缘饰一周黑彩，上腹饰黑彩弧边三角和弧线纹样。残高4.4厘米（图九，1）。标本T1H2：23，泥质褐陶。敛口，圆唇，折沿，腹部微弧斜下收。唇外缘饰一周黑彩，沿面饰一周黑彩弧边三角纹样，上腹部饰一周黑彩弧线纹样。残高6.8厘米（图九，6）。标本T1H2：24，泥质红陶。敛口，圆唇，弧折沿。唇部及沿外缘饰一周黑彩，腹部饰黑彩圆点、弧线纹样。口径29.8、腹径28.4、残高6厘米（图九，12）。标本T1H2：25，泥质红陶。敛口，圆唇，折沿。素面。口径27.8、残高4.6厘米（图九，2）。

钵　6件。根据口部形态可分为敛口钵和敞口钵。

敛口钵　5件。标本T1H2：2，可修复。泥质红陶。敛口，圆唇，上腹微外鼓，斜腹内收，腹较深，平底。素面。口径13.2、腹径14.6、底径6、高6.8厘米（图一〇，14；图版七，1）。标本T1H2：26，口沿残片。泥质红陶。敛口，方唇，上腹外鼓，下腹内收。唇部饰一周黑彩，上腹部饰一周黑彩弧线、直线纹样。口径27.8、腹径29.6、残高6.6厘米（图九，9）。标本T1H2：27，口沿残片。泥质红陶。敛口，方唇，上腹外鼓，下腹内收。唇部饰一周红彩，上腹部饰两个红彩圆点。残高8厘米（图九，10）。标本T1H2：28，泥质红陶。敛口，方圆唇，上腹外鼓，下腹内收。唇部饰一周黑彩，上腹部饰一周黑彩圆点、勾叶纹样。残高5.8厘米（图九，11）。标本T1H2：29，口沿残片。泥质红陶。敛口，圆唇，上腹外鼓。唇部饰一周黑彩，腹部素面。残高5.8厘米（图九，7）。

敞口钵　1件。标本T1H2：3，可修复。泥质红陶。敞口，方唇，弧腹内收，较浅，平底微凹。素面。口径18、底径9.8、高4.8厘米（图一一，5；图版七，2）。

罐　16件。根据口、腹部特征可以分为大口罐、矮领鼓腹罐。大口罐根据较完整的器型看，可分为大口鼓腹罐和大口微鼓腹罐，但是由于遗址所见大口罐标本多数仅余口部，无法判断腹部情况，因此报告中未做划分。

大口罐　13件。多为口沿残片。标本T1H2：6，夹砂褐陶。直口微敛，圆唇，窄沿稍内斜，口内微凹。颈下饰交错绳纹。口径20.8、残高5.7厘米（图一〇，6）。标本T1H2：8，夹砂褐陶。侈口，圆唇，窄平沿，腹微鼓。器表饰竖向绳纹加弦纹。口径9.6、残高6.6厘米（图九，8）。标本T1H2：9，夹砂褐陶。直口微侈，圆唇，平沿，腹部外鼓。器表饰之字形的刻划纹。口径24.8、残高6.2厘米（图一〇，5）。标本T1H2：10，夹砂红陶。口微侈，圆唇，平沿，颈部抹光。腹部饰交错绳纹。残高5.8厘米（图一〇，4）。标本T1H2：13，夹砂红陶。直口微侈，方圆唇，平沿，口内较直。沿面有刮抹痕，颈下贴附有一竖向短泥条，饰交错绳纹。残高5.8厘米（图一〇，7）。标本T1H2：14，夹砂褐陶。侈口，圆唇，窄平沿，束颈。颈下贴附有两个鸡冠状鋬，腹部饰交错绳纹。口径28、残高7.2厘米（图一〇，13）。标本T1H2：15，夹砂褐陶。口微侈，尖圆唇，平沿。颈部抹光，颈下饰左上至右下的斜绳纹。残高6厘米（图一〇，9）。标本T1H2：16，夹砂褐陶。口微侈，圆唇，沿微内斜，口内有一周浅凹槽，束颈。颈下饰密集的横向弦纹，上腹部贴附一斜向短泥条，饰右上至左下的斜绳纹加横向弦纹。口径21、残高7.6厘米（图一〇，12）。标本T1H2：17，夹砂灰陶。侈口，圆唇，窄平沿，束颈，腹微鼓。颈下饰较细密的交错绳纹。口径13.4、残高6.6厘米（图一〇，1）。标本T1H2：18，夹砂褐陶。直口，尖圆唇，窄平沿，口内有一周浅凹槽，上腹微鼓。颈下饰右上至左下的斜绳纹。残高6.4厘米（图一〇，11）。标本T1H2：19，夹砂褐陶。侈口，圆唇，沿面稍内斜，口内微凹，束颈。颈下饰密集的横向弦纹，其下饰右上至左下的斜绳纹加横向弦纹。口径21、残高7.6厘米（图一〇，10）。标本T1H2：40，夹砂红陶。直口，方唇，沿面外斜。颈部有刮抹痕，其下饰交错绳纹。口径28.8、残高5厘米（图一〇，8）。另有1件为罐底。标本T1H2：7，夹砂褐陶。斜直腹，平底、中部微凹。器表饰右上至左下的斜绳纹，略有交错。底径16、残高3.9厘米（图一一，4）。

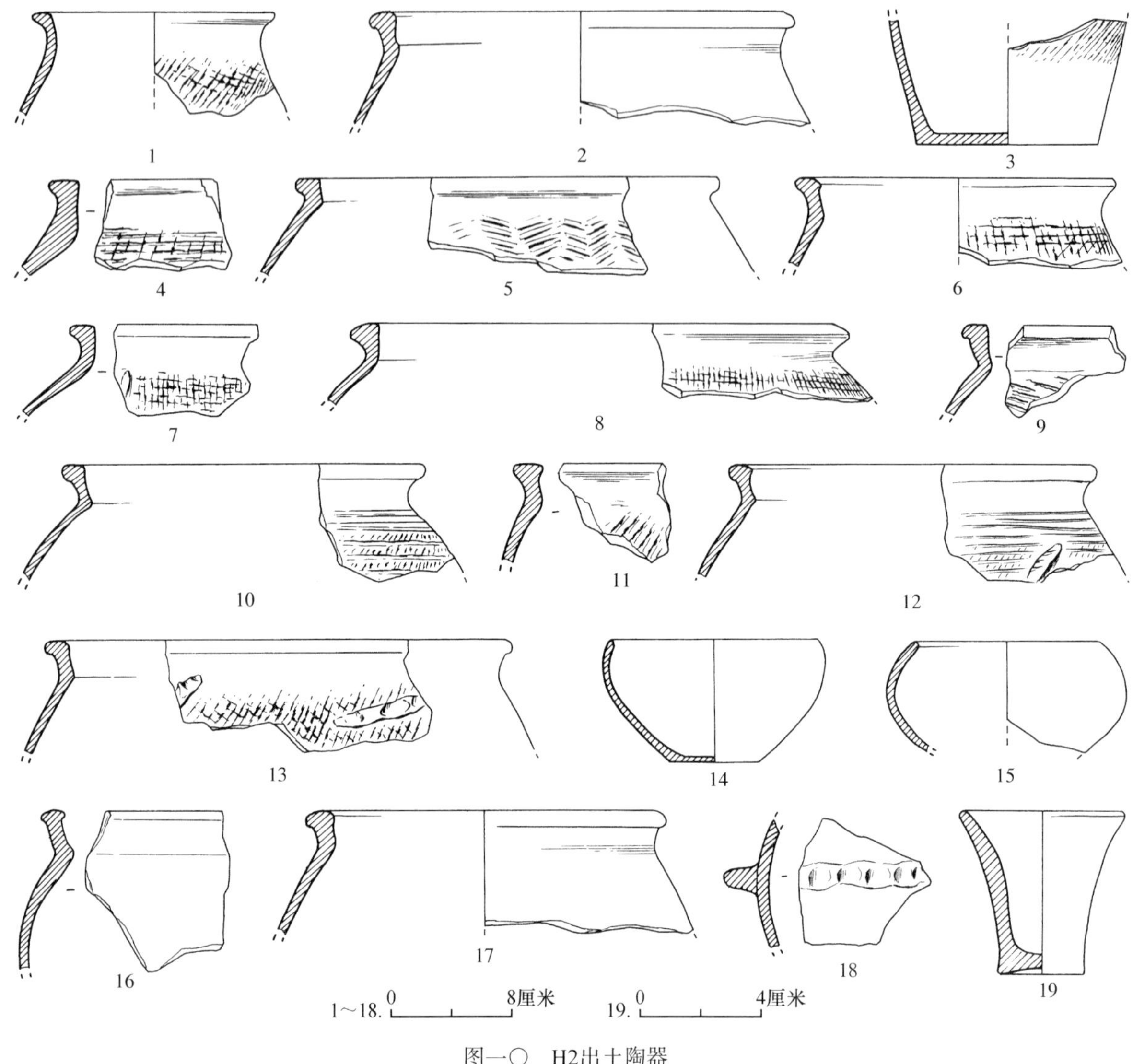

图一〇　H2出土陶器

1、4～13. 大口罐（T1H2：17、T1H2：10、T1H2：9、T1H2：6、T1H2：13、T1H2：40、T1H2：15、T1H2：19、T1H2：18、T1H2：16、T1H2：14）　2、16、17. 矮领鼓腹罐（T1H2：35、T1H2：34、T1H2：12）　3. 平底瓶（T1H2：11）　14. 敛口钵（T1H2：2）　15. 盂（T1H2：30）　18. 器鋬（T1H2：36）　19. 杯（T1H2：4）

矮领鼓腹罐　3件。标本T1H2：12，泥质红陶。直口，方唇，沿面微鼓，口内微凹，矮领束颈，上腹较鼓。素面。口径20、残高7.8厘米（图一〇，17）。标本T1H2：34，泥质红陶。侈口，圆唇，沿面微鼓，口内微凹。矮领束颈，上腹圆鼓。素面。残高10.2厘米（图一〇，16）。标本T1H2：35，泥质红陶。直口微侈，圆唇，窄平沿，口内微凹，上腹较鼓。唇部饰一周黑彩，素面。口径24.4、残高7.2厘米（图一〇，2）。

器鋬　1件。标本T1H2：36，残，泥质灰陶。弧壁，上饰一横向鸡冠状鋬。可能为高领罐的腹部残片。残高8、鋬残长8.4厘米（图一〇，18）。

瓮　1件。口沿残片。标本T1H2：32，泥质灰陶。敛口，厚圆唇，方折肩。素面。残高7厘米（图一一，2）。

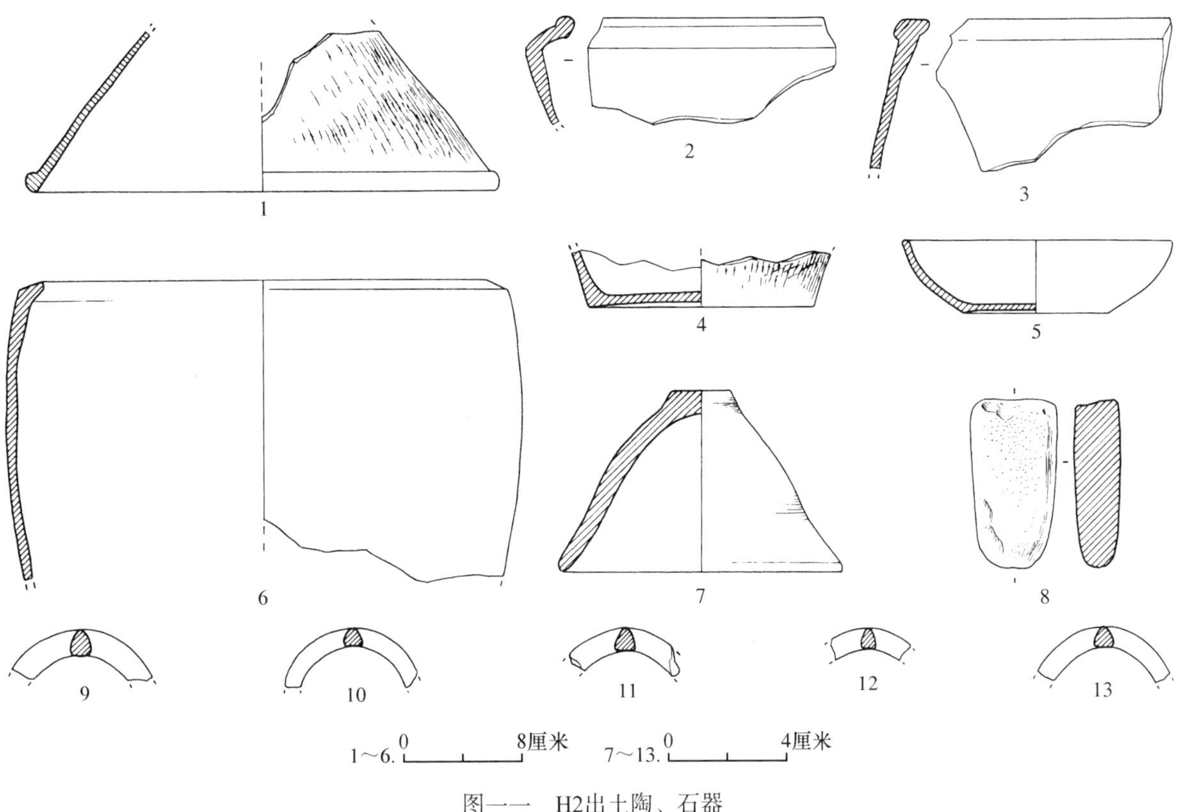

图一一　H2出土陶、石器

1、7. 陶器盖（T1H2：41、T1H2：1）　2. 陶瓮（T1H2：32）　3、6. 陶缸（T1H2：33、T1H2：31）　4. 陶罐底（T1H2：7）　5. 陶敞口钵（T1H2：3）　8. 石斧（T1H2：5）　9～13. 陶环（T1H2：44、T1H2：43、T1H2：42、T1H2：46、T1H2：45）

缸　2件。均为口沿残片。标本T1H2：31，泥质灰陶。敛口，方唇，斜沿内折，直腹微鼓，下腹微收。素面，沿内可见贴附泥条痕迹。口径30、腹径34.8、残高20厘米（图一一，6）。标本T1H2：33，泥质红陶。敛口，圆唇外叠，平沿较长，斜直腹。残高10厘米（图一一，3）。

盂　1件。口沿残片。标本T1H2：30，泥质红陶。残留部分口沿及腹部。敛口，方唇，圆鼓腹。素面。口径12、残高7厘米（图一〇，15）。

杯　1件。标本T1H2：4，可复原。泥质褐陶。敞口，圆唇，弧腹内收，底微凹。素面，底部较粗糙。口径5.2、底径2.8、高5.2厘米（图一〇，19）。

器盖　2件。标本T1H2：1，可复原。泥质红陶。敞口，圆唇，斜弧壁，扁长方形纽。素面。口径18.8、纽长2、高12厘米（图一一，7；图版七，4）。标本T1H2：41，口沿残片。夹砂褐陶。敞口呈喇叭状，圆唇外卷，斜直壁。器表饰斜绳纹。口径31、残高10.4厘米（图一一，1）。

环　5件。均残。标本T1H2：42，泥质灰陶。截面呈圆角的等腰三角形。素面，器表磨光，环面两侧磨平。内径3.4、外径5、厚0.7厘米（图一一，11）。标本T1H2：43，泥质灰陶。截面呈大半圆形。素面，器表磨光。内径3.6、外径4.8、厚0.6厘米（图一一，10）。标本T1H2：44，泥质灰陶。截面呈圆角的等腰三角形。素面，器表磨光。内径3.6、外径5.4、厚0.7厘米（图一一，9）。标本T1H2：45，泥质灰陶。截面呈等腰三角形。素面。内径3.6、外径5、厚0.7厘米（图一一，13）。标本T1H2：46，泥质灰陶。截面呈圆角的等腰三角形。素面，器表磨光，环面两侧磨平。

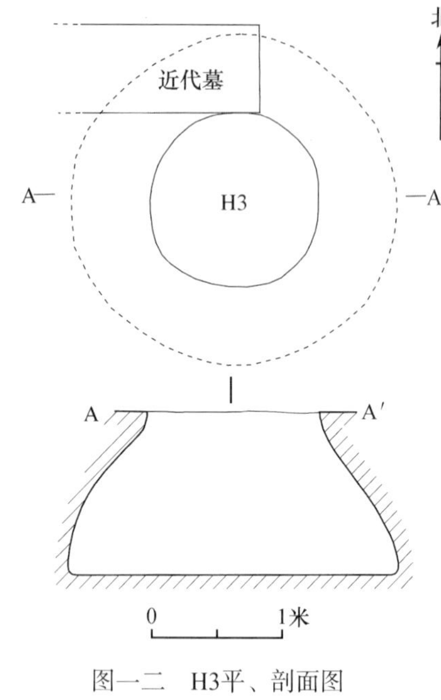

图一二　H3平、剖面图

内径5.2、外径3.8、厚0.5厘米（图一一，12）。

石器　1件，为石斧。标本T1H2∶5，长条形，刃部残缺，断面呈圆角长方形。表面磨制光滑。残长11、宽6、厚3.2厘米（图一一，8；图版七，6）。

3. H3

H3位于T1的中部偏西。开口于第1层下，打破生土，北部被一近代墓打破坑底。开口距地表25厘米。口部为圆形，袋状，斜弧壁，坑壁清晰，平底。口径130、底径250、残深120厘米（图一二）。

坑内堆积为浅灰色土，土质疏松，夹草木灰、礓石、砂石等，内含陶片、石器及动物骨头。陶片以泥质红陶最多，泥质灰陶次之；纹饰以素面为主，线纹、绳纹次之，其他还有弦纹、彩陶等（表三）。

表三　T1H3陶系、纹饰统计表

纹饰＼数量＼陶系	泥质陶				夹砂陶				合计	百分比
	红	褐	灰	小计	红	褐	灰	小计		
素面	106	27	74	207	10		2	12	219	34.60%
绳纹					30	84	13	127	127	20.06%
线纹	110	22	25	157					157	24.80%
彩陶	120		1	121					121	19.12%
弦纹					7			7	7	1.10%
绳+弦						2		2	2	0.32%
合计	336	49	100	485	47	86	15	148	633	100%
百分比	53.08%	7.74%	15.80%	76.62%	7.42%	13.59%	2.37%	23.38%	100%	

H3共出土标本31件。以陶器为主，另有少量石器。

陶器　29件。

尖底瓶　4件。分为重唇口尖底瓶、底部残件。

重唇口尖底瓶　2件。均为口沿残片。标本T1H3∶15，泥质红陶，敛口，双唇退化，上下唇间界线不明显，下唇宽于上唇，下唇圆唇，双唇沿面均上斜。唇口内外可见轮修痕。口径5.2、残高3.4厘米（图一四，11）。标本T1H3∶16，泥质红陶，敛口，双唇明显，上唇沿面稍宽，下唇尖唇，双唇沿面上斜。唇口内外可见轮修痕。口径5、残高3.2厘米（图一四，12）。

底部残件　2件。标本T1H3∶17，泥质红陶，形态尖瘦，底部圆尖。内部可见泥条盘筑的痕迹，腹壁饰细密的交错线纹。残高11厘米（图一四，9）。标本T1H3∶18，泥质灰陶，残留器底。形态尖瘦，底部圆钝。内部可见泥条盘筑的痕迹，腹壁饰斜向细线纹。残高6.2厘米（图一四，10）。

盆　7件。根据口部特征可分为折沿盆、叠唇盆。

折沿盆　4件。多为口、腹残片。泥质红陶，敛口，折沿内斜。口沿及上腹部多有彩绘。标本T1H3：2，可复原。泥质红陶，口微敛，圆唇，上腹微鼓，下腹曲收，平底。沿面饰连弧纹黑彩，腹部饰黑彩圆点、弧边三角、勾叶纹样。口径40.5、底径12、高16厘米（图一三，1；图版七，3）。标本T1H3：10，泥质红陶。口微敛，圆唇，折沿，上腹微鼓，下腹曲收。唇外缘饰一周黑彩，沿面饰黑彩柳叶纹，腹部饰黑彩圆点、弧边三角、弧线纹样。残高11.2厘米（图一三，3）。标本T1H3：11，泥质红陶。敛口，圆唇，折沿，上腹外鼓，腹壁较厚。唇外缘饰一周黑彩，腹部饰黑彩弧边三角纹样。口径29、残高5.2厘米（图一三，4）。标本T1H3：12，泥质红陶，直口微敛，厚圆唇，弧折沿微卷，上腹较直，弧腹内收。唇外缘饰一周黑彩，上腹饰黑彩圆点、弧线、弧边三角纹样。残高10厘米（图一三，2）。

叠唇盆　3件。均为口沿残片。泥质红陶，敛口。标本T1H3：20，口沿残片。泥质灰陶，敛口，圆唇外卷，唇面较长，弧腹内收。素面。残高6.2厘米（图一三，5）。标本T1H3：21，口近直，圆唇，向外平叠，唇面较宽，直腹。素面。残高5.2厘米（图一三，6）。标本T1H3：23，沿内折，厚圆唇，如叠唇状，腹斜收。素面。残高5.4厘米（图一三，7）。

钵　2件。均为敛口钵。标本T1H3：13，泥质褐陶，残留部分口沿。敛口，方唇，上腹外鼓，下腹斜收。素面。残高6厘米（图一三，9）。标本T1H3：14，泥质红陶，陶色较深，残留部分口沿。口微敛，圆唇，腹部斜收。素面。口径16.4、残高4.4厘米（图一三，8）。

罐　7件。根据口部形态可分为大口罐、矮领鼓腹罐、斜沿直腹罐。

大口罐　5件。均为口沿残片，铁轨式口沿退化。标本T1H3：27，夹砂红陶。敛口圆唇，宽平沿，沿面微凹，上腹微鼓。沿面上有印纹，腹部饰细密的交错绳纹。残高7厘米（图一四，6）。

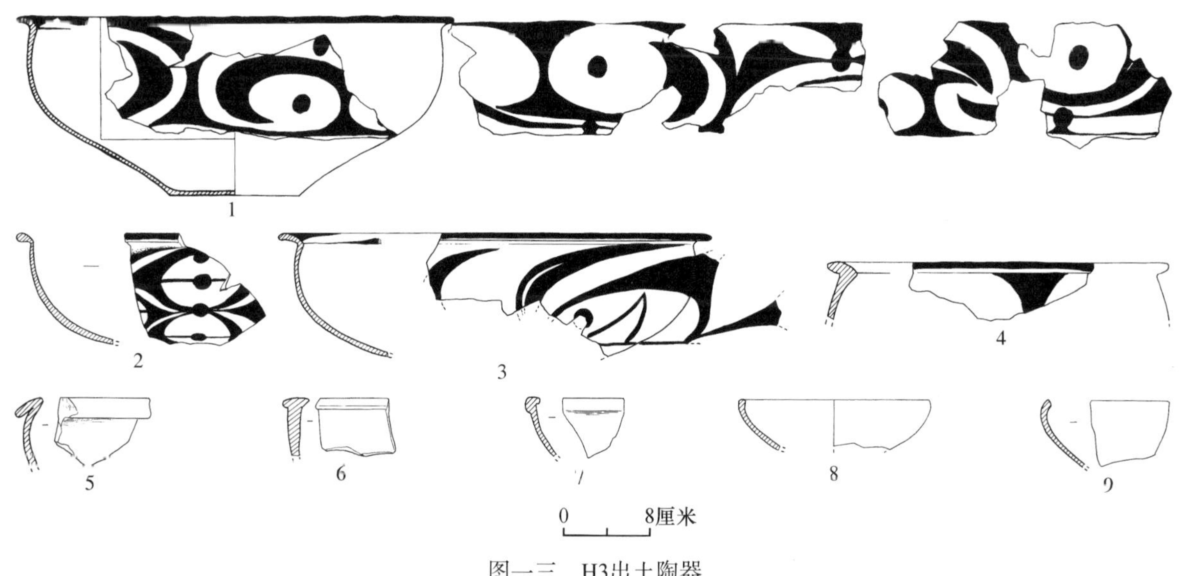

图一三　H3出土陶器

1～4. 折沿盆（T1H3：2、T1H3：12、T1H3：10、T1H3：11）　5～7. 叠唇盆（T1H3：20、T1H3：21、T1H3：23）　8、9. 敛口钵（T1H3：14、T1H3：13）

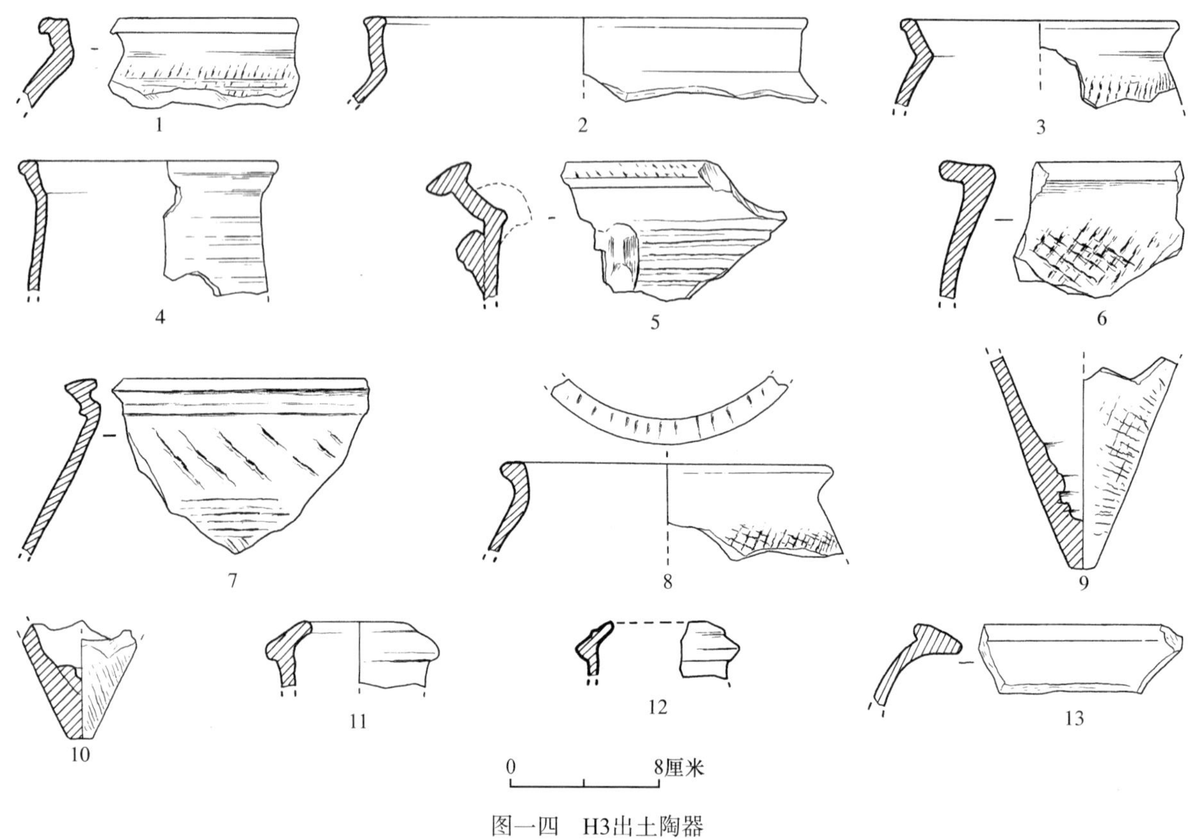

图一四　H3出土陶器

1、3、6～8. 大口罐（T1H3：30、T1H3：29、T1H3：27、T1H3：28、T1H3：31）　2. 矮领鼓腹罐（T1H3：22）　4. 斜沿直腹罐（T1H3：9）　5. 灶（T1H3：26）　9、10. 尖底瓶底部残件（T1H3：17、T1H3：18）　11、12. 重唇口尖底瓶（T1H3：15、T1H3：16）　13. 瓮（T1H3：19）

标本T1H3：28，夹砂红陶。直口，尖圆唇，平沿稍外斜，口外有一道凸棱，内有一周凹槽，断面近铁轨式，上腹较鼓。颈下饰稀疏的左上至右下的斜绳纹，腹部饰弦纹。残高9.2厘米（图一四，7）。标本T1H3：29，夹砂褐陶。侈口，方圆唇，窄平沿，上腹微鼓。颈下饰右上至左下的斜向绳纹。口径13.2、残高4.6厘米（图一四，3）。标本T1H3：30，夹砂褐陶。直口微侈，圆唇，平沿，口内较直，腹部较鼓。器表饰细密的右上至左下斜向绳纹。残高4.8厘米（图一四，1）。标本T1H3：31，夹砂褐陶。直口微侈，圆唇，窄平沿，口内较直，上腹较鼓。沿面饰纵向短绳纹，腹部饰交错绳纹。口径15.2、残高5厘米（图一四，8）。

矮领鼓腹罐　1件。口沿残片。标本T1H3：22，泥质红陶。直口微敛，方唇，口内微凹，矮领束颈，上腹外鼓。素面。口径21.2、残高4.4厘米（图一四，2）。

斜沿直腹罐　1件。口沿残片。标本T1H3：9，夹砂灰陶。侈口，圆唇，窄平沿，口内微凹，腹较直。腹部饰弦纹。口径12、残高7厘米（图一四，4）。

瓮　1件。口沿残片。标本T1H3：19，泥质灰陶。敛口，圆唇外叠，斜沿，鼓肩。素面。残高3.6厘米（图一四，13）。

灶　1件。标本T1H3：26，残。夹砂红陶。侈口，折沿较宽，口内微凹，直腹。腹部饰弦纹，沿内有支脚，灶门顶部有鸟头状的装饰。残高7.2厘米（图一四，5）。

器盖 2件。残留顶部盖纽。标本T1H3：24，夹砂褐陶。平顶，桥形纽。纽及顶部均抹泥修整，纽两侧有加固的附加泥条。残高4.4厘米（图一五，2）。标本T1H3：25，夹砂褐陶。平顶，桥形纽，弧壁。纽及顶部均抹泥修整。残高6.8厘米（图一五，1）。

环 5件。均为泥质灰陶，均残。标本T1H3：4，截面呈等腰三角形。素面，环面两侧有磨制痕迹。内径4.2、外径6、厚0.7厘米（图一五，7）。标本T1H3：5，截面呈半圆形。外侧有一周单向的细螺旋线纹。内径4.2、外径5.8、厚0.8厘米（图一五，3）。标本T1H3：6，截面呈等腰三角形。素面。内径3.8、外径5.4、厚0.7厘米（图一五，4）。标本T1H3：7，截面呈圆角的等腰三角形。素面。内径5、外径6.4、厚0.7厘米（图一五，5）。标本T1H3：8，截面呈等腰三角形。素面。内径4、外径5.8、厚0.6厘米（图一五，6）。

石器 2件。

刀 1件。标本T1H3：1，磨制，一端已残。形体较薄，平面呈圆角长条形，刀背磨制平直，刃微弧，双面磨制。靠近刀背有一两面对钻而成的孔。宽3.5、厚0.7、残长4.8厘米（图一五，8）。

球 1件。标本T1H3：3，近似椭球形的卵石，保留其砾石面，局部砾石面剥落。平面椭圆形，器体一面平整，中部磨光，用途不详。长6.3、宽4.4、高3.3厘米（图一五，9；图版八，4）。

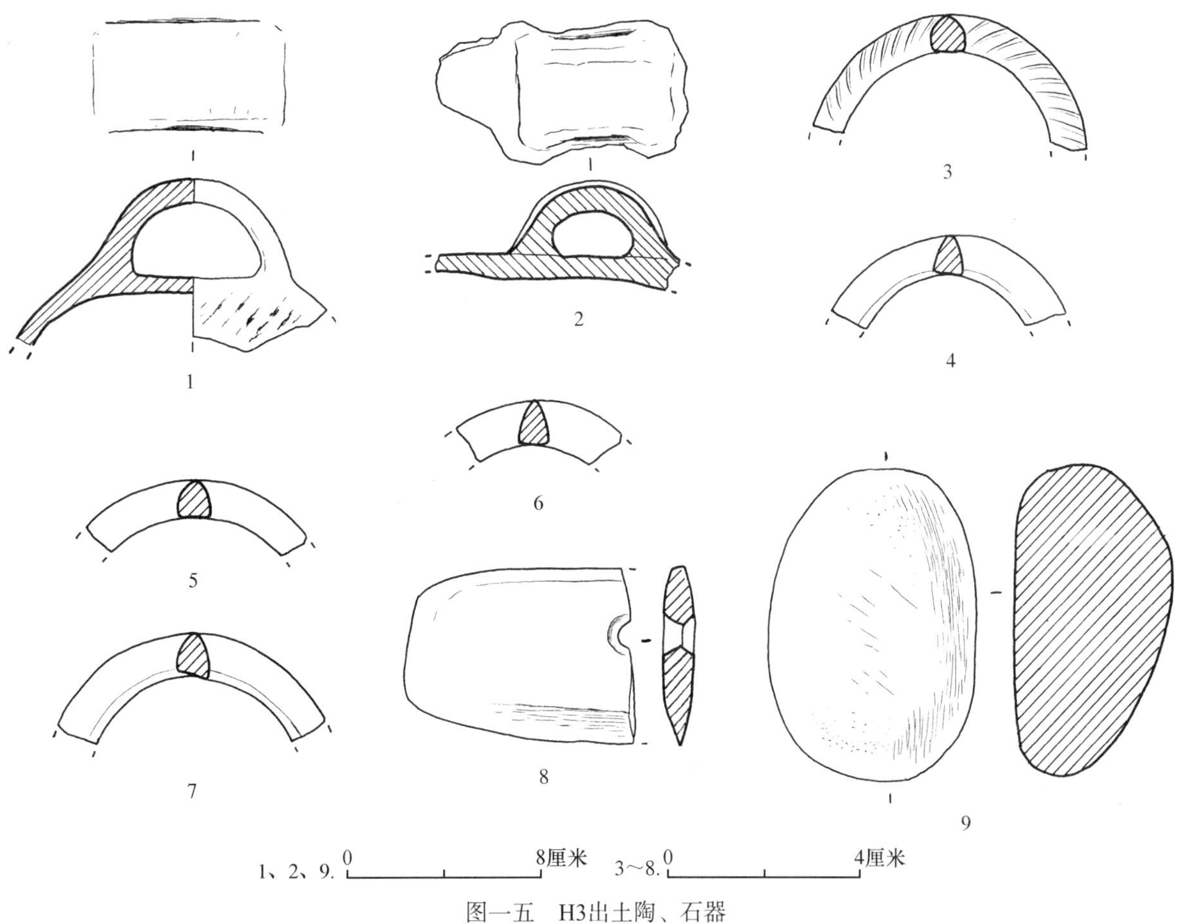

图一五 H3出土陶、石器

1、2. 陶器盖（T1H3：25、T1H3：24） 3～7. 陶环（T1H3：5、T1H3：6、T1H3：7、T1H3：8、T1H3：4）

8. 石刀（T1H3：1） 9. 石球（T1H3：3）

4. H4

H4位于T3的北部，坑底一部分延伸至北隔梁内。开口于第1层下，打破生土，北部被H12打破。开口距地表20厘米。口部为圆形，剖面袋状，上部斜弧壁，下部直壁，坑壁光滑，平底。口径100、底径210、残深200厘米（图一六）。

坑内堆积为灰黑色土，土质疏松，夹植物根系、石块、灰星等，内含陶片。陶片以泥质红陶最多，泥质褐陶次之；纹饰以素面最多，绳纹次之，其他还有线纹、彩陶等（表四）。

表四　T3H4陶系、纹饰统计表

纹饰＼数量＼陶系	泥质陶				夹砂陶				合计	百分比
	红	褐	灰	小计	红	褐	灰	小计		
素面	76	10	17	103			1	1	104	48.60%
绳纹					17	45	6	68	68	31.78%
线纹	18		1	19					19	8.87%
彩陶	23			23					23	10.75%
合计	117	10	18	145	17	45	7	69	214	100%
百分比	54.67%	4.67%	8.42%	67.76%	7.94%	21.03%	3.27%	32.24%	100%	

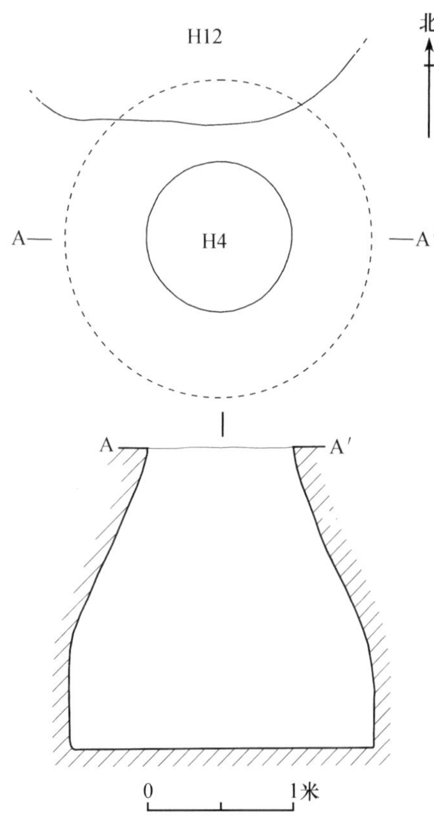

图一六　H4平、剖面图

H4共出土标本16件，均为陶器。

重唇口尖底瓶　1件。标本T3H4：5，口沿残片。泥质红陶。口微敛，下唇尖唇，双唇退化明显，上下唇几乎连成一体，上唇稍高，上唇宽于下唇，沿内有一周深而细的凹槽。颈部外壁印有左上至右下的斜线纹。口径7.6、残高4.6厘米（图一七，1）。

盆　3件。均为口沿残片。根据口部特征可分为叠唇盆、敞口深腹盆。

叠唇盆　2件。泥质红陶，敛口、叠唇，有弧腹、斜腹之分。

叠唇弧腹盆　1件。标本T3H4：7，泥质红陶，叠唇较宽，弧腹内收。素面，内壁可见轮修痕。残高4.6厘米（图一七，6）。

叠唇斜腹盆　1件。标本T3H4：3，泥质红陶，色偏黄，叠唇较宽，唇面平直，沿内有一周浅凹槽，斜直腹内收。素面。口径34、残高6.2厘米（图一七，5）。

敞口深腹盆　1件。标本T3H4：1，可修复。泥质红陶，敞口，方唇稍加厚，斜直腹，平底。素面。口径16.4、底径

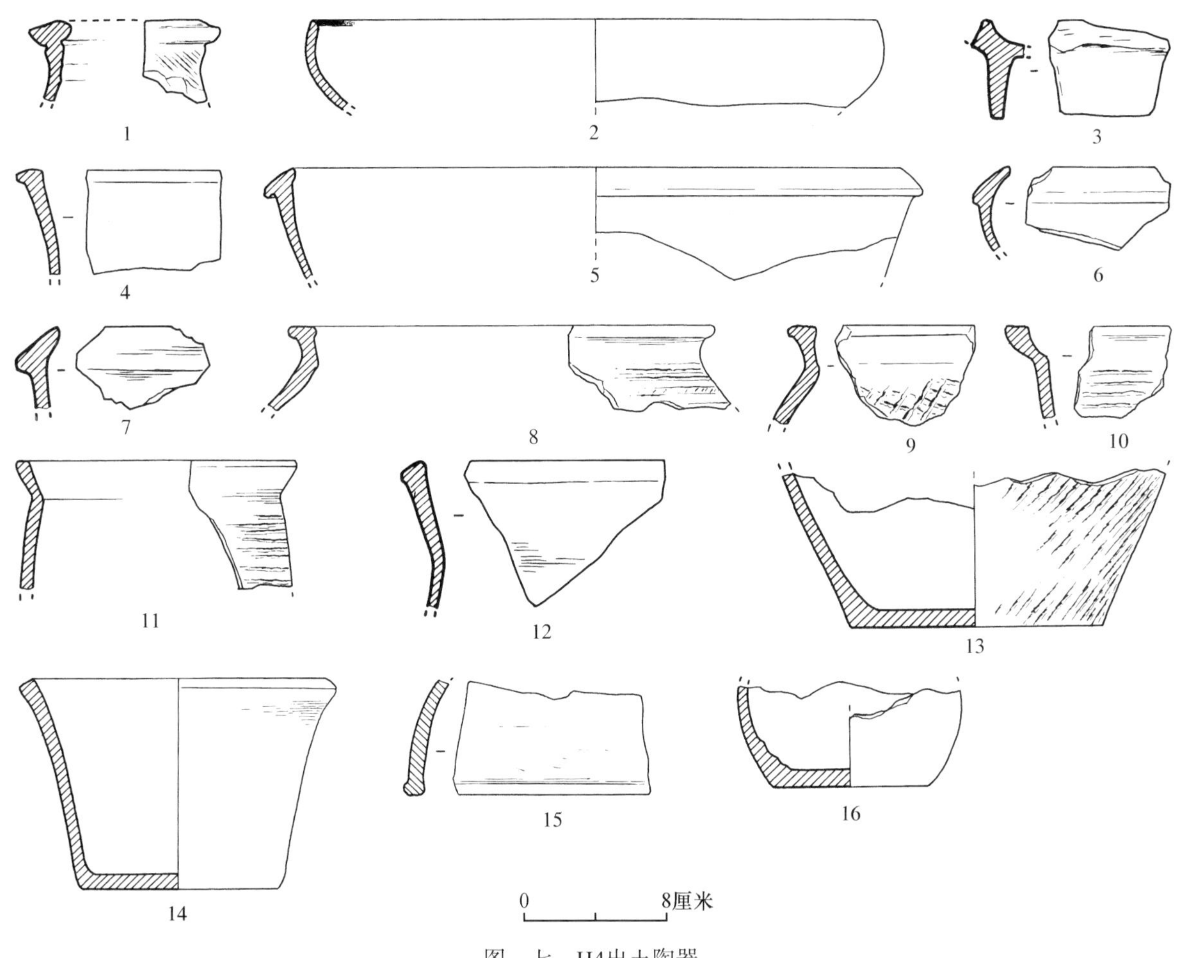

图一七 H4出土陶器

1. 重唇口尖底瓶（T3H4：5） 2. 敛口钵（T3H4：2） 3. 灶（T3H4：16） 4、12. 高领罐（T3H4：8、T3H4：9） 5. 叠唇斜腹盆（T3H4：3） 6. 叠唇弧腹盆（T3H4：7） 7. 缸（T3H4：6） 8、9. 大口罐（T3H4：11、T3H4：12） 10、11. 斜沿直腹罐（T3H4：14、T3H4：13） 13、16. 罐底残件（T3H4：15、T3H4：10） 14. 敞口深腹盆（T3H4：1） 15. 器盖（T3H4：4）

11.2、高11.5厘米（图一七，14；图版一〇，2）。

钵 1件。敛口钵。标本T3H4：2，口沿残片，泥质红陶。敛口，方圆唇，上腹微鼓，弧腹内收。唇部饰一周黑彩。口径32、残高4.8厘米（图一七，2）。

罐 8件。多为口沿残片。根据口部特征可分为大口罐、斜沿直腹罐、高领罐。

大口罐 2件。标本T3H4：11，夹砂红陶。直口微侈，圆唇，平沿，口内微凹，束颈，上腹外鼓。颈下饰弦纹。口径20.8、残高4.8厘米（图一七，8）。标本T3H4：12，夹砂褐陶。直口，圆唇，平沿，口内微凹，上腹较鼓。颈下饰交错绳纹。残高5.6厘米（图一七，9）。

斜沿直腹罐 2件。标本T3H4：13，夹砂褐陶。侈口，方唇，上腹较直。颈下饰弦纹。口径14.2、残高7厘米（图一七，11）。标本T3H4：14，夹砂褐陶。侈口，尖唇，窄平沿。口内有一周宽凹槽，直腹。颈下饰弦纹。残高5厘米（图一七，10）。

高领罐 2件。标本T3H4：8，泥质红陶。侈口，方唇，窄平沿稍外斜，高领。素面。残高5.8厘米（图一七，4）。标本T3H4：9，泥质红陶。侈口，方唇较厚，窄平沿外斜，高领。壁内外都可见轮修痕。残高8.5厘米（图一七，12）。

罐底残件　2件。标本T3H4：10，泥质褐陶，陶色偏红。鼓腹，弧腹内收，平底。素面，内壁可见轮修痕。底径8.8、残高5.4厘米（图一七，16）。标本T3H4：15，夹砂红陶。斜直腹，平底。腹部饰较细密的右上至左下的斜绳纹。底径14.2、残高8.4厘米（图一七，13）。

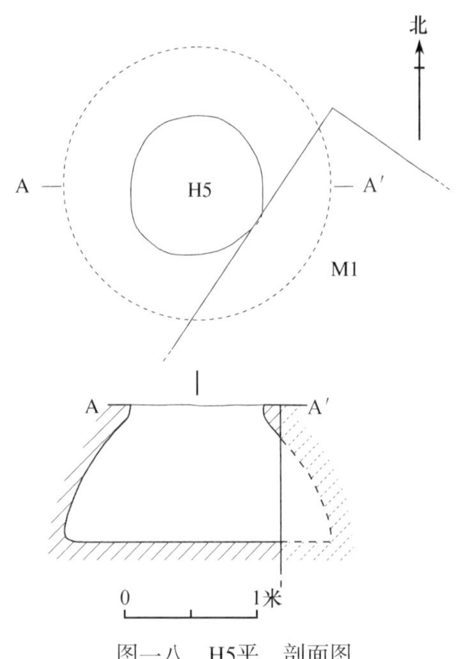

图一八　H5平、剖面图

缸　1件。标本T3H4：6，口沿残片。泥质红陶。敛口，尖唇外叠，唇面较宽。残高8.5厘米（图一七，7）。

灶　1件。标本T3H4：16，足部残片。夹砂红陶。扁足，呈铲状。宽5.5、残高5.4厘米（图一七，3）。

器盖　1件。标本T3H4：4，残。泥质红陶。口微敛呈覆钵形，方唇，唇外侧微凸，弧壁。素面。残高6.2厘米（图一七，15）。

5. H5

H5位于T1的西北角，大部分延伸至北隔梁内。开口于第1层下，打破生土，南部被M2打破坑底，东南部被M1打破。开口距地表25厘米。口部为圆形，剖面袋状，斜弧壁外扩，坑壁清晰，平底。口径100、底径200、残深100厘米（图一八）。

坑内堆积为深灰色土，土质疏松，夹草木灰、灰烬、烧土、礓石等，内含陶片。陶片以泥质红陶最多，夹砂褐陶和泥质灰陶次之；纹饰以素面为主，绳纹次之，其他还有线纹、彩陶（表五）。

表五　T1H5陶系、纹饰统计表

陶系/数量/纹饰	泥质陶				夹砂陶				合计	百分比
	红	褐	灰	小计	红	褐	灰	小计		
素面	60	7	38	105	4			4	109	48.02%
绳纹					17	44		61	61	26.87%
线纹	33		1	34					34	14.98%
彩陶	23			23					23	10.13%
合计	116	7	39	162	21	44		65	227	100%
百分比	51.1%	3.08%	17.19%	71.37%	9．25%	19.38%		28.64%	100%	

H5出土标本16件，均为陶器。

盆　3件。根据口部形态特征可分为折沿盆、叠唇盆。

折沿盆　2件。均为口沿残片。标本T1H5：4，泥质红陶。敛口，圆唇，上腹外鼓。唇外缘饰一周黑彩，腹部饰黑彩勾叶纹样。口径28.4、残高4.2厘米（图一九，1）。标本T1H5：5，泥质红陶。敛口，圆唇较厚，上腹外鼓。唇外缘饰一周黑彩，腹部饰黑彩勾叶纹样。口径30、残高4.4厘米（图一九，2）。

叠唇盆　1件。标本T1H5：9，口沿残片。泥质红陶。敛口，圆唇，叠唇不明显，上腹较鼓。素面。残高4.8厘米（图一九，3）。

钵　3件。敛口钵。均为口沿残片。标本T1H5：7，泥质红陶。口微敛，圆唇，弧腹。素面。残高6厘米（图一九，5）。标本T1H5：8，泥质红陶。敛口，方唇，上腹微鼓。素面。残高3.6厘米（图一九，14）。标本T1H5：10，泥质灰陶。敛口，厚圆唇，上腹微鼓。素面。口径23.6、残高5厘米（图一九，4）。

罐　7件。根据口部特征可分为大口罐、矮领鼓腹罐、斜沿直腹罐。

大口罐　3件。均为口沿残片，铁轨式口沿退化。标本T1H5：13，夹砂红陶。直口，圆唇，口内有一周凹槽，束颈，上腹较鼓。颈下贴附有圆形小泥饼，饰有弦纹及右上至左下的斜绳纹。残高8.4厘米（图一九，12）。标本T1H5：14，夹砂红陶。侈口，圆唇，窄平沿，口内微凹，束颈，腹

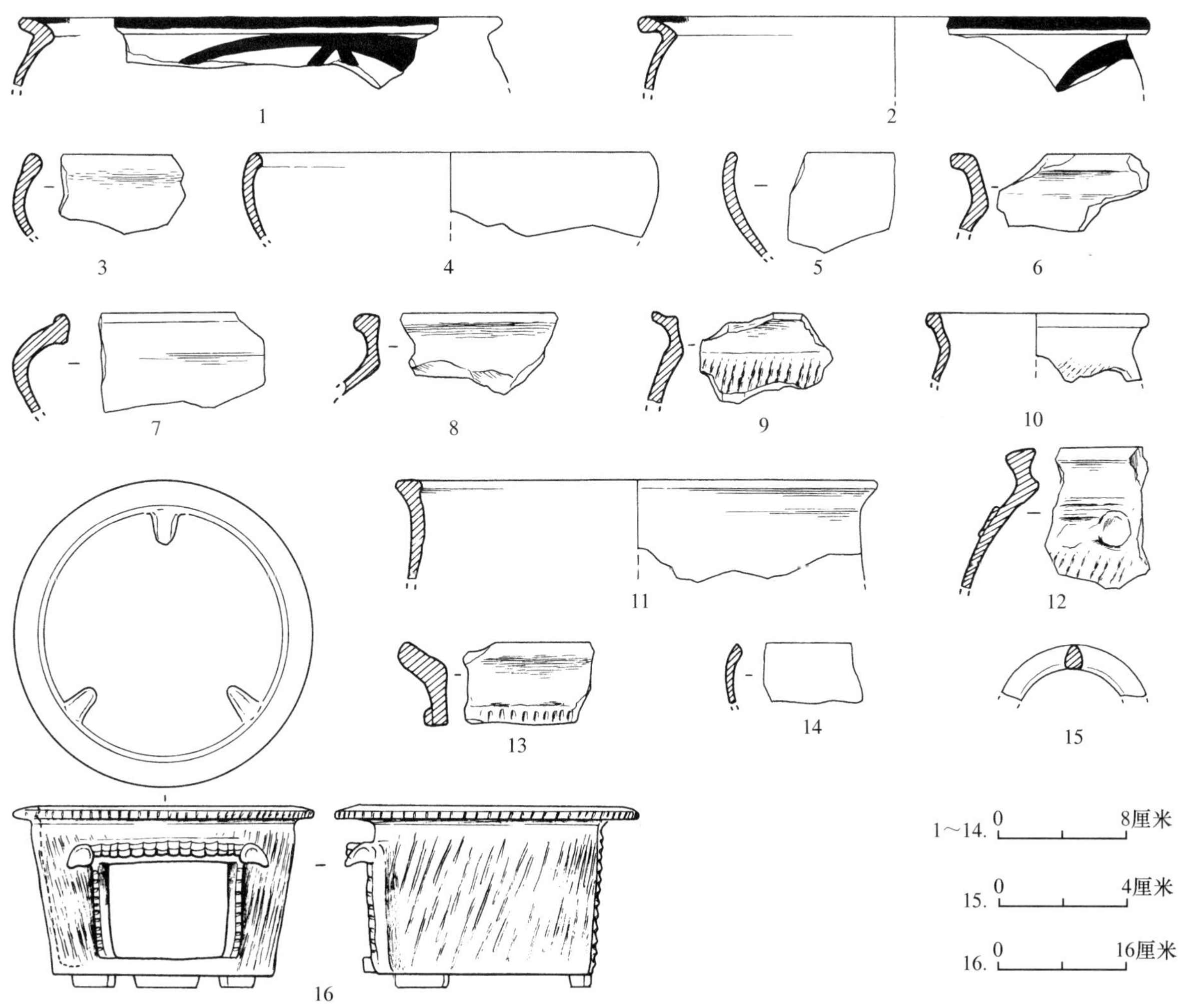

图一九　H5出土陶器

1、2. 折沿盆（T1H5：4、T1H5：5）　3. 叠唇盆（T1H5：9）　4、5、14. 敛口钵（T1H5：10、T1H5：7、T1H5：8）　6、8、11. 矮领鼓腹罐（T1H5：12、T1H5：6、T1H5：11）　7. 瓮（T1H5：16）　9、10、12. 大口罐（T1H5：15、T1H5：14、T1H5：13）　13. 斜沿直腹罐（T1H5：2）　15. 环（T1H5：3）　16. 灶（T1H5：1）

微鼓。颈下饰右上至左下的斜绳纹。口径12、残高4.2厘米（图一九，10）。标本T1H5：15，夹砂褐陶。侈口，圆唇，沿面微凹，上腹微鼓。器表饰右上至左下的斜绳纹。残高5.5厘米（图一九，9）。

矮领鼓腹罐　3件。口沿残片。标本T1H5：6，泥质红陶。直口，窄平沿，口内微凹，矮领束颈，上腹外鼓。唇外缘饰一周黑彩。残高5厘米（图一九，8）。标本T1H5：11，泥质红陶。直口微侈，圆唇，平沿，口内微凹。素面。口径26.4、残高6.2厘米（图一九，11）。标本T1H5：12，泥质红陶。侈口，方唇，平沿。素面。残高4.8厘米（图一九，6）。

斜沿直腹罐　1件。口沿残片。标本T1H5：2，夹砂红陶。侈口，方圆唇，平沿内斜，直腹。颈下贴附有一周附加堆纹，上有戳印痕。残高5厘米（图一九，13）。

瓮　1件。标本T1H5：16，口沿残片。泥质灰陶。敛口，圆唇，叠于口部上方，圆肩近折。素面。残高6厘米（图一九，7）。

灶　1件。标本T1H5：1，可复原。夹砂褐陶。侈口，尖唇，平沿较短，沿面平且饱满，沿内有一周较深的凹槽，其下有三个对称的支脚，唇部一周呈花边状，腹直且深，灶门呈长方形，上端与两侧呈花边状，上端饰有两个鸟头状捏塑，灶底在与三个支脚对应处各有一长方形矮足，两侧亦呈花边状。灶身饰稀疏的右上至左下的斜绳纹。口径29.2、高22厘米（图一九，16；图版七，1～3）。

环　1件。标本T1H5：3，残。泥质灰陶。截面呈圆角等腰三角形。素面，两侧有磨制痕迹。内径3.6、外径5、厚0.6厘米（图一九，15）。

6. H6

H6位于T1的南部，部分延伸至东、南、西隔梁下。开口于第1层下，距地表25～35厘米，打破生土，西部被两座近代墓葬打破。口部为不规则长条形，西高东低；直壁、壁面清晰；底面中间高，有一生土台将H6分为东西两部分，东西两部分低且较平整，仅在靠近探方东西两壁处呈坡状。口部南北宽76～206、东西长900、坑中部深90～116、东西两端深200～240厘米；其中西部南北宽170～206、东西长455厘米，东部南北宽76～200、东西长296厘米（图二〇）。

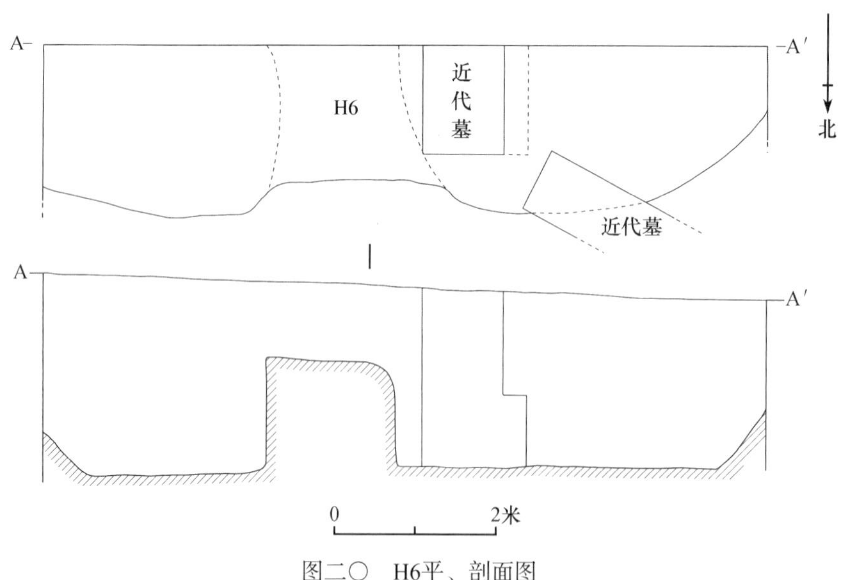

图二〇　H6平、剖面图

坑内堆积为深灰色土，土质疏松，夹大量草木灰、烧土、礓石、砂石等，内含陶片、石器、骨器及动物骨头。陶片以泥质红陶最多，夹砂褐陶和泥质灰陶次之；纹饰以素面最多，绳纹和线纹次之，其他还有彩陶、弦纹、附加堆纹等（表六）。动物骨头经鉴定为猪和圆顶珠蚌。

表六 T1H6陶系、纹饰统计表

陶系/数量/纹饰	泥质陶				夹砂陶				合计	百分比
	红	褐	灰	小计	红	褐	灰	小计		
素面	2090	220	668	2978		40		40	3018	45.70%
绳纹					340	1060	14	1414	1414	21.41%
线纹	1280	128	20	1428					1428	21.62%
彩陶	640			640					640	9.69%
弦纹	3			3	2	20		22	25	0.37%
绳+弦						60		60	60	0.91%
附加堆纹						20		20	20	0.30%
合计	4013	348	688	5049	342	1200	14	1556	6605	100%
百分比	60.76%	5.26%	10.42%	76.44%	5.18%	18.17%	0.21%	23.56%	100%	

H6共出土标本206件。以陶器为主，另有少量的石器、骨器。

陶器 198件。

瓶 6件。可分为尖底瓶、平底瓶。

尖底瓶 5件。多为口部残片。可分为重唇口尖底瓶、底部残件。

重唇口尖底瓶 3件。标本T1H6：135，泥质红陶。敛口，双唇明显，上唇沿面稍宽，双唇上斜，下唇尖唇、沿面微凹。唇口内外可见轮修痕，口内侧可见唇部与颈部的接痕，颈部饰左上至右下的细线纹。口径4.8、残高6.8厘米（图二一，1）。标本T1H6：136，泥质红陶。敛口，双唇明显，下唇尖圆、沿面较宽且微凹，双唇沿面上斜，束颈，溜肩。唇口内外可见轮修痕，颈部饰左上至右下的斜线纹。口径5.2、残高9厘米（图二一，2）。标本T1H6：137，泥质红陶。敛口，双唇明显，上唇沿面较宽并上斜，下唇尖圆、沿面较平且稍凹，鼓剑。唇口内外可见轮修痕，颈部饰左上至右下的斜线纹，肩部饰交错线纹。口径4、残高9厘米（图二一，3）。

底部残件 2件。标本T1H6：215，泥质红陶。形态尖瘦，底部圆尖。内部可见泥条盘筑的痕迹，腹壁饰细密的交错线纹。残高15.3厘米（图二一，4）。标本T1H6：213，泥质红陶。形态尖瘦，底部圆钝。内部可见泥条盘筑的痕迹，腹壁饰细密的左上至右下的线纹。残高6.6厘米（图二一，5）。

平底瓶 1件。标本T1H6：138，底部残片。泥质红陶。斜直腹，平底。腹部饰右上至左下的斜线纹。底径12、残高6.8厘米（图二一，21）。

盆 18件。多为口沿残片。根据口部特征可分为折沿盆、叠唇盆、卷沿盆。

折沿盆 9件。均为口沿残片。标本T1H6：160，泥质红陶。敛口，圆唇，弧腹斜收。唇部及沿内缘均饰一周黑彩，沿面饰黑彩弧边三角纹，上腹部饰黑彩圆点、弧边三角、勾叶弧线等组

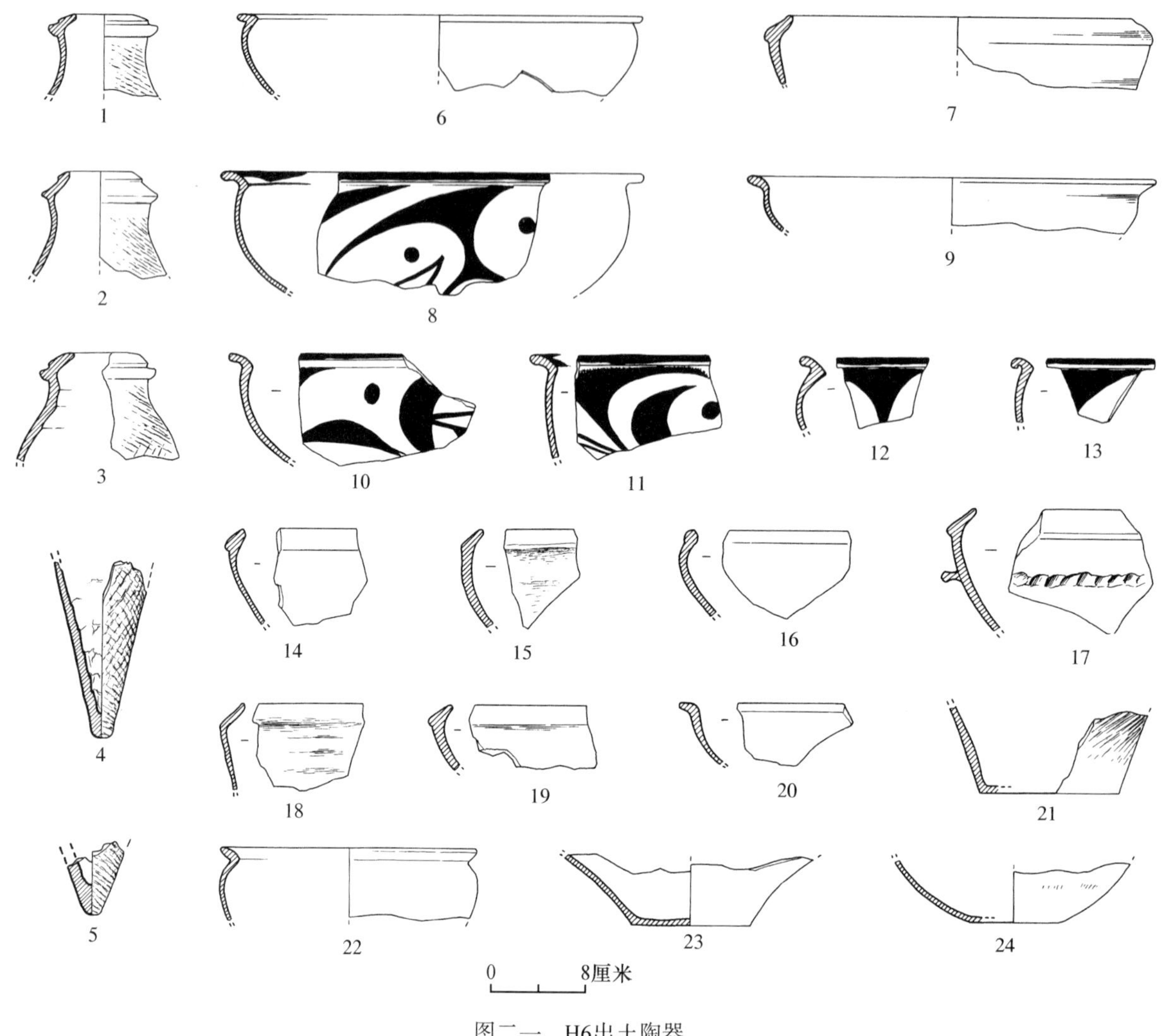

图二一　H6出土陶器

1～3. 重唇口尖底瓶（T1H6：135、T1H6：136、T1H6：137）　4、5. 尖底瓶底部残件（T1H6：215、T1H6：213）　6、8～13、20、22. 折沿盆（T1H6：160、T1H6：172、T1H6：173、T1H6：161、T1H6：162、T1H6：163、T1H6：164、T1H6：171、T1H6：170）　7、18. 叠唇斜腹盆（T1H6：166、T1H6：167）　14、15、17、19. 叠唇弧腹盆（T1H6：143、T1H6：144、T1H6：177、T1H6：169）　16. 卷沿盆（T1H6：168）　21. 平底瓶（T1H6：138）　23、24. 盆底残件（T1H6：212、T1H6：174）

成的纹样。口径36、腹径33.6、残高10厘米（图二一，6）。标本T1H6：161，泥质红陶。敛口，方圆唇，弧腹斜收。唇部及沿内缘均饰一周黑彩，沿面饰黑彩弧边三角纹，上腹部饰黑彩圆点、勾叶、弧线等组成的纹样。残高9.2厘米（图二一，10）。标本T1H6：162，泥质红陶。敛口，圆唇，上腹微弧。唇外缘饰一周黑彩，沿面饰黑彩弧线纹，上腹部饰黑彩圆点、弧边三角、勾叶、弧线组成的纹样。残高8.5厘米（图二一，11）。标本T1H6：163，泥质红陶，色偏黄。敛口，圆唇，上腹外鼓。唇部及沿面内、外缘均饰一周黑彩，上腹部饰黑彩弧边三角纹样。残高6厘米（图二一，12）。标本T1H6：164，泥质红陶。口微敛，厚圆唇微外卷，上腹微鼓，壁较厚。唇外缘饰一周黑彩，沿面饰黑彩弧边三角纹，上腹部饰黑彩弧边三角纹样。残高5.3厘米（图二一，13）。标本T1H6：170，泥质红陶。敛口，圆唇，上腹较鼓，弧腹内收。素面，近口沿处有一个从外向内的单面钻孔。口径34.2、腹径33.4、残高6.4厘米（图二一，22）。标本T1H6：171，泥质灰陶。敞口，圆唇，上腹较直、弧腹内收，腹较浅。素面。口径34、残高4.4厘米（图二一，20）。标本T1H6：172，泥质灰陶。口微敞，圆唇，上腹较直、弧腹内收，腹较浅。素面。残高5厘米（图二一，8）。标本T1H6：173，泥质灰陶。敛口，圆唇，上腹外鼓。口径22、腹径22、残高6厘米（图二一，9）。

叠唇盆　6件。均为口沿残片。有弧腹、斜腹之分。

叠唇弧腹盆　4件。标本T1H6：143，泥质灰陶。敛口，方唇外叠，叠唇较宽，弧腹斜收。素面。残高7.8厘米（图二一，14）。标本T1H6：144，泥质灰陶。敛口，叠唇不太明显，弧腹斜收。素面。残高8厘米（图二一，15）。标本T1H6：169，泥质红陶。敛口，叠唇较宽，弧腹斜收。残高5.2厘米（图二一，19）。标本T1H6：177，泥质红陶。敛口，叠唇较宽，唇面较直，弧腹内收。素面，上腹部饰一个横向鸡冠状鋬。残高10.2厘米（图二一，17）。

叠唇斜腹盆　2件。标本T1H6：166，泥质红陶。敛口，叠唇较宽，唇面微凹，斜腹内收。素面，沿面可见轮修痕。口径27、残高5.8厘米（图二一，7）。标本T1H6：167，泥质红陶。敛口，方圆唇，斜直腹内收。素面。残高7.2厘米（图二一，18）。

卷沿盆　1件。口沿残片。标本T1H6：168，泥质红陶。敛口，厚圆唇，叠唇不明显，上腹外鼓，下腹曲收。残高7厘米（图二一，16）。

盆底残件　2件。标本T1H6：174，泥质红陶。弧腹内收，平底。素面，腹部有一排斜向刻划纹。底径7.4、残高4.9厘米（图二一，24）。标本T1H6：212，泥质红陶。腹微曲，平底。素面。底径10、残高5.6厘米（图二一，23）。

钵　15件。均为口沿残片。根据口部形态可分为敞口钵、敛口钵。

敞口钵　3件。口微敞。标本T1H6：154，泥质红陶。尖唇，弧腹内收，腹壁较薄。素面。口径18.6、残高5.5厘米（图二二，1）。标本T1H6：156，泥质红陶，下腹部色偏黄。尖圆唇，弧腹内收，下腹微折，腹壁较薄。素面。口径14.6、残高6厘米（图二二，2）。标本T1H6：158，泥质红陶。尖圆唇，弧腹内收，腹壁较薄。素面，腹中部有一个对钻的圆孔。残高4厘米（图二二，3）。

敛口钵　12件。标本T1H6：145，泥质红陶。敛口，方唇，上腹较鼓，下腹内收。唇部饰一周黑彩，上腹部饰一周黑彩弧边三角、圆点、弧线、柳叶等组成的纹样。口径32、腹径32.8、残高8厘米（图二二，6）。标本T1H6：146，泥质红陶。敛口，方唇，上腹较鼓，下腹内收。唇部饰一周黑彩，上腹部饰一周黑彩弧边三角、圆点、勾叶等组成的纹样。残高6.8厘米（图二二，7）。标本T1H6：147，泥质红陶。敛口，方圆唇，上腹较鼓，下腹内收。唇部饰一周黑彩，上腹部饰黑彩弧边三角、倒“品”字形的三个圆点、弧线等组成的纹样。残高5厘米（图二二，14）。标本T1H6：148，泥质红陶。敛口，方圆唇，上腹较鼓，下腹内收。唇部饰一周黑彩，上腹部饰黑彩弧边三角、圆点等组成的纹样。残高5.2厘米（图二二，15）。标本T1H6：149，泥质褐陶。敛口，方唇，上腹较鼓，下腹内收。唇部饰一周黑彩，素面。口径35.8、腹径37.4、残高8厘米（图二二，12）。标本T1H6：150，泥质红陶。口微敛，方圆唇较厚，上腹微鼓。唇部饰一周黑彩，素面。残高5.4厘

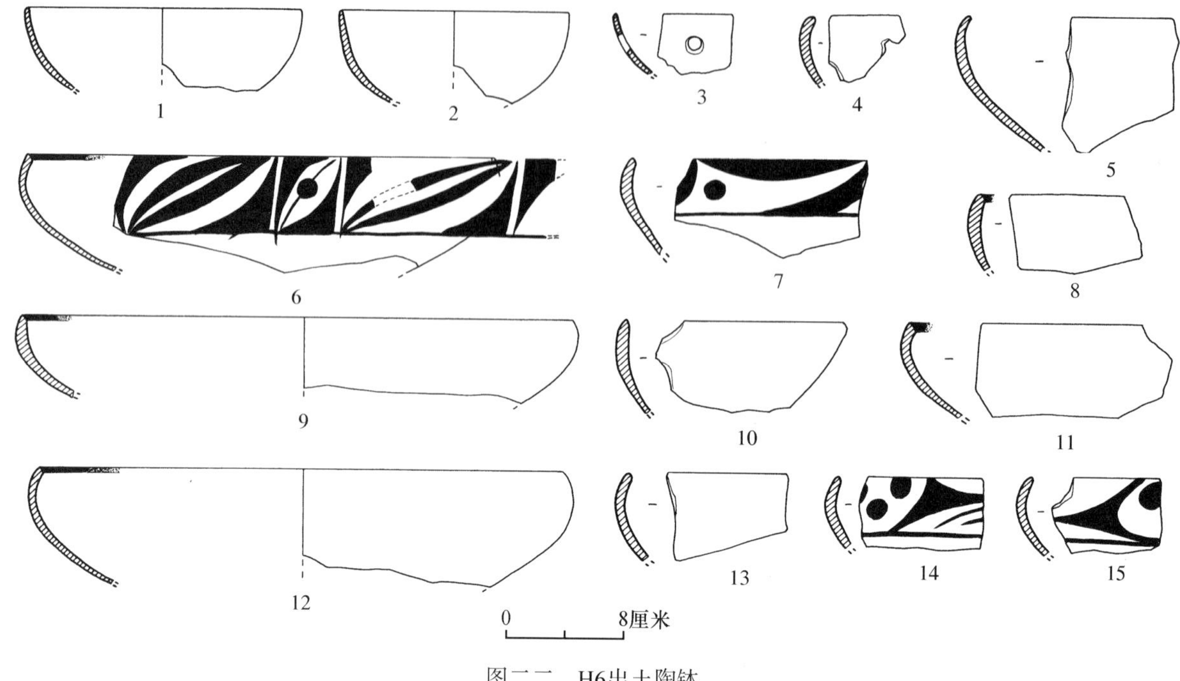

图二二　H6出土陶钵

1～3. 敞口钵（T1H6：154、T1H6：156、T1H6：158）　4～15. 敛口钵（T1H6：159、T1H6：153、T1H6：145、T1H6：146、T1H6：150、T1H6：151、T1H6：155、T1H6：152、T1H6：149、T1H6：157、T1H6：147、T1H6：148）

米（图二二，8）。标本T1H6：151，泥质红陶。口微敛，方圆唇较厚，上腹微鼓，弧腹内收。唇部饰一周黑彩，素面。口径37.6、腹径38.4、残高5.7厘米（图二二，9）。标本T1H6：152，泥质红陶。敛口，方唇，上腹较鼓，下腹内收。唇部饰一周黑彩，素面。残高6.4厘米（图二二，11）。标本T1H6：153，泥质红陶。敛口，尖圆唇，上腹微鼓，下腹斜收。素面。残高9厘米（图二二，5）。标本T1H6：155，泥质红陶。敛口，尖圆唇，上腹微鼓，下腹内收。素面。残高6.4厘米（图二二，10）。标本T1H6：157，泥质红陶。敛口，圆唇，上腹较鼓。素面。残高6厘米（图二二，13）。标本T1H6：159，泥质灰陶。口微敛，圆唇，上腹微鼓。素面。残高4.4厘米（图二二，4）。

罐　20件。根据口部形态可分为大口罐、矮领鼓腹罐、斜沿直腹罐、高领罐。

大口罐　11件。均为口沿残片。铁轨式口沿退化。标本T1H6：184，夹砂红陶。直口，尖圆唇较厚，沿面微鼓，口内外各有一周凹槽，上腹较鼓。沿下有按压的指窝纹，其下饰稀疏的左上至右下的斜绳纹，口部内壁有几道弦纹。残高7厘米（图二三，11）。标本T1H6：187，夹砂红陶，外灰内红。直口，厚圆唇，口内有一周较深的凹槽，上腹较直。器表饰较稀疏的左上至右下的斜绳纹。残高7厘米（图二三，10）。标本T1H6：188，夹砂红陶。直口微敛，尖唇，窄平沿，口内有一周凹槽，外有一周凸棱。上腹微鼓。沿下饰一周戳印纹，腹部饰较稀疏的左上至右下的斜绳纹。残高9厘米（图二三，9）。标本T1H6：189，夹砂红陶。侈口，方唇，窄平沿，口内微凹，上腹较鼓。器表饰较稀疏的左上至右下的斜绳纹。残高6.2厘米（图二三，17）。标本T1H6：190，夹砂红陶。口微侈，方唇，沿内有一周凹槽，上腹较鼓。腹部饰竖向绳纹。口径12、残高6.2厘米（图二三，20）。标本T1H6：191，夹砂红陶。直口圆唇，窄平沿。口内微凹，上腹较鼓。颈下饰较

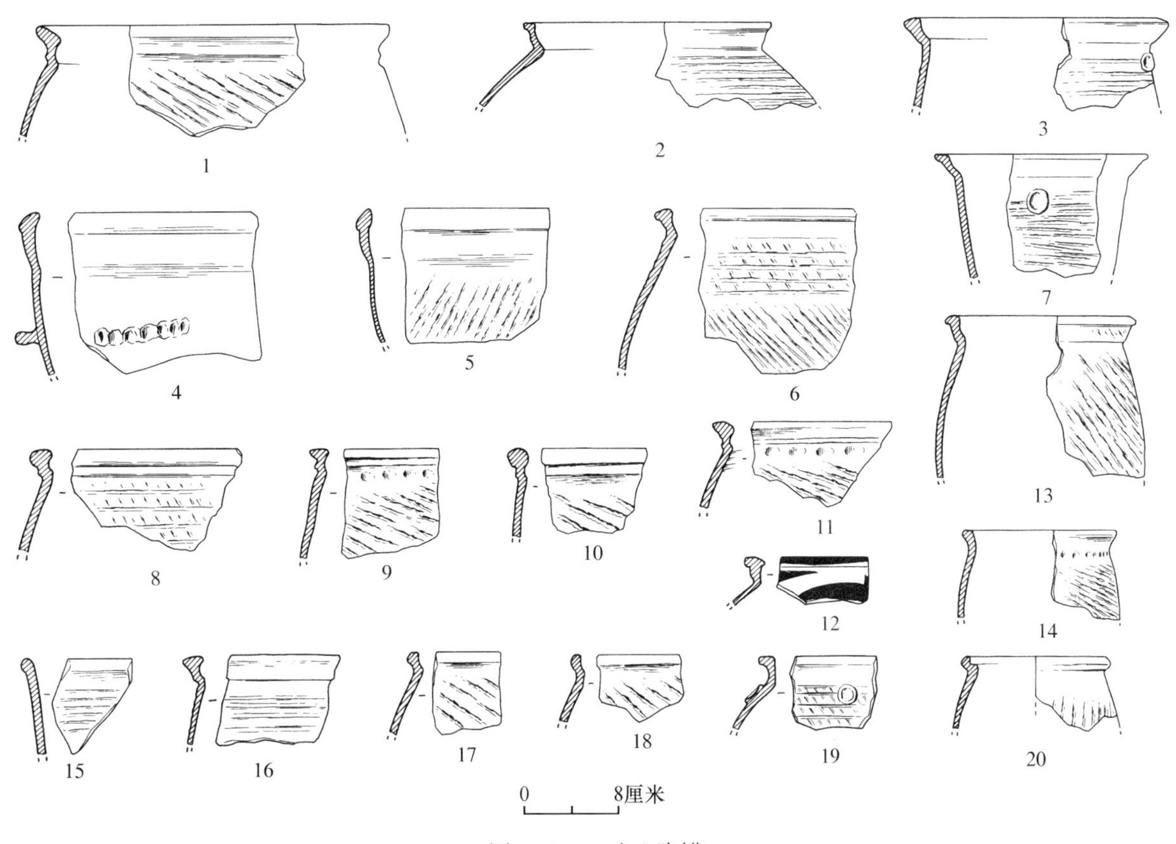

图二三　H6出土陶罐

1、2、6、8～11、17～20. 大口罐（T1H6∶194、T1H6∶200、T1H6∶197、T1H6∶191、T1H6∶188、T1H6∶187、T1H6∶184、T1H6∶189、T1H6∶201、T1H6∶195、T1H6∶190）　3、7、13～16. 斜沿直腹罐（T1H6∶183、T1H6∶203、T1H6∶199、T1H6∶186、T1H6∶178、T1H6∶205）　4、5. 高领罐（T1H6∶180、T1H6∶179）　12. 矮领鼓腹罐（T1H6∶165）

稀疏的左上至右下的斜绳纹。残高5.6厘米（图二三，8）。标本T1H6∶194，夹砂红陶。直口，圆唇，平沿内斜，口内有一周凹槽，外有一周凸棱，上腹较鼓。饰较稀疏的左上至右下的斜绳纹。残高9.2厘米（图二三，1）。标本T1H6∶195，夹砂褐陶。直口方唇，平沿，口内较直，束颈，上腹外鼓。颈下贴附有带捺窝的圆形泥饼，饰左上至右下的斜绳纹，被几道横向弦纹隔断。残高6.1厘米（图二三，19）。标本T1H6∶197，夹砂红陶。侈口圆唇，平沿外斜，口内微凹，下腹外鼓。颈下饰右上至左下的斜绳纹，上部被横向弦纹隔断。残高13.5厘米（图二三，6）。标本T1H6∶200，夹砂褐陶。侈口方唇，窄平沿，口内微凹，上腹外鼓。颈下饰弦纹。口径18.8、残高7.2厘米（图二三，2）。标本T1H6∶201，夹砂红陶。直口，厚圆唇，窄平沿，口内外各有一周较深的凹槽，外有一周凸棱，上腹较鼓。饰左上至右下的斜绳纹，被几道横向弦纹隔断。残高8.4厘米（图二三，18）。

矮领鼓腹罐　1件。标本T1H6∶165，口沿残片。泥质红陶。直口，圆唇，平沿，沿下微凸，矮领，上腹外鼓。唇部及沿面饰一周黑彩，颈下饰黑彩弧线纹。残高3.8厘米（图二三，12）。

斜沿直腹罐　6件。均为口沿残片。标本T1H6∶178，泥质红陶。口微侈，厚圆唇，斜直壁内收。腹部饰弦纹。残高8厘米（图二三，15）。标本T1H6∶183，夹砂红陶。侈口，尖圆唇，窄沿外斜，口内有一周浅凹槽，上腹微鼓。颈下贴附一带捺窝的圆形泥饼，上腹部饰弦纹。口径19.2、残高7.4厘米（图二三，3）。标本T1H6：186，夹砂红陶。侈口圆唇，束颈，上腹微鼓。颈下饰一周戳印纹，饰较细密的右上至左下的斜绳纹。口径11.2、残高7.4厘米（图二三，14）。标本T1H6：199，夹砂红陶。侈口，尖唇，窄沿外斜，束颈。口内有一周浅凹槽，下腹微鼓。颈下及腹部饰左上至右下的斜绳纹。口径13.8、残高13厘米（图二三，13）。标本T1H6：203，夹砂红陶。侈口，圆唇，平沿，口内稍凹，斜直腹。腹部饰横向绳纹，上部贴附一带捺窝的小泥饼。口径15.4、残高10厘米（图二三，7）。标本T1H6：205，夹砂灰陶。直口，尖圆唇较厚，平沿稍外斜。口内有一周宽凹槽，上腹微鼓。沿下饰一周戳印纹，上腹部饰弦纹。残高7.2厘米（图二三，16）。

高领罐　2件。标本T1H6：179，泥质红陶。敛口，尖圆唇外叠，上腹微鼓。颈下饰三周凹槽，腹部饰较粗疏的右上至左下的斜线纹。残高11厘米（图二三，5）。标本T1H6：180，口腹残片。泥质红陶。敛口，尖圆唇，沿面外斜，高领较直，领内微凹，上腹微鼓。上腹部饰一个横向鸡冠状鋬。残高13厘米（图二三，4）。

瓮　4件。均为口沿残片。标本T1H6：139，泥质灰陶。敛口，圆唇外叠，平沿，鼓肩，斜直壁。素面，沿面及器壁可见轮修痕。口径24.8、残高3.4厘米（图二四，9）。标本T1H6：140，泥质灰陶。敛口，圆唇外叠，沿面较长且微凹，肩部圆鼓。素面。残高7.2厘米（图二四，4）。标本T1H6：141，泥质灰陶。敛口，厚圆唇微上叠，圆肩微折。素面。残高6.1厘米（图二四，5）。标本T1H6：142，泥质灰陶。敛口，圆唇外叠，沿面下斜、微鼓，肩部圆鼓。素面。残高5厘米（图二四，2）。

缸　1件。标本T1H6：204，口沿残片。夹砂红陶。直口，圆唇较厚，沿面下斜、微凹，沿内有一周凹槽，上腹较直，下部微鼓。腹壁上部饰横向弦纹，内壁亦清晰可见，弦纹下有两个并排的带捺窝的小泥饼，下部饰较稀疏的左上至右下的斜绳纹。口径26.8、残高10.6厘米（图二四，7）。

盂　1件。标本T1H6：176，口沿残片。泥质红陶。敛口，圆唇，直沿，腹部圆鼓。素面。口径12.8、腹径17.4、残高8.6厘米（图二四，11）。

灶　2件。均残。标本T1H6：181，夹砂红陶。敞口，厚圆唇，宽平沿，直腹。沿内有一周花边状的附加堆纹，腹部饰弦纹。断面磨制光滑。残高3.4厘米（图二四，3）。标本T1H6：182，夹砂红陶。斜直腹，平底，长方形扁足。腹部饰弦纹，底部饰一周花边状的附加堆纹。残高9厘米（图二四，10）。

甑　1件。标本T1H6：8，可复原。泥质红陶。敛口，圆唇外叠，斜弧腹内收，平底。素面，甑底可见一对相背的月牙形镂孔，孔中间的两端各有一个圆孔，甑内部满布白色的附着物。口径32、底径14、高18厘米（图二四，15；图版七，5、6）。

壶　1件。标本T1H6：175，颈、腹部残片。泥质灰陶。细颈，腹部圆鼓。腹部饰黑彩圆点、弧线等组成的纹样，上部一个圆点与三条弧线相连，下部有一个圆点，位于一个似眼眶的纹饰中。残高9厘米（图二四，6）。

器盖　3件。标本T1H6：208，口部残片。夹砂褐陶。敞口呈喇叭形，圆唇，斜直壁。器表抹泥稍加修整，素面。口径15.4、残高5厘米（图二四，14）。标本T1H6：209，口部残片。夹砂褐

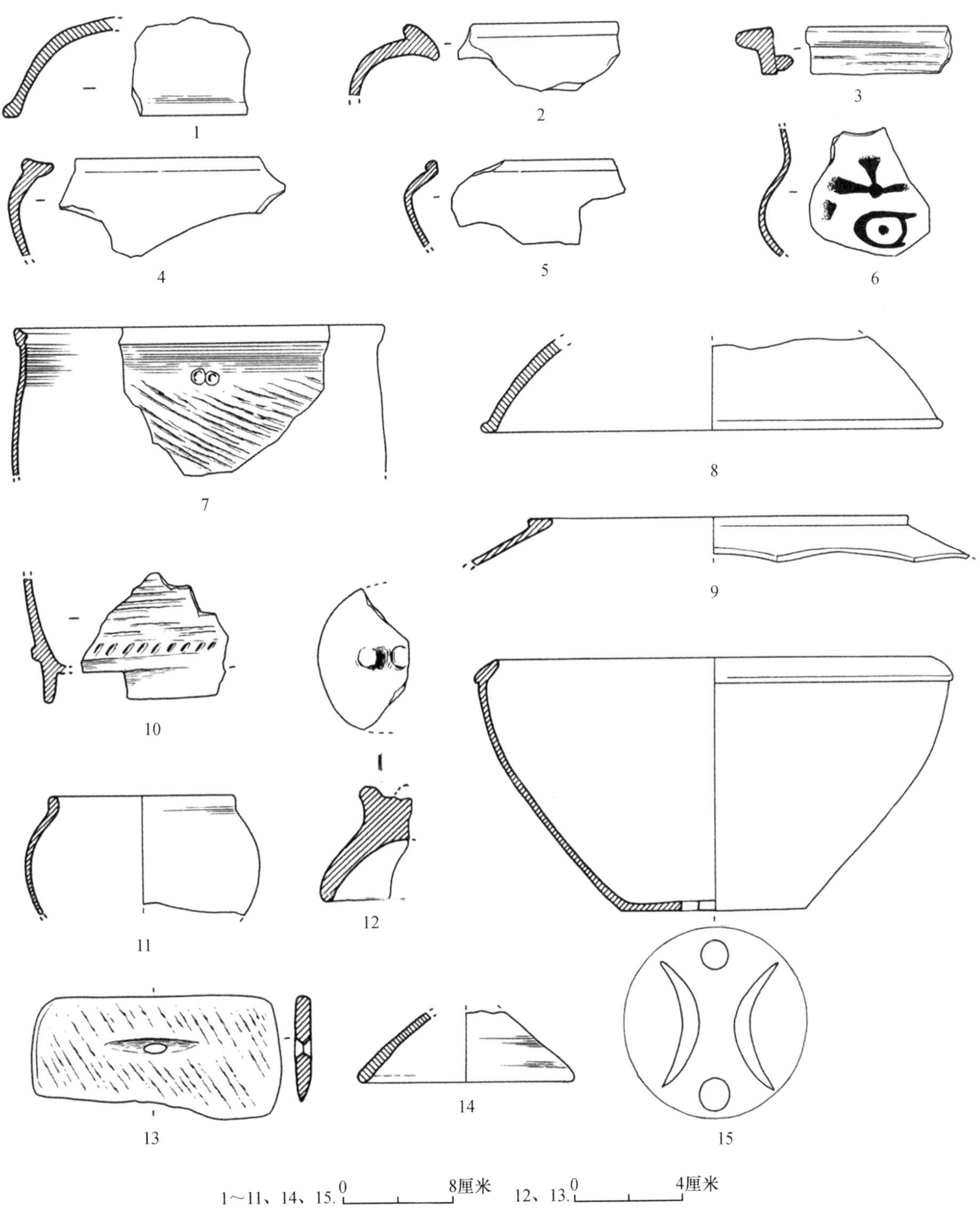

图二四　H6出土陶器

1、8、14. 器盖（T1H6：210、T1H6：209、T1H6：208）　2、4、5、9. 瓮（T1H6：142、T1H6：140、T1H6：141、T1H6：139）　3、10. 灶（T1H6：181、T1H6：182）　6. 壶（T1H6：175）　7. 缸（T1H6：204）　11. 盂（T1H6：176）　12. 杯盖（T1H6：9）　13. 刀（T1H6：5）　15. 甑（T1H6：8）

陶。敞口近覆钵形，圆唇，窄平沿，斜弧壁。器表抹泥稍加修整，素面。口径33.8、残高6.5厘米（图二四，8）。标本T1H6：210，口部残片。夹砂红陶。敞口近覆钵形，圆唇，斜弧壁，上部微内折。器表抹泥稍加修整，素面。残高7厘米（图二四，1）。

杯盖　1件。标本T1H6：9，泥质灰陶。敞口，圆唇，斜弧壁。盖纽为羊角状，一个已残。素面。应为杯盖。残高8.1厘米（图二四，12）。

刀　1件。标本T1H6：5，完整。泥质红陶，应为瓶的腹片改制而成。平面近圆角长方形，两侧微弧，直背，直刃微弧，单面磨制，中部靠近刀背有一两面刻槽钻透的孔，靠近刀背。一面饰斜线纹，有使用痕迹。长9.2、宽4.4、厚0.6厘米（图二四，13；图版一〇，1）。

圆陶片　7件。标本T1H6：12，泥质灰陶。呈不规则圆形，应为灰陶瓮的腹片单面打制成，周围经磨制。一面有一道刻划痕。直径约6.6、厚0.9厘米（图二五，6）。标本T1H6：13，泥质灰陶。呈不规则圆形，应为灰陶瓮的腹片打制成，周围经磨制。直径约5.3、厚1厘米（图二五，2）。标本T1H6：14，泥质褐陶。呈不规则圆形，应为盆或罐的腹片打制成，周围经磨制。直径约5.7、厚0.7厘米（图二五，1）。标本T1H6：15，泥质红陶。呈不规则椭圆形，应为瓶的腹片打制成，周围经磨制。中部有一个对钻的圆孔，一面饰被横向弦纹隔断的斜线纹。短径约5.5、长径约6.3、厚0.5厘米（图二五，5）。标本T1H6：16，泥质红陶。呈不规则圆形，应为盆或钵的腹片打制成。一边崩裂，周围经磨制，中部有一个对钻的圆孔。直径约3.8、厚0.3厘米（图二五，20）。标本T1H6：17，泥质红陶。呈不规则圆形，应为盆或钵的腹片打制成，周围经磨制。直径约5.2、厚0.6厘米（图二五，3）。标本T1H6：18，泥质褐陶。呈不规则圆形，应为盆或钵的腹片打制成，周围经磨制。直径约4.7、厚0.4厘米（图二五，4）。

环　117件。由于标本数量较大，陶环一般仅选取较完整或具有代表性的标本进行描述。标本T1H6：7，完整。泥质灰陶。呈齿轮状，器身有八个齿状凸起，每个凸起的正反两面均有两道刻槽。内径4、外径5.9、厚1.1厘米（图二五，12；图版九，3）。标本T1H6：19，完整。泥质灰陶。截面呈圆角的等腰三角形。素面，环面两侧有磨制痕迹。内径4.2、外径5.8、厚1厘米（图二五，16；图版九，4）。标本T1H6：20，残。泥质灰陶。截面呈圆角等腰三角形。素面，器表磨光。内径6、外径8、厚1厘米（图二五，9）。标本T1H6：22，残。泥质灰陶。截面呈圆角的等腰三角形。器表饰一周单向的细螺旋线纹，环面两侧有磨制痕迹。内径3.8、外径5.2、厚0.8厘米（图二五，17）。标本T1H6：26，残。泥质灰陶。截面呈圆角的等腰三角形。器表饰一周单向的细螺旋线纹，内侧有一周凹槽。内径4.8、外径6、厚0.7厘米（图二五，7）。标本T1H6：28，残。泥质灰陶。截面呈长椭圆形。环体两侧经磨至平。内径4.8、外径6.4、厚0.7厘米（图二五，8）。标本T1H6：57，残。泥质灰陶。器表饰间距较宽的细螺旋纹，并经磨光。内径4.2、外径5.6、厚0.8厘米（图二五，15）。标本T1H6：65，残。泥质灰陶。截面呈半椭圆形。器表可见三道细线纹，并经磨光。内径5、外径6.6、厚0.8厘米（图二五，18）。标本T1H6：116，残。泥质灰陶。截面呈圆角的等腰钝角三角形。素面较厚。内径5、外径6.6、厚2厘米（图二五，10）。标本T1H6：118，残。泥质灰陶。截面呈圆角的等腰三角形。器表饰一周单向的细螺旋线纹，并经磨光。内径4.2、外径5.8、厚1厘米（图二五，14）。标本T1H6：122，残。泥质灰陶。呈齿轮状，残留两个齿状

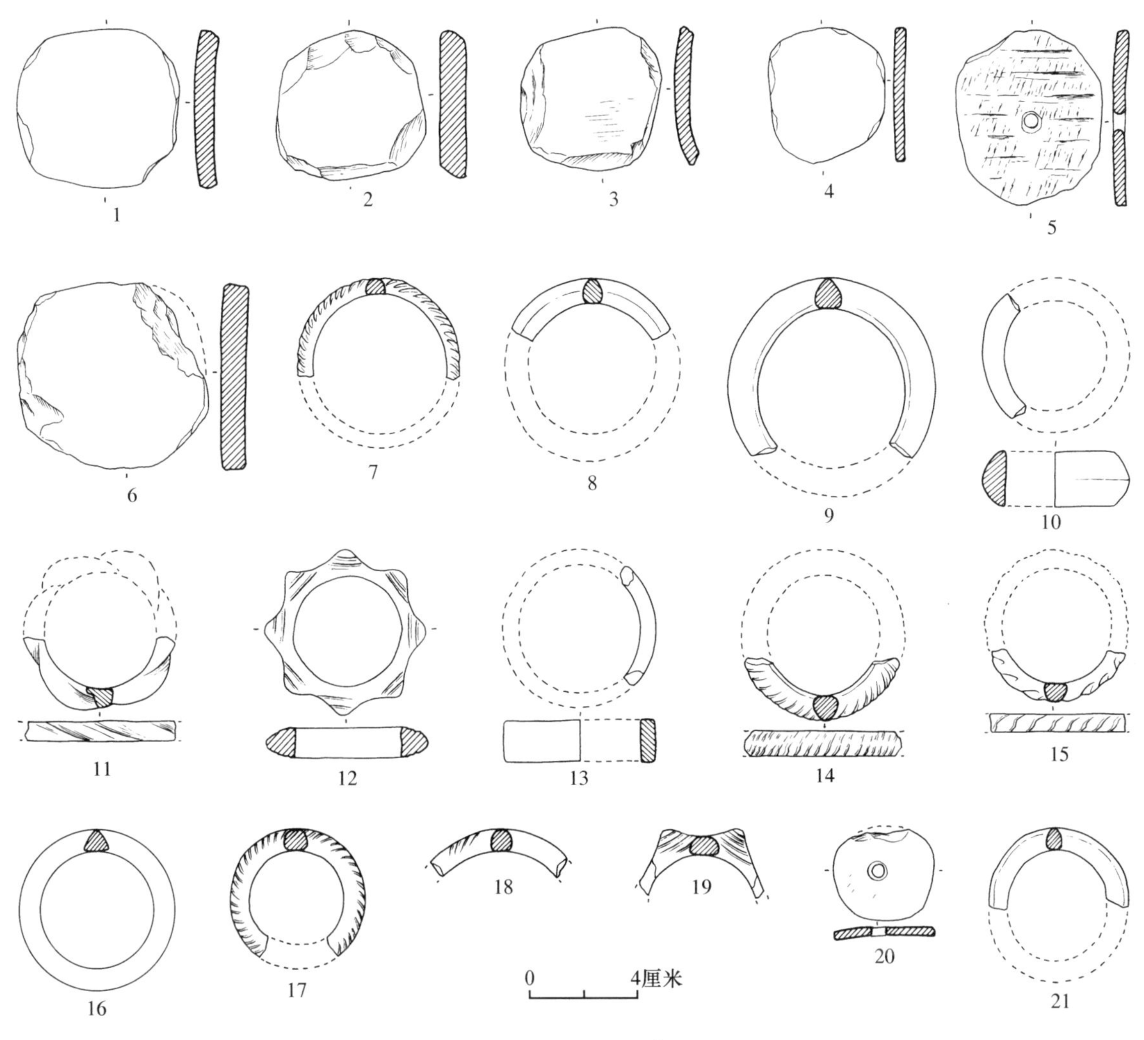

图二五　H6出土陶器

1～6、20. 圆陶片（T1H6：14、T1H6：13、T1H6：17、T1H6：18、T1H6：15、T1H6：12、T1H6：16）　7～19、21. 环（T1H6：26、T1H6：28、T1H6：20、T1H6：116、T1H6：123、T1H6：7、T1H6：134、T1H6：118、T1H6：57、T1H6：19、T1H6：22、T1H6：65、T1H6：122、T1H6：131）

凸起。每个凸起的正反两面均有4或5道刻槽。内径4.2、外径5.6、厚1.1厘米（图二五，19）。标本T1H6：123，残。泥质灰陶。呈螺旋状。内径4.4、外径5.6、厚1厘米（图二五，11）。标本T1H6：131，残。泥质褐陶，烧制不均，半边呈灰色。截面呈等腰三角形。器表磨光。内径3.8、外径5.2、厚0.5厘米（图二五，21）。标本T1H6：134，残。泥质灰陶。截面呈长方形。通体施白色陶衣，较厚。内径4.8、外径5.8、厚1.5厘米（图二五，13）。

石器　5件。

刀　4件。均残。标本T1H6：1，平面呈长方形，直背，刃微弧，双面磨制，中部有一个对钻的圆孔。残长6.6、宽4.4、厚0.5厘米（图二六，2）。标本T1H6：3，平面呈长方形，直背，直刃，单面磨制，中部近刀背处有一个对钻的圆孔。通体磨光。残长7.7、宽4.3、厚0.5厘米（图二六，4）。标本T1H6：10，平面近长方形，直背，斜直刃，单面磨制，中部近刀背处有一个对钻的圆

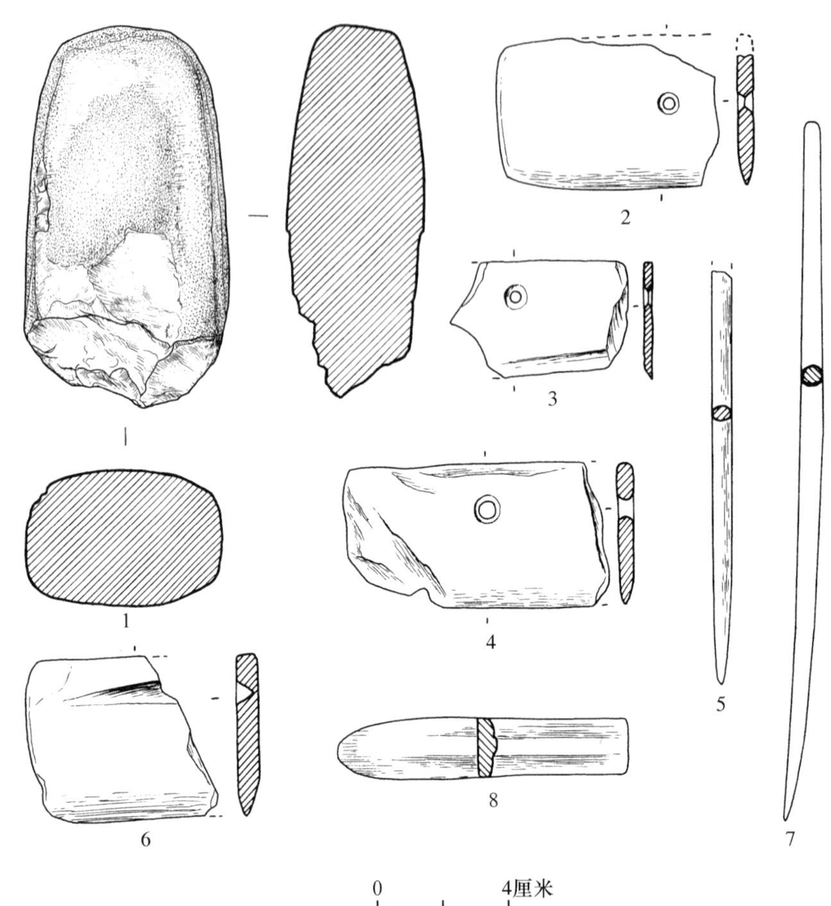

图二六 H6出土石、骨器

1. 石斧（T1H6：214） 2～4、6. 石刀（T1H6：1、T1H6：10、T1H6：3、T1H6：11）
5、7. 骨笄（T1H6：6、T1H6：4） 8. 骨铲（T1H6：2）

孔。残长5.4、宽3.5、厚0.3厘米（图二六，3）。标本T1H6：11，平面呈长方形，直背，直刃，双面磨制，中部近刀背处有一刻槽。残长5、宽4.9、厚0.7厘米（图二六，6）。

斧 1件。标本T1H6：214，残。平面为顶窄刃宽的梯形，截面为圆角方形，顶部平，体厚，表面较粗糙，有打击痕，刃部残。残长10.7、残宽6、厚4厘米（图二六，1）。

骨器 3件。

笄 2件。标本T1H6：4，完整。截面近圆形，器身细长，一端尖锐，一端圆钝，尖端略弯。通体磨光。长20.5厘米（图二六，7；图版九，5）。标本T1H6：6，顶端残。截面为扁圆形，器身细长，一端尖锐。通体磨光。长12.2厘米（图二六，5；图版九，6）。

铲 1件。标本T1H6：2，完整。呈长条形，截面近长方形，中间微凸，顶端及两侧磨制平直，刃部圆弧，铲正面有两道竖直的刻槽。长8.8、宽1.8厘米（图二六，4；图版九，1、2）。

7. H7

H7位于T4的东南部，部分延伸至东壁下。开口于第1层下，打破H8及生土，北部被一座近代墓打破。开口距地表20厘米。口部形状为近椭圆形，剖面口大底小，坡壁向内收，坑壁光滑，平底。

口部南北长320、东西宽250、底部南北长320、东西宽220、残深320厘米（图二七）。

坑内堆积可分两层：第1层厚160～180厘米，灰黑色土，土质松散，内含灰星、石块、螺壳及大量残陶片；第2层厚140～160厘米，灰黄色土，土质松散，包含物与上层相似；坑内各层可见零星动物遗存。陶片以泥质红陶最多，夹砂褐陶次之；纹饰以素面与绳纹最多，彩陶次之，其他还有线纹、弦纹、附加堆纹等（表七）。经鉴定，第1层动物遗存为中华圆田螺，第2层为猪、獐和圆顶珠蚌。

表七 T4H7陶系、纹饰统计表

纹饰 \ 数量 \ 陶系	泥质陶				夹砂陶				合计	百分比
	红	褐	灰	小计	红	褐	灰	小计		
素面	620	100	170	890					890	34.93%
绳纹					80	720	6	806	806	31.63%
线纹	320			320					320	12.56%
彩陶	445			445					445	17.46%
弦纹						20		20	20	0.78%
绳+弦						30		30	30	1.19%
附加堆纹					1	36		37	37	1.45%
合计	1385	100	170	1655	81	806	6	893	2548	100%
百分比	54.36%	3.92%	6.67%	64.95%	3.18%	31.63%	0.24%	35.05%	100%	

H7共出土标本77件。有陶器、石器、骨器。

陶器 72件（图版一〇，3）。

瓶 6件。多为口沿残片。根据口部形态可分为尖底瓶、葫芦口瓶、瓶底。

尖底瓶 3件。分为重唇口尖底瓶、底部残件。

重唇口尖底瓶 2件。标本T4H7②：35，泥质红陶，残留口部。敛口，双唇明显，上唇较窄，呈凸棱状，下唇宽于上唇，下唇圆唇，沿面较平。唇口外可见同心圆纹。口径5.2、残高3.2厘米（图二八，1）。标本T4H7②：36，泥质红陶，残留口部及部分颈部。敛口，双唇较明显，上唇沿面较宽，下唇圆方唇、沿面微上斜，束颈，肩部微鼓。颈部饰细密线纹，唇口内外可见同心圆纹，口内侧可见口与颈部的接痕。口径5.2、残高5.8厘米（图二八，2）。

底部残件 1件。标本T4H7②：37，尖底。泥质红陶。形态尖瘦，底部圆钝。器表饰细密线纹，内壁可见泥条盘筑的痕迹。残高8.8厘米（图二八，5）。

葫芦口瓶 2件。口部残片，葫芦口退化。标本T4H7②：33，

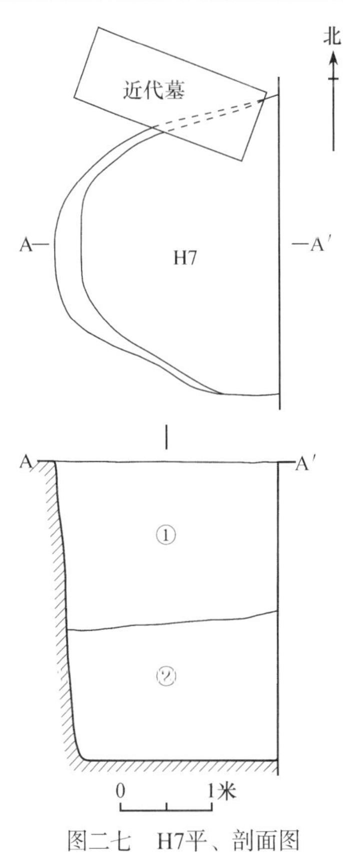

图二七 H7平、剖面图

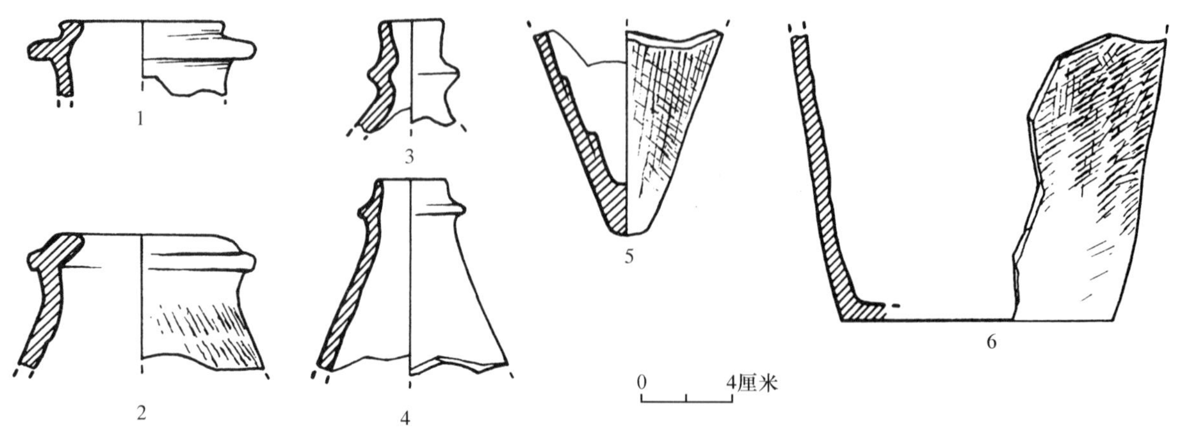

图二八　H7出土陶瓶

1、2. 重唇口尖底瓶（T4H7②：35、T4H7②：36）　3、4. 葫芦口瓶（T4H7②：34、T4H7②：33）

5. 尖底瓶底部残件（T4H7②：37）　6.瓶底（T4H7②：38）

泥质红陶，夹细砂，残留口及颈部。小口较矮，圆唇，颈部有一周凸棱，斜直壁，肩部微鼓。素面，器表不甚光滑，口沿内外可见同心圆纹，内壁有明显的盘筑痕迹。口径2.4、残高8.4厘米（图二八，4）。标本T4H7②：34，泥质红陶，夹细砂。小口，圆唇，颈部有一周凸棱。素面，口径2、残高4.8厘米（图二八，3）。

瓶底　1件。标本T4H7②：38，泥质红陶，平底。斜直腹，腹部饰细密的交错线纹。底径12、残高12.6厘米（图二八，6）。

盆　6件。均为口、腹部残片。根据口部特征可分为折沿盆、叠唇盆。

折沿盆　5件。标本T4H7②：25，泥质红陶。敛口，圆唇较厚，上腹微鼓，下腹曲收。唇部饰一周黑彩，沿面饰黑彩柳叶纹，上腹饰黑彩圆点、弧线、弧边三角组成的纹样。口径34、腹径32.4、残高8厘米（图二九，4）。标本T4H7②：26，泥质红陶。敛口，圆唇外卷，弧腹。唇部及沿内缘各饰一周黑彩，沿面饰黑彩弧边三角纹，上腹部饰黑彩圆点、弧边三角组成的纹样。口径36、腹径33.8、残高8.2厘米（图二九，3）。标本T4H7②：27，泥质红陶。敛口圆唇，弧腹。唇部及沿内缘各饰一周黑彩，沿面饰黑彩弧边三角纹，上腹部饰黑彩圆点、弧边三角、弧线组成的纹样。口径35.2、腹径33.2、残高8.1厘米（图二九，1）。标本T4H7②：28，泥质红陶。敛口，圆唇，上腹外鼓，曲腹内收。唇部及沿内缘各饰一周黑彩，沿面饰黑彩弧边三角纹，上腹部饰黑彩圆点、弧边三角、弧线组成的纹样。口径34、腹径33、残高13.2厘米（图二九，2）。标本T4H7②：29，泥质红陶。敛口，圆唇，上腹较鼓，下腹曲收。唇部饰一周黑彩，上腹部饰黑彩圆点、弧线纹样。口径20、腹径19.6、残高6.4厘米（图二九，5）。

叠唇盆　1件。叠唇弧腹盆。标本T4H7②：22，泥质红陶。敛口，叠唇较宽，唇面微凹，弧腹斜收。素面。残高7.2厘米（图二九，6）。

钵　14件。根据口部形态可分为敛口钵、敞口钵。

敛口钵　8件。标本T4H7②：1，可复原。泥质红陶，器顶陶色较深。敛口方唇，上腹外鼓，曲腹内收，平底微凹。唇部饰一周黑彩，腹部饰黑彩弧边三角、圆点、斜线组成的纹样，口内壁有

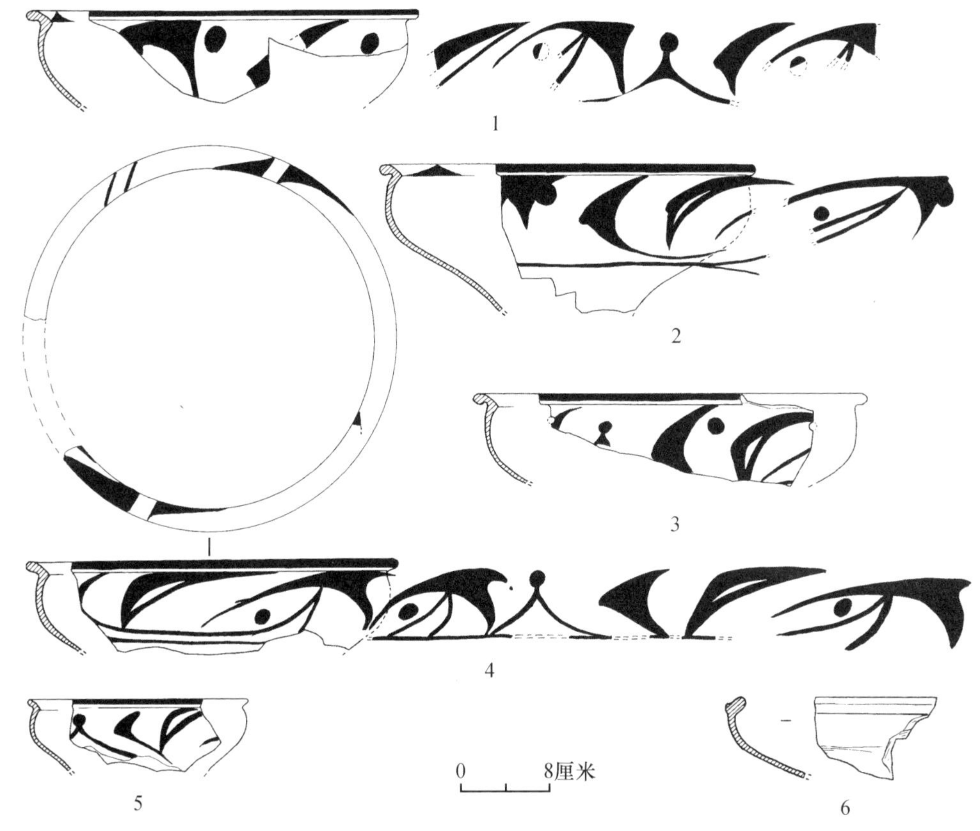

图二九　H7出土陶器

1～5. 折沿盆（T4H7②：27、T4H7②：28、T4H7②：26、T4H7②：25、T4H7②：29）　6. 叠唇盆（T4H7②：22）

轮修痕。口径29、底径11.6、高11.4厘米（图三〇，13；图版一一，1）。标本T4H7②：14，口沿残片。泥质红陶。口微敛，方唇，上腹微鼓，下腹内收。唇部饰一周黑彩，素面。口径28、残高5.8厘米（图三〇，9）。标本T4H7②：16，口沿残片。泥质红陶。敛口方唇，上腹微外鼓，下腹内收。唇部饰一周黑彩，上腹部饰黑彩弧边三角纹样。口径26、残高5厘米（图三〇，6）。标本T4H7②：17，口沿残片。泥质红陶。敛口方唇，上腹微外鼓，曲腹内收。唇部饰一周黑彩，上腹部饰黑彩斜线、圆点、弧边三角组成的纹样。残高6厘米（图三〇，7）。标本T4H7②：18，口沿残片。泥质红陶沿。敛口方唇，上腹微外鼓，下腹斜收。唇部饰一周黑彩，上腹部饰圆点、弧线、弧边三角组成的纹样。残高6.6厘米（图三〇，8）。标本T4H7②：81，可修复。泥质红陶，器顶以下陶色偏黄。口部变形，敛口方圆唇，上腹外鼓，下腹微曲内收，底微凹。唇部饰一周黑彩，上腹部饰黑彩弧边三角、圆点、竖线等组成的纹样，口内壁有数道较深的同心圆纹。口径30.7、底径10、高12.5厘米（图三〇，11；图版一二，4）。标本T4H7②：82，可修复。泥质红陶，器顶以下陶色偏黄。敛口方圆唇，上腹外鼓，曲腹内收，底微凹。唇部饰一周黑彩，上腹部饰黑彩弧边三角、柳叶、圆点等组成的纹样。口径28.7、底径10.5、高12厘米（图三〇，10，图版一二，5）。标本T4H7②：88，可修复。泥质红陶，器顶陶色较浅。敛口方圆唇，上腹微鼓，斜直腹内收，平底。素面，器表不光滑，可见刮抹修整的痕迹。口径27.6、底径12.4、残高12厘米（图三〇，12，图版一三，3）。

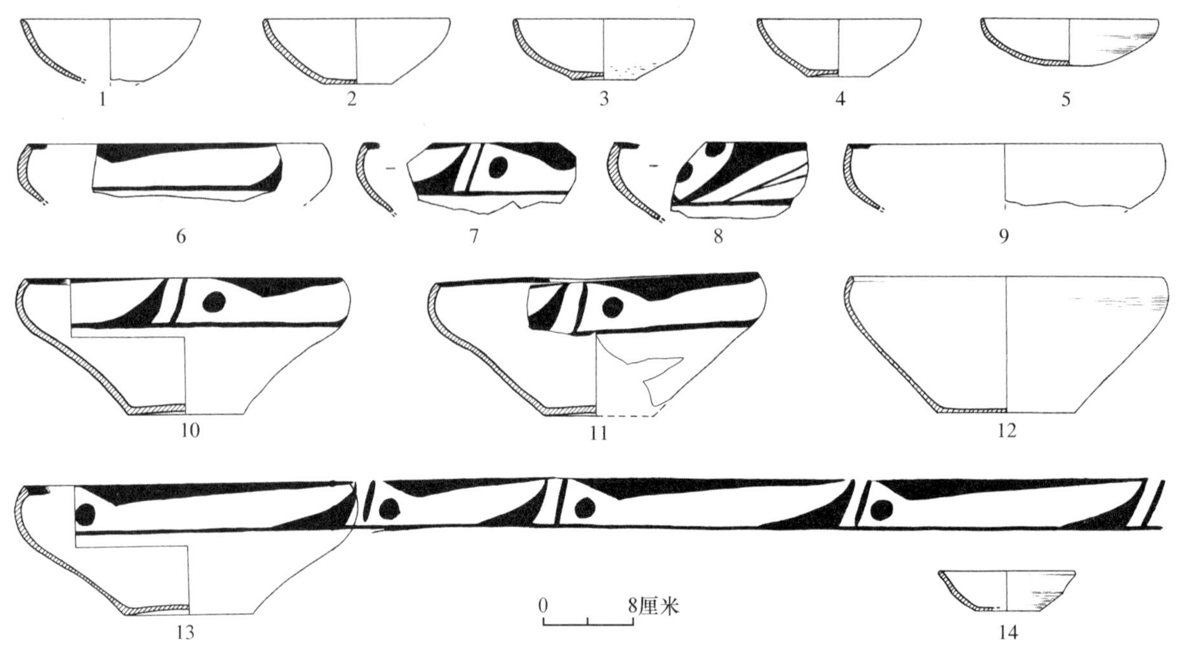

图三〇　H7出土陶钵

1～5、14. 敞口钵（T4H7②：15、T4H7②：87、T4H7②：84、T4H7②：86、T4H7②：85、T4H7②：89）

6～13. 敛口钵（T4H7②：16、T4H7②：17、T4H7②：18、T4H7②：14、T4H7②：82、T4H7②：81、T4H7②：88、T4H7②：1）

敞口钵　6件。标本T4H7②：15，口沿残片。泥质红陶，器顶陶色较浅。敞口，尖圆唇，弧腹内收。素面。口径16、残高5.4厘米（图三〇，1）。标本T4H7②：84，可修复。泥质红陶夹细砂，陶质较粗。敞口，圆唇，弧腹内收，底微凹。素面，器表抹泥修整。口径15.6、底径5.6、高5.4厘米（图三〇，3；图版一一，2）。标本T4H7②：85，可修复。泥质红陶夹细砂，陶质较粗。口微敞，圆唇，弧腹较浅，平底。素面，下腹器表粗糙，口内可见同心圆纹。口径15.2、底径4、高2.1厘米（图三〇，5；图版一三，4～6）。标本T4H7②：86，可修复。泥质红陶，烧制不均匀。敞口，圆唇，弧腹内收，平底微凹。素面。口径14、底径5.6、高4.8厘米（图三〇，4；图版一四，1～3）。标本T4H7②：87，可修复。泥质红陶，器顶陶色较浅。敞口，圆唇，弧腹内收，平底。素面。口径16、底径6.2、高5.6厘米（图三〇，2，图版一四，4～6）。标本T4H7②：89，可修复。泥质红陶夹细砂，陶质较粗。敞口，圆唇，腹斜收，较浅，平底。素面，下腹器表粗糙。口径9.6、底径5.8、高3.4厘米（图三〇，14；图版一五，3）。

罐　20件。根据口部形态可分为大口罐、斜沿直腹罐、矮领鼓腹罐、高领罐、带流罐。

大口罐　11件。均为口沿残片，铁轨式口沿退化。标本T4H7②：48，夹砂褐陶，色偏红。侈口，圆唇，沿面微鼓、外斜，口内微凹，腹部微鼓。颈下贴附有两道竖向带捺窝的泥条，饰细密的右上至左下的斜绳纹。残高8.2厘米（图三一，7）。标本T4H7②：46，夹砂褐陶，色偏红。直口微敛，圆唇，平沿稍外斜。口内微凹，上腹部较鼓。饰细密的交错绳纹加弦纹。残高8厘米（图三一，9）。标本T4H7②：47，夹砂褐陶，色偏红。直口方唇，平沿，上腹较鼓。颈下饰两道弦纹，其上贴附三片呈倒“品”字形的小泥饼，腹部饰较细密的右上至左下的斜绳纹。残高8.8厘米（图三一，10）。标本T4H7②：49，夹砂红陶。直口微侈，厚圆唇，平沿稍内斜，口内微凹，上腹外鼓。颈下饰细密的右上至左下的斜绳纹加弦纹。口径39、残高5.4厘米（图三一，4）。标本T4H7②：50，夹砂红陶。直口，方唇，平沿，口内较直，鼓腹。颈下饰较细密的右上至左下斜向绳纹。残高7.2厘米（图三一，12）。标本T4H7②：51，夹砂红陶。侈口圆唇，窄平沿，束颈，腹圆鼓。颈下饰较细密的交错绳纹。口径10.5、残高11.4厘米（图三一，18）。标本T4H7②：52，夹砂褐陶，色偏红。口微侈，圆唇，窄平沿，口内微凹，腹外鼓。颈下饰细密的右上至左下的斜绳

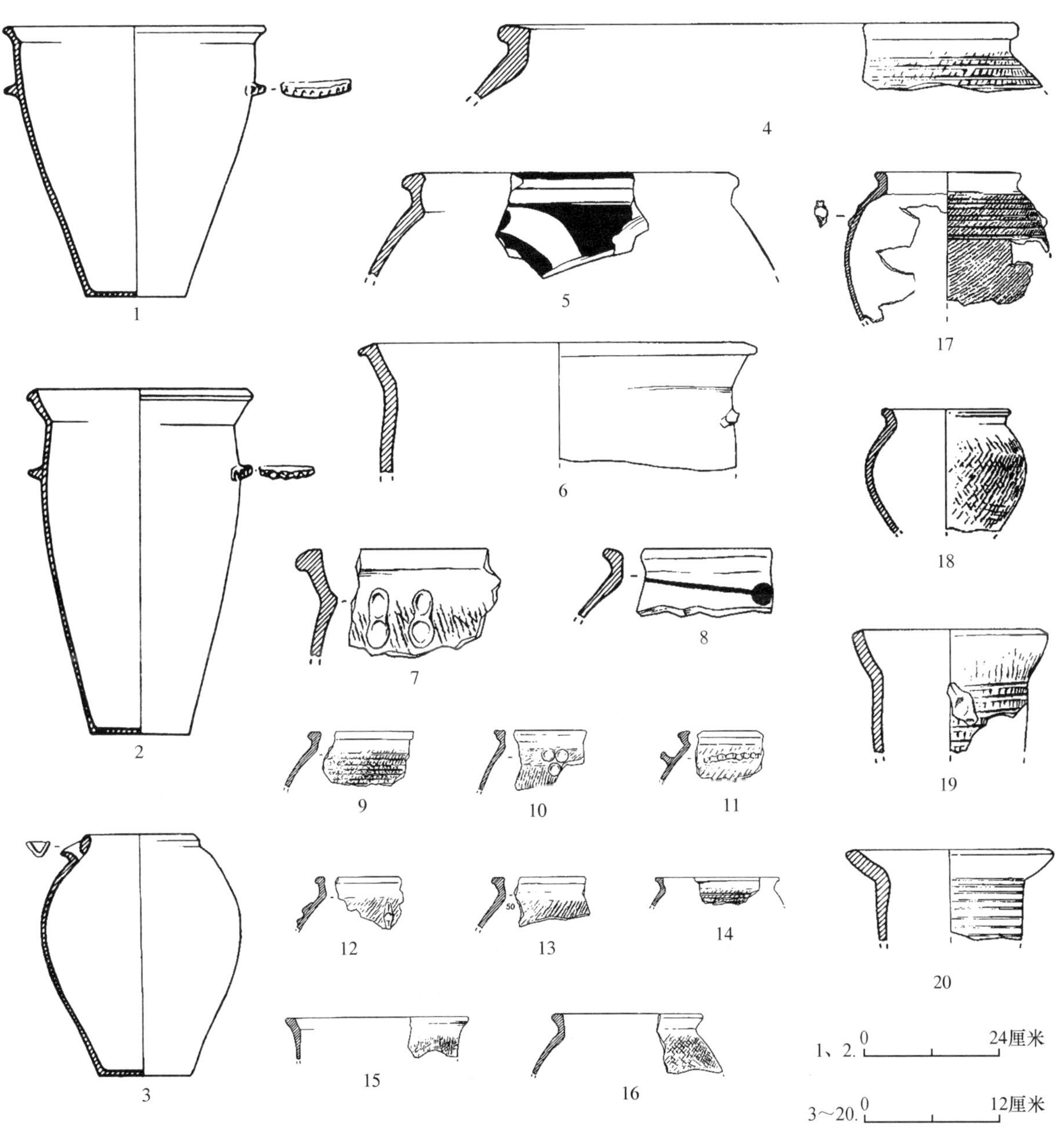

图三一　H7出土陶罐

1、2、6. 高领罐（T4H7②：78、T4H7②：77、T4H7②：24）　3. 带流罐（T4H7②：80）　4、7、9～14、16～18. 大口罐（T4H7②：49、T4H7②：48、T4H7②：46、T4H7②：47、T4H7②：54、T4H7②：50、T4H7②：57、T4H7②：52、T4H7②：56、T4H7②：58、T4H7②：51）　5、8. 矮领鼓腹罐（T4H7②：31、T4H7②：30）　15、19、20. 斜沿直腹罐（T4H7②：45、T4H7②：53、T4H7②：43）

纹加弦纹。口径17、残高4厘米（图三一，14）。标本T4H7②：54，夹砂褐陶，色偏红。直口微侈，方唇，口内有一周凹槽，上腹外鼓。腹部饰稀疏的右上至左下斜绳纹，并有一横向鸡冠状鋬。残高7.4厘米（图三一，11）。标本T4H7②：56，夹砂褐陶，色偏红。直口微侈，圆唇，沿面窄平，束颈，腹较鼓。颈下饰细密的交错绳纹。口沿内外及器表有轮修痕迹。口径20、残高9.8厘米（图三一，16）。标本T4H7②：57，夹砂灰陶。直口，尖圆唇，沿面窄平，口内微凹，腹较鼓。颈下贴附有竖向带有捺窝的泥条饰细密的右上至左下的斜绳纹。残高7.6厘米（图三一，13）。标本T4H7②：58，夹砂灰陶。直口微敛，圆唇，口内较直，束颈，腹部圆鼓，下腹内收。颈下贴附有竖向带捺窝的泥条，饰较细密的右上至左下的斜绳纹加弦纹。口径16.6、残高16.4厘米（图三一，17）。

斜沿直腹罐　3件。标本T4H7②：43，夹砂红陶。侈口，方圆唇，上腹较直。口外饰几道弦纹。口径14、残高6.8（图三一，20）。标本T4H7②：45，泥质红陶，夹细砂，色偏黄。侈口圆唇，口沿较厚，窄平沿。口内可见同心圆纹，腹部饰细密的竖绳纹。口径24.6、残高6.2厘米（图三一，15）。标本T4H7②：53，夹砂红陶。侈口，尖圆唇，直腹。沿下贴附斜向带捺窝的泥条，饰竖向绳纹加弦纹。口径13.5、残高9.2厘米（图三一，19）。

矮领鼓腹罐　2件。标本T4H7②：30，泥质红陶。直口，圆唇，沿稍内斜，口内微凹，矮领束颈，上腹外鼓。唇部饰一周黑彩，腹部饰黑彩圆点、弧线纹样，沿内外可见同心圆纹。残高5厘米（图三一，8）。标本T4H7②：31，泥质红陶。直口，圆唇，沿稍外斜，口内微凹，矮领束颈，上腹较鼓。沿面饰一周黑彩，腹部饰黑彩圆点和弧边三角组成的纹样，沿内外可见同心圆纹。口径22.8、残高7.8厘米（图三一，5）。

高领罐　3件。泥质红陶，高领，窄沿外斜。弧腹斜收，平底。标本T4H7②：24，泥质红陶。侈口，尖圆唇，直腹。领内外都可见同心圆纹，领以下饰一横向鸡冠状鋬。口径27.2、残高9.4厘米（图三一，6）。标本T4H7②：77，可修复。泥质红陶。敞口，圆唇，唇部外凸呈凸棱，上腹微鼓，下腹斜内收，平底。素面，上腹部饰两个对称的横向鸡冠状鋬。口径33.8、底径16、高34.3厘米（图三一，2；图版一二，1）。标本T4H7②：78，可修复。泥质红陶。敞口，圆唇，上腹微鼓，下腹斜内收，平底。素面，上腹部饰两个对称的横向鸡冠状鋬。口径40.8、底径16.4、高43.6厘米（图三一，1；图版一二，3）。

带流罐　1件。标本T4H7②：80，可复原。夹砂红陶。敛口，圆唇，矮领，腹中部圆鼓呈球状，下腹斜直内收，平底。素面，紧贴沿下方有一个鸟喙状的流，流较短，穿孔在颈部。素面。口径17.8、底径15.4、高39厘米（图三一，3，图版一二，2）。

瓮　1件。标本T4H7②：32，口沿残片。泥质灰陶。敛口，圆唇，方折肩。素面。残高5.8厘米（图三二，11）。

壶　1件。标本T4H7①：5，腹部残片。泥质褐陶。颈内收，上部断茬处磨平，腹部圆鼓。素面。残高4厘米（图三二，7）。

盂　1件。标本T4H7②：83，可复原。泥质红陶。敛口，圆唇，口内有一鸡冠形鋬，圆腹鼓，平底。素面，器表局部抹光。口径11.2、腹径16、底径8.2、高8.8厘米（图三二，12）。

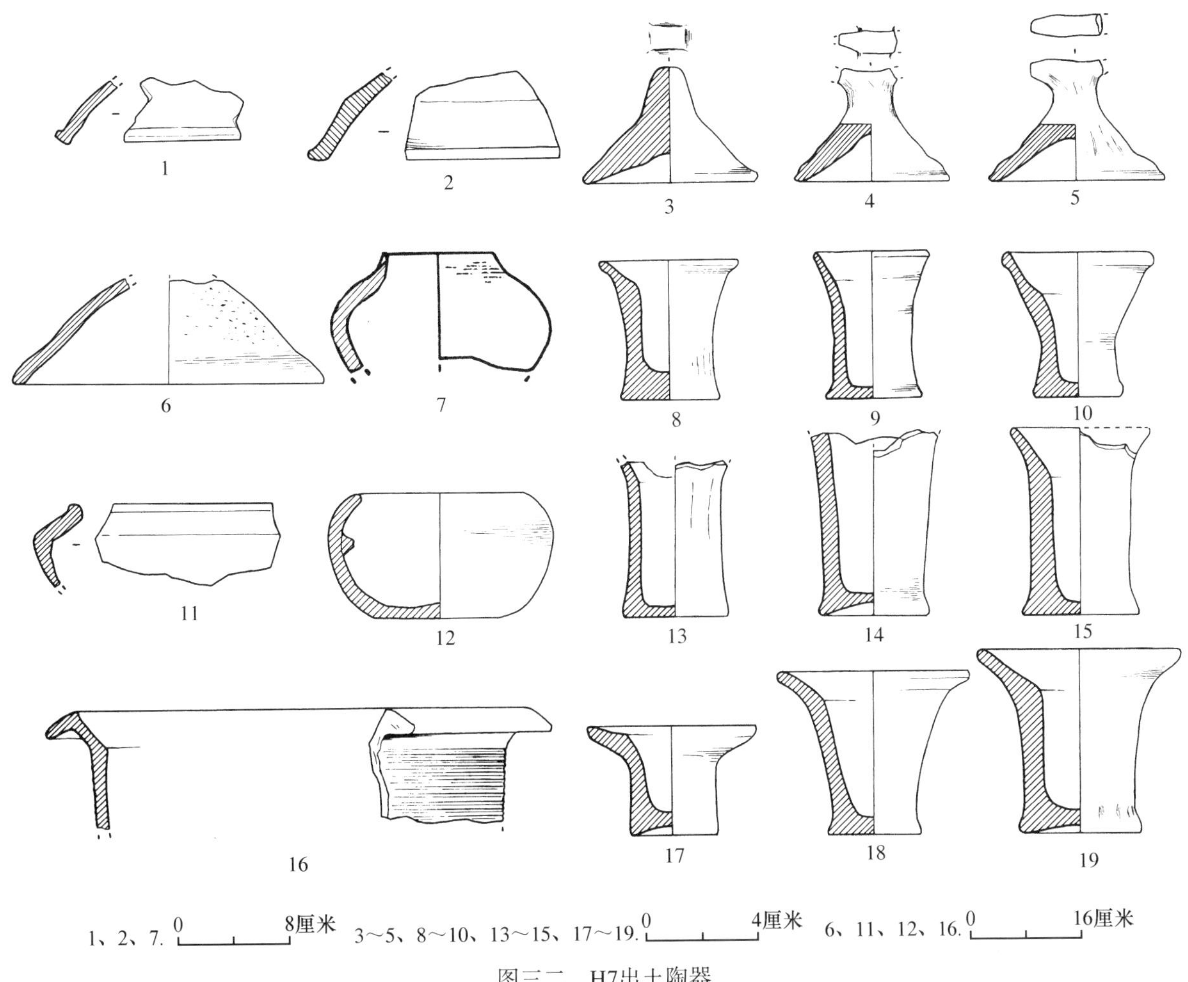

1、2、7. 0 8厘米　3～5、8～10、13～15、17～19. 0 4厘米　6、11、12、16. 0 16厘米

图三二　H7出土陶器

1、2、6. 器盖（T4H7②：42、T4H7②：41、T4H7②：40）　3～5. 杯盖（T4H7①：10、T4H7①：3、T4H7①：8）　7. 壶（T4H7①：5）　8～10、13～15、17～19. 杯（T4H7②：90、T4H7②：21、T4H7①：2、T4H7②：20、T4H7①：11、T4H7①：6、T4H7②：19、T4H7①：9、T4H7①：4）　11. 瓮（T4H7②：32）　12. 盂（T4H7②：83）　16. 灶（T4H7②：39）

灶　1件。标本T4H7②：39，口沿残片。夹砂红陶。敞口，圆唇，斜沿外折，沿面上斜，直腹。上腹部饰弦纹。口径32、残高8厘米（图三二，16）。

器盖　6件。标本T4H7②：40，口部残片。夹砂红陶。喇叭形口，方唇，斜直壁。素面，近口部器表抹光，以上部分粗糙。口径22、残高7.2厘米（图三二，6）。标本T4H7②：41，口部残片。夹砂红陶。喇叭形口，圆唇微外凸，斜弧壁。素面，近口部器表抹光，以上部分粗糙。残高3厘米（图三二，2）。标本T4H7②：42，口部残片。夹砂红陶。喇叭形口，圆唇外凸，斜直壁。素面，涂泥稍加修抹。残高4.5厘米（图三二，1）。

杯盖　3件。标本T4H7①：3，夹砂褐陶。敞口，圆唇，斜腹较直，盖纽为羊角状，两端均残。素面。应为杯盖。口径5.2、残高3.9厘米（图三二，4；图版一〇，4）。标本T4H7①：8，可修复。夹砂褐陶。敞口，圆唇，下部弧曲，上部斜直，呈台阶状，纽为羊角状，一端残。素面。应为杯盖。口径6.3、高4.3厘米（图三二，5；图版一一，5）。标本T4H7①：10，可修复。夹砂褐陶。敞口，圆唇，斜直腹，纽向水平方向伸直，两端均残。素面。应为杯盖。口径6、残高4厘米

（图三二，3；图版一一，3）。

杯　9件。标本T4H7①：2，夹砂褐陶，修制规整。敞口呈喇叭形，圆唇，腹斜曲内收，平底。素面。口径4.8、底径3、高5厘米（图三二，10；图版一一，7）。标本T4H7①：4，夹砂褐陶，形态规整。敞口，圆唇，宽沿外撇，腹较直，底微内凹。素面。口径7、底径2.4、高6.4厘米（图三二，19；图版一〇，5）。标本T4H7①：6，夹砂红陶，制作粗糙。敞口，尖圆唇，宽沿外撇，筒形腹，平底。素面。口径4.8、底径4.2、高6.5厘米（图三二，15；图版一一，6）。标本T4H7①：9，夹砂红陶，修制规整。敞口，圆唇，宽沿外撇，斜腹内收，平底。素面。口径6.6、底径3.3、高5.7厘米（图三二，18；图版一〇，6）。标本T4H7①：11，夹砂褐陶，制作粗糙，口部已残。筒形腹，凹底微外撇。素面。底径3.7、残高6.5厘米（图三二，14）。标本T4H7②：19，泥质红陶。修制规整，杯身较矮，侈口，圆唇，宽沿外撇，腹较直，凹底。素面。口径5.6、底径3.1、残高3.8厘米（图三二，17）。标本T4H7②：20，夹砂褐陶。口部已残，筒形腹，平底。素面。底径3.7、残高5.4厘米（图三二，13）。标本T4H7②：21，夹砂褐陶。敞口呈喇叭形，圆唇，腹较直，平底。素面。口径4、底径3.4、残高5.1厘米（图三二，9）。标本T4H7②：90，泥质褐陶，夹细砂。修制规整，侈口呈喇叭形，圆唇，腹微曲内收，平底。素面。口径4.7、底径3.5、残高4.8厘米（图三二，8；图版一五，4）。

环　4件。均残。标本T4H7②：61，泥质灰陶。截面呈圆角的等腰三角形。素面。内径7、外径9.2、厚1厘米（图三三，2）。标本T4H7②：62，泥质灰陶。截面呈圆角的等腰三角形。素面。环体有磨制的痕迹。内径4.2、外径6、厚1.4厘米（图三三，3）。标本T4H7②：65，泥质灰陶。截面呈圆角的等腰三角形。素面。内径6、外径8、厚1厘米（图三三，6）。标本T4H7②：68，泥质灰陶。截面呈圆角的等腰三角形。素面。内径4.2、外径5.8、厚0.8厘米（图三三，5）。

石器　4件。仅见石环。均残。标本T4H7①：12，残。截面近椭圆形，内圈较宽。为磨制

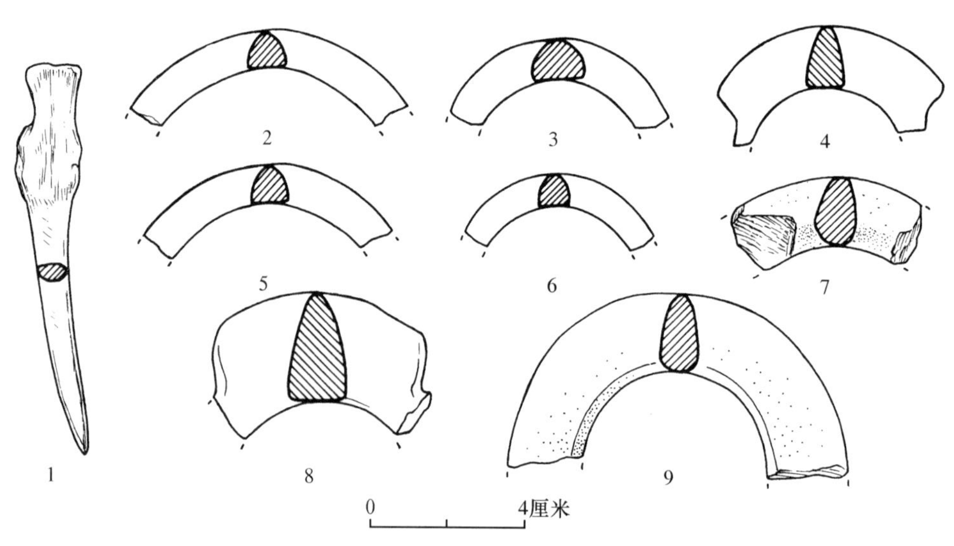

图三三　H7出土陶、石、骨器

1. 骨锥（T4H7①：7）　2、3、5、6. 陶环（T4H7②：61、T4H7②：62、T4H7②：68、T4H7②：65）
4、7～9. 石环（T4H7②：59、T4H7①：13、T4H7②：60、T4H7①：12）

而成。较规整。内径4.6、外径8.6、厚1厘米（图三三，9）。标本T4H7①：13，一面较直，截面近三角形，内圈较宽。为磨制而成，较规整。内径6、外径9.6、厚1.1厘米（图三三，7）。标本T4H7②：59，截面近等腰三角形，内圈较厚。为磨制而成。较规整。内径5.6、外径11.2、厚1.5厘米（图三三，4）。标本T4H7②：60，截面呈等腰三角形，内圈较厚。磨制而成。内径2、外径3.2、厚1厘米（图三三，8）。

骨器 1件。为骨锥。标本T4H7①：7，截面呈钝角三角形，一端保留骨关节，一端尖锐，磨制光滑。长9.7厘米（图三三，1；图版一五，1、2）。

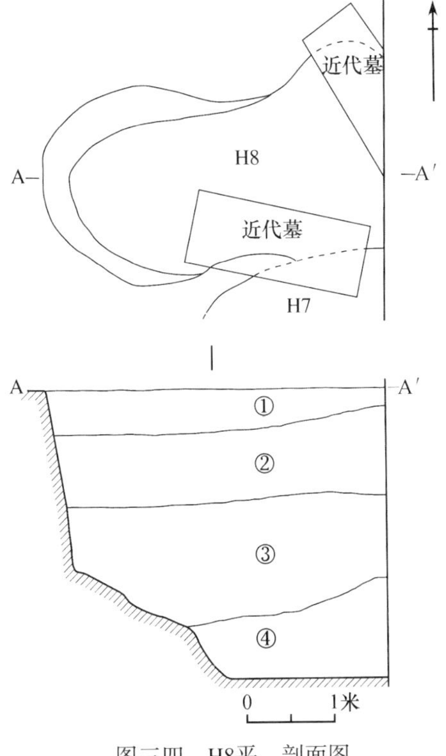

图三四 H8平、剖面图

8. H8

H8位于T4的东部，部分延伸至东壁下。开口于第1层下，打破生土，被两座近代墓及H7打破。开口距地表20厘米。口部为不规则长条形，剖面口大底小，坡壁向内收，底部不平整，呈西高东低的斜坡状。口部东西长390、南北宽170～220、底部东西长360、南北宽170～208、残深200～320厘米（图三四）。

坑内堆积可分为四层：第1层厚20～50厘米，浅黄色土，土质较松，内含灰星、石块等，包含少量陶片；第2层厚80～100厘米，灰黑色土，土质较松，内含灰星、石块、螺壳等，包含少量陶片；第3层厚90～132厘米，浅灰色土，土质较硬，内含植物根系、石块等，包含少量陶片；第4层厚58～110厘米，灰黑色土，土质较松，内含石块、螺壳、动物遗存等，含较多陶片、动物骨头和人骨。陶片以泥质红陶最多，夹砂褐陶次之；纹饰素面最多，绳纹次之，其他还有线纹、彩陶等（表八）。动物骨头经鉴定属种为猪。人骨仅残留第一指骨。

表八 T4H8陶系、纹饰统计表

纹饰＼数量＼陶系	泥质陶				夹砂陶				合计	百分比
	红	褐	灰	小计	红	褐	灰	小计		
素面	226	60	108	394					394	37.31%
绳纹					28	300		328	328	31.06%
线纹	163			163					163	15.44%
彩陶	140			140					140	13.26%
弦纹						6		6	6	0.56%
绳+弦						15		15	15	1.42%
附加堆纹						10		10	10	0.95%
合计	529	60	108	697	28	331		359	1056	100%
百分比	50.09%	5.68%	10.23%	66%	2.65%	31.35%		34%	100%	

H8共出土标本40件，均为陶器。

瓶　3件。有重唇口尖底瓶、葫芦口瓶。

重唇口尖底瓶　2件。均为口部残片。标本T4H8④：14，泥质红陶。敛口，上唇高于下唇，上下唇基本同宽，下唇圆唇，沿面微斜，上唇较薄。颈部饰竖向和斜向线纹，略有交错，沿内外可见轮修痕。口径4、残高5厘米（图三五，1）。标本T4H8④：15，泥质红陶。敛口，双唇较明显，上唇沿面较宽且斜，下唇圆唇、沿面较平。沿内外可见轮修痕，颈部饰左上至右下的斜线纹。口径3.2、残高4.6厘米（图三五，2）。

葫芦口瓶　1件。标本T4H8④：16，口部残片。泥质红陶。直口微侈、较矮，尖唇，颈部呈一节台阶状、较直，肩部较鼓。素面，沿内外可见同心圆纹，内壁有明显的泥条盘筑痕迹。口径2.4、残高6厘米（图三五，12）。

盆　7件。均为口沿残片。根据口部形态可分为折沿盆、叠唇弧腹盆、敞口深腹盆。

折沿盆　4件。标本T4H8④：7，泥质红陶。敛口，厚圆唇，上腹较鼓。唇部及沿面内外缘各饰一周黑彩，腹部饰黑彩圆点、弧边三角组成的纹样。残高4.6厘米（图三五，4）。标本T4H8④：8，泥质红陶。敛口，厚圆唇，上腹微鼓。唇部及沿面内外缘各饰一周黑彩，上腹部饰黑

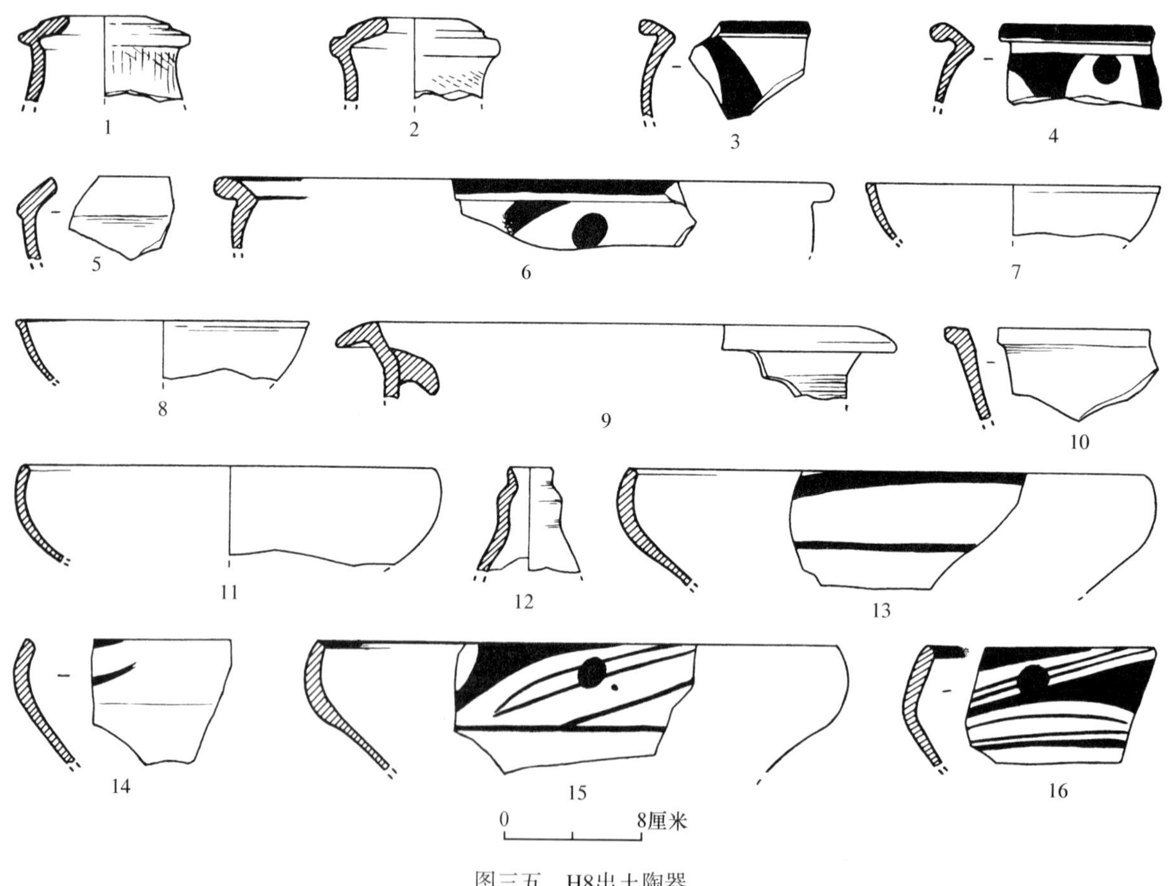

图三五　H8出土陶器

1、2. 重唇口尖底瓶（T4H8④：14、T4H8④：15）　3、4、6、10. 折沿盆（T4H8④：9、T4H8④：7、T4H8④：8、T4H8④：11）　5. 叠唇弧腹盆（T4H8④：20）　7、8. 敞口钵（T4H8④：13、T4H8④：1）　9. 灶（T4H8④：21）　11、13～16. 敛口钵（T4H8④：2、T4H8④：5、T4H8④：3、T4H8④：6、T4H8④：4）　12. 葫芦口瓶（T4H8④：16）

彩圆点、弧线组成的纹样。口径35.8、残高4厘米（图三五，6）。标本T4H8④：9，泥质红陶。敛口，圆唇，上腹较鼓。唇部及沿外缘饰一周黑彩，上腹部饰黑彩弧边三角纹样。残高5.6厘米（图三五，3）。标本T4H8④：11，泥质灰陶。敞口方唇，短平沿微凸，斜直腹内收。残高5.2厘米（图三五，10）。

叠唇弧腹盆　1件。标本T4H8④：20，泥质灰陶。敛口，方唇外叠，腹下收。素面。残高4.8厘米（图三五，5）。

敞口深腹盆　2件。标本T4H8④：10，泥质红陶。敞口，尖圆唇，斜直腹内收。口径26、残高7厘米（图三六，16）。标本T4H8④：12，泥质灰陶。敞口方唇，斜直腹下收。口径19.4、残高14.8厘米（图三六，11）。

钵　7件。根据口部形态可分为敛口钵、敞口钵。

敛口钵　5件。均为口沿残片。标本T4H8④：2，泥质红陶。口微敛，圆唇，上腹微鼓。素面。口径24、腹径25、残高5.6厘米（图三五，11）。标本T4H8④：3，泥质红陶。敛口，圆唇，上腹较鼓，下腹内收。唇部饰一周黑彩，腹部饰黑彩弧线纹样。残高7厘米（图三五，14）。标本T4H8④：4，泥质红陶。敛口，厚圆唇，上腹较鼓，下腹内收。唇部饰一周黑彩，上腹部饰黑彩弧线、圆点、弧边三角等组成的纹样。残高6.5厘米（图三五，16）。标本T4H8④：5，泥质红陶。敛口，方圆唇，腹壁较厚，上腹较鼓，下腹微曲、内收。唇部饰一周黑彩，上腹饰一周黑彩弧线纹样。口径30、腹径31.2、残高6.7厘米（图三五，13）。标本T4H8④：6，泥质红陶。敛口，方唇较厚，上腹较鼓，下腹微曲，内收。唇部饰一周黑彩，上腹部饰一周黑彩弧线、圆点、弧边三角等组成的纹样。口径30.2、腹径31.8、残高7.6厘米（图三五，15）。

敞口钵　2件。均为口、腹残片。标本T4H8④：1，泥质红陶。敞口，方唇，沿下有一周浅凹槽，弧腹内收。唇部饰一周黑彩，素面。口径15.8、残高3.4厘米（图三五，8）。标本T4H8④：13，泥质红陶。敞口，方唇，弧腹内收。唇部饰一周黑彩，素面。口径15.8、残高3.2厘米（图三五，7）。

罐　12件。均为口、腹残片。根据口部形态可分为大口罐、矮领鼓腹罐、斜沿直腹罐。

大口罐　9件。铁轨式口沿退化。标本T4H8④：22，夹砂红陶。直口，厚圆唇，平沿，上腹较鼓。沿面上有刻划纹，腹部饰交错绳纹加弦纹。残高7厘米（图三六，1）。标本T4H8④：25，夹砂褐陶。侈口，方唇，窄平沿，口内微凹，上腹较鼓。腹部饰密集的横向弦纹。残高6.6厘米（图三六，7）。标本T4H8④：24，夹砂红陶。直口，厚圆唇，窄沿，沿面微凸，口内微凹，上腹微鼓。腹部饰较细密的右上至左下的斜绳纹。残高7.6厘米（图三六，6）。标本T4H8④：27，夹砂褐陶。直口，尖圆唇，沿面微鼓，束颈，上腹微鼓。颈下饰较细密的右上至左下的斜绳纹。残高6厘米（图三六，2）。标本T4H8④：29，夹砂褐陶。直口微敛，方唇，窄平沿，上腹较鼓。饰细密的右上至左下的斜绳纹。残高10.4厘米（图三六，8）。标本T4H8④：30，夹砂红陶。口微侈，圆唇，窄平沿稍外斜，口内微凹，上腹外鼓。颈下贴附一带捺窝的小泥饼，饰左上至右下的斜绳纹加弦纹。残高4.7厘米（图三六，4）。标本T4H8④：31，夹砂褐陶。直口微侈，圆唇，沿面内凹，上腹较鼓。饰细密的交错绳纹。残高5.8厘米（图三六，3）。标本T4H8④：32，夹砂红陶。直口，圆

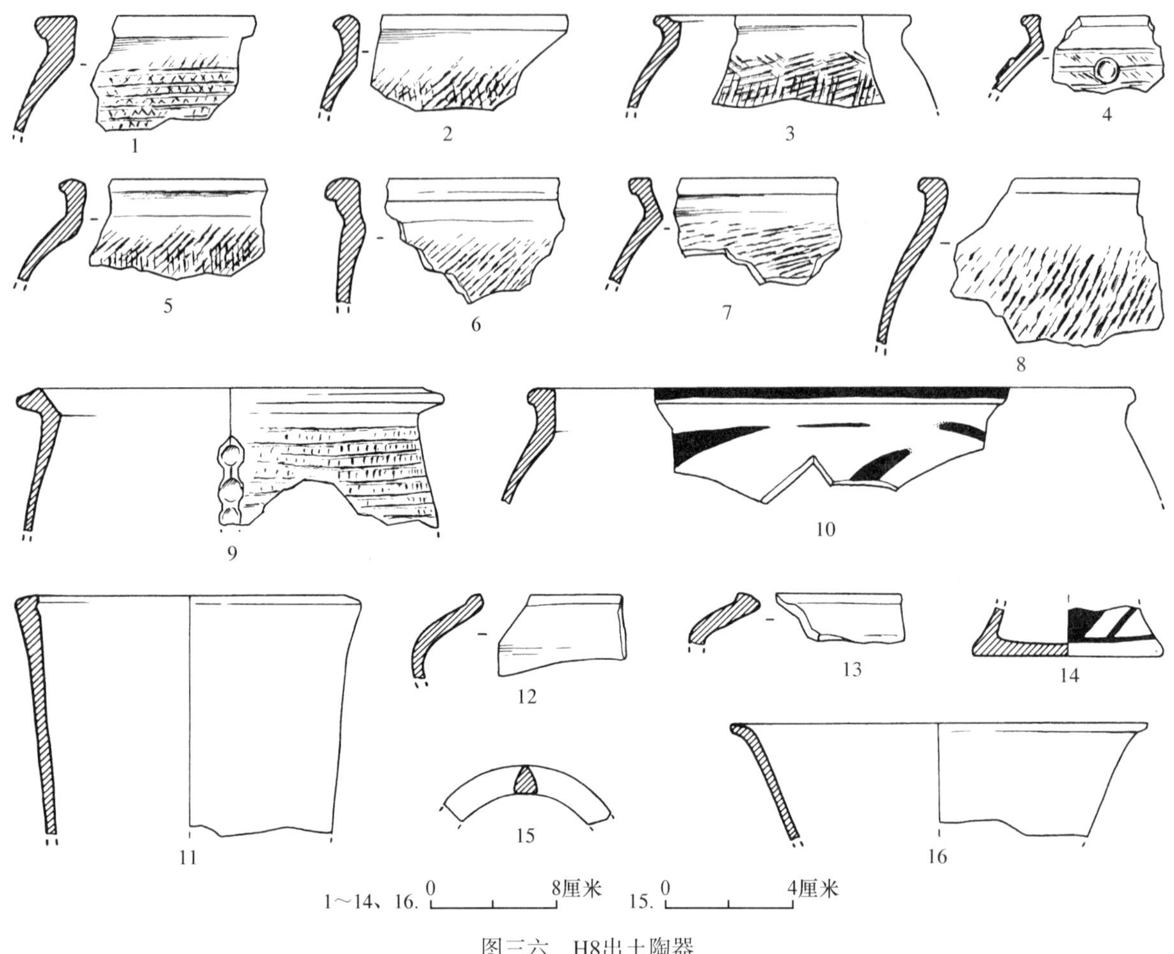

图三六 H8出土陶器

1～8. 大口罐（T4H8④：22、T4H8④：27、T4H8④：31、T4H8④：30、T4H8④：32、T4H8④：24、T4H8④：25、T4H8④：29） 9. 斜沿直腹罐（T4H8④：26） 10. 矮领鼓腹罐（T4H8④：17） 11、16. 敞口深腹盆（T4H8④：12、T4H8④：10） 12、13. 瓮（T4H8④：18、T4H8④：19） 14. 器底（T4H8④：23） 15. 环（T4H8④：35）

唇，沿面微弧，束颈，上腹较鼓。颈下饰较细密的交错绳纹。残高6.2厘米（图三六，5）。

矮领鼓腹罐 1件。标本T4H8④：17，泥质红陶。直口，方圆唇，平沿，矮领束颈，上腹较鼓。沿内可见轮修痕，唇部饰一周黑彩，颈下饰黑彩弧线、弧边三角组成的纹饰。口径34.4、残高7.1厘米（图三六，10）。

斜沿直腹罐 1件。标本T4H8④：26，夹砂褐陶。侈口圆唇，宽沿外斜，腹微鼓。沿下贴附一道竖向的带三个捺窝的泥条，饰竖向绳纹加弦纹。口径24.5、残高8.6厘米（图三六，9）。

瓮 2件。口沿残片。标本T4H8④：18，泥质褐陶。敛口，圆唇，肩部圆鼓。素面。残高5厘米（图三六，12）。标本T4H8④：19，泥质灰陶。敛口，尖唇，短沿微鼓，鼓肩。素面。残高3厘米（图三六，13）。

灶 1件。标本T4H8④：21，口沿残片。夹砂红陶。敞口，圆唇，宽沿，斜沿外折，沿面上斜，直腹。腹部饰横向弦纹，口内壁有一隼头形泥凸。口径28、残高4.2厘米（图三五，9）。

器底 1件。标本T4H8④：23，泥质红陶。平底。器表饰黑彩直线等纹样。底径12、残高3.2厘米（图三六，14）。

环　7件。标本T4H8④：35，残。泥质灰陶。截面呈圆角的等腰三角形。素面，器表磨光。内径5.2、外径6.8、厚0.7厘米（图三六，15）。

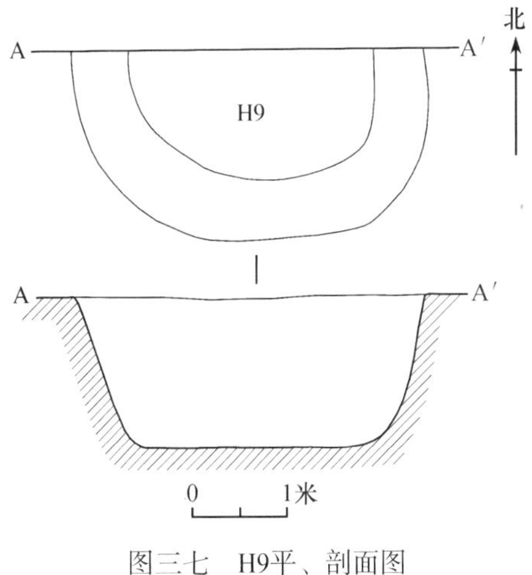

图三七　H9平、剖面图

9. H9

H9位于T4的东北部，部分延伸至北壁下。H9开口于第1层下，打破H20及生土。开口距地表20厘米。口部为近椭圆形，剖面口大底小，坡壁内收，坑壁较光滑，平底。口部东西186、南北96、底部东西130、南北66、残深76厘米（图三七）。

坑内堆积为浅灰色土，土质疏松，内含植物根系、灰星、石块等，含少量陶片。陶片以泥质红陶最多，夹砂褐陶次之；纹饰以素面和绳纹最多，线纹次之，其他还有彩陶、弦纹等（表九）。

表九　T4H9陶系、纹饰统计表

纹饰＼数量＼陶系	泥质陶				夹砂陶				合计	百分比
	红	褐	灰	小计	红	褐	灰	小计		
素面	70	29	26	125					125	37.76%
绳纹					12	110		122	122	36.86%
线纹	56			56					56	16.92%
彩陶	22			22					22	6.65%
弦纹						2		2	2	0.60%
绳+弦						3		3	3	0.91%
附加堆纹						1		1	1	0.30%
合计	148	29	26	203	12	116		128	331	100%
百分比	44.71%	8.76%	7.84%	61.33%	3.62%	35.05%		38.67%	100%	

H9共出土标本16件，均为陶器。

重唇口尖底瓶　1件。标本T4H9：8，口沿残片。泥质红陶，质地粗糙。口微敛，双唇退化，上唇呈一周凸棱，下唇尖唇、沿面宽平。素面。口径5.2、残高3.2厘米（图三八，13）。

盆　4件。均为口沿残片。根据口部形态可分为折沿盆、叠唇弧腹盆。

折沿盆　3件。标本T4H9：5，泥质红陶。敛口，圆唇，上腹较鼓。唇面饰一周黑彩，已脱落。残高5厘米（图三八，4）。标本T4H9：6，泥质红陶。敛口，圆唇，弧腹。唇部及沿内缘均饰一周黑彩，腹部饰黑彩圆点、弧线纹样。残高5厘米（图三八，3）。标本T4H9：7，泥质红陶。敛口，圆唇，上腹微鼓。唇外缘饰一周黑彩，腹部饰黑彩圆点、弧边三角纹样。残高4厘米（图三八，2）。

叠唇弧腹盆　1件。标本T4H9：4，泥质红陶。敛口，叠唇较宽，弧腹。残高2.4厘米（图三八，12）。

钵　3件。敛口钵。均为口沿残片。标本T4H9：1，泥质红陶。敛口，圆唇，上腹微鼓。素面。残高4.2厘米（图三八，10）。标本T4H9：2，泥质红陶。敛口，方圆唇，上腹外鼓，下腹斜收。素面。残高8.8厘米（图三八，9）。标本T4H9：3，泥质红陶。口微敛，方唇，上腹微鼓。上腹部饰黑彩圆点、弧线纹样。残高3.2厘米（图三八，11）。

罐　4件。均为口、腹残片。根据口部形态可以分为大口罐、斜沿直腹罐。

大口罐　3件。铁轨式口沿退化。标本T4H9：11，夹砂红陶。直口圆唇，平沿，口内微凹。器表饰弦纹加右上至左下斜绳纹。残高7.8厘米（图三八，6）。标本T4H9：12，夹砂红陶。直口方圆唇，沿面窄平，口内外均有一周浅凹槽，上腹较鼓。器表颈下饰较粗疏的左上至右下的斜绳纹。残高8.8厘米（图三八，5）。标本T4H9：13，夹砂红陶。口微侈，方唇，沿稍外斜，腹微鼓。器表饰细密的竖向绳纹。残高7.2厘米（图三八，8）。

斜沿直腹罐　1件。标本T4H9：14，夹砂褐陶，色偏红。侈口，方圆唇，口内微凹，上腹部稍弧。饰竖向绳纹加弦纹。残高7.8厘米（图三八，7）。

瓮　1件。标本T4H9：9，泥质灰陶。敛口，圆唇，剖面近标本T字形，折肩。素面。残高2.1厘米（图三八，1）。

盂　1件。标本T4H9：10，夹砂红陶。敛口圆唇，圆腹。素面。残高3.4厘米（图三八，14）。

环　2件。标本T4H9：15，残。泥质灰陶。截面呈圆角的等腰三角形。素面。内径4.3、外径

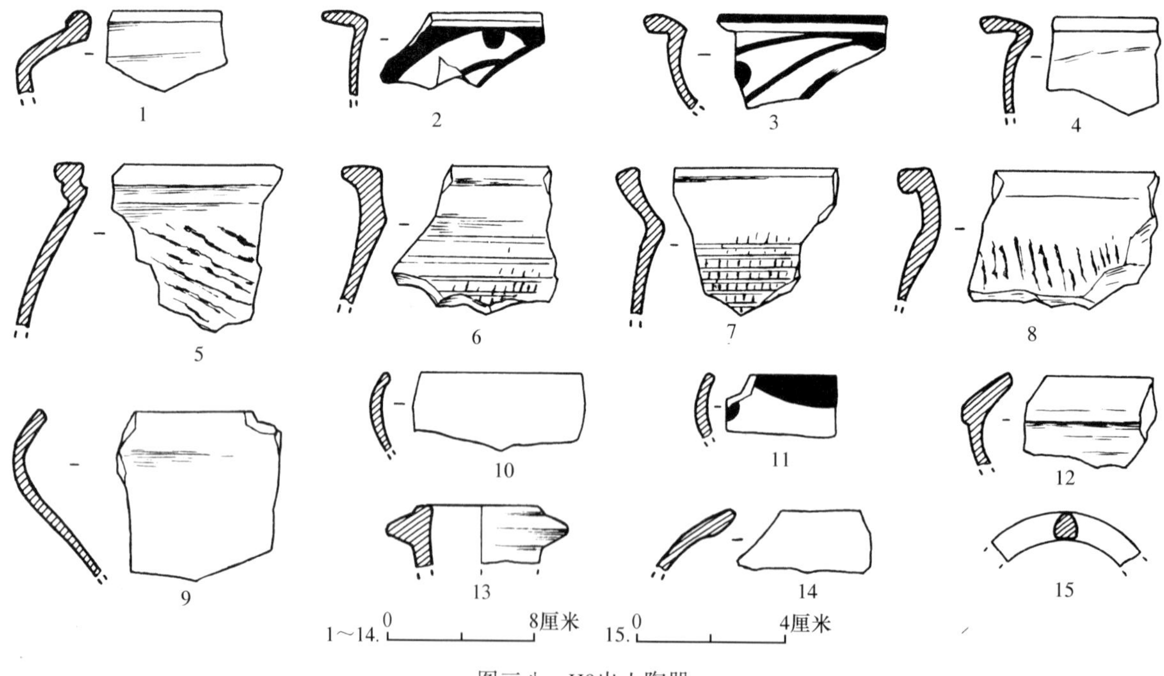

图三八　H9出土陶器

1. 瓮（T4H9：9）　2～4. 折沿盆（T4H9：7、T4H9：6、T4H9：5）　5、6、8. 大口罐（T4H9：12、T4H9：11、T4H9：13）　7. 斜沿直腹罐（T4H9：14）　9～11. 敛口钵（T4H9：2、T4H9：1、T4H9：3）　12. 叠唇弧腹盆（T4H9：4）　13. 重唇口尖底瓶（T4H9：8）　14. 盂（T4H9：10）　15. 环（T4H9：15）

5.6、厚0.5厘米（图三八，15）。

10. H10

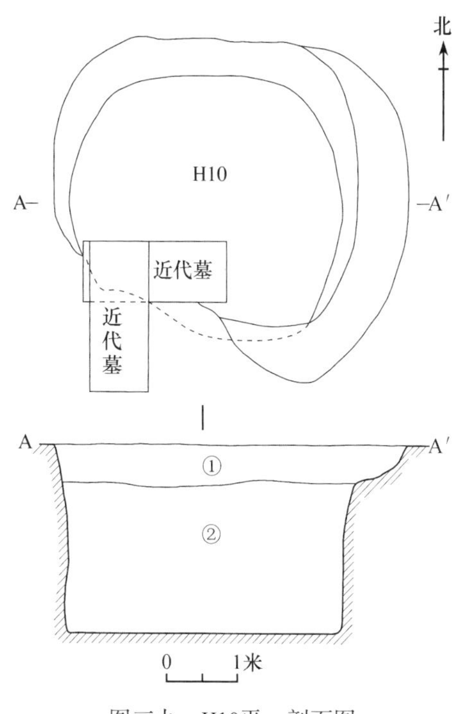

图三九　H10平、剖面图

H10位于T4的西北角，大部分延伸至西、北壁下，揭露完全。开口于第1层下，打破生土，南部被两座近代墓打破。开口距地表20厘米。坑口平面形状近椭圆形，剖面口大底小，坑壁上部内收，下部南面呈袋状，斜弧壁，其余壁面较直。口部东西490、南北446、底部东西380、南北350、残深250厘米（图三九）。

坑内堆积可分为两层。

第1层：厚44～56厘米，浅灰色土，土质松散，内含植物根系、石块、螺壳等，含大量陶片、动物骨头。陶片以泥质红陶最多，夹砂褐陶次之；纹饰以素面最多，绳纹和线纹次之，其他还有彩陶、弦纹、附加堆纹等（表一〇）。动物骨头经鉴定为鱼类、鸟类和猪。

第2层：厚194～204厘米，灰黑色土，土质疏松，包含物与上层相似并出零星动物遗存，包含大量陶片、动物骨头。陶片以泥质红陶最多，夹砂褐陶次之；纹饰以素面、线纹较多，绳纹次之，另外还有彩陶、弦纹、附加堆纹等（表一一）。动物骨头经鉴定种属为猪和中华圆田螺。

表一〇　T4H10①陶系、纹饰统计表

纹饰＼数量＼陶系	泥质陶				夹砂陶				合计	百分比
	红	褐	灰	小计	红	褐	灰	小计		
素面	380	68	100	548					548	45.67%
绳纹					50	200	20	270	270	22.50%
线纹	200	60		260					260	21.67%
彩陶	100			100					100	8.33%
弦纹						10		10	10	0.83%
绳+弦						8		8	8	0.67%
附加堆纹						4		4	4	0.33%
合计	680	128	100	908	50	222	20	292	1200	100%
百分比	56.67%	10.67%	8.33%	75.67%	4.16%	18.50%	1.67%	24.33%	100%	

表一一　T4H10②陶系、纹饰统计表

纹饰＼数量＼陶系	泥质陶				夹砂陶				合计	百分比
	红	褐	灰	小计	红	褐	灰	小计		
素面	420	100	200	720	20	30		50	770	35.58%
绳纹					50	380		430	430	19.87%

续表

纹饰 \ 数量 \ 陶系	泥质陶				夹砂陶				合计	百分比
	红	褐	灰	小计	红	褐	灰	小计		
线纹	560	80		640					640	29.57%
彩陶	252	30		282					282	13.03%
弦纹						5		5	5	0.23%
绳+弦					3	20		23	23	1.06%
附加堆纹						6		6	6	0.29%
白衣	7			7					7	0.32%
红衣	1			1					1	0.05%
合计	1240	210	200	1650	73	441		514	2164	100%
百分比	57.30%	9.70%	9.23%	76.25%	3.37%	20.38%		23.75%	100%	

H10共出土标本432件。下面按照出土层位进行介绍。

第1层出土标本108件。以陶器为主，另有少量石器。

陶器　106件。

重唇口尖底瓶　2件。口沿残片。标本T4H10①：10，泥质灰陶。口微敛，双唇退化，上下唇间界线不明显，双唇基本同宽，下唇圆唇，沿面较平。素面。口径4、残高3厘米（图四○，18）。标本T4H10①：11，泥质红陶。敛口，双唇较明显，上下唇基本同宽，下唇尖圆，沿面上斜。颈部印有横向线纹。口径6、残高4.2厘米（图四○，11）。

盆　8件。口、腹残片。根据口部形态可分为折沿盆、叠唇盆。

折沿盆　5件，均为泥质红陶。标本T4H10①：17，敛口圆唇，上腹较鼓。唇部饰一周黑彩，腹部素面。残高7厘米（图四○，6）。标本T4H10①：18，敛口，厚圆唇外卷，上腹微鼓。唇部及沿面内外缘均饰一周黑彩，上腹部饰有黑彩弧线、弧边三角等组成的纹样。残高4.8厘米（图四○，14）。标本T4H10①：19，敛口，方唇较厚，弧腹斜收。唇部饰一周黑彩，沿面饰两道黑彩竖线纹。残高5厘米（图四○，10）。标本T4H10①：20，敛口，圆唇外卷，弧腹斜收。唇部及沿面内外缘均饰一周黑彩，上腹部饰黑彩圆点、弧边三角、弧线组成的纹样。残高8厘米（图四○，3）。标本T4H10①：21，敛口圆唇，上腹部较鼓。唇部饰一周黑彩，腹部饰黑彩弧线等纹样。口径28、腹径29、残高8.4厘米（图四○，1）。

叠唇盆　3件。叠唇弧腹盆。标本T4H10①：14，泥质红陶。敛口，叠唇较宽，唇面凸起，直壁微内收。素面。残高5.2厘米（图四○，15）。标本T4H10①：15，泥质红陶。敛口，叠唇较宽，唇面较平，弧腹斜收。素面。残高5.6厘米（图四○，7）。标本T4H10①：16，泥质红陶。口微敛，厚圆唇，叠唇较窄，上腹微鼓，下腹内收。素面。口径28、腹径29.8、残高8.6厘米（图四○，2）。

钵　4件。均为敛口钵的口沿残片。标本T4H10①：6，泥质红陶。敛口，圆唇，上腹较鼓，下腹内收。素面。残高6厘米（图四○，16）。标本T4H10①：7，泥质红陶。口微敛，圆唇，上腹微鼓。

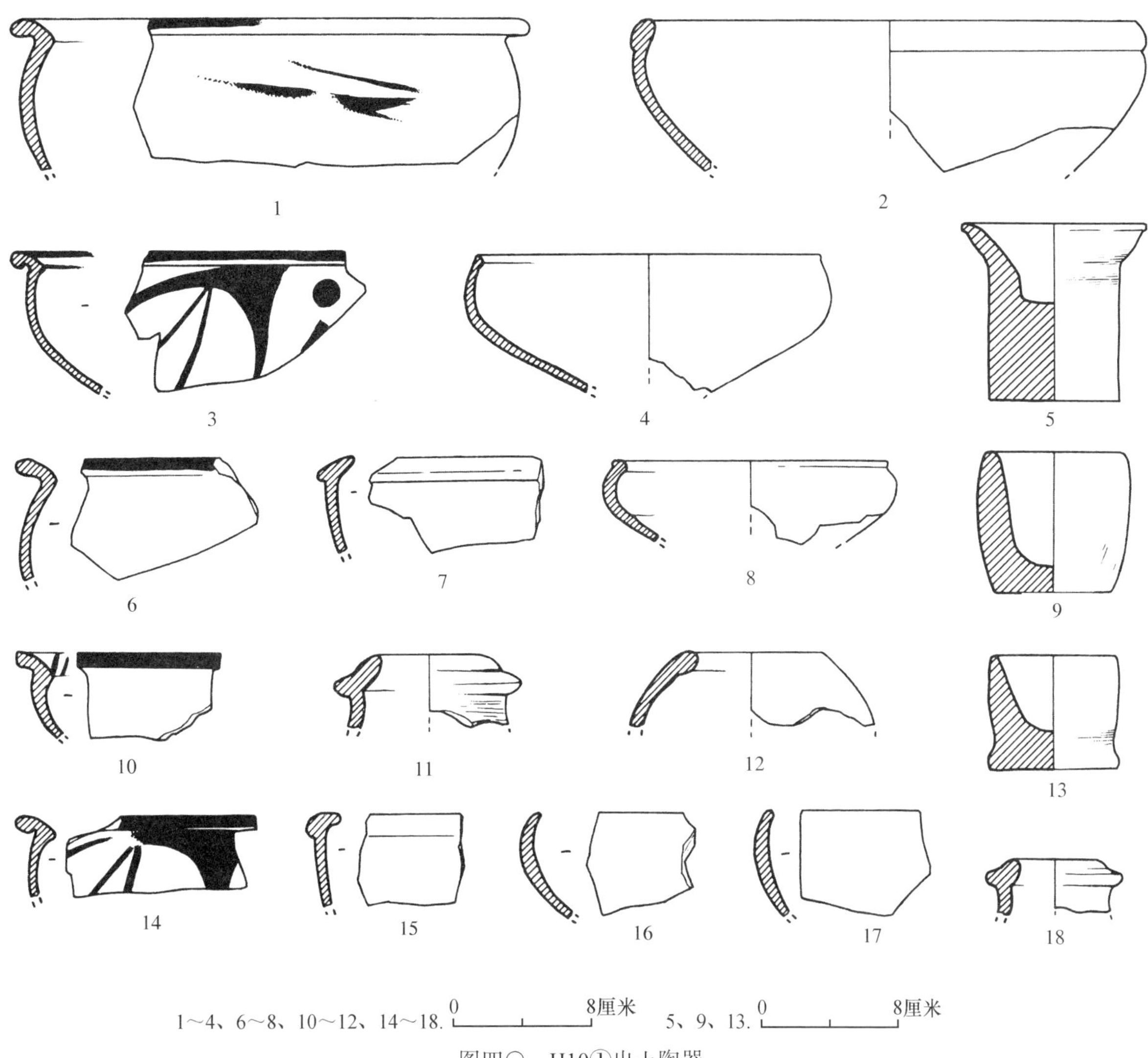

图四〇　H10①出土陶器

1、3、6、10、14. 折沿盆（T4H10①：21、T4H10①：20、T4H10①：17、T4H10①：19、T4H10①：18）　2、7、15. 叠唇盆（T4H10①：16、T4H10①：15、T4H10①：14）　4、8、16、17. 敛口钵（T4H10①：9、T4H10①：8、T4H10①：6、T4H10①：7）　5、9、13. 杯（T4H10①：5、T4H10①：1、T4H10①：2）　11、18. 重唇口尖底瓶（T4H10①：11、T4H10①：10）　12. 盂（T4H10①：22）

素面。残高6厘米（图四〇，17）。标本T4H10①：8，泥质红陶。敛口，厚圆唇，沿内有一周细凹槽，上腹外鼓，下腹急收。素面。口径14.4、残高4.8厘米（图四〇，8）。标本T4H10①：9，泥质灰陶。敛口，厚方唇，上腹外鼓，下腹斜直内收。素面。口径20、残高7.8厘米（图四〇，4）。

罐　9件。口、腹部残片。根据口部形态可以分为大口罐、斜沿直腹罐、矮领鼓腹罐。

大口罐　6件。铁轨式口沿退化。标本T4H10①：30，夹砂褐陶。口微侈，圆唇，沿面微凸，上腹外鼓。饰左上至右下的斜绳纹。残高5厘米（图四一，11）。标本T4H10①：31，夹砂红陶。直口，圆方唇，沿面窄平，腹部较鼓。颈下饰左上至右下的斜绳纹加弦纹。口径30.8、残高7.6厘米（图四一，1）。标本T4H10①：32，夹砂红陶。侈口，方唇，上腹较直。腹部贴附有一个横向鸡冠状鋬，饰左上至右下的斜绳纹。残高10.2厘米（图四一，3）。标本T4H10①：34，夹砂红

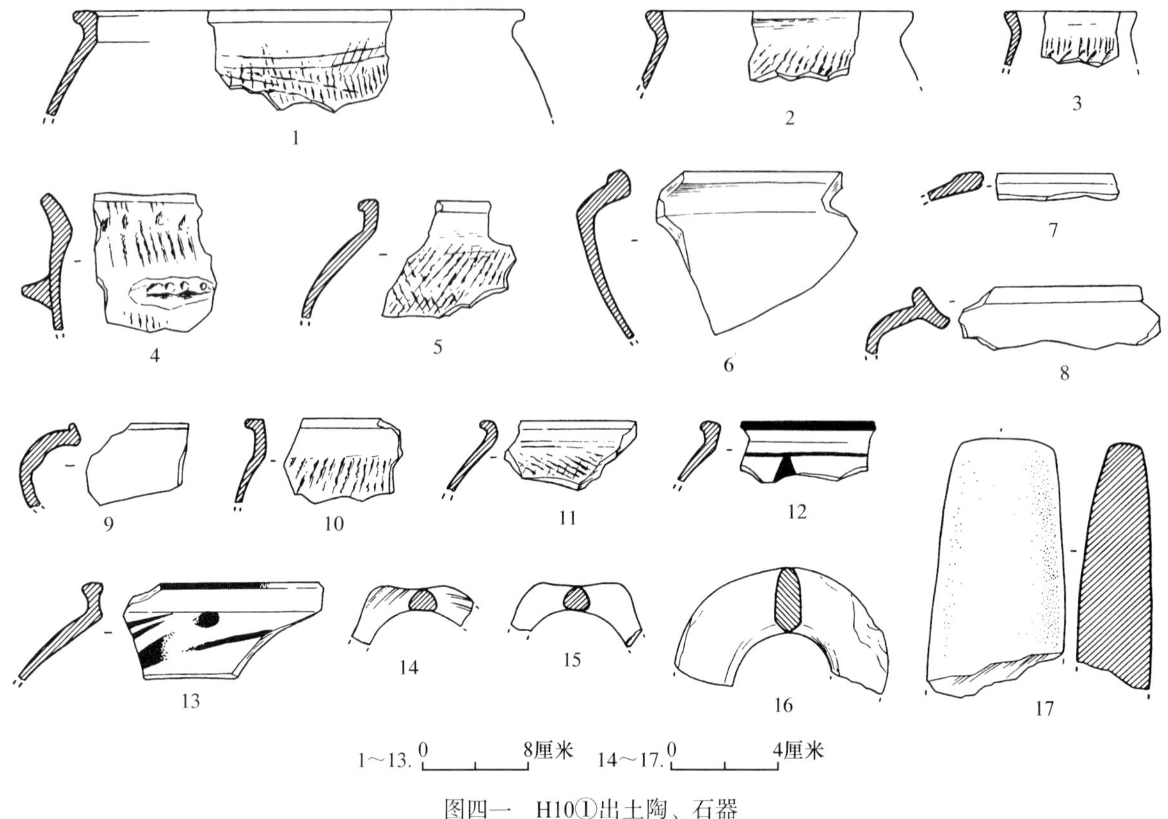

图四一　H10①出土陶、石器

1～3、5、10、11. 陶大口罐（T4H10①：31、T4H10①：36、T4H10①：32、T4H10①：34、T4H10①：35、T4H10①：30） 4. 陶斜沿直腹罐（T4H10①：37） 6～9. 陶瓮（T4H10①：26、T4H10①：27、T4H10①：25、T4H10①：28） 12、13. 陶矮领鼓腹罐（T4H10①：23、T4H10①：24） 14、15. 陶环（T4H10①：38、T4H10①：39） 16. 石环（T4H10①：3） 17. 石斧（T4H10①：4）

陶。直口，方唇，平沿稍外斜，上腹外鼓。腹部饰右上至左下的斜绳纹，略有交错。残高8.6厘米（图四一，5）。标本T4H10①：35，夹砂褐陶。敛口，圆唇，沿面窄平，上腹微鼓。腹部饰右上至左下的斜绳纹。残高6.2厘米（图四一，10）。标本T4H10①：36，夹砂褐陶。侈口，圆唇，窄平沿，束颈，上腹外鼓。颈下饰右上至左下的斜绳纹。口径17.4、残高5.2厘米（图四一，2）。

斜沿直腹罐　1件。标本T4H10①：37，夹砂灰陶。侈口，尖唇，沿面窄平，束颈，上腹微鼓。颈下饰竖向绳纹，腹部饰右上至左下的斜绳纹。口径11、残高5厘米（图四一，4）。

矮领鼓腹罐　2件。标本T4H10①：23，泥质红陶。口微敛，圆唇，窄沿稍内斜，矮领束颈，上腹外鼓。唇部饰一周黑彩，上腹部饰黑彩直线、弧边三角组成的纹样。残高4.6厘米（图四一，12）。标本T4H10①：24，泥质红陶。直口，尖圆唇，窄沿，口内微凹，矮领束颈，上腹外鼓。唇部饰一周黑彩，上腹部饰黑彩弧线、圆点、弧边三角纹组成的纹样。残高7厘米（图四一，13）。

瓮　4件。均为口沿残片。标本T4H10①：25，泥质灰陶。敛口，方唇，沿面较长，向内倾斜，剖面呈T形，肩部圆鼓。唇部有一道凹痕，素面。残高4.7厘米（图四一，8）。标本T4H10①：26，泥质灰陶。敛口，圆唇较厚，肩部方折，斜鼓腹内收。素面。残高12厘米（图四一，6）。标本T4H10①：27，泥质灰陶。敛口，方唇平叠，肩部外鼓。唇部有一周凹槽，素面。残高2厘米（图四一，7）。标本T4H10①：28，泥质灰陶。敛口，圆唇上叠，剖面近T形，肩部圆鼓。素面。残高6厘米（图四一，9）。

盂 1件。标本T4H10①：22，口沿残片。泥质红陶。敛口，圆唇，沿内有一周浅凹槽，鼓腹。素面。口径7.2、残高4厘米（图四〇，12）。

釜 1件。残损严重。

杯 3件。标本T4H10①：1，残。泥质褐陶夹细砂。直口，圆唇，腹微鼓，平底。素面。口径4、底径3.4、高4厘米（图四〇，9；图版一五，4）。标本T4H10①：2，泥质褐陶夹细砂。直口，直腹，下部壁微收，平底外撇。素面。口径3.6、底径3.8、高3.2厘米（图四〇，13；图版一六，6）。标本T4H10①：5，泥质红陶夹细砂。敞口，尖唇，斜沿外侈，直腹，底较厚，平底。素面。口径5.4、腹径3.8、底径3.8、高5厘米（图四〇，5；图版一五，5）。

环 74件。均残。其中标本T4H10①：38，泥质灰陶。截面呈圆角的等腰三角形，平面呈齿轮状，残留两个齿状凸起。素面。内径4.4、外径6、厚0.9厘米（图四一，14）。标本T4H10①：39，泥质褐陶。截面呈圆角的等腰三角形，平面呈齿轮状，残留两个齿状凸起。两个凸起的一正一反之间有螺旋纹。内径4、外径5.6、厚0.9厘米（图四一，15）。

石器 2件。

环 1件。标本T4H10①：3，残。截面呈扁椭圆形，磨制规整。内径3.7、外径8、厚1.1厘米（图四一，16）。

斧 1件。标本T4H10①：4，残。平面为顶窄刃宽的梯形，顶部平，体厚，两面中部磨制光滑，周围较粗糙，刃部残。残长9.5、残宽5.1、厚2.8厘米（图四一，17；图版一五，6）。

第2层出土标本324件。以陶器为主，另有少量的石器、骨器。

陶器 319件。

瓶 5件。可分为重唇口尖底瓶、葫芦口瓶、瓶底。

重唇口尖底瓶 3件。均为口部残件。标本T4H10②：39，泥质红陶。敛口，下唇尖圆，双唇退化，上下唇无明显的界线，下唇宽于上唇，下唇沿面微斜。沿内外可见轮修痕，颈部饰有右上至左下的细线纹。口径4.4、残高6.2厘米（图四二，2）。标本T4H10②：41，泥质红陶。敛口，下唇方唇，双唇退化，上下唇几乎连为一体，上唇明显宽于下唇，束颈，肩部微鼓。沿内外可见轮修痕和抹痕，颈部饰交错线纹。口径6.4、残高7厘米（图四二，3）。标本T4H10②：42，泥质褐陶。敛口，下唇尖圆，双唇较明显且基本同宽，下唇沿面较平。沿内外都可见轮修痕，颈部饰左上至右下的线纹。口径5.2、残高6.8厘米（图四二，4）。

葫芦口瓶 1件。标本T4H10②：43，口部残件。泥质红陶。口下部圆鼓，近葫芦形，束颈，溜肩，肩部微鼓。颈部饰左上至右下、肩部饰密集的右上至左下的细线纹。残高17.1厘米（图四二，1）。

瓶底 1件。标本T4H10②：44，泥质红陶。斜直腹，平底。腹部饰右上至左下的细线纹。底径11.8、残高6.4厘米（图四二，8）。

盆 13件。均为口、腹残片。根据口部形态可以分为折沿盆和叠唇盆。

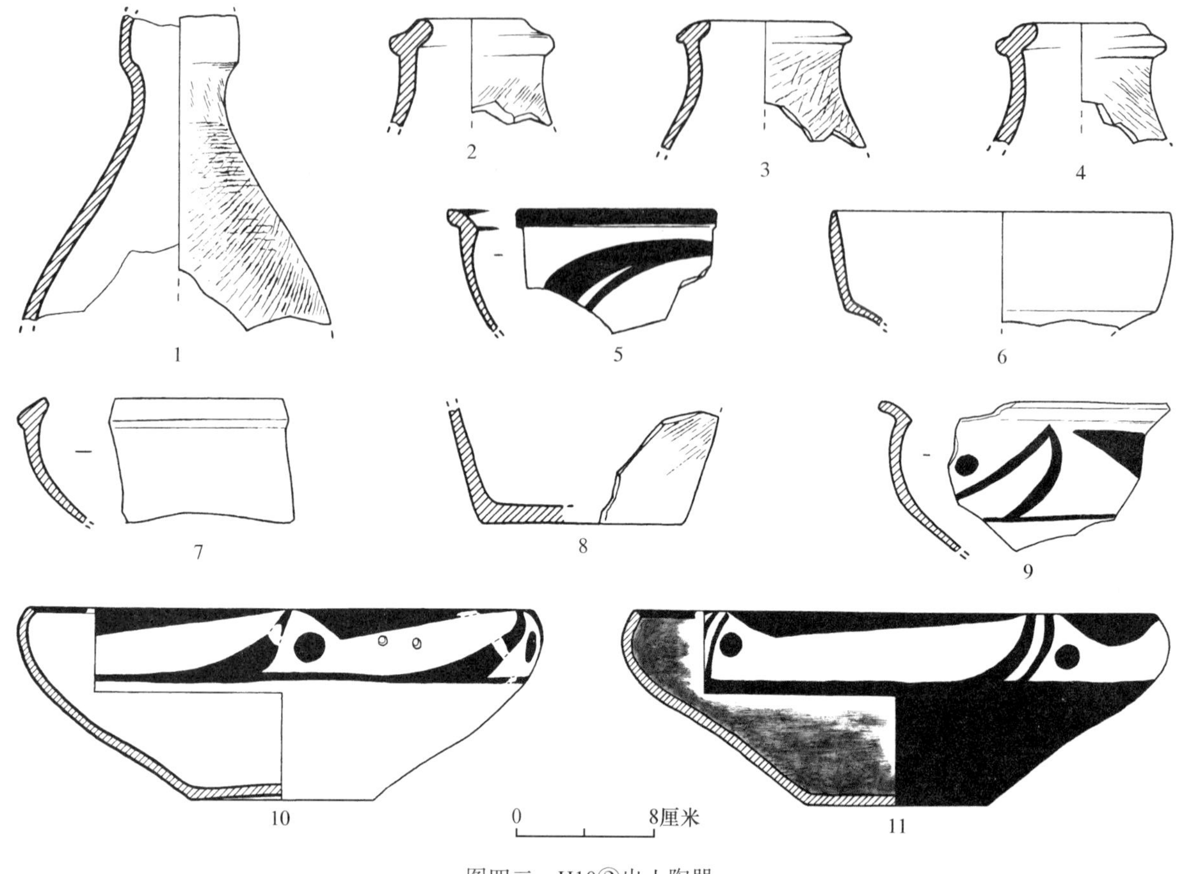

图四二　H10②出土陶器

1. 葫芦口瓶（T4H10②：43）　2～4. 重唇口尖底瓶（T4H10②：39、T4H10②：41、T4H10②：42）
5、9. 折沿盆（T4H10②：26、T4H10②：27）　6. 直口钵（T4H10②：65）　7. 叠唇弧腹盆（T4H10②：34）
8. 瓶底（T4H10②：44）　10、11. 敛口钵（T4H10②：8、T4H10②：9）

折沿盆　8件。标本T4H10②：23，泥质红陶。敛口，圆唇较厚，上腹微外鼓。沿面内外缘均饰一周黑彩，上腹部施白衣，上饰黑彩弧线与弧边三角、圆点组成的纹样。残高5.8厘米（图四三，1）。标本T4H10②：25，泥质红陶。敛口尖唇，上腹微鼓。唇部及沿外缘均饰一周黑彩，上腹部饰黑彩圆点、弧边三角组成的纹样。残高5厘米（图四三，3）。标本T4H10②：26，泥质红陶。敛口，圆。唇部及沿面内外缘均饰一周黑彩，上腹部饰黑彩弧线纹样。残高7厘米（图四二，5）。标本T4H10②：27，泥质红陶。敛口，方唇。沿内缘饰一周黑彩，上腹部饰一周黑彩圆点、弧线、弧边三角组成的纹样。残高8.4厘米（图四二，9）。标本T4H10②：28，泥质红陶。敛口，上腹外鼓，斜腹曲收。彩绘剥蚀严重，腹部饰黑彩弧线、弧边三角纹样。口径44、腹径39.2、残高11.7厘米（图四六，5）。标本T4H10②：29，泥质褐陶。敛口，尖唇沿面饰黑彩弧线纹，腹部饰黑彩圆点、弧线等组成的纹样。口径34、腹径32、残高5.6厘米（图四三，2）。标本T4H10②：30，泥质褐陶。敛口圆唇，上腹较鼓。唇部及沿外缘均饰一周黑彩，腹部饰黑彩几何纹样。口径20、残高5.2厘米（图四三，6）。标本T4H10②：31，泥质红陶。敛口圆唇，上腹较鼓。唇部及沿外缘均饰一周黑彩，沿面饰黑彩弧边三角纹，上腹部施白衣，上饰黑彩圆点、弧边三角、

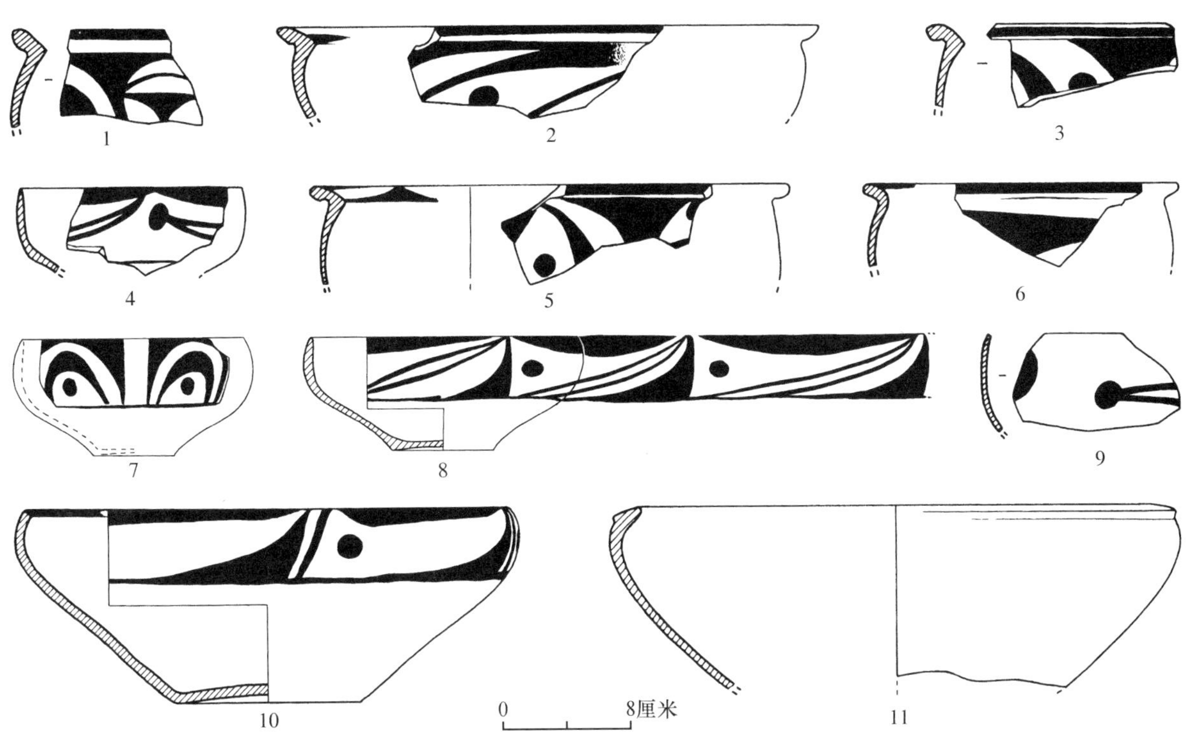

图四三 H10②出土陶器

1～3、5、6. 折沿盆（T4H10②：23、T4H10②：29、T4H10②：25、T4H10②：31、T4H10②：30） 4. 直口钵（T4H10②：15） 7～10. 敛口钵（T4H10②：4、T4H10②：5、T4H10②：18、T4H10②：7） 11. 叠唇弧腹盆（T4H10②：37）

勾叶组成的纹样。口径30、残高6.2厘米（图四三，5）。

叠唇盆 3件。有弧腹、斜腹之分。

叠唇弧腹盆 2件。标本T4H10②：34，泥质红陶。敛口，叠唇较宽。上腹外鼓，弧腹内收。残高7厘米（图四二，7）。标本T4H10②：37，泥质红陶。敛口，叠唇较宽，唇面较平，弧腹内收。口径32、残高11.2厘米（图四三，11）。

叠唇斜腹盆 1件。标本T4H10②：32，泥质灰陶。敛口较直，叠唇较宽，斜直腹内收。残高12.3厘米（图四七，4）。

钵 17件。根据口部形态可以分为直口钵、敛口钵、敞口钵、钵底。

直口钵 3件。口沿残片。标本T4H10②：15，泥质红陶。直口微敛，尖唇，上腹较直，下腹圆折。内外壁通体施白衣，唇部施一周黑彩，腹部饰一周黑彩柳叶纹、圆点、双弧线纹组成的纹饰。口径14、腹径14.4、残高5.4厘米（图四三，4）。标本T4H10②：17，泥质红陶。直口，尖唇，上腹较直。内外壁通体施白衣，唇部施一周黑彩，腹部饰黑彩网格纹。残高3厘米（图四七，7）。标本T4H10②：65，泥质红陶。直口微敛，尖唇，上腹较直，腹下部方折，可见清晰的折棱。素面。口径20，残高6.5厘米（图四二，6）。

敛口钵 8件。标本T4H10②：4，可复原。泥质白陶。敛口，尖唇，上腹较鼓，曲腹内收，底微凹。唇部饰一周黑彩，器表可见一组对称的黑彩纹样，由弧边三角、弯月形、圆点组成。口径14、腹径15、底径5.2、高7.2厘米（图四三，7；图版一六，1）。标本T4H10②：5，可复原。泥质白陶。敛口，尖唇，上腹外鼓，曲腹内收，底微凹。唇部饰一周黑彩，腹部饰一周由黑彩弧边三角、柳叶、圆点、弧线等组成的纹样。口径16.6、腹径17.4、底径6.4、高7厘米（图四三，8；图版一六，2）。标本T4H10②：7，可修复。泥质红陶。敛口，方圆唇，上腹微外鼓，斜腹内收，凹底。唇部饰一周黑彩，上腹部饰黑彩弧边三角、圆点、竖线等组成的纹样。口径30.8、腹径32.5、底径12、高12厘米（图四三，10；图版一六，4）。标本T4H10②：8，可修复。泥质红陶。敛口，方圆唇，上腹外鼓，斜腹内收，底微凹。唇部饰一周黑彩，上腹部饰黑彩弧边三角、柳叶、圆点、竖线组成的纹样，并在一个断茬两侧的陶片上各见一个由内向外的穿孔。口径28.2、腹径30、底径10.5、高10.5厘米（图四二，10；图版一七，1～4）。标本T4H10②：9，可修复。泥质红陶，下腹部呈黑色。敛口，方圆唇，上腹外鼓，曲腹内收，平底。唇部饰一周黑彩，上腹部饰黑彩弧边三角、圆点、竖线组成纹样，口内壁可见数道较深的同心圆纹。口径29.4、腹径31、底径10.1、高10.5厘米（图四二，11；图版一七，5）。标本T4H10②：16，口沿残片。泥质红陶。口微敛，尖唇，上腹微鼓。内外壁通体施白衣，唇部饰一周黑彩，腹部饰黑彩弧线、圆点组成的纹样。残高3.4厘米（图四七，6）。标本T4H10②：18，口沿残片。泥质红陶。敛口，尖唇，弧腹下收。外壁施红衣，腹部饰黑彩圆点、双弧线纹。残高6厘米（图四三，9）。标本T4H10②：19，口沿残片。泥质红陶。敛口，方唇，上腹较鼓，弧腹内收。唇部饰一周黑彩，腹部饰一黑彩圆点纹。口径29.8、腹径31、残高5.6厘米（图四四，6）。

敞口钵　5件。标本T4H10②：6，可修复。泥质褐陶夹细砂。敞口圆唇，浅弧腹内收，底微凹。素面，上腹修制规整，下部较粗糙。口径15.2、底径7、高4.8厘米（图四四，1；图版一六，3）。标本T4H10②：10，可修复。泥质褐陶，上腹陶色呈黑灰色。敞口圆唇，浅弧腹内收，平底。素面。口径18、底径6、高6厘米（图四四，5；图版一七，6）。标本T4H10②：11，可修复。泥质红陶。直口微敛，尖唇，上腹微鼓，弧腹内收，底微凹。素面。口径15.4、底径7、高4.5厘米（图四四，3；图版一八，1）。标本T4H10②：13，口沿残片。泥质红陶。敞口，方圆唇，弧腹内收。唇部饰一周黑彩，素面。下腹部断裂处规整，似经修整。口径18.6、残高4.8厘米（图四四，2）。标本T4H10②：66，可修复。泥质红陶。敞口，方圆唇，弧腹内收，底微凹。素面。口径16、底径5.4、高5.8厘米（图四四，7）。

钵底　1件。标本T4H10②：12，泥质红陶。曲腹内收，底微凹。素面。底径9.1、残高3.2厘米（图四七，2）。

罐　21件。多为口、腹部残片。根据口部形态可分为大口罐、矮领鼓腹罐、高领罐、罐底。

大口罐　14件。铁轨式口沿退化，个别罐口残留小于5厘米，此处不做描述。标本T4H10②：50，夹砂褐陶。直口圆唇，沿面微弧，口内有一周浅凹槽，上腹微鼓。颈下饰交错绳纹，腹部饰较细密的右上至左下的斜绳纹。口径23.4、残高10.2厘米（图四五，5）。标本T4H10②：51，夹砂红陶。直口微敛，厚圆唇，平沿较宽，口内有一周深凹槽，外有两道浅凹槽，上腹微鼓。饰较粗疏的右上至左下的斜绳纹。残高7.4厘米（图四五，3）。标本T4H10②：53，夹砂褐陶。直口微敛，方唇，窄沿，沿面微鼓，口内有一周凹槽，上腹较鼓。器表饰较粗疏的左上至右下的斜绳纹。残高6.2厘米（图四四，11）。标本T4H10②：54，夹砂褐陶。直口微敛，圆唇

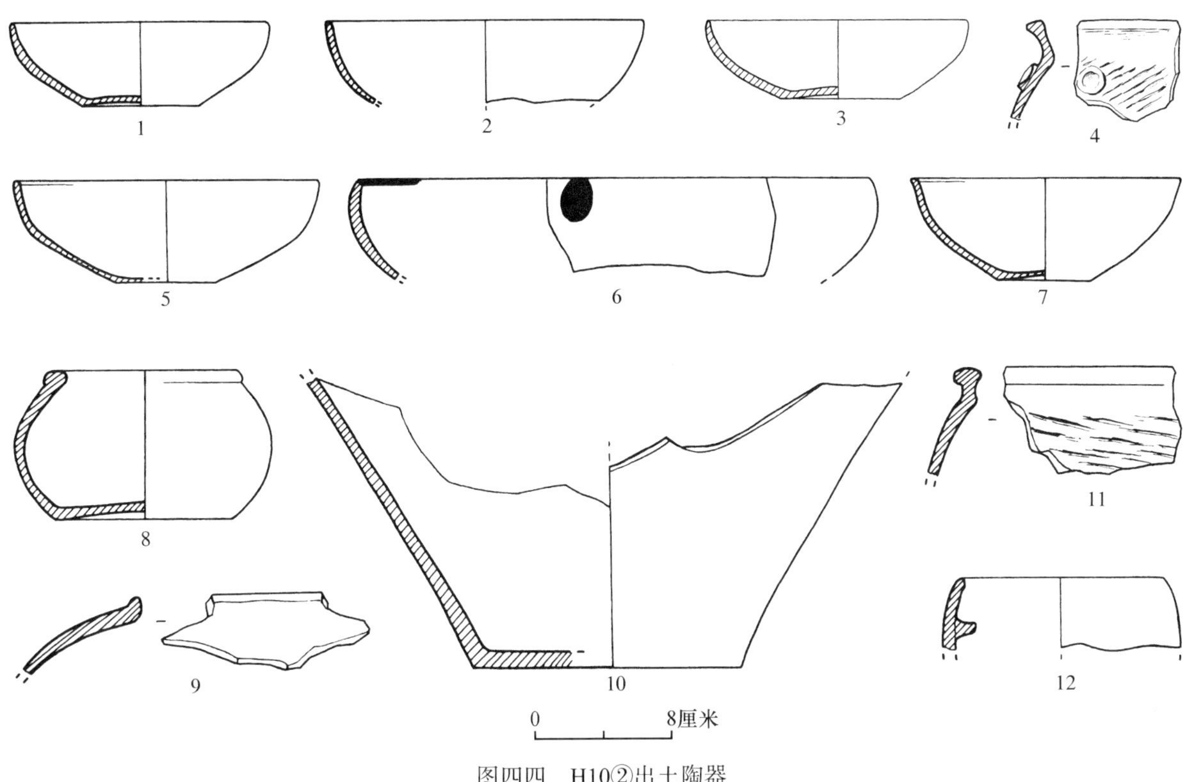

图四四 H10②出土陶器

1~3、5、7. 敞口钵（T4H10②：6、T4H10②：13、T4H10②：11、T4H10②：10、T4H10②：66） 4、11. 大口罐（T4H10②：60、T4H10②：53） 6. 敛口钵（T4H10②：19） 8、12. 盂（T4H10②：14、T4H10②：46） 9. 瓮（T4H10②：20） 10. 罐底（T4H10②：24）

较厚，平沿，口内微凹，束颈，上腹外鼓。颈下饰细密的右上至左下的斜绳纹。口径22.2、残高8.3厘米（图四六，2）。标本T4H10②：55，夹砂红陶。直口，圆唇较厚，沿，沿面微凸，束颈，上腹外鼓。颈下饰细密的交错绳纹。口径30.8、残高8.4厘米（图四六，4）。标本T4H10②：57，夹砂灰陶。口微侈，圆唇，窄平沿面，腹较鼓。颈下贴附有竖向带按压痕的泥条，饰细密的右上至左下的斜绳纹加弦纹。残高8厘米（图四五，1）。标本T4H10②：59，夹砂灰陶。侈口，方唇，腹较鼓。颈下贴附有一鸡冠状錾，饰右上至左下的斜绳纹。残高4.3厘米（图四七，8）。标本T4H10②：60，夹砂灰陶。侈口，尖圆唇，窄沿外斜，上腹较鼓。颈下贴附有一圆形带按压痕的泥饼，饰右上至左下的斜绳纹。残高5.8厘米（图四四，4）。

矮领鼓腹罐 2件。标本T4H10②：21，泥质红陶。直口，方圆唇，矮领束颈，上腹外鼓。素面。口径26.4、残高7.4厘米（图四五，2）。标本T4H10②：22，泥质红陶。敛口，尖圆唇，沿面微凸，口内微凹，矮领束颈，上腹外鼓。沿面饰一周黑彩宽带纹，腹部饰黑彩勾叶纹样。口径27.2、残高13.4厘米（图四五，8）。

高领罐 2件。标本T4H10②：33，泥质红陶。直口微侈，圆唇，窄平沿，口内微凹，外有一周凸棱，腹微鼓。颈下贴附有一个横向鸡冠状錾。残高11.4厘米（图四五，6）。标本T4H10②：35，泥质红陶。侈口，圆唇，高领，平沿稍内斜，口内微凹。素面。残高10厘米（图四五，4）。

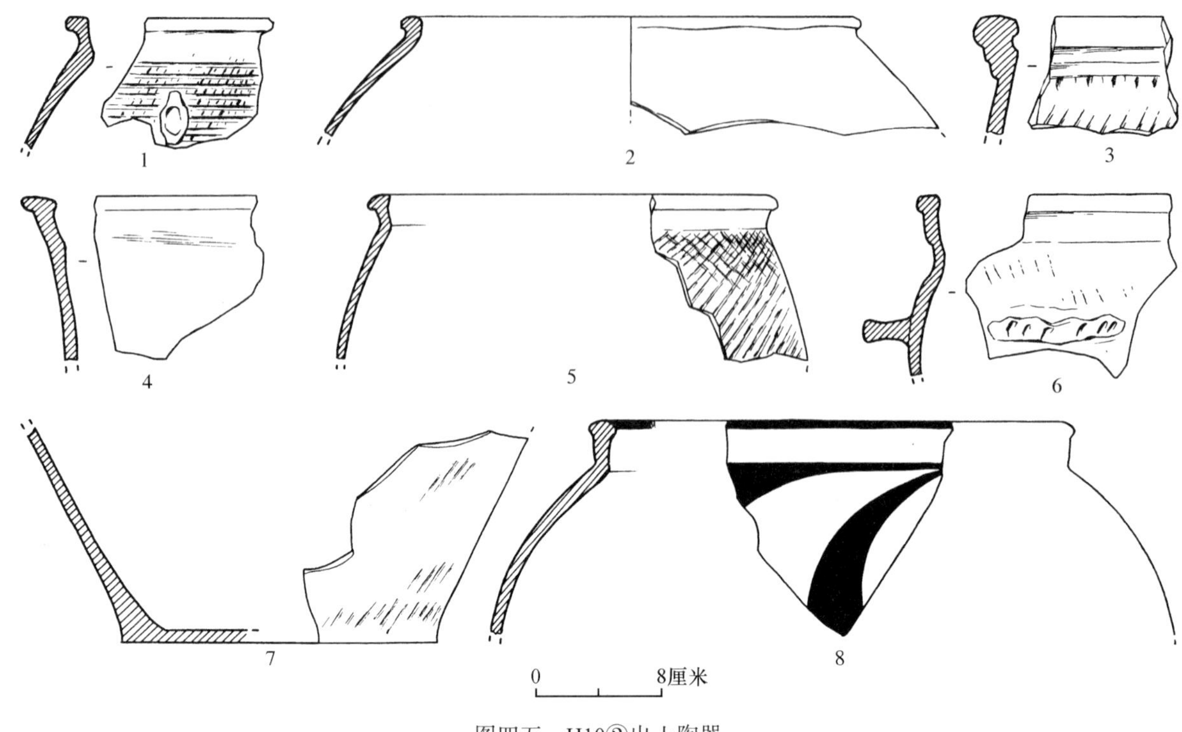

图四五　H10②出土陶器

1、3、5. 大口罐（T4H10②：57、T4H10②：51、T4H10②：50）　2、8. 矮领鼓腹罐（T4H10②：21、T4H10②：22）
4、6. 高领罐（T4H10②：35、T4H10②：33）　7. 罐底（T4H10②：61）

罐底　3件。残留下腹部及底，可能为高领罐底。标本T4H10②：24，泥质红陶。斜腹内收，平底。素面。底径15.6、残高16.4厘米（图四四，10）。标本T4H10②：38，泥质红陶。深腹微鼓，平底。素面。底径14.4、残高30厘米（图四六，6）。标本T4H10②：61，夹砂红陶。斜腹内收，平底。腹部饰右上至左下的斜绳纹。底径20.2、残高13.2厘米（图四五，7）。

瓮　1件。标本T4H10②：20，口沿残片。泥质灰陶。敛口，短圆唇，肩部圆鼓。素面。残高4.4厘米（图四四，9）。

盂　2件。标本T4H10②：14，可修复。夹砂红陶。敛口，厚圆唇外叠，平沿，腹部圆鼓，底微凹。素面。口径9、腹径15.2、底径10.4、高8.6厘米（图四四，8；图版一八，2）。标本T4H10②：46，口沿残片。夹砂褐陶。敛口，圆唇，腹部圆鼓。内壁有一条形鋬，素面。口径11.8、残高4.2厘米（图四四，12）。

釜　1件。标本T4H10②：47，残。夹砂红陶，仅存腹部。折腹，斜直腹内收，上腹部饰横向弦纹。残高7.4厘米（图四六，1）。

杯　2件。标本T4H10②：1，完整。夹砂褐陶。敞口，圆唇，斜沿外侈，直腹，平底。素面。口径10.8、底径7、高11厘米（图四七，5；图版一六，7）。

器盖　3件。均残。标本T4H10②：45，夹砂褐陶。口较直，呈覆钵形，斜弧壁。素面。口径15、残高3.8厘米（图四七，3）。标本T4H10②：48，夹砂红陶。敞口呈喇叭形，方唇，斜直壁。素面，器表抹泥修整。残高7.1厘米（图四六，3）。标本T4H10②：49，夹砂褐陶。口微敛呈覆钵形，方唇，斜直壁。素面，器表抹泥修整。口径16.8、残高4.5厘米（图四七，10）。

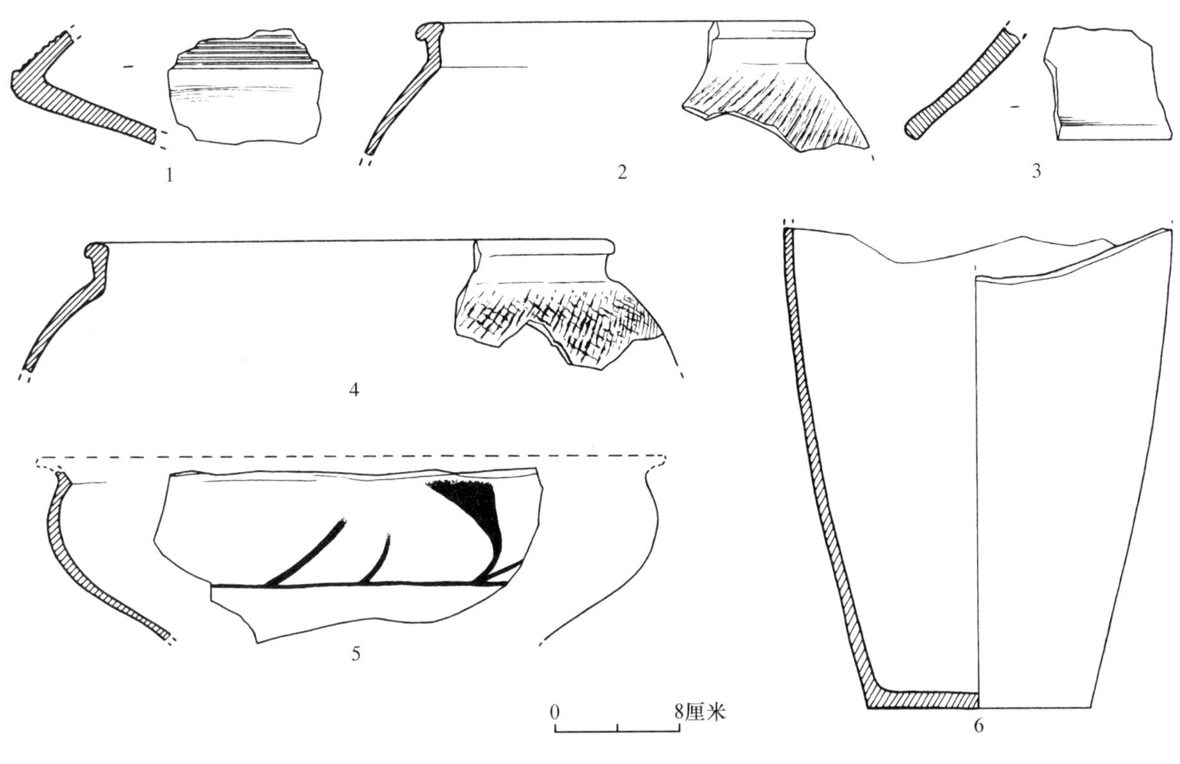

图四六　H10②出土陶器

1. 釜（T4H10②：47）　2、4. 大口罐（T4H10②：54、T4H10②：55）
3. 器盖（T4H10②：48）　5. 折沿盆（T4H10②：28）　6. 罐底（T4H10②：38）

环　254件。其中标本T4H10②：40，泥质红陶，残留口部。应为一个废弃的尖底瓶口部经过磨制加工而成。敛口，尖圆唇，双唇退化，内外唇间无明显的界线，外唇宽于内唇，沿面较平。内唇及颈部断面经磨至平，外唇沿面可见轮修痕。内径6.4、外径10、厚2厘米（图四七，1）。

石器　4件。

环　3件。均残。标本T4H10②：62，剖面为长椭圆形。表面凹凸不平。外径9.2、内径1.9、厚2.6厘米（图四七，13）。标本T4H10②：63，剖面近椭圆形。表面凹凸不平。外径8.4、内径9.3、厚2厘米（图四七，11）。标本T4H10②：64，剖面为等腰三角形，表面凹凸不平。外径4、内径1.6、厚1.1厘米（图四七，9）。

球　1件。标本 T4H10 ②：3，体呈扁球体，磨制较粗。直径 11.8 厘米（图四七,12；图版一六,5）。

骨器　1件。为骨笄。标本T4H10②：2，截面呈长方形。一端残，一端尖。器表磨制光滑。残长11.7厘米（图四七，14）。

11. H11

H11位于T4的西南部，部分延伸至西壁下。开口于第1层下，打破生土。井口距地表20厘米。口部形状为近长椭圆形，剖面口大底小，西壁直壁，其余为坡壁内收，坑壁清晰，平底。口部东西长170、南北宽156、底部东西长160、南北宽140、残深32厘米（图四八）。

坑内堆积为灰黑色土，土质疏松，夹植物根系、石块等，含少量陶片及石器。陶片以泥质红陶

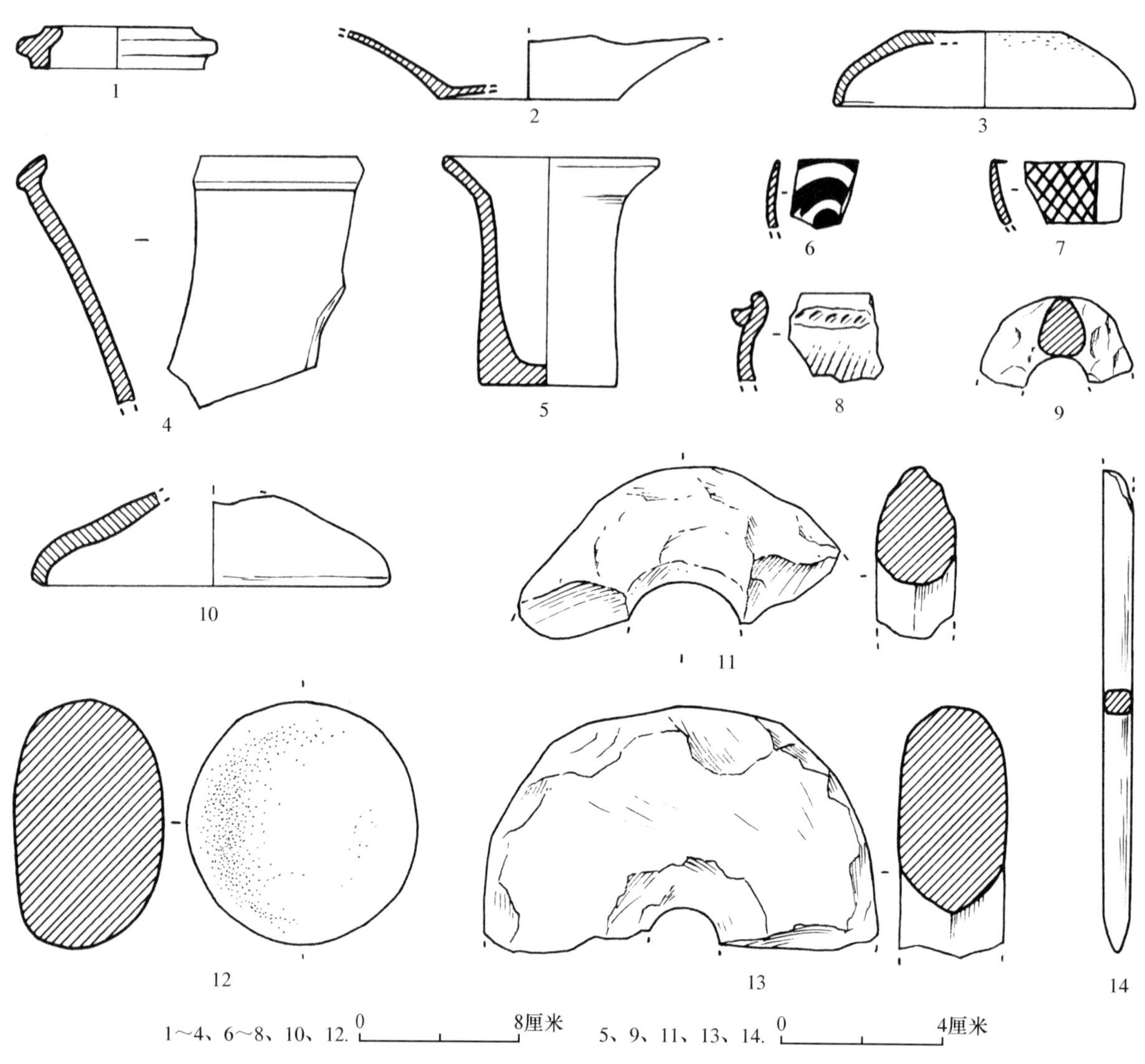

图四七　H10②出土陶、石、骨器

1. 陶环（T4H10②：40）　2. 陶钵底（T4H10②：12）　3、10. 陶器盖（T4H10②：45、T4H10②：49）　4. 陶叠唇斜腹盆（T4H10②：32）　5. 陶杯（T4H10②：1）　6. 陶敛口钵（T4H10②：16）　7. 陶直口钵（T4H10②：17）　8. 陶大口罐（T4H10②：59）　9、11、13. 石环（T4H10②：64、T4H10②：63、T4H10②：62）　12. 石球（T4H10②：3）　14. 骨笄（T4H10②：2）

为主，夹砂褐陶和泥质灰陶次之；纹饰以素面为主，线纹和绳纹次之，其他还有彩陶、附加堆纹等（表一二）。

表一二　T4H11陶系、纹饰统计表

纹饰 \ 数量 \ 陶系	泥质陶				夹砂陶				合计	百分比
	红	褐	灰	小计	红	褐	灰	小计		
素面	49	8	18	75					75	55.97%
绳纹					3	18		21	21	15.67%
线纹	26			26					26	19.40%
彩陶	10			10					10	7.46%

续表

陶系/数量/纹饰	泥质陶				夹砂陶				合计	百分比
	红	褐	灰	小计	红	褐	灰	小计		
绳+弦						1		1	1	0.75%
附加堆纹						1		1	1	0.75%
合计	85	8	18	111	3	20		23	134	100%
百分比	63.43%	5.97%	13.43%	82.84%	2.23%	14.93%		17.16%	100%	

H11共出土标本16件。以陶器为主，另有少量石器。

陶器　15件。

重唇口尖底瓶　1件。标本T4H11：5，残。泥质红陶，陶质较粗。敛口，双唇明显，上下唇基本同宽，下唇尖圆，沿面微斜。唇内可见同心圆纹。口径3.2、残高3.6厘米（图四九，1）。

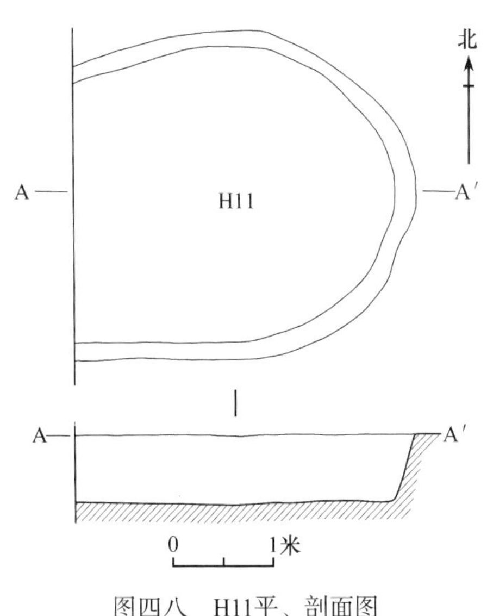

图四八　H11平、剖面图

盆　3件。均为口沿残片。根据口部形态可以分为折沿盆、叠唇盆。

折沿盆　1件。折沿弧腹盆。标本T4H11：4，泥质红陶，陶质较粗。敛口。唇部饰一周黑彩。残高1.5厘米（图四九，2）。

叠唇盆　2件。弧腹叠唇盆。标本T4H11：3，泥质红陶，陶质较粗。敛口，叠唇较宽，腹内收。素面。残高1.5厘米（图四九，3）。标本T4H11：8，泥质红陶，陶质较粗。直口微敛，圆唇微外叠，唇面微凹，弧腹内收。素面。残高5厘米（图四九，4）。

敛口钵　2件。均为口沿残片。标本T4H11：1，泥质红陶，陶质较粗。敛口，方圆唇，上腹外鼓，下腹内收。腹部饰黑彩圆点、弧线纹样。残高6厘米（图四九，11）。标本T4H11：2，泥质红陶，陶质较粗。口微敛，圆唇，弧腹内收。素面。残高4厘米（图四九，6）。

罐　5件。均为口腹残片。根据口部形态可以分为大口罐、矮领鼓腹罐、高领罐。

大口罐　2件。大口鼓腹罐。标本T4H11：11，夹砂褐陶。直口，圆唇，平沿，口内微凹，束颈。上腹外鼓。颈下饰右上至左下的斜绳纹加弦纹。残高5厘米（图四九，7）。标本T4H11：12，夹砂褐陶。直口微敛，口内微凹。上腹部饰右上至左下的斜绳纹。残高5厘米（图四九，8）。标本T4H11：13，夹砂红陶。口微侈，圆唇，窄平沿，上腹外鼓。颈下贴附一圆形小泥饼，饰右上至左下的斜绳纹。残高4.4厘米（图四九，9）。

矮领鼓腹罐　1件。标本T4H11：10，泥质红陶，陶质较粗。直口，圆唇，口内有一周浅凹槽，矮领束颈，上腹外鼓。素面。口径16、残高4.6厘米（图四九，10）。

高领罐　1件。标本T4H11：9，泥质褐陶。直口微侈，圆唇，高领外斜。素面。残高6厘米

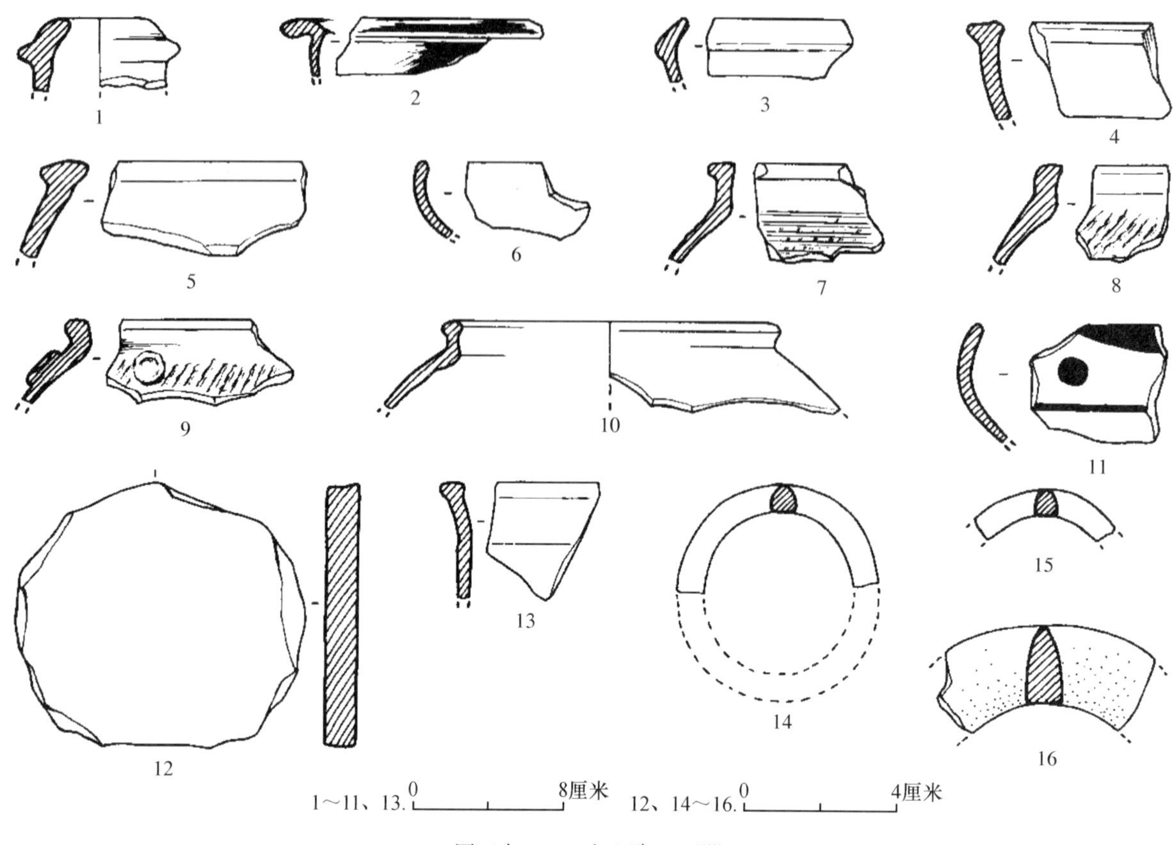

图四九　H11出土陶、石器

1. 陶重唇口尖底瓶（T4H11：5）　2. 陶折沿盆（T4H11：4）　3、4. 陶叠唇盆（T4H11：3、T4H11：8）　5. 陶缸（T4H11：6）　6、11. 陶敛口钵（T4H11：2、T4H11：1）　7～9. 陶大口罐（T4H11：11、T4H11：12、T4H11：13）　10. 陶矮领鼓腹罐（T4H11：10）　12. 圆陶片（T4H11：7）　13. 陶高领罐（T4H11：9）　14、15. 陶环（T4H11：14、T4H11：15）　16. 石环（T4H11：16）

（图四九，13）。

缸　1件。标本T4H11：6，口沿残片。泥质红陶，陶质较粗。形体厚重，敛口，圆唇平叠，上腹外鼓。素面。残高2.4厘米（图四九，5）。

环　2件。标本T4H11：14，残。泥质灰陶。截面呈圆角等腰三角形。素面。内径4、外径5.2、厚0.7厘米（图四九，14）。标本T4H11：15，残。泥质灰陶。截面呈圆角等腰三角形。素面。内径3.6、外径4.8、厚0.6厘米（图四九，15）。

圆陶片　1件。标本T4H11：7，泥质灰陶。近圆形，系灰陶瓮之类的腹片改制而成，边略加磨制，较圆钝。素面。直径7.7、厚0.9厘米（图四九，12）。

石器　1件。为石环。标本T4H11：16，残。截面呈等腰三角形。内圈较厚，表面光滑。磨制而成。内径5.2、外径9、厚1厘米（图四九，16）。

12. H12

H12位于T4的南部，部分延伸至南壁下。开口于第1层下，打破H4及生土，北部被近代墓打破。开口距地表20厘米。口部为椭圆形，剖面口大底小，坡壁明显内收，坑壁清晰，底面为不规则椭圆形，平底。口部东西最宽360、南北长420、底部东西最宽140、南北长318、残深250厘米（图五〇）。

坑内堆积为灰褐色土，土质疏松，夹植物根系，石块等，内含陶片、动物骨头。陶片以泥质红陶最多，夹砂褐陶次之；纹饰以素面最多，绳纹次之，其他还有线纹、彩陶、弦纹等（表一三）。动物骨头经鉴定种属为猪和獐。

表一三　T4H12陶系、纹饰统计表

陶系 数量 纹饰	泥质陶				夹砂陶				合计	百分比
	红	褐	灰	小计	红	褐	灰	小计		
素面	512	80	200	792	8	30		38	830	35.35%
绳纹					150	510	60	720	720	30.66%
线纹	400		20	420					420	17.89%
彩陶	290			290					290	12.35%
弦纹					10	30	2	42	42	1.79%
绳+弦					5	20		25	25	1.07%
附加堆纹					3	18		21	21	0.89%
合计	1202	80	220	1502	176	608	62	846	2348	100%
百分比	51.19%	3.40%	9.36%	63.97%	7.50%	25.89%	2.64%	36.03%	100%	

H12共出土标本48件。以陶器为主，另有少量石器。

陶器　45件。

尖底瓶　1件。标本T4H12：18，底部残件。泥质红陶。形态尖瘦，底部磨平。内部可见泥条盘筑的痕迹，腹壁印有交错细线纹。残高11.4厘米（图五一，18）。

盆　4件。口、腹残片。按口部形态可分为折沿盆、叠唇盆。

折沿盆　2件。折沿弧腹盆。标本T4H12：7，泥质红陶。敛口，方唇，折沿微外卷，上腹微鼓。唇部及沿面内外缘各饰一周黑彩，上腹部饰黑彩勾叶、弧边三角纹样。残高10厘米（图五一，6）。标本T4H12：8，泥质红陶。敛口，圆唇，折沿外卷，上腹微鼓。唇部及沿面内外缘各饰一周黑彩，上腹部饰黑彩圆点、弧线、勾叶组成的纹样。口径40、腹径37.6、残高8厘米（图五一，5）。

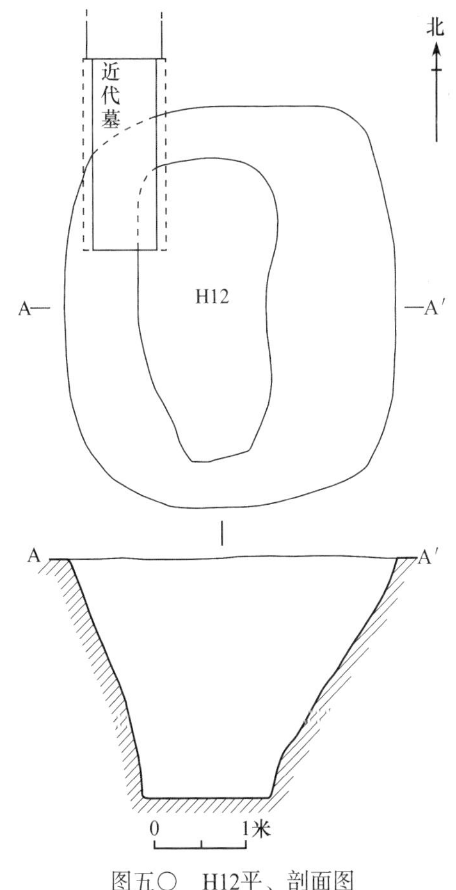

图五〇　H12平、剖面图

叠唇盆　2件。有弧腹、斜直腹之分。

叠唇弧腹盆　1件。标本T4H12：10，泥质红陶。敞口，厚方唇，叠唇退化，弧腹内收。腹内部可见轮修痕，腹部饰左上至右下的斜绳纹，并有一横向鸡冠状鋬。残高

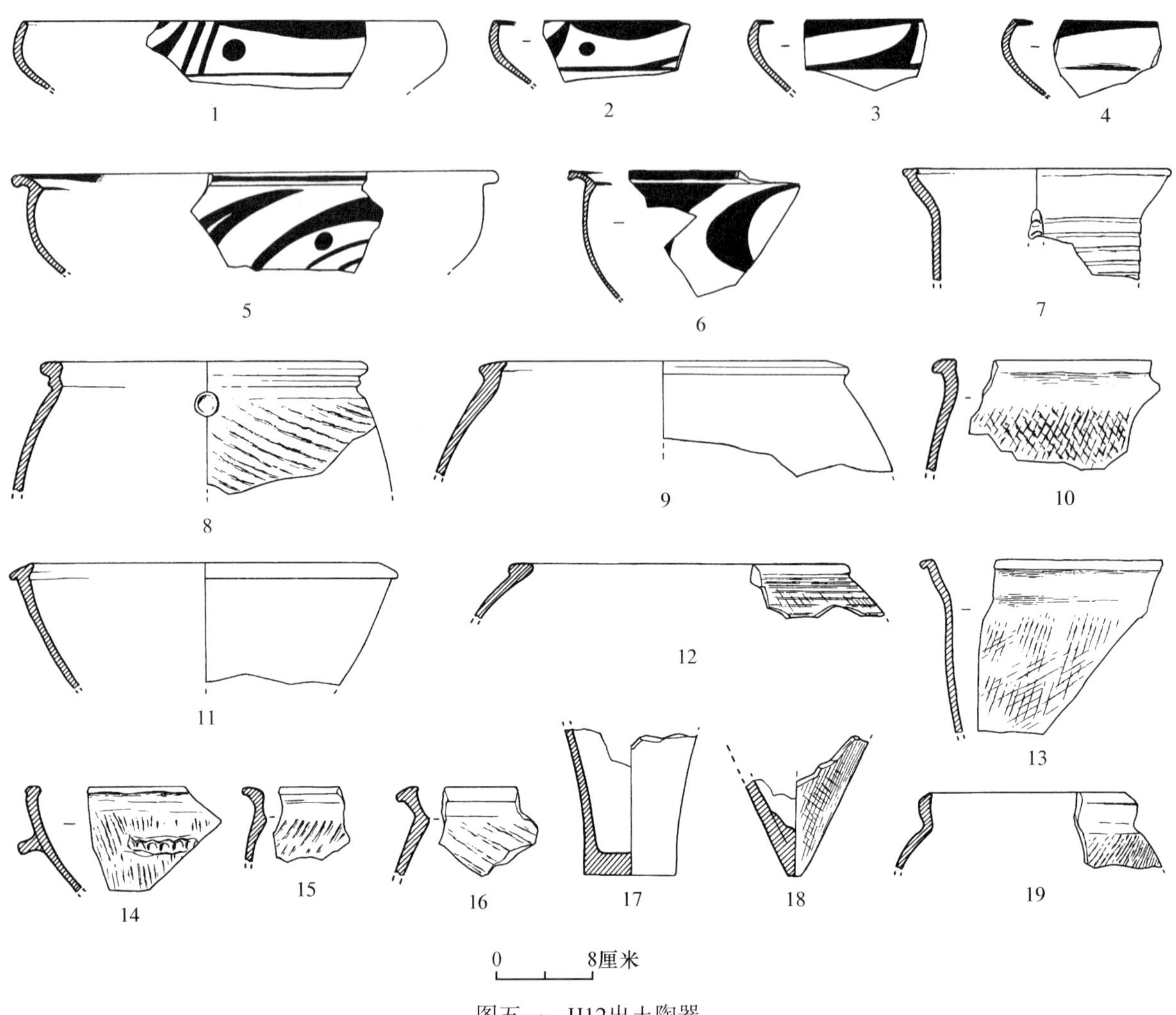

图五一 H12出土陶器

1～4. 敛口钵（T4H12：3、T4H12：6、T4H12：5、T4H12：4） 5、6. 折沿盆（T4H12：8、T4H12：7） 7. 斜沿直腹罐（T4H12：21） 8、10、15、16、19. 大口罐（T4H12：22、T4H12：26、T4H12：23、T4H12：25、T4H12：24） 9. 矮领鼓腹罐（T4H12：13） 11. 叠唇弧腹盆（T4H12：10） 12. 敛口圆腹罐（T4H12：12） 13. 高领罐（T4H12：11） 14. 叠唇斜直腹盆（T4H12：9） 17. 罐底（T4H12：27） 18. 尖底瓶（T4H12：18）

8.4厘米（图五一，11）。

叠唇斜直腹盆 1件。标本T4H12：9，泥质红陶。敛口，圆唇外叠，斜直腹内收。素面。口径28、残高9.8厘米（图五一，14）。

钵 4件。敛口钵，均为口沿残片。标本T4H12：3，泥质红陶。敛口，方唇，上腹外鼓，斜腹内收。唇部饰一周黑彩，上腹部饰一周黑彩勾叶、圆点、斜线等组成的纹样。口径34、腹径35.8、残高5.4厘米（图五一，1）。标本T4H12：4，泥质红陶。敛口，方唇，上腹外鼓，斜腹内收。唇部饰一周黑彩，上腹部饰黑彩弧边三角纹样。残高6.2厘米（图五一，4）。标本T4H12：5，泥质红陶。敛口，方圆唇，上腹外鼓，斜腹内收，唇部饰一周黑彩，上腹部饰黑彩勾叶、弧边三角等组成的纹样。残高5.7厘米（图五一，3）。标本T4H12：6，泥质红陶。敛口，方唇，上腹外鼓，斜内收，唇部饰一周黑彩，上腹饰黑彩圆点、直线、弧线等组成的纹样。残高5厘米（图五一，2）。

罐 10件。根据口、腹部形态特征可分为大口罐、矮领鼓腹罐、敛口圆腹罐、斜沿直腹罐、高领罐、罐底。

大口罐 5件。均为口、腹部残片。铁轨式口沿退化。标本T4H12：22，夹砂红陶。直口，方圆唇，沿面窄平，口内外各有一周凹槽，上腹较鼓。颈下贴附有一圆形泥饼，饰较粗疏的左上至右下的斜绳纹。口径23.4、残高10.7厘米（图五一，8）。标本T4H12：23，夹砂红陶。直口，圆唇，平沿内斜，口内微凹，上腹微鼓。饰细密的右上至左下的斜绳纹。残高6.1厘米（图五一，15）。标本T4H12：24，夹砂红陶。直口，尖唇，口内微凹，上腹较鼓。饰细密的右上至左下的斜绳纹。口径16、残高6厘米（图五一，19）。标本T4H12：25，夹砂褐陶。侈口，圆唇，沿面微弧、外斜。口内微凹，上腹较鼓。饰较粗疏的左上至右下的斜绳纹（图五一，16）。标本T4H12：26，夹砂褐陶。直口，圆唇，沿面窄平，口内有一周浅凹槽。饰细密的交错绳纹。残高8.8厘米（图五一，10）。

矮领鼓腹罐 1件。标本T4H12：13，口沿残片。泥质红陶。口微敛，尖唇，平沿外斜，矮领，上腹外鼓。素面。口径26、残高9.2厘米（图五一，9）。

敛口圆腹罐 1件。标本T4H12：12，口、腹残片。泥质红陶，色偏黄。敛口，圆唇，平沿，上腹圆鼓。饰横向弦纹，其上饰排列一致的斜向刻划纹。口径24、残高4.4厘米（图五一，12）。

斜沿直腹罐 2件。口、腹残片。标本T4H12：21，泥质红陶夹细砂。侈口，沿面近平，口内微凸，上腹较直。饰横向弦纹，并贴附有一带捺窝的竖向泥条。口径19.2、腹径17、残高8.9厘米（图五一，7）。

高领罐 1件。标本T4H12：11，泥质红陶。侈口，方唇，窄沿稍外斜，上腹微鼓。饰细密的右上至左下的斜绳纹，略有交错。残高14厘米（图五一，13）。

罐底 1件。标本T4H12：27，夹砂褐陶。腹微曲、内收，平底。素面，腹壁可见纵向刮抹痕。口径7.6、残高11.4厘米（图五一，17）。

瓮 2件。口沿残片。标本T4H12：14，泥质灰陶。敛口，尖唇外叠，沿面向下斜，剖面呈T形，肩部圆折。素面。残高6厘米（图五二，7）。标本T4H12：15，泥质灰陶。敛口，厚圆唇微外卷，肩部圆折，斜腹内收。素面。残高12.8厘米（图五二，1）。

盂 2件。标本T4H12：1，残。泥质红陶夹细砂。敛口，尖圆唇，沿面微凹，腹部圆鼓，平底，腹内壁原有一鋬手，已残。素面。口径10、残高9厘米（图五二，3）。标本T4H12：2，口沿残片。泥质红陶夹细砂。敛口，圆唇，腹部圆鼓。素面。残高7.3厘米（图五二，4）。

灶 2件。标本T4H12：19，口沿残片。夹砂红陶。直口微侈，圆方唇，沿面较平，沿内有一周浅凹槽，口内壁有一个隼头形泥凸，上腹较直。上腹部饰横向弦纹。残高5.2厘米（图五二，6）。标本T4H12：20，夹砂红陶，残留底部一足。直腹，铲形扁足。腹部饰横向弦纹。残高10厘米（图五二，2）。

彩陶壶 1件。标本T4H12：16，口部残件。泥质褐陶。直口，圆唇外卷，束颈。颈外壁施白陶衣，其上饰一周红彩圆点、弧线纹及黑彩弧边三角等组成的纹样，下部有一个从外向内的单面钻

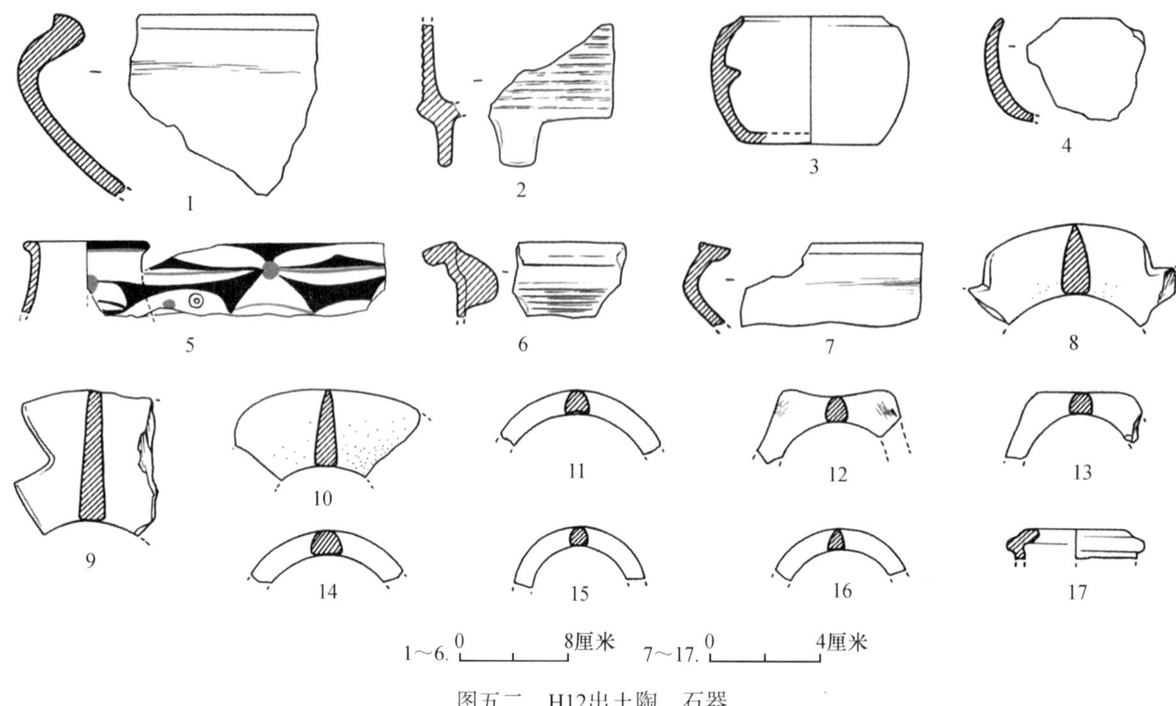

图五二　H12出土陶、石器

1、7. 陶瓮（T4H12：15、T4H12：14）　2、6. 陶灶（T4H12：20、T4H12：19）　3、4. 陶盂（T4H12：1、T4H12：2）　5. 彩陶壶（T4H12：16）　8～10. 石环（T4H12：30、T4H12：28、T4H12：29）　11～17. 陶环（T4H12：32、T4H12：34、T4H12：35、T4H12：33、T4H12：36、T4H12：38、T4H12：17）

孔。口径7.2、残高5.2厘米（图五二，5）。

环　19件。其中标本T4H12：17，泥质红陶，残留口部。应为一个废弃的尖底瓶口部经过磨制加工而成。敛口，圆唇，双唇退化，上下唇间无明显的界线，双唇基本同宽，沿面较平。内唇及颈部断面经磨至平。内径7.4、外径10、残高2.2厘米（图五二，17）。标本T4H12：32，残。泥质灰陶。截面近半圆形。素面。内径5.6、外径7.2、厚0.8厘米（图五二，11）。标本T4H12：33，残。泥质灰陶。截面近半圆形。素面，器表磨光。内径5.2、外径6.8、厚1.1厘米（图五二，14）。标本T4H12：34，残。泥质灰陶。截面呈圆角的等腰三角形，平面呈齿轮状，残留两个齿状凸起。素面，器表磨光。内径4.6、外径6.4、厚0.8厘米（图五二，12）。标本T4H12：35，残。泥质灰陶。截面呈半圆形，平面呈齿轮状，残留两个齿状凸起。素面，器表磨光。内径4.4、外径6.2、厚0.7厘米（图五二，13）。标本T4H12：36，残。泥质灰陶。截面呈圆角的等腰三角形。素面。内径3.8、外径5、厚0.5厘米（图五二，15）。标本T4H12：38，残。泥质灰陶。截面呈圆角的等腰三角形。素面，器表磨光。内径4、外径5.4、厚0.5厘米（图五二，16）。

石器　3件。为石环。标本T4H12：28，残。较宽，截面呈等腰梯形，中部较厚，一端有磨制出的缺口。内径5.6、外径14.8、厚0.9厘米（图五二，9）。标本T4H12：29，残。较宽，截面呈等腰三角形，中部较厚，一端有磨制出的缺口。内径5.2、外径10.2、厚0.7厘米（图五二，10）。标本T4H12：30，残。较宽，截面呈等腰三角形，中部较厚，两端有磨制出的缺口。内径6、外径11、厚0.9厘米（图五二，8）。

13. H13

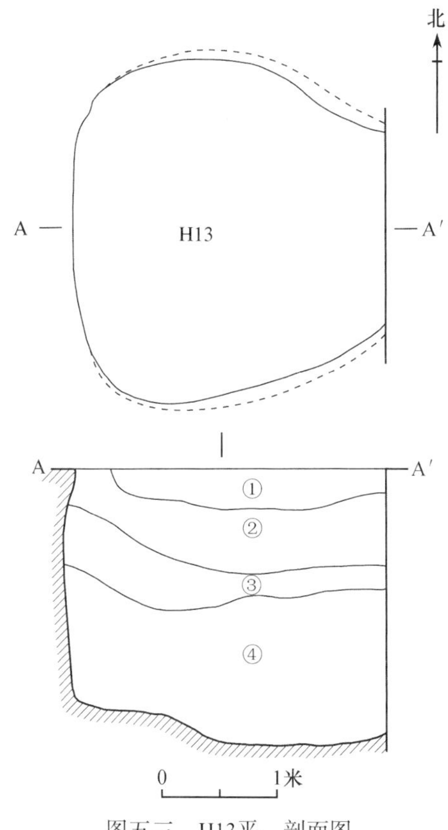

图五三　H13平、剖面图

H13位于T3的东北角，部分延伸至东、北隔梁内。开口于第1层下，打破H19及生土。开口距地表20厘米。口部为不规则形，剖面口小底略大，东、西壁直，南、北壁为不规整的斜壁，底部西高东低。口部东西270、南北286、底径东西270、南北300、残深190～230厘米（图五三）。

坑内堆积依土质、土色可分为四层：第1层厚0～34厘米，浅灰色土，土质略硬，夹植物根系、小石块、灰星等，含少量陶片；第2层厚30～60厘米，灰黑色土，土质较松，夹植物根系、灰星、石块等，含大量陶片、动物骨头；第3层厚20～50厘米，浅灰色土，土质较松，夹植物根系、石块、灰星等，含少量泥质陶片；第4层厚86～120厘米，灰黑色土，土质较松，夹植物根系、石块等，含大量陶片、动物骨头及人骨。

陶片主要出土于第2层和第4层。第2层以泥质红陶最多，夹砂褐陶次之；纹饰以素面最多，绳纹和线纹次之，其他还有彩陶、附加堆纹等（表一四）。第4层以夹砂褐陶为主，泥质红陶次之；纹饰以绳纹为主，素面次之，其他还有线纹、弦纹、彩陶、附加堆纹等（表一五）。动物骨头经鉴定种属有中华圆田螺、猪；人骨仅残存第一指骨。

表一四　T3H13②陶系、纹饰统计表

陶系 数量 纹饰	泥质陶				夹砂陶				合计	百分比
	红	褐	灰	小计	红	褐	灰	小计		
素面	300	54	130	484					484	41.09%
绳纹						260		260	260	22.07%
线纹	260	18		278					278	23.60%
彩陶	145			145					145	12.31%
绳+弦						8		8	8	0.68%
附加堆纹						3		3	3	0.25%
合计	705	72	130	907		271		271	1178	100%
百分比	59.85%	6.10%	11.04%	76.99%		23.01%		23.01%	100%	

表一五　T3H13④陶系、纹饰统计表

陶系/数量/纹饰	泥质陶				夹砂陶				合计	百分比
	红	褐	灰	小计	红	褐	灰	小计		
素面	226	58	182	466					466	22.03%
绳纹					180	1020		1200	1200	56.74%
线纹	256			256					256	12.10%
彩陶	128			128					128	6.05%
弦纹						30		30	30	1.42%
绳+弦						20		20	20	0.95%
附加堆纹						15		15	15	0.71%
合计	610	58	182	850	180	1085		1265	2115	100%
百分比	28.84%	2.74%	8.61%	40.19%	8.51%	51.30%		59.81%	100%	

H13共出土标本162件。下面依据出土层位分别介绍。

第2层出土标本57件。以陶器为主，另有少量石器。

陶器　55件。

瓶　3件。可分为重唇口尖底瓶、耳部残件。

重唇口尖底瓶　1件。标本T3H13②：11，口沿残片。泥质红陶。口微敛，下唇尖圆，双唇较明显，上下唇基本同宽，双唇沿面上斜。唇口外可见同心圆纹。口径4.8、残高4厘米（图五四，11）。

耳部残件　2件。标本T3H13②：6，泥质红陶。耳为桥形，两侧较厚。器表有按压痕迹。残长10厘米（图五六，5）。标本T3H13②：12，泥质红陶。腹壁较直，耳为桥形，腹部饰细密的右上至左下的斜线纹。残高17厘米（图五四，8）。

盆　5件。根据口部形态可分为折沿弧腹盆、叠唇弧腹盆。

折沿弧腹盆　2件。均为口、腹残片。标本T3H13②：17，泥质红陶。敛口，圆唇，折沿，弧腹。唇部饰一周黑彩，沿下有一从外往内的单向钻孔，上腹部饰黑彩圆点、弧边三角及弧线纹样。口径34、腹径32.4、残高6厘米（图五四，5）。标本T3H13②：18，泥质红陶。口微敛，圆唇，弧腹内收。唇部饰一周黑彩，腹部饰黑彩弧线纹样。口径26、残高9.2厘米（图五四，6）。

叠唇弧腹盆　3件。标本T3H13②：1，可修复。泥质红陶。敛口，圆唇，叠唇较宽，弧腹内收。素面。口径25.8、底径10、高12厘米（图五四，9；图版一八，4）。标本T3H13②：16，口、腹残片。泥质褐陶。敛口，圆唇外叠、较窄，上腹外鼓。素面。口径27.2、残高8.8厘米（图五四，7）。标本T3H13②：20，口沿残片。泥质红陶。敛口，圆唇外叠、较宽。素面。残高4厘米（图五四，10）。

钵　3件。根据口部形态可分为敞口钵、敛口钵。

敞口钵　1件。标本T3H13②：14，口沿残片。泥质红陶。敞口，尖唇，弧腹内收。素面。口径16、残高4厘米（图五五，6）。

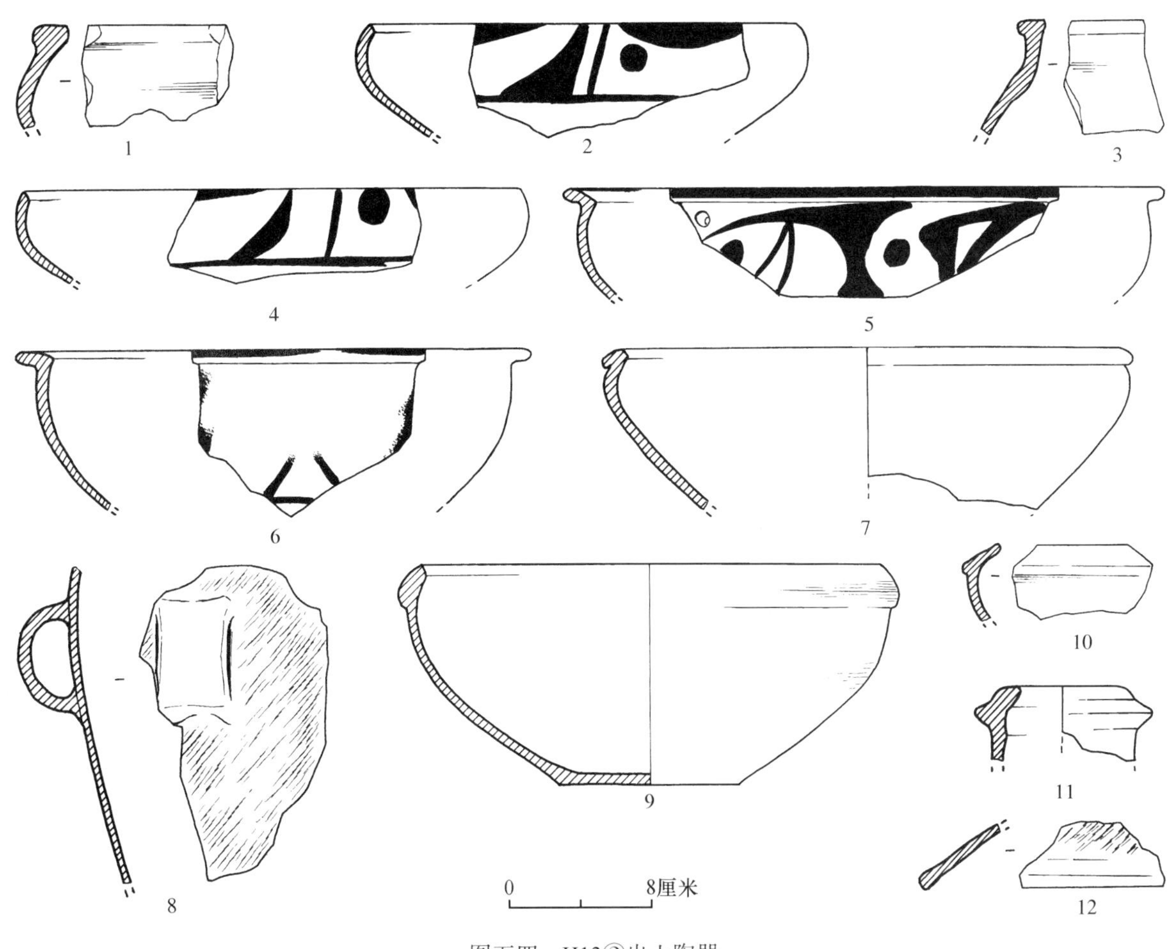

图五四 H13②出土陶器

1. 瓮（T3H13②：19） 2、4. 敛口钵（T3H13②：13、T3H13②：15） 3. 矮领鼓腹罐（T3H13②：21） 5、6. 折沿弧腹盆（T3H13②：17、T3H13②：18） 7、9、10. 叠唇弧腹盆（T3H13②：16、T3H13②：1、T3H13②：20） 8. 耳部残件（T3H13②：12） 11. 重唇口尖底瓶（T3H13②：11） 12. 器盖（T3H13②：22）

敛口钵 2件。均为口沿残片。标本T3H13②：13，泥质红陶，器顶陶色较浅。敛口方圆唇，上腹外鼓，下腹斜收。唇部饰一周黑彩，腹部饰黑彩圆点、弧边三角、弧线组成的纹样。口径23.6、残高6.2厘米（图五四，2）。标本T3H13②：15，泥质红陶。敛口方唇，上腹较鼓，下腹斜收。唇部饰一周黑彩，腹部饰黑彩圆点、弧边三角、弧线组成的纹样。口径27.4、残高5.2厘米（图五四，4）。

罐 6件。均为口、腹残片。根据口部形态可分为大口罐、矮领鼓腹罐。

大口罐 5件。铁轨式口沿退化。标本T3H13②：23，夹砂红陶。直口圆唇，沿面微弧，口内较直，束颈。颈下饰粗疏的右上至左下斜向绳纹。残高5.4厘米（图五五，4）。标本T3H13②：24，夹砂褐陶。直口圆唇，平沿，口内微凹，束颈，上腹较鼓。颈下饰右上至左下的斜向绳纹。残高7厘米（图五五，1）。标本T3H13②：25，夹砂褐陶。直口圆唇，平沿，口内较直，上腹较鼓。颈下饰交错绳纹。残高6.8厘米（图五五，3）。标本T3H13②：26，夹砂褐陶。直口尖圆唇，口内较直。饰交错绳纹。口径19.6、残高5厘米（图五五，5）。标本T3H13②：27，夹砂褐陶。侈口圆唇，上腹微鼓。颈下贴附有一横向鸡冠状錾，饰交错绳纹。残高8厘米（图五五，2）。

矮领鼓腹罐　1件。标本T3H13②：21，泥质红陶。直口微敛，圆唇，平沿，矮领束颈，上腹较鼓。素面。残高6.2厘米（图五四，3）。

瓮　1件。标本T3H13②：19，口沿残片。泥质灰陶。敛口，厚圆唇平叠，鼓肩。素面。残高5.5厘米（图五四，1）。

杯　2件。标本T3H13②：2，夹砂褐陶，捏制，器形不太规整。杯身较矮，直口，筒腹，平底，底边外侈、呈花边状。素面。口径4、底径6.5、高5.2厘米（图五五，7；图版一九，6）。标本T3H13②：7，夹砂褐陶。敞口，圆唇，斜沿外侈，直腹，平底。素面。口径5、底径3.2、高5.8厘米（图五五，8；图版一九，7）。

器盖　1件。标本T3H13②：22，残。夹砂红陶。敞口呈喇叭形，圆唇，斜直壁。器表饰右上至左下的斜绳纹。残高3.6厘米（图五四，12）。

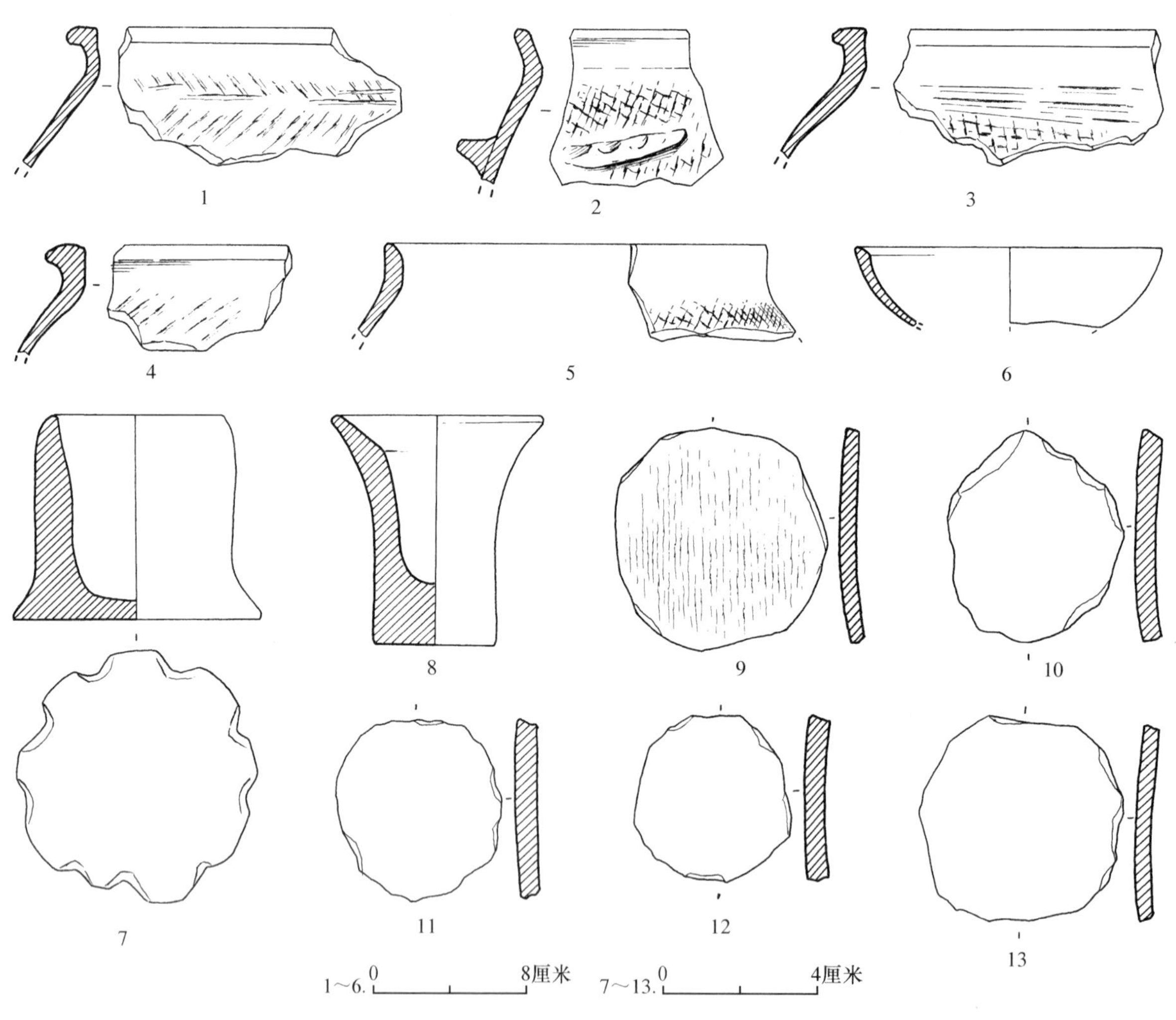

图五五　H13②出土陶器

1～5. 大口罐（T3H13②：24、T3H13②：27、T3H13②：25、T3H13②：23、T3H13②：26）　6. 敞口钵（T3H13②：14）　7、8. 杯（T3H13②：2、T3H13②：7）　9～13. 圆陶片（T3H13②：3、T3H13②：4、T3H13②：57、T3H13②：56、T3H13②：55）

残陶器　1件。标本T3H13②：5，泥质灰陶，器型不明。呈管状，体矮，壁较厚。素面。残高5.4厘米（图五六，1）。

纺轮　1件。标本T3H13②：9，顶部残。泥质红陶。截尖圆锥状，中部有一穿孔，底部凹凸不平。素面。底径5.8、孔径0.8、残高2.2厘米（图五六，2）。

圆陶片　5件。用钵、瓶类器物腹片改制而成，基本相似。标本T3H13②：3，泥质红陶，呈不规则圆形，周围磨制较光滑。一面饰绳纹。直径5.6厘米（图五五，9）。标本T3H13②：4，泥质红陶，呈不规则圆形，周围略加磨制。素面。直径5.3厘米（图五五，10）。标本T3H13②：55，泥质红陶，呈不规则圆形，周围略加磨制。素面。直径5.1厘米（图五五，13）。标本T3H13②：56，泥质红陶，呈不规则圆形。素面。直径4.1厘米（图五五，12）。标本T3H13②：57，泥质红陶，呈不规则圆形，周围略加磨制。素面。直径4.6厘米（图五五，11）。

环　27件。均残。其中标本T3H13②：43，泥质灰陶。截面呈圆角的等腰三角形。素面。内径7.8、外径9.8、厚1.1厘米（图五六，4）。标本T3H13②：44，泥质灰陶。截面呈圆角的等腰三角形。素面。内径7.6、外径8.8、厚1厘米（图五六，7）。标本T3H13②：45，泥质灰陶。截面呈圆角的等腰三角形。素面，环体有磨制痕迹。内径5.8、外径7、厚0.6厘米（图五六，12）。标本T3H13②：46，泥质灰陶。截面呈圆角的等腰三角形，平面呈齿轮状。素面，环体有磨制痕迹。内径3.6、外径5、厚0.7厘米（图五六，13）。标本T3H13②：47，泥质灰陶。截面呈半圆形。素面，环体有磨制痕迹。内径4、外径5.2、厚0.7厘米（图五六，17）。标本T3H13②：48，泥质灰陶。截面呈圆角的等腰三角形。素面，环体有磨制痕迹。内径3.6、外径5、厚0.7厘米（图五六，16）。标本T3H13②：49，泥质灰陶。截面呈圆角的等腰三角形。素面。内径4.8、外径6.2、厚0.7厘米（图五六，11）。标本T3H13②：50，泥质灰陶。截面近椭圆形。环体饰一周细螺旋纹，并有磨制痕迹。内径4、外径5、厚0.7厘米（图五六，14）。标本T3H13②：51，泥质灰陶。截面呈圆角的等腰三角形。素面。内径3.6、外径4.8、厚0.7厘米（图五六，8）。标本T3H13②：52，泥质灰陶。截面呈圆角的等腰三角形。素面，环体有磨制痕迹。内径4.4、外径5.4、厚0.7厘米（图五六，10）。标本T3H13②：53，泥质灰陶。截面呈圆角的等腰三角形。素面。内径3.6、外径4.8、厚0.6厘米（图五六，15）。标本T3H13②：54，泥质灰陶。截面呈圆角的等腰三角形。素面，环体有磨制的痕迹。内径3.6、外径4.8、厚0.6厘米（图五六，9）。

石器　2件。

刀　1件。标本T3H13②：8，残。磨制。平面呈圆角方形，刀背平直，刃部微弧，双面刃。宽4.4、残长4.2厘米（图五六，6）。

环　1件。标本T3H13②：10，残。磨制。截面呈等腰三角形，内圈较厚。内径4.6、外径9.8、厚1厘米（图五六，3）。

第4层出土标本105件。以陶器为主，还有少量的石器。

陶器　103件（图版一八，3）。

瓶　6件。多为瓶口残片。可分为重唇口尖底瓶、葫芦口瓶、瓶底。

重唇口尖底瓶　2件。标本T3H13④：26，口部残件。泥质红陶。敛口，下唇尖圆，双唇较明

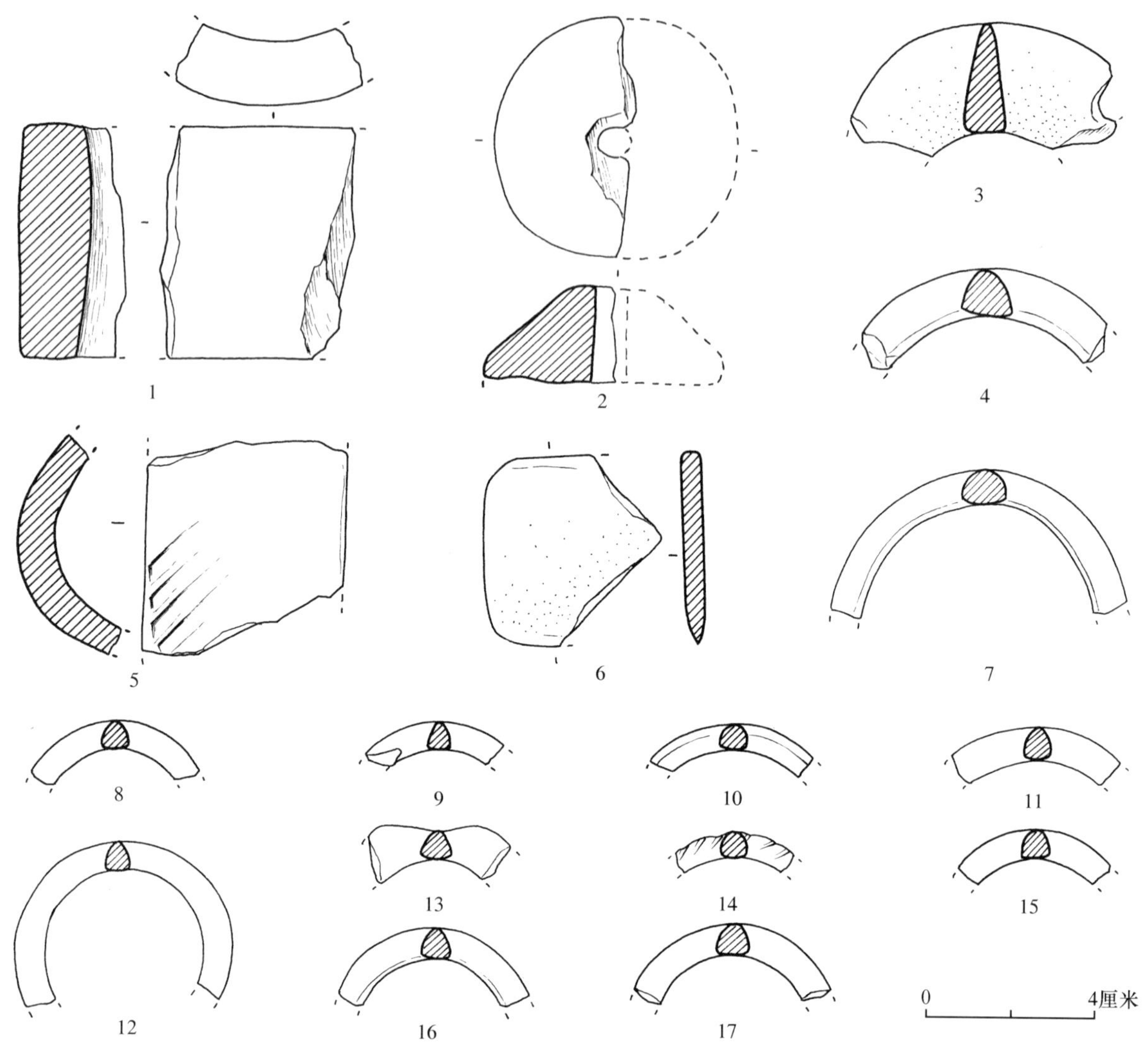

图五六　H13②出土陶、石器

1. 残陶器（T3H13②：5）　2. 陶纺轮（T3H13②：9）　3. 石环（T3H13②：10）　4、7～17. 陶环（T3H13②：43、T3H13②：44、T3H13②：51、T3H13②：54、T3H13②：52、T3H13②：49、T3H13②：45、T3H13②：46、T3H13②：50、T3H13②：53、T3H13②：48、T3H13②：47）　5. 陶瓶耳部残件（T3H13②：6）　6. 石刀（T3H13②：8）

显，基本同宽，下唇沿面微上斜。唇口内外均可见同心圆纹。口径4、残高3厘米（图五七，6）。标本T3H13④：30，底部残件。泥质红陶。形态尖瘦，底部稍平。腹壁饰细密竖线纹，内部可见泥条盘筑痕迹。残高8.6厘米（图五七，7）。

葫芦口瓶　3件。口部残件。标本T3H13④：27，泥质红陶。口微侈，圆唇，下部外撇，近葫芦形，口颈交界处有折棱，束颈，肩部微鼓。肩部饰细密左上至右下的线纹，接颈处经修整。口径4、残高13.2厘米（图五七，8）。标本T3H13④：28，泥质褐陶。口微侈，圆唇，下部微鼓，近葫芦形，口颈交界处折棱不太明显。素面。口径4、残高5.4厘米（图五七，9）。标本T3H13④：29，口、颈部残件。泥质褐陶，夹细砂。口上部已残，束颈，口颈交界处呈台阶状。素面。残高3.3厘米（图五七，10）。

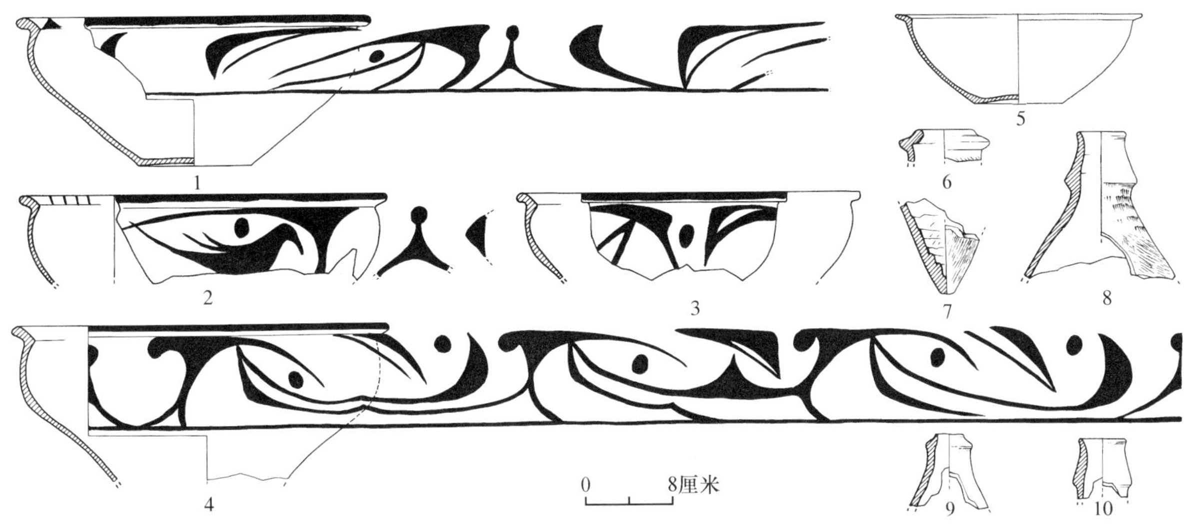

图五七　H13④出土陶器

1～5. 折沿盆（T3H13④：5、T3H13④：7、T3H13④：22、T3H13④：21、T3H13④：23）　6、7. 重唇口尖底瓶（T3H13④：26、T3H13④：30）　8～10. 葫芦口瓶（T3H13④：27、T3H13④：28、T3H13④：29）

瓶底　1件。标本T3H13④：31，泥质褐陶。平底。下腹微鼓，近底部内收，平底微凹。素面。底径7、残高6.9厘米（图五八，8）。

盆　9件。根据口部形态可分为折沿盆、叠唇盆、敞口深腹盆。

折沿盆　5件。标本T3H13④：5，可修复。泥质红陶。敛口，厚圆唇，折沿，弧腹斜收，平底微凹。唇部饰一周黑彩，沿面饰黑彩弧边三角，上腹部饰黑彩圆点、弧线及弧边三角组成的纹样。口径31.2、腹径30.4、底径10.4、高13.4厘米（图五七，1；图版一八，5）。标本T3H13④：7，可修复。泥质红陶。口微敛，圆唇，折沿，弧腹斜收，凹底。素面，腹壁可见刮抹修整痕迹。口径21.2、底径8、高8厘米（图五七，2；图版二一，3）。标本T3H13④：21，口、腹残片。泥质红陶。敛口，圆唇较厚，折沿，弧腹斜收。唇部饰一周黑彩，上腹部饰黑彩圆点、弧线和弧边三角组成的纹样。口径32、腹径30.2、残高7.9厘米（图五七，4）。标本T3H13④：22，口、腹部残片。泥质红陶。敛口，圆唇，折沿，弧腹斜收。唇部饰一周黑彩，沿面上饰黑彩细线纹，上腹部饰黑彩圆点、弧边三角及鸟的纹样。口径34、腹径32.4、残高8厘米（图五七，3）。标本T3H13④：23，口、腹部残片。泥质红陶。敛口圆唇，折沿，上腹较鼓，下腹曲收。唇部饰一周黑彩，上腹部饰黑彩圆点、弧线及弧边三角组成的纹饰。口径34.8、腹径33.1、残高14厘米（图五七，5）。

叠唇盆　2件。均为口、腹残片。有弧腹、斜腹之分。

叠唇弧腹盆　1件。标本T3H13④：24，泥质红陶。直口，叠唇较窄，弧腹。素面。残高7厘米（图五八，5）。

叠唇斜腹盆　1件。标本T3H13④：25，泥质红陶。直口，叠唇较窄，口内有一道浅凹槽，弧腹下收。素面，口沿内外及腹壁可见慢轮修整的痕迹。残高7.2厘米（图五八，6）。

敞口深腹盆　2件。标本T3H13④：6，可复原。泥质褐陶。敞口，方唇，斜直腹较深，平底微凹。素面。口沿内外及器表可见轮修痕迹。口径18.4、底径13.6、高21.5厘米（图六一，1）。标

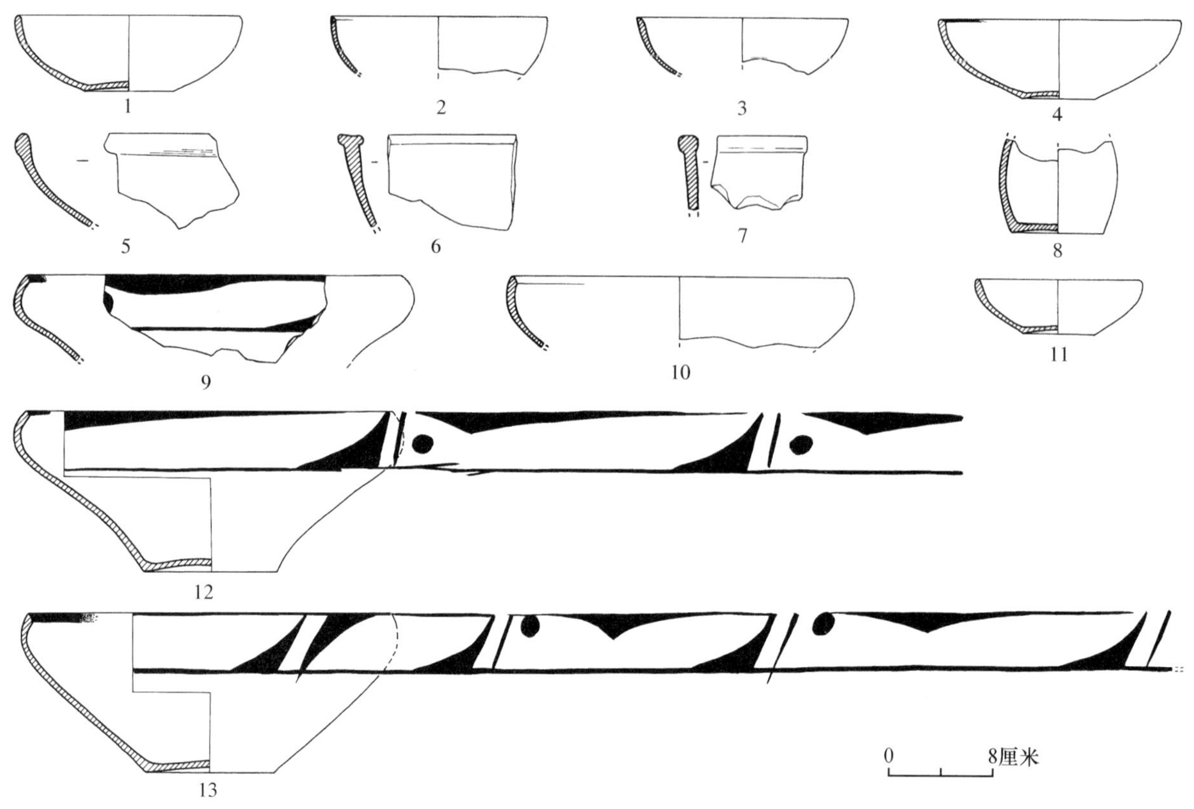

图五八 H13④出土陶器

1、2. 直口钵（T3H13④：9、T3H13④：17） 3、4、11. 敞口钵（T3H13④：18、T3H13④：10、T3H13④：8） 5. 叠唇弧腹盆（T3H13④：24） 6. 叠唇斜腹盆（T3H13④：25） 7. 敞口深腹盆（T3H13④：36） 8. 瓶底（T3H13④：31） 9、10、12、13. 敛口钵（T3H13④：20、T3H13④：19、T3H13④：11、T3H13④：12）

本T3H13④：36，泥质灰陶，直口，方唇，窄平沿，直腹。素面。残高5.4厘米（图五八，7；图版一九，1）。

钵 9件。根据口部形态可分为直口钵、敞口钵、敛口钵。

直口钵 2件。标本T3H13④：9，可修复。泥质红陶，腹部陶色较深。直口，圆唇，弧腹较浅，平底微凹。素面。口径16.8、底径6.8、高5.6厘米（图五八，1；图版一九，3）。标本T3H13④：17，口沿残片。泥质红陶。直口，方唇，弧腹内收。素面。口径16.4、残高4.4厘米（图五八，2）。

敞口钵 3件。标本T3H13④：8，可修复。泥质红陶，器顶陶色较深。敞口，圆唇，弧腹较浅，凹底。素面。口径12、底径5.4、高4厘米（图五八，11；图版二〇，1）。标本T3H13④：10，可修复。泥质红陶，腹部陶色较深。口微敞，圆唇，弧腹较浅，平底微凹。素面。口径17.6、底径5.5、高6厘米（图五八，4）。标本T3H13④：18，口沿残片。泥质红陶。敞口，尖唇，弧腹内收。素面。口径16、残高4.2厘米（图五八，3）。

敛口钵 4件。标本T3H13④：11，可修复。泥质红陶，烧制不均，腹部呈灰色。敛口，方圆唇，上腹外鼓，曲腹内收，平底微凹。唇部饰一周黑彩，上腹部饰黑彩圆点、竖线、柳叶及弧边三角组成的纹样，口内有数道同心圆纹。口径28、腹径30、底径10.4、高12厘米（图五八，12；图版二〇，3）。标本T3H13④：12，可修复。泥质红陶，腹部呈灰色。敛口，方圆唇，上腹外鼓，斜直腹内收，平底微凹。唇部饰一周黑彩，上腹部饰黑彩圆点、竖线、柳叶及弧边三角组成的纹样，口内有数道同心圆纹。口径28、腹径28.8、底径10、高12厘米（图五八，13；图版二〇，4）。标本T3H13④：19，口沿残片。泥质褐陶。口微敛，方唇，上腹微鼓，下腹内收。素面。口径25.2、残高5.2厘米（图五八，10）。标本T3H13④：20，口沿残片。泥质褐陶，腹部灰红不均。敛口，方圆唇，上腹外鼓，曲腹内收。唇部饰一周黑彩，上腹部饰黑彩圆点、弧线纹样。口径28.4、残高6.6厘米（图五八，9）。

罐　25件。多为口沿残片。根据口部形态可以分为大口罐、矮领鼓腹罐、斜沿直腹罐、罐底。

大口罐　21件。铁轨式口沿退化。标本T3H13④：13，可修复。夹砂褐陶。侈口，方圆唇，窄平沿，束颈，上腹微鼓，下腹斜收，平底。上腹部贴附有一组对称的鸡冠状鋬。腹部饰竖向绳纹，上部被几道弦纹隔断，中部有一周戳印纹和一组斜V形附加泥条。口径17.6、腹径20.2、底径10.8、高25厘米（图五九，3；图版一九，2）。标本T3H13④：38，口、腹残片。泥质红陶。侈口，方唇，口内微凹，束颈，上腹微鼓。沿面有两道浅凹槽，颈下饰弦纹加较细的右上至左下斜向绳纹。上腹部有两个对称的鸡冠状鋬，壁内外都可见同心圆纹。口径28.2、残高13厘米（图六〇，

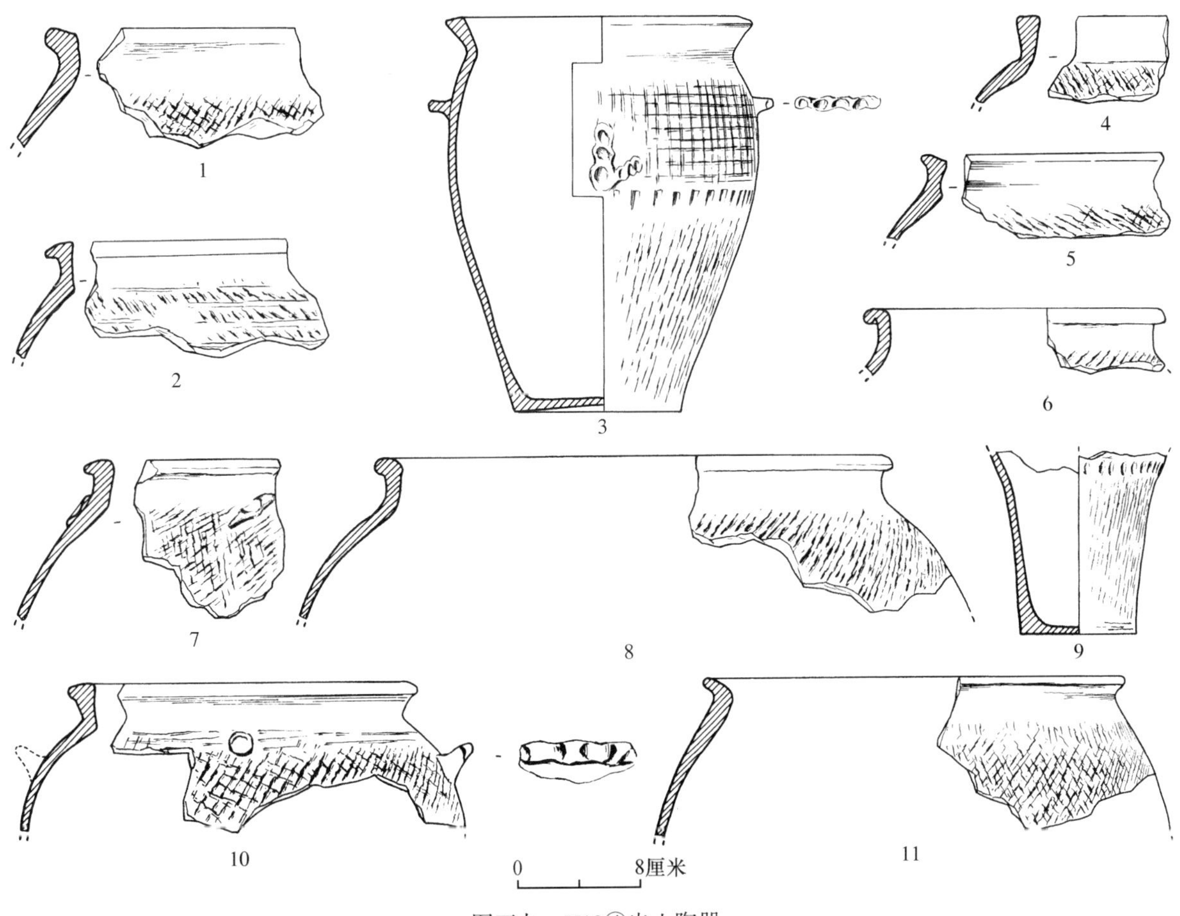

图五九　H13④出土陶器

1～8、10、11. 大口罐（T3H13④：48、T3H13④：50、T3H13④：13、T3H13④：47、T3H13④：51、T3H13④：55、T3H13④：46、T3H13④：45、T3H13④：61、T3H13④：49）　9. 罐底（T3H13④：63）

9）。标本T3H13④：44，口、腹残片。夹砂红褐陶。侈口，圆唇较厚，短沿外侈，沿内微凹，上腹较直。腹部饰较细密的右上至左下的斜绳纹。残高16厘米（图六〇，10）。标本T3H13④：45，口、腹残片。夹砂红陶。直口，圆唇较厚，沿面稍弧，口内较直，上腹较鼓。颈下饰右上至左下的斜绳纹。口径30.4、残高10厘米（图五九，8）。标本T3H13④：46，口、腹残片。夹砂红陶。直口微敛，圆唇，沿面微弧、外斜，束颈，腹部外鼓。颈下斜向贴附一带捺窝的泥条，饰交错绳纹。残高10厘米（图五九，7）。标本T3H13④：47，口沿残片。夹砂红褐陶。直口，方唇，口内较直。颈下饰交错绳纹。残高5.4厘米（图五九，4）。标本T3H13④：48，口沿残片。夹砂红褐陶。直口微敛，圆唇，平沿稍内斜。颈下饰较细密的交错绳纹。残高7.6厘米（图五九，1）。标本T3H13④：49，口、腹残片。夹砂红褐陶。侈口，圆唇，平沿内斜，上腹外鼓。饰细密的交错绳纹。口径26.2、残高9.8厘米（图五九，11）。标本T3H13④：50，口沿残片。夹砂红褐陶。直口，尖圆唇，平沿外斜，口内微凹，上腹较鼓。颈下饰左上至右下的斜绳纹加弦纹。残高7.4厘米（图五九，2）。标本T3H13④：51，口沿残片。夹砂红褐陶。直口，尖圆唇，沿面内斜，口内有一周浅凹槽。饰交错绳纹。残高5.4厘米（图五九，5）。标本T3H13④：52，口、腹残片。夹砂红褐陶。侈口，圆唇，窄平沿，口内微凹，上腹外鼓。颈下贴附有一横向鸡冠状鋬，饰交错绳纹。残高9厘米（图六〇，5）。标本T3H13④：53，口沿残片。夹砂红褐陶。侈口，圆唇，窄平沿，口内斜直，腹较鼓。饰交错绳纹加弦纹。残高6.6厘米（图六〇，11）。标本T3H13④：54，口沿残片。夹砂红褐陶。直口，圆唇，沿面上有一浅凹槽，口内较直。颈下贴附一椭圆形泥饼，饰交错绳纹。残高6.2厘米（图六〇，1）。标本T3H13④：55，口沿残片。夹砂褐陶。直口，圆唇外卷，束颈。颈下饰右上至左下的斜绳纹。口径17.4、残高4.2厘米（图五九，6）。标本T3H13④：57，口沿残片。夹砂红褐陶。口微侈，圆唇，平沿外斜，口内微凹，腹外鼓。颈下贴附有一圆形泥饼，饰交错绳纹。残高6.6厘米（图六〇，8）。标本T3H13④：58，口沿残片。泥质红褐陶。侈口，圆唇，束颈，上腹较圆鼓。颈下饰弦纹加右上至左下斜向绳纹。口径15、残高4.6厘米（图六〇，7）。标本T3H13④：59，口沿残片。夹砂红褐陶。直口，圆唇，窄沿，口内有一周浅凹槽，器壁较薄。饰左上至右下的斜绳纹。残高5厘米（图六〇，12）。标本T3H13④：60，口、腹残片。夹砂红褐陶。直口微敛，圆唇，窄平沿，口内微凹，上腹外鼓。颈下饰交错绳纹。口径26、残高7.2厘米（图六〇，2）。标本T3H13④：61，口、腹残片。夹砂红褐陶。直口，方圆唇，窄平沿，口内微凹，束颈，上腹圆鼓。颈下有一对横向鸡冠状鋬，并贴附一组圆形小泥饼，饰交错绳纹。口径19.2、残高9.5厘米（图五九，10）。标本T3H13④：62，口、腹残片。夹砂红褐陶。直口，方唇，沿面窄平，口内微凹，束颈，腹部圆鼓。颈下贴附有对称的竖向带捺窝泥条，饰交错绳纹，下腹部饰右上至左下的斜绳纹。口径25.2、残高22厘米（图六〇，6）。

矮领鼓腹罐　1件。标本T3H13④：37，口、腹残片。泥质红陶。口微敛，圆唇，沿面外斜，口内有浅凹槽，矮领束颈，上腹圆鼓。沿面饰一周黑彩，腹部饰黑彩弧边三角纹样，内外都可见同心圆纹。口径25.6、残高8.6厘米（图六〇，13）。

斜沿直腹罐　2件。标本T3H13④：42，口沿残片。夹砂红褐陶。喇叭口，方圆唇，束颈。饰右上至左下的斜向绳纹。口径13、残高6.4厘米（图六〇，3）。标本T3H13④：56，口沿残片。夹

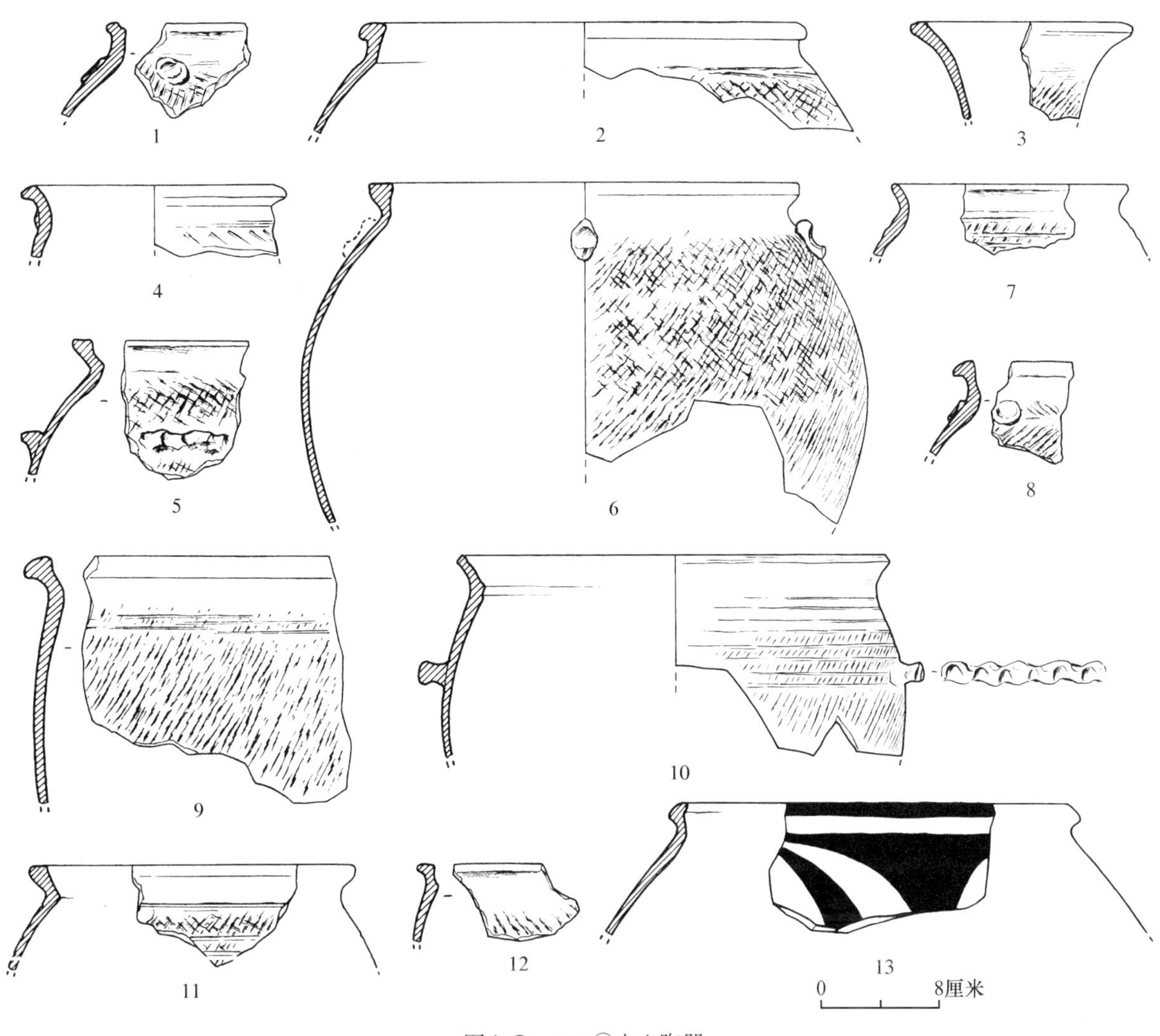

图六〇　H13④出土陶器

1、2、5～12. 大口罐（T3H13④：54、T3H13④：60、T3H13④：52、T3H13④：62、T3H13④：58、T3H13④：57、T3H13④：38、T3H13①：44、T3H13④：53、T3H13④：59）　3、4. 斜沿直腹罐（T3H13④：42、T3H13④：56）　13. 矮领鼓腹罐（T3H13④：37）

砂褐陶。侈口圆唇，沿面微弧，口内微凹，腹壁微鼓。饰较粗疏的左上至右下的斜绳纹。口径16、残高4.6厘米（图六〇，4）。

罐底　2件。标本T3H13④：63，夹砂褐陶。腹壁斜直，平底。素面，器表可见刮抹痕迹。底径7.6、残高11.6厘米（图五九，9）。标本T3H13④：64，夹砂褐陶。下腹斜收，平底。腹壁饰细密的右上至左下的斜绳纹。底径12.6、残高9厘米（图六一，3）。

瓮　4件。标本T3H13④：32，可修复。泥质灰陶。敛口，圆唇微外卷，方折肩，腹壁斜直下收，小平底。素面，内壁可见泥条盘筑的痕迹。口径28.8、肩径30.5、底径7、高19厘米（图六一，5；图版二一，1、2）。标本T3H13④：33，口沿残片。泥质灰陶。敛口，圆唇微外卷，方折肩。素面。口径30、肩径32.5、残高6厘米（图六一，4）。标本T3H13④：34，口沿残片。泥质灰陶。敛口，方圆唇，口外部贴附一周泥条，形成一周圆棱，剖面近标本T形，肩部微折。素面。残高4厘米（图六一，11）。标本T3H13④：35，口沿残片。泥质灰陶。敛口，厚圆唇微外卷。素面。残高

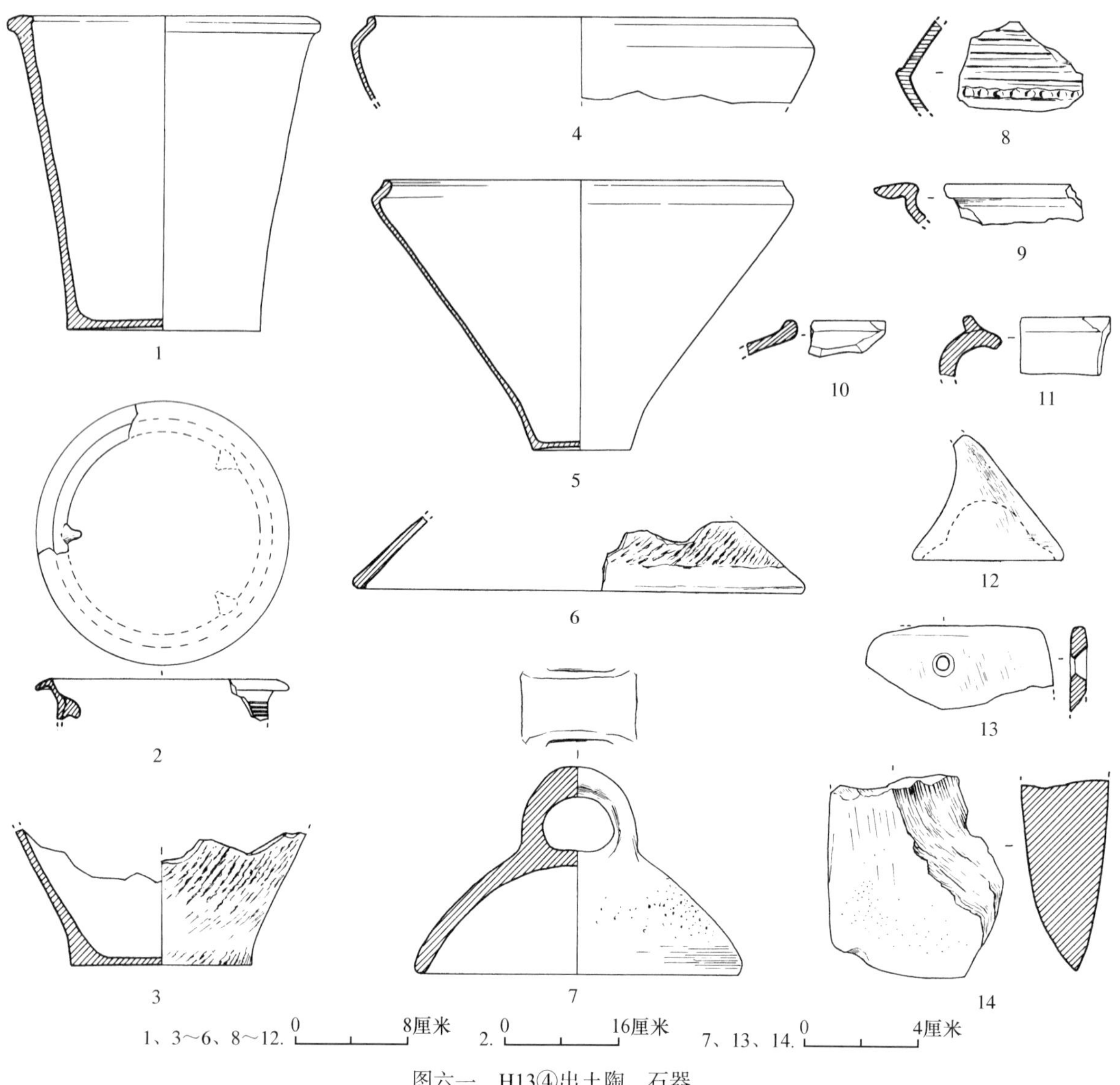

图六一　H13④出土陶、石器

1. 陶敞口深腹盆（T3H13④：6）　2、9. 陶灶（T3H13④：39、T3H13④：40）　3. 陶罐底（T3H13④：64）　4、5、10、11. 陶瓮（T3H13④：33、T3H13④：32、T3H13④：35、T3H13④：34）　6、7、12. 陶器盖（T3H13④：43、T3H13④：4、T3H13④：14）　8. 陶釜（T3H13④：41）　13. 石刀（T3H13④：15）　14. 石斧（T3H13④：16）

2.6厘米（图六一，10）。

釜　1件。标本T3H13④：41，腹部残片。夹砂红陶。折腹。上腹部饰弦纹，折腹处按压一周花边。残高6厘米（图六一，8）。

灶　2件。口沿残片。标本T3H13④：39，夹砂红陶。侈口圆唇，沿较短，沿面向上斜、磨光，沿内有一鸟喙状支脚，直腹。腹部饰弦纹。口径27.2、残高5.6厘米（图六一，2）。标本T3H13④：40，夹砂红陶。侈口尖唇，沿稍长，沿面平直、磨光，沿内微凹。残高2.8厘米（图六一，9）。

器盖　3件。标本T3H13④：4，可修复。夹砂褐陶。敞口呈喇叭形，圆唇，腹弧腹，顶部有桥形纽。素面，器表较粗糙，近底部涂泥稍加修抹。径10.6、高7.1厘米（图六一，7；图版一九，5）。标本T3H13④：14，夹砂红陶。喇叭形口，圆唇，器顶饰有钩状提柄。素面。应为杯盖。径4.8、残高4.3厘米（图六一，12）。标本T3H13④：43，残。夹砂红褐陶。敞口呈喇叭形，圆唇，斜直腹。近口部涂泥修整，上部饰右上至左下的斜绳纹。径30、残高4.8厘米（图六一，6）。

杯　4件。标本T3H13④：1，泥质褐陶，夹细砂。敞口，圆唇，斜沿，直筒腹，平底，边缘外撇、呈花边状。素面，修制规整。口径4.6、底径3.7、高6.2厘米（图六二，1；图版二一，5）。标本T3H13④：3，泥质褐陶，夹细砂。敞口，圆唇，斜沿，直腹，平底，边缘呈花边状。素面，修制规整。口径6、底径4、高5.8厘米（图六二，2；图版二〇，7）。标本T3H13④：66，泥质褐陶，夹细砂。杯身较矮，敞口，圆唇，斜沿，斜腹内收，平底微外撇。素面。口径5、底径3.4、高4.5厘米（图六二，4；图版二〇，5）。标本T3H13④：67，泥质褐陶，夹细砂。直口微敞，圆唇，直筒腹，平底外撇，边缘呈花边状。素面，修制较规整。口径4、底径3.7、高5.5厘米（图六二，3；图版二〇，6）。

环　40件。均残。标本T3H13④：2，泥质灰陶。截面呈圆角的等腰三角形。素面。环体一侧有被磨制的痕迹。内径3.8、外径6.2、厚0.7厘米（图六二，17）。标本T3H13④：65，泥质灰陶。呈齿轮状，体较宽厚，残留一个齿状凸起，表面有细凹痕。内径5、外径8.2、厚1.7厘米（图六二，18）。标本T3H13④：68 泥质灰陶。截面近椭圆形。外圈有一周单向的细螺旋线纹。内径5、外径6.4、厚0.6厘米（图六二，14）。标本T3H13④：69，泥质灰陶。截面呈圆角的等腰三角形。素面。内径4、外径5.8、厚0.8厘米（图六二，16）。标本T3H13④：70，泥质灰陶。截面呈圆角的等腰三角形。素面。内径3.4、外径4.8、厚0.5厘米（图六二，7）。标本T3H13④：71，泥质灰陶。截面近椭圆形，平面呈齿轮状，残留一个齿状凸起。素面。内径3.6、外径6.6、厚0.8厘米（图六二，15）。标本T3H13④：72，泥质灰陶。截面近椭圆形。素面。内径3.4、外径5、厚0.6厘米（图六二，6）。标本T3H13④：73，泥质灰陶。截面近圆角方形。素面。内径3、外径4.4、厚0.5厘米（图六二，8）。标本T3H13④：74，泥质灰陶。截面近圆角方形。素面。内径3.4、外径5、厚0.7厘米（图六二，9）。标本T3H13④：75，泥质灰陶。截面呈圆角的等腰三角形。素面。内径3.6、外径5、厚0.7厘米（图六二，10）。标本T3H13④：76，泥质灰陶。截面呈圆角的等腰三角形。素面。内径3.8、外径5、厚0.8厘米（图六二，12）。标本T3H13④：77，泥质灰陶。截面呈圆角的等腰三角形。素面。内径3.4、外径5、厚0.6厘米（图六二，11）。标本T3H13④：78，泥质灰陶。呈齿轮状，体较宽厚，残留两个齿状凸起，表面有细凹痕。内径3.8、外径6.2、厚1.6厘米（图六二，5）。标本T3H13④：79，泥质灰陶。体较宽厚，截面呈等腰三角形。素面。内径4、外径6.4、厚2厘米（图六二，19）。标本T3H13④：80，泥质灰陶。截面呈圆角的等腰三角形。素面。内径4、外径5.6、厚0.6厘米（图六二，13）。

石器　2件。

刀　1件。标本T3H13④：15，刃部已残。磨制。呈长条形，刀背磨制平直，体侧外斜，靠近刀背处有一对钻的圆孔。宽2.9、厚0.6、孔径0.5、残长6.6厘米（图六一，13）。

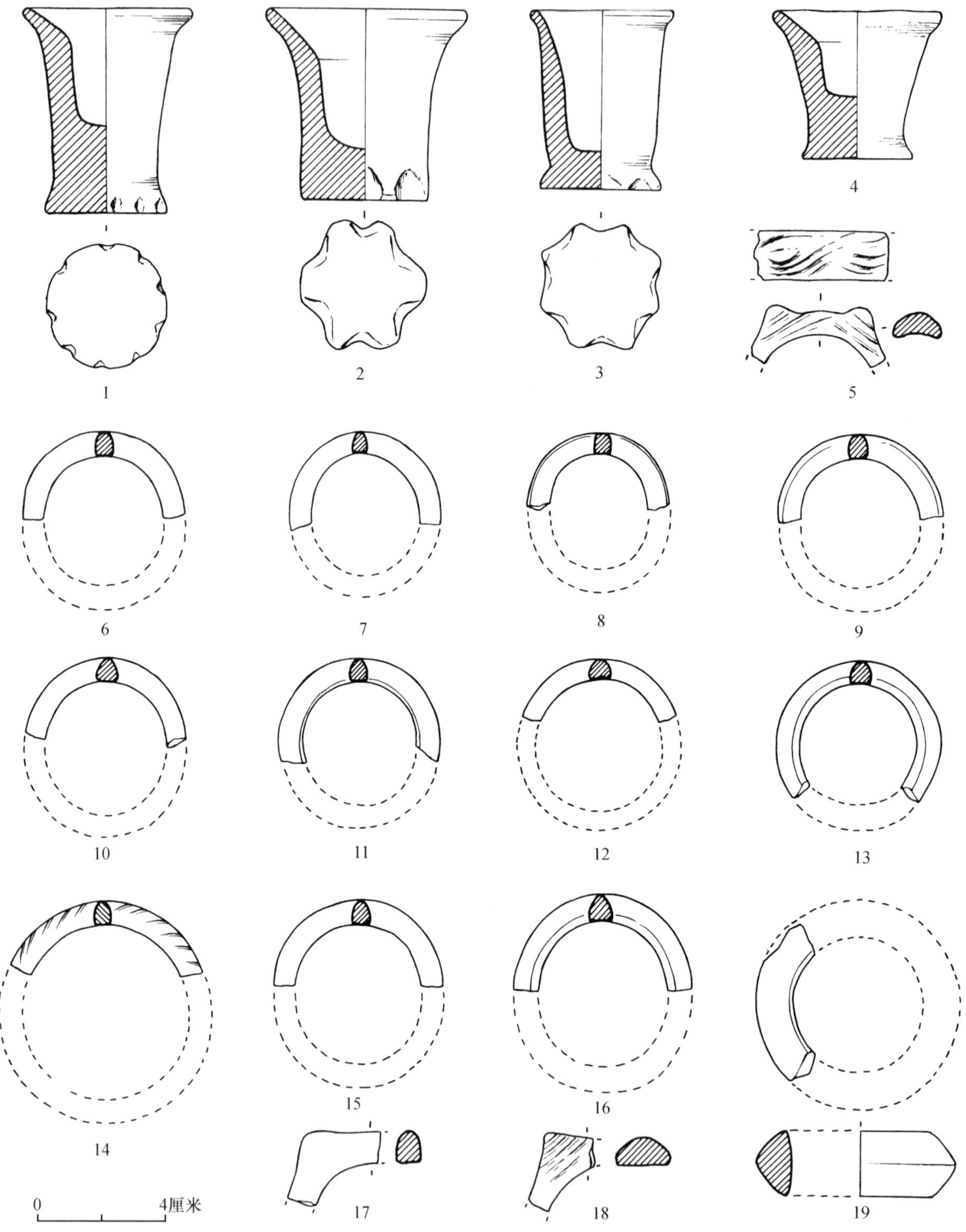

图六二　H13④出土陶器

1～4. 杯（T3H13④：1、T3H13④：3、T3H13④：67、T3H13④：66）　5～19. 环（T3H13④：78、T3H13④：72、T3H13④：70、T3H13④：73、T3H13④：74、T3H13④：75、T3H13④：77、T3H13④：76、T3H13④：80、T3H13④：68、T3H13④：71、T3H13④：69、T3H13④：2、T3H13④：65、T3H13④：79）

斧　1件。标本T3H13④：16，顶部残缺。体较厚，两面磨制光滑，体侧啄制，未经磨平，弧刃，双面磨制，较锋利。宽6.2、厚3.1、残长7厘米（图六一，14）。

14. H14

H14位于T3的西南部。开口于第1层下，打破生土。开口距地表20厘米。口部为椭圆形，剖面口大底小，坡壁外弧，坑壁较光滑，平底。口部东西320、南北270、底部东西260、南北234、残深170厘米（图六三）。

坑内堆积为灰褐色土，土质较硬，夹植物根系，石块等，内含陶片。陶片以夹砂褐陶为主，泥质红陶次之；纹饰以绳纹为主、素面次之，其他还有线纹、彩陶、弦纹等（表一六）。

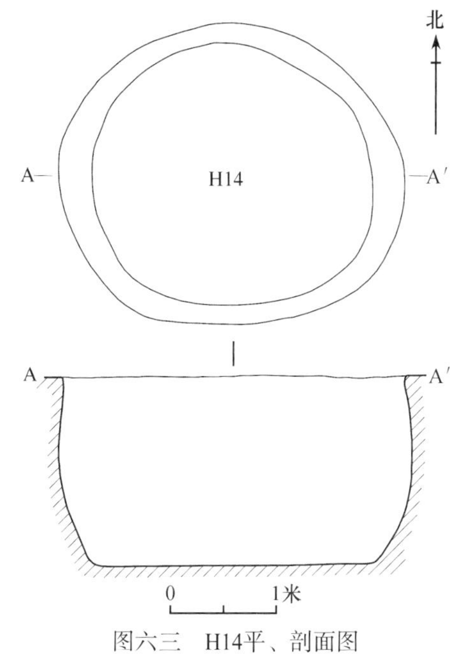

图六三　H14平、剖面图

表一六　T3H14陶系、纹饰统计表

陶系/数量/纹饰	泥质陶				夹砂陶				合计	百分比
	红	褐	灰	小计	红	褐	灰	小计		
素面	24	4	18	46	2			2	48	21.43%
绳纹						130		130	130	58.04%
线纹	36			36					36	16.07%
彩陶	6			6					6	2.68%
弦纹						2		2	2	0.89%
绳+弦						2		2	2	0.89%
合计	66	4	18	88	2	134		136	224	100%
百分比	29.46%	1.79%	8.04%	39.29%	0.89%	59.82%		60.71%	100%	

H14共出土标本6件。均为陶器。

葫芦口瓶　1件。标本T3H14：4，口部残件。泥质红陶。口微侈，圆唇，下部外撇，近葫芦形，口径相接处有折棱。素面口径4.9、残高7.2厘米（图六四，6）。

折沿盆　1件。标本T3H14：3，口沿残片。泥质红陶。敛口，圆唇较厚，宽折沿，沿面较平，曲腹。素面。残高2.6厘米（图六四，3）。

直口钵　2件。标本T3H14：1，可修复。泥质红陶。直口微敞，方圆唇，弧腹内收，腹较浅，底微凹。素面。口径15.1、底径6.6、高5.2厘米（图六四，1；图版二二，1～3）。标本T3H14：2，可修复。泥质红陶。直口，窄方唇，上腹较直，弧腹内收，腹较浅，平底。素面。口径15.1、底径6、高5.6厘米（图六四，4；图版二二，4～6）。

大口罐　2件，均为口沿残片。标本T3H14：5，夹砂褐陶。直口，方唇，唇部似附着一周凸棱，

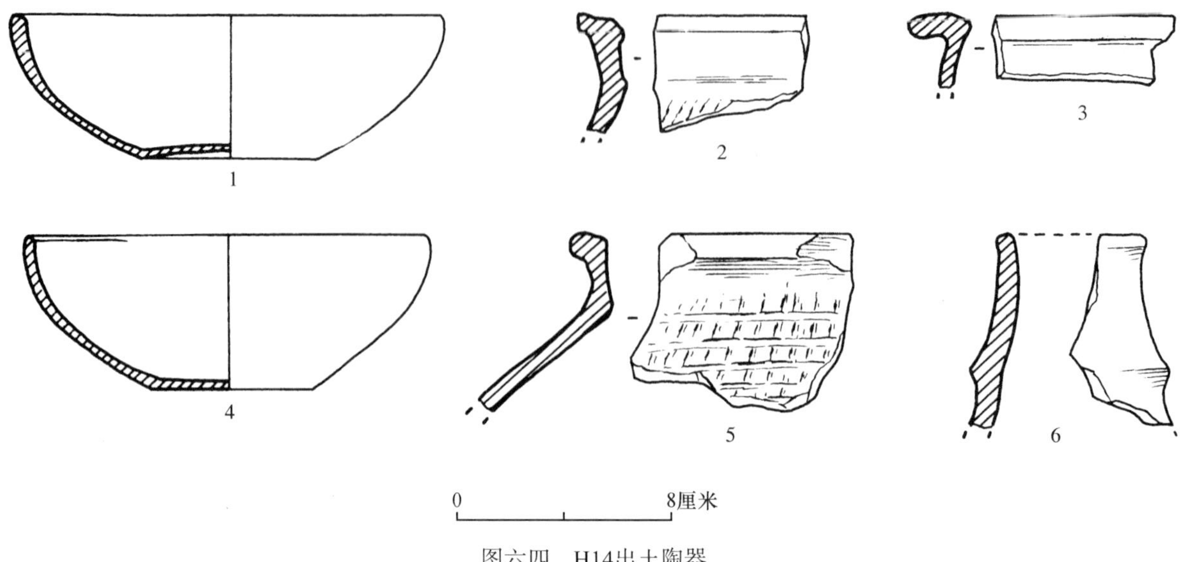

图六四　H14出土陶器

1、4. 直口钵（T3H14：1、T3H14：2）　2、5. 大口罐（T3H14：5、T3H14：6）
3. 折沿盆（T3H14：3）　6. 葫芦口瓶（T3H14：4）

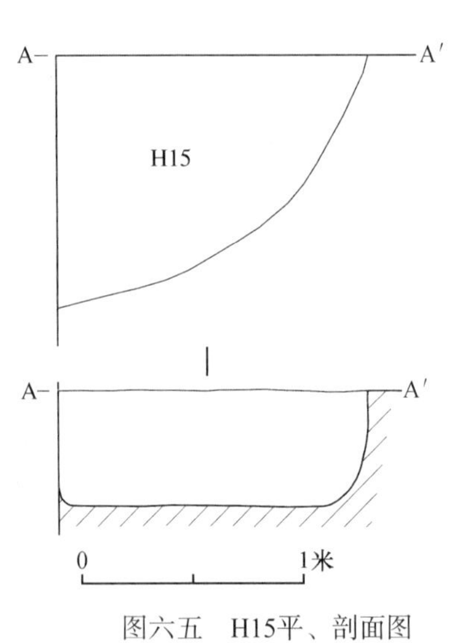

图六五　H15平、剖面图

沿面稍内斜，沿内有一周浅凹槽，上腹微鼓。饰右上至左下的斜绳纹。残高4.3厘米（图六四，2）。标本T3H14：6，夹砂红陶。直口微侈，圆唇较厚，平沿稍内斜，口内微凹，上腹外鼓。颈下饰右上至左下的斜绳纹加弦纹。残高6.4厘米（图六四，5）。

15. H15

H15位于标本T2的西北角，大部分延伸至西、北隔梁内。开口于第1层下，打破生土。开口距地表25厘米。口部为近椭圆形，剖面直壁平底，坑壁清晰。口部南北长110、东西宽140、残深50厘米（图六五）。

坑内堆积为浅灰色土，土质疏松，夹灰烬、礓石、砂石等，含少量陶片。陶片以夹砂褐陶最多，泥质灰陶次之；纹饰以素面为主，绳纹次之，其他还有线纹、彩陶（表一七）。

表一七　T2H15陶系、纹饰统计表

陶系 数量 纹饰	泥质陶				夹砂陶				合计	百分比
	红	褐	灰	小计	红	褐	灰	小计		
素面	9		15	24		9		9	33	73.34%
绳纹						10		10	10	22.22%
线纹	1			1					1	2.22%

续表

纹饰 \ 数量 \ 陶系	泥质陶				夹砂陶				合计	百分比
	红	褐	灰	小计	红	褐	灰	小计		
彩陶	1			1					1	2.22%
合计	11		15	26		19		19	45	100%
百分比	24.44%		33.33%	57.78%		42.22%		42.22%	100%	

H15共出土标本2件。均为陶器。

大口罐　1件。标本T2H15：1，口、腹部残片。夹砂褐陶。直口微侈，方圆唇，口内有两道浅凹槽，外有两道凸棱，口沿近铁轨式，腹部较鼓。颈下饰右上至左下的斜绳纹。残高8.4厘米（图六六，1）。

器盖　1件。标本T2H15：2，残。夹砂褐陶。敞口呈喇叭形，圆唇较厚，斜弧壁。器表抹泥修整。残高5.6厘米（图六六，2）。

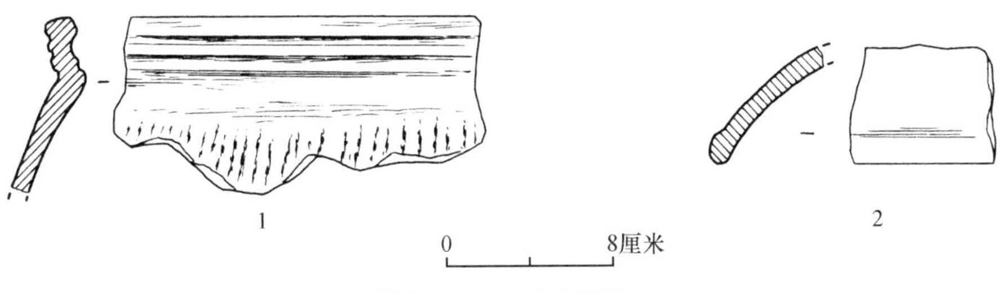

图六六　H15出土陶器

1. 大口罐（T2H15：1）　2. 器盖（T2H15：2）

16. H16

H16位于标本T2的东南部，部分延伸至东隔梁内。开口于第1层下，打破生土。开口距地表25厘米。口部为近长椭圆形，剖面近袋状，但不典型，口略大于底；斜弧壁，中部最宽，下部内收，平底，底边与壁相接呈坡状。口部南北最宽150、东西长150厘米，口部深80厘米处南北最宽200、底部南北最宽154、东西长175、残深160厘米（图六七）。

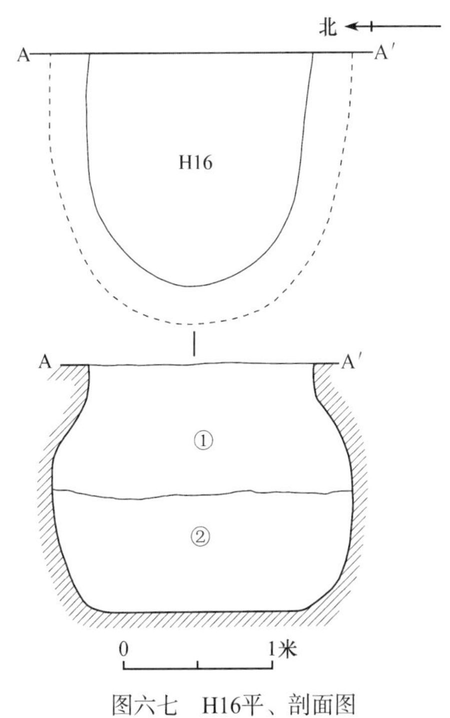

图六七　H16平、剖面图

坑内堆积依土质、土色可分为上下两层：第1层厚85厘米，为深灰色土，土质疏松，夹大量灰烬，草木灰、木炭颗粒、烧土等，含部分陶片；陶片以泥质红陶为主，夹砂褐陶次之；纹饰以素面最多，线纹次之，其他还有绳纹、彩陶、附加堆纹等（表一八）。第2层厚75厘米，为浅灰色土，土质稍硬，夹灰烬、烧土、礓石等，内含陶片及动物骨头。陶片以泥质红陶为主，夹砂褐陶次之；纹饰以素面最多，彩陶次之，其他还有线纹、绳纹、附加堆纹等（表一九）。动物骨头经鉴定种属为猪和中华圆田螺。

表一八　T2H16①陶系、纹饰统计表

陶系 数量 纹饰	泥质陶				夹砂陶				合计	百分比
	红	褐	灰	小计	红	褐	灰	小计		
素面	12	90	54	156		5		5	161	34.11%
绳纹					4	114		118	118	25%
线纹	120	8		128					128	27.12%
彩陶	60			60					60	12.71%
绳+弦						1		1	1	0.21%
附加堆纹						4		4	4	0.85%
合计	192	98	54	344	4	124		128	472	100%
百分比	40.68%	20.76%	11.44%	72.88%	0.85%	26.27%		27.12%	100%	

表一九　T2H16②陶系、纹饰统计表

陶系 数量 纹饰	泥质陶				夹砂陶				合计	百分比
	红	褐	灰	小计	红	褐	灰	小计		
素面	130	60	72	262					262	36.09%
绳纹						90	36	126	126	17.36%
线纹	125	18		143					143	19.70%
彩陶	188			188					188	25.90%
绳+弦						5		5	5	0.68%
附加堆纹						2		2	2	0.27%
合计	443	78	72	593		97	36	133	726	100%
百分比	61.02%	10.74%	9.92%	81.68%		13.36%	4.96	18.32%	100%	

H16共出土标本59件。下面按照出土层位分别介绍。

第1层出土标本22件，均为陶器。

重唇口尖底瓶　1件。标本T2H16①：4，口部残件。泥质红陶。敛口，双唇退化，上下唇界线不明显，上唇稍高，类似一泥圈，下唇尖、沿面较宽，平沿，束颈、肩外鼓。颈部饰有右上至左下的斜线纹。口径3.8、残高5.3厘米（图六八，2）。

盆　2件。口沿残片。根据口部形态可分为折沿盆、敞口深腹盆。

折沿盆　1件。标本T2H16①：8，泥质红陶。敛口，圆唇，上腹较鼓。唇部饰一周黑彩，腹部饰黑彩弧线、圆点等纹样。口径29.9、腹径30、残高7.4厘米（图六八，1）。

敞口深腹盆　1件。标本T2H16①：12，泥质红陶。敞口，圆唇，斜腹内收。残高7.1厘米（图六八，9）。

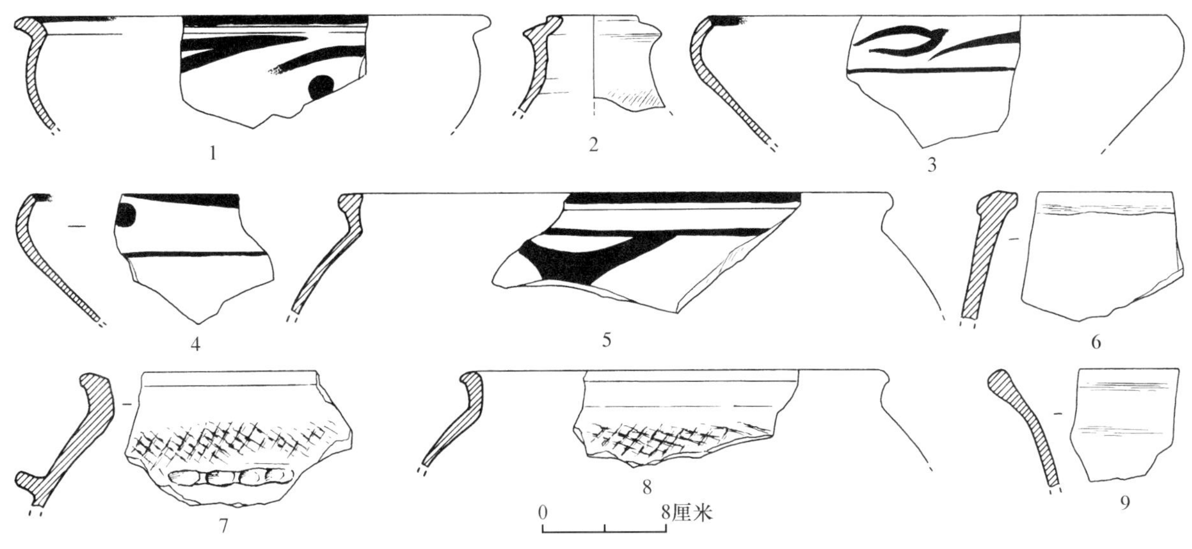

图六八 H16①出土陶器

1. 折沿盆（T2H16①：8） 2. 重唇口尖底瓶（T2H16①：4） 3、4. 敛口钵（T2H16①：5、T2H16①：7） 5. 矮领鼓腹罐（T2H16①：9） 6. 缸（T2H16①：14） 7、8. 大口罐（T2H16①：21、T2H16①：19） 9. 敞口深腹盆（T2H16①：12）

敛口钵 3件。均为口沿残片。标本T2H16①：5，泥质红陶。敛口，方唇，上腹外鼓，斜直腹内收。唇部饰一周黑彩，腹部饰黑彩弧线纹样。口径30.4、残高8.4厘米（图六八，3）。标本T2H16①：6，泥质红陶。敛口，方唇，上腹外鼓，斜腹内收。唇部饰一周黑彩，腹部饰黑彩弧边三角、圆点等纹样。口径31.4、残高11.7厘米（图六九，1）。标本T2H16①：7，泥质红陶。敛口，方唇，上腹外鼓，斜腹内收。唇部饰一周黑彩，腹部饰黑彩弧边三角、圆点组成的纹样。残高8.6厘米（图六八，4）。

罐 7件。根据口部形态可分为大口罐、矮领鼓腹罐、罐底。

大口罐 3件。口、腹残片。标本T2H16①：19，夹砂红陶。直口微侈，尖圆唇，束颈，上腹外鼓。颈下饰细密的交错绳纹。口径26、残高6.1厘米（图六八，8）。标本T2H16①：20，夹砂褐陶。直口，厚圆唇，平沿，束颈，上腹微鼓。颈下饰细密的交错绳纹。残高9厘米（图六九，6）。标本T2H16①：21，夹砂褐陶。直口微侈，厚圆唇，平沿内斜，上腹外鼓。颈下有一鸡冠状鋬，饰细密的交错绳纹。残高8.6厘米（图六八，7）。

矮领鼓腹罐 3件。均为口沿残片。标本T2H16①：9，泥质红陶。直口，圆唇，平沿，口内微凹，矮领束颈，上腹外鼓。唇部饰一周黑彩，上腹部饰黑彩弧边三角、弧线等纹样。口径34.6、残高8厘米（图六八，5）。标本T2H16①：10，泥质红陶。侈口，圆唇，窄平沿，束颈，上腹外鼓。素面。口径18.4、残高6厘米（图六九，2）。标本T2H16①：11，泥质红陶。直口微侈，圆唇，窄平沿，口内微凹，束颈。唇部及沿面各饰一周黑彩，颈部饰黑彩条带纹。口径25.1、残高4厘米（图六九，4）。

罐底 1件。标本T2H16①：22，夹砂褐陶。斜直腹，平底。腹部饰右上至左下的斜绳纹。底径7.3、残高3.8厘米（图六九，11）。

瓮 5件。标本T2H16①：13，口沿残片。泥质灰陶。敛口，圆唇微上卷，唇面微凹，肩部方

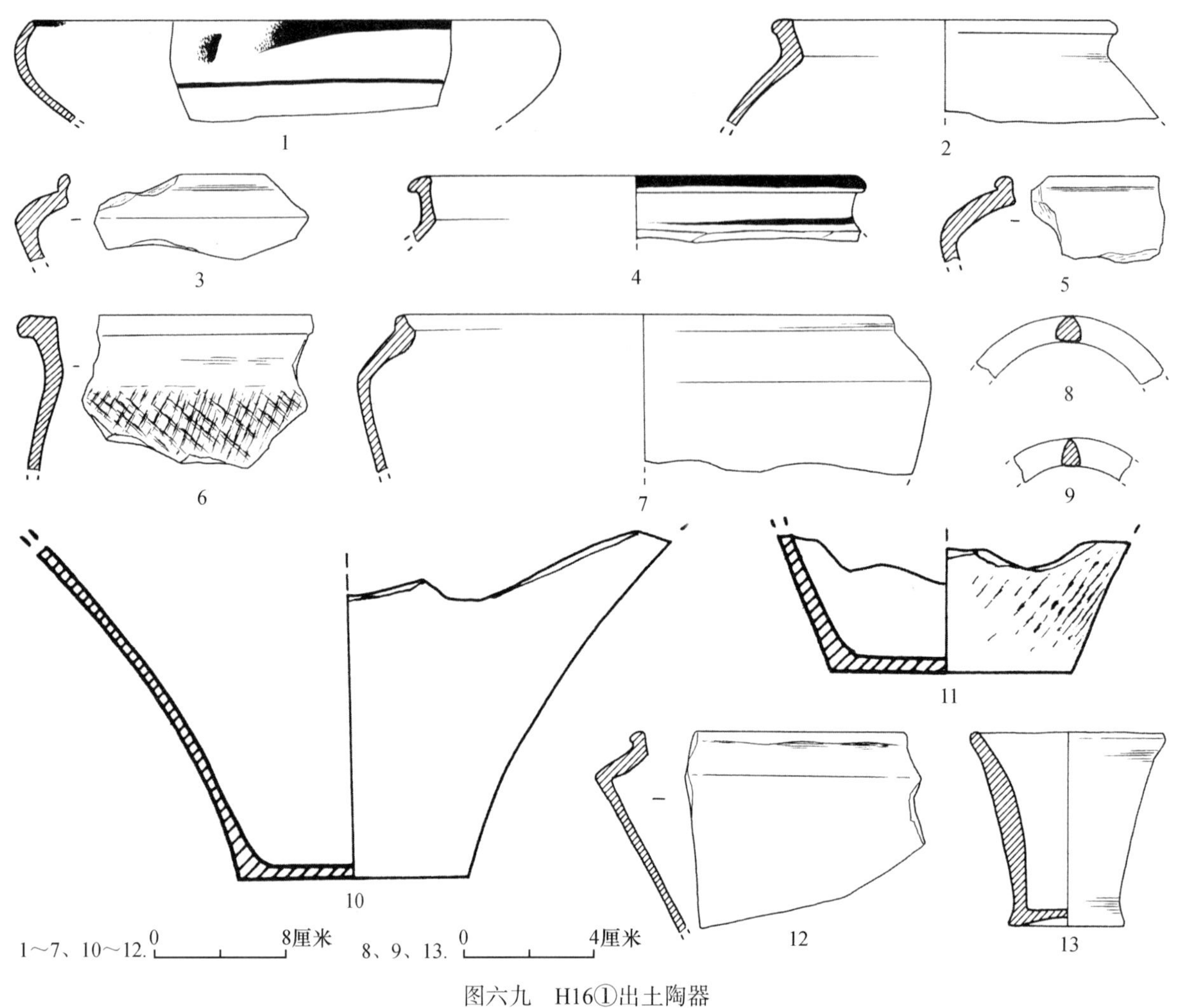

图六九　H16①出土陶器

1. 敛口钵（T2H16①：6）　2、4. 矮领鼓腹罐（T2H16①：10、T2H16①：11）　3、5、7、10、12. 瓮（T2H16①：15、T2H16①：16、T2H16①：13、T2H16①：18、T2H16①：17）　6. 大口罐（T2H16①：20）　8、9. 环（T2H16①：2、T2H16①：3）　11. 罐底（T2H16①：22）　13. 杯（T2H16①：1）

折，斜直腹。素面。口径31、残高8厘米（图六九，7）。标本T2H16①：15，口沿残片。泥质褐陶。敛口，圆唇，唇面竖直、微凹，肩部方折。素面。残高5.4厘米（图六九，3）。标本T2H16①：16，口沿残片。泥质灰陶。敛口，圆唇微上卷，唇面微凹，肩部圆鼓。素面。残高5.1厘米（图六九，5）。标本T2H16①：17，口沿残片。泥质灰陶。敛口，方唇微上卷，唇面微凹，肩部方折，斜直腹内收。素面，沿面可见轮修痕。残高11.6厘米（图六九，12）。标本T2H16①：18，底部残片。泥质灰陶。斜腹微曲，平底。素面。底径14.3、残高20厘米（图六九，10）。

缸　1件。标本T2H16①：14，口沿残片。泥质红陶。敛口，方唇外叠，唇面较宽，上腹较直。残高8.2厘米（图六八，6）。

杯　1件。标本T2H16①：1，残。泥质褐陶。侈口，圆唇，斜直腹内收，凹底。素面。口径5.7、底径3.6、高5.8厘米（图六九，13）。

环　2件。均残。标本T2H16①：2，泥质灰陶。截面呈圆角的等腰三角形。素面，器表磨光，一侧断面有磨制痕迹。内径5.2、外径6.8、厚0.8厘米（图六九，8）。标本T2H16①：3，泥质灰陶。截面呈圆角的等腰三角形。素面，器表磨光。内径4.4、外径6、厚0.6厘米（图六九，9）。

第2层出土标本37件。以陶器为主，另有少量石器。

陶器 36件。

重唇口尖底瓶 2件。口部残件，双唇退化。标本T2H16②：7，泥质红陶。敛口，内外唇界线不明显，内唇沿面较窄，外唇方圆，沿面微斜。素面，唇口内外可见同心圆纹。口径5.6、残高3厘米（图七〇，9）。标本T2H16②：8，泥质红陶。口微敛，内外唇界线不明显，内唇窄似泥条，外唇方圆，沿面较平，颈部较直。素面，唇口内外可见同心圆纹。口径6、残高3.8厘米（图七〇，10）。

盆 4件。多为口、腹残片。

折沿盆 3件。均为口、腹残片。标本T2H16②：13，泥质红陶。敛口，圆唇，折沿，上腹微鼓，下腹斜收。唇部饰一周黑彩，沿面内外缘饰弧线纹黑彩，上腹部饰黑彩圆点、弧边三角及弧线组成的纹样，构图复杂，腹最大径处有一个两面对钻的穿孔。口径35.8、腹径34.2、残高8厘米（图七〇，3）。标本T2H16②：14，泥质红陶。敛口，圆唇微外卷，折沿。唇部饰一周黑彩，沿面内外缘饰弧线纹黑彩，上腹部黑彩圆点、勾叶及弧线纹组成的纹样。口径35.8、残高4.9厘米

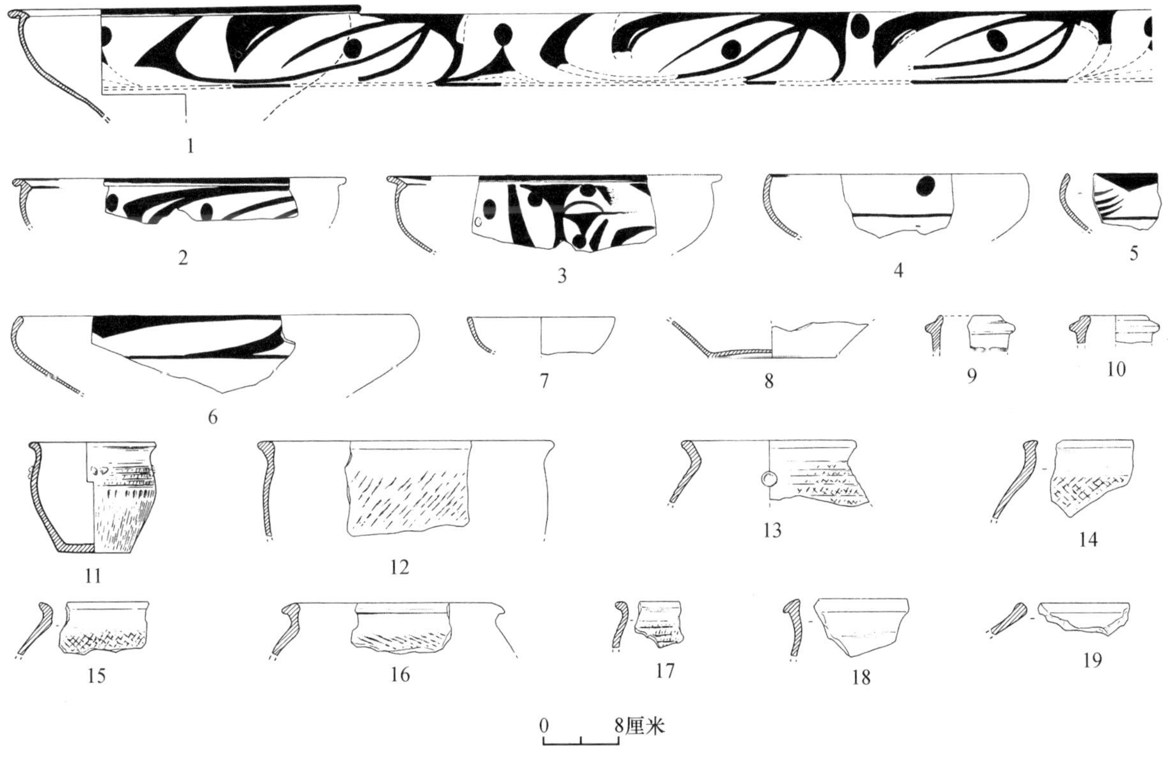

图七〇 H16②出土陶器

1～3. 折沿盆（T2H16②：15、T2H16②：14、T2H16②：13） 4～6. 敛口钵（T2H16②：11、T2H16②：10、T2H16②：12）
7. 敞口钵（T2H16②：9） 8. 盆底（T2H16②：16） 9、10. 重唇口尖底瓶（T2H16②：7、T2H16②：8）
11～17. 大口罐（T2H16②：1、T2H16②：20、T2H16②：23、T2H16②：22、T2H16②：24、T2H16②：21、T2H16②：35）
18. 高领罐（T2H16②：18） 19. 瓮（T2H16②：17）

（图七〇，2）。标本T2H16②：15，泥质红陶，敛口，圆唇，折沿，弧腹斜收。唇部饰一周黑彩，上腹部饰黑彩圆点、弧边三角及弧线组成的纹样。口径38.4、残高12.2厘米（图七〇，1）。

盆底　1件。标本T2H16②：16，泥质褐陶。斜直腹，凹底。素面，器壁较薄。底径13.8、残高3.8厘米（图七〇，8）。

钵　4件。均为口沿残片。根据口部形态可分为敛口钵、敞口钵。

敛口钵　3件。标本T2H16②：10，泥质红陶。敛口，方唇，上腹较鼓，下腹内收。唇部饰一周黑彩，上腹部饰黑彩弧边三角、鸟尾纹、直线组成的纹样。残高6厘米（图七〇，5）。标本T2H16②：11，泥质红陶。敛口，方唇，上腹较鼓，下腹内收。唇部饰一周黑彩，上腹部饰黑彩圆点、直线组成的纹样。口径27.6、腹径29、残高6.7厘米（图七〇，4）。标本T2H16②：12，泥质红陶。敛口，圆唇，上腹外鼓，斜直腹内收。唇部饰一周黑彩，上腹部饰黑彩弧边三角、弧线等组成的纹样。口径41.6、腹径43.6、残高8.2厘米（图七〇，6）。

敞口钵　1件。标本T2H16②：9，泥质红陶。敞口，方圆唇，弧腹内收。素面。口径15.6、残高4厘米（图七〇，7）。

罐　9件。根据口部形态可分为大口罐、高领罐、彩陶小罐。

大口罐　7件。铁轨式口沿退化。标本T2H16②：1，可复原。夹砂红陶。口微侈，圆唇，束颈，上腹微鼓，下腹斜收，平底。颈下饰有右上至左下的斜绳纹加弦纹，其上上有一带按压痕的泥条，腹部最大径处有一周较深的竖向戳印痕，下腹可见竖向刮削痕。口径11.9、腹径13.5、底径7.8、高11.6厘米（图七〇，11；图版二三，1）。标本T2H16②：20，夹砂红陶。直口微敛，圆唇，平沿稍外斜，口内微凹，上腹较鼓。颈下饰细密的交错绳纹。残高8厘米（图七〇，12）。标本T2H16②：21，口、腹残片。夹砂褐陶。直口，圆唇，窄平沿，口内微凹，腹微鼓。饰较细密的右上至左下的斜绳纹。口径28.8、腹径30.6、残高10厘米（图七〇，16）。标本T2H16②：22，夹砂褐陶。直口，尖圆唇，平沿外斜，口内微凹，腹较鼓。腹部饰左上至右下的斜绳纹。口径20.6、残高5.4厘米（图七〇，14）。标本T2H16②：23，夹砂褐陶。侈口，圆唇，束颈，上腹较鼓。颈下贴附有一圆形小泥饼，饰较细密的交错绳纹加弦纹。口径17、残高6.9厘米（图七〇，13）。标本T2H16②：24，夹砂褐陶。直口，尖圆唇，口内微凹，腹较鼓。饰较细密的交错绳纹。残高5.6厘米（图七〇，15）。标本T2H16②：35，口、腹残片。夹砂红陶。侈口，圆唇，窄平沿，上腹微鼓。饰右上至左下的斜绳纹加弦纹。残高4.8厘米（图七〇，17）。

高领罐　1件。标本T2H16②：18，口沿残片。泥质褐陶。侈口，尖唇，平沿外斜，口内微凹。残高6厘米（图七〇，18）。

彩陶小罐　1件。标本T2H16②：19，口沿残片。泥质红陶，残留小段口沿。口微敛，圆唇外卷，上腹微鼓。唇部饰一周黑彩，腹部施白衣，其上饰黑彩弧线、勾叶等纹样。残高5.2厘米。

瓮　1件。标本T2H16②：17，口沿残片。泥质褐陶。敛口，厚圆唇，鼓肩。素面。残高3.4厘米（图七〇，19）。

杯　2件。标本T2H16②：2，泥质褐陶。敞口，圆唇，斜沿，弧腹，花边状平底。素面。口径5、底径3.5、高5.3厘米（图七一，1；图版二一，4）。标本T2H16②：3，泥质褐陶，敞口，圆

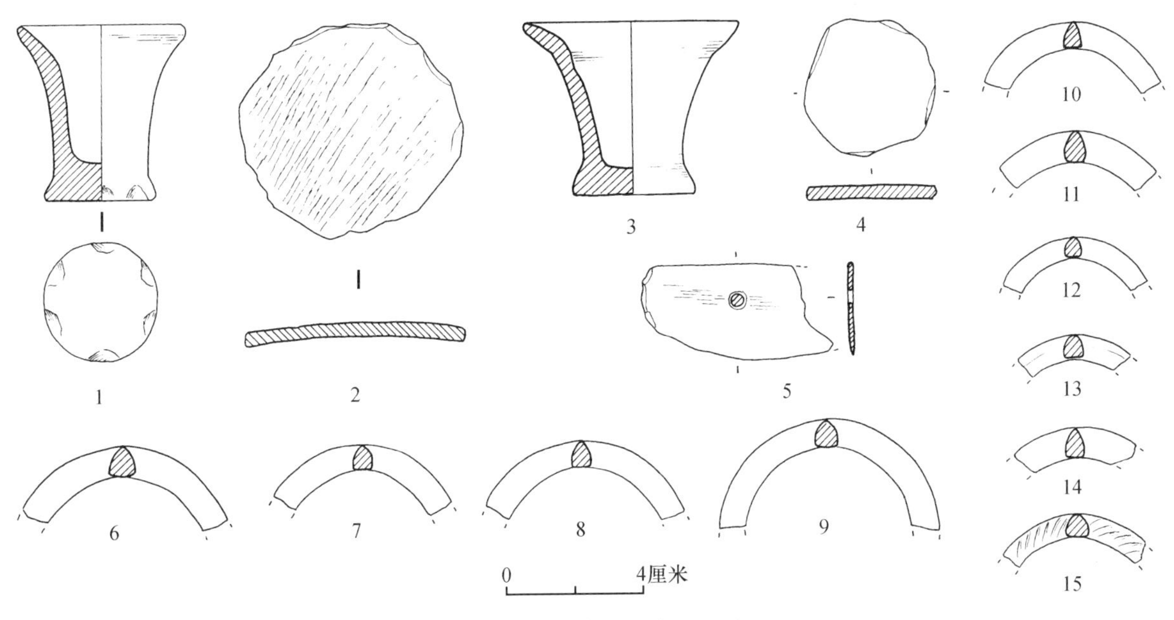

图七一　H16②出土陶、石器

1、3. 陶杯（T2H16②：2、T2H16②：3）　2、4. 圆陶片（T2H16②：6、T2H16②：5）　5. 石刀（T2H16②：4）　6～15. 陶环（T2H16②：25、T2H16②：26、T2H16②：27、T2H16②：34、T2H16②：28、T2H16②：29、T2H16②：30、T2H16②：31、T2H16②：32、T2H16②：33）

唇，斜沿，斜弧腹，平底。素面。口径6.2、底径3.8、高5.2厘米（图七一，3）。

环　12件。均残。其中标本T2H16②：25，泥质灰陶。截面呈圆角的等腰三角形。素面、器表磨光。内径5.2、外径7、厚0.7厘米（图七一，6）。标本T2H16②：26 泥质灰陶。截面近圆角方形，两侧被磨平。内径4.4、外径5.8、厚0.6厘米（图七一，7）。标本T2H16②：27，泥质灰陶。截面近三角形。两侧被磨平。内径4.8、外径6.2、厚0.6厘米（图七一，8）。标本T2H16②：28，泥质灰陶。截面呈圆角的等腰三角形。素面。内径4.4、外径5.8、厚0.6厘米（图七一，10）。标本T2H16②：29，泥质灰陶。截面呈圆角的等腰三角形。素面。内径4.4、外径6、厚0.6厘米（图七一，11）。标本T2H16②：30，泥质褐陶。截面呈圆角的等腰三角形。素面。内径3.6、外径4.8、厚0.5厘米（图七一，12）。标本T2H16②：31，泥质灰陶。截面呈圆角的等腰三角形。素面，器表磨光。内径3.6、外径4.8、厚0.6厘米（图七一，13）。标本T2H16②：32，泥质灰陶。截面呈圆角的等腰三角形。素面，器表磨光。内径4.4、外径6、厚0.6厘米（图七一，14）。标本T2H16②：33，泥质灰陶。截面呈圆角的等腰三角形。器表饰有细螺旋线纹。内径4.4、外径5.6、厚0.7厘米（图七一，15）。标本T2H16②：34，泥质灰陶。截面呈圆角的等腰三角形。素面，器表磨光。内径5、外径6.6、厚0.6厘米（图七一，9）。

圆陶片　2件。标本T2H16②：5，泥质红陶。呈不规则圆形，应为陶钵腹部改制成，周围经打磨。直径3.9厘米（图七一，4）。标本T2H16②：6，泥质红陶。呈不规则圆形，应为尖底瓶或葫芦瓶的陶片改制成，周围略经打磨。直径6.5厘米（图七一，2）。

石器　1件。为石刀。标本T2H16②：4，残。长条形，刀背平，弧刃。靠近刀背处有一对钻的圆孔，刃部磨制锋利。残长5.7、宽2.7厘米（图七一，5）。

17. H17

H17位于T2的西南部，部分延伸至西壁下。开口于第1层下，打破生土。开口距地表25厘米。口部为近椭圆形，剖面直壁，下部略内收，平底。口部南北270、东西140、残深70厘米（图七二）。

坑内堆积为浅灰色土，土质疏松，夹灰烬、礓石、砂石等，内含少量陶片。陶片以泥质灰陶为主，泥质灰陶次之；纹饰以素面为主，绳纹次之，其他还有线纹、彩陶（表二〇）。

表二〇　T2H17陶系、纹饰统计表

陶系/数量/纹饰	泥质陶				夹砂陶				合计	百分比
	红	褐	灰	小计	红	褐	灰	小计		
素面	28	2	150	180		3		3	183	78.88%
绳纹					2	18	5	25	25	10.78%
线纹	10			10					10	4.31%
彩陶	14			14					14	6.03%
合计	52	2	150	204	2	21	5	28	232	100%
百分比	22.41%	0.86%	64.66%	87.93%	0.86%	9.05%	2.16%	12.07%	100%	

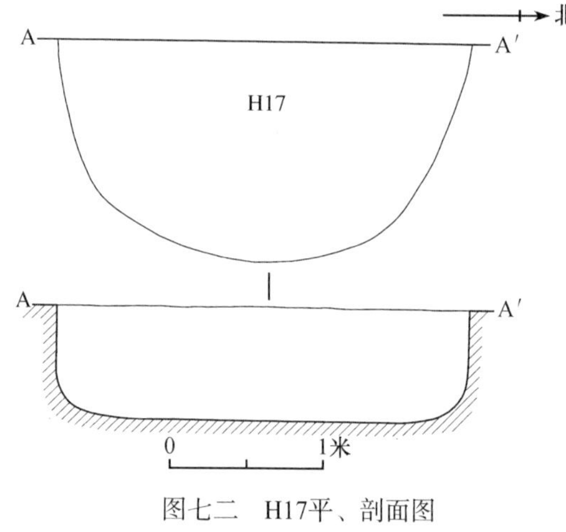

图七二　H17平、剖面图

H17共出土标本9件。均为陶器。

重唇口尖底瓶　1件。标本T2H17：7，口部残件。泥质红陶。敛口，下唇较圆，双唇间的界线不太明显，上唇沿面宽于下唇，双唇沿面微上斜，束颈。颈部饰细密的左上至右下的斜线纹。残高4.6厘米（图七三，1）。

盆　2件。根部口部形态可分为折沿盆、叠唇盆。

折沿盆　1件。标本T2H17：1，口、腹残片。泥质红陶。敛口，圆唇，折沿微外卷窄，弧腹斜收。唇部及沿内缘各饰一周黑彩，沿面饰黑彩弧边三角，腹部饰黑彩圆点、弧线、弧边三角组成的纹样。口径31.6、腹径31.2、残高11.9厘米（图七三，8）。

叠唇盆　1件。斜腹叠唇盆。标本T2H17：6，口沿残片。泥质灰陶。敛口，圆唇外叠，叠唇较宽，斜直壁内收。素面。残高6.6厘米（图七三，7）。

钵　2件。均为口沿残片。根据口部形态可分为直口钵、敛口钵。

直口钵　1件。标本T2H17：5，泥质红陶。直口，斜方唇，上腹较直，弧腹内收。唇部饰一周黑彩，素面。口径20、残高4厘米（图七三，4）。

敛口钵　1件。标本T2H17：4，泥质红陶。敛口，方唇，上腹较鼓，下腹内收。唇部饰一周黑彩，上腹部饰黑彩斜线和直线纹样。残高5厘米（图七三，2）。

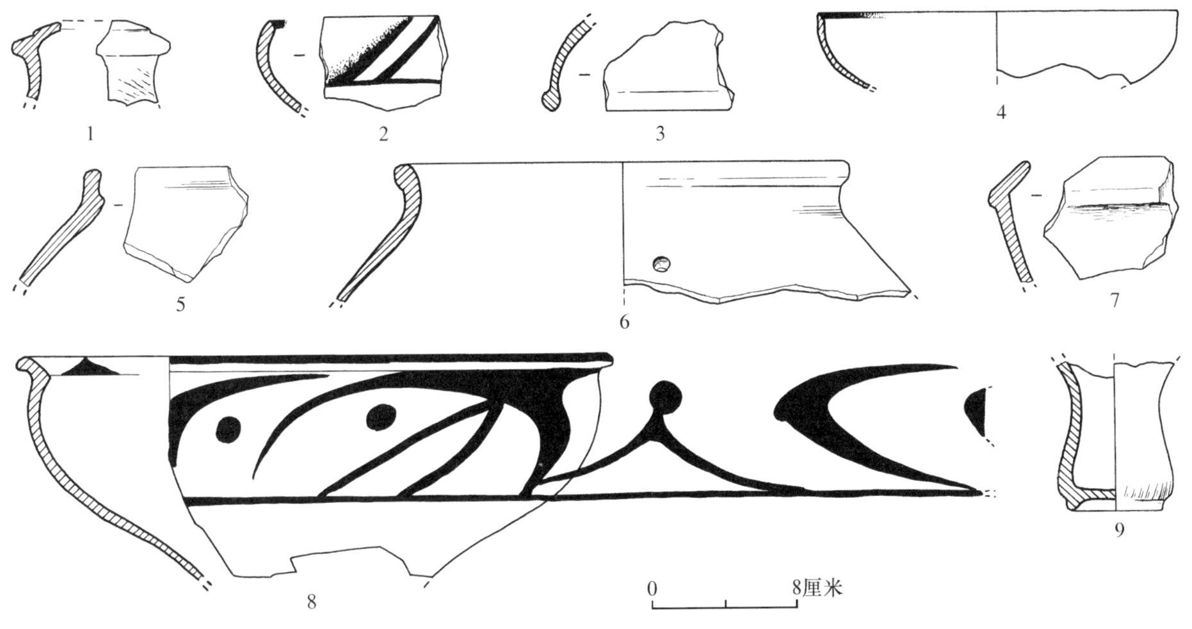

图七三　H17出土陶器

1. 重唇口尖底瓶（T2H17：7）　2. 敛口钵（T2H17：4）　3. 器盖（T2H17：9）　4. 直口钵（T2H17：5）　5、6. 矮领鼓腹罐（T2H17：8、T2H17：2）　7. 叠唇盆（T2H17：6）　8. 折沿盆（T2H17：1）　9. 器底（T2H17：3）

矮领鼓腹罐　2件。均为口沿残片。标本T2H17：2，泥质红陶。敛口，圆唇微外卷，矮领束颈，上腹外鼓。素面，上腹部有一个从外向内的钻孔。口径、残高厘米（图七三，6）。标本T2H17：8，夹砂褐陶。直口，圆唇，口内微凹，上腹外鼓。素面。残高6.2厘米（图七三，5）。

器盖　1件。标本T2H17：9，口沿残片。夹砂褐陶。敞口呈喇叭形，圆唇较厚，弧腹。素面，器表抹泥修整。残高4.8厘米（图七三，3）。

器底　1件。标本T2H17：3，底部残片。夹砂灰陶。可能是壶类器。上部束腰，下腹外鼓，圈足，底内凹。素面，底部一周刻划呈花边状。残高8厘米（图七三，9）。

18. H18

H18位于T2的西部，部分延伸至西壁下。开口于第1层下，打破生土，南部被近代墓葬打破。开口距地表25厘米。口部为近椭圆形，剖面直壁、平底，壁底较清晰。口部南北长250、东西宽190、残深60厘米（图七四）。

坑内堆积为深灰色土，土质疏松，夹灰烬、礓石、砂石等，内含少量陶片。陶片以泥质红陶最多，夹砂褐陶和泥质灰陶次之；纹饰以素面为主，绳纹和线纹次之，其他还有彩陶、附加堆纹（表二一）。

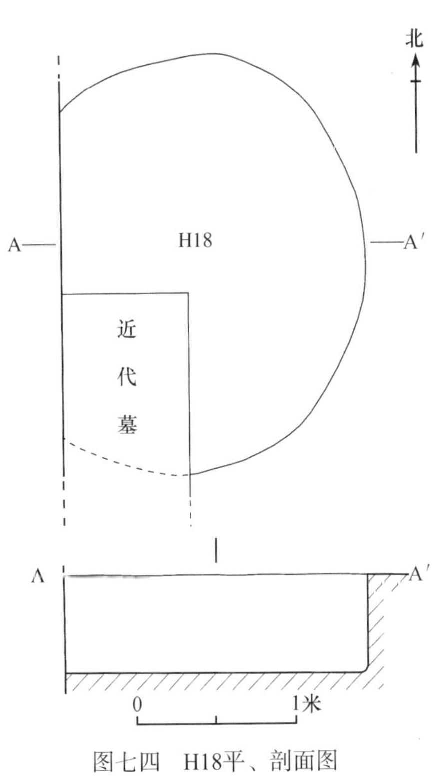

图七四　H18平、剖面图

表二一　T2H18陶系、纹饰统计表

纹饰＼数量＼陶系	泥质陶				夹砂陶				合计	百分比
	红	褐	灰	小计	红	褐	灰	小计		
素面	28	8	22	58	3	2		5	63	57.80%
绳纹						20		20	20	18.35%
线纹	16	3		19					19	17.43%
彩陶	6			6					6	5.50%
附加堆纹						1		1	1	0.92%
合计	50	11	22	83	3	23		26	109	100%
百分比	45.87%	10.09%	20.19%	76.15%	2.75%	21.10%		23.85%	100%	

H18共出土标本9件。均为陶器。

重唇口尖底瓶　1件。标本T2H18：7，口部残件。泥质红陶。敛口，下唇尖圆，双唇退化，上下唇界线不明显，上唇宽于下唇，双唇沿面微上斜。颈部饰左上至右下的细线纹。口径4、残高6厘米（图七五，4）。

盆　3件。均为口沿残片。根据口部形态可分为折沿盆、叠唇盆。

折沿盆　2件。标本T2H18：4，泥质红陶。敛口，厚圆唇，弧腹内收。唇部饰一周黑彩，腹部饰黑彩圆点纹样。残高6厘米（图七五，5）。标本T2H18：5，泥质灰陶。直口，尖圆唇，沿面近平、微鼓，弧腹内收。残高5.7厘米（图七五，2）。

叠唇盆　1件。叠唇弧腹盆。标本T2H18：2。泥质灰陶。敛口，圆唇，叠唇较宽，弧腹斜收。素面。残高5.3厘米（图七五，1）。

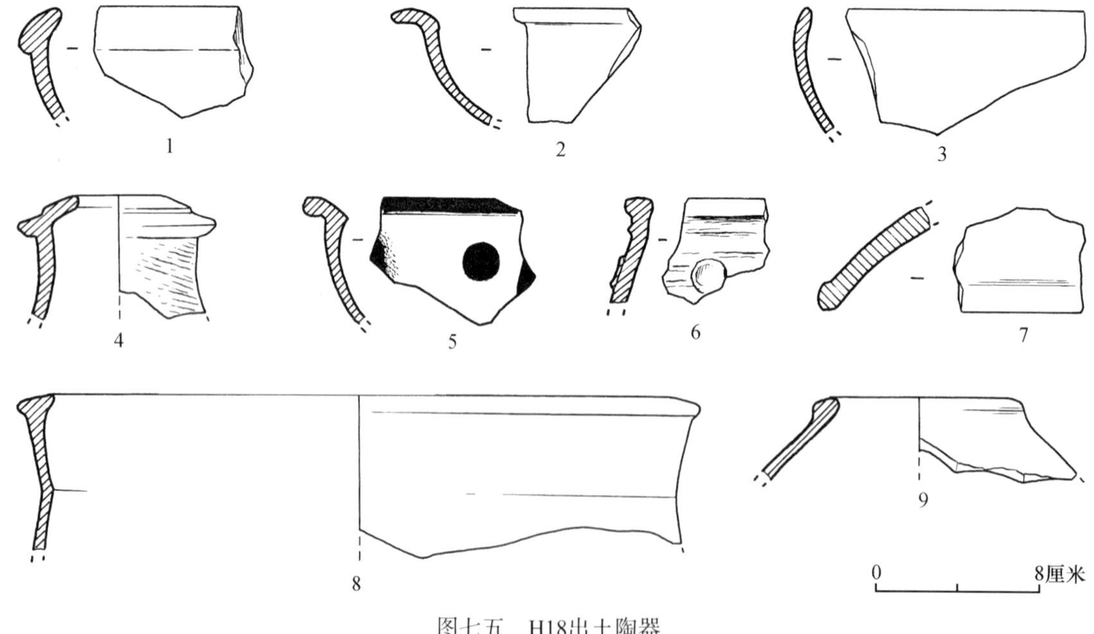

图七五　H18出土陶器

1. 叠唇盆（T2H18：2）　2、5. 折沿盆（T2H18：5、T2H18：4）　3. 敛口钵（T2H18：3）　4. 重唇口尖底瓶（T2H18：7）　6. 大口罐（T2H18：9）　7. 器盖（T2H18：8）　8. 高领罐（T2H18：1）　9. 盂（T2H18：6）

敛口钵　1件。标本T2H18∶3，口沿残片。泥质红陶。口微敛，圆唇，上腹微鼓。素面。残高6厘米（图七五，3）。

罐　2件。根据口部形态可分为大口罐、高领罐。

大口罐　1件。标本T2H18∶9，口沿残片。夹砂褐陶。直口圆唇，沿面窄平，口内外各有一周浅凹槽，剖面近铁轨式。颈下贴附有一个带捺窝的小圆饼，饰横向弦纹。残高5.2厘米（图七五，6）。

高领罐　1件。标本T2H18∶1，口、腹残片。泥质红陶。口微敛，尖圆唇，窄沿外斜，高领，上腹微鼓。素面。口径30.2、残高7.8厘米（图七五，8）。

盂　1件。标本T2H18∶6，口沿残片。泥质灰陶。敛口，圆唇外叠，腹外鼓。素面。口径8、残高4厘米（图七五，9）。

器盖　1件。标本T2H18∶8，口沿残片。夹砂红陶。敞口近喇叭形，圆唇较厚，壁微弧。素面，器表抹泥修整。残高5厘米（图七五，7）。

19. H19

H19位于T4的东南部，部分延伸至南壁下，揭露完全。开口于第1层下，打破生土，东南部被H13打破。开口距地表20厘米。口部为近圆形，剖面袋状，斜弧壁，壁面中部外凸，坑壁清晰，平底。口部长径200、短径190、底部长径208、短径198、残深130厘米（图七六）。

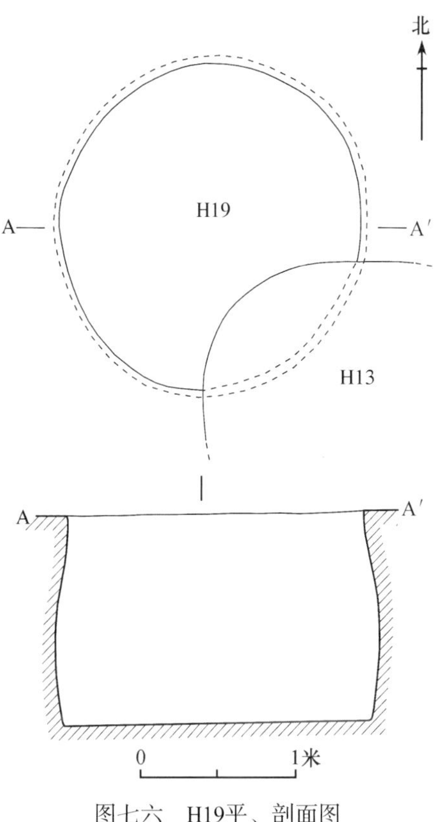

图七六　H19平、剖面图

坑内堆积为灰黑色土，土质疏松，夹植物根系、石块等，含少量陶片、动物骨头。陶片以夹砂褐陶最多，泥质红陶次之；纹饰以绳纹为主，素面次之，其他还有线纹、彩陶、弦纹、附加堆纹等（表二二）。动物骨头经鉴定种属为猪。

表二二　T4H19陶系、纹饰统计表

陶系/数量/纹饰	泥质陶				夹砂陶				合计	百分比
	红	褐	灰	小计	红	褐	灰	小计		
素面	72	20	23	115					115	27.06%
绳纹					35	185		220	220	51.76%
线纹	52	5		57					57	13.41%
彩陶	22			22					22	5.18%
弦纹						3		3	3	0.71%
绳+弦						4		4	4	0.94%
附加堆纹						4		4	4	0.94%
合计	146	25	23	194	35	196		231	425	100%
百分比	34.35%	5.88%	5.42%	45.65%	8.23%	46.12%		54.35%	100%	

H19共出土标本15件。以陶器为主，另有石器1件。

陶器　14件。

折沿盆　1件。标本T4H19：5，口、腹残片。泥质红陶。敛口，圆唇，弧折沿微外卷，上腹较直，弧腹内收。沿面内缘饰一周黑彩，腹部饰黑彩圆点、弧线和弧边三角组成的纹样。口径42、残高11.2厘米（图七七，1）。

敛口钵　2件。均为口沿残片。标本T4H19：1，泥质红陶。口微敛，圆唇，上腹微鼓。唇部饰一周黑彩，素面。口径12.2、残高4厘米（图七七，5）。标本T4H19：2，泥质红陶。口微敛，方唇，上腹微鼓。唇部饰一周黑彩，腹部饰黑彩圆点、弧边三角组成的纹样。残高5.2厘米（图七七，4）。

罐　4件。根据口部形态可分为大口罐、高领罐。

大口罐　3件。口、腹残片。铁轨式口沿退化。标本T4H19：10，夹砂红陶。直口，尖圆唇，平沿内斜，口内有一周浅凹槽，深腹外鼓。颈下饰较稀疏的右上至左下的斜绳纹加弦纹。残高10厘米（图七七，6）。标本T4H19：11，夹砂红陶。直口微敛，圆唇，平沿内斜，口外有一道凸棱，口内有一周窄凹槽，剖面呈铁轨式，深腹较鼓。颈下饰几道密集的弦纹，腹部饰较稀疏的左上至右下的斜绳纹。口径28、残高10厘米（图七七，2）。标本T4H19：12，夹砂红褐陶。直口微敛，尖圆唇，沿面微弧，口外有一道凸棱，口内有一周凹槽，腹部微鼓。颈下贴附有一圆形泥饼，饰较粗疏的左上至右下的斜绳纹。口径22.8、残高25.8厘米（图七七，3）。

高领罐　1件。标本T4H19：6，口沿残片。泥质红陶。侈口，圆唇，高领窄沿外斜。素面，口内可见同心圆纹。残高7.8厘米（图七七，7）。

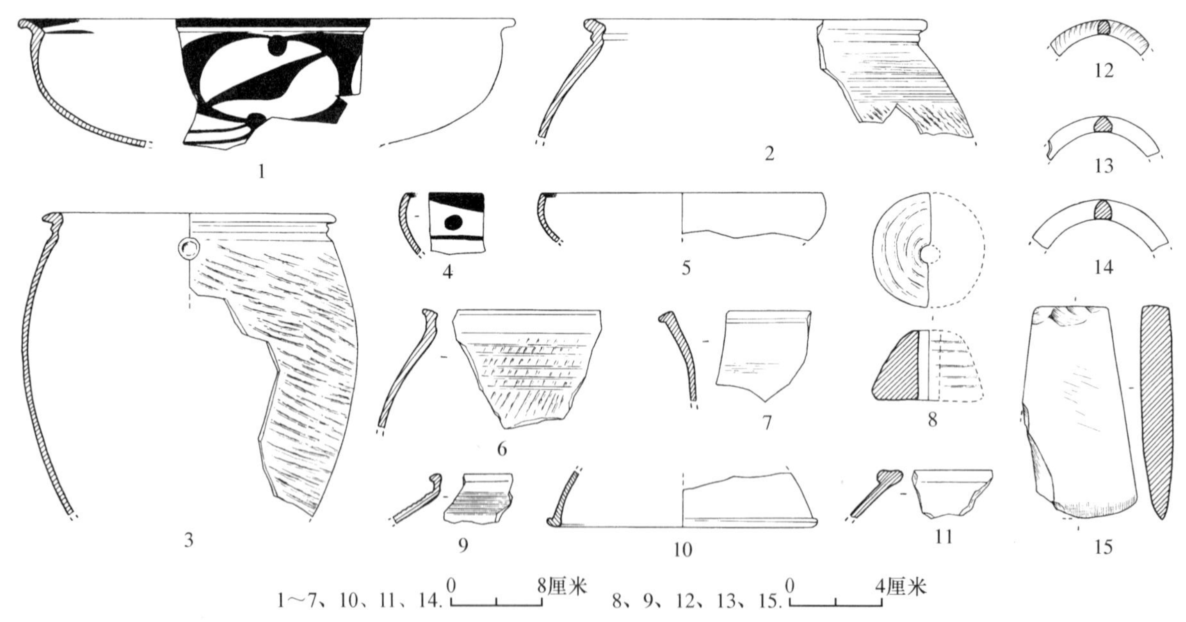

图七七　H19出土陶、石器

1. 陶折沿盆（T4H19：5）　2、3、6. 陶大口罐（T4H19：11、T4H19：12、T4H19：10）　4、5. 陶敛口钵（T4H19：2、T4H19：1）　7. 陶高领罐（T4H19：6）　8. 陶纺轮（T4H19：4）　9. 陶釜（T4H19：9）　10. 陶器盖（T4H19：8）　11. 陶瓮（T4H19：7）　12～14. 陶环（T4H19：13、T4H19：14、T4H19：15）　15. 石斧（T4H19：3）

瓮　1件。标本T4H19：7，口沿残片。泥质灰陶。敛口，圆唇平叠，剖面近T形，斜直壁。素面。残高4.2厘米（图七七，11）。

釜　1件。标本T4H19：9，口沿残片。夹砂红陶。直口微敛，圆唇，沿内微凹，上腹外斜。腹部饰弦纹。残高4.2厘米（图七七，9）。

器盖　1件。标本T4H19：8，残。夹砂红陶。敞口呈喇叭形，圆唇外卷，弧壁。素面，器表涂泥修抹。口径21.2、残高4.6厘米（图七七，10）。

纺轮　1件。标本T4H19：4，泥质灰陶。呈圆锥状，中部有一穿孔，器表饰弦纹。顶径1.8底径4.5、孔径0.9、高3厘米（图七七，8）。

环　3件。均残。标本T4H19：13，泥质红陶。截面呈圆角的等腰三角形。环体饰一周细螺旋线纹，有磨制痕迹。内径4.4、外径5.7、厚0.6厘米（图七七，12）。标本T4H19：14，泥质褐陶。截面呈圆角的等腰三角形。素面。内径5.2、外径6.4、厚0.8厘米（图七七，13）。标本T4H19：15，泥质灰陶。截面呈圆角的等腰三角形。素面。内径5.2、外径7、厚0.7厘米（图七七，14）。

石器　1件。为石斧。标本T4H19：3，磨制。体呈上窄下宽的梯形，一角残损，顶部及两侧磨制平整光滑，刃微弧，双面磨制，较锋利。残宽10.2、厚1.4、长9厘米（图七七，15；图版二一，6）。

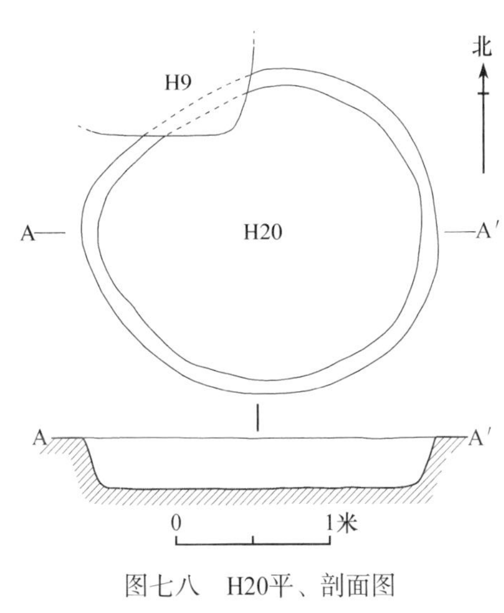

图七八　H20平、剖面图

20. H20

H20位于T4的东北部，部分延伸至东隔梁内。开口于第1层下，打破H21及生土，西北部被H9打破。开口距地表20厘米。口部为椭圆形，剖面口大底小，坡壁内收，坑壁较清晰，平底。口部东西长230、南北宽200、底部东西长210、南北宽180、残深30厘米（图七八）。

坑内堆积为灰褐色土，土质疏松，夹植物根系、石块等，含少量陶片。可辨器形有尖底瓶、盆、钵、罐、瓮等，数量极少，无口沿等可供描述的标本。

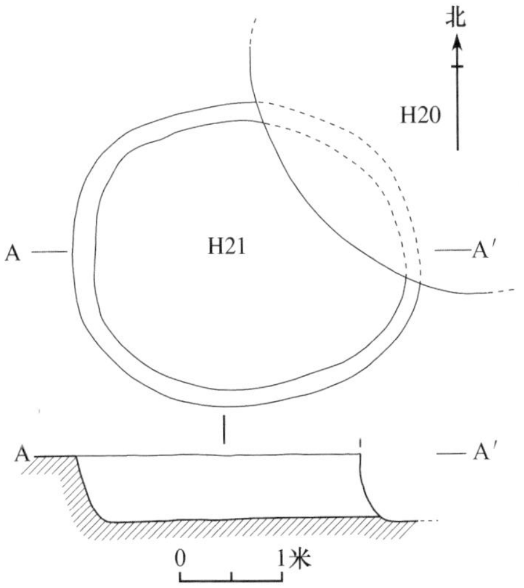

图七九　H21平、剖面图

21. H21

H21位于T4的东北部。开口于第1层下，打破H26及生土，东北部被H20打破。开口距地表20厘米。口部为椭圆形，剖面口大底小，坡壁内收、坑壁较清晰，平底。口部东西170、南北144、底部东西152、南北127、残深30厘米（图七九）。

坑内堆积为浅灰色土，土质疏松，内含植物根系、石块等，含少量陶片。出土遗物较少，有尖底瓶、盆、钵、罐、瓮等。无口沿等可供描述的标本。

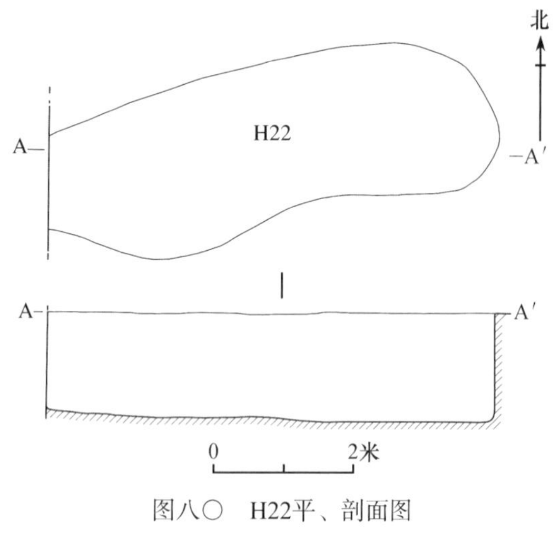

图八〇　H22平、剖面图

22. H22

H22位于T5的西北部，部分延伸至西壁下。开口于第1层下，打破生土。开口距地表30厘米。口部为不规则的长条形，剖面直壁、较清晰，底西高东低。口部东西长650、南北130～230、坑深134～150厘米（图八〇）。

坑内堆积为深灰色土，土质疏松，夹草木灰、礓石、砂石等，内含陶片。陶片以泥质红陶最多，夹砂褐陶次之；纹饰以素面最多，绳纹次之，其他还有线纹、彩陶、弦纹、附加堆纹等（表二三）。

表二三　T5H22陶系、纹饰统计表

陶系/数量/纹饰	泥质陶				夹砂陶				合计	百分比
	红	褐	灰	小计	红	褐	灰	小计		
素面	100	28	110	238					238	43.19%
绳纹					12	150		162	162	29.40%
线纹	80	20		100					100	18.15%
彩陶	43			43					43	7.80%
弦纹						2		2	2	0.36%
绳+弦						4		4	4	0.73%
附加堆纹						2		2	2	0.36%
合计	223	48	110	381	12	158		170	551	100%
百分比	40.47%	8.71%	19.96%	69.15%	2.18%	28.68%		30.85%	100%	

H22共出土标本30件，均为陶器。

尖底瓶　1件。标本T5H22∶7，器底残片。泥质红陶，外红里灰。形态较瘦，底部磨平。外壁饰细密的左上至右下的斜线纹，内壁可见泥条盘筑痕迹。残高5.8厘米（图八一，16）。

盆　12件。均为口、腹残片。根据口部形态可分为折沿盆、叠唇盆、卷沿盆。

折沿盆　6件。标本T5H22∶10，泥质灰陶。敛口，圆唇，折沿，上腹较直，弧腹斜收。素面。残高7厘米（图八一，15）。标本T5H22∶12，泥质褐陶。口微敛，圆唇，折沿，弧腹斜收。素面。口径26.6、残高9厘米（图八一，3）。标本T5H22∶13，泥质红陶。口微敛，圆唇，上腹微弧。素面。残高6.6厘米（图八一，14）。标本T5H22∶19，泥质红陶。敛口，圆唇，上腹微鼓。沿面内缘饰一周黑彩，腹部饰黑彩圆点、弧边三角组成的纹样，靠近口沿处有一从外向内的单向穿孔。口径29、残高6.2厘米（图八一，2）。标本T5H22∶20，泥质红陶。敛口，圆唇，上腹微鼓。沿面饰对称的黑彩勾叶纹样，腹部素面，靠近口沿处有一从外向内的单向穿孔。残高7.2厘米

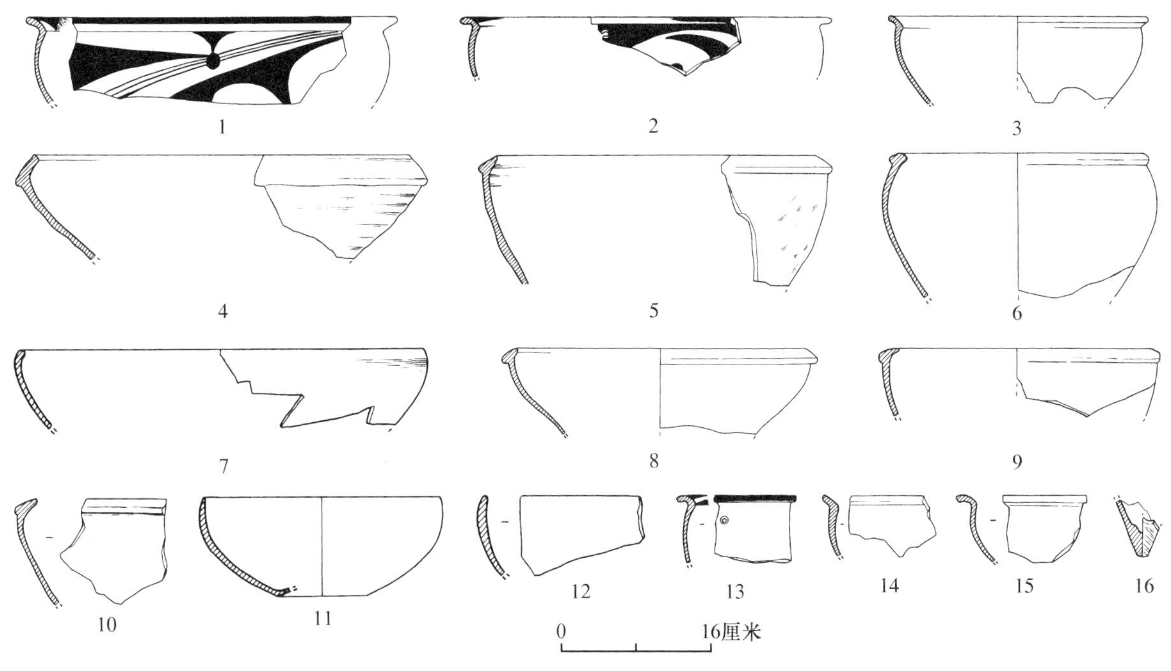

图八一　H22出土陶器

1～3、13～15. 折沿盆（T5H22：21、T5H22：19、T5H22：12、T5H22：20、T5H22：13、T5H22：10）　4、10. 叠唇斜腹盆（T5H22：14、T5H22：16）　5、8、9. 叠唇弧腹盆（T5H22：11、T5H22：2、T5H22：9）　6. 卷沿盆（T5H22：18）　7. 敛口钵（T5H22：4）　11、12. 直口钵（T5H22：1、T5H22：5）　16. 尖底瓶（T5H22：7）

（图八一，13）。标本T5H22：21，泥质红陶。敛口，圆唇，上腹较鼓。沿面饰连续的黑彩弧边三角，上腹饰黑彩细线和弧边三角纹样。口径40、腹径38.2、残高9厘米（图八一，1）。

叠唇盆　5件。有弧腹、斜腹之分。

叠唇弧腹盆　3件。标本T5H22：2，泥质灰陶。敛口，圆唇，叠唇较窄，腹微弧下收。素面。口径30.8、残高9厘米（图八一，8）。标本T5H22：9，泥质灰陶。敛口，圆唇，唇面较平，叠唇较宽，上腹微弧。素面。口径26、残高7.2厘米（图八一，9）。标本T5H22：11，泥质灰陶。敛口，尖唇，叠唇较宽，弧腹。素面，腹壁凹凸不平，内壁密布同心圆纹。口径34、残高13.6厘米（图八一，5）。

叠唇斜腹盆　2件。标本T5H22：14，泥质红陶。敛口，方唇，叠唇较宽，腹部微弧，斜腹下收。素面，腹壁凹凸不平。口径40、残高11厘米（图八一，4）。标本T5H22：16，泥质褐陶。敛口，圆唇，叠唇较宽，斜腹下收。素面，器内壁有同心圆纹。残高11厘米（图八一，10）。

卷沿盆　1件。标本T5H22：18，泥质灰褐陶。敛口，圆唇，卷沿，上腹外鼓，下腹内收。素面。口径12.4、残高15.2厘米（图八一，6）。

钵　3件。根据口部形态可以分为直口钵、敛口钵。

直口钵　2件。标本T5H22：1，可修复。泥质红陶。直口，尖唇，上腹较直，弧腹内收，凹底。素面。口径18.4、底径7、高7.6厘米（图八一，11；图版二〇，2）。标本T5H22：5，口沿残片。泥质红陶。直口，圆唇，上腹较直。素面。残高6.2厘米（图八一，12）。

敛口钵　1件。标本T5H22：4，口、腹残片。泥质灰陶。口微敛，圆唇，上腹微鼓，弧腹内收。素面。口径31.4、残高6厘米（图八一，7）。

罐　6件。均为口、腹残片。根据口部形态可分为大口罐、高领罐。

大口罐　4件。标本T5H22：24，夹砂红陶。直口微侈，圆唇，窄平沿，口内有一周浅凹槽，腹部微鼓。颈下一周抹平，饰较粗的右上至左下的斜绳纹。残高9.2厘米（图八二，5）。标本T5H22：25，夹砂红褐陶。直口，圆唇，沿面窄平，口内有一周浅凹槽。颈下饰横向弦纹。残高5.2厘米（图八二，6）。标本T5H22：26，夹砂红褐陶。直口微侈，方圆唇，窄平沿，口内有一周浅凹槽，外有一道凸棱，上腹较鼓。颈下有一周较浅的按压痕，饰较稀疏的右上至左下的斜绳纹。残高12厘米（图八二，3）。标本T5H22：27，夹砂红褐陶。直口，圆唇，沿面微凸，口内外各有一周浅凹槽，剖面近铁轨式，腹较鼓。饰较粗疏的左上至右下的斜绳纹。残高9厘米（图八二，4）。

高领罐　2件。标本T5H22：15，泥质红陶。口微敛，圆唇，窄沿外斜，高领，领内微凹，上腹较直。素面，领腹相接处饰一周戳印纹。口径30、残高7.4厘米（图八二，1）。标本T5H22：17，泥质褐陶。侈口，方圆唇，沿面窄平，高领，领内微凹，上腹较直。素面，内外均可见轮制同心圆纹。口径28、残高8厘米（图八二，2）。

甑　1件。标本T5H22：6，底部残件。泥质红陶。斜直腹，平底，底可见一圆形和一柳叶形的穿孔。素面。底径14、残高3.6、孔径2厘米（图八二，8）。

器盖　1件。标本T5H22：23，残。夹砂红陶。盖顶较平，桥形纽。素面，纽与盖结合处有抹泥黏合痕迹。残高5厘米（图八二，14）。

杯盖　1件。标本T5H22：3，泥质灰陶。敞口呈喇叭形，方唇，斜直壁，羊角状纽。素面。应为杯盖。口径7、高4.6厘米（图八二，11）。

瓮　1件。标本T5H22：8，口沿残片。泥质灰陶。敛口，圆唇，肩圆鼓。素面。残高4厘米

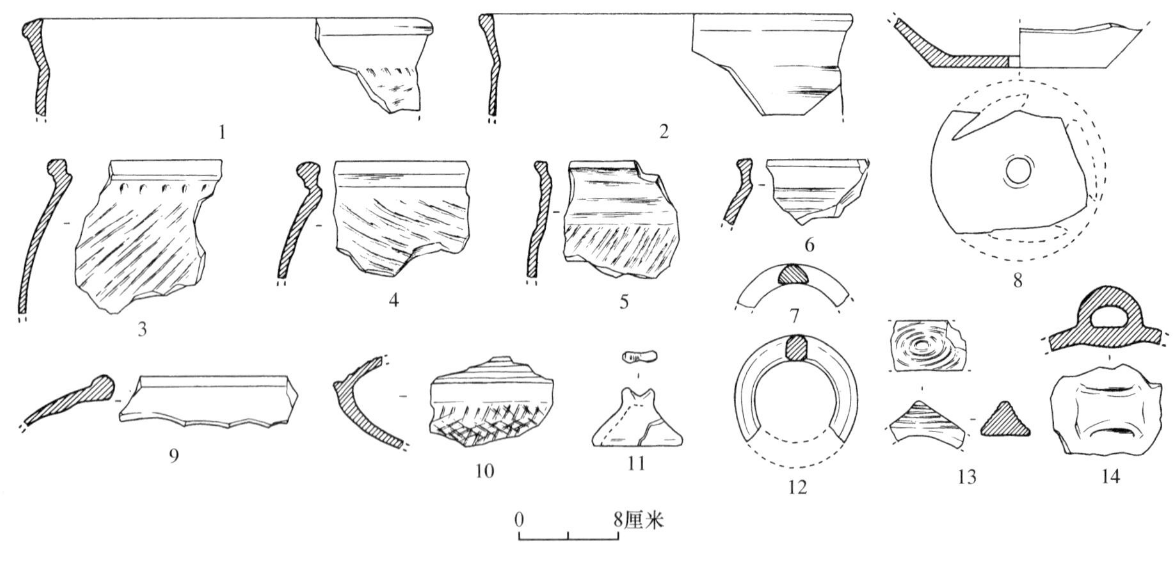

图八二　H22出土陶器

1、2. 高领罐（T5H22：15、T5H22：17）　3～6. 大口罐（T5H22：26、T5H22：27、T5H22：24、T5H22：25）　7、12、13. 环（T5H22：29、T5H22：28、T5H22：30）　8. 甑（T5H22：6）　9. 瓮（T5H22：8）　10. 釜（T5H22：22）　11. 杯盖（T5H22：3）　14. 器盖（T5H22：23）

（图八二，9）。

釜　1件。标本T5H22：22，腹部残片。夹砂红陶。折腹，上腹部饰平行弦纹，下腹部饰交错绳纹。残高7厘米（图八二，10）。

环　3件。均残。标本T5H22：28，泥质灰陶。截面近圆角方形。素面，环体两侧被磨平。内径3.4、外径5.2、厚0.6厘米（图八二，12）。标本T5H22：29，泥质灰陶。截面近半圆形。素面。内径3.6、外径5、厚1.1厘米（图八二，7）。标本T5H22：30，泥质灰陶。截面近等边三角形，平面呈齿轮状，残留一个齿状凸起，其两侧有细密的弦纹。内径3.8、外径5.2、厚2厘米（图八二，13）。

23. H23

H23位于T5的东北角，部分延伸至东隔梁内。开口于第1层下，打破生土。开口距地表30厘米。口部为不规则近椭圆形，剖面直壁、壁较清晰，平底。口部东西宽200、南北最长230、残深110厘米（图八三）。

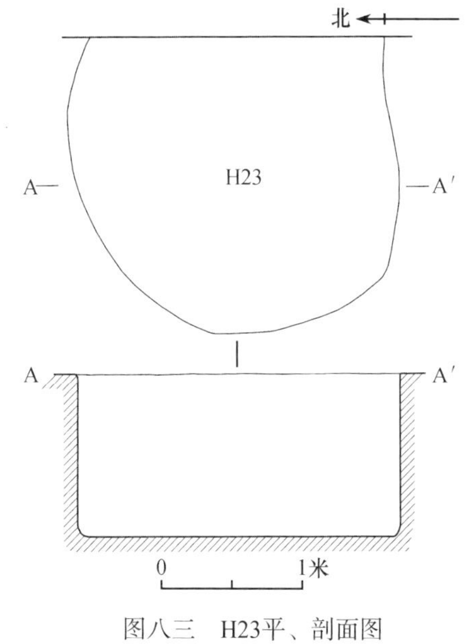

图八三　H23平、剖面图

坑内堆积为深灰色土，土质疏松，夹灰烬、烧土、砂石等，内含陶片及动物骨头。陶片以泥质红陶最多，夹砂褐陶次之；纹饰以素面最多，绳纹次之，其他还有线纹、彩陶、弦纹、附加堆纹等（表二四）。动物骨头经鉴定种属为梅花鹿。

表二四　T5H23陶系、纹饰统计表

陶系 / 数量 / 纹饰	泥质陶				夹砂陶				合计	百分比
	红	褐	灰	小计	红	褐	灰	小计		
素面	150	25	90	265		15		15	280	41.06%
绳纹					20	210		230	230	33.72%
线纹	100	15		115					115	16.86%
彩陶	36			36					36	5.28%
弦纹						10		10	10	1.47%
绳+弦						5		5	5	0.73%
附加堆纹						6		6	6	0.88%
合计	286	40	90	416	20	246		266	682	100%
百分比	41.94%	5.86%	13.20%	61%	2.93%	36.07%		39%	100%	

H23共出土标本35件。均为陶器。

重唇口尖底瓶　3件。均为口部残件。标本T5H23：9，泥质红陶。敛口，双唇较明显，上唇凸出，沿面窄于下唇，下唇尖圆，沿面上斜。唇口外可见同心圆纹。口径3.2、残高3.8厘米（图八四，13）。标本T5H23：10，泥质灰陶。敛口，双唇不太明显，上唇稍高，宽于下唇，下唇尖圆，双唇沿面较平，束颈。颈部饰细密的线纹，唇口外可见同心圆纹。口径4.8、残高7厘米（图八四，14）。标本T5H23：11，泥质红陶。敛口，双唇交界处不明显，上唇宽于下唇，下唇较圆，沿面微斜。唇口外可见同心圆纹，颈部饰左上至右下的斜线纹。口径2.8、残高3.2 厘米（图八四，4）。

盆　7件。均为口、腹残片。根据口部形态可分为折沿盆、叠唇盆、卷沿盆。

折沿盆　5件。标本T5H23：17，泥质红陶。敛口，圆唇，上腹外鼓，下腹曲收。唇部饰一周黑彩。残高8厘米（图八四，11）。标本T5H23：19，泥质红陶。敛口，方唇，折沿，沿面较平，上腹微鼓。腹部饰黑彩弧边三角纹样。口径26、残高4.4厘米（图八四，1）。标本T5H23：20，泥质红陶。敛口，圆唇，上腹较直。沿面内缘饰一周黑彩，腹部饰黑彩弧线纹样。残高9厘米（图八四，3）。标本T5H23：21，泥质红陶。敛口，圆唇，上腹微鼓。唇部饰一周黑彩，上腹部饰黑彩圆点、弧边三角组成的纹样。残高6厘米（图八四，12）。标本T5H23：35，泥质红陶。敛口，圆唇，弧腹斜收。唇部饰一周黑彩，上腹部饰黑彩圆点、勾叶纹样。口径24、残高7.8厘米（图八四，2）。

叠唇盆　1件。叠唇弧腹盆。标本T5H23：15，泥质灰陶。敛口，尖圆唇，叠唇较宽，弧腹斜收。素面。残高9厘米（图八四，10）。

卷沿盆　1件。标本T5H23：18，泥质红陶。敛口，圆唇外卷，上腹较鼓，下腹斜收。素面，器表可见轮制的同心圆纹。口径27、残高8.4厘米（图八四，5）。

钵　4件。均为口沿残片。根据口部形态可分为直口钵、敛口钵。

直口钵　3件。标本T5H23：2，泥质红陶。直口尖唇，上腹较直，下腹内收。素面。残高5.6厘米（图八四，8）。标本T5H23：3，泥质红陶。直口方圆唇，弧腹。素面。口径17.2、残高5.2厘

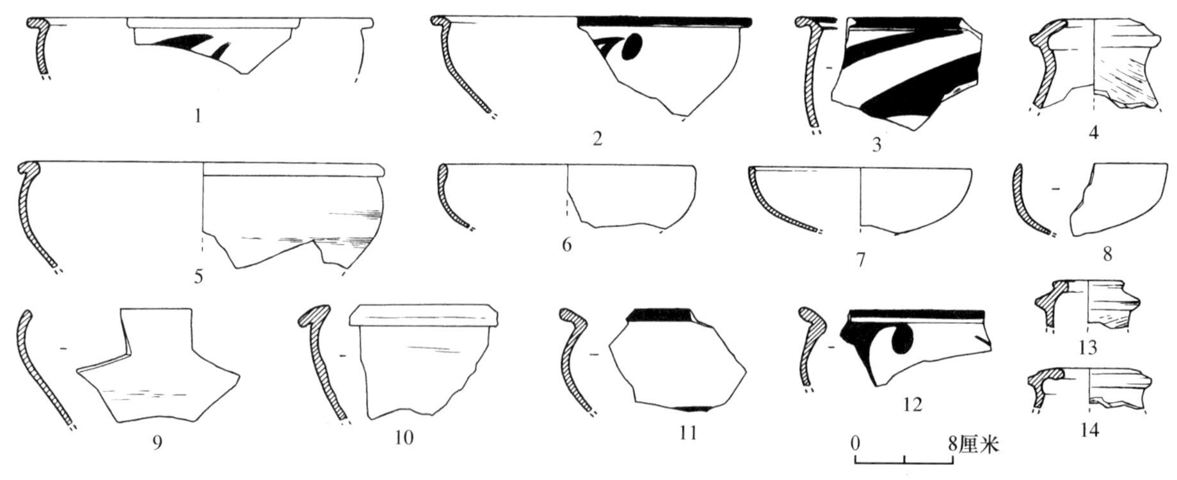

图八四　H23出土陶器

1～3、11、12. 折沿盆（T5H23：19、T5H23：35、T5H23：20、T5H23：17、T5H23：21）　4、13、14.重唇口尖底瓶（T5H23：11、T5H23：9、T5H23：10）　5. 卷沿盆（T5H23：18）　6～8. 直口钵（T5H23：4、T5H23：3、T5H23：2）　9. 敛口钵（T5H23：5）　10. 叠唇盆（T5H23：15）

米（图八四，7）。标本T5H23：4，泥质红陶。直口，圆唇较厚，上腹较直弧腹内收。素面。口径20、残高5厘米（图八四，6）。

敛口钵　1件。标本T5H23：5，泥质红陶，下腹呈灰褐色。敛口，方唇，上腹较鼓，下腹微曲、内收。素面。残高9厘米（图八四，9）。

罐　10件。根据口部形态可分为大口罐、高领罐。

大口罐　8件。均为口、腹残片。标本T5H23：12，泥质灰陶。侈口，方唇，上腹微鼓。素面。残高7.6厘米（图八五，8）。标本T5H23：26，夹砂红陶。直口，方圆唇，窄平沿，口内外各有一周浅凹槽，上腹较鼓。素面。残高8.2厘米（图八五，7）。标本T5H23：27，夹砂红褐陶。侈口，圆唇，窄平沿，束颈，上腹较鼓。颈下贴附有一组对称的横向鸡冠状鋬，饰细密的交错绳纹。口径21.6、残高7.6厘米（图八五，1）。标本T5H23：28，夹砂红褐陶。侈口，圆唇，窄平沿，束颈，上腹较鼓。颈下贴附有斜向的小泥条及带捺窝的小泥饼，饰较细密的交错绳纹。口径

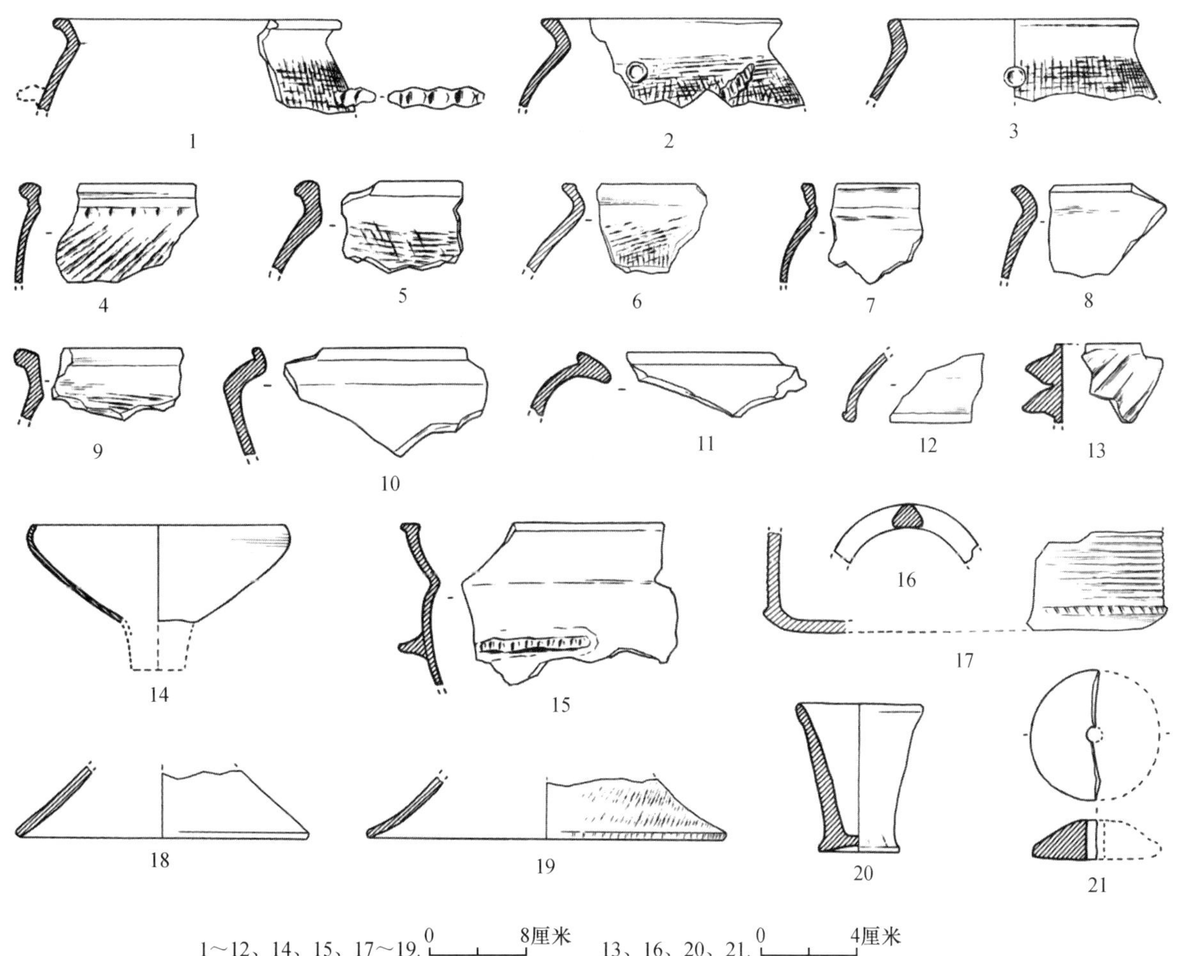

图八五　H23出土陶器

1～9. 大口罐（T5H23：27、T5H23：28、T5H23：29、T5H23：33、T5H23：30、T5H23：32、T5H23：26、T5H23：12、T5H23：31）　10、11. 瓮（T5H23：13、T5H23：14）　12、18、19. 器盖（T5H23：23、T5H23：22、T5H23：24）　13、16. 环（T5H23：8、T5H23：34）　14. 漏斗（T5H23：1）　15. 高领罐（T5H23：16）　17. 釜（T5H23：25）　20. 杯（T5H23：6）　21. 纺轮（T5H23：7）

17、残高7.4厘米（图八五，2）。标本T5H23：29，夹砂红褐陶。侈口，方唇，束颈，上腹较鼓。颈下贴附有带捺窝的小泥饼，饰较细密的交错绳纹。口径19.2、残高6.6厘米（图八五，3）。标本T5H23：30，夹砂红陶。直口，圆唇，沿面微凸，口内较直，上腹较鼓。颈下饰交错绳纹。残高7.6厘米（图八五，5）。标本T5H23：31，夹砂红陶。直口，圆唇，平沿内斜，口内较直。饰斜向绳纹。残高6厘米（图八五，9）。标本T5H23：33，夹砂褐陶。直口，圆唇，平沿微凸，口内有一周凹槽，外有一道凸棱，剖面近铁轨式，上腹较直。饰较粗疏的右上至左下的斜向绳纹。残高8厘米（图八五，4）。标本T5H23：32，夹砂红褐陶。侈口，圆唇，窄平沿，口内微凹，上腹外鼓。颈下饰较细密的交错绳纹。残高7.2厘米（图八五，6）。

高领罐　1件。标本T5H23：16，口、腹残片。泥质红陶。敞口，窄平沿，高领，领内微凹，上腹微鼓。素面，上腹部贴附有一组对称的横向鸡冠状鋬。残高13.2厘米（图八五，15）。

瓮　2件。均为口沿残片。标本T5H23：13，泥质灰陶。敛口，圆唇，沿斜直，方折肩。素面。残高9厘米（图八五，10）。标本T5H23：14，泥质灰陶。敛口，方圆唇，沿面较斜，剖面近T形，圆鼓肩。素面。残高5.2厘米（图八五，11）。

釜　1件。标本T5H23：25，腹部残片。夹砂红陶。方折腹，圜底。上腹部饰弦纹，折腹处按压一周花边。底边长28.8、残高8厘米（图八五，17）。

器盖　3件。均残。标本T5H23：22，夹砂灰褐陶。敞口呈喇叭形，圆唇，斜直壁。素面，器表抹泥修整。底径24、残高5.5厘米（图八五，18）。标本T5H23：23，夹砂灰褐陶。口较直呈覆钵形，圆唇外卷、较厚，壁微鼓。素面，器表抹泥修整。残高5.8厘米（图八五，12）。标本T5H23：24，夹砂灰褐陶。敞口呈喇叭形，圆唇，斜直壁，近口部外撇。素面，器表抹泥修整，有刮抹痕迹。底径25.8、残高5厘米（图八五，19）。

漏斗　1件。标本T5H23：1，可修复。泥质褐陶。上部似钵，敛口，圆唇，弧腹斜收，管状流。素面。口径20.8、残高8厘米（不含流）（图八五，14；图版二三，2）。

杯　1件。标本T5H23：6，泥质红陶。喇叭形口，尖圆唇，斜直腹，凹底微外撇。素面。口径5、底径3.4、高6厘米（图八五，20）。

纺轮　1件。标本T5H23：7，泥质灰陶。扁锥状，上有一穿孔。素面。底径5.5、孔径0.7、厚1.6厘米（图八五，21）。

环　2件。均残。标本T5H23：8，泥质灰陶。体似钏状，环体由泥条盘旋呈螺旋状。内径5.6、厚6.4厘米（图八五，13）。标本T5H23：34，泥质褐陶。截面呈圆角的等腰三角形。素面。内径5.6、外径7.6、厚1.2厘米（图八五，16）。

24. H24

H24位于T5的西南部，部分延伸至南壁下。开口于第1层下，打破生土。开口距地表30厘米。口部为近椭圆形，剖面口大底小，除北壁较直外，其余壁明显内收呈斜坡状，底南高北低。口部东西最宽350、南北长370、底部东西宽104～280、南北长370、残深165～210厘米（图八六）。

坑内堆积可分为上下两层：第1层厚80～110厘米，深灰色土，土质疏松，内含灰烬、草木灰、烧土、礓石等；第2层厚85～110厘米，深灰色土，局部较黄，土质疏松，内含烧土、草木灰、礓石、螺壳等。填土层状分布明显。内含部分陶片、石环及动物骨头等。陶片以泥质红陶最多，夹砂红陶次之；纹饰以素面最多，线纹次之，其他还有绳纹、彩陶、弦纹、附加堆纹等（表二五）。动物骨头经鉴定种属为猪、鱼和中华圆田螺。

表二五　T5H24陶系、纹饰统计表

纹饰＼数量＼陶系	泥质陶				夹砂陶				合计	百分比
	红	褐	灰	小计	红	褐	灰	小计		
素面	478	234	240	952	60	20		80	1032	41.76%
绳纹					214	189		403	403	16.31%
线纹	310	120		430					430	17.40%
彩陶	360			360					360	14.57%
弦纹					46	21		67	67	2.72%
绳+弦					65	43		108	108	4.37%
附加堆纹	12			12	32	27		59	71	2.87%
合计	1160	354	240	1754	417	300		717	2471	100%
百分比	46.94%	14.33%	9.71%	70.98%	16.88%	12.14%		29.02%	100%	

H24共出土标本119件。陶器最多，另有少量石器。

陶器　115件。

瓶　7件。根据口部形态可分为尖底瓶、葫芦口瓶。

尖底瓶　6件。分为重唇口尖底瓶、底部残片。

重唇口尖底瓶　4件。均为口部残件。标本T5H24：24，泥质红陶。敛口，双唇退化，连接处不明显，下唇尖圆，双唇沿面向上。口径4.8、残高3.8厘米（图八七，12）。标本T5H24：25，泥质红褐陶。敛口，双唇较明显，上唇稍高，窄于下唇，下唇尖圆，沿面较平。颈部饰细密的左上至右下的线纹，口内外可见同心圆纹。口径5、残高5.2厘米（图八七，13）。标本T5H24：26，泥质红陶。敛口，双唇较明显，上唇稍高、近似圈状，与下唇基本同宽，下唇尖圆，沿面微上斜。颈部饰交错线纹，口内外可见同心圆纹。口径5.2、残高6.8厘米（图八七，10）。标本T5H24：27，泥质红陶。口微敛，双唇退化，上唇呈一周凸棱，与下唇基本同宽，下唇尖圆，沿面微上斜。颈部饰细密线纹，口内外可见同心圆纹。口径6.4、残高4.2厘米（图八七，11）。

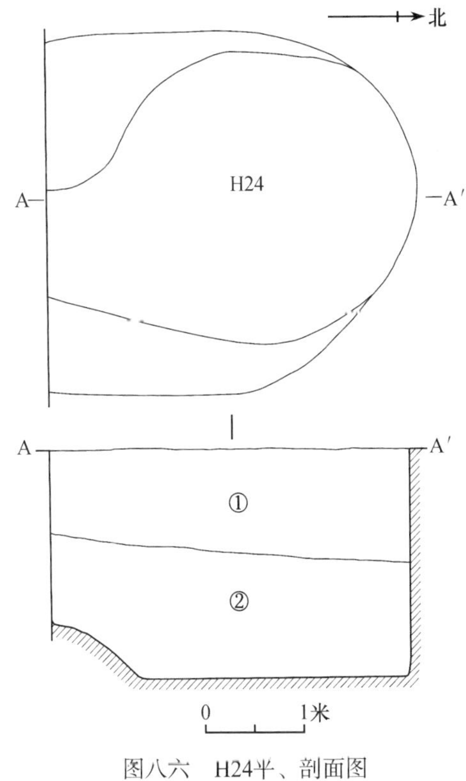

图八六　H24平、剖面图

底部残片　2件。标本T5H24：28，泥质褐陶。形态尖瘦，底部磨平。腹壁饰细密的竖线纹，内部可见泥条盘筑痕迹。残高6.4厘米（图八七，9）。标本T5H24：29，泥质红陶，残留器底。形

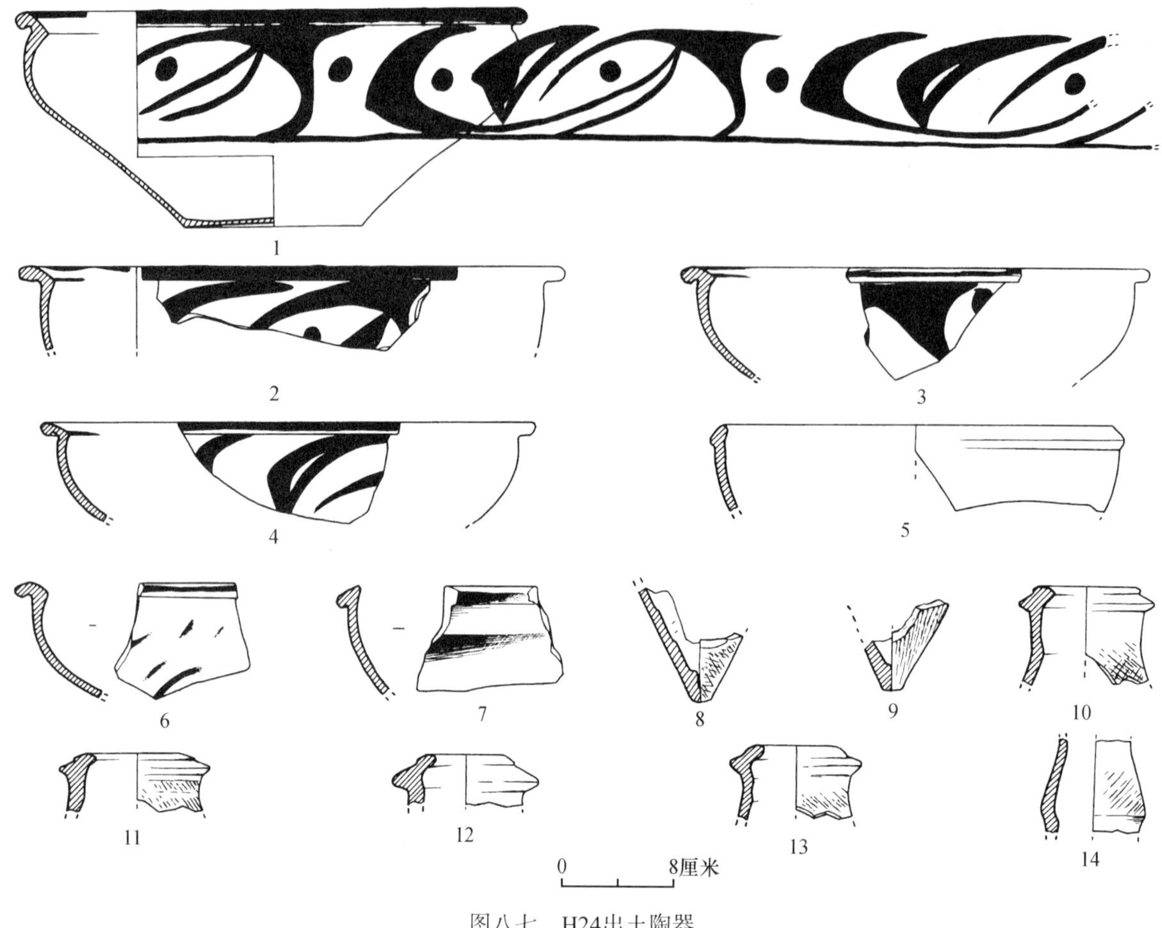

图八七　H24出土陶器

1～4、6. 折沿盆（T5H24：2、T5H24：5、T5H24：7、T5H24：4、T5H24：6）　5、7. 叠唇盆（T5H24：19、T5H24：20）　8、9. 尖底瓶底部残片（T5H24：29、T5H24：28）　10～13. 重唇口尖底瓶（T5H24：26、T5H24：27、T5H24：24、T5H24：25）　14. 葫芦口瓶（T5H24：23）

态尖瘦，底部磨平。腹壁饰交错细线纹，内部可见泥条盘筑的痕迹。残高8厘米（图八七，8）。

葫芦口瓶　1件。标本T5H24：23，口部残件。泥质红陶。口上部已残，下部外鼓，呈葫芦形，口颈交界处可见折棱。口外壁饰右上至左下的斜线纹，颈部断裂处有磨制加工痕迹。残高6.6厘米（图八七，14）。

盆　7件。根据口部形态可分为折沿盆、叠唇盆。

折沿盆　5件。均为口、腹残片。标本T5H24：2，可复原。泥质红陶。敛口圆唇，上腹外鼓，下腹微曲、内收，平底微凹。唇部饰一周黑彩，上腹部饰黑彩圆点、弧边三角及弧线组成的纹样。口径35.4、底径13、高15.4厘米（图八七，1；图版二四，6）。标本T5H24：4，泥质红陶。口微敛，圆唇，弧腹斜收。唇部饰一周黑彩，上腹部饰黑彩勾叶纹样。口径34.4、残高7.2厘米（图八七，4）。标本T5H24：5，泥质红陶。敛口圆唇，上腹较直。沿内缘饰一周黑彩，沿面饰黑彩半月形纹样，上腹部饰黑彩圆点、弧边三角纹样。口径37、残高6厘米（图八七，2）。标本T5H24：6，泥质红陶。敛口圆唇，弧腹斜收。唇部饰一周黑彩，上腹部涂有黑彩。残高8.2厘米（图八七，6）。标本T5H24：7，泥质褐陶。敛口圆唇，弧腹斜收。唇部及沿面内外缘各饰一周黑彩，上腹部饰黑彩圆点、弧边三角纹样。口径31.4、残高8厘米（图八七，3）。

叠唇盆　2件。叠唇弧腹盆，均为口沿残片。标本T5H24：19，泥质红褐陶。敛口，叠唇较宽，上腹微弧。腹部有彩纹。残高7.6厘米（图八七，5）。标本T5H24：20，泥质红陶。敛口较直，叠唇较窄，弧腹。口径27.6、残高6厘米（图八七，7）。

钵　8件。根据口部形态可分为直口钵、敛口钵、敞口钵。

直口钵　2件。均为口沿残片。标本T5H24：8，泥质红陶。直口，尖唇，上腹较直。腹部施白衣，上饰黑彩圆点和网格纹。口径15.6、残高3厘米（图八八，18）。标本T5H24：13，泥质红陶。直口，圆唇，弧腹内收。素面。口径15.2、残高6.2厘米（图八八，11）。

敛口钵　5件。均为口、腹残片。标本T5H24：9，泥质红陶，器顶以下部分呈灰色。敛口，方唇，上腹外鼓，下腹斜收。唇部饰一周黑彩，上腹部饰黑彩弧边三角、竖线纹样。口径34、残高7.6厘米（图八八，1）。标本T5H24：10，泥质红陶。敛口，方唇，上腹外鼓，斜腹内收。唇部饰一周

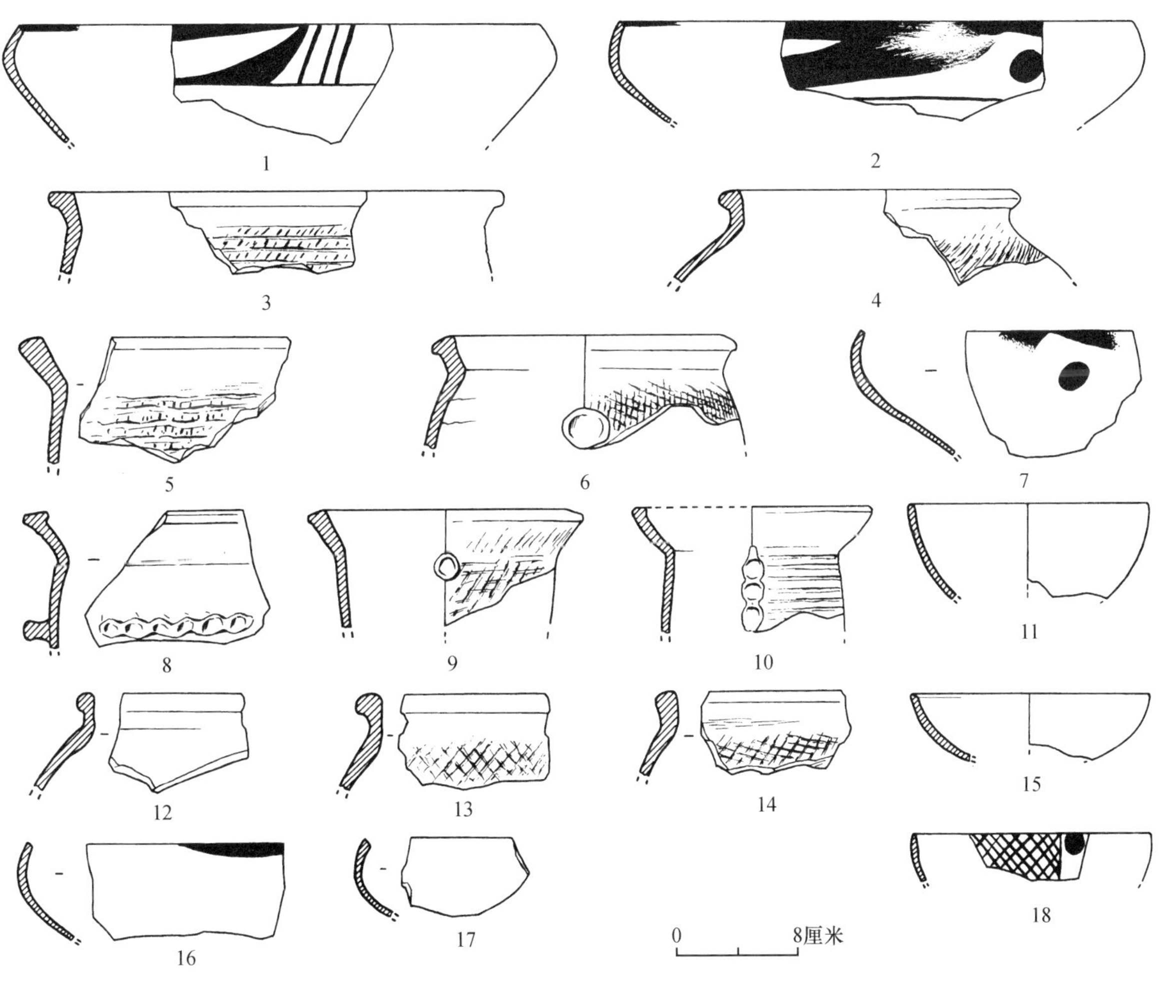

图八八　H24出土陶器

1、2、7、16、17. 敛口钵（T5H24：9、T5H24：10、T5H24：12、T5H24：11、T5H24：15）　3、4、6、13、14. 大口罐（T5H24：36、T5H24：41、T5H24：38、T5H24：35、T5H24：32）　5、9、10. 斜沿直腹罐（T5H24：33、T5H24：39、T5H24：37）　8. 高领罐（T5H24：21）　11、18. 直口钵（T5H24：13、T5H24：8）　12. 矮领鼓腹罐（T5H24：22）　15. 敞口钵（T5H24：14）

黑彩，上腹部饰黑彩圆点、柳叶纹样。口径33.6、残高6.4厘米（图八八，2）。标本T5H24：11，泥质红陶。敛口，方圆唇，上腹外鼓，斜腹内收。唇部饰一周黑彩，上腹部饰黑彩，纹样不清楚。残高6.2厘米（图八八，16）。标本T5H24：12，泥质红陶。敛口，方圆唇，上腹外鼓，下腹微曲、内收。唇部饰一周黑彩，腹部饰彩部分剥落，可见黑彩圆点。残高8厘米（图八八，7）。标本T5H24：15，泥质红陶。敛口，方唇，上腹外鼓。唇部饰一周黑彩，素面。残高5.2厘米（图八八，17）。

敞口钵　1件。标本T5H24：14，口沿残片。泥质红陶。敞口，方唇，弧腹内收，较浅。素面。口径7.6、残高4.2厘米（图八八，15）。

罐　10件。根据口部形态可分为大口罐、斜沿直腹罐、矮领鼓腹罐、高领罐。

大口罐　5件。均为口沿残片。铁轨式口沿退化。标本T5H24：32，夹砂红褐陶。直口，圆唇，口内较直。器表饰较细密的交错绳纹。残高5.4厘米（图八八，14）。标本T5H24：35，夹砂红褐陶。直口，圆唇，沿面微凸，口内较直。器表饰交错绳纹。残高6.2厘米（图八八，13）。标本T5H24：36，夹砂红陶。口微侈，圆唇，平沿，束颈，腹微鼓。器表饰较细密的交错绳纹加弦纹。口径26.5、残高5.4厘米（图八八，3）。标本T5H24：38，夹砂红褐陶。侈口圆唇，平沿外斜，口内较直，束颈，腹微鼓。颈下贴附有带捺窝的小泥饼，饰较细密的交错绳纹。口径17.2、残高7.2厘米（图八八，6）。标本T5H24：41，夹砂红褐陶。直口微侈，圆唇，窄平沿，口内较直，腹较鼓。器表饰较细密的右上至左下斜向绳纹。口径17、残高6.2厘米（图八八，4）。

斜沿直腹罐　3件。均为口、腹残片。标本T5H24：33，夹砂红褐陶。敞口，圆唇，上腹较直。器表饰细密的斜绳纹加弦纹。残高8厘米（图八八，5）。标本T5H24：37，夹砂红褐陶。敞口，圆唇，窄平沿，口内微凹，腹较直。颈下竖向贴附有带捺窝的泥条，器表饰弦纹。口径13.6、残高8厘米（图八八，10）。标本T5H24：39，夹砂红褐陶。敞口，方唇，口内较直，直腹。颈下贴附有带捺窝的小泥饼，器表饰较细密的交错线纹。口径16、残高7.4厘米（图八八，9）。

矮领鼓腹罐　1件。标本T5H24：22，口沿残片。泥质红陶。直口，圆唇较厚，口内微凹，上腹外鼓。素面。残高6.4厘米（图八八，12）。

高领罐　1件。标本T5H24：21，口、腹残片。泥质红陶。敞口，方圆唇，平沿稍外斜，高领，腹微鼓。素面，上腹贴附有一组对称的鸡冠状鋬。残高8.6厘米（图八八，8）。

瓮　3件。均为口沿残片。标本T5H24：16，泥质灰陶。敛口，方唇，沿内斜，折肩明显。素面。残高11.2厘米（图八九，1）。标本T5H24：17，泥质灰陶。敛口，尖圆唇，沿内斜，折肩。素面。残高5.6厘米（图八九，3）。标本T5H24：18，泥质灰陶。敛口，圆唇，沿内斜，鼓肩。素面。残高4.8厘米（图八九，4）。

器盖　1件。标本T5H24：40，残。夹砂褐陶。敞口呈喇叭形，圆唇外卷，斜直壁。素面，器表抹泥修整。口径28、残高7.6厘米（图八九，2）。

壶　1件。标本T5H24：3，口部残件，彩陶细颈壶。敛口，呈厚圆环状。器表饰黑彩直线和圆点组成的纹饰（图九〇，11）。

杯　1件。标本T5H24：30，残。夹砂褐陶。斜沿，直腹，平底微凹。素面。底径3.4、残高6厘米（图九〇，10）。

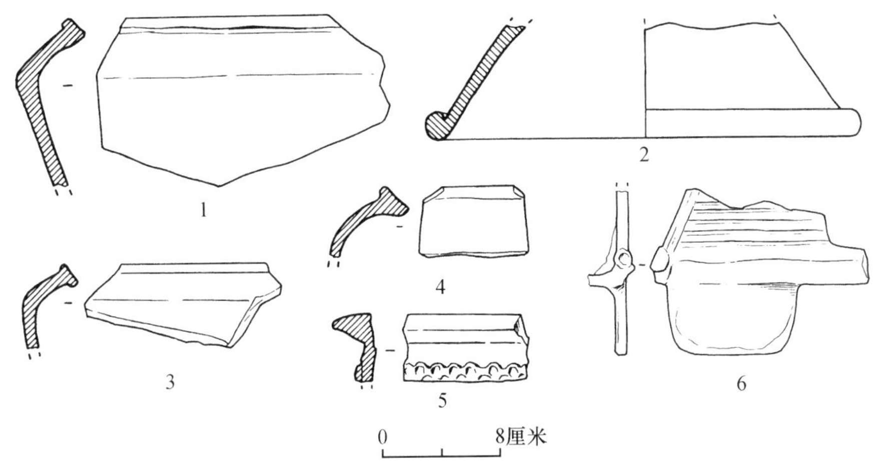

图八九　H24出土陶器

1、3、4. 瓮（T5H24：16、T5H24：17、T5H24：18）　2. 器盖（T5H24：40）　5、6. 灶（T5H24：34、T5H24：42）

灶　2件。标本T5H24：34，口部残件。夹砂褐陶。平沿较宽，沿内有一周较宽的浅凹槽，直腹。素面，器表沿下饰一附加泥条。残高4.6厘米（图八九，5）。标本T5H24：42，底部残件。夹砂红褐陶。直腹，平底，瓦足宽扁。腹饰弦纹。残高11厘米（图八九，6）。

钏　1件。标本T5H24：31，泥质褐陶，半环状，宽体，两端各有一个对钻的穿孔，体表有三道凸棱。长7.6、宽5.2厘米（图九〇，13；图版二四，1）。

纺轮　1件。标本T5H24：1，泥质褐陶，圆锥状，平底，中部有一穿孔。素面。孔径0.8、底径6.1、高2.4厘米（图九〇，1；图版二三，4）。

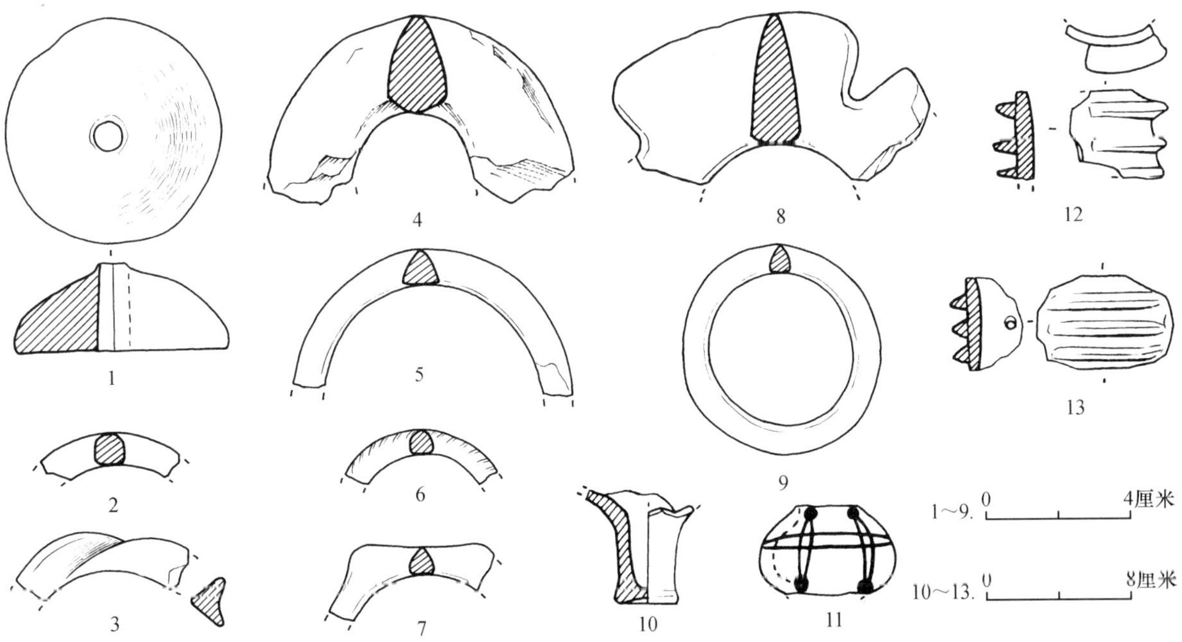

图九〇　H24出土陶、石器

1. 陶纺轮（T5H24：1）　2、4、8、12. 石环（T5H24：46、T5H24：43、T5H24：45、T5H24：44）　3、5～7、9. 陶环（T5H24：61、T5H24：52、T5H24：76、T5H24：57、T5H24：48）　10. 陶杯（T5H24：30）　11. 陶壶（T5H24：3）　13. 陶钏（T5H24：31）

环　73件。泥质灰陶。其中标本T5H24：48，完整。素面，截面呈等腰三角形。内径4.1、外径5.6、厚0.6厘米（图九〇，9；图版二四，2）。标本T5H24：52，素面，截面呈圆角的等腰三角形。内径6.2、外径8、厚1厘米（图九〇，5）。标本T5H24：57，泥质灰陶。素面，呈齿轮状，残留两个齿状凸起。内径4.6、外径6、厚0.7厘米（图九〇，7）。标本T5H24：61，素面，呈螺旋状。内径5.6、外径7.2、厚1.1厘米（图九〇，3）。标本T5H24：76，截面近圆形，外侧饰有一周细螺旋线纹，环体有磨制痕迹。内径3.8、外径4.9、厚0.7厘米（图九〇，6）。

石器　4件。均为石环，均残。标本T5H24：43，磨制。似钏状，体表有三道凸棱。内径6.8、外径8.8、厚4.8厘米（图九〇，4）。标本T5H24：44，磨制。截面近等腰三角形，中部较厚，磨制规整，侧有V形缺口。内径5.2、外径12.2、厚1.2厘米（图九〇，12）。标本T5H24：45，磨制。截面近圆角三角形，体表残损严重。内径3.2、外径8、厚1.4厘米（图九〇，8）。标本T5H24：46，磨制。截面近圆形，磨制规整。内径4.8、外径6.2、厚0.9厘米（图九〇，2）。

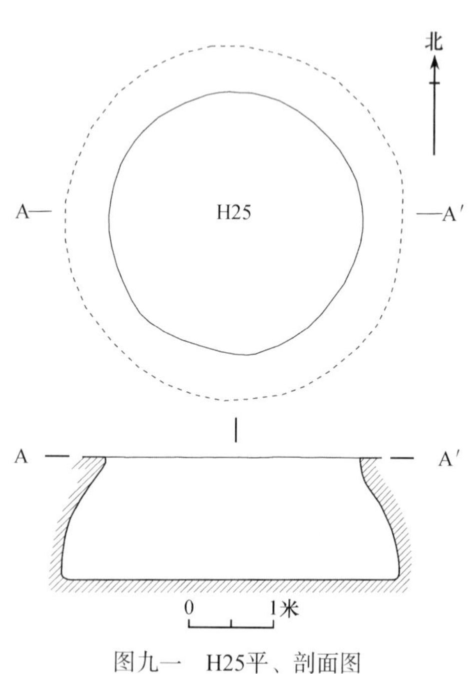

图九一　H25平、剖面图

25. H25

H25位于T5的南部。开口于第1层下，打破生土。开口距地表25厘米。口部为圆形，剖面为袋状、口小底大，斜弧壁、壁较清晰，平底。口径150、底径202、残深70厘米（图九一）。

坑内堆积为深灰色土，土质疏松，夹大量烧土、草木灰、砂石、螺壳等，含少量陶片、石器、动物骨头及人骨。陶片以泥质红陶最多，夹砂褐陶次之；纹饰以素面为主，绳纹、线纹次之，其他还有彩陶、弦纹、附加堆纹等（表二六）。动物骨头经鉴定为猪和中华圆田螺。人骨仅残存一下颌骨。

表二六　T5H25陶系、纹饰统计表

陶系 数量 纹饰	泥质陶				夹砂陶				合计	百分比
	红	褐	灰	小计	红	褐	灰	小计		
素面	30	10	18	58					58	41.13%
绳纹					5	30		35	35	24.82%
线纹	32	3		35					35	24.82%
彩陶	5	3		8					8	5.67%
弦纹						2		2	2	1.42%
绳+弦						2		2	2	1.42%
附加堆纹	12					1		1	1	0.72%
合计	67	16	18	101	5	35		40	141	100%
百分比	47.52%	11.35%	12.76%	71.63%	3.55%	24.82%		28.37%	100%	

H25共出土标本20件。以陶器为主，另有少量石器。

陶器　18件。

尖底瓶　3件。分为重唇口尖底瓶、瓶底。

重唇口尖底瓶　2件。均为口部残件。标本T5H25：8，泥质红陶。口微敛，双唇明显，上唇较高，略窄于下唇，下唇尖圆，沿面微上斜。口径4.8、残高4.4厘米（图九二，5）。标本T5H25：9，泥质红陶。敛口，双唇退化，上唇呈一周凸棱，下唇尖圆，沿面较宽厚、微上斜，与颈部的接痕明显，束颈。颈部饰细密的交错线纹，口外可见同心圆纹。口径4.6、残高9.2厘米（图九二，7）。

瓶底　1件。标本T5H25：10，泥质红陶。形态尖瘦，底部尖圆，内部可见泥条盘筑的痕迹。腹壁饰细密的交错线纹。残高6厘米（图九二，6）。

折沿盆　4件。均为口、腹残片。标本T5H25：5，泥质红陶。敛口，圆唇，弧腹斜收。素面。口径26、残高8厘米（图九二，2）。标本T5H25：6，泥质灰陶，外红内灰。敛口，圆唇，上腹外鼓，曲腹内收。唇部饰一周黑彩，腹部饰黑彩圆点、弧线纹样。口径26、残高11.4厘米（图九二，9）。标本T5H25：7，泥质褐陶。敛口，圆唇，弧折沿，上腹外鼓。素面。口径22.4、残高8.2厘米（图九二，1）。标本T5H25：20，泥质红陶。敛口，圆唇，上腹较鼓，曲腹内收。沿面内缘饰一周黑彩，腹部饰黑彩圆点、弧边三角及弧线组成的纹样。口径32、腹径32.1、残高13.7厘米（图九二，8）。

敛口钵　2件。标本T5H25：3，可修复。泥质红陶，腹部陶色较深。敛口，圆唇，上腹外鼓，下腹斜收，凹底。素面。口径18.7、底径6.9、残高7.4厘米（图九二，3；图版二四，5）。标本T5H25：4，口沿残片。泥质红陶。敛口，方唇，上腹较鼓。素面。残高6厘米（图九二，4）。

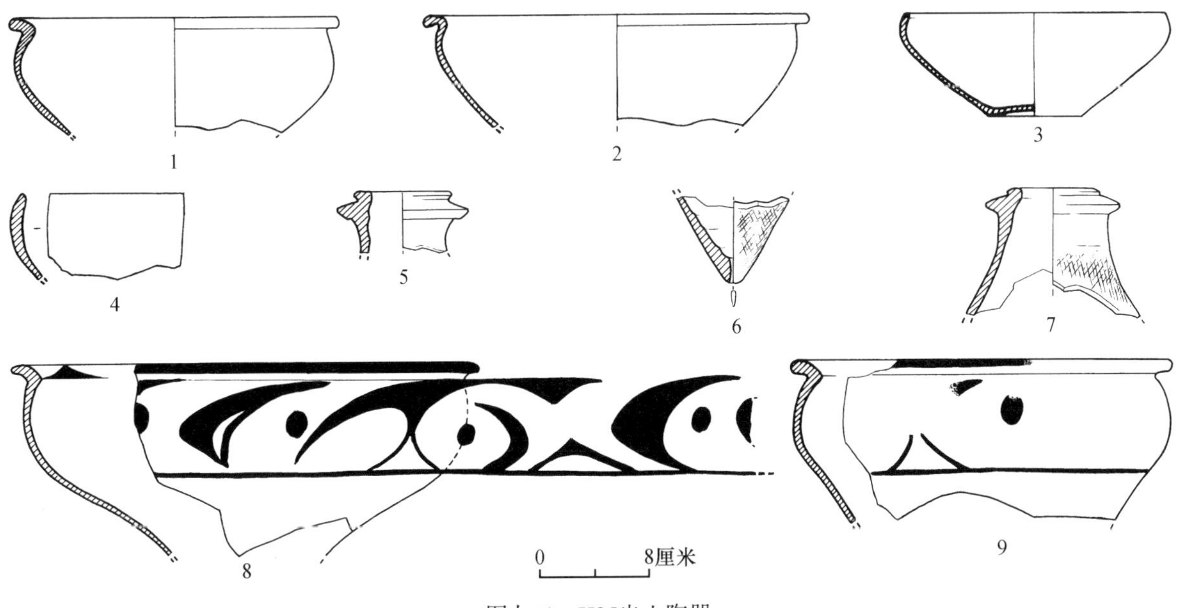

图九二　H25出土陶器

1、2、8、9. 折沿盆（T5H25：7、T5H25：5、T5H25：20、T5H25：6）　3、4. 敛口钵（T5H25：3、T5H25：4）　5、7. 重唇口尖底瓶（T5H25：8、T5H25：9）　6. 尖底瓶瓶底（T5H25：10）

罐　4件。根据口部形态可以分为大口罐、矮领鼓腹罐。

大口罐　3件。标本T5H25：14，口沿残片。夹砂红陶。直口圆唇，平沿微凸，口内较直。颈下贴附一带捺窝的小泥饼，饰较细密的交错绳纹。残高5.4厘米（图九三，6）。标本T5H25：15，口、腹残片。夹砂红陶。侈口圆唇，口内较直，束颈，上腹较鼓。颈下贴附有一组对称的鸡冠状鋬及对称的小泥饼，饰较细密的交错绳纹，上腹。口径23.2、残高9.8厘米（图九三，1）。标本T5H25：16，口沿残片。夹砂灰褐陶。侈口，尖圆唇。饰细密的交错绳纹。残高6.4厘米（图九三，5）。

矮领鼓腹罐　1件。标本T5H25：11，口、腹残片。泥质红陶。直口圆唇，口内一周微凹，束颈，上腹外鼓。素面。口径29.6、残高7.6厘米（图九三，2）。

瓮　1件。标本T5H25：12，口、腹残片。泥质灰陶。敛口，圆唇微卷，方折肩。素面。残高14厘米（图九三，3）。

釜　1件。标本T5H25：13，腹部残片。夹砂红陶。折腹，圜底。上腹部饰弦纹。残高6.4厘米（图九三，4）。

环　3件。均残。标本T5H25：17，泥质灰陶。截面呈等边三角形，平面齿轮状，残留三个齿状凸起，两面均有若干弦纹。内径3.6、外径4.6、厚1.1厘米（图九三，8）。标本T5H25：18，泥质灰陶。截面呈半圆形。素面。内径6、外径7.6、厚0.8厘米（图九三，9）。标本T5H25：19，泥质灰陶。截面呈等腰三角形，体有磨制痕迹。素面。内径3.6、外径5、厚0.4厘米（图九三，7）。

石器　2件。为石刀。标本T5H25：1，完整。磨制。平面呈圆角长方形，刀背微弓，磨至规

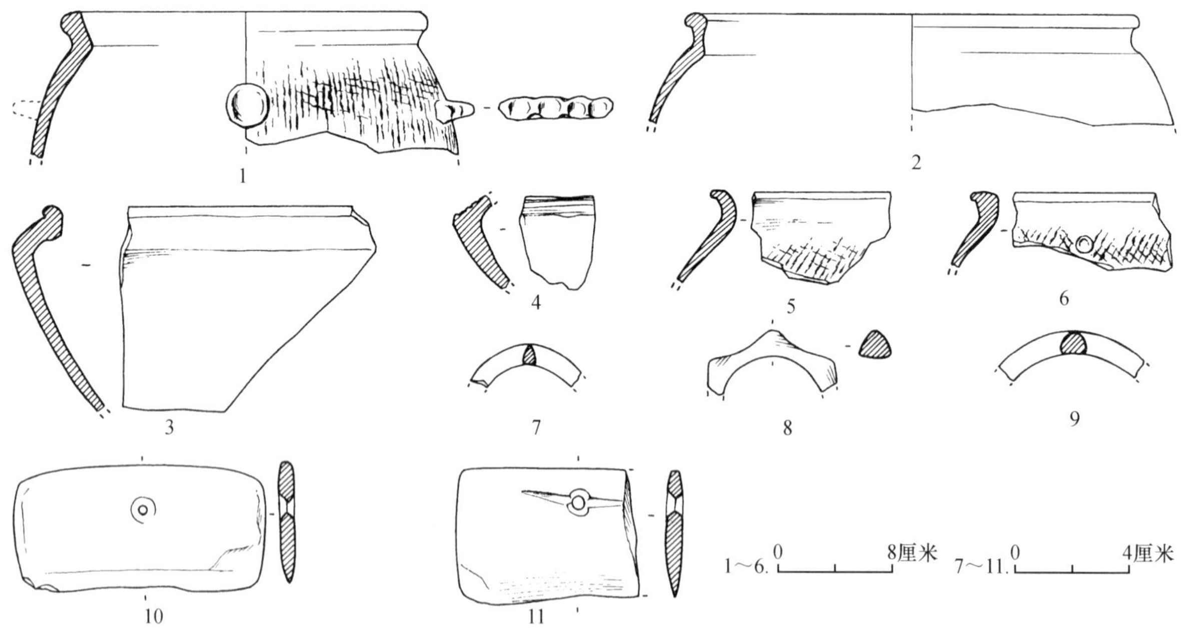

图九三　H25出土陶、石器

1、5、6. 陶大口罐（T5H25：15、T5H25：16、T5H25：14）　2. 陶矮领鼓腹罐（T5H25：11）　3. 陶瓮（T5H25：12）　4. 陶釜（T5H25：13）　7～9. 陶环（T5H25：19、T5H25：17、T5H25：18）　10、11. 石刀（T5H25：1、T5H25：2）

整，刃微内弧，局部有使用痕迹，中部近刀背处有一对钻圆孔。长8.9、宽4.3、厚0.6、孔径0.5厘米（图九三，10；图版二四，3）。标本T5H25：2，残。磨制。平面呈圆角长方形，刀背平，磨至光滑，刃微内弧，较锋利，有使用痕迹，中部近刀背处有一带划痕的对钻圆孔。残长6.6、宽4.7、厚0.6厘米（图九三，11）。

26. H26

H26位于T4的东北部。开口于第1层下，打破生土，东北部被H21打破。开口距地表20厘米。口部圆形，剖面口大底小，坡壁内收、坑壁较清晰，平底。口径120、底径100、残深30厘米（图九四）。

坑内堆积为灰褐色土，土质疏松，夹植物根系、石块等，含少量陶片，可辨器形有尖底瓶、盆、钵、罐、瓮等，数量极少，无可复原或描述的标本。

27. H27

H27位于T6的西北部，部分延伸至北隔梁内。开口于第1层下，打破H28及生土。开口距地表25厘米。口部为近椭圆形，剖面口大底小，坡壁较直、坑壁清晰，平底。口部东西长310、南北宽190、底部东西长216、南北135、残深170厘米（图九五）。

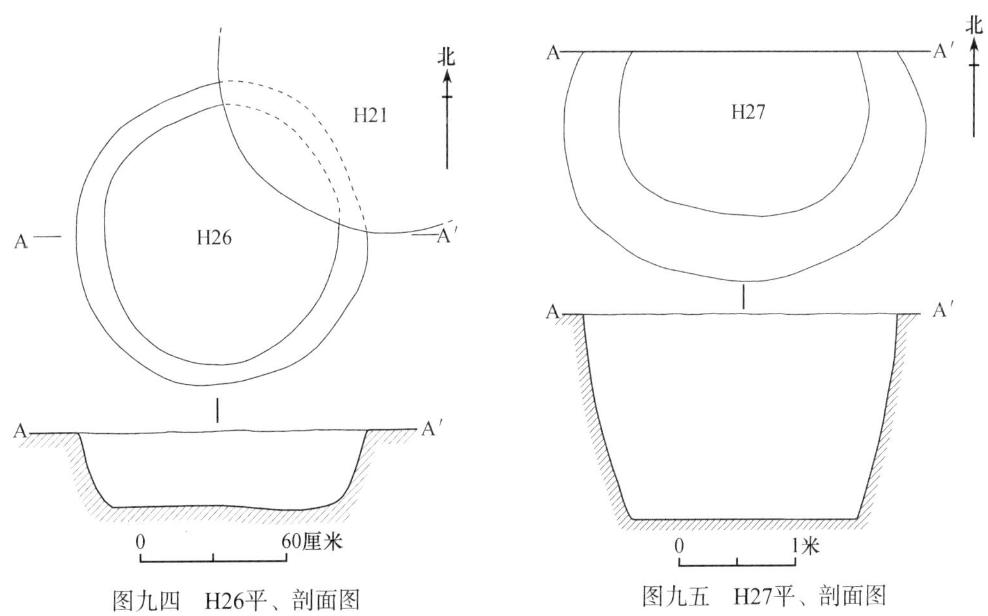

图九四　H26平、剖面图

图九五　H27平、剖面图

坑内堆积为浅灰色土、局部稍黄，土质疏松，内含灰烬、礓石、砂石、烧土等，内含少量陶片、石器及动物遗存。陶片以夹砂褐陶最多，泥质红陶次之；纹饰以绳纹最多，素面次之，其他还有彩陶、线纹、弦纹、附加堆纹等（表二七）。动物遗存经鉴定种属为猪、中华圆田螺和圆顶珠蚌。

表二七　T6H27陶系、纹饰统计表

陶系/数量/纹饰	泥质陶				夹砂陶				合计	百分比
	红	褐	灰	小计	红	褐	灰	小计		
素面	100	20	58	178					178	22.50%
绳纹					90	300		390	390	49.31%
线纹	80	10		90					90	11.38%
彩陶	100			100					100	12.64%
弦纹						10		10	10	1.26%
绳+弦						8		8	8	1.01%
附加堆纹						15		15	15	1.90%
合计	280	30	58	368	90	333		423	791	100%
百分比	35.40%	3.79%	7.33%	46.52%	11.38%	42.10%		53.48%	100%	

H27共出土标本32件。以陶器为主，另有少量石器。

陶器　30件。

重唇口尖底瓶　2件。均为口部残件。标本T6H27：16，泥质红陶。口微敛，双唇退化，上唇几近消失，双唇沿面近乎水平，下唇尖圆，沿面较平，束颈。颈部饰细密的左上至右下的细线纹，唇口内外可见同心圆纹。口径5.2、残高4.4厘米（图九七，1）。标本T6H27：17，泥质红陶。敛口，双唇退化，上唇凸出呈泥圈状，双唇基本同宽，下唇尖圆，沿面较平。口径4.4、残高2.6厘米（图九七，2）。

折沿曲腹盆　2件。均为口、腹残片。标本T6H27：5，泥质红陶。敛口，圆唇，上腹外鼓。唇部饰一周黑彩，上腹部饰黑彩圆点、弧边三角及弧线组成的纹样。口径34、腹径34.4、残高10厘米（图九六，13）。标本T6H27：6，泥质红陶。敛口，圆唇，上腹较鼓。唇部饰一周黑彩，上腹部饰黑彩圆点、弧线、弧边三角组成的纹样。口径34.3、腹径32.6、残高9.2厘米（图九六，12）。

敞口钵　3件。标本T6H27：1，可修复。泥质红陶，腹内壁呈灰色。敞口，方圆唇，浅弧腹内收，平底微凹。素面。口径17.2、底径6.4、高5.4厘米（图九六，1；图版二三，3）。标本T6H27：3，可修复。泥质红陶。敞口，方圆唇，浅弧腹内收，凹底。素面。器表可见修抹痕迹。口径12.4、底径5.4、高4.2厘米（图九六，2；图版二五，1、2）。标本T6H27：7，口沿残片。泥质红陶。口微敞，圆唇，弧腹内收。素面。残高4.6厘米（图九六，3）。

罐　7件。均为口沿残片。根据口部形态可分为大口罐、矮领鼓腹罐、敛口圆腹罐。

大口罐　4件。铁轨式口沿退化。标本T6H27：12，夹砂红陶。侈口圆唇，上腹较鼓。颈下贴附有带捺窝的小泥片，饰较细密的交错绳纹。残高7.2厘米（图九六，7）。标本T6H27：13，夹砂褐陶。直口微敛，圆唇，平沿外斜，口内有一周浅凹槽，上腹较鼓。颈下贴附有一鸡冠状鋬，饰交错绳纹。残高6.6厘米（图九六，11）。标本T6H27：14，夹砂灰褐陶。直口圆唇，平沿，口内较直。颈下饰右上至左下的斜绳纹加弦纹。残高6.2厘米（图九六，6）。

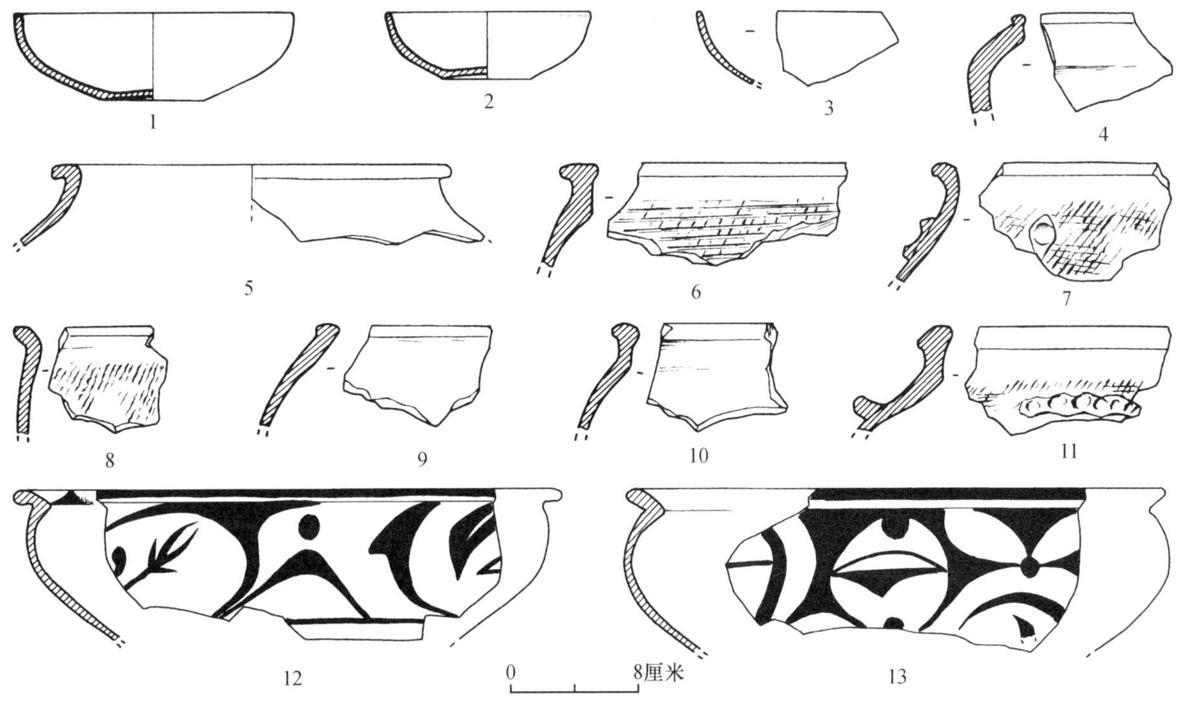

图九六　H27出土陶器

1～3. 敞口钵（T6H27：1、T6H27：3、T6H27：7）　4. 瓮（T6H27：8）　5、10. 矮领鼓腹罐（T6H27：11、T6H27：10）　6～8、11. 大口罐（T6H27：14、T6H27：12、T6H27：15、T6H27：13）　9. 敛口圆腹罐（T6H27：9）　12、13. 折沿曲腹盆（T6H27：6、T6H27：5）

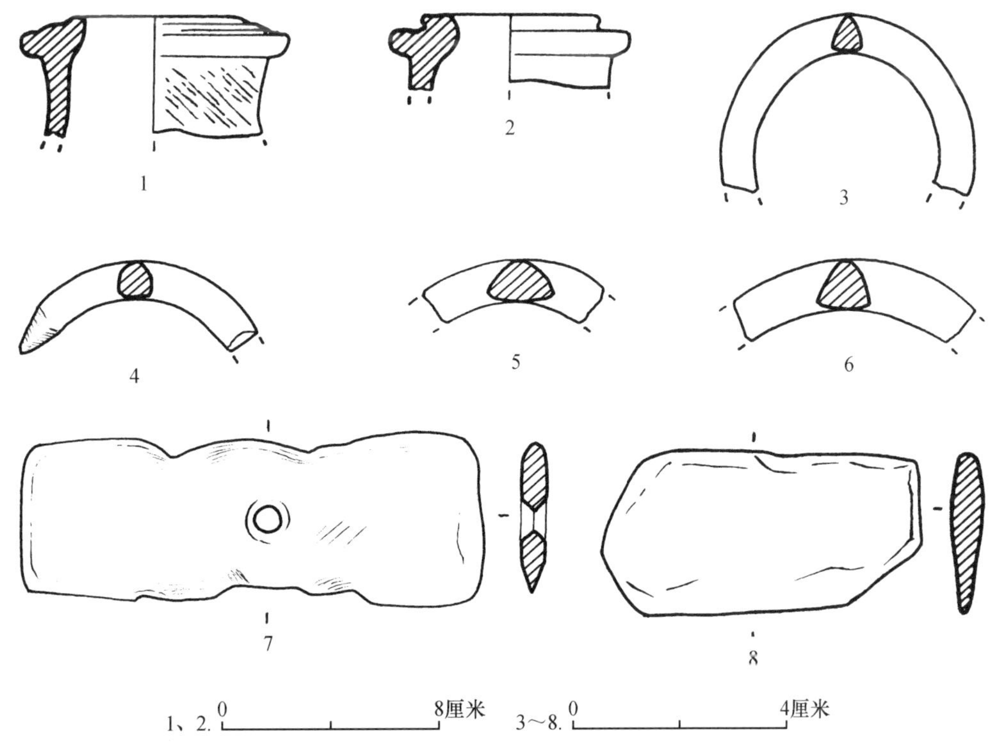

图九七　H27出土陶、石器

1、2. 陶重唇口尖底瓶（T6H27：16、T6H27：17）　3～6. 陶环（T6H27：19、T6H27：24、T6H27：20、T6H27：21）　7、8. 石刀（T6H27：2、T6H27：4）

标本T6H27：15，夹砂褐陶。口微侈，圆唇，窄平沿。颈下饰较细密的右上至左下的斜绳纹。残高6.6厘米（图九六，8）。

矮领鼓腹罐　2件。标本T6H27：10，泥质红陶。口微敛，圆唇，平沿稍内斜，上腹较鼓。素面。残高6.6厘米（图九六，10）。标本T6H27：11，泥质红陶。口微敛，方唇，平沿，上腹外鼓。素面。口径22、残高5厘米（图九六，5）。

敛口圆腹罐　1件。标本T6H27：9，泥质褐陶，夹细砂。敛口，圆唇较厚，圆腹。素面。残高6厘米（图九六，9）。

瓮　1件。标本T6H27：8，口沿残片。泥质灰陶。敛口，圆唇微外卷，折腹，腹壁较厚。素面。残高6厘米（图九六，4）。

环　15件。均残。标本T6H27：19，泥质褐陶。截面呈圆角的等腰三角形。素面。内径3.6、外径4.8、厚0.6厘米（图九七，3）。标本T6H27：20，泥质灰陶。截面呈圆角的等腰三角形。素面。内径4.4、外径5.8、厚1.2厘米（图九七，5）。标本T6H27：21，泥质灰陶。截面呈圆角的等腰三角形。素面。内径6、外径7.6、厚1.1厘米（图九七，6）。标本T6H27：24，泥质灰陶。截面近半圆形。素面，环体有磨制痕迹，一端磨成锥状，较尖锐。内径4、外径5.2、厚0.6厘米（图九七，4）。

石器　2件。均为石刀。标本T6H27：2，完整。磨制。平面呈长条形，背及刃部呈波折状，磨制规整，刃部锋利，有使用痕迹，中部有一个对钻的圆孔。长8.6、宽3.1、厚0.5、孔径0.5厘米（图九七，7；图版二四，4）。标本T6H27：4，残。磨制。平面应呈长条形，刀背平，刃较直，不甚规整。宽3、厚0.6、残长6厘米（图九七，8）。

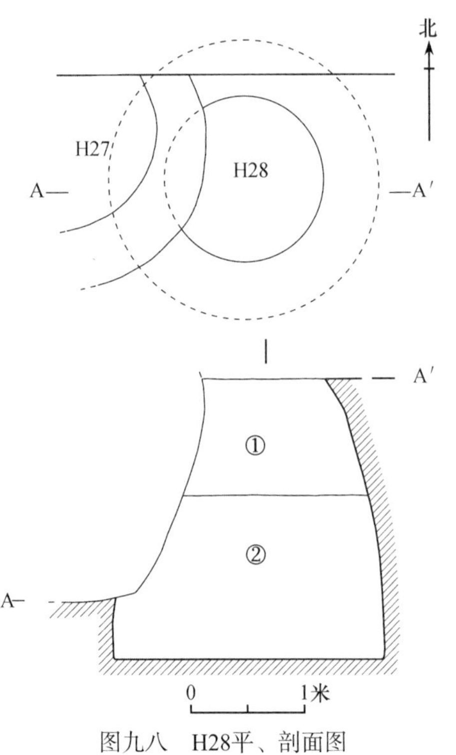

图九八　H28平、剖面图

28. H28

H28位于T6的北部，部分延伸至北隔梁内。开口于第1层下，打破生土，西部被H27打破。开口距地表25厘米。口部为圆形，剖面袋状、口小底大，斜弧壁、壁较清晰，平底。口径140、底径240、残深240厘米（图九八）。

坑内堆积依土质、土色可分为上下两层：第1层厚100厘米，黄褐色土，局部稍灰，土质稍硬，夹礓石、砂石等，含少量陶片及石球。陶片以泥质红陶最多，夹砂褐陶次之；纹饰以素面最多，绳纹次之，其他还有线纹、彩陶、附加堆纹等（表二八）。第2层厚140厘米，深灰色土，土质疏松，夹草木灰、烧土、礓石、砂石等，内含陶片、动物骨头。陶片以泥质红陶最多，夹砂红陶次之；纹饰以素面最多，绳纹次之，线纹和彩陶也占有较大比例，其他还有附加堆纹等（表二九）。动物遗存经鉴定种属为中华圆田螺。

表二八　T6H28①陶系、纹饰统计表

陶系/数量/纹饰	泥质陶				夹砂陶				合计	百分比
	红	褐	灰	小计	红	褐	灰	小计		
素面	60	18	28	106					106	48.40%
绳纹					5	58	2	65	65	29.68%
线纹	22	3		25					25	11.42%
彩陶	20			20					20	9.13%
绳+弦						2		2	2	0.91%
附加堆纹						1		1	1	0.46%
合计	102	21	28	151	5	61	2	68	219	100%
百分比	46.58%	9.59%	12.79%	68.95%	2.28%	27.85%	0.91%	31.05%	100%	

表二九　T6H28②陶系、纹饰统计表

陶系/数量/纹饰	泥质陶				夹砂陶				合计	百分比
	红	褐	灰	小计	红	褐	灰	小计		
素面	63	8	36	107		6		6	113	38.18%
绳纹					60	14		74	74	25%
线纹	50			50					50	16.89%
彩陶	46			46					46	15.54%
弦纹					2			2	2	0.68%
绳+弦					7			7	7	2.36%
附加堆纹					4			4	4	1.35%
合计	159	8	36	203	73	20		93	296	100%
百分比	53.72%	2.70%	12.16%	68.58%	24.66%	6.76%		31.42%	100%	

H28共出土标本50件。下面按出土层位分别介绍。

第1层出土标本17件。以陶器为主，另有少量石器。

陶器　16件。

盆　2件。均为口沿残片。根据口部形态可分为折沿鼓腹盆、叠唇弧腹盆。

折沿鼓腹盆　1件。标本T6H28①：10，泥质褐陶。敛口，圆唇较厚，上腹较鼓。唇部及沿面内外缘饰黑彩弧边三角纹样，腹部饰黑彩弧边三角纹。残高4.2厘米（图九九，1）。

叠唇弧腹盆　1件。标本T6H28①：8，泥质红陶。口微敛，方圆唇，叠唇不太明显，弧腹下收。素面，口沿内外壁均有明显的轮修同心圆纹。残高6厘米（图九九，7）。

钵　4件。均为口沿残片。按口部形态可分为直口钵、敛口钵。

直口钵　2件。标本T6H28①：4，泥质红陶。直口微敛，方唇，上腹较直。素面，口内壁

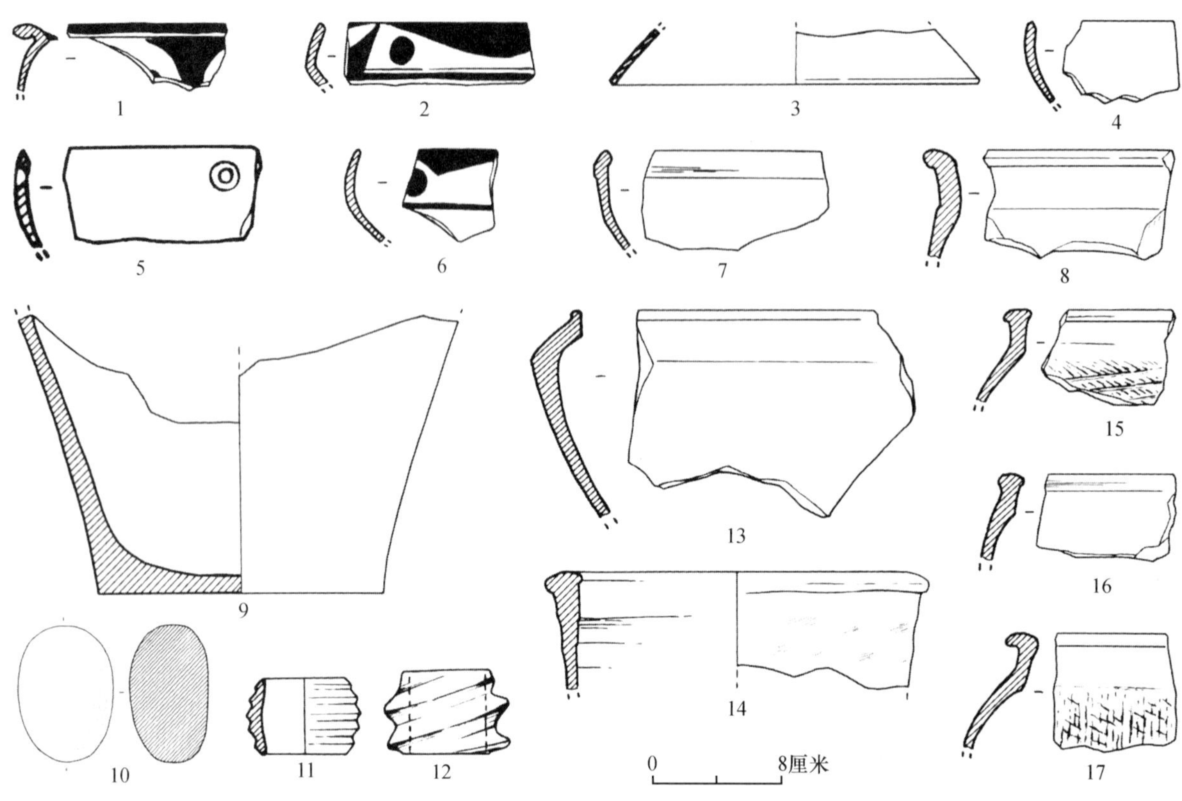

图九九　H28①出土陶、石器

1. 陶折沿鼓腹盆（T6H28①：10）　2、6. 陶敛口钵（T6H28①：6、T6H28①：7）　3. 陶器盖（T6H28①：17）　4、5. 陶直口钵（T6H28①：5、T6H28①：4）　7. 陶叠唇弧腹盆（T6H28①：8）　8. 陶矮领鼓腹罐（T6H28①：9）　9. 陶瓮底部残件（T6H28①：13）　10. 石球（T6H28①：3）　11、12. 陶环（T6H28①：1、T6H28①：2）　13. 陶瓮（T6H28①：12）　14. 陶缸（T6H28①：11）　15～17. 陶大口罐（T6H28①：15、T6H28①：14、T6H28①：16）

有轮修痕，近口部有一个从外向内的单向穿孔。残高3厘米（图九九，5）。标本T6H28①：5，泥质红陶。直口微敛，尖圆唇，上腹较直，弧腹内收。素面，口内壁可见同心圆纹。残高5厘米（图九九，4）。

敛口钵　2件。标本T6H28①：6，泥质红陶。敛口，方唇，上腹外鼓，折腹内收，内外壁折痕较明显。口内壁可见轮修同心圆纹，唇部饰一周黑彩，上腹部饰黑彩圆点、弧边三角等组成的纹样。残高3.8厘米（图九九，2）。标本T6H28①：7，泥质红陶。敛口，圆唇，上腹外鼓，下腹内收。口内壁可见轮修同心圆纹，唇部饰一周黑彩，上腹部饰黑彩圆点、弧边三角等组成的纹样。残高5.6厘米（图九九，6）。

罐　4件。均为口沿残片。根据口部形态可分为大口罐、矮领鼓腹罐。

大口罐　3件。标本T6H28①：14，夹砂红陶。敛口，圆唇较厚，沿面微凸，上腹较鼓。素面。残高5.2厘米（图九九，16）。标本T6H28①：15，夹砂红陶。直口微敛，圆唇，口内微凹，上腹较鼓。颈下饰较细密的左上至右下的斜绳纹，被几道横向弦纹隔断。残高5.8厘米（图九九，15）。标本T6H28①：16，夹砂褐陶。口微敛，圆唇，沿面微凸，上腹较鼓。颈下饰竖向、斜向交错的绳纹。残高7.3厘米（图九九，17）。

矮领鼓腹罐 1件。标本T6H28①：9，泥质红陶。直口微侈，圆唇较厚，束颈，上腹微鼓。素面。残高6.6厘米（图九九，8）。

瓮 2件。标本T6H28①：12，口、腹残片。泥质灰陶，残留部分口沿及腹部。敛口，方唇微上卷，方折肩，斜腹下收。素面，口沿内外可见明显的轮修痕。残高12.6厘米（图九九，13）。标本T6H28①：13，底部残件。泥质灰陶。斜直腹内收，平底。腹内壁有明显的轮修痕。底径19、残高17厘米（图九九，9）。

缸 1件。标本T6H28①：11，口沿残片。泥质灰陶。直口，厚圆唇，沿面微鼓，上腹较直。素面，近口沿处器壁较厚，外壁凹凸不平，内壁可见刮抹痕和轮修痕。口径19、残高7.2厘米（图九九，14）。

器盖 1件。标本T6H28①：17，残。夹砂褐陶。敞口呈喇叭形，方唇，斜直壁。素面。口径22.8、残高3.4厘米（图九九，3）。

环 2件。均残。标本T6H28①：1，泥质灰陶。体宽，外侧有五周平行凸棱。素面。内径5.2、外径7.2、厚4.6厘米（图九九，11）。标本T6H28①：2，泥质褐陶。体宽且直，外侧有两周螺纹。素面。内径4.8、外径7.8、厚5.2厘米（图九九，12）。

石器 1件。为石球。标本T6H28①：3，体呈椭圆形，较宽的一侧有磨痕。长径8.3、短径5、厚4.8厘米（图九九，10；图版二六，4）。

第2层出土标本32件。均为陶器。

瓶 6件。根据形态特征可分为尖底瓶、葫芦口瓶。

尖底瓶 4件。分为重唇口尖底瓶、底部残件。

重唇口尖底瓶 3件。均为口部残件。标本T6H28②：16，泥质红陶。敛口，双唇退化，上下唇几乎连为一体，下唇较宽，上唇似一贴在下唇沿面上的泥圈，下唇尖圆、沿面微斜。唇口内外可见同心圆纹，颈部饰横向细线纹。口径5.6、残高4.2厘米（图一〇〇，11）。标本T6H28②：17，泥质红陶。敛口，双唇较明显，上唇凸出呈台状，下唇较宽，下唇尖圆、沿面上斜。唇口内外可见同心圆纹，颈部饰有不连续的右上至左下的细线纹。口径4.8、残高6.2厘米（图一〇〇，12）。标本T6H28②：18，泥质红陶。敛口，双唇不太明显，上唇稍高近台状，下唇较宽，下唇尖圆，沿面微凹、上斜。唇口内外可见同心圆纹，颈上部饰右上至左下的细线纹，下部饰交错线纹。口径4.8、残高5.8厘米（图一〇〇，14）。

底部残件 1件。标本T6H28②：21，泥质红陶，外红内灰。形态尖瘦，底部磨平。内壁可见泥条盘筑的痕迹，腹壁饰交错细线纹。残高6.4厘米（图一〇〇，10）。

葫芦口瓶 2件。均为口部残件。标本T6H28②：19，泥质红陶。口下部圆鼓呈葫芦形，上部残，口颈相接处有折棱，束颈。口外壁可见轮修痕，内壁留有指垫痕，颈、肩部饰横向的细线纹。残高11.2厘米（图一〇〇，9）。标本T6H28②：20，泥质灰陶。葫芦形口退化，较短，侈口，尖圆唇，口中部内收，口颈相接处折棱不太明显。颈部饰左上至右下的细线纹。口径5、残高6.2厘米（图一〇〇，13）。

折沿盆 4件。口、腹残片。标本T6H28②：3，可修复。泥质红陶。敛口，圆唇，上腹外

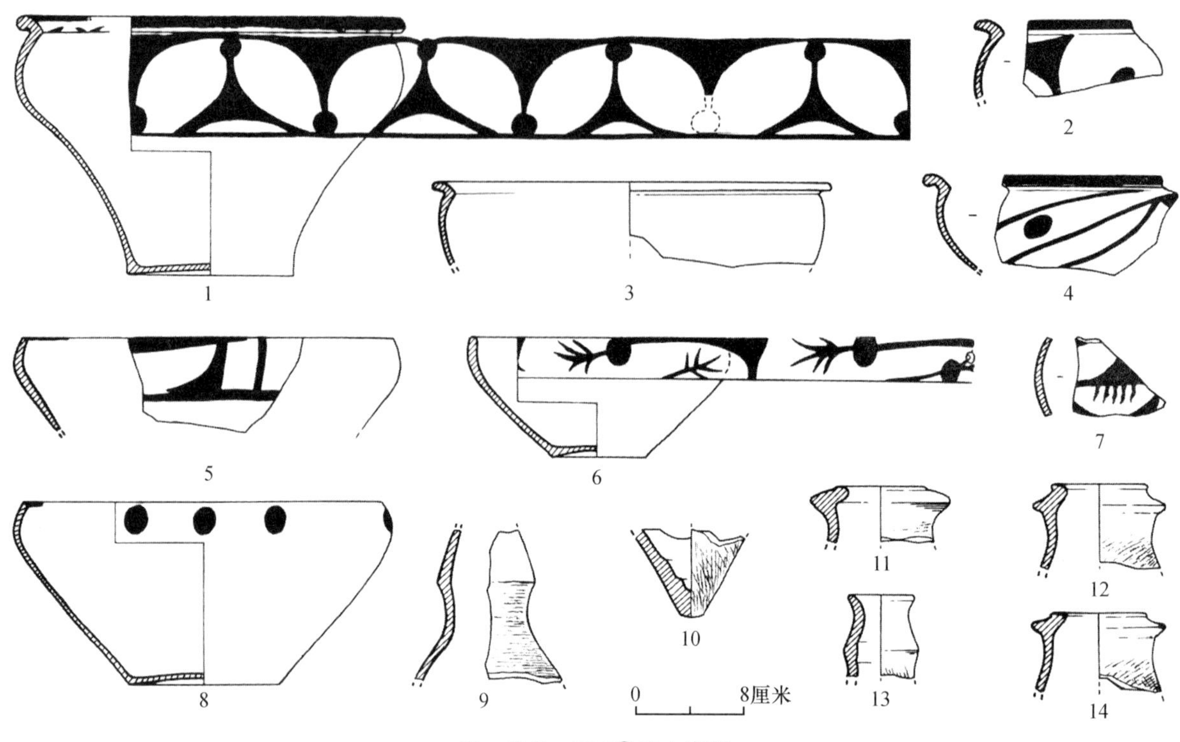

图一〇〇 H28②出土陶器

1～4. 折沿盆（T6H28②：3、T6H28②：9、T6H28②：12、T6H28②：11） 5、6、8. 敛口钵（T6H28②：8、T6H28②：2、T6H28②：4） 7. 彩陶片（T6H28②：10） 9、13. 葫芦口瓶（T6H28②：19、T6H28②：20） 10. 尖底瓶底部残件（T6H28②：21） 11、12、14. 重唇口尖底瓶（T6H28②：16、T6H28②：17、T6H28②：18）

鼓，最大腹径与口径相等，下腹曲收，腹较深，平底微凹。唇部及沿面外缘饰一周黑彩，上腹部饰一周连续的黑彩圆点、弧边三角组成的纹样。口径29.2、腹径29.2、底径12.3、高18.7厘米（图一〇〇，1；图版二五，5）。标本T6H28②：9，口、腹残片。泥质红陶。敛口，圆唇，腹部外鼓。唇部饰一周黑彩，腹部饰黑彩圆点、弧边三角组成的纹饰。残高5.6厘米（图一〇〇，2）。标本T6H28②：11，泥质红陶。敛口，圆唇，弧腹斜收。唇部饰一周黑彩，腹部饰黑彩圆点，弧线等组成的纹样。残高7.2厘米（图一〇〇，4）。标本T6H28②：12，泥质红陶。敛口，圆唇，弧腹。唇部黑彩多已掉色，腹部素面。口径30、腹径9、残高6.3厘米（图一〇〇，3）。

敛口钵　3件。标本T6H28②：2，可修复。泥质红陶，下腹淡褐色。口微敛，圆唇，上腹微鼓，下腹斜收，底微凹。唇部饰一周黑彩，腹部饰黑彩弧边三角、圆点、鸟纹等组成的纹样，近口部可见一个两面对钻的穿孔。口径19.2、腹径20、底径6.9、高19.5厘米（图一〇〇，6；图版二五，6）。标本T6H28②：4，可修复。泥质红陶，下腹淡褐色。敛口，方唇，上腹外鼓，下腹斜收，腹较深，底微凹。唇部饰一周黑彩，上腹部饰三组三个黑彩圆点为一组的纹饰。口径26.9、腹径28.6、底径11.1、高13.3厘米（图一〇〇，8；图版二五，3）。标本T6H28②：8，口、腹残片。泥质红陶。敛口，方唇，上腹外鼓，下腹内收。口部内壁可见轮修痕，唇部饰一周黑彩，上腹部饰黑彩弧边三角、竖线等组成的纹样。口径28、腹径29.2、残高6.9厘米（图一〇〇，5）。

罐　5件。根据口部形态可分为大口罐、敛口圆腹罐。

大口罐　4件。铁轨式口沿退化。标本T6H28②：24，夹砂红陶。口微敛，厚圆唇，沿面微凸，口内微凹，上腹较鼓。颈下贴附一圆形小泥饼，饰细密的交错绳纹。残高8.6厘米（图一〇一，1）。标本T6H28②：25，夹砂红陶。侈口，厚圆唇，上腹较鼓。颈下饰几周横向弦纹，腹部饰交错绳纹。残高7.4厘米（图一〇一，3）。标本T6H28②：26，口、腹残片。夹砂红陶，器表为灰黑色。口微敛，圆唇，平沿，口内微凹，上腹较鼓。颈下饰交错绳纹。残高7厘米（图一〇一，2）。标本T6H28②：27，夹砂灰陶。侈口方唇，上腹较鼓。颈下贴附有一竖向带捺窝的附加堆纹，腹部饰数周横向弦纹。残高7.2厘米（图一〇一，4）。

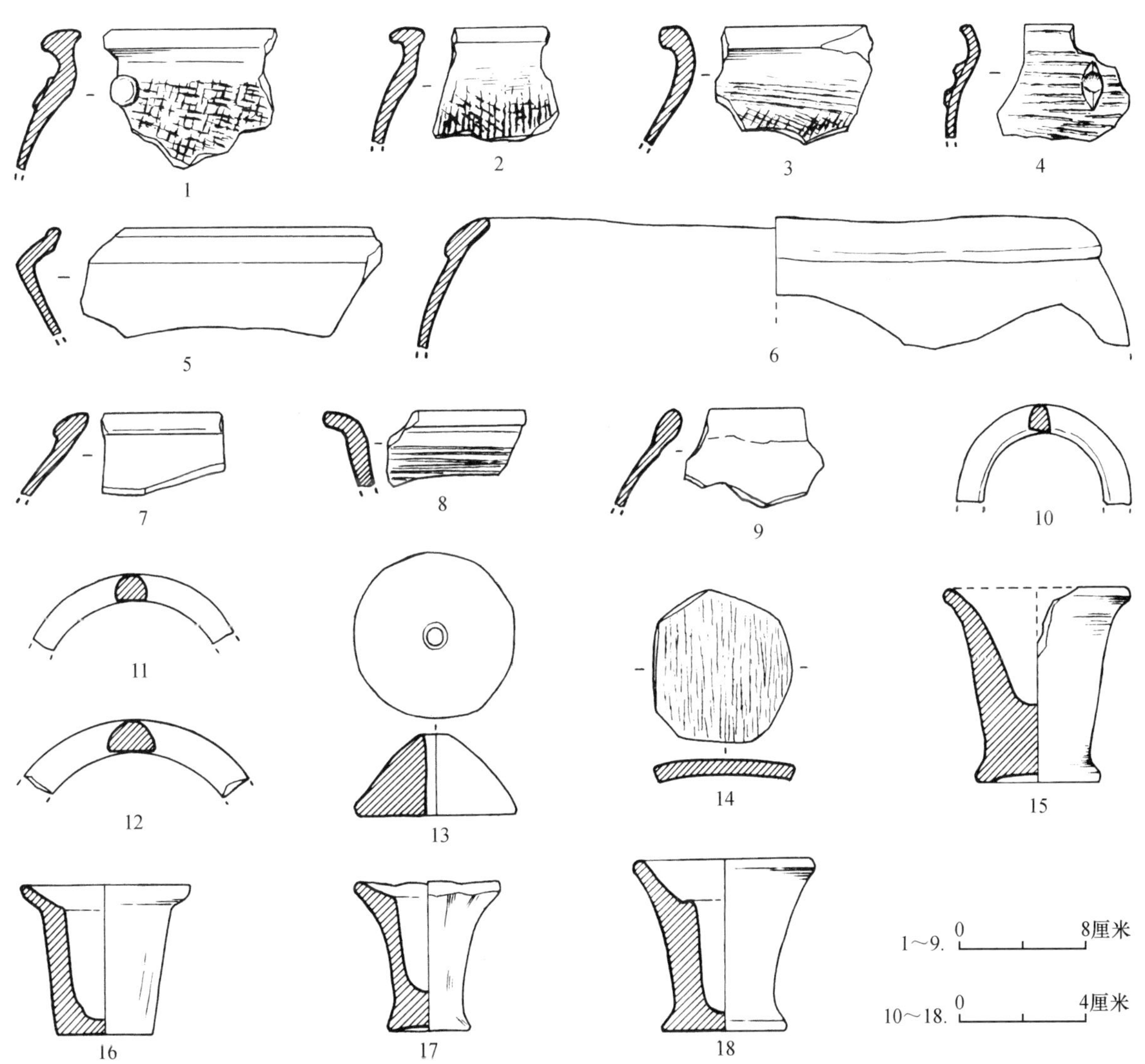

图一〇一　H28②出土陶器

1～4. 大口罐（T6H28②：24、T6H28②：26、T6H28②：25、T6H28②：27）　5、6. 瓮（T6H28②：14、T6H28②：15）　7. 缸（T6H28②：13）　8. 灶（T6H28②：22）　9. 敛口圆腹罐（T6H28②：23）　10～12. 环（T6H28②：32、T6H28②：31、T6H28②：28）　13. 纺轮（T6H28②：6）　14. 圆陶片（T6H28②：7）　15～18. 杯（T6H28②：5、T6H28②：30、T6H28②：29、T6H28②：1）

敛口圆腹罐　1件。标本T6H28②：23，口沿残片。夹砂红陶。敛口，圆唇较厚，上腹外鼓。素面，唇面可见轮修的同心圆纹。残高6.2厘米（图一〇一，9）。

瓮　2件。均为口沿残片。标本T6H28②：14，泥质灰陶。敛口，尖圆唇微外卷，方折肩。素面，口内外有明显的同心圆纹。残高6.8厘米（图一〇一，5）。标本T6H28②：15，泥质灰陶。敛口，圆唇外叠，唇部制作粗糙，上腹较鼓，口部烧制变形。素面。口径38、残高8.4厘米（图一〇一，6）。

缸　1件。标本T6H28②：13，口沿残片。泥质褐陶，夹细砂。敛口，尖唇外叠，唇面向外斜，上腹外鼓。素面残高5.2厘米（图一〇一，7）。

灶　1件。标本T6H28②：22，仅有部分口、腹残片。夹砂红陶。侈口，厚圆唇，上腹较直。饰横向弦纹。残高4.8厘米（图一〇一，8）。

杯　4件。标本T6H28②：1，夹砂红陶，陶色偏褐。敞口，圆唇，斜沿，沿面内凹，斜腹内收，平底微外撇。素面。口径5.5、底径8、高5.3厘米（图一〇一，18；图版二三，5）。标本T6H28②：5，夹砂褐陶。敞口，圆唇，斜沿外侈，斜腹内收，底微外撇，内凹。素面。口径6、底径4、高6厘米（图一〇一，15；图版二三，6）。标本T6H28②：29，夹砂红陶。敞口，圆唇，斜沿外侈，沿内微凹，斜腹内收，底边外撇、微凹。素面。口径5.6、底径2.6、高4.6厘米（图一〇一，17）。标本T6H28②：30，泥质红陶。敞口，尖唇，斜沿较短，斜直腹，平底。素面。口径5.4、底径3.1、高4.6厘米（图一〇一，16；图版二六，5）。

环　3件。均残。标本T6H28②：28，泥质灰陶。截面呈圆角的等腰三角形。素面，器表磨光。内径6.8、外径8.8、厚1.4厘米（图一〇一，12）。标本T6H28②：31，泥质灰陶。截面呈圆角的等腰三角形。素面，器表磨光。内径6、外径7.4、厚0.6厘米（图一〇一，11）。标本T6H28②：32，泥质灰陶。截面呈三角形。素面，器表磨光。内径3.8、外径5.5、厚0.6厘米（图一〇一，10）。

纺轮　1件。标本T6H28②：6，泥质褐陶，陶色不均。圆锥状，平底，中部有一穿孔。素面。底径5、孔径0.5、高2.5厘米（图一〇一，13；图版二五，4）。

圆陶片　1件。标本T6H28②：7，泥质红陶，应为尖底瓶或葫芦瓶的腹片磨成。呈不规则圆形。边缘被磨光，一面饰细线纹。直径5.6厘米（图一〇一，14）。

彩陶片　1件。标本T6H28②：10，泥质红陶，外红内灰，应为彩陶盆或彩陶钵的残片。在空白区域内，饰一弧边三角，一边有五道短线纹。残长7、残高5.7厘米（图一〇〇，7）。

29. H29

H29位于T6的东北角，部分延伸至东、北隔梁内。开口于第1层下，打破生土。开口距地表25厘米。口部为近圆角长方形，剖面直壁、壁较清晰，平底。口部东西最长200、南北宽130、残深130厘米（图一〇二）。

坑内堆积为浅灰色土，土质疏松，夹大量灰烬、沙石、烧土等，内含陶片、动物骨头。陶片以泥质红陶最多，夹砂褐陶次之；纹饰以素面最多，绳纹次之，其他还有线纹、彩陶、弦纹、附加堆纹等（表三〇）。动物骨头经鉴定种属为中华圆田螺。

表三〇　T6H29陶系、纹饰统计表

陶系 / 数量 / 纹饰	泥质陶				夹砂陶			合计	百分比
	红	褐	灰	小计	红	褐	小计		
素面	58	6	30	94	5	15	20	114	39.05%
绳纹					15	60	75	75	25.68%
线纹	70			70				70	23.97%
彩陶	20			20				20	6.85%
弦纹						4	4	4	1.37%
绳+弦						5	5	5	1.72%
附加堆纹						4	4	4	1.37%
合计	148	6	30	184	20	88	108	292	100%
百分比	50.68%	2.06%	10.27%	63.01%	6.85%	30.14%	36.99%	100%	

H29共出土标本17件。均为陶器。

瓶　1件。标本T6H29：13，底部残片。泥质红陶。斜直腹，平底。腹壁饰右上至左下的细线纹。底径10、残高10.2厘米（图一〇三，11）。

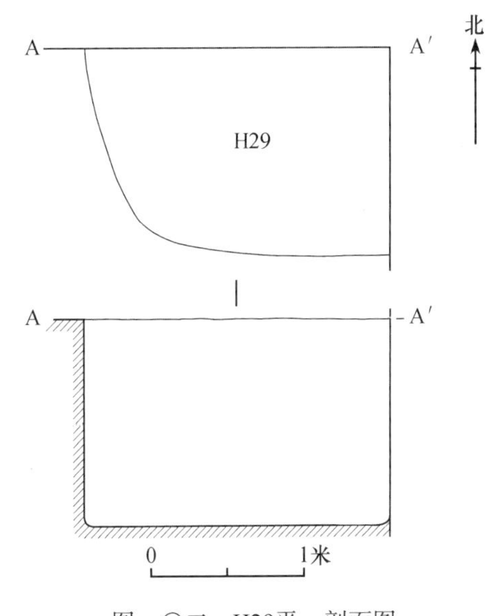

图一〇二　H29平、剖面图

折沿盆　1件。标本T6H29：9，口沿残片。泥质红陶。敛口，圆唇，弧腹。唇部饰一周黑彩，上腹部饰黑彩弧边三角纹样。残高5厘米（图一〇三，1）。

钵　4件。根据口部形态可以分为敛口钵、直口钵。

敛口钵　3件。标本T6H29：1，可修复。泥质红陶。敛口，圆唇，上腹外鼓，下腹斜收，平底。上腹部饰两个一组的黑彩圆点。口径19、底径8.2、残高9厘米（图一〇三，5；图版二六，1）。标本T6H29：2，可修复。泥质红陶。口微敛，圆唇，上腹较鼓，斜腹内收，腹较浅，平底微凹。素面。口径13、底径8、残高4.6厘米（图一〇三，3；图版二六，2）。标本T6H29：10，口沿残片。泥质红陶。敛口，圆唇，上腹微鼓。腹部饰黑彩，纹样不详。残高3.4厘米（图一〇三，2）。

直口钵　1件。标本T6H29：11，口沿残片。泥质红陶。直口，圆唇，上腹较直。素面。口径15.2、残高3.6厘米（图一〇三，4）。

罐　6件。根据口部形态可分为大口罐、矮领鼓腹罐、罐底。

大口罐　4件。均为口、腹残片。铁轨式口沿退化。标本T6H29：3，口、腹残片。夹砂红褐陶。侈口，圆唇较厚，口内微凹，腹较直。颈下贴附有两个带捺窝的小泥饼，泥饼下连接着竖向

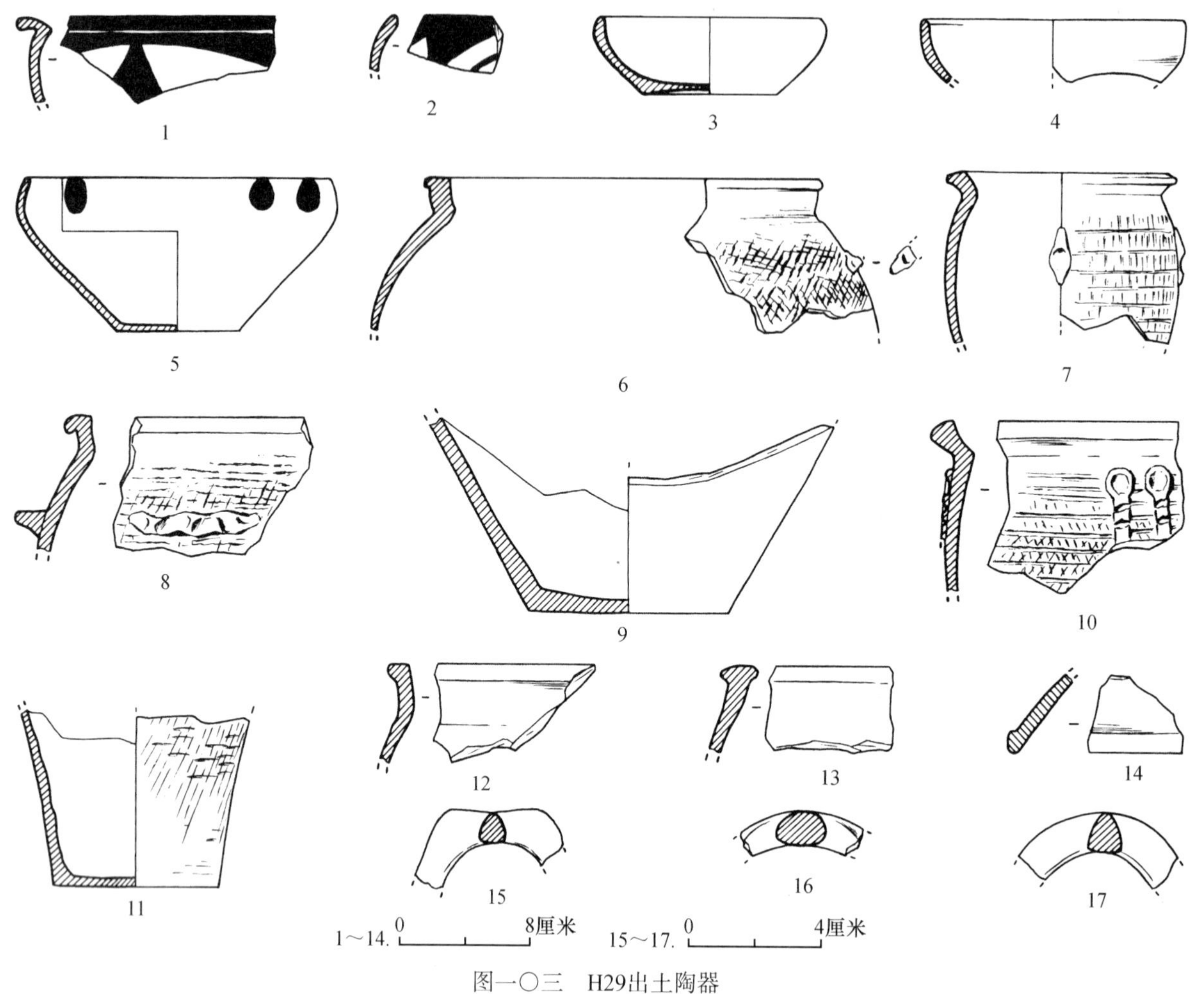

图一〇三　H29出土陶器

1. 折沿盆（T6H29：9）　2、3、5. 敛口钵（T6H29：10、T6H29：2、T6H29：1）　4. 直口钵（T6H29：11）　6～8、10. 大口罐（T6H29：4、T6H29：6、T6H29：5、T6H29：3）　9. 罐底（T6H29：14）　11. 瓶（T6H29：13）　12. 矮领鼓腹罐（T6H29：8）　13. 缸（T6H29：12）　14. 器盖（T6H29：7）　15～17. 环（T6H29：16、T6H29：15、T6H29：17）

泥条，饰细密的交错绳纹加弦纹。残高10厘米（图一〇三，10）。标本T6H29：4，夹砂褐陶。直口微侈，方唇，平沿，口内微凹，束颈，上腹较鼓。颈下贴附有一横向泥条，饰较细密的交错绳纹。口径20.8、残高9厘米（图一〇三，6）。标本T6H29：5，夹砂褐陶。直口微侈，圆唇，窄平沿，口内较直，上腹较鼓。颈下贴附有鸡冠状鋬，饰交错绳纹。残高8厘米（图一〇三，8）。标本T6H29：6，夹砂红陶。侈口，方圆唇，窄平沿稍外斜，束颈，上腹微鼓。颈下纵向贴附有两组对称的带捺窝的泥条，饰纵横交错的绳纹。口径11.6、残高10厘米（图一〇三，7）。

矮领鼓腹罐　1件。标本T6H29：8，口沿残片。泥质红陶。直口，方圆唇，窄平沿，口内较直。素面。残高5.8厘米（图一〇三，12）。

罐底　1件。标本T6H29：14，泥质红陶。斜直腹内收，平底。素面，壁较厚重。底径12、残高11.2厘米（图一〇三，9）。

缸　1件。标本T6H29：12，口沿残片。泥质灰陶。直口微敛，圆唇平叠，腹壁斜直。素面。残高5厘米（图一〇三，13）。

器盖　1件。标本T6H29：7，残。夹砂红陶。敞口呈喇叭形，圆唇外卷，斜直壁。素面。残高4.6厘米（图一〇三，14）。

环　3件。均残。标本T6H29：15，泥质红陶。截面近椭圆形，不甚规整。素面。内径4.8、外径6.6、厚1.5厘米（图一〇三，16）。标本T6H29：16，泥质灰陶。截面呈圆角的等腰三角形，平面呈齿轮状，残留两个齿状凸起。素面。内径3.6、外径5.4、厚0.7厘米（图一〇三，15）。标本T6H29：17，泥质褐陶。截面呈圆角的等腰三角形。素面。内径3.6、外径5.8、厚0.9厘米（图一〇三，17）。

30. H30

H30位于T6的东南部，大部分延伸至南壁下。开口于第1层下，打破生土，东南部被一近代墓打破。开口距地表25厘米。口部为近椭圆形，剖面袋状、口小底大，西壁直，东、北壁为斜弧状外扩，底西高东低。口部东西最长372厘米，南北宽202～218、底部东西最长385、南北250、坑深180～200厘米（图一〇四）。

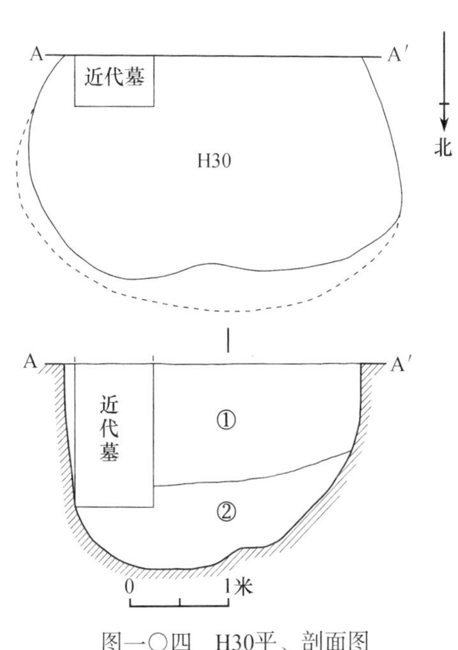

图一〇四　H30平、剖面图

坑内堆积依土质、土色可分为上下两层：第1层厚85～120厘米，深灰色土，土质疏松，夹大量草木灰、灰星、烧土、礓石，砂石等，内含陶片及石器。陶片以泥质红陶最多，夹砂褐陶次之；纹饰以素面最多，线纹、绳纹次之，其他还有彩陶、弦纹、附加堆纹等（表三一）。第2层厚80厘米，深灰色土，局部较黄，土质疏松，夹大量烧土、灰烬、礓石、砂石等，内含陶片、动物骨头。陶片以泥质红陶为主，夹砂褐陶次之；纹饰以素面最多，线纹次之，其他还有绳纹、彩陶、弦纹、附加堆纹等（表三二）。动物骨头经鉴定种属为猪。

表三一　T6H30①陶系、纹饰统计表

陶系/数量/纹饰	泥质陶				夹砂陶				合计	百分比
	红	褐	灰	小计	红	褐	灰	小计		
素面	568	35	210	813		20	12	32	845	37.14%
绳纹					12	550	25	587	587	25.80%
线纹	540	62		602					602	26.46%
彩陶	230			230					230	10.11%
弦纹						4		4	4	0.18%
绳+弦						5		5	5	0.22%
附加堆纹						2		2	2	0.09%
合计	1338	97	210	1645	12	581	37	630	2275	100%
百分比	58.82%	4.26%	9.23%	72.31%	0.52%	25.54%	1.63%	27.69%	100%	

表三二　T6H30②陶系、纹饰统计表

纹饰＼数量＼陶系	泥质陶				夹砂陶				合计	百分比
	红	褐	灰	小计	红	褐	灰	小计		
素面	168	13	40	221		6	5	11	232	41.65%
绳纹					7	97	3	107	107	19.21%
线纹	120	6		126					126	22.62%
彩陶	74			74					74	13.29%
弦纹						3		3	3	0.54%
绳+弦						11		11	11	1.97%
附加堆纹						4		4	4	0.72%
合计	362	19	40	421	7	121	8	136	557	100%
百分比	64.99%	3.41%	7.18%	75.58%	1.26%	21.72%	1.44%	24.42%	100%	

H30共出土标本72件。下面按照出土层位进行介绍。

第1层出土49件标本。以陶器为主，另有少量石器。

陶器　48件。

瓶　4件。可分为重唇口尖底瓶、葫芦口瓶、瓶底。

重唇口尖底瓶　2件。均为口部残件。标本T6H30①：16，泥质红陶。敛口，双唇明显，上唇沿面宽于下唇，下唇方唇、较厚，沿面较平。颈部饰细密的左上至右下的细线纹，口内外可见同心圆纹。口径4.4、残高3.6厘米（图一〇五，9）。标本T6H30①：18，泥质红陶。敛口，双唇明显，上唇较高，沿面宽于下唇，下唇尖圆，沿面微上斜，颈微束，肩外鼓。颈部饰细密的交错线纹，口内外可见同心圆纹。口径4、残高8.2厘米（图一〇五，10）。

葫芦口瓶　1件。标本T6H30①：17，口部残件。泥质红陶。口上部已残，下部外鼓，口颈交界处凸棱不太明显，束颈，肩部外鼓。颈、肩部饰交错线纹。残高13厘米（图一〇五，11）。

瓶底　1件。标本T6H30①：19，泥质红陶，残留下腹及底部。下腹斜收，平底。腹部饰细密的左上至右下的斜线纹，内壁可见刮抹痕迹。底径15.2、残高12.8厘米（图一〇五，7）。

盆　3件。均为口、腹残片。根据口部形态可分为折沿盆、叠唇盆。

折沿盆　2件。标本T6H30①：8，泥质红陶。敛口，圆唇，弧腹斜收。唇部及沿内缘各饰一周黑彩，沿面饰黑彩柳叶纹，腹部饰黑彩圆点、弧线、弧边三角、半月形纹样。口径44、残高12.6厘米（图一〇五，1）。标本T6H30①：9，泥质红陶。敛口，圆唇，上腹微鼓。唇部饰一周黑彩，沿面饰黑彩柳叶形纹，腹部饰黑彩圆点、弧线、弧边三角纹样。口径30、残高8.6厘米（图一〇五，2）。

叠唇盆　1件。叠唇弧腹盆。标本T6H30①：11，泥质灰陶。敛口，圆唇，叠唇较宽，弧腹斜收。素面，口内外可见同心圆纹。残高11厘米（图一〇五，5）。

钵　3件。均为口沿残片。根据口部形态可分为直口钵、敛口钵。

直口钵　1件。标本T6H30①：4，泥质红陶。器壁较薄，直口，圆唇，弧腹内收。素面。口径

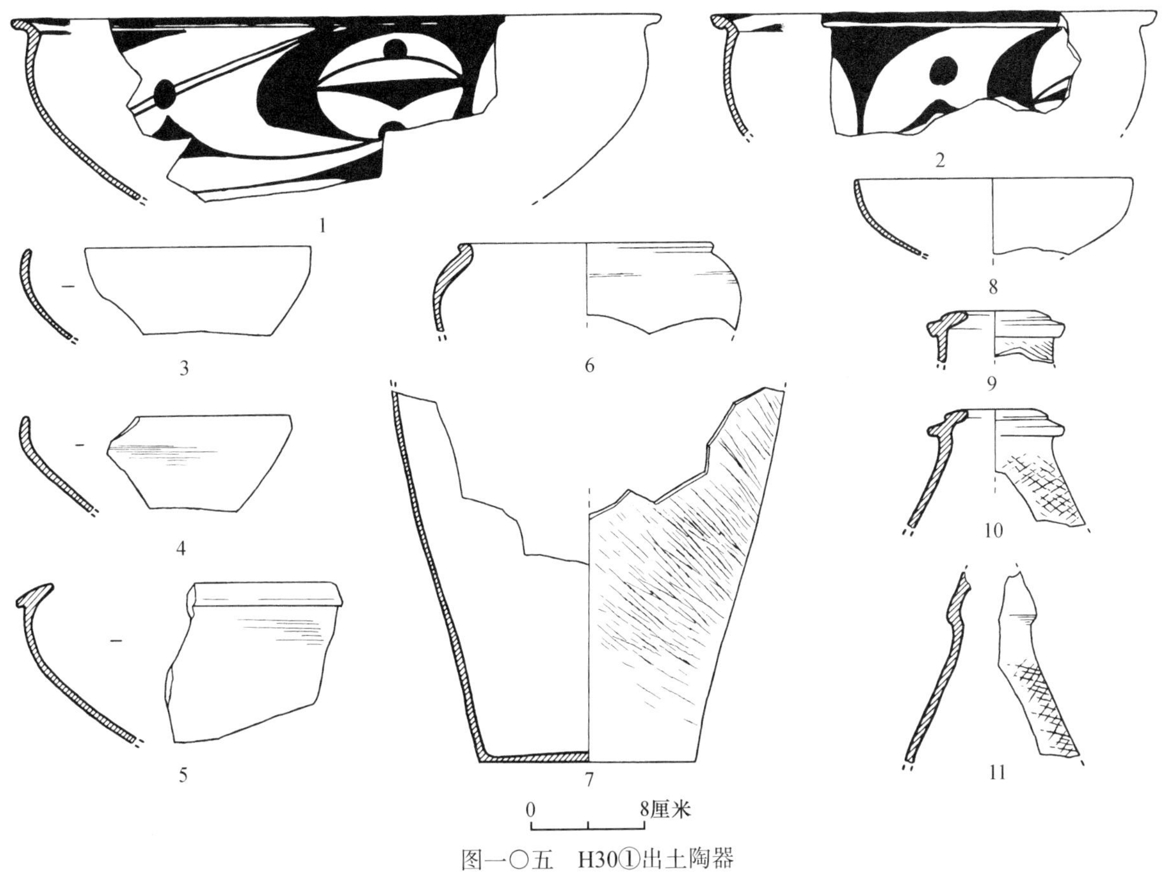

图一〇五　H30①出土陶器

1、2. 折沿盆（T6H30①：8、T6H30①：9）　3、4. 敛口钵（T6H30①：5、T6H30①：3）　5. 叠唇盆（T6H30①：11）　6. 盂（T6H30①：13）　7. 瓶底（T6H30①：19）　8. 直口钵（T6H30①：4）　9、10. 重唇口尖底瓶（T6H30①：16、T6H30①：18）　11. 葫芦口瓶（T6H30①：17）

19.2、残高5.4厘米（图一〇五，8）。

敛口钵　2件。标本T6H30①：3，泥质红陶，夹有少量细砂，陶质较粗。口微敛，圆唇，斜腹内收。素面，口内外有同心圆纹。残高6.6厘米（图一〇五，4）。标本T6H30①：5，泥质红陶。敛口，圆唇，斜腹内收。唇部饰一周黑彩。残高6.2厘米（图一〇五，3）。

罐　8件。根据口部形态可分为大口罐、高领罐。

大口罐　7件。均为口沿残片。铁轨式口沿退化。标本T6H30①：20，夹砂红陶。直口微侈，圆唇，窄沿外斜，口内微凹。颈下饰粗疏的横绳纹。残高4.8厘米（图一〇六，1）。标本T6H30①：22，夹砂红陶。口微侈，方唇，窄平沿，口内微凹，鼓腹。颈下饰较粗疏的左上至右下的斜绳纹。残高7厘米（图一〇六，3）。标本T6H30①：23，夹砂褐陶，器表陶色较深。直口，圆唇较薄，窄沿外斜，口内有一周浅凹槽，束颈，上腹较鼓。颈下饰粗斜绳纹加弦纹。残高8厘米（图一〇六，4）。标本T6H30①：24，夹砂红褐陶。直口，圆唇，平沿，口内微凹。颈下贴附有一圆形泥饼，饰弦纹加斜向绳纹。残高6厘米（图一〇六，2）。标本T6H30①：25，夹砂褐陶。直口，圆唇，窄平沿稍外斜，口内有一周浅凹槽，口外微凸，上腹较鼓。颈下饰较粗疏的左上至右下的斜绳纹。残高7厘米（图一〇六，5）。标本T6H30①：26，夹砂褐陶。直口，方圆唇，口内外各

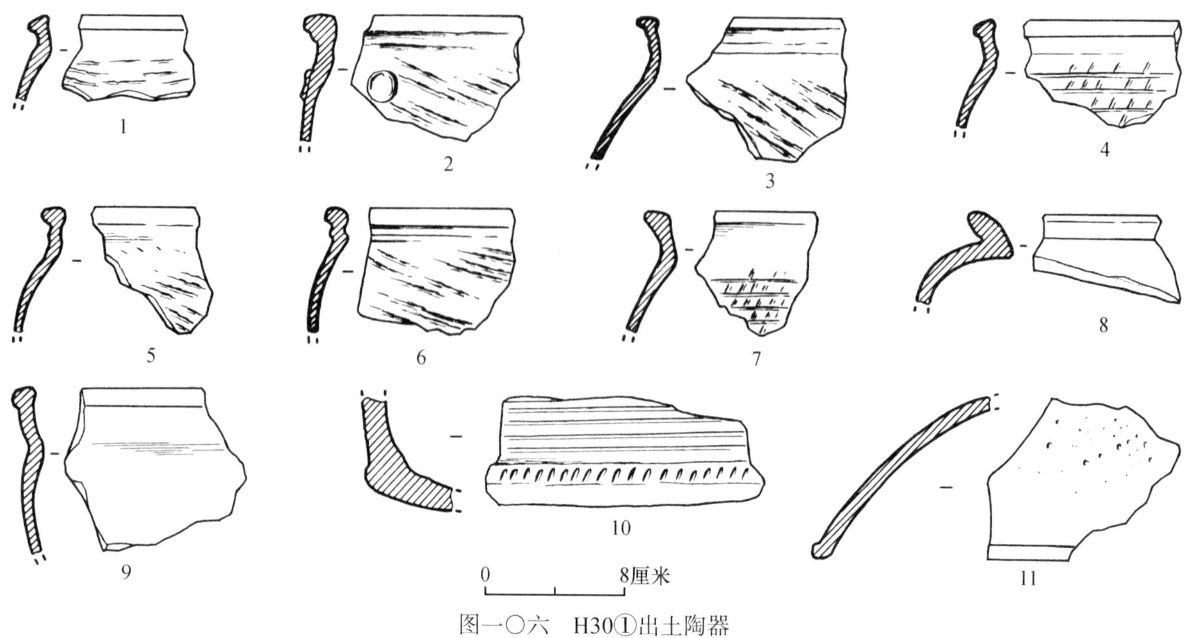

图一〇六　H30①出土陶器

1~7. 大口罐（T6H30①：20、T6H30①：24、T6H30①：22、T6H30①：23、T6H30①：25、T6H30①：26、T6H30①：27）
8. 瓮（T6H30①：15）　9. 高领罐（T6H30①：12）　10. 灶（T6H30①：30）　11. 器盖（T6H30①：29）

有一周凹槽，外有一周凸棱，上腹较鼓。颈下饰较粗疏的斜左上至右下斜向绳纹。残高7厘米（图一〇六，6）。标本T6H30①：27，夹砂褐陶。口微侈，圆唇，平沿稍内斜，口内较直。颈下饰右上至左下的斜绳纹加弦纹。残高7厘米（图一〇六，7）。

高领罐　1件。标本T6H30①：12，口沿残片。泥质灰陶。口微敛，圆唇，高领，窄沿外斜，领内微凹。素面。残高9厘米（图一〇六，9）。

瓮　1件。标本T6H30①：15，口沿残片。泥质灰陶。敛口，圆唇外叠，唇面较鼓，肩部圆鼓。素面，内壁可见明显同心圆纹。残高4.8厘米（图一〇六，8）。

盂　1件。标本T6H30①：13，口、腹残片。泥质褐陶。敛口，圆唇外卷，圆鼓腹。素面。口径16.2、残高6.2厘米（图一〇五，6）。

灶　1件。标本T6H30①：30，底部残片。夹砂红陶。直腹微外鼓，平底。腹部饰横向弦纹，灶底按压一周花边。残高6.4厘米（图一〇六，10）。

器盖　1件。标本T6H30①：29，残。夹砂褐陶。喇叭形口，圆唇微外卷，弧壁。素面，外壁近口处涂泥修抹。残高9厘米（图一〇六，11）。

纺轮　1件。标本T6H30①：1，泥质红陶。呈圆锥状，中部有一穿孔，表面饰成组的短线纹。底径3.8、高2.2、孔径0.9厘米（图一〇七，1；图版二八，5）。

环　24件。均残。标本T6H30①：34，泥质灰陶。体较宽，截面呈半圆形，体有磨制痕迹。素面。内径3.6、外径4.8、厚1.4厘米（图一〇七，3）。标本T6H30①：35，泥质灰陶。截面呈圆角的等腰三角形，体有磨制痕迹。素面。内径5.6、外径7.2、厚0.9厘米（图一〇七，8）。标本T6H30①：39，泥质灰陶。截面呈圆角的等腰三角形。素面，体有两道较深的线纹，有磨制痕迹。内径4.4、外径5.8、厚0.5厘米（图一〇七，7）。标本T6H30①：51，泥质灰陶。截面近圆形。器表有一周细螺旋线纹。内径5.2、外径6.8、厚0.7厘米（图一〇七，5）。标本T6H30①：56，泥质灰陶。截面近圆形，体有磨制痕迹。素面。内径4.6、外径6.2、厚0.6厘米（图一〇七，2）。

圆陶片 1件。标本T6H30①：2，泥质红陶。近圆形，为盆或钵的残片改制而成，边缘未经打磨，中部有一对钻圆孔。直径4.5、厚0.5、孔径0.3厘米（图一〇七，6）。

石器 1件。为石环。标本T6H30①：31，残。磨制。截面近似椭圆，内较宽。内径4.4、外径8.2、厚1厘米（图一〇七，4）。

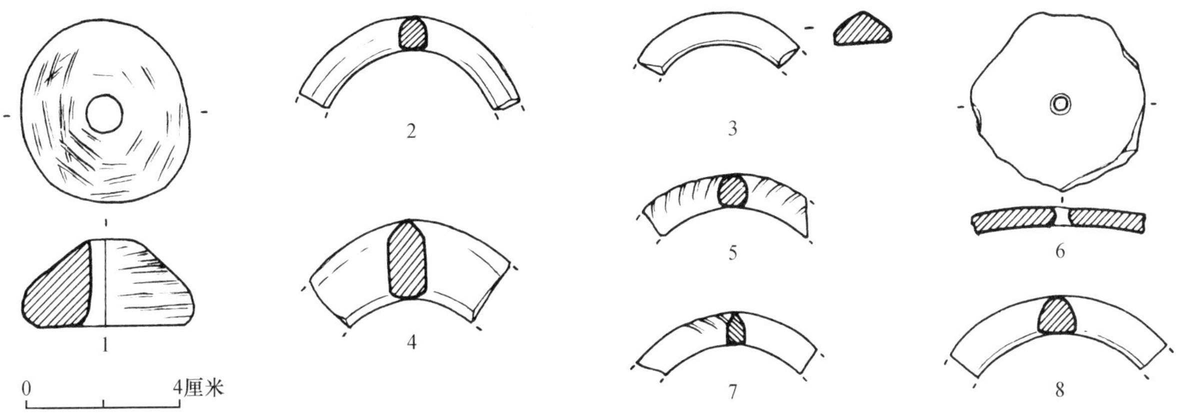

图一〇七 H30①出土陶、石器

1. 陶纺轮（T6H30①：1） 2、3、5、7、8. 陶环（T6H30①：56、T6H30①：34、T6H30①：51、T6H30①：39、T6H30①：35） 4. 石环（T6H30①：31） 6. 圆陶片（T6H30①：2）

第2层出土标本23件。均为陶器。有瓶、盆、钵、罐等。

瓶 4件。可分为尖底瓶、葫芦口瓶。

尖底瓶 3件。可分为重唇口尖底瓶、尖底瓶底。

重唇口尖底瓶 2件。标本T6H30②：14，泥质红陶。口近直，双唇明显，上唇高，内缘微凸，沿面宽于下唇，下唇尖圆，沿面平，颈部较厚，微束。颈部饰细密的左上至右下的斜线纹。口径4、残高5.6厘米（图一〇八，1）。标本T6H30②：16，泥质红陶。敛口，双唇明显，上唇较高，沿面宽于下唇，下唇圆方，沿面微上斜，颈微束。颈部饰细密的横向线纹，口内外可见同心圆纹。口径4.2、残高6.2厘米（图一〇八，2）。

尖底瓶底 1件。标本T6H30②：17，泥质红陶。形态瘦长，底部磨平。外壁饰细密的左上至右下的线纹，内壁可见泥条盘筑痕迹。残高8.6厘米（图一〇八，4）。

葫芦口瓶 1件。标本T6H30②：15，口部残件。泥质红陶。小口微敛，葫芦形，器壁外鼓。器壁饰右上至左下的斜线纹，内壁有泥条盘筑痕迹。口径3.2、残高8厘米（图一〇八，3）。

盆 6件。根据口部形态可分为折沿盆、叠唇盆。

折沿盆 2件。标本T6H30②：5，口沿残片。泥质红陶。口微敛，圆唇，弧腹。唇部及沿内缘各饰一周黑彩，腹部饰黑彩圆点，弧边三角纹样。残高5.6厘米（图一〇八，9）。标本T6H30②：6，口、腹残片。泥质红陶。敛口，圆唇，腹部外鼓，呈垂腹状。唇部饰一周黑彩，腹部施白色陶衣，绘黑彩弧线、弧边三角纹样。口径20、残高5.2厘米（图一〇八，6）。

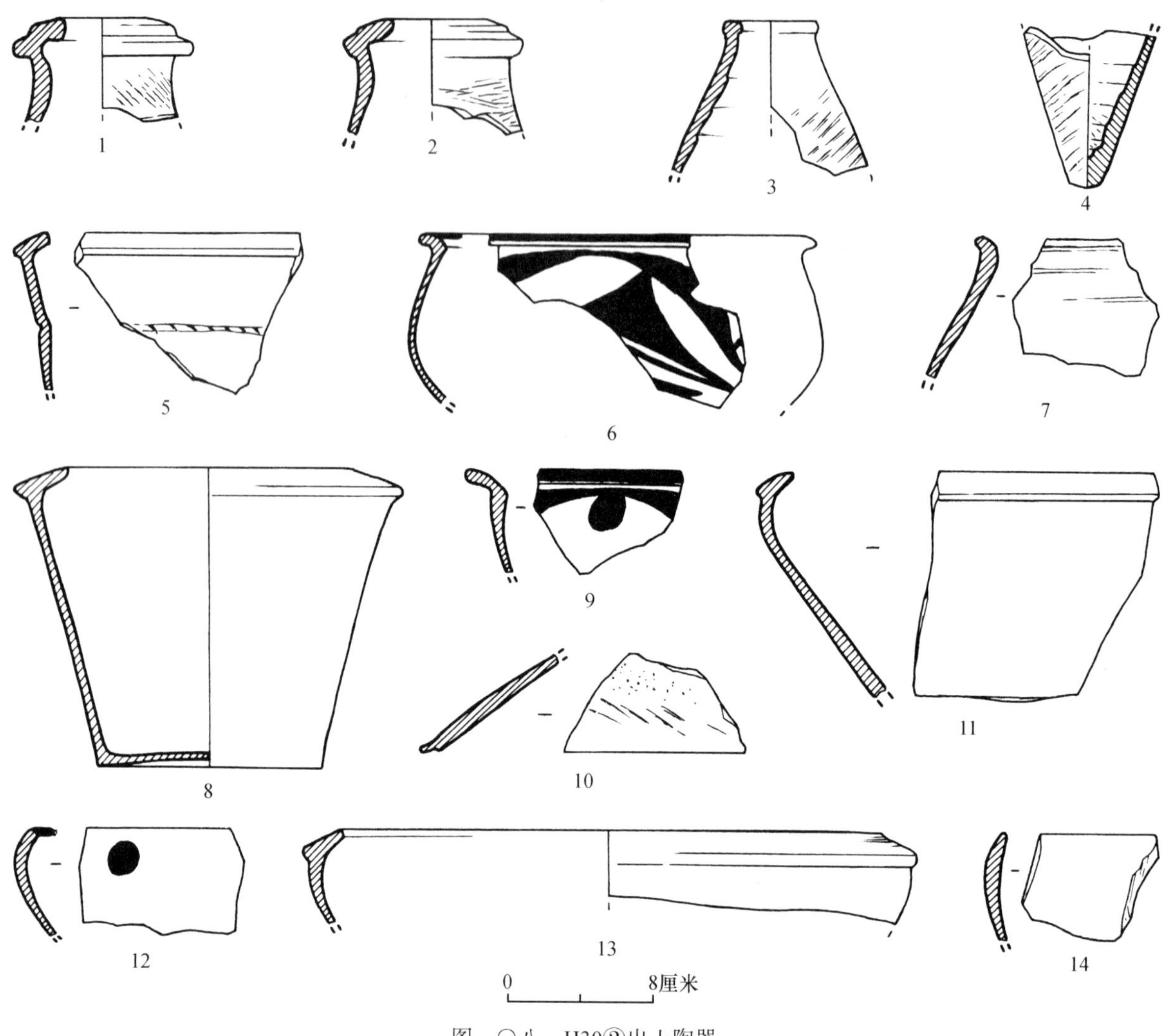

图一〇八 H30②出土陶器

1、2. 重唇口尖底瓶（T6H30②：14、T6H30②：16） 3. 葫芦口瓶（T6H30②：15） 4. 尖底瓶底（T6H30②：17） 5. 高领罐（T6H30②：10） 6、9. 折沿盆（T6H30②：6、T6H30②：5） 7. 大口罐（T6H30②：22） 8. 叠唇斜直腹盆（T6H30②：1） 10. 器盖（T6H30②：23） 11、13. 叠唇弧腹盆（T6H30②：9、T6H30②：7） 12、14. 敛口钵（T6H30②：3、T6H30②：4）

叠唇盆 4件。有弧腹、斜直腹之分。

叠唇弧腹盆 2件。均为口、腹残片。标本T6H30②：7，泥质红陶。敛口，圆唇，叠唇较宽，弧腹内收。素面。口径25.6、残高5厘米（图一〇八，13）。标本T6H30②：9，泥质红陶。敛口，尖圆唇，叠唇较宽，上腹微鼓，斜腹内收。素面。残高12.2厘米（图一〇八，11）。

叠唇斜直腹盆 2件。标本T6H30②：1，可修复。泥质灰陶。敛口，圆唇，叠唇较宽，腹壁斜直，凹底。素面，内壁可见同心圆纹。口径15.8、底径12.5、残高16厘米（图一〇八，8；图版二六，3）。标本T6H30②：8，口、腹残片。泥质红陶，陶色不均，局部呈褐色。口微敛，圆唇，叠唇较窄，腹部斜直。素面。口径18、残高6厘米（图一〇九，5）。

敛口钵 2件。均为口沿残片。标本T6H30②：3，泥质红陶。敛口，圆唇，上腹较鼓。唇部饰一周黑彩，上腹部饰黑彩圆点，口部内有同心圆纹。残高5.8厘米（图一〇八，12）。标本

T6H30②：4，泥质灰陶。口微敛，尖圆唇，上腹微鼓。素面，口内外有同心圆纹。残高5.6厘米（图一〇八，14）。

罐　5件。根据口部形态可以分为大口罐、高领罐。

大口罐　3件。铁轨式口沿退化。标本T6H30②：19，口、腹残片。夹砂红陶。直口，圆唇，窄平沿，口内有一周浅凹槽，腹部微鼓。颈下饰较粗疏的左上至右下的斜绳纹。口径17、残高15厘米（图一〇九，4）。标本T6H30②：20，口、腹残片。夹砂红陶。直口，圆唇，沿稍内斜，口内有一周浅凹槽，上腹外鼓。颈下饰几道弦纹，腹饰较粗疏的左上至右下斜向绳纹加弦纹。残高7.4厘米（图一〇九，2）。标本T6H30②：22，口沿残片。夹砂褐陶。口微侈，圆唇，腹外鼓。素面。残高7.4厘米（图一〇八，7）。

高领罐　2件。标本T6H30②：10，口沿残片。泥质红陶。口微敛，方唇，平沿外斜，高领，领内较直。素面，口及领部内外可见同心圆纹。残高8.6厘米（图一〇八，5）。标本T6H30②：11，口、腹残片。泥质红陶。口微敛，圆唇，沿微外斜，高领，领内微凹，领下有一周戳印纹，其下贴附有一组对称的鸡冠状錾。素面。口及领内外可见同心圆纹。口径35、残高20.8厘米（图一〇九，1）。

缸　1件。标本T6H30②：21，口、腹残片。夹砂红陶。敛口，窄平沿，口内有一周浅凹槽，外有一周凸棱，上腹部外斜。器表抹泥，隐约可见斜绳纹。残高10.6厘米（图一〇九，3）。

器盖　1件。标本T6H30②：23，残。夹砂红陶。敞口，尖唇，斜直壁。素面，近口处涂泥修抹，以上部分较粗糙。残高5.4厘米（图一〇八，10）。

环　4件。均残。标本T6H30②：2，泥质灰陶。外表有一周细螺旋线纹，截面近圆角方形，

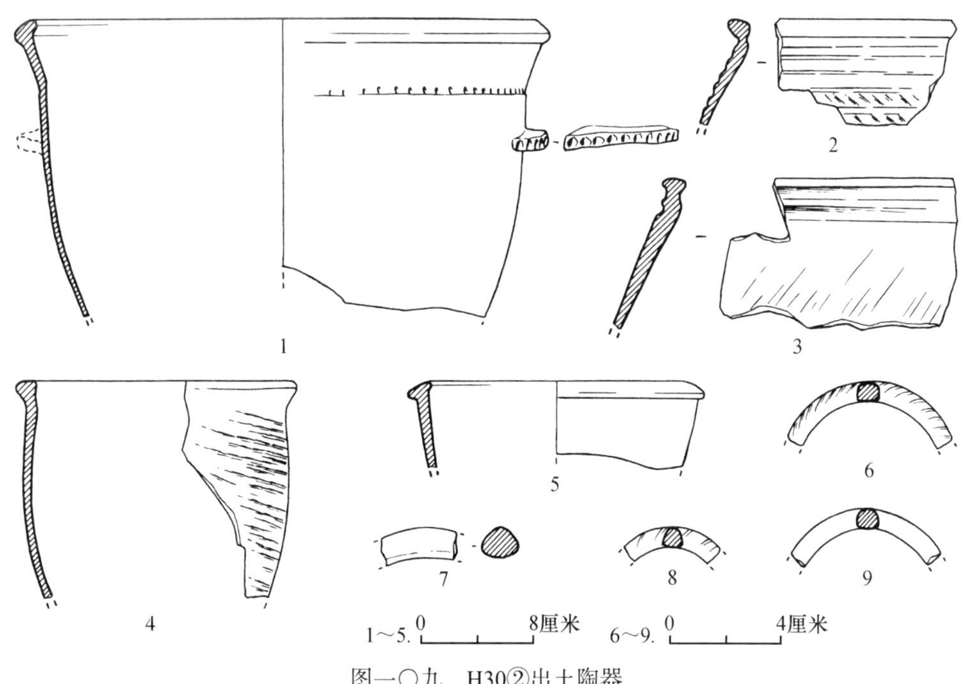

图一〇九　H30②出土陶器

1. 高领罐（T6H30②：11）　2、4. 大口罐（T6H30②：20、T6H30②：19）　3. 缸（T6H30②：21）
5. 叠唇斜直腹盆（T6H30②：8）　6～9. 环（T6H30②：2、T6H30②：12、T6H30②：13、T6H30②：18）

体有磨制痕迹。内径5.2、外径6.8、厚0.7厘米（图一〇九，6）。标本T6H30②：12，泥质灰陶。素面，体较宽，截面呈圆角三角形，体有磨制痕迹。内径8.2、外径10.4、厚1.4厘米（图一〇九，7）。标本T6H30②：13，泥质灰陶。外表有一周细螺旋线纹，截面近圆形，体有磨制痕迹。内径3.6、外径5、厚0.7厘米（图一〇九，8）。标本T6H30②：18，泥质灰陶。素面，截面近圆角方形，体有磨制痕迹。内径5、外径6.4、厚0.8厘米（图一〇九，9）。

第三章　B区遗存

B区位于发掘区东部，高速路北侧线路拓宽范围内。共布10米×10米探方四个，编号分别为T7、T8、T9、T10，发掘面积400平方米。共清理灰坑22个、窑址3座、墓葬2座（包括瓮棺葬1座），出土有大量仰韶时期的陶器和少量的石器、骨器（图一二〇）。

第一节　地层堆积及出土遗物

本区地势较A区略高，文化堆积的保存状况略好于A区。T7～T10均有两层堆积，以T7北壁剖面为例，介绍说明（图一二一）。

第1层　耕土及平整土地的填土层。土色灰褐色，质疏松，厚0.3米。包含有大量植物根系，现代瓦瓷片，仰韶陶片等。

第2层　仰韶文化层。土色深灰色，质疏松，厚0.5米。内含仰韶文化庙底沟类型陶片，可辨器形有罐、盆、钵、瓮、尖底瓶、环、杯等（图版二七，4～6；图版二八，1）。仰韶时期灰坑H31及窑址Y1、Y2均开口于此层下。

本区共清理遗迹27个，共计灰坑22个，窑址2座，墓葬2座。其中22个遗迹之间构成共6组打破关系。

1）H31→Y2
　　Y1↗

　　　　　↗H35
2）H32→H33→H34
　　　　　↘H36

3）H40
　　↘
　　W1→H35→H39

4）H34→H38→H41
　　H42→H43↗

5）H49→H50→H51
　　　　　↘H52

6）H44→H45→H46
　　　↘H48

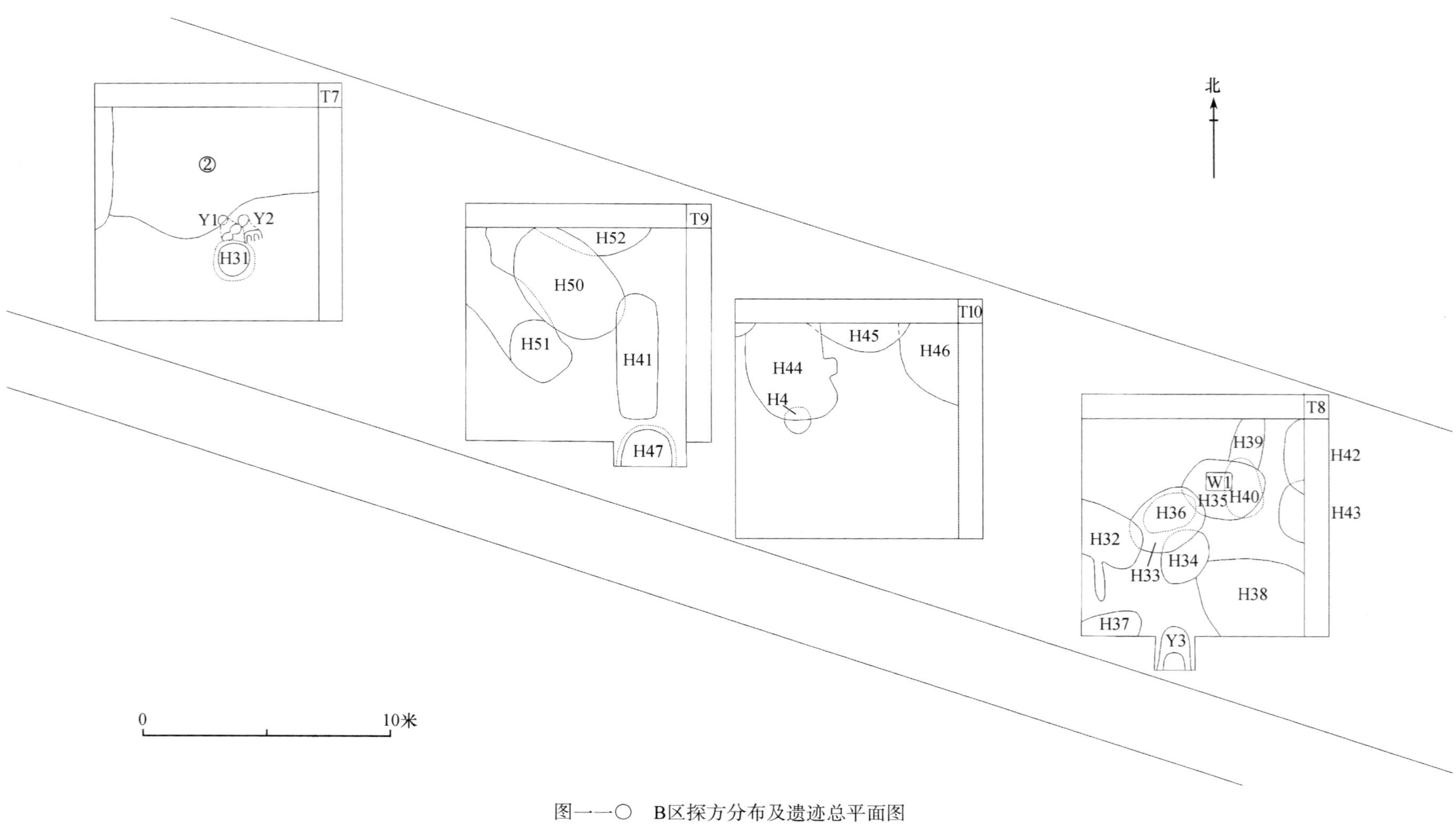

图一一〇　B区探方分布及遗迹总平面图

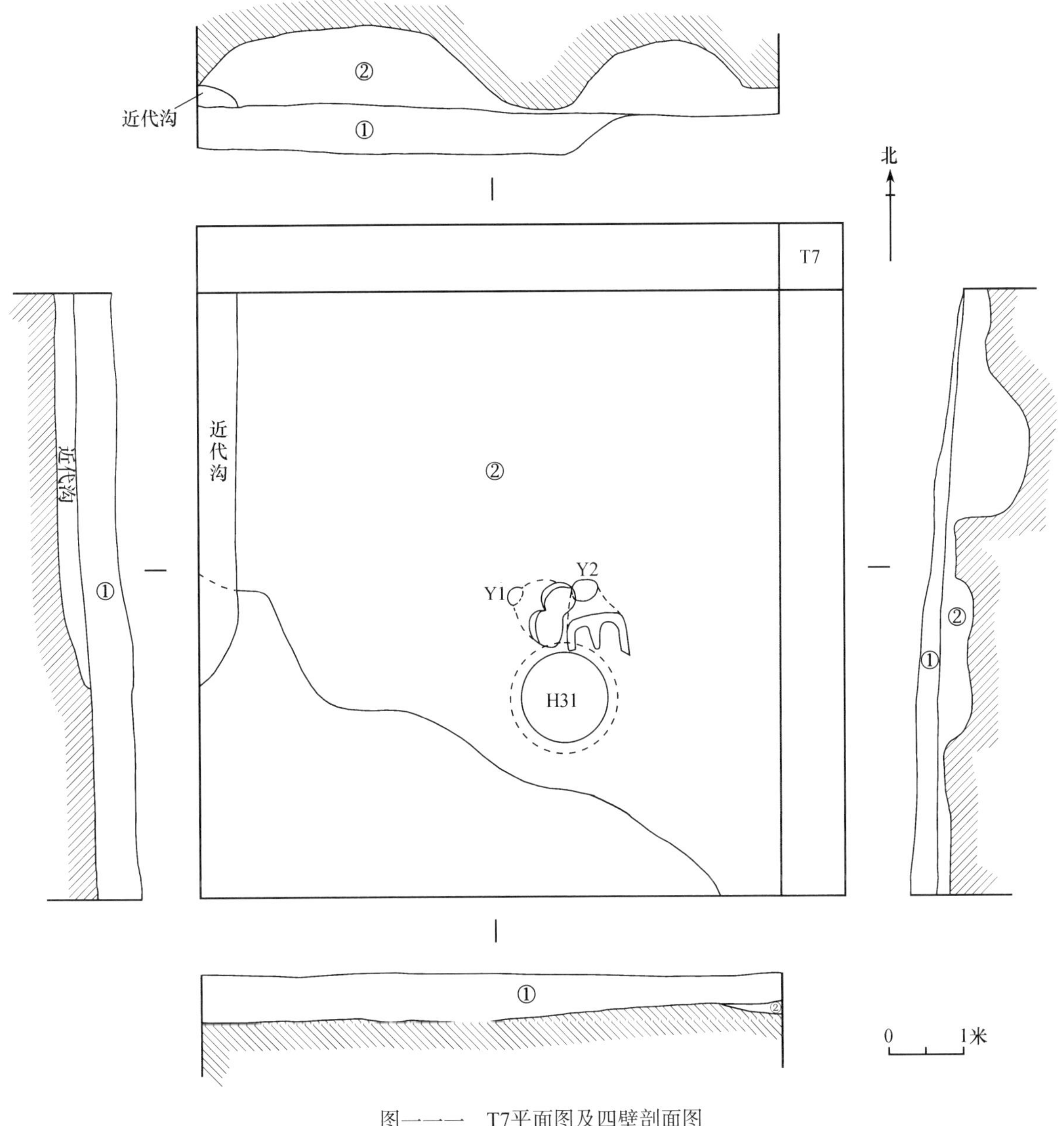

图一一一　T7平面图及四壁剖面图

以上打破关系都相对比较复杂。以第1组、第3组和第5组较为重要。

本区地层中也出土了大量遗物，其中以T7第2层最较为丰富。主要为陶器及动物骨骼。动物骨骼经鉴定属为猪。

下面对T7第2层出土器物进行介绍。

陶器　48件。

瓶　4件。均为口部残件。根据口部形态可以分为重唇口尖底瓶、葫芦口瓶。

重唇口尖底瓶　2件。标本T7②：49，泥质红陶。敛口，双唇明显，上唇沿面宽于下唇，下唇尖圆，沿面微向上倾斜，束颈。沿面可见同心圆纹，颈部饰左上至右下的细线纹。口径3.2、残高10.4厘米（图一一二，12）。标本T7②：50，泥质红陶。敛口，双唇明显，上唇沿面宽于下唇，下唇尖圆、唇部微向上翘，沿面较平。沿面可见同心圆纹，颈部饰左上至右下的细线纹。口径3.8、残高5厘米（图一一二，11）。

葫芦口瓶　2件。标本T7②：51，泥质红陶。侈口，圆唇，唇以下内收，口下部外鼓，口颈相接处可见一道凸棱。素面，口外壁可见慢轮修整留下的同心圆纹及修制工具留下的刮痕，颈部饰左上至右下的斜线纹。口径4.6、残高10.1厘米（图一一二，9）。标本T7②：52，泥质红陶。敛口，圆唇，直壁外斜，较直，口颈相接处有一道凸棱。口外壁素面，可见慢轮修整留下的同心圆纹，颈部饰左上至右下的斜线纹。口径3.6、残高14.2厘米（图一一二，10）。

盆　8件。根据口部形态可分为折沿盆、叠唇盆、敞口深腹盆。

折沿盆　5件。标本T7②：3，可复原。泥质红陶。敛口，圆唇，上腹较鼓，下腹曲收，平底微凹。唇部饰一周黑彩，沿内缘饰弧边三角，器表磨光，上腹部饰黑彩圆点、弧边三角，弧线纹样，从残裂的腹片处可以见到一组裂缝两侧的对钻圆孔，其余可能还有两组。口径40.7、腹径39、底径12.4、高14.1厘米（图一一二，4；图版二七，2）。标本T7②：18，口沿残片。泥质红陶。口微敛，圆唇，弧腹内收。素面。口径35.9、残高6.6厘米（图一一二，2）。标本T7②：33，口、腹残片。泥质灰陶。口微敛，圆唇，弧腹斜收。素面。口径35.4、残高9.4厘米（图一一二，3）。标本T7②：26，口、腹残片。泥质红陶。敛口，圆唇，上腹微鼓，下腹内收。唇部及沿内均饰一周黑彩，上腹部饰黑彩弧线、弧边三角等纹样。残高8厘米（图一一二，5）。标本T7②：30，口沿残片。泥质红陶。敛口，圆唇，上腹较鼓。唇部饰一周黑彩，沿面饰连续的弧边三角纹，上腹部饰黑彩弧边三角、弯月等纹样。残高7.6厘米（图一一二，6）。

叠唇盆　2件。均为叠唇弧腹盆。标本T7②：19，口、腹残片。泥质红陶。敛口，圆唇，叠唇较宽，弧腹斜收。素面。口径32、残高12厘米（图一一二，1）。标本T7②：32，口沿残片。泥质灰陶。敛口，圆唇，叠唇较宽，弧腹。素面，口沿内外可见同心圆纹。残高6.5厘米（图一一二，8）。

敞口深腹盆　1件。标本T7②：17，口沿残片。泥质红陶。口微敛，叠唇较窄，斜直。素面。

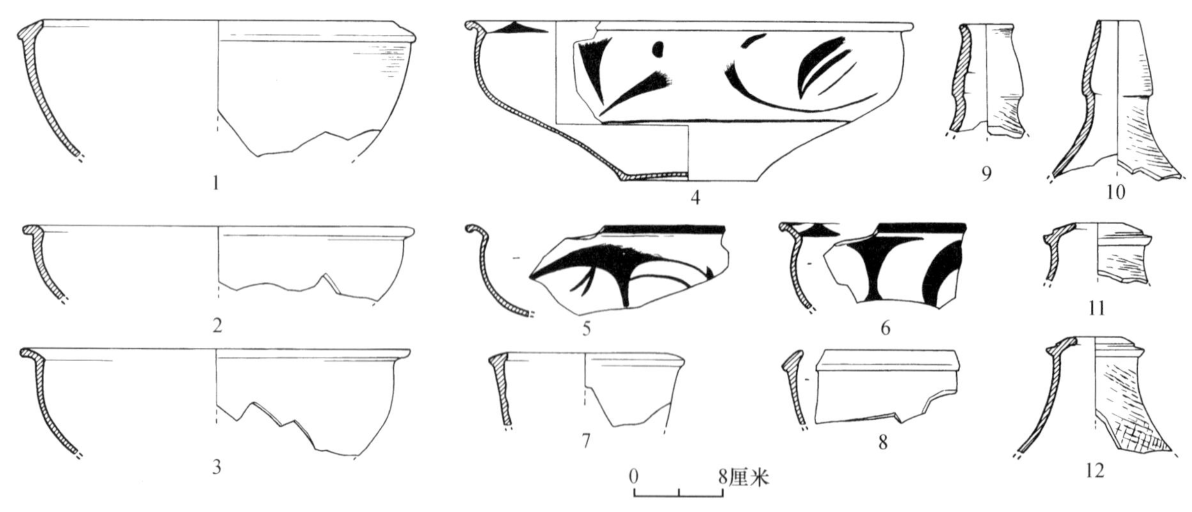

图一一二　T7②出土陶器

1、8. 叠唇盆（T7②：19、T7②：32）　2～6. 折沿盆（T7②：18、T7②：33、T7②：3、T7②：26、T7②：30）
7. 敞口深腹盆（T7②：17）　9、10. 葫芦口瓶（T7②：51、T7②：52）　11、12. 重唇口尖底瓶（T7②：50、T7②：49）

口径14、残高6.5厘米（图一一二，7）。

钵　7件。根据口部形态可分为直口钵、敛口钵。

直口钵　1件。标本T7②：7，口沿残片。泥质红陶。直口，尖唇，浅弧腹。素面。口径18、残高5.5厘米（图一一三，8）。

敛口钵　7件。标本T7②：2，可修复。泥质红陶，器顶以下陶色偏褐。敛口，方唇，上腹外鼓，下腹斜收，平底微凹。唇部饰一周黑彩，上腹部饰黑彩弧边三角、柳叶形、圆点、竖线等纹样。口径33.4、底径12.4、高9.6厘米（图一一三，3，图版二八，3）。标本T7②：4，可修复。泥质红陶。口微敛，圆唇，上腹微鼓，弧腹内收，平底。唇部饰一周黑彩，已剥落殆尽，上腹部饰黑彩弯月形、弧边三角、弧线等纹样。口径31.4、底径10、高12.2厘米（图一一三，1；图版二七，3）。标本T7②：5，口沿残片。泥质红陶。敛口，圆唇，弧腹内收。唇部施一周黑彩，素面。口径31.9、残高7.6厘米（图一一三，4）。标本T7②：6，口沿残片。泥质红陶。口微敛，方圆唇，上腹微鼓，弧腹内收。唇部饰一周黑彩，器表磨光，素面。残高7.1厘米（图一一三，7）。标本T7②：9，口沿残片。泥质红陶。口微敛，尖圆唇，上腹微鼓，腹较浅。素面，口内可见同心圆纹。残高5.2厘米（图一一三，5）。标本T7②：14，口沿残片。泥质红陶。敛口，圆唇，上腹外鼓。器表磨光，呈深红色，上腹部饰黑彩弧线纹等。残高4厘米（图一一三，6）。标本T7②：53，口沿残片。泥质红陶。敛口，近口部微鼓，腹壁斜直内收，上腹部贴附有一鸡冠形鋬。素面，鋬以上可见同心圆纹。口径26、残高9.3厘米（图一一三，2）。

罐　18件。根据口部形态可分为大口罐、斜沿直腹罐、矮领鼓腹罐、高领罐、罐底。

大口罐　9件。铁轨式口沿退化。标本T7②：59，口、腹残片。夹砂红陶。口微侈，尖圆唇，窄沿内斜，上腹微鼓。颈饰较粗疏的右上至左下的斜绳纹，口部内外可见同心圆纹。残高7厘米（图一一四，11）。标本T7②：60，口、腹残片。夹砂红陶。口微侈，圆唇，平沿微凸，口外有一周凸棱，口内微凹，上腹微鼓。颈下饰较粗疏的右上至左下的斜绳纹。口径29.4、残高7.8厘米（图一一四，2）。标本T7②：61，口沿残片。夹砂红陶。敛口，圆唇，沿面微凹，上腹外鼓。饰细密的交错绳纹。残高7.8厘米（图一一四，6）。标本T7②：62，口沿残片。夹砂红陶。直口，方唇，

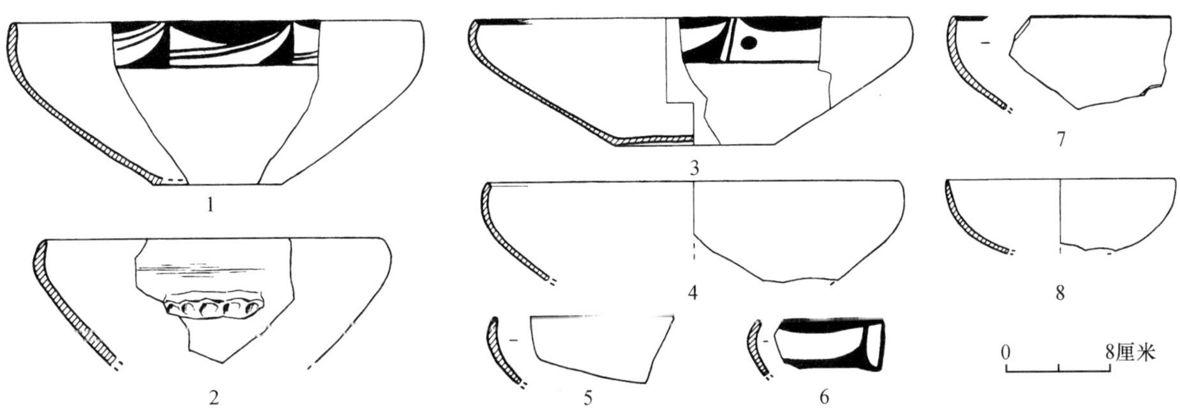

图一一三　T7②出土陶器

1～7. 敛口钵（T7②：4、T7②：53、T7②：2、T7②：5、T7②：9、T7②：14、T7②：6）　8. 直口钵（T7②：7）

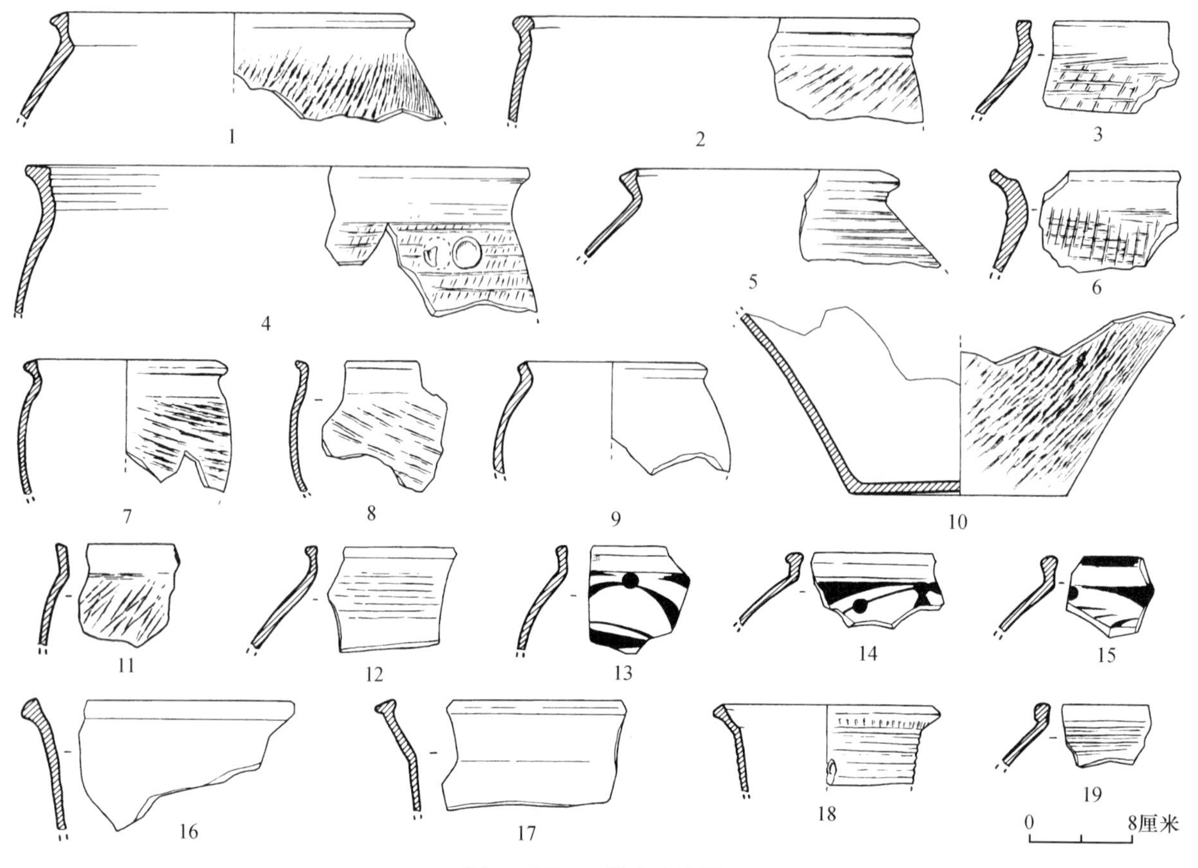

图一一四　T7②出土陶器

1～3、5～8、11、19. 大口罐（T7②：67、T7②：60、T7②：62、T7②：69、T7②：61、T7②：66、T7②：68、T7②：59、T7②：64）　4. 缸（T7②：70）　9、12～15. 矮领鼓腹罐（T7②：35、T7②：36、T7②：43、T7②：40、T7②：42）　10. 罐底（T7②：71）　16、17. 高领罐（T7②：22、T7②：23）　18. 斜沿直腹罐（T7②：58）

口内微凹，上腹外鼓。颈下饰粗疏的交错绳纹。残高7厘米（图一一四，3）。标本T7②：64，口沿残片。夹砂红陶。直口，圆唇，口内较直，上腹外鼓。颈下饰几道弦纹。残高4.8厘米（图一一四，19）。标本T7②：66，口、腹残片。夹砂红陶。敛口，圆唇，窄平沿稍外斜，口内微凹，束颈，上腹微鼓。颈下饰较粗疏的左上至右下的斜绳纹。口径14.3、残高10.1厘米（图一一四，7）。标本T7②：67，口、腹残片。夹砂红陶。口微侈，尖圆唇，平沿外斜，口内微凹，束颈，上腹较鼓。颈下饰较密集的右上至左下的斜绳纹。口径26.2、残高8.3厘米（图一一四，1）。标本T7②：68，口、腹残片。夹砂褐陶。直口，圆唇较薄，窄平沿内斜，上腹微鼓。颈下饰粗疏的左上至右下的斜绳纹。残高10厘米（图一一四，8）。标本T7②：69，口、腹残片。夹砂褐陶，口部及器表呈黑灰色。侈口，尖圆唇，平沿外斜，口内有一周宽凹槽，外有一周凸棱，上腹外鼓。颈下饰较粗疏的横向绳纹。口径19.1、残高7厘米（图一一四，5）。

斜沿直腹罐　1件。标本T7②：58，口沿残片。夹砂红陶。侈口，尖圆唇，窄平沿外斜，口内有一周宽凹槽，斜直腹内收。沿下方掐印一周指甲纹，腹部饰深且规整的弦纹，弦纹上贴附一竖向豆瓣状附加堆纹。口径16.2、残高6.1厘米（图一一四，18）。

矮领鼓腹罐　5件。均为口沿残片。标本T7②：35，泥质红陶。敛口，方唇，上腹较鼓。素面。口径13.4、残高8.6厘米（图一一四，9）。标本T7②：36，口沿残片。泥质红陶。直口，尖圆唇，窄平沿，上腹圆鼓。颈下饰数道弦纹。残高8厘米（图一一四，12）。标本T7②：40，泥质红陶，器表呈灰褐色。敛口，圆唇，口内微凹，矮领束颈，上腹圆鼓。沿面饰一周黑彩，腹部饰黑彩圆点、斜线、弧边三角等纹样。残高5.8厘米（图一一四，14）。标本T7②：42，泥质红陶。直口，圆唇，上腹圆鼓。沿上、面饰一周黑彩，腹部饰黑彩圆点、弧线、弧边三角纹样。残高5.8厘米（图一一四，15）。标本T7②：43，泥质红陶。直口，圆唇，束颈，上腹圆鼓。唇部饰一周黑彩，腹部饰黑彩弧线、圆点、弧边三角等纹样。残高8.2厘米（图一一四，13）。

高领罐　2件。口部残件。标本T7②：22，泥质红陶。侈口，厚圆唇，高领，腹较直。素面，领内可见清晰的同心圆纹。残高10厘米（图一一四，16）。标本T7②：23，泥质红陶。侈口，圆唇，窄沿外斜，高领，直腹。素面。残高8.4厘米（图一一四，17）。

罐底　1件。标本T7②：71，夹砂红陶。斜直壁，平底、底面微凹。腹壁饰粗疏的右上至左下的斜绳纹。底径17、残高14厘米（图一一四，10）。

缸　1件。标本T7②：70，口、腹残片。夹砂红陶。敛口，圆唇，斜沿外撇，沿面宽平，沿内较直，修整时留有几周凸棱，上腹外鼓。腹部饰较粗疏的右上至左下的斜绳纹，被几道弦纹隔断，其上贴附有两个一组的带捺窝的小泥饼。口径35.8、残高11.5厘米（图一一四，4）。

盂　1件。标本T7②：1，可修复。夹砂红陶，陶质较粗。敛口，圆唇，圆鼓腹，最大径在上腹部，口内有一条形錾手，平底。素面。口径13、底径5.8、高9.5厘米（图一一五，6；图版二七，1）。

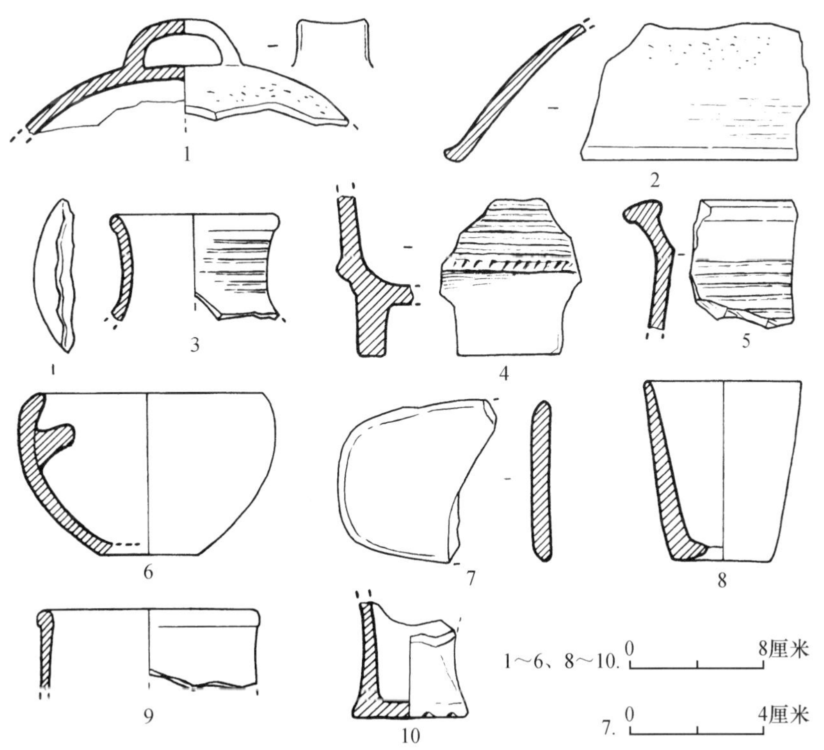

图一一五　T7②出土陶器

1、2. 器盖（T7②：74、T7②：73）　3、9. 壶（T7②：38、T7②：39）　4、5. 灶（T7②：76、T7②：75）　6. 盂（T7②：1）　7. 刀（T7②：54）　8、10. 杯（T7②：57、T7②：55）

灶　2件。标本T7②：75，口沿残片。夹砂红陶。侈口，短沿外撇，沿内有一周较宽的凹槽，直腹。腹部饰弦纹。残高7.2厘米（图一一五，5）。标本T7②：76，足部残件。夹砂红陶。直腹，长方形足。腹部饰弦纹，纹痕较深，底边按压一周花边。残高8.8厘米（图一一五，4）。

壶　2件。均为口沿残片。标本T7②：38，泥质褐陶。敞口，圆唇，束颈。颈部饰数道弦纹。口径9.2、残高6厘米（图一一五，3）。标本T7②：39，泥质红陶。直口，圆唇，直颈。素面。口径12.1、残高4.7厘米（图一一五，9）。

器盖　2件。标本T7②：73，口部残件。夹砂红陶。喇叭形口，圆唇较厚。素面，近口部涂泥修抹。残高7.7厘米（图一一五，2）。标本T7②：74，夹砂红陶。口部残，桥形纽，纽修制规整，鼓腹。纽与器盖的结合处有抹泥修整的痕迹，素面。纽宽4.3、残高6.3厘米（图一一五，1）。

杯　2件。标本T7②：55，残。泥质灰陶。直腹，花边状平底。底径3.4、残高3.4厘米（图一一五，10）。标本T7②：57，夹砂红陶，侈口，圆唇，腹壁斜直，凹底，底部有一圆孔。素面。口径4.6、底径2.9、高5.1厘米（图一一五，8）。

刀　1件。标本T7②：54，残。泥质红陶。系用盆或钵的腹片改制而成。周身均磨至光滑，弧刃，刃部有一块崩裂，未见使用痕迹。残长4.3、残宽4.8、厚0.5厘米（图一一五，7）。

第二节　灰坑及出土遗物

本区共清理灰坑22个。按口部形制可以分为圆形、椭圆形、圆角长方形和不规则形灰坑。椭圆形灰坑最多，共15个，分别为H32、H33、H34、H35、H36、H40、H41、H42、H43、H45、H46、H47、H48、H50和H52；圆形灰坑仅个，为H31；圆角方形灰坑2个，为H37和H49；其余的4个为椭圆形灰坑。

下面按照灰坑的编号次序进行介绍。

1. H31

H31位于T7的中部偏南。开口于第2层下，打破Y2及生土。开口距地表75厘米。口部为圆形，剖面袋状，斜弧壁外扩，壁较清晰，平底。口径130、底径160、残深60厘米。坑口平面形状为圆形，坑壁斜弧外扩，剖面呈袋状，坑壁清晰，未见工具痕迹，坑底稍平（图一一六）。

坑内堆积为浅灰色土，土质疏松，夹灰烬、烧土、礓石、砂石等，含少量陶片。陶片以泥质红陶为主，夹砂褐陶次之；纹饰以素面最多，彩陶次之，其他还有线纹、绳纹、弦纹等（表三三）。

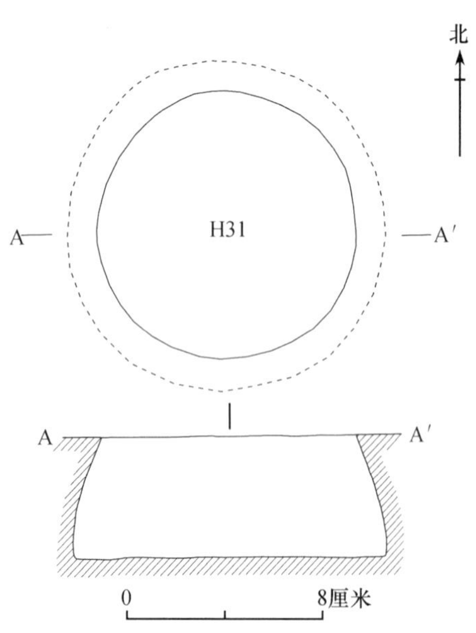

图一一六　H31平、剖面图

表三三 T7H31陶系、纹饰统计表

纹饰＼数量＼陶系	泥质陶				夹砂陶				合计	百分比
	红	褐	灰	小计	红	褐	灰	小计		
素面	90		7	97					97	49.49%
绳纹						20		20	20	10.20%
线纹	30			30					30	15.31%
彩陶	35	10		45					45	22.96%
弦纹					2			2	2	1.02%
绳+弦						2		2	2	1.02%
合计	155	10	7	172	2	22		24	196	100%
百分比	79.09%	5.10%	3.57%	87.76%	1.02%	11.22%		12.24%	100%	

H31共出土标本14件。主要为陶器。另有石器1件。

陶器 13件。

折沿盆 3件。均为口、腹残片。标本T7H31：6，泥质红陶。敛口，圆唇，弧腹斜收。素面。口径20、腹径18.6、残高4.8厘米（图一一七，5）。标本T7H31：7，泥质红陶。敛口，圆唇，上腹外鼓。唇部饰一周黑彩，腹部饰黑彩变形鸟纹。口径32、腹径32、残高8厘米（图一一七，2）。标本T7H31：8，泥质红陶。敛口，方圆唇，上腹较鼓。唇部饰一周黑彩，腹部饰黑彩弧线纹样，口沿可见抹痕。残高6.4厘米（图一一七，1）。

敛口钵 1件。标本T7H31：5，口、腹残片。泥质红陶。敛口，圆唇，上腹微鼓，下腹斜直内收。素面，口部内侧可见轮修同心圆纹。口径20、腹径20.8、残高6.8厘米（图一一七，6）。

大口罐 4件。口、腹残片。标本T7H31：9，夹砂红陶。直口，尖圆唇，平沿，口内有两周浅凹槽，腹部微鼓。颈下饰几道横向弦纹，腹部为粗疏的左上至右下的斜绳纹。残高6.3厘米（图一一七，4）。标本T7H31：10，夹砂红陶。直口，圆唇，平沿内斜，口内微凹，上腹较鼓。腹部饰细密的右上至左下的斜绳纹。残高6.6厘米（图一一七，7）。标本T7H31：11，夹砂红陶。直口，方圆唇，平沿，腹较直。饰右上至左下的斜绳纹。残高8厘米（图一一七，8）。标本T7H31：12，夹砂褐陶，口沿内侧有黑色烟炱。侈口，圆唇，上腹微鼓。颈下饰右上至左下的斜绳纹加弦纹。残高8厘米（图一一七，3）。

器底 1件。标本T7H31：3，泥质褐陶。形体较小，器型不明。鼓腹内收，平底，捏制而成。底径3.2、残高2厘米（图一一七，13）。

杯 2件。标本T7H31：1，残。夹砂红陶。敞口，呈喇叭形、圆唇，腹部略曲，平底外撇，底边因捏制呈不规则的花边状。素面，器表粗糙。口径4.1、底径3、高4.8厘米（图一一七，9；图版二八，6）。标本T7H31：2，夹砂红陶。敞口，呈喇叭形，尖唇，短沿外侈，直腹，平底。素面。口径4.5、底径3.4、高4.2厘米（图一一七，10；图版二八，7）。

环 2件。均残。标本T7H31：13，泥质红陶，色偏黄。截面为圆角的等腰三角形。素面，器表磨光。内径4.2、外径5.6、厚0.7厘米（图一一七，11）。标本T7H31：14，泥质灰陶。截面为圆

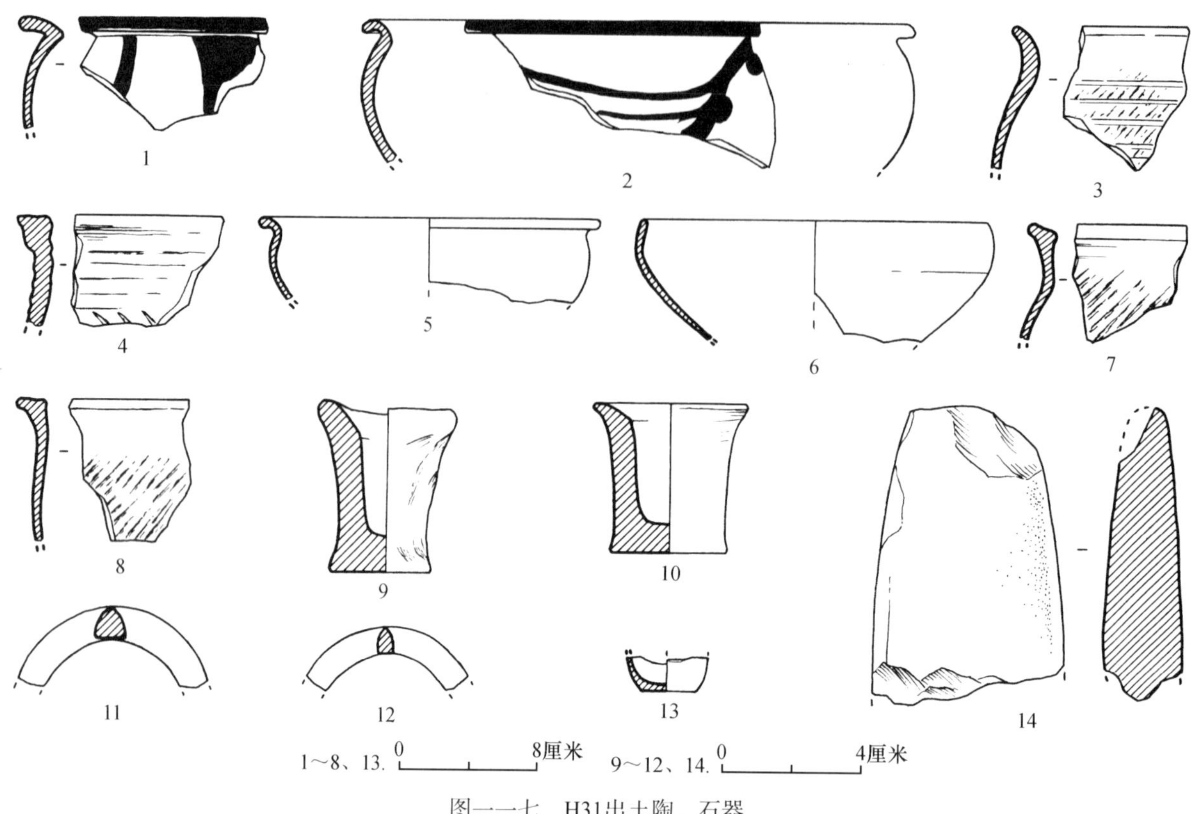

图一一七　H31出土陶、石器

1、2、5. 陶折沿盆（T7H31：8、T7H31：7、T7H31：6）　3、4、7、8. 陶大口罐（T7H31：12、T7H31：9、T7H31：10、T7H31：11）　6. 陶敛口钵（T7H31：5）　9、10. 陶杯（T7H31：1、T7H31：2）　11、12. 陶环（T7H31：13、T7H31：14）　13. 陶器底（T7H31：3）　14. 石斧（T7H31：4）

角的等腰三角形。素面，器表磨光。内径4、外径5.4、厚0.5厘米（图一一七，12）。

石器　1件。石斧。标本T7H31：4，残。磨制。呈墨绿色，整体呈上窄下宽的梯形，背部较厚，刃已残。残长8.3、刃残宽3.6、背宽5.5、厚2.3厘米（图一一七，14）。

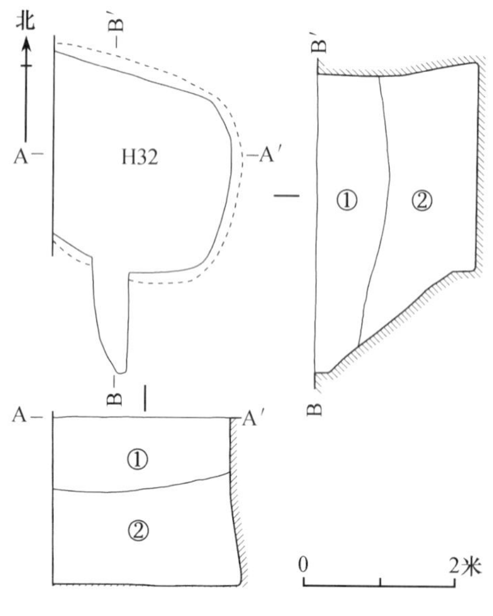

图一一八　H32平、剖面图

2. H32

H32位于T8的西部偏南，部分延伸至西壁下。开口于第2层下，打破H33及生土。开口距地表80厘米。口部形状为近椭圆形，剖面袋状，斜直壁，平底；在灰坑南部有一长条形坑与南壁相连，坑底呈南高北低的斜坡状，壁底均较平整。口部最长250、宽230、底部长278、宽244、残深210厘米。长条形坑宽20～50、长137、坡底距坑底深30厘米（图一一八）。

坑内堆积依土质、土色可分为两层：第1层厚70～94厘米，灰褐色土，土质松散，夹大量的沙土，内含陶片、陶环等。陶片以泥质红陶居多，夹砂褐陶次之；纹饰以素面居多，绳纹次之，其他还有线纹、彩陶、附加堆纹等（表三四）。第2层厚116～140厘米，灰黑色土，土质松散，夹沙土及零星动物骨骼，内含陶片、陶环等。陶片以泥质红陶为主，另有少量的夹砂褐陶、泥质灰陶等；纹饰以素面居多，线纹次之，其他还有绳纹、彩陶等（表三五）。动物骨头经鉴定种属为猪。

表三四　T8H32①陶系、纹饰统计表

陶系 数量 纹饰	泥质陶				夹砂陶				合计	百分比
	红	褐	灰	小计	红	褐	灰	小计		
素面	92	38	35	165		6		6	171	39.40%
绳纹					10	100	8	118	118	27.19%
线纹	105			105					105	24.19%
彩陶	36			36					36	8.29%
附加堆纹					1			1	1	0.24%
绳+弦						3		3	3	0.69%
合计	233	38	35	306	11	109	8	128	434	100%
百分比	53.69%	8.76%	8.06%	70.51%	2.53%	25.12%	1.84%	29.49%	100%	

表三五　T8H32②陶系、纹饰统计表

陶系 数量 纹饰	泥质陶				夹砂陶				合计	百分比
	红	褐	灰	小计	红	褐	灰	小计		
素面	260	22	53	335		8		8	343	54.70%
绳纹					30	70		100	100	15.95%
线纹	120			120					120	19.14%
彩陶	62			62					62	9.89%
绳+弦					2			2	2	0.32%
合计	442	22	53	517	32	78		110	627	100%
百分比	70.49%	3.52%	8.45%	82.46%	5.10%	12.44%		17.54%	100%	

H32共出土标本51件。下面按照出土层位进行介绍。

第1层出土标本20件，均为陶器。

重唇口尖底瓶　1件。标本T8H32①：21，口沿残片。泥质红陶。敛口，双唇较明显，下唇沿面宽于上唇，下唇圆唇，双唇沿面均向上斜。素面。口径4.2、残高3.2厘米（图一一九，8）。

盆　5件。均为口沿残片。根据口部形态可分为折沿盆、叠唇盆。

折沿盆　3件。标本T8H32①：7，泥质红陶。口微敛，圆唇，弧腹。唇部饰一周黑彩，沿面及上腹部各饰黑彩弧边三角纹样。残高6.7厘米（图一一九，2）。标本T8H32①：8，泥质红陶。口微敛，方圆唇，上腹微鼓。唇部饰一周黑彩，口沿及腹部各饰黑彩勾叶纹样。残高4.4厘米（图一一九，3）。标本T8H32①：9，泥质红陶。敛口，圆唇，上腹微鼓。素面。残高4.6厘米（图一一九，4）。

叠唇盆　2件。有弧腹、斜腹之分。

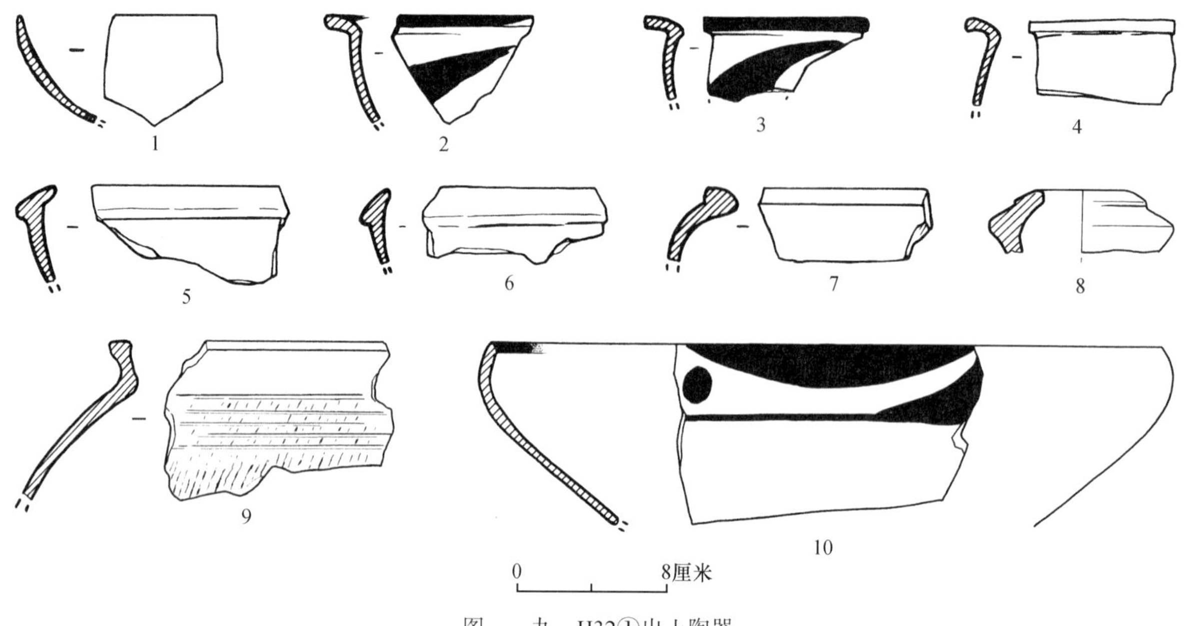

图一一九　H32①出土陶器

1. 直口钵（T8H32①：2）　2～4. 折沿盆（T8H32①：7、T8H32①：8、T8H32①：9）　5. 叠唇斜腹盆（T8H32①：12）　6. 叠唇弧腹盆（T8H32①：14）　7. 瓮（T8H32①：18）　8. 重唇口尖底瓶（T8H32①：21）　9. 大口罐（T8H32①：24）　10. 敛口钵（T8H32①：5）

叠唇弧腹盆　1件。标本T8H32①：14，泥质红陶。敛口，叠唇较宽，斜弧腹内收。素面，内壁可见轮修的同心圆纹。残高4厘米（图一一九，6）。

叠唇斜腹盆　1件。标本T8H32①：12，泥质红陶。敛口，叠唇较宽，斜直腹内收。素面。残高5.2厘米（图一一九，5）。

钵　4件。均为口沿残片。根据口部形态可分为直口钵、敞口钵、敛口钵。

直口钵　1件。标本T8H32①：2，泥质红陶。直口，尖唇，弧腹内收。素面，内壁有刮抹痕。残高5.8厘米（图一一九，1）。

敞口钵　1件。标本T8H32①：6，泥质褐陶。口微敞，尖唇，弧腹内收。唇部饰一周黑彩。口径20、残高6.5厘米（图一二〇，1）。

敛口钵　2件。标本T8H32①：4，泥质红陶。口微敛，圆唇，上腹微鼓，弧腹内收。唇部施一周黑彩，上腹部饰一个黑彩圆点。残高7.2厘米（图一二〇，2）。标本T8H32①：5，泥质红陶。敛口，方唇，上腹外鼓，斜腹内收。上腹部饰黑彩圆点、弧边三角、弧线等组成的纹样。口径35.8、腹径37.2、残高9.4厘米（图一一九，10）。

罐　5件。根据口部形态可分为大口罐、高领罐。

大口罐　4件。均为口、腹残片。标本T8H32①：22，夹砂褐陶。直口，圆唇，平沿外斜，口内外均有一周较浅的凹槽，剖面近铁轨式，上腹较鼓。口沿下有一周按压痕，颈下饰左上至右下的斜绳纹。口径20、残高6.2厘米（图一二〇，3）。标本T8H32①：23 夹砂褐陶。直口，圆唇，窄沿微内斜，口内有一周较浅的凹槽，剖面近铁轨式，上腹外鼓。颈下饰数道弦纹，下部为右上至左下的斜绳纹加弦纹。口径24、残高6.2厘米（图一二〇，5）。标本T8H32①：24，夹砂红陶。侈口，

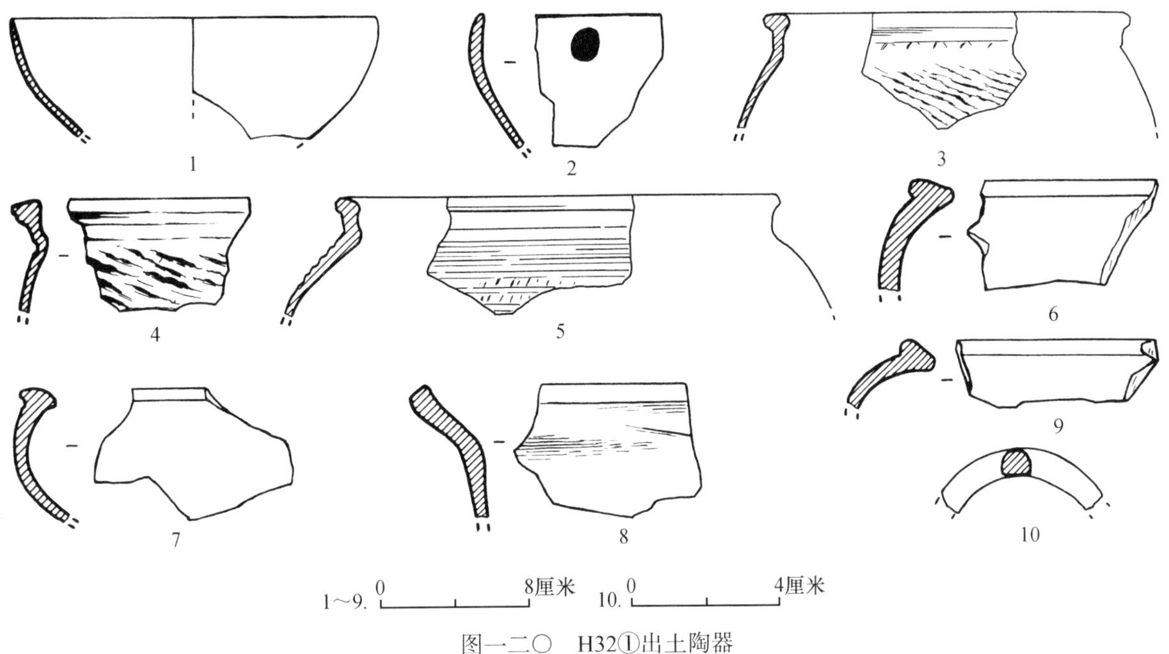

图一二〇　H32①出土陶器

1. 敞口钵（T8H32①：6）　2. 敛口钵（T8H32①：4）　3～5. 大口罐（T8H32①：22、T8H32①：25、T8H32①：23）　6、7、9. 瓮（T8H32①：19、T8H32①：17、T8H32①：20）　8. 高领罐（T8H32①：13）　10. 环（T8H32①：26）

圆唇，窄平沿，口内有一周浅凹槽，上腹外鼓。饰右上至左下的斜绳纹加弦纹。残高8.2厘米（图一一九，9）。标本T8H32①：25，夹砂褐陶。直口微侈，尖圆唇，平沿外斜，口内外均有一周浅凹槽，剖面近铁轨式，上腹较鼓。腹部饰较粗疏的左上至右下的斜绳纹。残高6厘米（图一二〇，4）。

高领罐　1件。标本T8H32①：13，口沿残片。泥质红陶。侈口，方唇，高领，直腹。素面。残高7厘米（图一二〇，8）。

瓮　4件。均为口、腹残片。标本T8H32①：17，泥质褐陶。敛口，尖唇微外卷，沿面微鼓，口部剖面近T形，肩部圆鼓。素面。残高7厘米（图一二〇，7）。标本T8H32①：18，泥质灰陶。敛口，厚圆唇微外卷，沿面微鼓，肩部圆鼓。素面，器表磨光，沿内可见轮修痕。残高4厘米（图一一九，7）。标本T8H32①：19，泥质灰陶。敛口，厚圆唇外叠，斜沿较长，口部剖面近T形，肩部圆鼓。素面，器表磨光。残高5.8厘米（图一二〇，6）。标本T8H32①：20，泥质灰陶。敛口，厚圆唇外叠，斜沿较长，口部剖面近T形，肩部圆鼓。素面，器表磨光。残高3.6厘米（图一二〇，9）。

环　1件。标本T8H32①：26，残。泥质灰陶。截面近半圆形。素面，器表磨光。内径4、外径5.4、厚0.8厘米（图一二〇，10）。

第2层出土物31件。均为陶器。有瓶、盆、钵、罐、瓮等。

重唇口尖底瓶　2件。口部残件。标本T8H32②：18，泥质红陶。敛口，上唇高于下唇，下唇尖圆，双唇基本同宽，双唇沿面微上斜。颈部饰左上至右下的细线纹。口径4、残高5厘米（图一二一，1）。标本T8H32②：19，泥质红陶。敛口，三唇，原来的双唇明显，中间的一条唇应该是在外唇里侧贴附的一周泥条，下唇尖圆，三唇基本同宽且沿面均向上斜。素面，沿内外可见清晰的轮修痕。口径4、残高3.2厘米（图一二二，6）。

折沿盆　3件。均为口沿残片。标本T8H32②：8，泥质红陶。口微敛，方圆唇，弧腹。唇部及沿面内缘各饰一周黑彩，沿面外缘及上腹部均饰黑彩弧边三角、弧线组成的纹样。残高6.6厘米（图一二一，12）。标本T8H32②：10，泥质红陶。敛口，圆唇，鼓腹。素面。口径40、腹径37.8、残高6.9厘米（图一二一，6）。标本T8H32②：13，泥质红陶。敛口，圆唇，折沿外卷，腹下部较鼓。唇面及沿面外缘各饰一周黑彩，上腹部饰黑彩弧边三角纹样。残高8.1厘米（图一二一，7）。

钵　5件。根据口部形态可分为直口钵、敛口钵。

直口钵　1件。标本T8H32②：1，可修复。泥质褐陶。直口，尖唇，弧腹内收，平底。素面，上腹部被熏黑。口径20.2、底径9.6、残高7.6厘米（图一二一，10；图版二八，4）。

敛口钵　4件。均为口沿残片。标本T8H32②：4，泥质红陶。敛口，方圆唇，上腹微鼓，斜腹内收。素面。残高5.2厘米（图一二一，3）。标本T8H32②：5，泥质红陶。敛口，圆唇，上腹较鼓，斜腹内收。素面。残高6.2厘米（图一二一，9）。标本T8H32②：6，泥质红陶。口微敛，方唇，上腹微鼓，斜腹内收。唇部饰一周黑彩，上腹部饰黑彩圆点、弧边三角、弧线、竖线等组成的纹样。残高6.6厘米（图一二一，8）。标本T8H32②：7，泥质红陶。敛口，方唇，上腹较鼓。唇部饰一周黑彩，腹部饰黑彩弧边三角、柳叶形纹饰组成的纹饰。残高4.6厘米（图一二一，4）。

罐　7件。均为口、腹残片。根据口部形态可分为大口罐、高领罐。

大口罐　5件。标本T8H32②：20，夹砂红陶。口微侈，圆唇，斜沿外撇，沿内有一周

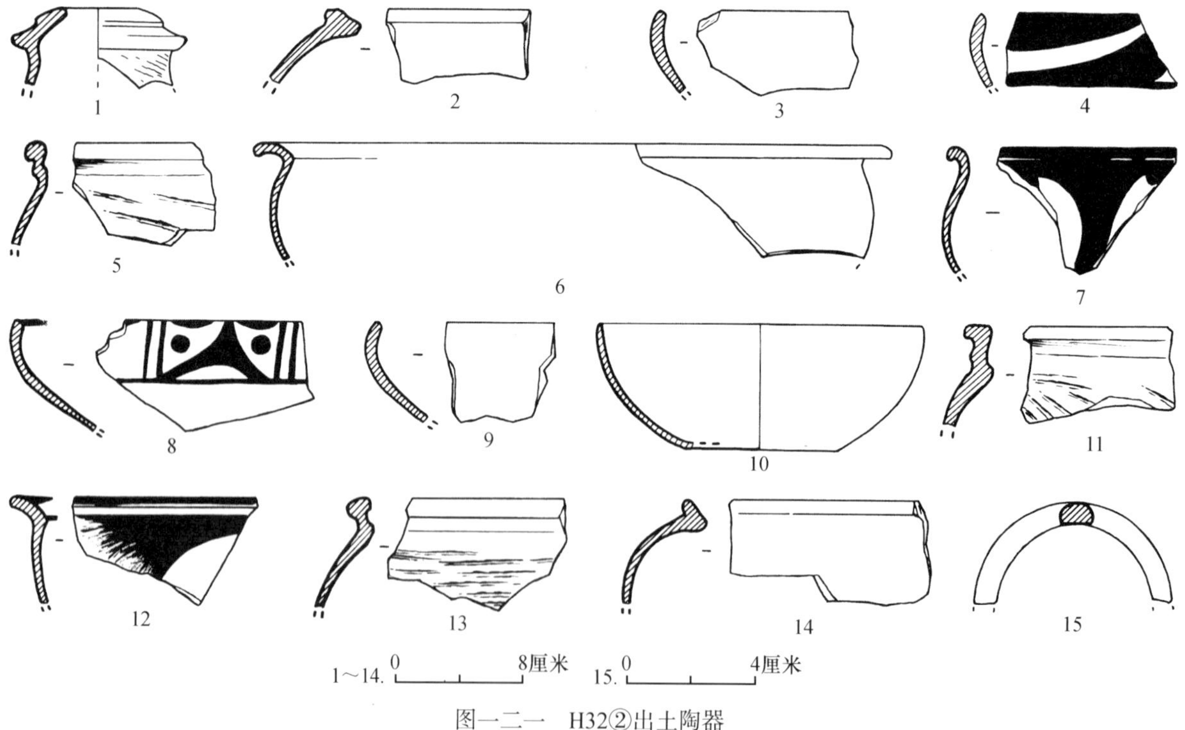

图一二一　H32②出土陶器

1. 重唇口尖底瓶（T8H32②：18）　2、14. 瓮（T8H32②：15、T8H32②：16）　3、4、8、9. 敛口钵（T8H32②：4、T8H32②：7、T8H32②：6、T8H32②：5）　5、11、13. 大口罐（T8H32②：23、T8H32②：22、T8H32②：20）　6、7、12. 折沿盆（T8H32②：10、T8H32②：13、T8H32②：8）　10. 直口钵（T8H32②：1）　15. 环（T8H32②：28）

深凹槽，剖面近铁轨式，上腹外鼓。腹部饰横向弦纹。残高6.8厘米（图一二一，13）。标本T8H32②：21，夹砂红陶。直口，方圆唇，口内微凹，上腹微鼓。饰粗疏的左上至右下的斜绳纹。残高8.2厘米（图一二二，4）。标本T8H32②：22，夹粗砂红陶。直口，方唇，沿面微弧外斜，口内外各有一周较深的凹槽，剖面近铁轨式。上腹较鼓。颈下饰两道粗浅的弦纹，腹部饰粗疏的左上至右下的斜绳纹。残高6厘米（图一二一，11）。标本T8H32②：23，夹砂红陶。直口，圆唇，口内外各有一周较深的凹槽，剖面呈铁轨式，上腹较鼓。饰粗疏的左上至右下的斜绳纹。残高6.2厘米（图一二一，5）。标本T8H32②：24，夹砂褐陶。直口，圆唇，窄平沿，口内外各有一周浅凹槽，剖面呈铁轨式，束颈，上腹较鼓。颈下饰较粗疏的左上至右下的斜绳纹。口径20.2、残高8.3厘米（图一二二，2）。

高领罐　2件。标本T8H32②：11，泥质红陶。侈口，尖圆唇，窄平沿，沿内缘微凸，高领外撇，领与腹相接处下有一周凹弦纹，腹较直。素面，口沿内有轮修痕。残高10厘米（图一二二，1）。标本T8H32②：12，泥质红陶。侈口，圆唇，平沿外斜，高领，领内微凹，领与腹相接处下有一周凹弦纹，腹微鼓。素面。残高9.2厘米（图一二二，3）。

瓮　3件。均为口沿残片。标本T8H32②：15，泥质灰陶。敛口，圆唇外叠，剖面近T形，肩部圆鼓。素面，唇部及沿面可见轮修痕。残高4.6厘米（图一二一，2）。标本T8H32②：16，泥质灰陶。敛口，方圆唇外叠，沿面向内斜，肩部圆鼓。素面磨光。残高6.4厘米（图一二一，14）。标本T8H32②：17，泥质灰陶。敛口，圆唇外叠，沿面向内斜，剖面呈T形，肩部圆鼓。素面。残高4.4厘米（图一二二，5）。

环　9件。均残。其中标本T8H32②：27，泥质灰陶。截面呈半圆形。器表印有一周单向的细

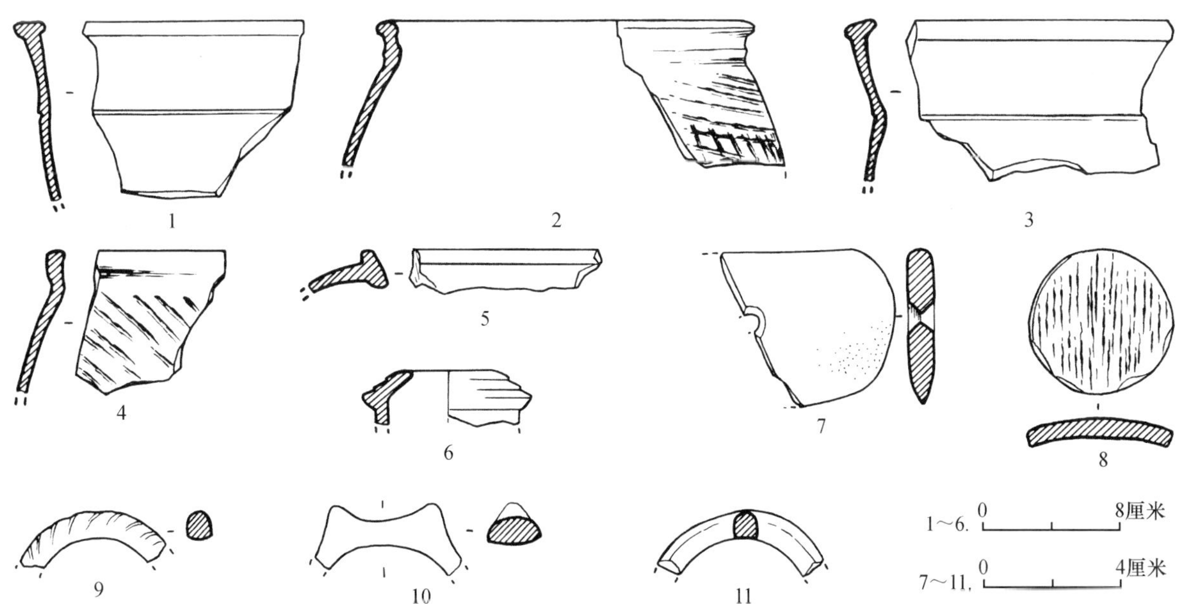

图一二二　H32②出土陶器

1、3. 高领罐（T8H32②：11、T8H32②：12）　2、4. 大口罐（T8H32②：24、T8H32②：21）　5. 瓮（T8H32②：17）　6. 重唇口尖底瓶（T8H32②：19）　7. 刀（T8H32②：2）　8. 圆陶片（T8H32②：3）　9～11. 环（T8H32②：27、T8H32②：29、T8H32②：30）

螺旋纹。内径4、外径5.4、厚0.6厘米（图一二二，9）。标本T8H32②：28，泥质灰陶。截面呈半圆形。素面。内径5、外径6.4、厚0.9厘米（图一二一，15）。标本T8H32②：29，泥质灰陶。截面近半圆形，平面呈齿轮状，残留两个齿状凸起。素面，器表磨光。内径4.4、外径5.6、厚1.5厘米（图一二二，10）。标本T8H32②：30，泥质灰陶。截面近圆角方形。素面，环体两侧被磨制较平。内径4.6、外径5.6、厚0.6厘米（图一二二，11）。

刀　1件。标本T8H32②：2，泥质褐陶磨制而成，残存约2/1。刀背平直，弧刃，从中部钻孔处断裂，钻孔靠近刀背，两面对钻。残长5.1、宽4.4厘米（图一二二，7）。

圆陶片　1件。标本T8H32②：3，泥质红陶。平面呈圆形，中部有未钻透的穿孔痕迹。一面磨光，另一面有绳纹。直径4.1厘米（图一二二，8）。

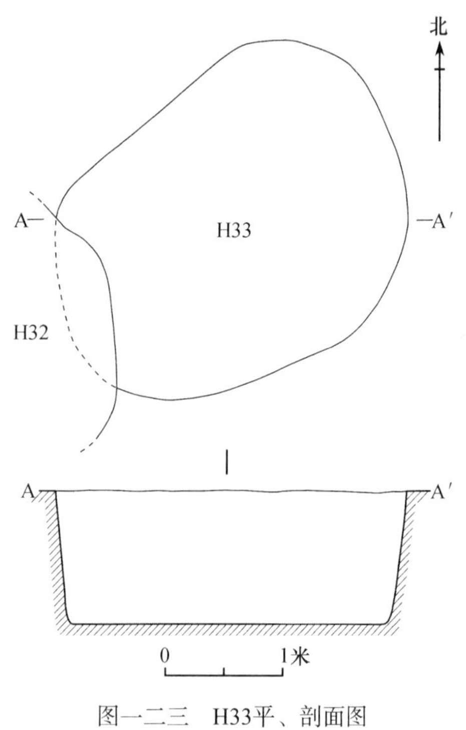

图一二三　H33平、剖面图

3. H33

H33位于T8的中部。开口于第2层下，打破H34、H35、H36及生土，被H32打破。开口距地表80厘米。口部形状为椭圆形，剖面口大底小，坡壁内收，平底。口径250～300、底径280、残深110厘米（图一二三）。

坑内堆积为土色泛黑的灰土，土质松散，夹礓石，兽骨等，含部分陶片。陶片以泥质红陶为主，夹砂红陶和夹砂褐陶次之；纹饰以素面居多，绳纹次之，其他还有线纹、彩陶、附加堆纹（表三六）。

表三六　T8H33陶系、纹饰统计表

陶系 / 数量 / 纹饰	泥质陶				夹砂陶				合计	百分比
	红	褐	灰	小计	红	褐	灰	小计		
素面	168	26	42	236		26		26	262	45.80%
绳纹					98	56	14	168	168	29.37%
线纹	82	18		100					100	17.48%
彩陶	40			40					40	6.99%
附加堆纹					2			2	2	0.36%
合计	290	44	42	376	100	82	14	196	572	100%
百分比	50.70%	7.69%	7.34%	65.73%	17.48%	14.34%	2.45%	34.27%	100%	

H33共出土标本31件。以陶器为主，另有少量石器。

陶器　28件。

重唇口尖底瓶　2件。均为口沿残片。标本T8H33：15，泥质红陶。敛口，双唇明显，上唇较高，双唇基本同宽，下唇尖圆、沿面微上斜。唇口内可见同心圆纹。口径4.4、残高4厘米（图一二四，1）。标本T8H33：16，泥质红陶。敛口，双唇明显，上唇较高、沿面宽于下唇，下唇圆唇、沿面较平，口与颈相接处折痕较明显。颈部饰左上至游右下的斜线纹，唇口内外可见轮修痕。口径5、残高3.6厘米（图一二四，2）。

盆　3件。根据口部形态可分为折沿盆、叠唇盆。

折沿盆　1件。折沿弧腹盆。标本T8H33：8，口、腹残片。泥质红陶。口微敛，圆唇，弧腹。唇面及沿内均饰一周黑彩，腹部饰黑彩斜线纹样。残高6.4厘米（图一二四，9）。

叠唇盆　2件。均为口沿残片。有弧腹、斜腹之分。

叠唇弧腹盆　1件。标本T8H33：13，泥质灰陶。敛口，叠唇较宽。素面。残高4.6厘米（图一二四，10）。

叠唇斜腹盆　1件。标本T8H33：11，泥质红陶。敛口，叠唇较窄，斜腹内收。素面，沿面有同心圆纹。残高5.2厘米（图一二四，5）。

钵　4件。根据口部形态可分为直口钵、敛口钵。

直口钵　2件。标本T8H33：1，可修复。泥质红陶。直口，圆唇，弧腹，平底。唇部施一周黑彩，腹部可见较深的刮修痕迹。口径17.2、底径7.5、高6.8厘米（图一二四，7；图版三〇，3）。标本T8H33：5，口沿残片。泥质红陶。直口，圆唇，上腹较直，弧腹内收。素面，因叠烧口部呈红顶，唇部饰一周黑彩。残高5.6厘米（图一二四，6）。

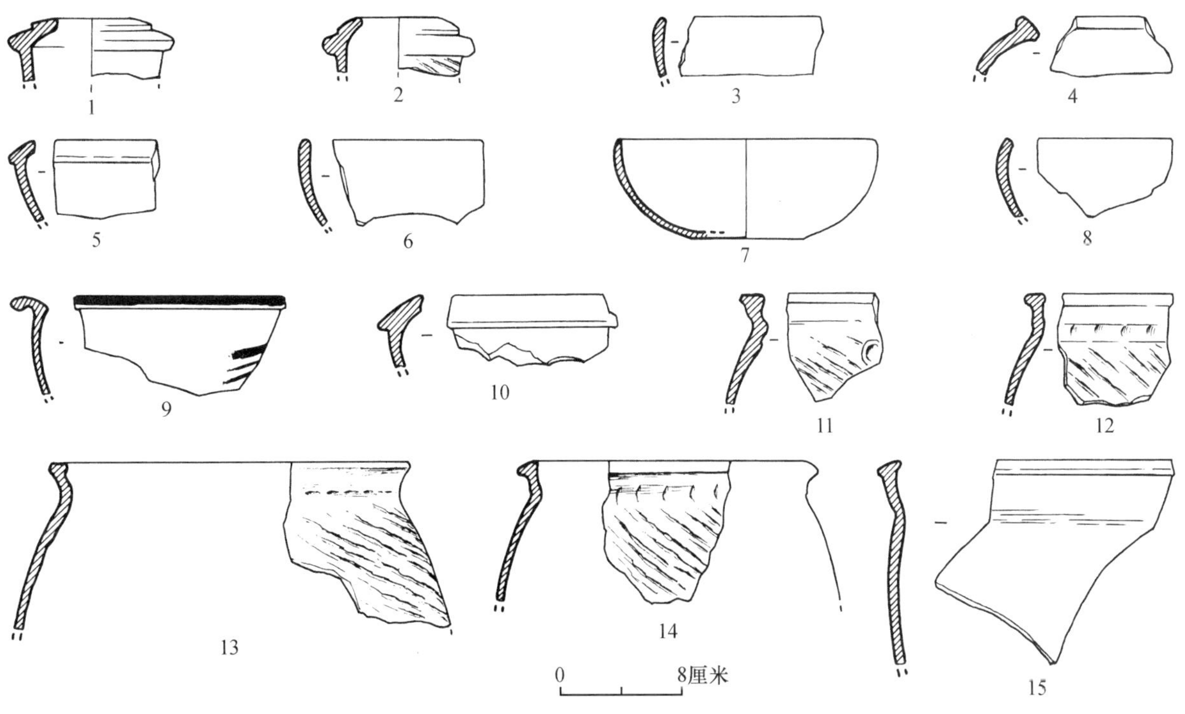

图一二四　H33出土陶器

1、2. 重唇口尖底瓶（T8H33：15、T8H33：16）　3、8. 敛口钵（T8H33：7、T8H33：6）　4. 瓮（T8H33：14）　5. 叠唇斜腹盆（T8H33：11）　6、7. 直口钵（T8H33：5、T8H33：1）　9. 折沿盆（T8H33：8）　10. 叠唇弧腹盆（T8H33：13）　11～14. 大口罐（T8H33：17、T8H33：18、T8H33：20、T8H33：19）　15. 高领罐（T8H33：9）

敛口钵　2件。口、腹残片。标本T8H33：6，泥质红陶。敛口，圆方唇，上腹微鼓，下腹内收。素面，唇部饰一周黑彩。残高5厘米（图一二四，8）。标本T8H33：7，泥质红陶。口微敛，圆方唇，上腹微鼓。素面。残高3.9厘米（图一二四，3）。

罐　6件。根据口部形态可分为大口罐、高领罐、罐底。

大口罐　4件。均为口、腹残片。铁轨式口沿退化。标本T8H33：17，夹砂红陶。直口，圆唇，平沿，口内有一周浅凹槽，上腹较鼓。颈下贴附一圆形泥饼，饰较粗疏的左上至右下的斜绳纹，内壁可见轮修的同心圆纹。残高7厘米（图一二四，11）。标本T8H33：18，夹砂红陶。直口，尖圆唇，窄平沿，沿内微凹，上腹较鼓。沿下有一周按压的凹痕，腹部饰较粗疏的左上至右下的斜绳纹。残高7.2厘米（图一二四，12）。标本T8H33：19，夹砂红陶。口微侈，尖圆唇，平沿外斜，口内有一周浅凹槽，束颈，上腹较鼓。颈下外壁有刮抹痕，上有一周按压的凹痕，腹部饰较粗疏的左上至右下的斜绳纹。口径20、残高9.2厘米（图一二四，14）。标本T8H33：20，夹砂红陶。口微侈，尖圆唇，窄平沿，口内有一周浅凹槽，束颈，上腹较鼓。颈下有一周按压的凹痕，腹部饰较粗疏的左上至右下的斜绳纹。口径24、残高10.7厘米（图一二四，13）。

高领罐　1件。标本T8H33：9，口、腹残片。泥质红陶。口微敛，圆唇，高领窄沿外斜，领内微凹，直腹。素面。残高13厘米（图一二四，15）。

罐底　1件。标本T8H33：10，泥质红陶。斜直腹内收，平底。素面。底径15.4、残高20厘米（图一二五，7）。

瓮　1件。标本T8H33：14，口沿残片。泥质灰陶。敛口，圆唇外叠，剖面近T形，圆肩。素面、器表磨光，唇面及内壁可见同心圆纹。残高3.8厘米（图一二四，4）。

器盖　1件。标本T8H33：22，残。夹砂褐陶。敞口呈喇叭形，圆唇。近口部涂抹。残高4.2厘米（图一二五，9）。

环　11件。均残。其中标本T8H33：23，泥质褐陶。截面近三角形。外表有一周细螺旋线纹，内圈平整光滑。外径5.2、内径3.6、厚0.8厘米（图一二五，4）。标本T8H33：26，泥质灰陶。平面呈圆角的正方形，断面近等边三角形。器表磨光，残存的两角均刻有两道细线纹，内圈较粗糙。外径5、内径3.8、厚1.1厘米（图一二五，8）。标本T8H33：27，泥质褐陶。截面近半圆形。素面，器表磨光，内圈较粗糙。外径5.5、内径4.4、厚0.8厘米（图一二五，5）。标本T8H33：31，泥质灰陶。截面近圆角的等腰三角形。素面，表面磨光，内圈较粗糙。外径6.6、内径5.2、厚1厘米（图一二五，6）。

石器　3件。为石刀。标本T8H33：2，残。磨制。平面呈三角形，器身扁平，刀背平，弧刃较薄，经打磨较光滑，刃部的一面有使用形成的凹槽。长5.7、宽2.6、厚0.3～0.4厘米（图一二五，2）。标本T8H33：3，一端已残。磨制。呈圆角长条形，刀背平直，直刃经双面磨制，较为锋利，中部有一双面对钻形成的穿孔。刃部有使用痕迹。残长4.4、宽2.9、厚0.6厘米（图一二五，1）。标本T8H33：4，一端已残。磨制。呈圆角长方形。刀背平直，双面直刃，较为锋利，中部有一穿孔，对钻而成。刃部有使用痕迹。残长4、宽4.1、厚0.9厘米（图一二五，3）。

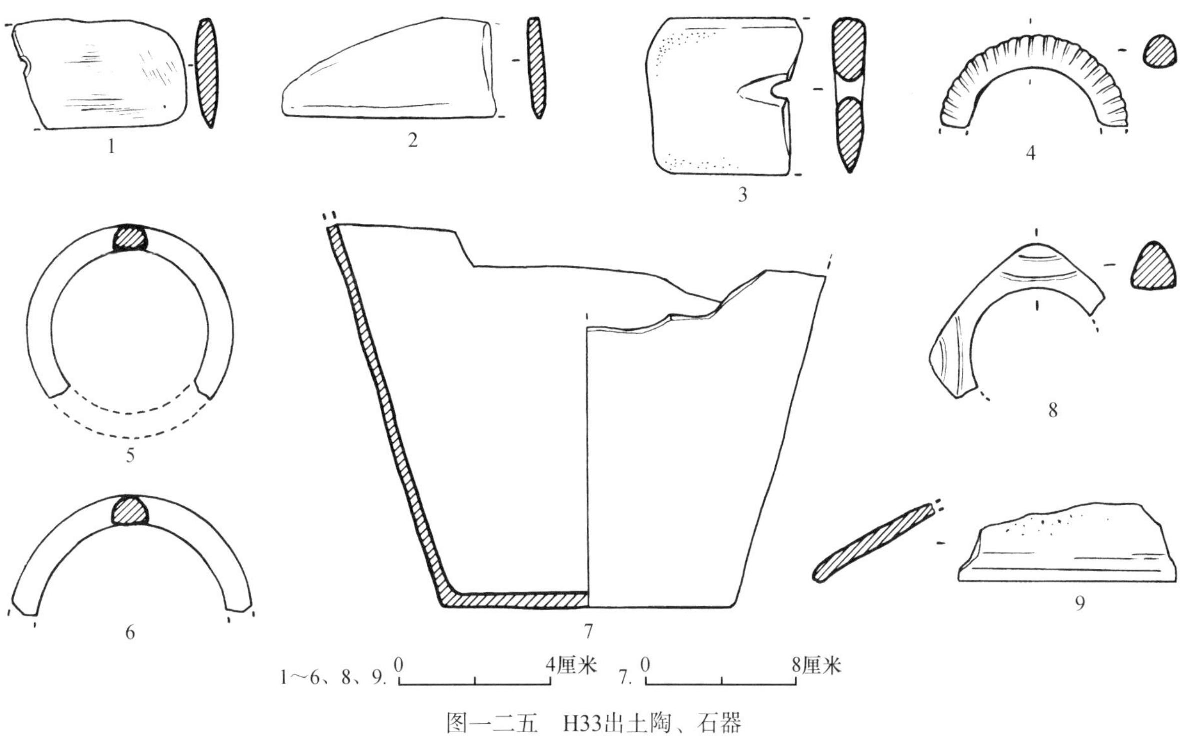

图一二五 H33出土陶、石器

1～3. 石刀（T8H33∶3、T8H33∶2、T8H33∶4） 4～6、8. 陶环（T8H33∶23、T8H33∶27、T8H33∶31、T8H33∶26）
7. 陶罐底（T8H33∶10） 9. 陶器盖（T8H33∶22）

4. H34

H34位于T8的中部偏南。开口于第2层下，打破H38及生土，被H33打破。开口距地表80厘米。口部形状为椭圆形，剖面袋状，斜弧壁外扩，平底。口径170～187、底径203～220、残深140厘米（图一二六）。

坑内堆积依土质、土色及包含物可分为两层：第1层厚100～120厘米，灰黑色土，土质松散，夹礓石、烧土等，内含陶片、陶环。陶片以泥质红陶居多，夹砂褐陶次之；纹饰以素面居多，绳纹次之，其他还有线纹、弦纹（表三七）。第2层厚20～40厘米，灰褐色土，土质松散，夹礓石、烧土等，内含陶片、陶环等。陶片以泥质红陶为主，泥质褐陶次之；纹饰以线纹为主，素面次之，其他还有绳纹、彩陶（表三八）。

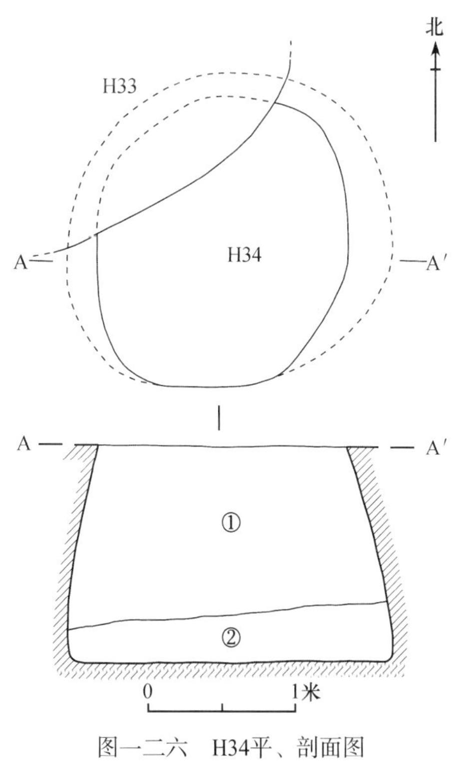

图一二六 H34平、剖面图

表三七　T8H34①陶系、纹饰统计表

陶系/数量/纹饰	泥质陶				夹砂陶				合计	百分比
	红	褐	灰	小计	红	褐	灰	小计		
素面	168	26	42	236		26		26	262	45.80%
绳纹					98	56	14	168	168	29.37%
线纹	82	18		100					100	17.48%
彩陶	40			40					40	6.99%
附加堆纹					2			2	2	0.36%
合计	290	44	42	376	100	82	14	196	572	100%
百分比	50.70%	7.69%	7.34%	65.73%	17.48%	14.34%	2.45%	34.27%	100%	

表三八　T8H34②陶系、纹饰统计表

陶系/数量/纹饰	泥质陶				夹砂陶				合计	百分比
	红	褐	灰	小计	红	褐	灰	小计		
素面	3	56	2	61					61	18.71%
绳纹						4		4	4	1.23%
线纹	260			260					260	79.75%
彩陶	1			1					1	0.31%
合计	264	56	2	322		4		4	326	100%
百分比	80.98%	17.18%	0.61%	98.77%		1.22%		1.23%	100%	

H34共出土标本11件，均为陶器。下面按照出土层位分别介绍。

第1层出土陶器3件。

尖底瓶底　1件。标本T8H34①：1，器底残件。泥质红陶。形态尖瘦，底已磨圆。内部泥条卷筑痕迹修至平整，几乎不见凸起的泥条。腹壁印有交错细线纹。残高13厘米（图一二七，6）。

缸　1件。标本T8H34①：2，保存较小。

器盖　1件。标本T8H34①：3，口沿残片。夹砂褐陶。侈口呈喇叭形，圆唇微外卷。器表抹泥。残高3.6厘米（图一二七，3）。

第2层出土陶器8件。

尖底瓶　4件。可分为重唇口尖底瓶、尖底瓶身。

重唇口尖底瓶　3件。标本T8H34②：2，可修复。泥质红陶。敛口，双唇明显，下唇尖圆，沿面向上倾斜，溜肩，肩径大于腹径，斜直腹下收，尖底磨平。通体饰细线纹，沿面可见轮修痕，颈部饰左上至右下、腹部饰右上至左下的斜线纹，上腹部有数周明显的泥条盘筑痕，肩部和近底部饰交错线纹。口径4、肩颈24.4、通高93.6厘米（图一二七，1；图版二九，1、2）。标本T8H34②：6，口部残件。泥质红陶。敛口，内唇高于外唇，下唇宽于上唇，下唇尖圆，双唇沿面均向上斜。颈部饰左上至右下的斜线纹。口径5、残高4.7厘米（图一二七，2）。标本

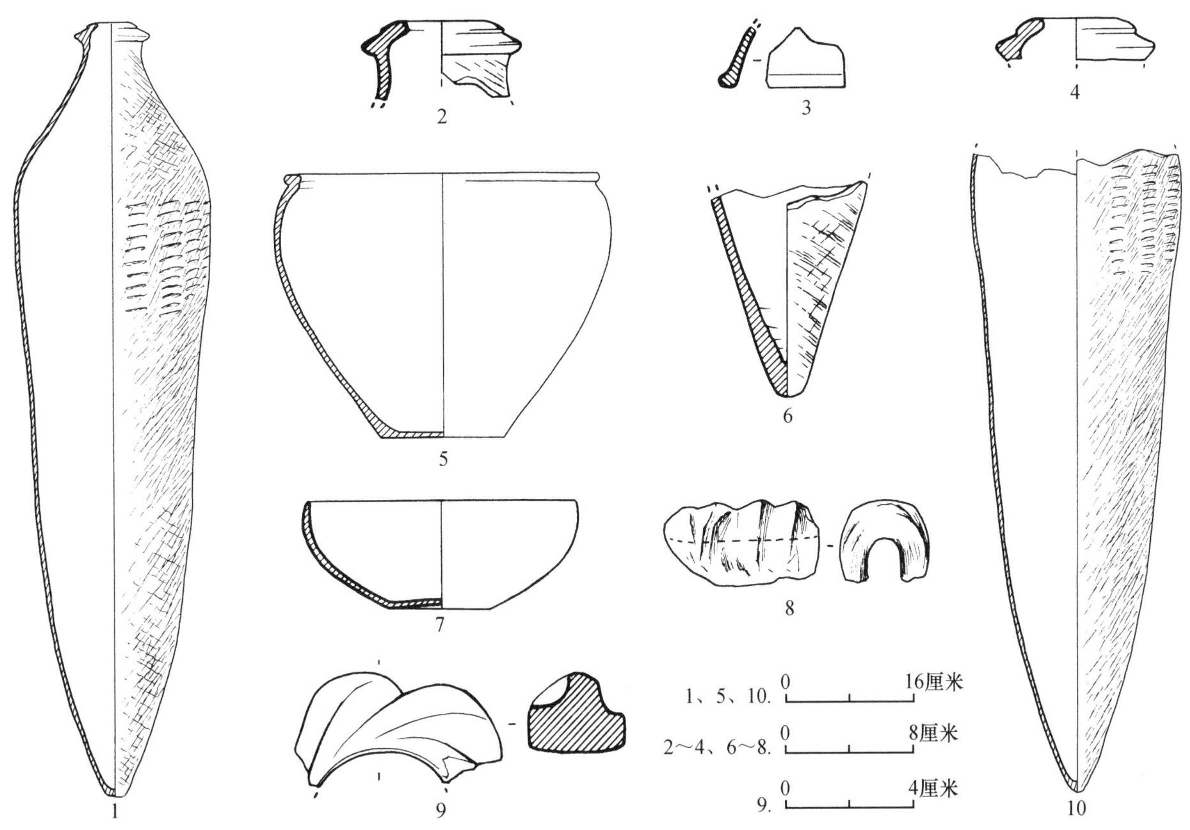

图一二七　H34出土陶器

1、2、4. 重唇口尖底瓶（T8H34②：2、T8H34②：6、T8H34②：7）　3. 器盖（T8H34①：3）　5. 瓮（T8H34②：1）　6. 尖底瓶底（T8H34①：1）　7. 直口钵（T8H34②：5）　8. 泥坯（T8H34②：3）　9. 环（T8H34②：8）　10. 尖底瓶身（T8H34②：4）

T8H34②：7，口部残件。泥质红陶。敛口，双唇明显，上唇较宽，下唇尖圆、沿面微凹，双唇沿面上斜。沿面及口内壁均可见轮修痕。口径4.6、残高4.6厘米（图一二七，4）。

尖底瓶身　1件。标本T8H34②：4，腹、底残件。泥质红陶。肩颈大于腹径，斜直腹下收，腰部微凹，尖底磨圆。腹部饰右上至左下的斜线纹，上腹部及器内壁有数周明显的泥条盘筑痕。肩颈26.4、残高77.6厘米（图一二七，10；图版二九，3）。

直口钵　1件。标本T8H34②：5，可修复。泥质灰陶。直口，尖唇，上腹微鼓，弧腹内收，平底微凹。素面磨光。口径17、腹径17.2、底径6.4、高6.6厘米（图一二七，7；图版三〇，1）。

瓮　1件。标本T8H34②：1，可修复。泥质褐陶。敛口，圆唇平叠，唇面有一圈浅凹痕，口沿内壁有一圈凹槽，圆肩，上腹部外鼓，下腹斜收，平底。素面。口径35.2、肩径42、底径15.6、高32厘米（图一二七，5）。

环　1件。标本T8H34②：8，残。泥质灰陶。外侧圆形扭曲成较粗的螺旋绳索状，内壁磨光。内径5.8、厚3厘米（图一二七，9）。

泥坯　1件。标本T8H34②：3，握空拳状，外部凹凸不平，留有似手握的痕迹，内部光滑，似曾用于包裹柱状物而成。长9.6、宽5.2、最厚2.4、内孔径2厘米（图一二七，8；图版二八，2）。

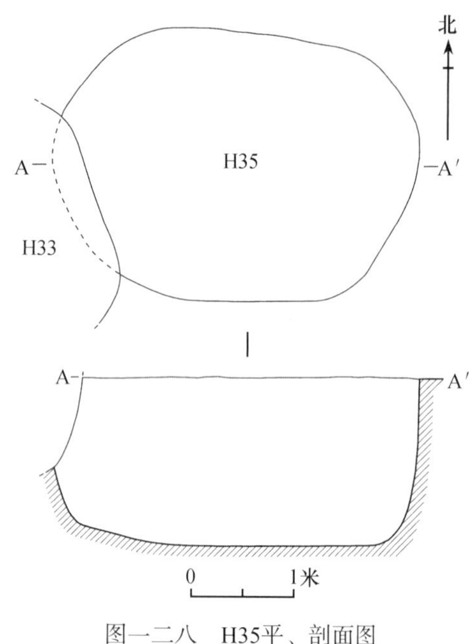

图一二八　H35平、剖面图

5. H35

H35位于T8的中部偏东北。开口于第2层下，打破H39及生土，被H33、H40、W1打破，开口距地表80厘米。口部形状为椭圆形，口大底小，坡壁内收，底部坡状、西高东低。口径260～360、底径220～320、残深160厘米（图一二八）。

坑内堆积为土色泛黑的灰土，土质松散，夹礓石等，内含陶片、动物骨头。陶片以泥质红陶居多，夹砂褐陶和泥质褐陶次之；纹饰以素面居多，绳纹次之，还有线纹、彩陶、附加堆纹等（表三九）。动物骨头经鉴定为猪和中华圆田螺。

表三九　T8H35陶系、纹饰统计表

陶系 / 数量 / 纹饰	泥质陶				夹砂陶				合计	百分比
	红	褐	灰	小计	红	褐	灰	小计		
素面	180	28	50	258					258	45.66%
绳纹					28	75	15	118	118	20.88%
线纹	63	30	5	98					98	17.35%
彩陶	85			85					85	15.05%
绳+弦					1	2		3	3	0.53%
附加堆纹					1	2		3	3	0.53%
合计	328	58	55	441	30	79	15	124	565	100%
百分比	58.05%	10.27%	9.73%	78.05%	5.31%	13.99%	2.65%	21.95%	100%	

H35共出土标本29件。均为陶器。

瓶　2件。均为口部残件。根据口部形态可分为重唇口尖底瓶、葫芦口瓶。

重唇口尖底瓶　1件。标本T8H35∶17，泥质红陶。敛口，双唇明显，上唇宽于下唇，下唇较圆、沿面上斜。素面。口径4.2、残高13厘米（图一二九，3）。

葫芦口瓶　1件。标本T8H35∶18，泥质红陶，夹有细砂。侈口，圆唇，口下部外鼓，呈葫芦形，口颈相接处可见折棱。素面。口径5、残高6厘米（图一二九，4）。

盆　2件。根据口部形态可分为折沿盆、叠唇盆。

折沿盆　1件。折沿曲腹盆。标本T8H35∶9，口、腹残片。泥质红陶。敛口，圆唇，上腹微鼓。唇部与沿内侧各饰一周黑彩，腹部饰黑彩圆点、弧线纹样（图一二九，2）。

叠唇盆　1件。叠唇斜腹盆。标本T8H35∶16，口沿残片。泥质灰陶。敛口，叠唇较宽，上腹

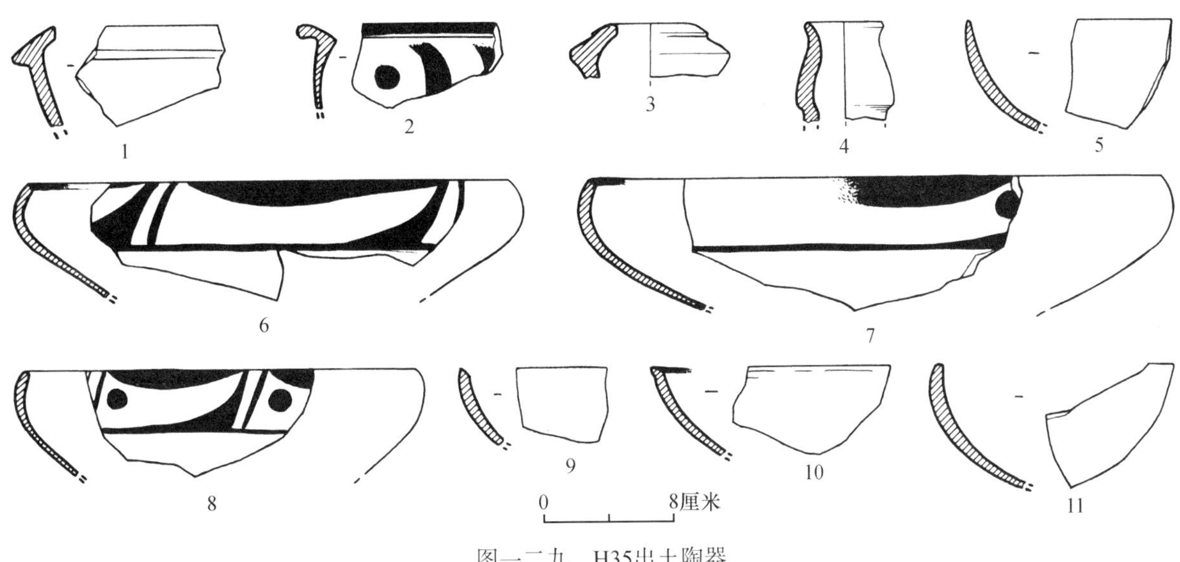

图一二九　H35出土陶器

1. 叠唇斜腹盆（T8H35：16）　2. 折沿曲腹盆（T8H35：9）　3. 重唇口尖底瓶（T8H35：17）　4. 葫芦口瓶（T8H35：18）　5. 直口钵（T8H35：7）　6～8、11. 敛口钵（T8H35：5、T8H35：6、T8H35：8、T8H35：2）　9、10. 敞口钵（T8H35：4、T8H35：1）

斜直。素面。残高6厘米（图一二九，1）。

钵　7件。根据口部形态可分为直口钵、敞口钵、敛口钵。

直口钵　1件。标本T8H35：7，口沿残片。泥质红陶，器顶陶色较深。直口，尖唇，上腹部较直，弧腹内收。素面。残高6.8厘米（图一二九，5）。

敞口钵　2件。均为口沿残片。标本T8H35：1，泥质红陶。敞口，方圆唇，弧腹内收，口沿下外壁有一道浅凹痕。唇面饰一周黑彩，素面。残高5.4厘米（图一二九，10）。标本T8H35：4，泥质红陶，器顶陶色较深。敞口，圆方唇，弧腹内收。唇部饰一周黑彩，素面。残高4.6厘米（图一二九，9）。

敛口钵　4件。均为口、腹残片。标本T8H35：2，泥质红陶，器顶陶色较浅。口微敛，圆方唇，上腹微鼓，弧腹内收。素面。残高4.8厘米（图一二九，11）。标本T8H35：5，泥质红陶。敛口，方唇，上腹外鼓，斜直腹内收。器表磨光，腹部饰黑彩弧边三角纹、弧线组成的纹样。口径29.8、腹径31.8、残高7.3厘米（图一二九，6）。标本T8H35：6，泥质红陶。敛口，方唇，上腹较鼓，弧腹内收。器表磨光，腹部饰黑彩圆点、弧边三角组成的纹样。口径35.8、腹径37.2、残高8.2厘米（图一二九，7）。标本T8H35：8，敛口钵，泥质褐陶。敛口，圆唇，上腹较鼓，斜腹内收。上腹部饰黑彩圆点、弧边三角、竖线组成的一周纹样。口径24.2、残高6.6厘米（图一二九，8）。

罐　8件。根据口部形态可分为大口罐、斜沿直腹罐、矮领鼓腹罐。

大口罐　5件。均为口沿残片。标本T8H35：19，夹砂红陶。侈口，方圆唇，窄沿外斜，上腹较鼓。颈下饰细密的右上至左下的斜绳纹。残高5.8厘米（图一三〇，3）。标本T8H35：20，夹砂红陶。侈口，方圆唇，上腹较鼓。颈下饰右上至左下的斜绳纹。口径24、残高5厘米（图一三〇，5）。标本T8H35：21，夹砂褐陶。直口，方圆唇，口内外各有一周浅凹槽，剖面呈铁轨式，上腹较鼓。颈下饰左上至右下的斜绳纹。残高5.1厘米（图一三〇，1）。标本T8H35：22，夹砂褐陶。

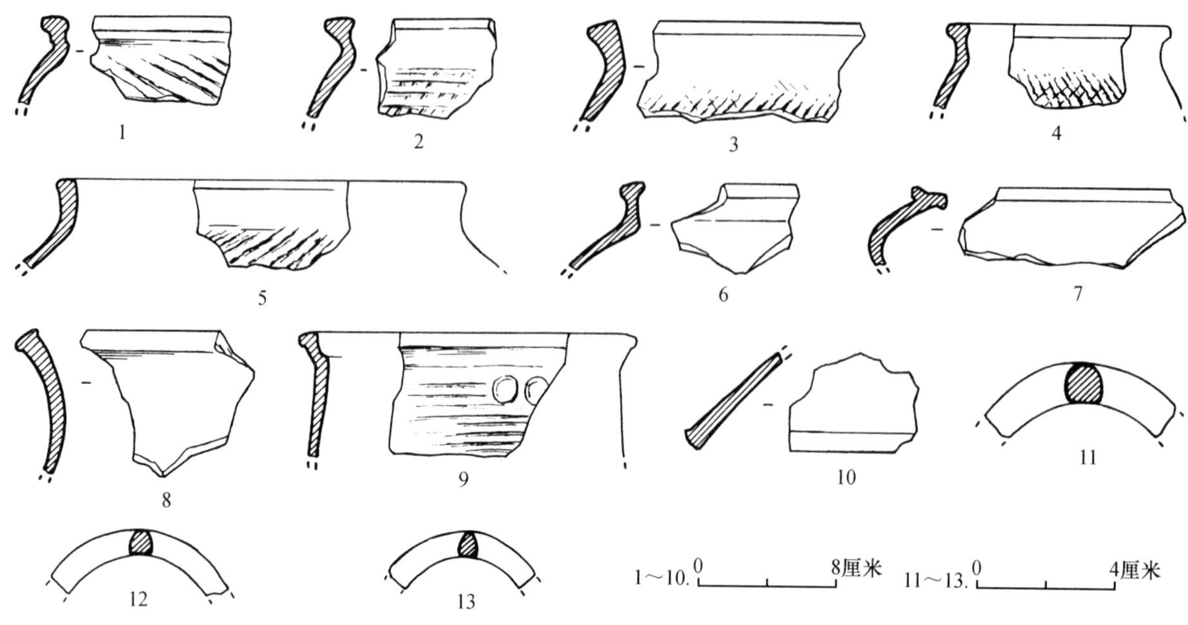

图一三〇　H35出土陶器

1～5. 大口罐（T8H35：21、T8H35：22、T8H35：19、T8H35：24、T8H35：20）　6、8. 矮领鼓腹罐（T8H35：12、T8H35：13）　7. 瓮（T8H35：14）　9. 斜沿直腹罐（T8H35：23）　10. 器盖（T8H35：25）　11～13. 环（T8H35：29、T8H35：28、T8H35：27）

直口，圆唇，平沿，口内有一周浅凹槽，剖面近铁轨式，上腹较鼓。颈下饰较右上至左下的斜向绳纹加弦纹。残高5.8厘米（图一三〇，2）。标本T8H35：24，夹砂灰陶。直口，圆唇，窄平沿，口内有一周浅凹槽，腹部微鼓。颈饰交错绳纹。口径10.4、残高4.8厘米（图一三〇，4）。

斜沿直腹罐　1件。标本T8H35：23，口、腹残片。夹砂褐陶。直口微侈，方唇，口内有一周浅凹槽，上腹部较直。颈下贴附有两个一组的泥饼，饰横向弦纹。口径20、残高7厘米（图一三〇，9）。

矮领鼓腹罐　2件。均为口沿残片。标本T8H35：12，泥质红陶。侈口，圆唇，口内微凹，矮领束颈。素面。残高8.3厘米（图一三〇，6）。标本T8H35：13，泥质红陶。侈口，圆唇，上腹微鼓。沿面饰一周黑彩，素面。残高5.2厘米（图一三〇，8）。

瓮　1件。标本T8H35：14，口沿残片。泥质红陶。敛口，方唇外叠，剖面呈T形，圆肩。素面。残高4.6厘米（图一三〇，7）。

器盖　1件。标本T8H35：25，残。夹砂红陶。敞口，方唇，斜直壁。残高5.7厘米（图一三〇，10）。

环　8件。均残。其中标本T8H35：27，泥质灰陶。截面呈圆角的等腰三角形。素面。内径3.8、外径5、厚0.5厘米（图一三〇，13）。标本T8H35：28，泥质灰陶。截面呈圆角的等腰三角形。素面，器表磨光。内径5、外径6.4、厚0.7厘米（图一三〇，12）。标本T8H35：29，泥质灰陶。截面呈圆角方形。素面。内径6、外径7.8、厚1厘米（图一三〇，11）。

6. H36

H36位于T8的中部偏西。开口于第2层下，叠压于H33之下，打破生土，开口距地表约80

厘米。口部形状为椭圆形，剖面袋状、口小底大，斜直壁外扩，平底；东壁下部有一方形壁龛，直壁平底。口径167～230、底径206～270、残深112～126厘米；壁龛宽50、进深30、高40、底部距坑底20厘米（图一三一）。

坑内堆积为土色泛黑的灰土，土质松散，内含陶片、陶环等。陶片以泥质红陶居多，夹砂褐陶次之，泥质褐陶、泥质灰陶再次之；纹饰以素面居多，绳纹次之，其他还有彩陶、线纹、弦纹、附加堆纹等（表四〇）。壁龛内出土有兽骨，动物骨头经鉴定为猪。

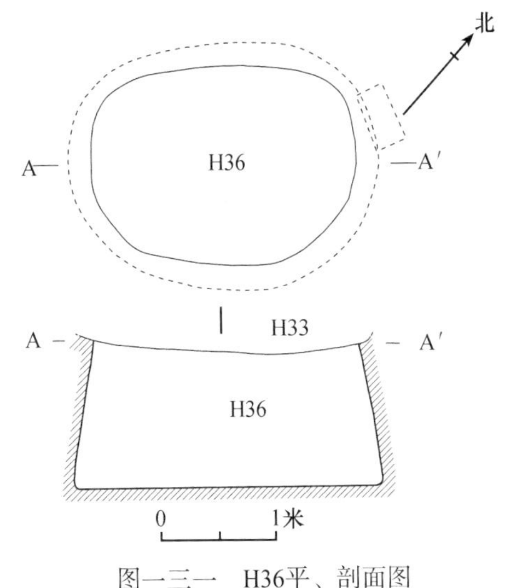

图一三一　H36平、剖面图

表四〇　T8H36陶系、纹饰统计表

纹饰＼数量＼陶系	泥质陶				夹砂陶				合计	百分比
	红	褐	灰	小计	红	褐	灰	小计		
素面	95	52	54	201					201	47.97%
绳纹					10	110	8	128	128	30.55%
线纹	30	2		32					32	7.64%
彩陶	44			44					44	10.50%
弦纹						3		3	3	0.72%
绳+弦						5		5	5	1.19%
附加堆纹						6		6	6	1.43%
合计	169	54	54	277	10	124	8	142	419	100%
百分比	40.33%	12.89%	12.89%	66.11%	2.39%	29.59%	1.91%	33.89%	100%	

H36共出土标本18件。均为陶器。

盆　3件。根据口部形态可分为折沿盆、叠唇盆。

折沿盆　1件。折沿弧腹盆。标本T8H36：11，口沿残片。泥质红陶。口微侈，方圆唇，弧腹内收。唇部饰一周黑彩，沿面饰弧边三角纹，腹部饰黑彩弧边三角纹样，沿下有一个从外向内的单面穿孔。残高7.1厘米（图一三二，13）。

叠唇盆　2件。有弧腹、斜腹之分。

叠唇弧腹盆　1件。标本T8H36：13，口、腹残片。泥质褐陶。敛口，叠唇较窄，腹部微鼓。残高5厘米（图一三二，14）。

叠唇斜腹盆　1件。标本T8H36：10，口、腹残片。泥质红陶。敛口，叠唇较宽，唇面较长，斜腹下收。素面。残高4.4厘米（图一三二，11）。

钵　6件。根据口部形态可分为直口钵、敞口钵、敛口钵。

直口钵　2件。均为口沿残片。标本T8H36：5，泥质红陶。直口，圆唇，弧腹内收。唇部饰一

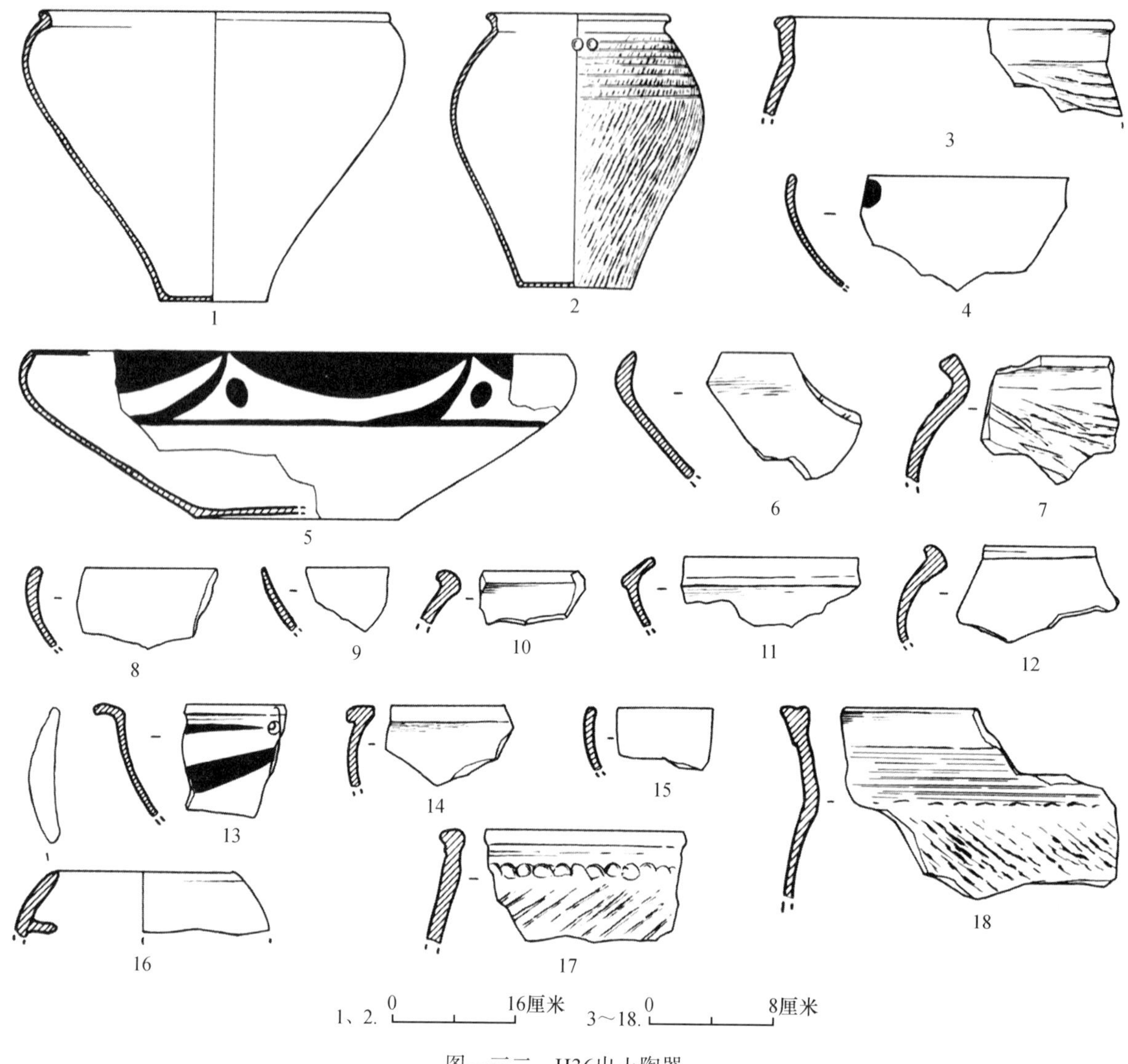

图一三二　H36出土陶器

1、10、12. 瓮（T8H36：1、T8H36：14、T8H36：15）　2、3、7、17. 大口罐（T8H36：3、T8H36：16、T8H36：18、T8H36：17）　4、15. 直口钵（T8H36：6、T8H36：5）　5、6、8. 敛口钵（T8H36：2、T8H36：12、T8H36：7）　9. 敞口钵（T8H36：4）　11. 叠唇斜腹盆（T8H36：10）　13. 折沿盆（T8H36：11）　14. 叠唇弧腹盆（T8H36：13）　16. 盂（T8H36：20）　18. 缸（T8H36：19）

周黑彩，素面。残高4厘米（图一三二，15）。标本T8H36：6，泥质红陶。直口微敛，圆唇，弧腹内收。唇部饰一周黑彩，上腹部饰一黑彩圆点。残高7.2厘米（图一三二，4）。

敞口钵　1件。标本T8H36：4，口沿残片。泥质红陶。直口，尖唇，弧腹内收。素面。残高4厘米（图一三二，9）。

敛口钵　3件。标本T8H36：2，可复原。泥质红陶。敛口，方圆唇，上腹外鼓，斜直腹内收，平底微凹。唇部饰一周黑彩，器顶饰黑彩圆点、弧线、半圆等组成的纹样。口径35、底径13.4、高10.6厘米（图一三二，5；图版三一，1、2）。标本T8H36：7，口沿残片。泥质灰陶。敛口，圆唇，上腹微鼓。素面。残高5.2厘米（图一三二，8）。标本T8H36：12，口沿残片。泥质灰陶。敛口，尖唇，上腹较鼓，斜腹内收。素面。残高8厘米（图一三二，6）。

大口罐 4件。标本T8H36：3，可复原。夹砂褐陶。直口微侈，圆唇，沿向内斜，口内有一周凹槽，剖面近铁轨式，上腹外鼓，下腹微曲，平底。颈下贴附有泥饼状装饰，一侧由两个构成一组，一侧由一个构成一组，对称排列。其下饰右上至左下的斜绳纹加弦纹，下腹饰斜向绳纹。口径12、腹径16.5、底径7.4、高17.4厘米（图一三二，2；图版三一，5）。标本T8H36：16，口、腹残片。夹砂红陶。直口，圆唇，窄平沿，口内微凹，上腹微鼓。颈下饰左上至右下的斜绳纹。口径21.9、残高6厘米（图一三二，3）。标本T8H36：17，口沿残片。夹砂褐陶。直口微敛，圆唇，沿面较窄微凸，口内外各有一周浅凹槽。口沿下有一周按压的花边，饰粗疏的右上至左下的斜绳纹。残高7.1厘米（图一三二，17）。标本T8H36：18，口沿残片。夹砂灰陶。侈口，方唇，上腹圆鼓较粗疏的左上至右下的斜向绳纹。残高8.2厘米（图一三二，7）。

瓮 3件。标本T8H36：1，可复原。泥质灰陶。敛口，圆唇外卷，肩部圆鼓，下腹微曲，平底。素面，器壁磨光。内壁可见泥条盘筑的痕迹。口径45.6、肩颈49.6、底径14、高36.8厘米（图一三二，1；图版三〇，2）。标本T8H36：14，口沿残片。泥质灰陶。敛口，圆唇外卷，唇面内斜。残高3.2厘米（图一三二，10）。标本T8H36：15，口沿残片。泥质灰陶。敛口，圆唇外卷，肩部圆鼓。素面。残高6.2厘米（图一三二，12）。

缸 1件。标本T8H36：19，口、腹残片。夹砂灰陶。口微侈，尖唇，沿面较宽且有一周凹槽，颈部微外撇，腹壁较直。颈外壁饰横向弦纹，弦纹下有一周戳印痕，腹部饰左上至右下的斜绳纹。残高12.6厘米（图一三二，18）。

盂 1件。标本T8H36：20，口沿残片。夹细砂红陶。敛口，尖圆唇，腹外鼓，内壁有一月牙形鋬手。素面，口内可见同心圆纹。残高4厘米（图一三二，16）。

7. H37

H37位于T8的西南角，大部分延伸至西、南壁下。开口于第2层下，打破生土，开口距地表80厘米。口部平面呈圆角长方形，剖面口大底小，坡壁内收，平底。口部东西长230、南北宽124、底部东西长202、南北宽102、残深60厘米（图一三三）。

坑内堆积为灰土，土质松散，夹大量砂土、礓石等，包含少量陶片。陶片以夹砂褐陶居多，泥质红陶次之；纹饰以绳纹居多，素面次之，其他还有彩陶、绳纹+弦纹（表四一）。

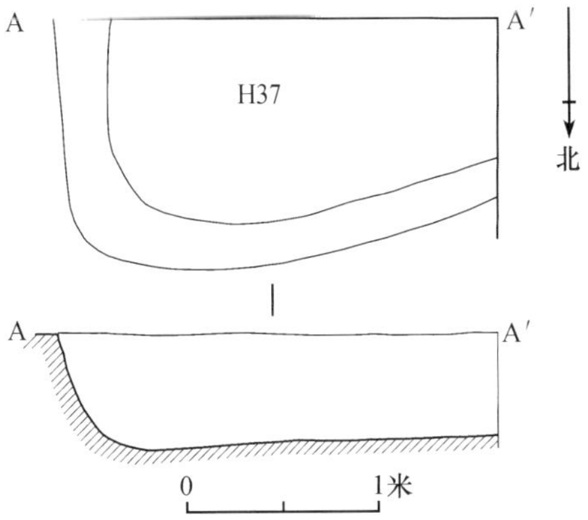

图一三三 H37平、剖面图

H37共出土标本11件。均为陶器。

盆 3件。均为口、腹残片。根据口部形态可分为折沿盆、叠唇盆。

折沿盆 1件。折沿弧腹盆。标本T8H37：5，泥质红陶。敛口，圆唇，弧腹。唇部饰一周黑彩。沿面饰黑彩柳叶形图案，腹部饰黑彩弧边三角纹样。残高5.6厘米（图一三四，5）。

表四一　T8H37陶系、纹饰统计表

纹饰＼数量＼陶系	泥质陶				夹砂陶				合计	百分比
	红	褐	灰	小计	红	褐	灰	小计		
素面	5	1	2	8					8	27.59%
绳纹					2	12		14	14	48.27%
彩陶	5			5					5	17.24%
绳+弦						2		2	2	6.90%
合计	10	1	2	13	2	14		16	29	100%
百分比	34.48%	3.45%	6.90%	44.83%	6.90%	48.27%		55.17%	100%	

叠唇盆　2件。叠唇弧腹盆。标本T8H37：6，泥质红陶。敛口，叠唇较宽，唇面向上倾斜，弧腹。残高5.6厘米（图一三四，4）。

敛口钵　2件。均为口沿残片。标本T8H37：3，泥质红陶。敛口，方圆唇，上腹外鼓。素面。残高5厘米（图一三四，3）。标本T8H37：4，泥质红陶。敛口，圆唇，上腹外鼓。唇部饰一周黑彩，上腹部饰黑彩圆点、弧边三角、竖线组成的纹样。口径24、腹径25.2、残高4厘米（图一三四，2）。

大口罐　4件。均为口沿残片。标本T8H37：8，夹砂红陶。直口，圆唇，口内外各有一周浅凹槽，剖面近铁轨式，上腹较鼓。饰较粗疏的左上至右下的斜绳纹。残高6.6厘米（图一三四，7）。标本T8H37：9，夹砂红陶。直口，圆唇，口内外各有一周浅凹槽，剖面近铁轨式，上腹较鼓。饰较右上至左下的斜绳纹。残高6厘米（图一三四，6）。标本T8H37：10，夹砂红陶。直

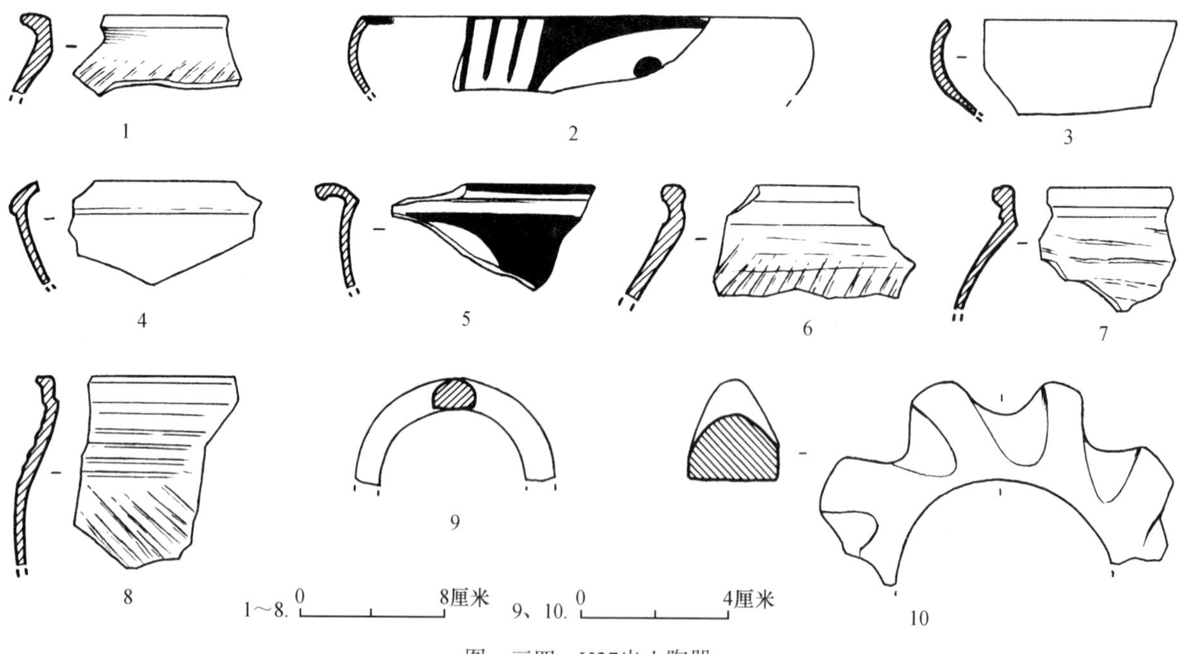

图一三四　H37出土陶器

1、6～8. 大口罐（T8H37：10、T8H37：9、T8H37：8、T8H37：11）　2、3. 敛口钵（T8H37：4、T8H37：3）　4. 叠唇盆（T8H37：6）　5. 折沿盆（T8H37：5）　9、10. 环（T8H37：2、T8H37：1）

口，圆唇，平沿稍内斜，上腹较鼓。饰右上至左下的斜绳纹（图一三四，1）。标本T8H37：11，夹砂褐陶。直口，口内微凹，上腹微鼓，腹中部较直。颈下饰几道横向弦纹，腹部饰左上至右下的斜绳纹。残高10.2厘米（图一三四，8）。

环　2件。均残。标本T8H37：1，泥质灰陶。截近半圆形，形体宽大，平面呈齿轮状，残留四齿。素面。内径6.2、外径10、厚2.5厘米（图一三四，10）。标本T8H37：2，泥质灰陶。截面呈半圆形。器表磨光。内径4、外径5.4、厚1.1厘米（图一三四，9）。

8. H38

H38位于T8的东南角，部分延伸至东、南壁下。开口于第2层下，打破H41及生土，被H34打破，开口距地表80厘米。口部形状为不规则形，剖面口大底小，西、北壁坡壁、其余直壁，坡底、东高西低，底部有一层硬面，面上有一层小石块，内含少量陶片。口部东西最长440、南北最宽348、底部东西最长450、南北最宽348、残深40～85厘米（图一三五）。

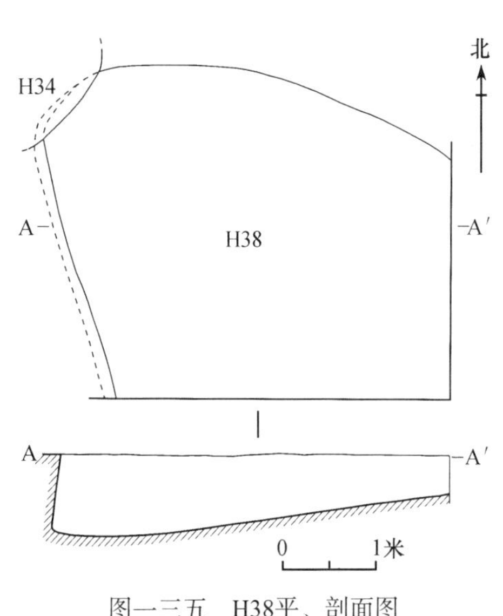

图一三五　H38平、剖面图

坑内堆积为土色泛黑的灰土，土质松散，内含少量陶片。陶片以泥质红陶居多，夹砂褐陶和泥质褐陶次之；纹饰以素面最多，线纹次之，其他还有绳纹、彩陶、线纹、附加堆纹等（表四二）。

表四二　T8H38陶系、纹饰统计表

陶系/数量/纹饰	泥质陶				夹砂陶				合计	百分比
	红	褐	灰	小计	红	褐	灰	小计		
素面	185	48	56	289	12	9		21	310	55.96%
绳纹						68		68	68	12.27%
线纹	95	30		125					125	22.56%
彩陶	44			44					44	7.95%
弦纹						3		3	3	0.54%
绳+弦						2		2	2	0.36%
附加堆纹						2		2	2	0.36%
合计	324	78	56	458	12	84		96	554	100%
百分比	58.48%	14.08%	10.11%	82.67%	2.17%	15.16%		17.33%	100%	

H38共出土标本26件。均为陶器。

重唇口尖底瓶　1件。标本T8H38：16，泥质红陶，残留部分口及颈部。敛口，双唇明显，上唇高于下唇，下唇尖圆，上下唇基本同宽，沿面较平。颈部饰左上至右下的斜线纹。口径5.4、残高6.3厘米（图一三六，1）。

盆　4件，均为口沿残片。根据口部形态可分为折沿盆、叠唇盆。

折沿盆　3件。标本T8H38：5，泥质红陶。口微敛，圆唇，弧腹。唇部饰一周黑彩，沿面饰黑彩柳叶形纹样，腹部饰黑彩弧线纹样。残高6.2厘米（图一三六，2）。标本T8H38：6，泥质红陶。敛口，圆唇，折沿，上腹较鼓。素面。口径26、残高4.6厘米（图一三六，3）。标本T8H38：12，泥质灰陶。直口，圆唇，弧腹斜收。素面。口径36、残高7.6厘米（图一三六，6）。

叠唇盆　1件。叠唇弧腹盆。标本T8H38：8，泥质红陶。敛口，叠唇较窄，弧腹内收。残高9厘米（图一三六，10）。

敛口钵　4件。均为口、腹残片。标本T8H38：2，泥质红陶。敛口，方圆唇，上腹微鼓，弧腹内收。素面。口径37.5、腹径39.4、残高10厘米（图一三六，9）。标本T8H38：3，泥质红陶。口微敛，圆唇，上腹微鼓，弧腹内收。唇部饰一周黑彩，素面。残高7.4厘米（图一三六，5）。标本T8H38：4，泥质红陶。口微敛，方圆唇，上腹微鼓，弧腹内收。唇部饰一周黑彩，上腹部饰黑彩弧边三角、半圆形组成的纹样。残高7厘米（图一三六，7）。标本T8H38：7，泥质红陶。敛口，尖唇，斜直壁内收。残高6.4厘米（图一三六，4）。

罐　5件。有大口罐、矮领鼓腹罐。均为口沿残片。

大口罐　4件。标本T8H38：17，夹砂红陶。直口微侈，圆唇，沿面微凸，口内外均有一周凹槽，剖面呈铁轨式，上腹较鼓。颈下有一周戳印痕，饰较粗疏的右上至左下的斜绳纹。残高6厘米（图一三七，1）。标本T8H38：18，夹砂红陶。侈口，圆唇，窄平沿内斜，束颈，上腹外鼓。颈下饰较细密的右上至左下的斜绳纹加弦纹。口径23.8、残高5厘米（图一三七，2）。标本T8H38：19，夹砂红陶。直口，圆唇，沿面微凸，口内外均有一周浅凹槽，剖面呈铁轨式，上腹较鼓。颈下饰粗疏的左上至右下的斜绳纹。残高6.8厘米（图一三七，4）。标本T8H38：20，夹砂褐陶。直口微侈，方圆唇，窄平沿稍外斜，口内外均有一周凹槽，剖面呈铁轨式，上腹微鼓。颈下有

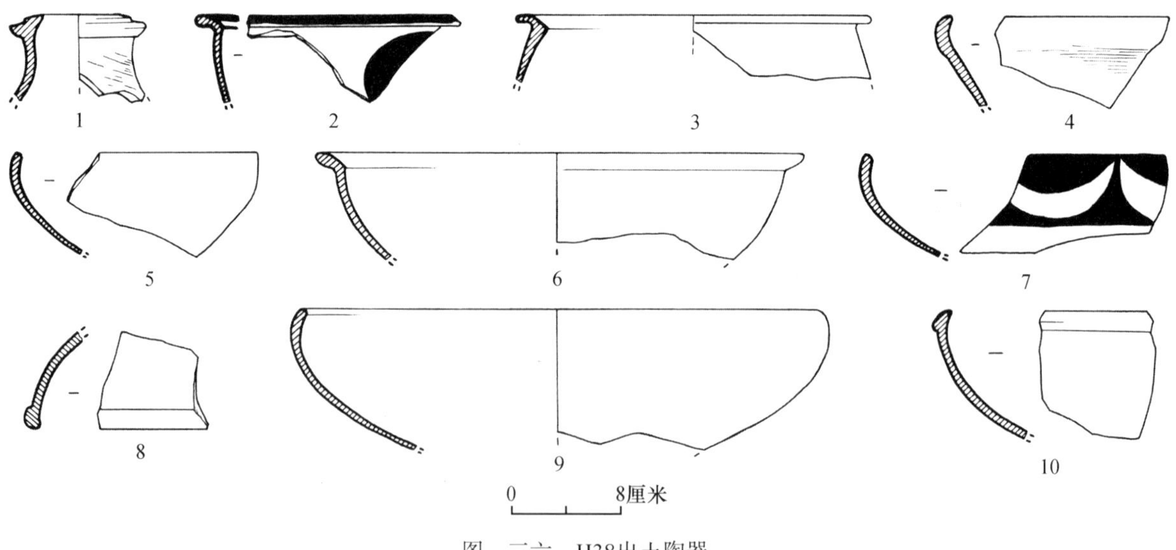

图一三六　H38出土陶器

1. 重唇口尖底瓶（T8H38：16）　2、3、6. 折沿盆（T8H38：5、T8H38：6、T8H38：12）　4、5、7、9. 敛口钵（T8H38：7、T8H38：3、T8H38：4、T8H38：2）　8. 器盖（T8H38：23）　10. 叠唇盆（T8H38：8）

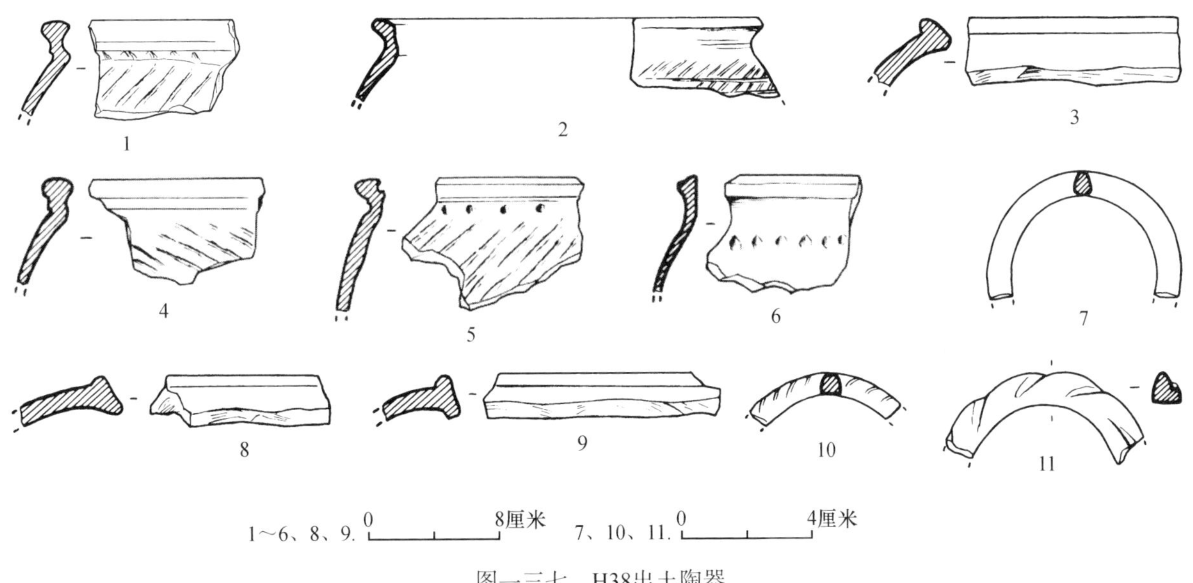

图一三七　H38出土陶器

1、2、4、5. 大口罐（T8H38：17、T8H38：18、T8H38：19、T8H38：20）　3、8、9. 瓮（T8H38：13、T8H38：15、T8H38：14）　6. 矮领鼓腹罐（T8H38：10）　7、10、11. 环（T8H38：28、T8H38：24、T8H38：26）

一周按压痕，其下饰粗疏右上至左下的斜绳纹。残高8厘米（图一三七，5）。

矮领鼓腹罐　1件。标本T8H38：10，泥质褐陶。直口方唇，窄沿外斜，沿面微凹，上腹较鼓。颈下有一周按压痕，素面。残高7.2厘米（图一三七，6）。

瓮　3件。均为口沿残片。标本T8H38：13，泥质褐陶，表面有灰色烟炱。敛口，圆唇外叠，剖面略呈T形，肩部圆鼓。素面。残高4厘米（图一三七，3）。标本T8H38：14，泥质灰陶。敛口，圆唇外叠，唇面较宽，剖面呈T形，肩部圆鼓。素面。残高2.6厘米（图一三七，9）。标本T8H38：15，泥质褐陶，表面有灰色烟炱。敛口，圆唇外叠，唇面微凹、较宽，剖面略呈T形，肩部圆鼓。素面。残高3厘米（图一三七，8）。

器盖　1件。标本T8H38：23，残。夹砂褐陶。侈口，圆唇外卷、较厚，弧壁。素面。残高7厘米（图一三六，8）。

环　8件。均残。标本T8H38：24，泥质灰陶。呈螺旋绳索状。器表抹光。内径4.8、外径6.6、厚0.9厘米（图一三七，10）。标本T8H38：26，泥质灰陶。截面呈圆角的等腰三角形。器表印有一周细密的螺旋纹。内径5.2、外径6.6、厚0.6厘米（图一三七，11）。标本T8H38：28，泥质灰陶。截面呈圆角的等腰三角形。素面。内径4.8、外径6、厚0.5厘米（图一三七，7）。

9. H39

H39位于T8的东北部，部分延伸至北壁下。开口于第2层下，打破生土，被H35打破，开口距地表80厘米。口部形状为不规则形，剖面袋状、口小底大，东西呈斜弧壁外扩，坑底凹凸不平。口部东西最宽150、南北最长200、底部东西最宽176、南北最长200、残深150～180厘米（图一三八）。

坑内堆积为土色泛黑的灰土，土质松散，夹礓石，内含部分陶片。陶片以泥质红陶最多，夹砂红陶次之；纹饰以素面最多，绳纹次之；其他还有彩陶、线纹、附加堆纹（表四三）。

表四三　T8H39陶系、纹饰统计表

纹饰 \ 数量 \ 陶系	泥质陶				夹砂陶				合计	百分比
	红	褐	灰	小计	红	褐	灰	小计		
素面	64	18	20	102	4		8	12	114	40.57%
绳纹					11	50		61	61	21.71%
线纹	50			50					50	17.79%
彩陶	54			54					54	19.22%
附加堆纹						2		2	2	0.71%
合计	168	18	20	206	15	52	8	75	281	100%
百分比	59.79%	6.41%	7.11%	73.31%	5.34%	18.51%	2.84%	26.69%	100%	

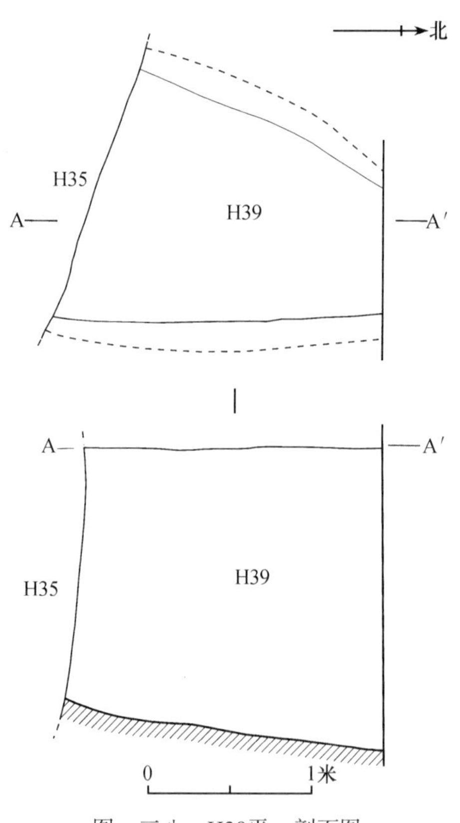

图一三八　H39平、剖面图

H39共出土标本23件。均为陶器。

盆　2件。均为口沿残片。根据口部形态可分为折沿盆、卷沿盆。

折沿盆　1件。折沿曲腹盆。标本T8H39：8，泥质红陶。敛口，圆唇，上腹微鼓。唇部及沿面内外侧均饰一周黑彩，腹部饰黑彩圆弧形纹样。残高5.8厘米（图一三九，2）。

卷沿盆　1件。标本T8H39：9，泥质红陶。直口微敛，圆唇外卷，弧腹斜收。口径34.8、腹径34.2、残高5.8厘米（图一三九，5）。

敛口钵　1件。标本T8H39：1，口沿残片。泥质红陶。敛口，方唇，上腹较鼓，斜腹内收。素面。口径24、腹径25.2、残高6厘米（图一三九，3）。

罐　4件。根据口部形态可分为大口罐、矮领鼓腹罐。

大口罐　2件。均为口沿残片。铁轨式口沿退化。标本T8H39：14，夹砂红陶。直口，圆唇，腹部微鼓。颈下贴附有一圆形泥饼，饰右上至左下的斜绳纹。残高5.6厘米（图一三九，6）。标本T8H39：15，夹砂红陶。口微侈，圆唇，平沿外斜，口内微凹，上腹较鼓。颈下饰较细密的交错绳纹。残高5.8厘米（图一三九，7）。

矮领鼓腹罐　2件。标本T8H39：10，口沿残片。泥质红陶。直口微敛，方唇，窄平沿，口内微凸，上腹外鼓。沿面饰一周黑彩，腹部饰黑彩弧边三角纹样。残高6.4厘米（图一三九，4）。标本T8H39：19，可修复。泥质红陶，色偏黄褐。侈口，圆唇，沿内缘微凸，小领较高、束颈，圆鼓腹，下腹内收，平底微凹。素面。口径17.6、腹径26.8、底径11.4、高25.6厘米（图一三九，1；

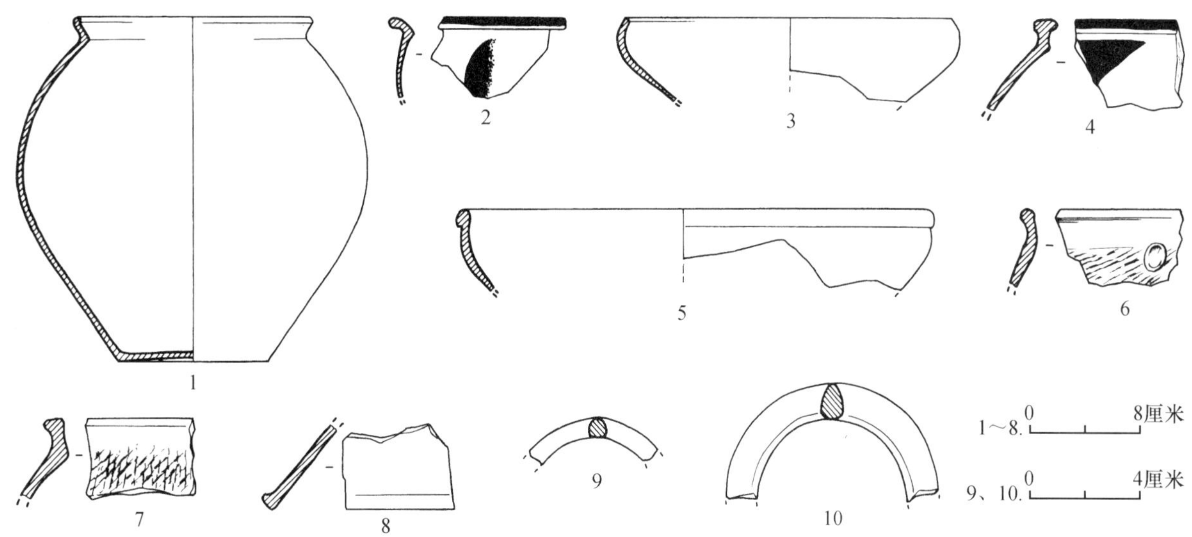

图一三九　H39出土陶器

1、4. 矮领鼓腹罐（T8H39：19、T8H39：10）　2. 折沿盆（T8H39：8）　3. 敛口钵（T8H39：1）　5. 卷沿盆（T8H39：9）　6、7. 大口罐（T8H39：14、T8H39：15）　8. 器盖（T8H39：17）　9、10. 环（T8H39：25、T8H39：18）

图版三一，6）。

器盖　1件。标本T8H39：17，口沿残片。夹砂褐陶。侈口呈喇叭状，圆唇微外凸，斜直壁。残高3.1厘米（图一三九，8）。

环　15件。均残。其中标本T8H39：18，泥质灰陶。截面呈圆角的等腰三角形。素面，器表磨光。内径5.8、外径8.2、厚0.8厘米（图一三九，10）。标本T8H39：25，泥质灰陶。截面呈半圆形。素面，器表磨光。内径3.8、外径6、厚0.6厘米（图一三九，9）。

10. H40

H40位于T8的东北部。打破H35，开口于第2层叠压于W1下，打破生土，开口距地表240厘米。口部形状近椭圆形，剖面口大底小，西壁有两个平面呈三角形的生土台，上部台面平整，下部台面有弧度，东北部为斜弧壁外扩，底部较平。口部东西宽196、南北长250、底部东西宽168、南北长274、残深210厘米；上部土台台面距坑口20、南北最长170、东西最宽72、高90、下部土台台面距坑口110、南北最长190、东西最宽66、高100厘米（图一四〇）。

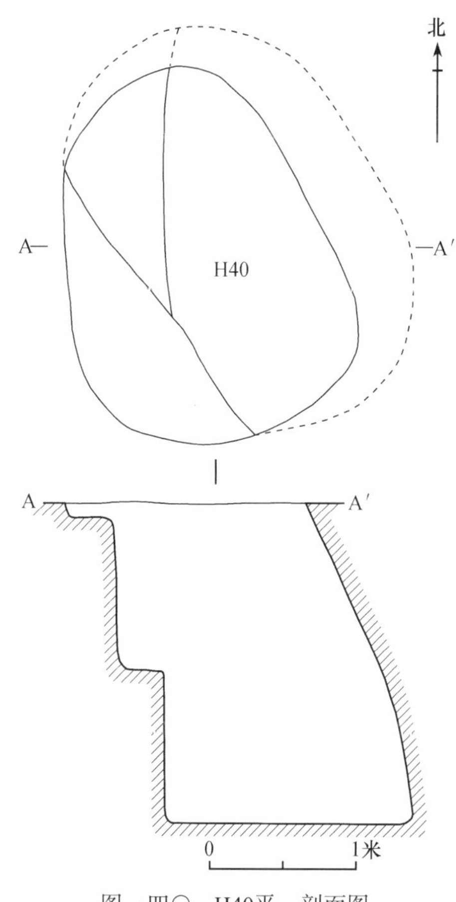

图一四〇　H40平、剖面图

坑内堆积为土色泛黑的灰土，土质松散，夹礓石，内含部分陶片、动物骨头。陶片以泥质红陶居多，夹砂褐陶次之；纹饰以素面居多，线纹次之，其他还有绳纹、彩陶、附加堆纹等（表四四）。动物骨头经鉴定种属为猪。

表四四　T8H40陶系、纹饰统计表

陶系 数量 纹饰	泥质陶				夹砂陶				合计	百分比
	红	褐	灰	小计	红	褐	灰	小计		
素面	170	50	48	268	4	11		15	283	41.25%
绳纹					28	104		132	132	19.24%
线纹	120	22		142					142	20.70%
彩陶	120			120					120	17.49%
绳+弦					2	1		3	3	0.44%
附加堆纹					1	5		6	6	0.88%
合计	410	72	48	530	35	121		156	686	100%
百分比	59.76%	10.50%	7%	77.26%	5.10%	17.64%		22.74%	100%	

H40共出土标本32件。以陶器为主，另有少量石器。

陶器　30件。

重唇口尖底瓶　1件。标本T8H40：18，口沿残片。泥质红陶。敛口，双唇明显，上唇较宽，下唇方唇、沿面较平。颈部饰左上至右下的斜线纹。口径4、残高3.2厘米（图一四二，8）。

叠唇盆　2件。有弧腹、曲腹之分。

叠唇弧腹盆　1件。标本T8H40：12，口沿残片。泥质红陶。敛口，叠唇较宽，上腹较鼓、弧腹斜收。素面。残高7.5厘米（图一四一，3）。

叠唇曲腹盆　1件。标本T8H40：16，口沿残片。泥质红陶，外灰内红。敛口，圆唇外叠，上腹微鼓。素面。残高6.6厘米（图一四一，4）。

钵　7件。根据口部形态可分为敞口钵、敛口钵。

敞口钵　2件。均为口沿残片。标本T8H40：3，泥质红陶。敞口，圆唇，弧腹内收。素面，唇部饰一周黑彩。口径20.9、残高5.1厘米（图一四一，5）。标本T8H40：5，泥质红陶。敞口，尖圆唇，腹微弧，下腹内折。素面。口径20.5、残高4.1厘米（图一四一，8）。

敛口钵　5件。标本T8H40：7，口沿残片。泥质褐陶。敛口，方唇，上腹较鼓。上腹部饰黑彩弧边三角、弧线组成的纹样。残高5厘米（图一四一，10）。标本T8H40：9，口、腹残片。泥质红陶。敛口，方唇，上腹外鼓，下腹内收。唇部饰一周黑彩，上腹部饰两个黑彩圆点文艺部。口径29.8、腹径31.5、残高5.4厘米（图一四一，6）。标本T8H40：10，口沿残片。泥质红陶。敛口，方唇，上腹较鼓。唇部饰一周黑彩，上腹部饰黑彩弧边三角纹样。残高5厘米（图一四一，7）。标本T8H40：11，口、腹残片。泥质红陶。敛口，方唇，上腹较鼓，斜腹内收。唇部饰一周黑彩，上腹部饰黑彩弧边三角、弧线、圆点组成的一周纹样。口径30、腹径31.8、残高6.6厘米（图一四一，9）。标本T8H40：31，口、腹残片。泥质红陶。敛口，方唇，上腹较鼓，斜腹内收。唇部饰一周黑彩，上腹部饰黑彩弧边三角、弧线、圆点组成的一周纹样。口径30、腹径31.8、残高6.6厘米（图一四一，2）。

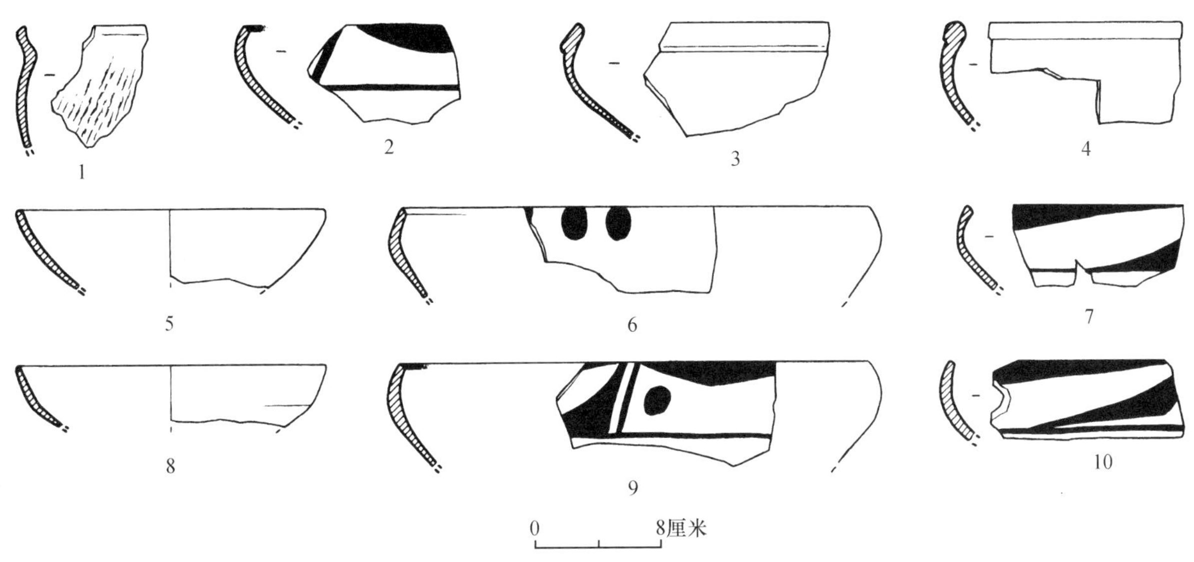

图一四一　H40出土陶器

1. 大口罐（T8H40：26）　2、6、7、9、10. 敛口钵（T8H40：31、T8H40：9、T8H40：10、T8H40：11、T8H40：7）
3. 叠唇弧腹盆（T8H40：12）　4. 叠唇曲腹盆（T8H40：16）　5、8. 敞口钵（T8H40：3、T8H40：5）

罐　4件。按口部形态可分为大口罐、斜沿直腹罐、矮领鼓腹罐。

大口罐　2件。均为口沿残片。标本T8H40：22，夹砂褐陶。直口，圆唇，窄沿，沿面微凹，口内有一道浅凹槽，剖面近铁轨式，上腹外鼓。颈下饰右上至左下的斜绳纹加弦纹。残高6.2厘米（图一四二，5）。标本T8H40：26，夹砂褐陶。侈口，圆唇，口内有一周浅凹槽，上腹微鼓。颈下饰右上至左下的斜绳纹。残高7.6厘米（图一四一，1）。

斜沿直腹罐　1件。标本T8H40：23，口沿残片。夹砂红陶。侈口圆唇，口内有一周浅凹槽，腹壁较直。颈下贴附竖向排列的两个小泥饼，饰较细密的左上至右下的斜绳纹。残高7厘米（图一四二，6）。

矮领鼓腹罐　1件。标本T8H40：14，口、腹残片。泥质红陶。直口圆唇，窄平沿稍内斜，矮领束颈，上腹较鼓。素面，腹内壁可见泥条盘筑的痕迹，外壁磨光。口径28、残高10厘米（图一四二，2）。

瓮　1件。标本T8H40：15，泥质褐陶，残留部分口沿。敛口，圆唇外叠，唇面较平，肩部圆鼓。素面。残高8.1厘米（图一四二，3）。

缸　1件。标本T8H40：27，口沿残片。夹砂红陶。直口微敛，厚圆唇，斜直腹。口沿下抹泥修整，腹部饰稀疏的右上至左下的斜绳纹。残高11.8厘米（图一四二，1）。

盂　2件。标本T8H40：1，可修复。夹砂红陶。敛口，方唇，圆鼓腹，最大径在腹中部，平底。腹内壁上部有一长条形鋬手，腹部可见刮抹痕，近底部有断续的交错绳纹。口径12.8、腹径18.2、底径9、高11.4厘米（图一四二，11；图版三一，3、4）。标本T8H40：21，口沿残片。夹砂红陶。敛口，方圆唇，圆鼓腹。素面。残高4.6厘米（图一四二，4）。

灶　1件。标本T8H40：20，口沿残片。夹砂红陶。侈口，尖唇，沿外斜且较长，弧腹内收。沿面磨光。残高3.9厘米（图一四二，7）。

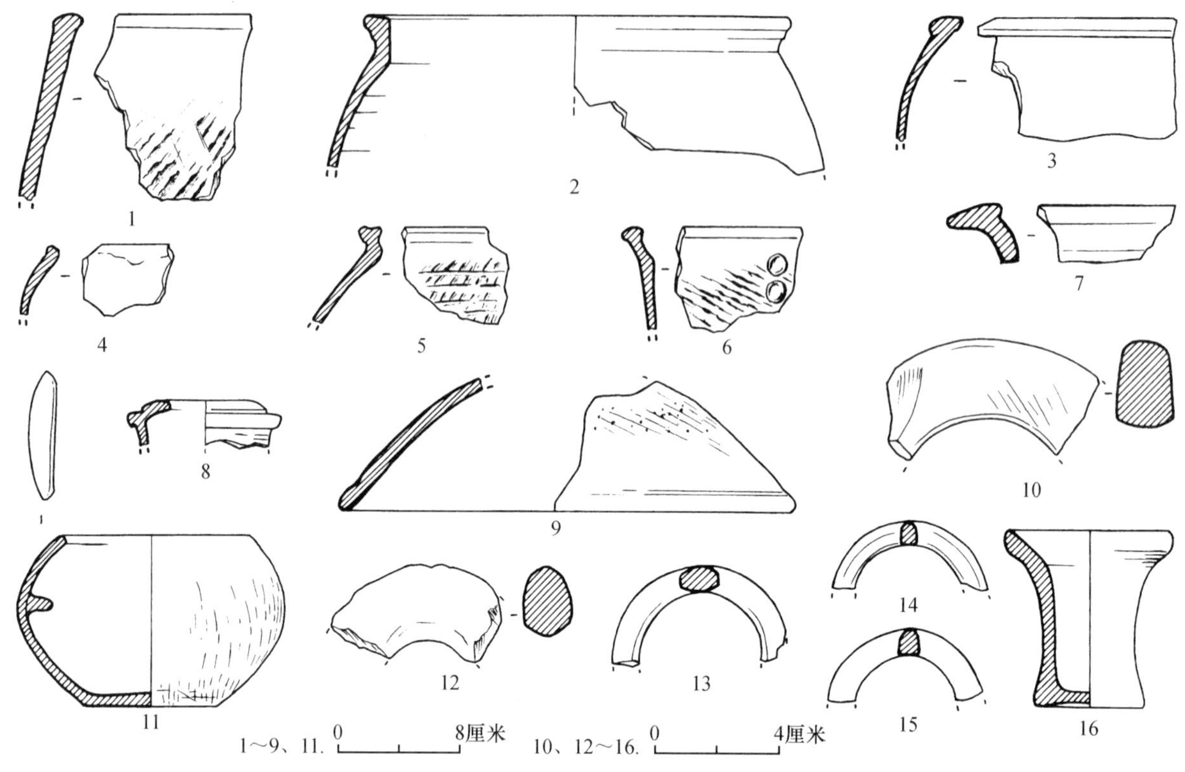

图一四二　H40出土陶、石器

1. 陶缸（T8H40：27）　2. 陶矮领鼓腹罐（T8H40：14）　3. 陶瓮（T8H40：15）　4、11. 陶盂（T8H40：21、T8H40：1）　5. 陶大口罐（T8H40：22）　6. 陶斜沿直腹罐（T8H40：23）　7. 陶灶（T8H40：20）　8. 陶重唇口尖底瓶（T8H40：18）　9.陶器盖（T8H40：28）　10、12. 石环（T8H40：30、T8H40：29）　13～15. 陶环（T8H40：32、T8H40：35、T8H40：36）　16. 陶杯（T8H40：2）

器盖　1件。标本T8H40：28，口沿残片。夹砂褐陶。口微侈呈覆钵状，口外侧微凸，弧壁。素面，外壁可见刮抹痕，靠近口沿处抹泥。口径31.2、残高8.9厘米（图一四二，9）。

杯　1件。标本T8H40：2，可复原。夹砂褐陶。敞口，圆唇较厚，束颈直腹，底边外撇，平底微凹。素面。口径5.2、底径3.6、高5.6厘米（图一四二，16；图版三〇，4）。

环　9件。均残。标本T8H40：32，泥质灰陶。截面近椭圆形，内侧微鼓。素面。内径4.2、外径5.6、厚1.2厘米（图一四二，13）。标本T8H40：35，泥质灰陶。截面呈圆角的等腰三角形，环体上下两侧磨平。素面。内径3.6、外径5.6、厚0.5厘米（图一四二，14）。标本T8H40：36，泥质灰陶。截面呈圆角的等腰三角形。素面，器表磨光。内径3.4、外径4.8、厚0.7厘米（图一四二，15）。

石器　2件。石环，均残。标本T8H40：29，系砂岩磨制而成。截面近椭圆形，表面凹凸不平，穿孔较小。内径3.2、外径8、厚1.5厘米（图一四二，12）。标本T8H40：30，系砂岩磨制而成。截面近长方形，中间宽边缘窄，表面磨光。内径6、外径11、厚1.9厘米（图一四二，10）。

11. H41

H41位于T8的东部，部分延伸至东隔梁内。开口于第2层下，打破生土，北部和南部分别被H43、H38打破。开口距地表80厘米。口部形状为近半个椭圆形，剖面口大底略小，坡壁内收，底部略呈锅底状。口部东西120、南北180、底部东西100、南北180、残深60厘米（图一四三）。

坑内堆积为土色泛黑的灰土，土质松散，夹有礓石，内含少量陶片。陶片以泥质红陶居多，泥质褐陶次之；纹饰以素面最多，线纹次之，其他还有绳纹、彩陶（表四五）。

表四五 T8H41陶系、纹饰统计表

纹饰＼数量＼陶系	泥质陶				夹砂陶				合计	百分比
	红	褐	灰	小计	红	褐	灰	小计		
素面	12	13	3	28					28	62.22%
绳纹						6		6	6	13.33%
线纹	8			8					8	17.78%
彩陶	3			3					3	6.67%
合计	23	13	3	39		6		6	45	100%
百分比	51.11%	28.89%	6.67%	86.67%		13.33%		13.33%	100%	

H41共出土标本5件。均为陶器。

重唇口尖底瓶 1件。标本T8H41∶4，口部残件。泥质褐陶。敛口，双唇明显，上唇较高，沿面宽于下唇，下唇尖圆、双唇沿面微上斜，颈部饰左上至右下的细线纹。口径4、残高5厘米（图一四五，1）。

叠唇盆 2件。均为口沿残片。标本T8H41∶2，泥质红陶。敛口，叠唇较宽，弧腹斜收。素面。残高7厘米（图一四五，10）。标本T8H41∶3，泥质红陶。口微敛，叠唇较宽。素面。残高5厘米（图一四五，3）。

直口钵 1件。标本T8H41∶1，口沿残片。泥质红陶。直口，尖圆唇，弧腹内收，素面。残高4.6厘米（图一四五，4）。

大口罐 1件。标本T8H41∶5，口沿残片。夹砂红陶。直口微侈，圆唇，窄沿，沿面微凸，口内有一周浅凹槽，剖面近铁轨式。残高3.6厘米（图一四五，7）。

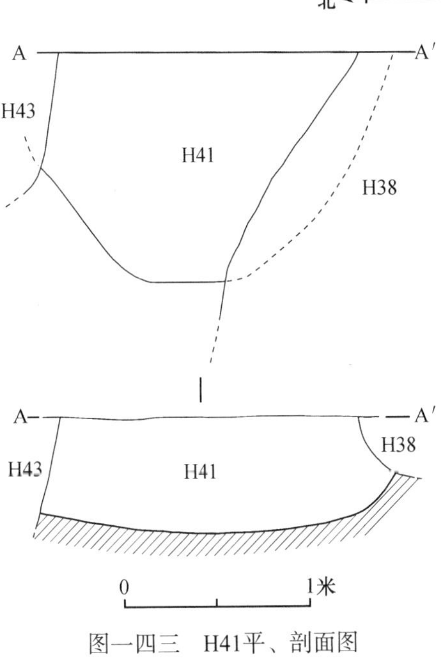

图一四三 H41平、剖面图

12. H42

H42位于T8的东北部，部分延伸至东隔梁内。开口于第2层下，打破H43及生土，开口距地表80厘米。口部形状为近椭圆形，剖面口大底小，坡壁略弧、内收，平底。口部东西宽71、南北长300、底部东西宽50、南北长200、残深90厘米（图一四四）。

坑内堆积为土色泛黑的灰土，土质松散，夹礓石、砂土，含少量陶片及陶环。陶片以泥质红陶为主，夹砂褐陶次之；纹饰以素面最多，线纹次之，其他还有绳纹、彩陶、弦纹（表四六）。

表四六　T8H42陶系、纹饰统计表

纹饰＼数量＼陶系	泥质陶				夹砂陶				合计	百分比
	红	褐	灰	小计	红	褐	灰	小计		
素面	15		1	16					16	51.61%
绳纹						4		4	4	12.90%
线纹	6			6					6	19.36%
彩陶	4			4					4	12.90%
弦纹						1		1	1	3.23%
合计	25		1	26		5		5	31	100%
百分比	80.64%		3.23%	83.87%		16.13%		16.13%	100%	

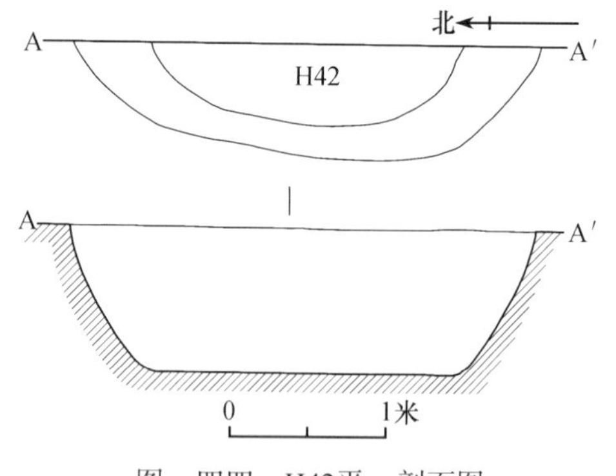

图一四四　H42平、剖面图

H42共出土标本7件，均为陶器。

敛口钵　1件。标本T8H42：1，口沿残片。泥质灰陶。敛口，圆唇，上腹微鼓。素面。残高5.2厘米（图一四五，5）。

罐　5件。根据口部形态可分为大口罐、矮领鼓腹罐、高领罐。

大口罐　1件。标本T8H42：7，口、腹残片。夹砂红陶，残留部分口沿及上腹部。直口微敛，尖唇，沿面微凹、内斜，口内有一周浅凹槽，上腹较鼓。颈下饰左上至右下的斜绳纹。残高5厘米（图一四五，6）。

矮领鼓腹罐　2件。均为口沿残片。标本T8H42：5，泥质红陶。口微敛，圆唇，沿面微凸、外斜，上腹外鼓。口沿饰有一周黑彩，腹部残存黑彩，纹饰不清楚。残高3.8厘米（图一四五，11）。标本T8H42：6，夹砂红陶。直口，圆唇，窄沿，沿面有一周凹槽，口内有一周浅凹槽，剖面近铁轨式。素面。残高4厘米（图一四五，8）。

高领罐　2件。口沿残片。标本T8H42：2，泥质红陶。侈口，尖唇，高领，平沿外斜，领内微凹。素面。残高4.6厘米（图一四五，2）。标本T8H42：3，泥质红陶。侈口，尖圆唇，沿面微凹、外斜，高领，领内微凹，上腹较直。素面。残高6.4厘米（图一四五，9）。

瓮　1件。标本T8H42：4，口沿残片。泥质红陶。敛口，圆唇微外卷，圆肩。素面。残高2.9厘米（图一四五，12）。

13. H43

H43位于T8的东北部，部分延伸至东隔梁内。开口于第2层下，打破H41及生土，北部被H42打破，开口距地表80厘米。口部形状为近椭圆形，剖面口大底小、呈锅底状，坡壁内收，圜底。口部东西宽100、南北长230、底部东西宽62、南北长170、残深132厘米。坑内填土色泛黑的灰土，土质松散，夹砾石，内含极少量陶片（图一四六）。

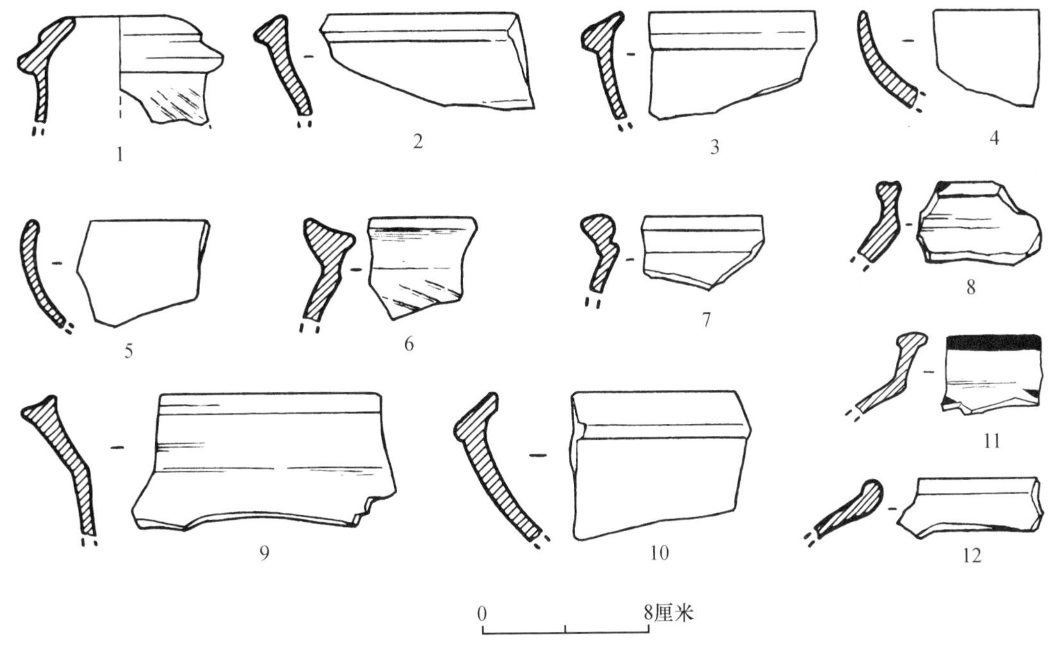

图一四五　H41、H42出土陶器

1. 重唇口尖底瓶（T8H41：4）　2、9. 高领罐（T8H42：2、T8H42：3）　3、10. 叠唇盆（T8H41：3、T8H41：2）　4. 直口钵（T8H41：1）　5. 敛口钵（T8H42：1）　6、7. 大口罐（T8H42：7、T8H41：5）　8、11. 矮领鼓腹罐（T8H42：6、T8H42：5）　12. 瓮（T8H42：4）

14. H44

H44位于T10西北部，部分延伸至北隔梁内。开口于第2层下，打破H45、H48及生土，开口距地表50厘米。口部形状不规则、破坏较严重，剖面口大底小，坑壁内收，底部北高南低、底面不平整；东壁有一外凸的方形小坑，似为一龛，直壁、平底。口部东西宽270～338、南北长374、坑底东西最宽240、南北长360、残深34～44厘米；东壁的小坑长72、宽20、深33厘米（图一四七）。

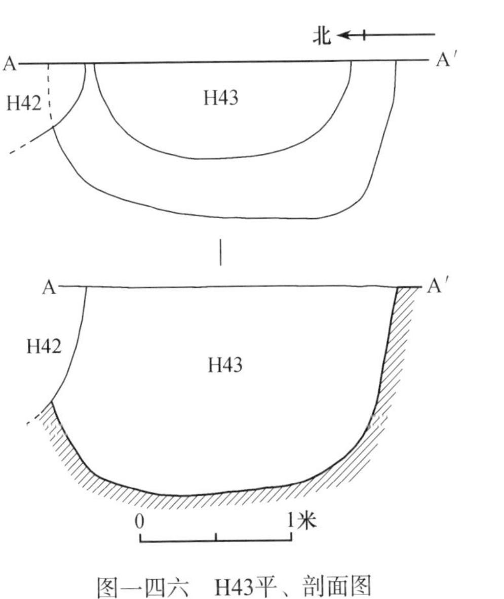

图一四六　H43平、剖面图

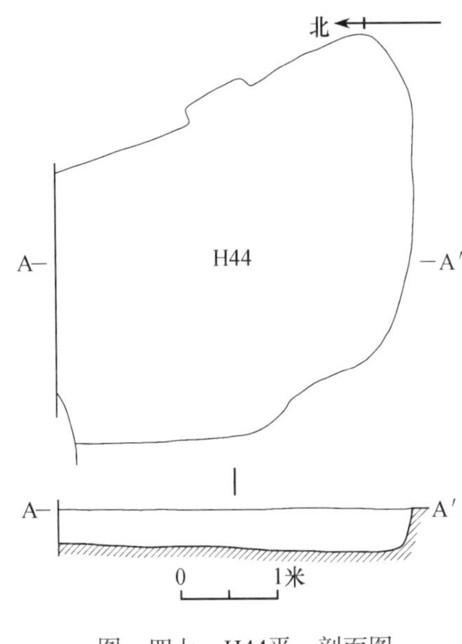

图一四七　H44平、剖面图

坑内堆积为灰土，土质松散，夹砂土、礓石、石块等，内含部分陶片、动物骨头。陶片以泥质红陶为主，泥质灰陶和夹砂褐陶次之；纹饰以素面最多，线纹次之，其他还有绳纹、彩陶、附加堆纹等（表四七）。动物骨头经鉴定属种为獐。

表四七　T10H44陶系、纹饰统计表

陶系 / 数量 / 纹饰	泥质陶				夹砂陶				合计	百分比
	红	褐	灰	小计	红	褐	灰	小计		
素面	60	32	50	142		5	2	7	149	40.38%
绳纹					10	35		45	45	12.20%
线纹	140			140					140	37.94%
彩陶	32			32					32	8.67%
绳+弦						2		2	2	0.54%
附加堆纹						1		1	1	0.27%
合计	232	32	50	314	10	43	2	55	369	100%
百分比	62.87%	8.67%	13.55%	85.09%	2.71%	11.65%	0.54%	14.90%	100%	

H44共出土标本18件。均为陶器。

重唇口尖底瓶　2件。口部残件。标本T10H44：12，泥质红陶。敛口，双唇较明显，上唇宽于下唇，下唇尖圆，双唇沿面微上斜。颈部饰横向线纹。口径3.6、残高4.6厘米（图一四八，1）。标本T10H44：13，泥质红陶。敛口，双唇明显，上唇宽于下唇，上唇内侧较厚，下唇方唇、沿面较平。素面。口径3.6、残高3.6厘米（图一四八，2）。

盆　3件。根据口部形态可分为折沿盆、叠唇盆。

折沿曲腹盆　2件。均为口、腹残片。标本T10H44：7，泥质红陶。敛口，圆唇，上腹外鼓，曲腹内收。唇部饰一周黑彩，下腹部饰一周黑彩带状纹。口径30、腹径29.6、残高9.6厘米（图一四八，6）。标本T10H44：8，泥质红陶。敛口，圆唇，上腹部较直，下腹曲腹内收。素面。残高14厘米（图一四八，7）。

叠唇弧腹盆　1件。标本T10H44：10，口、腹残片。泥质灰陶。敛口，叠唇较宽，弧腹斜收。素面。残高9厘米（图一四八，5）。

钵　2件。根据口部形态可分为敞口钵、敛口钵。

敞口钵　1件。标本T10H44：1，口沿残片。泥质红陶。敞口，尖唇，弧腹内收。素面。残高5厘米（图一四八，4）。

敛口钵　1件。标本T10H44：2，口、腹残片。泥质红陶。敛口，圆唇，上腹微鼓，下腹内收。唇部饰一周黑彩，素面。口径25.4、腹径27.2、残高6.3厘米（图一四八，9）。

罐　6件。根据口部形态可分为大口罐、高领罐。

大口罐　3件。多为口沿残片。标本T10H44：14，夹砂红陶。侈口，尖圆唇，窄平沿，上腹外鼓。颈下贴附有一附加泥条，饰左上至右下的斜绳纹。残高7.4厘米（图一四八，11）。标

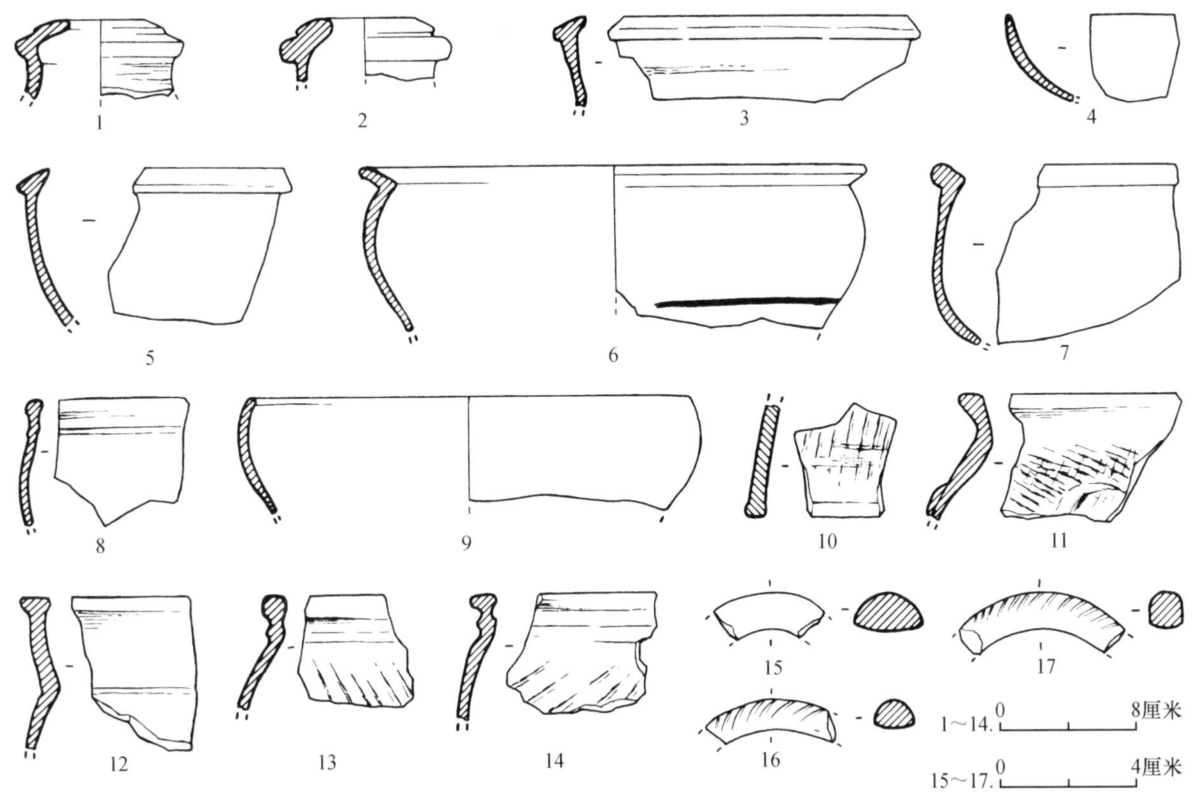

图一四八 H44出土陶器

1、2. 重唇口尖底瓶（T10H44：12、T10H44：13） 3、12. 高领罐（T10H44：9、T10H44：6）
4. 敞口钵（T10H44：1） 5. 叠唇弧腹盆（T10H44：10） 6、7. 折沿曲腹盆（T10H44：7、T10H44：8）
8、11、13、14. 大口罐（T10H44：4、T10H44：14、T10H44：16、T10H44：15） 9. 敛口钵（T10H44：2）
10. 器盖（T10H44：17） 15～17. 环（T10H44：18、T10H44：19、T10H44：20）

本T10H44：15，口沿残片。夹砂红陶。直口，圆唇，窄平沿，口内外各有一周凹槽，剖面呈铁轨式，上腹微鼓，颈下饰粗疏的右上至左下斜绳纹。残高6.9厘米（图一四八，14）。标本T10H44：16，夹砂褐陶。直口，方唇，窄平沿，口内外各有一周浅凹槽，剖面呈铁轨式，上腹较鼓。颈下饰较粗疏的左上至右下的绳纹。残高6.5厘米（图一四八，13）。

高领罐 3件。口沿残片。标本T10H44：6，泥质红陶。敛口，圆唇，窄平沿，高领，领内微凹，腹部微鼓。素面。残高8.9厘米（图一四八，12）。标本T10H44：9，泥质红陶。敛口，尖圆唇，窄平沿外斜。素面。残高5厘米（图一四八，3）。标本T10H44：4，口、腹残片。泥质红陶。直口微敛，圆唇，口内外各有一周极浅的凹槽，腹部微鼓。素面。残高7.3厘米（图一四八，8）。

瓮 1件。损毁严重。

器盖 1件。标本T10H44：17，口沿残片。夹砂灰陶。敞口呈喇叭状，方唇，斜直壁。器表饰斜绳纹。残高6.6厘米（图一四八，10）。

环 3件。均残。标本T10H44：18，泥质灰陶。截面近半圆形。器表磨光。内径3.6、外径5.2、厚2厘米（图一四八，15）。标本T10H44：19，泥质灰陶。截面近圆角长方形。器表印有一周单向的细螺旋线纹。内径5.2、外径7、厚1厘米（图一四八，16）。标本T10H44：20，泥质灰陶。截面近半圆形。素面，器表印有一周单向的细螺旋线纹。内径6.8、外径8.2、厚1厘米（图一四八，17）。

15. H45

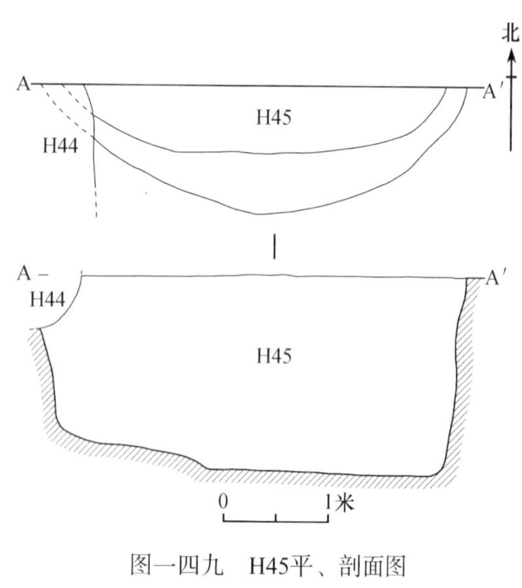

图一四九　H45平、剖面图

H45位于T10的北部正中，部分延伸至北隔梁内。开口于第2层下，打破H46及生土，西部被H44打破，开口距地表50厘米。口部形状为近椭圆形，剖面口大底小，坡壁内收，壁上凹凸不平，西壁低部向内凸呈近台状，坑底不平整，呈西高东低。口部东西410、南北120、底部东西370、南北62、残深180厘米（图一四九）。

坑内填土为土色泛黑的灰土，土质松散，夹礓石、沙土等，内含部分陶片、动物骨头。陶片以泥质红陶居多，夹砂褐陶和泥质褐陶次之；纹饰以素面最多，绳纹次之，其他还有线纹、彩陶等（表四八）。动物骨头经鉴定属种为猪和青羊。

表四八　T10H45陶系、纹饰统计表

陶系 / 数量 / 纹饰	泥质陶				夹砂陶				合计	百分比
	红	褐	灰	小计	红	褐	灰	小计		
素面	25	14	6	45		4		4	49	54.44%
绳纹						20		20	20	22.22%
线纹	10	5		15					15	16.67%
彩陶	5			5					5	5.56%
绳+弦						1		1	1	1.11%
合计	40	19	6	65		25		25	90	100%
百分比	44.44%	21.11%	6.67%	72.22%		27.78%		27.78%	100%	

H45共出土标本19件。均为陶器。

重唇口尖底瓶　1件。标本T10H45：8，口部残件。泥质红陶。敛口，双唇明显，下唇沿面较宽，上唇圆鼓，下唇尖圆，沿面上斜，与颈部结合处折棱明显。颈部饰横向线纹。口径3.2、残高3.6厘米（图一五〇，1）。

盆　3件。根据口部形态可分为折沿盆、叠唇盆。

折沿盆　2件。标本T10H45：5，口沿残片。泥质红陶。直口微敛，圆唇，上腹较直，器壁较薄。素面。残高4.6厘米（图一五〇，2）。标本T10H45：6，口、腹残片。泥质红陶。口微敛，圆唇，上腹微鼓。唇部饰一周黑彩，腹部饰黑彩几何纹样。残高5.9厘米（图一五〇，9）。

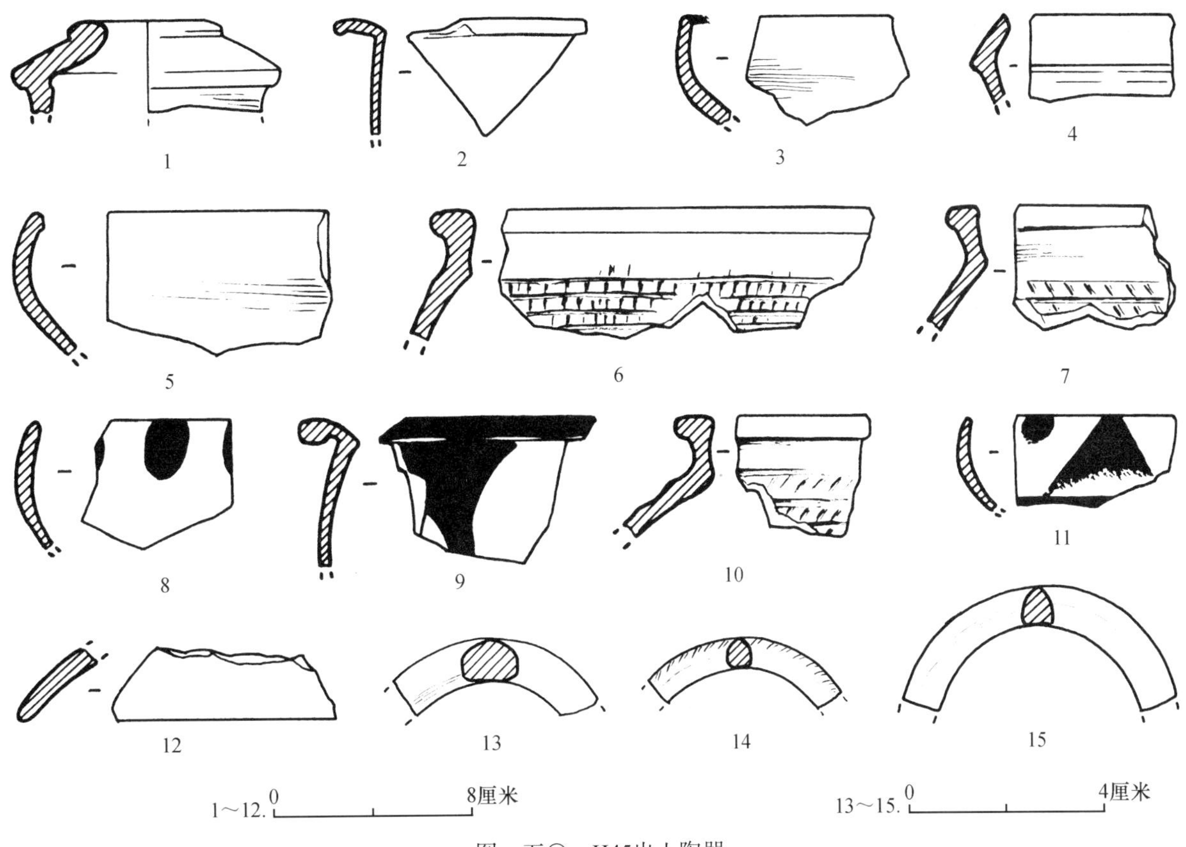

图一五〇 H45出土陶器

1. 重唇口尖底瓶（T10H45：8） 2、9. 折沿盆（T10H45：5、T10H45：6） 3、5、8、11. 敛口钵（T10H45：1、T10H45：2、T10H45：4、T10H45：3） 4. 叠唇盆（T10H45：7） 6、7、10. 大口罐（T10H45：10、T10H45：9、T10H45：11） 12. 器盖（T10H45：12） 13～15. 环（T10H45：16、T10H45：17、T10H45：13）

叠唇盆 1件。叠唇斜直腹盆。标本T10H45：7，口沿残片。泥质红陶。敛口，叠唇较宽，斜腹下收。沿下下及内壁有轮修的细密同心圆纹，素面。残高3.4厘米（图一五〇，4）。

敛口钵 4件。均为口、腹残片。标本T10H45：1，泥质红陶。口微敛，圆唇，上腹微鼓。唇部饰一周黑彩，素面。残高4.4厘米（图一五〇，3）。标本T10H45：2，泥质褐陶，器顶颜色较红。敛口，圆唇，上腹较鼓，下腹内收。唇部饰一周黑彩，素面。残高5.6厘米（图一五〇，5）。标本T10H45：3，泥质红陶。敛口，方圆唇，上腹较鼓。唇部饰一周黑彩，上腹部饰黑彩圆点、三角纹样。残高3.7厘米（图一五〇，11）。标本T10H45：4，泥质红陶。敛口，方圆唇，上腹微鼓，唇部饰一周黑彩，上腹部饰黑彩圆点纹样。残高5厘米（图一五〇，8）。

大口罐 3件。均为口沿残片。标本T10H45：9，夹砂褐陶。侈口，圆唇，平沿。颈下饰左上至右下斜绳纹加弦纹。残高5厘米（图一五〇，7）。标本T10H45：10，夹砂褐陶。直口，圆唇，平沿，口内有一周浅凹槽。颈下饰斜右上至左下绳纹加弦纹。残高5.2厘米（图一五〇，6）。标本T10H45：11，夹砂灰陶。直口，圆唇，平沿，口内有一周浅凹槽，近铁轨式口沿。颈下饰右上至左下斜绳纹加弦纹。残高4.8厘米（图一五〇，10）。

器盖 1件。标本T10H45：12，残。夹砂褐陶。敞口呈喇叭形，圆唇。器表抹泥修整。残高3.9

厘米（图一五〇，12）。

环　7件。均残。标本T10H45：13，泥质灰陶。截面呈圆角的等腰三角形。器表有磨制痕迹。内径4.2、外径5.6、厚0.7厘米（图一五〇，15）。标本T10H45：16，泥质灰陶。截面呈椭圆形。素面磨光。内径3.6、外径5.2、厚1.2厘米（图一五〇，13）。标本T10H45：17，泥质褐陶。截面近半圆形。外表有一周极细的螺旋线纹。内径3.8、外径4.8、厚0.6厘米（图一五〇，14）。

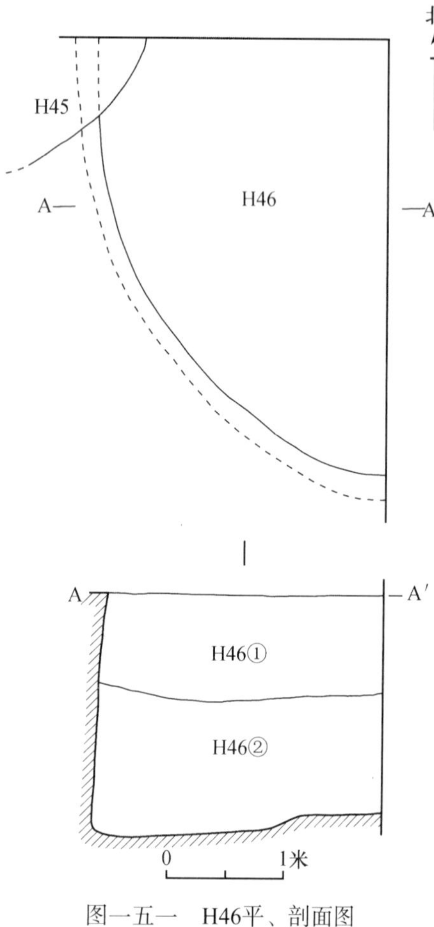

图一五一　H46平、剖面图

16. H46

H46位于T10的东北角，部分延伸至东、北隔梁内。开口于第2层下，打破生土，西部被H45打破，开口距地表50厘米。口部形状为近椭圆形，剖面呈袋状、口小底大，斜壁外扩，壁、底均凹凸不平。口部东西250、南北360、底部东西270、南北380、残深200厘米（图一五一）。

坑内堆积依土质、土色及包含物可分为两层：第1层厚72～90厘米，灰褐色土，土质松散，夹大量的沙土、礓石、石块及零碎的动物骨骼等，含大量陶片、动物骨头。陶片以泥质红陶居多，夹砂褐陶次之；纹饰以素面最多，线纹、绳纹次之，其他还有彩陶、弦纹、附加堆纹等（表四九）。动物骨头经鉴定属种为猪和梅花鹿；第2层厚100～126厘米，灰土，土色泛黑，土质松散，夹礓石，石块等，内含部分陶片。陶片以泥质红陶居多，夹砂褐陶次之；纹饰以素面最多，线纹次之，其他还有绳纹、弦纹、附加堆纹等（表五〇）。

表四九　T10H46①陶系、纹饰统计表

纹饰＼数量＼陶系	泥质陶				夹砂陶				合计	百分比
	红	褐	灰	小计	红	褐	灰	小计		
素面	325	60	94	479	6	12	3	21	500	47.04%
绳纹					40	160		200	200	18.81%
线纹	210			210					210	19.76%
彩陶	120			120					120	11.29%
弦纹					2	5		7	7	0.66%
绳+弦					3	12		15	15	1.41%
附加堆纹					3	8		11	11	1.03%
合计	655	60	94	809	54	197	3	254	1063	100%
百分比	61.63%	5.64%	8.84%	76.11%	5.08%	18.53%	0.28%	23.89%	100%	

表五〇　T10H46②陶系、纹饰统计表

纹饰＼数量＼陶系	泥质陶				夹砂陶				合计	百分比
	红	褐	灰	小计	红	褐	灰	小计		
素面	120	20	26	166					166	45.23%
绳纹					18	50		68	68	18.53%
线纹	80			80					80	21.80%
弦纹	40			40					40	10.90%
绳+弦					4	2		6	6	1.63%
附加堆纹					2	5		7	7	1.91%
合计	240	20	26	286	24	57		81	367	100%
百分比	65.40%	5.45%	7.08%	77.93%	6.54%	15.53%		22.07%	100%	

H46共出土标本63件。下面按照出土层位进行介绍。

第1层出土标本47件。以陶器为主，另有少量石器。

陶器　44件。

重唇口尖底瓶　1件。标本T10H46①：15，口部残件。泥质红陶。敛口，双唇明显，上唇沿面宽于下唇，下唇尖唇、沿面微上斜。素面。口径5.2、残高2.6厘米（图一五三，1）。

盆　5件。均为口沿残片。根据口部形态可分为折沿盆、叠唇盆。

折沿盆　1件。标本T10H46①：12，泥质红陶。口微敛，圆唇，弧腹。唇部饰一周黑彩，沿面饰连续的黑彩弧边三角纹样，上腹部饰黑彩勾连纹样。口径36、残高5.2厘米（图一五二，2）。

叠唇盆　4件。叠唇弧腹盆。标本T10H46①：8，泥质红陶。敛口微直，叠唇较宽，弧腹内收。素面，器表磨光。残高5厘米（图一五二，1）。标本T10H46①：9，泥质红陶，色偏黄。敛口，叠唇较宽，弧腹下收。素面。残高8厘米（图一五二，6）。标本T10H46①：10，泥质灰陶。敛口，叠唇较宽，弧腹下收。素面，器表粗糙。残高7厘米（图一五二，4）。标本T10H46①：13，泥质红陶。敛口，叠唇较宽，弧腹下收。唇面内外侧各饰一周黑彩，上腹部素面磨光。残高5.6厘米（图一五二，10）。

钵　3件。均为口、腹残片。根据口部形态可分为敞口钵、敛口钵。

敞口钵　1件。标本T10H46①：5，泥质红陶。敞口，尖唇，弧腹内收。素面。口径18、残高5厘米（图一五二，8）。

敛口钵　2件。标本T10H46①：6，泥质红陶。敛口，方唇，上腹外鼓，斜直腹内收。素面。口径32、腹径33.2、残高7.4厘米（图一五二，5）。标本T10H46①：7，泥质褐陶。敛口，圆唇，上腹较鼓。素面。残高4.4厘米（图一五二，3）。

罐　6件。均为口、腹残片。根据口部形态可分为大口罐、斜沿直腹罐、敛口圆腹罐。

大口罐　4件。铁轨式口沿退化。标本T10H46①：16，夹砂红陶。直口圆唇，窄沿内斜，腹上部较直、下部微鼓。口径14、残高7.2厘米（图一五二，13）。标本T10H46①：17，夹砂

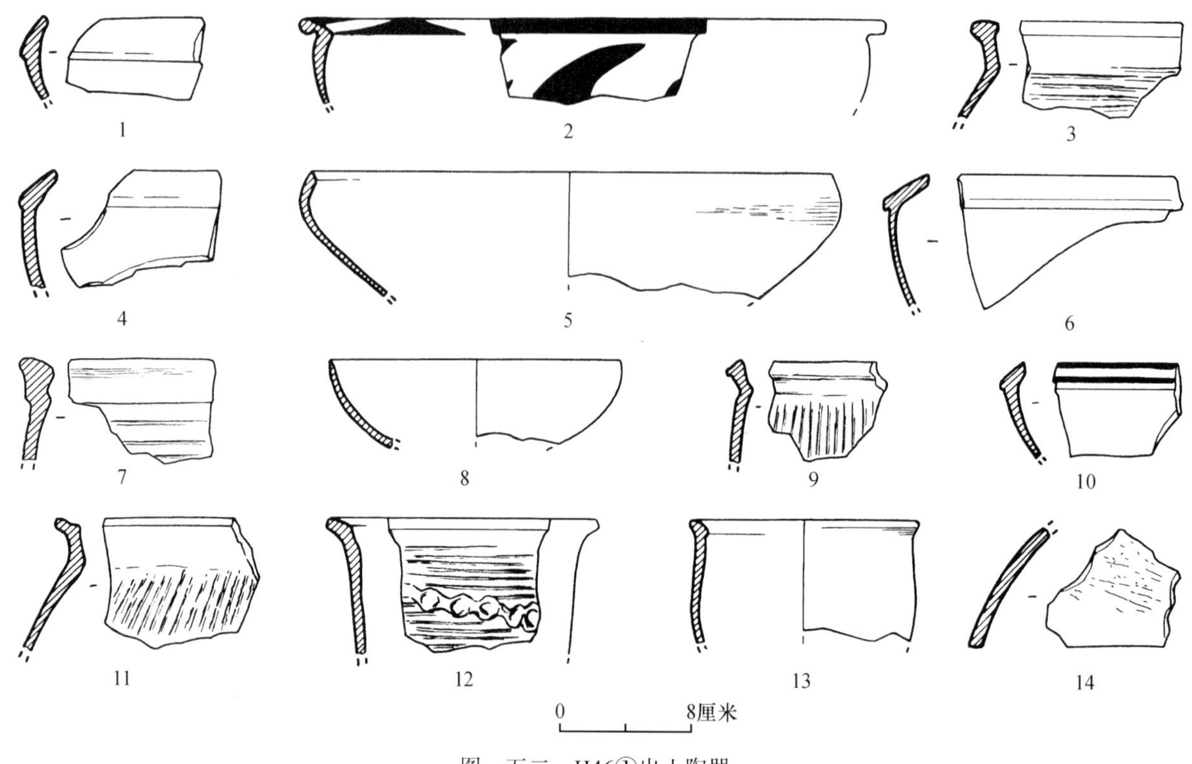

图一五二　H46①出土陶器

1、4、6、10. 叠唇盆（T10H46①：8、T10H46①：10、T10H46①：9、T10H46①：13）　2. 折沿盆（T10H46①：12）　3、9、11、13. 大口罐（T10H46①：20、T10H46①：17、T10H46①：22、T10H46①：16）　5. 敛口钵（T10H46①：6）　7. 缸（T10H46①：19）　8. 敞口钵（T10H46①：5）　12. 斜沿直腹罐（T10H46①：21）　14. 器盖（T10H46①：24）

红陶。侈口，圆唇，窄平沿外斜，口内有一周浅凹槽，上腹微鼓。颈下饰竖向绳纹。残高6厘米（图一五二，9）。标本T10H46①：20，夹砂红陶。直口，方唇，平沿，口内微凹，上腹较鼓。颈下饰几道横向弦纹。残高5.4厘米（图一五二，3）。标本T10H46①：22，夹砂红陶。侈口，圆唇，平沿内斜，沿面微凹，上腹外鼓。颈下饰较密集的右上至左下的斜绳纹。残高7.8厘米（图一五二，11）。

斜沿直腹罐　1件。标本T10H46①：21，夹砂红陶。侈口方唇，直腹。饰横向弦纹，并贴附有一道左上至右下的带捺窝的附加堆纹。口径16.4、残高8厘米（图一五二，12）。

敛口圆腹罐　1件。标本T10H46①：14，泥质红陶。敛口，圆唇微外卷，上腹外鼓。唇部饰一周黑彩，上腹部饰黑彩纹饰八组，每组纹饰从上至下依次饰弧线、弧边三角各一个、半月形纹数个，每两组以竖线相隔，中间饰黑彩圆点。口径21.8、残高18.1厘米（图一五三，5）。

瓮　1件。标本T10H46①：11，口沿残片。泥质灰陶。敛口，尖圆唇外叠，唇面微凹，口部剖面近T形。残高2.2厘米（图一五三，4）。

缸　1件。标本T10H46①：19，夹砂红陶。直口圆唇，沿面内斜，口内有一周浅凹槽，腹部微鼓。颈下饰几道横向弦纹。残高6.2厘米（图一五二，7）。

器盖　2件。均为口沿残片。标本T10H46①：23，夹砂褐陶。口外撇呈喇叭状，尖唇外凸呈棱，斜直壁。素面，器表抹泥修整。残高5.2厘米（图一五三，2）。标本T10H46①：24，夹砂褐

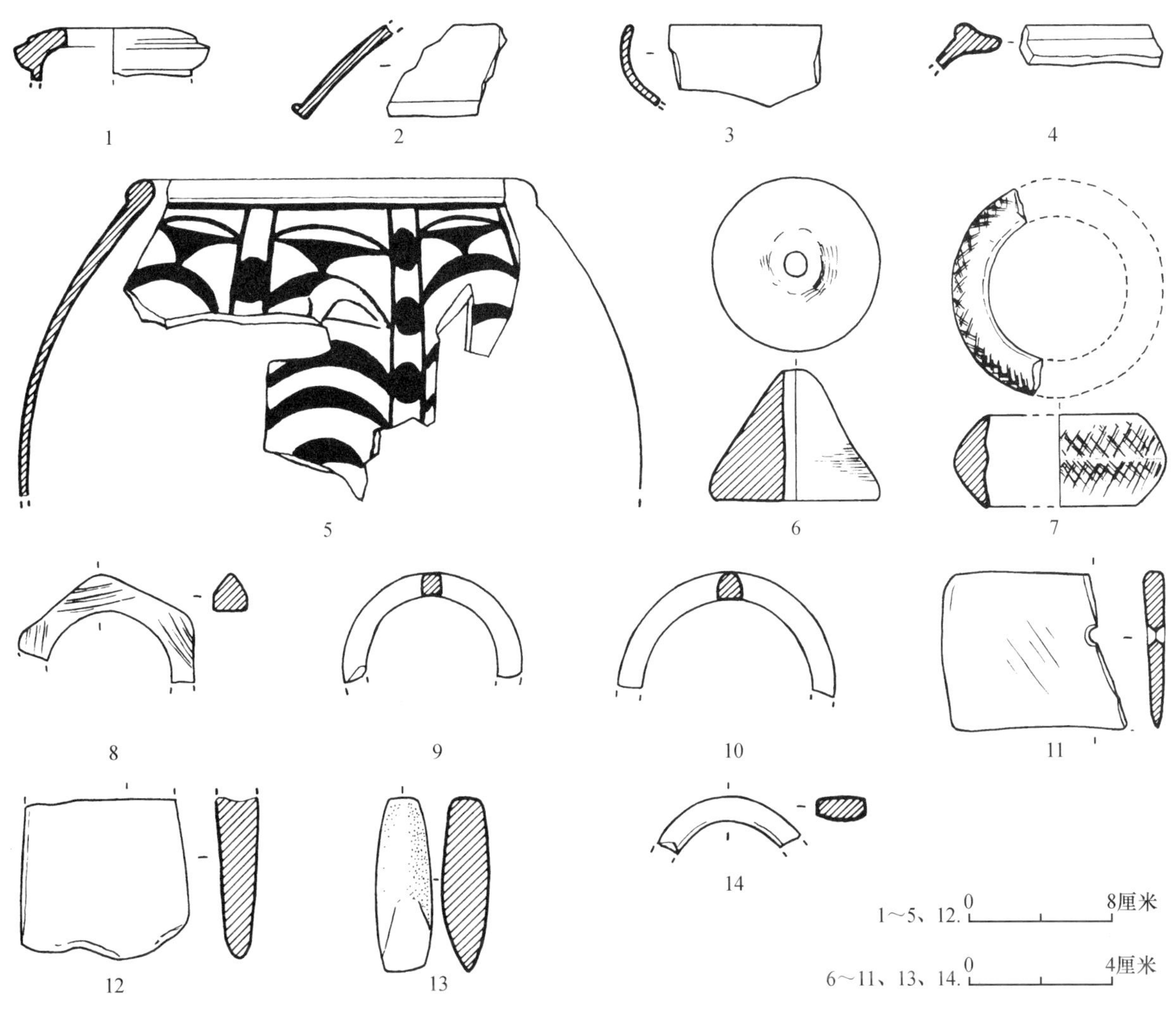

图一五三 H46①出土陶、石器

1. 陶重唇口尖底瓶（T10H46①：15） 2. 陶器盖（T10H46①：23） 3. 陶敛口钵（T10H46①：7） 4. 陶瓮（T10H46①：11） 5. 陶敛口圆腹罐（T10H46①：14） 6. 陶纺纶（T10H46①：4） 7~10、14. 陶环（T10H46①：25、T10H46①：29、T10H46①：31、T10H46①：35、T10H46①：28） 11. 石刀（T10H46①：1） 12. 残石器（T10H46①：2） 13. 石凿（T10H46①：3）

陶。口微侈呈覆钵状，方唇，弧壁。素面，器表近口部抹泥修整。残高7厘米（图一五二，14）。

环 24件。均残。标本T10H46①：25，泥质灰陶。截面近似菱形。外表饰交叉线纹，中部凸起处呈连续的小方格状。内径4.8、外径6.6、厚2.3厘米（图一五三，7）。标本T10H46①：28，泥质灰陶。截面呈矩形，通体施白色陶衣。素面。内径3.6、外径4.8、厚1.3厘米（图一五三，14）。标本T10H46①：29，泥质灰陶。截面近等腰三角形，平面呈齿轮状，残留两个半齿状凸起。两面均有平行线纹三道。内径3.8、外径5.2、厚0.9厘米（图一五三，8）。标本T10H46①：31，泥质灰陶。截面呈圆角方形。素面。内径4.4、外径5.9、厚0.8厘米（图一五三，9）。标本T10H46①：35，泥质红陶。截面呈大半圆形。素面。内径5、外径6.4、厚0.6厘米（图一五三，10）。

纺轮 1件。标本T10H46①：4，泥质红陶。呈截尖圆锥形，截面近等边三角，中部有一穿孔，平底。素面。底径9.2、高7.2厘米（图一五三，6；图版三〇，6）。

石器　3件。

凿　1件。标本T10H46①：3，窄长条形，体圆鼓，顶部有打击的痕迹，刃微弧，双面磨制，较锋利。长9.6、宽3.2、厚2.8厘米（图一五三，13；图版三〇，5）。

刀　1件。标本T10H46①：1，残。通体磨光。平面呈圆角长方形，背部平直，近背处有一个两面对钻而成的小孔，双面磨制的直刃。残长9.8、宽8.7厘米（图一五三，11）。

残石器　1件。标本T10H46①：2，平面近长方形，三边直，一边不规则。长9.4、宽8.8厘米（图一五三，12）。

第2层出土标本16件。均为陶器。

折沿盆　2件。标本T10H46②：7，泥质红陶。敛口圆唇，窄平沿内斜，上腹微鼓。素面。残高4厘米（图一五四，14）。标本T10H46②：11，口沿残片。泥质红陶。敛口，圆唇，上腹微鼓。唇部饰一周黑彩，沿面饰连续的黑彩弧边三角纹，腹部饰黑彩勾叶纹和豆荚纹组成的纹样。残高6厘米（图一五四，2）。

钵　3件。均为口沿残片。根据口部形态可分为直口钵、敛口钵。

直口钵　1件。标本T10H46②：2，泥质褐陶。直口微敞，尖唇，上腹微鼓，弧腹内收。素面。口径19.8、残高20.4厘米（图一五四，16）。

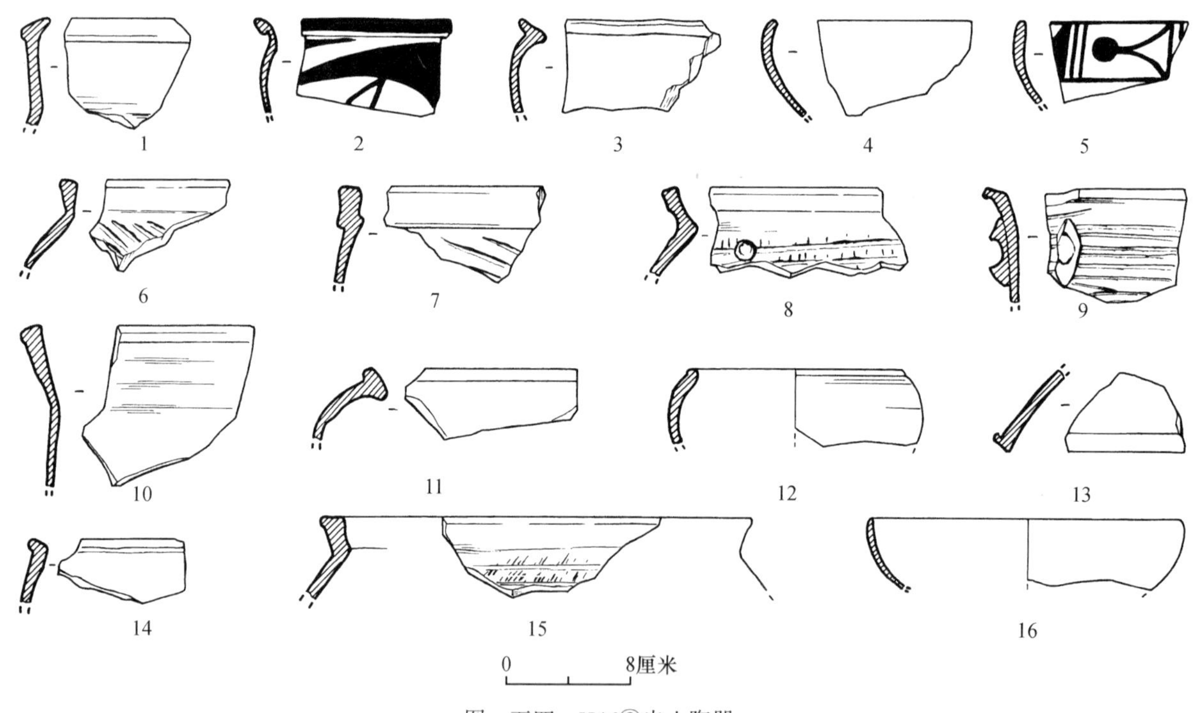

图一五四　H46②出土陶器

1、10. 高领罐（T10H46②：5、T10H46②：4）　2、14. 折沿盆（T10H46②：11、T10H46②：7）　3、11. 瓮（T10H46②：9、T10H46②：8）　4、5. 敛口钵（T10H46②：3、T10H46②：10）　6、8、15. 大口罐（T10H46②：15、T10H46②：13、T10H46②：14）　7. 缸（T10H46②：16）　9. 斜沿直腹罐（T10H46②：12）　12. 盂（T10H46②：6）　13. 器盖（T10H46②：17）　16. 直口钵（T10H46②：2）

敛口钵　2件。标本T10H46②：3，泥质褐陶。敛口，方圆唇，上腹较鼓。素面。残高6厘米（图一五四，4）。标本T10H46②：10，泥质红陶。口微敛，圆唇，上腹微鼓。唇部饰一周黑彩，腹部饰黑彩竖线、圆点、竖线等组成的纹样。残高5厘米（图一五四，5）。

罐　6件。均为口沿残片。根据口部形态可分为大口罐、斜沿直腹罐、高领罐。

大口罐　3件。铁轨式口沿退化。标本T10H46②：13，夹砂红陶。侈口方唇，口内有一周浅凹槽，上腹外鼓。颈下贴附一小泥饼几周，饰横向旋纹。残高5.6厘米（图一五四，8）。标本T10H46②：14，夹砂褐陶。侈口圆唇，窄平沿稍内斜，束颈，口内微凹，上腹外鼓。颈下饰右上至左下的斜绳纹。口径26.4、残高5.1厘米（图一五四，15）。标本T10H46②：15，夹砂灰陶。直口，尖圆唇，窄平沿稍内斜，颈下饰粗疏的左上至右下的斜绳纹。残高5.8厘米（图一五四。6）。

斜沿直腹罐　1件。标本T10H46②：12，夹砂红陶。口微侈，方唇，直腹。颈下贴附一竖向带捺窝的短泥条，饰横向弦纹。残高7厘米（图一五四，9）。

高领罐　2件。标本T10H46②：4，泥质红陶。侈口圆唇，窄平沿外斜，直腹。素面。残高10厘米（图一五四，10）。标本T10H46②：5，泥质褐陶。口微敛，圆唇，窄沿外斜。素面。残高7厘米（图一五四，1）。

瓮　2件，均为口沿残片。标本T10H46②：8，泥质褐陶。敛口，厚圆唇外叠，唇面内斜，口部剖面近T形，肩部圆鼓。素面。残高4.6厘米（图一五四，11）。标本T10H46②：9，泥质褐陶。敛口，尖圆唇外叠，唇面内斜，口部剖面近T形，肩部圆鼓。素面。残高5.8厘米（图一五四，3）。

缸　1件。标本T10H46②：16，夹粗砂灰陶。直口，厚方圆唇，沿面窄平，口内有一周浅凹槽，上腹微鼓。饰稀疏的左上至右下的斜绳纹。残高6厘米（图一五四，7）。

盂　1件。标本T10H46②：6，口沿残片。泥质红陶。敛口，圆唇微外卷，圆鼓腹。素面。残高5厘米（图一五四，12）。

器盖　1件。标本T10H46②：17，口沿残片。夹砂红陶。口微侈呈覆钵形，圆唇外卷，斜直腹。素面，器表抹泥修整。残高5厘米（图一五四，13）。

17. H47

H47位于T9的东南部，大部分延伸至南壁下，扩方后仍未完全揭露。开口于第2层下，打破生土，开口距地表50厘米。口部形状为近椭圆形，剖面呈袋状、口小底大，斜弧壁外扩，平底。口部东西最长230、南北宽160、底部东西最长270、南北宽180、残深175厘米（图一五五）。

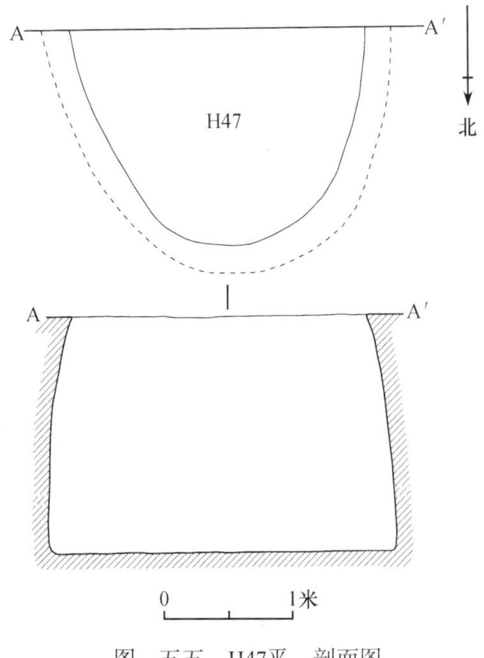

图一五五　H47平、剖面图

坑内堆积为深灰色土，土质疏松，夹灰烬、草木灰、礓石、细沙等，含较多陶片、动物骨头。陶片以泥质红陶居多，夹砂褐陶次之；纹饰以素面最多，线纹次之，其他还有彩陶、绳纹、弦纹、附加堆纹等（表五一）。动物遗存经鉴定的属种为猪和鸡。

表五一　T9H47陶系、纹饰统计表

纹饰＼数量＼陶系	泥质陶				夹砂陶				合计	百分比
	红	褐	灰	小计	红	褐	灰	小计		
素面	193	28	44	265		15		15	280	50.36%
绳纹					5	70	2	77	77	13.85%
线纹	80	25		105					105	18.89%
彩陶	82			82					82	14.75%
弦纹						3		3	3	0.54%
绳+弦						7		7	7	1.25%
附加堆纹						2		2	2	0.36%
合计	355	53	44	452	5	97	2	104	556	100%
百分比	63.85%	9.53%	7.91%	81.29%	0.90%	17.45%	0.36%	18.71%	100%	

H47共出土标本33件。均为陶器。

重唇口尖底瓶　2件。口部残件。标本T9H47：15，泥质红陶。敛口，上唇残缺，下唇尖圆，沿面上斜，溜肩，肩部微鼓。颈部饰左上至右下的斜线纹，内壁可见泥条盘筑后修整的痕迹。残高8.2厘米（图一五七，10）。标本T9H47：16，泥质红陶。敛口，双唇明显，上唇较高，沿面宽于下唇，下唇圆方，沿面较平，颈部较直。颈部饰左上至右下的斜线纹。口径4、残高5.2厘米（图一五七，8）。

盆　4件。根据口部形态可分为折沿盆、叠唇盆。

折沿盆　3件。标本T9H47：2，可修复。泥质红陶。敛口，尖圆唇，烧制变形，唇外缘饰一周黑彩，分成四段，呈柳叶状，内缘亦饰一周黑彩。上腹部饰黑彩圆点、弧边三角及弧线组成的纹样。残高14～17.8厘米（图一五六，9；图版三二，1、2）。标本T9H47：8，泥质红陶。口微敛，圆唇，上腹较直。唇部及沿面内侧各饰一周黑彩，腹部饰黑彩几何、勾叶纹样。残高5厘米（图一五六，6）。标本T9H47：9，泥质红陶。敛口，圆唇，上腹较鼓。素面，内壁可见轮修同心圆纹。残高5厘米（图一五六，7）。

叠唇盆　1件。叠唇弧腹盆。标本T9H47：13，口沿残片。泥质褐陶。敛口，叠唇较宽，唇面外斜。素面。残高4.1厘米（图一五六，8）。

钵　5件。根据口部形态可分为直口钵、敛口钵。

直口钵　1件。标本T9H47：5，口、腹残片。泥质褐陶。直口，尖圆唇，弧腹内收。素面。口径17.8、残高4.6厘米（图一五六，3）。

敛口钵　4件。标本T9H47：1，完整。泥质红陶。敛口，方唇，上腹外鼓，下腹斜收，平底微

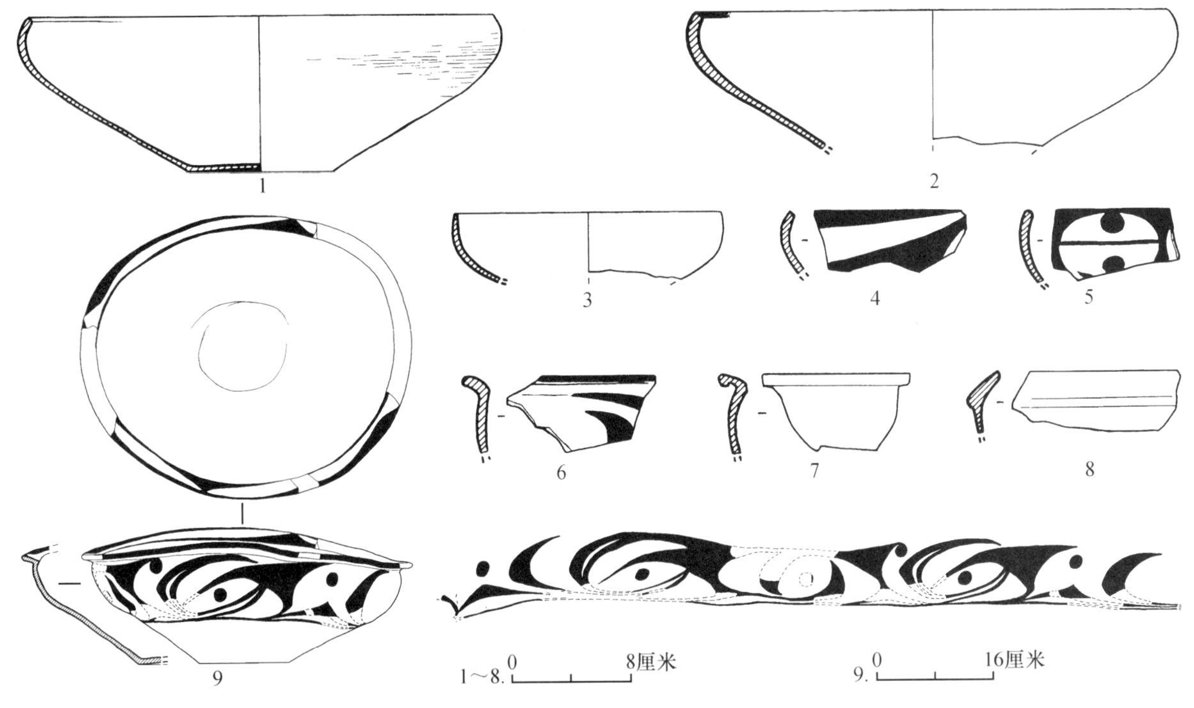

图一五六　H47出土陶器

1、2、4、5. 敛口钵（T9H47：1、T9H47：3、T9H47：6、T9H47：7）　3. 直口钵（T9H47：5）
6、7、9. 折沿盆（T9H47：8、T9H47：9、T9H47：2）　8. 叠唇盆（T9H47：13）

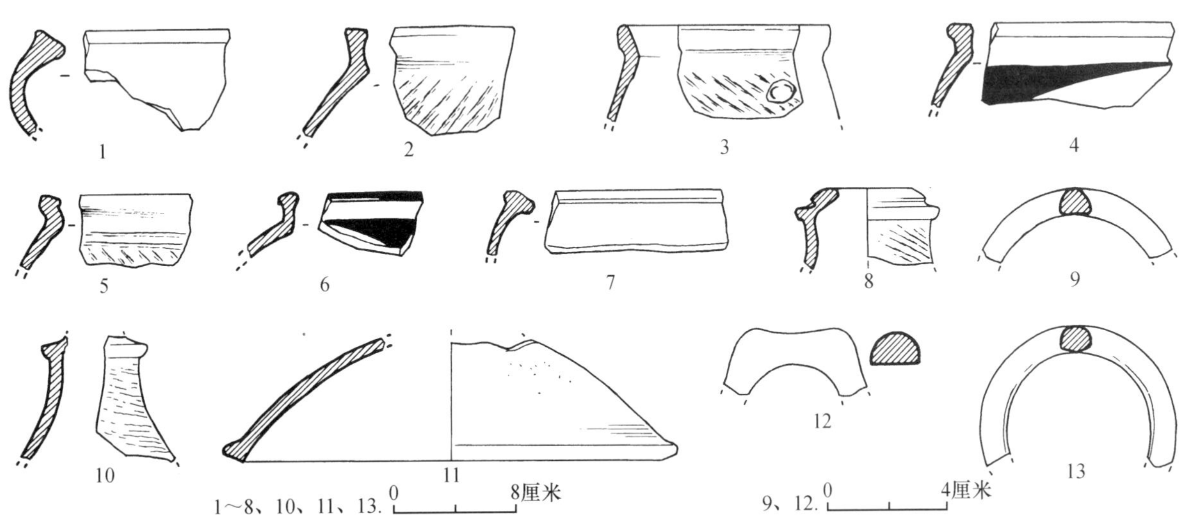

图一五七　H47出土陶器

1、7. 瓮（T9H47：14、T9H47：12）　2、3、5. 大口罐（T9H47：18、T9H47：19、T9H47：20）
4、6. 矮领鼓腹罐（T9H47：11、T9H47：10）　8、10. 重唇口尖底瓶（T9H47：16、T9H47：15）
9、12、13. 环（T9H47：30、T9H47：23、T9H47：24）　11. 器盖（T9H47：22）

凹。素面，器表磨光。口径31、腹径32.5、底径9.6、高10.2厘米（图一五六，1；图版三三，3）。标本T9H47：3，口、腹残片。泥质红陶。敛口，方圆唇，上腹外鼓，下腹斜收。素面，唇部饰一周黑彩，口部内侧可见轮修同心圆纹。口径31.8、腹径33.5、残高8.4厘米（图一五六，2）。标本T9H47：6，口、腹残片。泥质红陶。敛口，方圆唇，上腹较鼓。唇部饰一周黑彩，上腹部饰黑彩柳叶形、弧边三角组成的纹样。残高4.2厘米（图一五六，4）。标本T9H47：7，泥质红陶。口、腹残片。敛口，圆唇，上腹微鼓。唇部饰一周黑彩，腹部饰黑彩弧边三角构成的椭圆形，中部绘有横线和上下对称的两个圆点。残高4.8厘米（图一五六，5）。

罐　5件。均为口沿残片。根据口部形态可分为大口罐、矮领鼓腹罐。

大口罐　3件。铁轨式口沿退化。标本T9H47：18，夹砂红陶。直口，方圆唇，口内有一周浅凹槽。颈下饰较粗疏的右上至左下的斜绳纹。残高7厘米（图一五七，2）。标本T9H47：19，夹砂红褐陶。侈口，圆唇，上腹微鼓。颈下饰贴附一个椭圆形小泥饼，饰左上至右下的斜绳纹。口径13.4、残高6厘米（图一五七，3）。标本T9H47：20，夹砂红褐陶。直口微侈，圆唇，窄沿内斜，口内有一周浅凹槽，剖面近铁轨式。颈下饰两道横弦纹，其下饰左上至右下的斜绳纹。残高4.7厘米（图一五七，5）。

矮领鼓腹罐　2件。标本T9H47：10，泥质红陶。直口微敛，圆唇，口内微凹。沿面饰一周黑彩，腹部饰黑彩几何纹样。残高4.2厘米（图一五七，6）。标本T9H47：11，泥质，因火候不均呈外红内灰。直口，方圆唇，窄平沿，口内微凹。饰黑彩几何纹样。残高9.5厘米（图一五七，4）。

瓮　2件。口沿残片。标本T9H47：12，泥质褐陶。敛口圆唇外叠，口部剖面近T形。素面。残高4.2厘米（图一五七，7）。标本T9H47：14，泥质灰陶。敛口，尖圆唇外叠，唇面较长，肩部圆鼓。素面。残高6.6厘米（图一五七，1）。

器盖　1件。标本T9H47：22，残。夹砂褐陶。敞口呈喇叭形，平唇，外有一周凸起，弧壁。器表抹泥修整。口径27.5、残高7.8厘米（图一五七，11）。

环　14件。均残。标本T9H47：23，泥质灰陶。截面近半圆形，平面呈齿轮状，残留两个半齿状凸起。素面。内径3.5、外径5、厚0.5厘米（图一五七，12）。标本T9H47：24，泥质灰陶。截面近圆形。素面。内径5.2、外径6.8、厚0.8厘米（图一五七，13）。标本T9H47：30，泥质灰陶。截面呈圆角的等腰三角形。素面。内径5.8、外径7.4、厚0.9厘米（图一五七，9）。

18. H48

H48位于T10的中部偏西。开口于第2层下，打破生土，北部被H44打破，开口距地表50厘米。口部形状为椭圆形，剖面袋状，口小底大，斜直壁外扩，平底。口部东西120、南北100、底部东西153、南北138、残深84厘米（图一五八）。

坑内堆积为黄褐色土，土质松散，夹大量沙土、礓石、石块等。包含陶片和动物骨头。陶片以泥质红陶为主，纹饰以素面最多，另有线纹和彩陶（表五二）。动物遗存经鉴定属种为中华圆田螺。

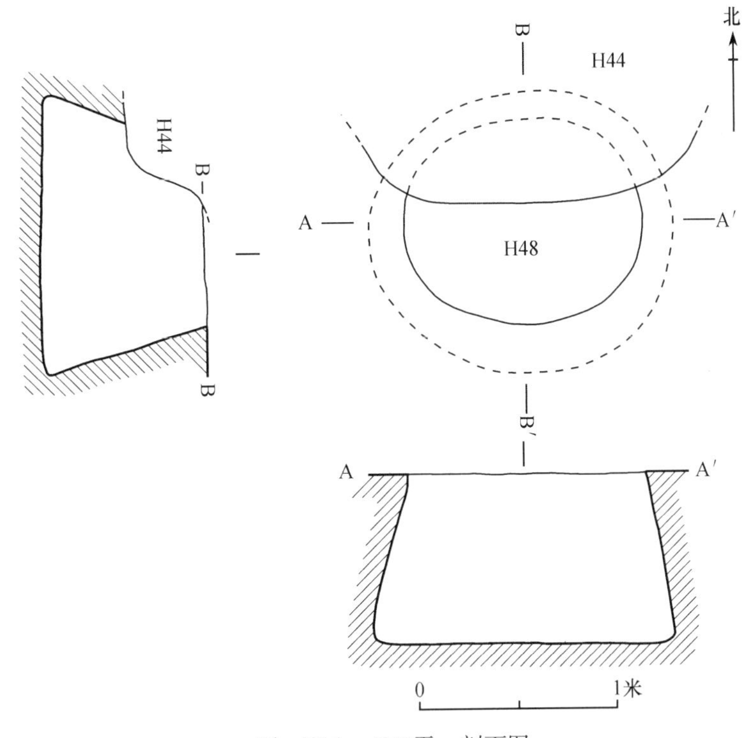

图一五八　H48平、剖面图

表五二　T10H48陶系、纹饰统计表

纹饰＼数量＼陶系	泥质陶				夹砂陶				合计	百分比
	红	褐	灰	小计	红	褐	灰	小计		
素面	13		5	18		2		2	20	50%
线纹	12			12					12	30%
彩陶	8			8					8	20%
合计	33		5	38		2		2	40	100%
百分比	82.5%		12.5%	95%		5%		5%	100%	

H48共出土标本9件。均为陶器。

折沿盆　2件。均为口沿残片。标本T10H48：8，泥质红陶。口微敛，圆唇，上腹较直。唇部饰一周黑彩，腹部残存黑彩，纹饰不清楚。残高5.2厘米（图一五九，7）。标本T10H48：9，泥质红陶。敛口，圆唇，上腹部外鼓，垂腹，最大腹径较靠下。唇部饰一周黑彩，腹部饰黑彩半月形纹样。残高7厘米（图一五九，5）。

钵　4件。根据口部形态可分为直口钵、敛口钵。

直口钵　1件。标本T10H48：3，口沿残片。泥质红陶。直口，圆唇，上腹较直，弧腹内收。素面。残高5.6厘米（图一五九，6）。

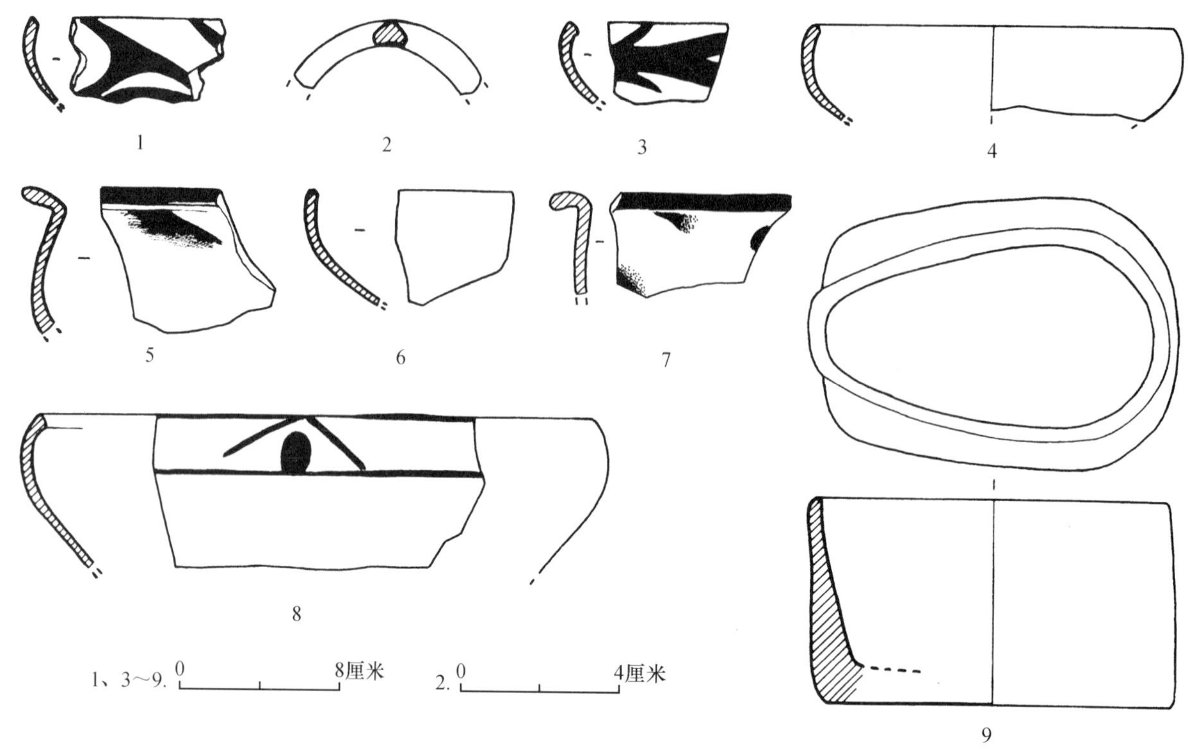

图一五九　H48出土陶器

1. 刀（T10H48：5）　2. 环（T10H48：2）　3、4、8. 敛口钵（T10H48：6、T10H48：4、T10H48：7）　5、7. 折沿盆（T10H48：9、T10H48：8）　6. 直口钵（T10H48：3）　9. 异形器（T10H48：1）

敛口钵　3件。标本T10H48：4，口、腹残片。泥质红陶。敛口，圆唇，上腹微鼓。素面。口径17.6、腹径19、残高4.6厘米（图一五九，4）。标本T10H48：6，口沿残片。泥质红陶。敛口，方唇，上腹较鼓，下腹内收。唇部饰一周黑彩，上腹部饰黑彩横向鱼形的纹样，有鱼鳍与鱼尾，竖看像有四肢和躯干的人。残高4厘米（图一五九，3）。标本T10H48：7，口、腹残片。泥质红陶。敛口，方唇，上腹较鼓，下腹微曲、内收。唇部饰一周黑彩，上腹部饰黑彩圆点、斜线、横线组成的纹样。口径27.8、腹径29.6、残高7.5厘米（图一五九，8）。

异形器　1件。标本T10H48：1，残。泥质红陶。直口，方圆唇，直壁，口窄底宽，平底。素面。复原后口长16.2、最宽9.2、底长18.5、最宽14、高10.4厘米（图一五九，9）。

环　1件。标本T10H48：2，残。泥质灰陶。截面呈圆角的等腰三角形。素面，器表磨光。内径4.6、外径5.7、厚0.7厘米（图一五九，2）。

刀　1件。标本T10H48：5，残。泥质红陶。利用钵的口沿残片制成。该陶钵形态为敛口、方唇、上腹部微鼓。唇部饰一周黑彩，上腹部饰黑彩弧边三角、勾叶纹组成的纹样。形体为长方形，以原唇部为背，另一边为刃，单面刃，由内向外打制，两侧各有一双面打制的半圆形缺口。残长7.5、宽4.2厘米（图一五九，1）。

19. H49

H49位于T9的东部。开口于第2层下，打破H50及生土，开口距地表50厘米。口部形状为圆角长方形，直壁、坑壁清晰，平底。口部东西最宽160、南北长526、残深25厘米（图一六〇）。

坑内堆积为灰黑色土，土质疏松，夹草木灰、礓石、细沙等，含少量陶片。陶片以泥质红陶居多，夹砂褐陶次之；纹饰以素面最多，绳纹次之，其他还有线纹、彩陶、弦纹、附加堆纹（表五三）。

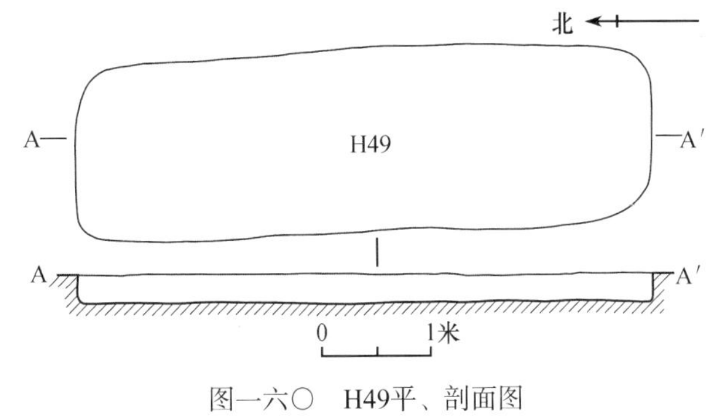

图一六〇　H49平、剖面图

表五三　T9H49陶系、纹饰统计表

纹饰 \ 数量 \ 陶系	泥质陶				夹砂陶				合计	百分比
	红	褐	灰	小计	红	褐	灰	小计		
素面	24	9	11	44		2		2	46	48.43%
绳纹					4	17		21	21	22.11%
线纹	17			17					17	17.89%
彩陶	9			9					9	9.47%
弦纹						1		1	1	1.05%
附加堆纹						1		1	1	1.05%
合计	50	9	11	70	4	21		25	95	100%
百分比	52.63%	9.47%	11.58%	73.68%	4.21%	22.11%		26.32%	100%	

H49共出土标本10件。均为陶器。

重唇口尖底瓶　1件。标本T9H49：9，口部残件。泥质褐陶。敛口，双唇较明显，上唇略高于下唇，基本同宽，上唇沿面较平，下唇尖圆，沿面微上斜，颈部较直。颈部饰左上至右下的线纹。口径4、残高4.6厘米（图一六一，1）。

盆　2件。均为口沿残片。根据口部形态可分为折沿弧腹盆、叠唇弧腹盆。

折沿弧腹盆　1件。标本T9H49：6，泥质红陶。口微敛，圆唇，弧腹。唇部及沿面外缘饰一周连续的黑彩柳叶形纹，素面。残高4.4厘米（图一六一，2）。

叠唇弧腹盆　1件。标本T9H49：7，泥质红陶。敛口，叠唇较宽，弧腹内收。唇部饰一周黑彩。残高5.8厘米（图一六一，7）。

敛口钵　2件。均为口沿残片。标本T9H49：4，泥质红陶。口微敛，方圆唇，上腹微鼓。素面。残高4.4厘米（图一六一，4）。标本T9H49：5，泥质红陶。口微敛，圆唇，上腹微鼓。唇部饰一周黑彩，素面。残高5.4厘米（图一六一，6）。

斜沿直腹罐　1件。标本T9H49：10，口沿残片。夹砂红陶。侈口圆唇，直腹。颈下贴附有一直立的椭圆形小泥饼，饰弦纹。残高5.2厘米（图一六一，8）。

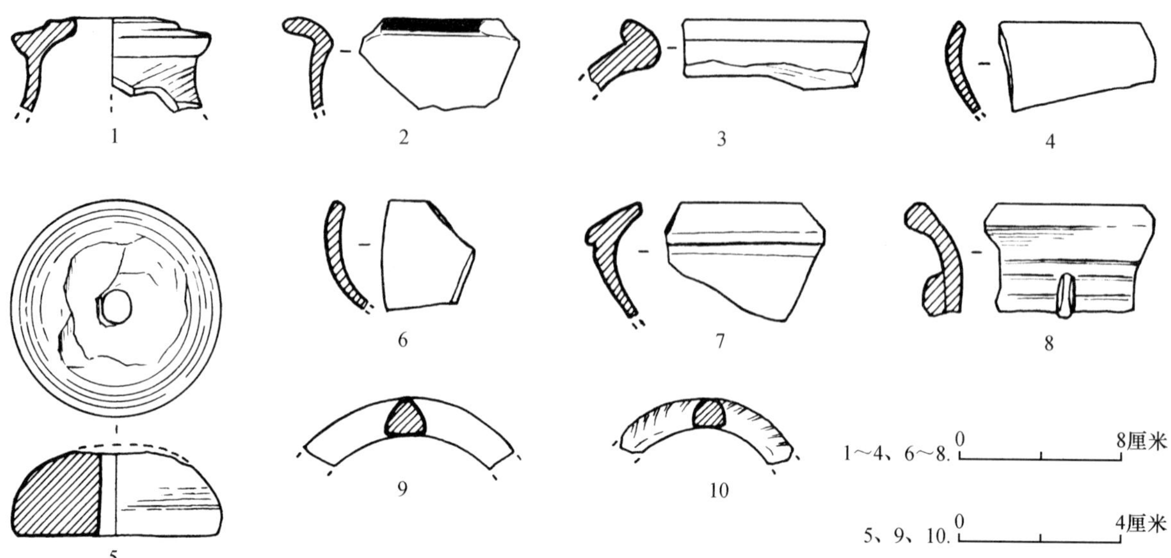

图一六一　H49出土陶器

1. 重唇口尖底瓶（T9H49：9）　2. 折沿弧腹盆（T9H49：6）　3. 瓮（T9H49：8）　4、6. 敛口钵（T9H49：4、T9H49：5）　5. 纺纶（T9H49：1）　7. 叠唇弧腹盆（T9H49：7）　8. 斜沿直腹罐（T9H49：10）　9、10. 环（T9H49：2、T9H49：3）

瓮　1件。标本T9H49：8，口沿残片。泥质灰陶。敛口，尖圆唇外叠。素面。残高5.2厘米（图一六一，3）。

纺轮　1件。标本T9H49：1，泥质灰陶，圆饼型，中部有一穿孔，上部凹凸不平，一侧有缺损。饰有一周斜线纹，平底。直径5.2、高2.2、孔径0.7厘米（图一六一，5；图版三二，5）。

环　2件。均残。标本T9H49：2，泥质灰陶。截面呈圆角的等边三角形。素面。内径6.6、外径8.3、厚1厘米（图一六一，9）。标本T9H49：3，泥质灰陶。截面呈圆角的等腰三角形，器表印有一周单向的细螺旋线纹。内径4.4、外径5.6、厚0.7厘米（图一六一，10）。

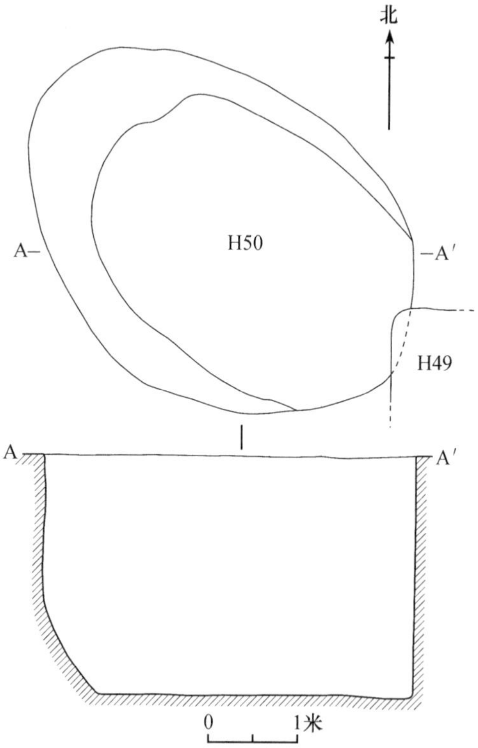

20. H50

H50位于T9的中部偏北。开口于第2层下，打破H51、H52及生土，南部被H49打破，开口距地表50厘米。口部形状为椭圆形，剖面口大底小，除东南壁为直壁外，其余壁上部较直，下部坡状内收，坑壁较清晰，平底。口部东南—西北长498、东北—西南宽350、底部东南—西北长400、东北—西南宽264、坑深260厘米（图一六二）。

图一六二　H50平、剖面图

坑内堆积为深灰色土，土质疏松，夹灰烬、草木灰、礓石、沙土等，包含大量陶片、动物骨头。陶片以泥质红陶居多，夹砂褐陶次之；纹饰以素面最多，绳纹、彩陶次之，其他还有线纹、附加堆纹等（表五四）。动物遗存经鉴定属种为猪和狗。

表五四 T9H50陶系、纹饰统计表

陶系/数量/纹饰	泥质陶				夹砂陶				合计	百分比
	红	褐	灰	小计	红	褐	灰	小计		
素面	565	110	146	821		40		40	861	50.12%
绳纹					40	260		300	300	17.46%
线纹	200	35		235					235	13.68%
彩陶	280			280					280	16.30%
绳+弦					8	20		28	28	1.63%
附加堆纹						14		14	14	0.81%
合计	1045	145	146	1336	48	334		382	1718	100%
百分比	60.82%	8.44%	8.50%	77.76%	2.79%	19.45%		22.24%	100%	

H50共出土标本101件。陶器居多，另有少量石器。

陶器 99件。

重唇口尖底瓶 4件。口部残件。标本T9H50：44，泥质红陶。口微敛，双唇退化，上唇呈一周凸棱，下唇尖圆、沿面上斜。素面。口径5.6、残高2.6厘米（图一六三，1）。标本T9H50：45，泥质红陶。口微敛，双唇退化，上唇呈一周凸棱，下唇尖唇、沿面上斜，束颈。制作粗糙，颈部饰细密的竖线纹。口径5.2、残高4.6厘米（图一六三，2）。标本T9H50：46，泥质红陶，器表灰黑。口微敛，双唇退化，上唇呈一周凸棱，下唇圆唇、沿面较平，颈部内收。素面。口径5.2、残高3.4厘米（图一六三，5）。标本T9H50：47，泥质褐陶。敛口，双唇退化严重，上唇几乎消失，下唇尖圆、沿面微上斜，颈部内收。颈部饰细密的右上至左下的斜线纹。口径4.4、残高6厘米（图一六三，15）。

盆 12件。均为口沿残片。根据口部形态可分为折沿盆、叠唇盆。

折沿盆 7件。标本T9H50：22，泥质红陶。敛口，圆唇，上腹较鼓。唇部饰一周黑彩，腹部饰黑彩柳叶形、圆点纹样，器壁内侧可见清晰的同心圆纹。残高9厘米（图一六三，6）。标本T9H50：23，泥质红陶。敛口，圆唇，上腹外鼓。唇部饰一周黑彩，腹部饰黑彩柳叶形、圆点、弧线和勾连纹样，内壁可见清晰的同心圆纹。口径32、残高6.4厘米（图一六三，10）。标本T9H50：24，泥质红陶。敛口，圆唇，弧腹。唇部与沿内缘各饰一周黑彩，腹部饰黑彩圆点、弧线、弧边三角组成的纹样，沿下有一个从外向内的单面穿孔。残高7.6厘米（图一六三，7）。标本T9H50：25，泥质红陶。敛口，圆唇，上腹较直，下腹微曲、内收。唇部饰一周黑彩，腹部饰黑彩勾连纹，内壁可见清晰的同心圆纹。残高9厘米（图一六三，9）。标本T9H50：26，泥质褐陶。敛口，圆唇，上腹微鼓。唇部饰一周黑彩，上腹部施白陶衣，上绘黑彩圆点、弧边三角纹样。残高

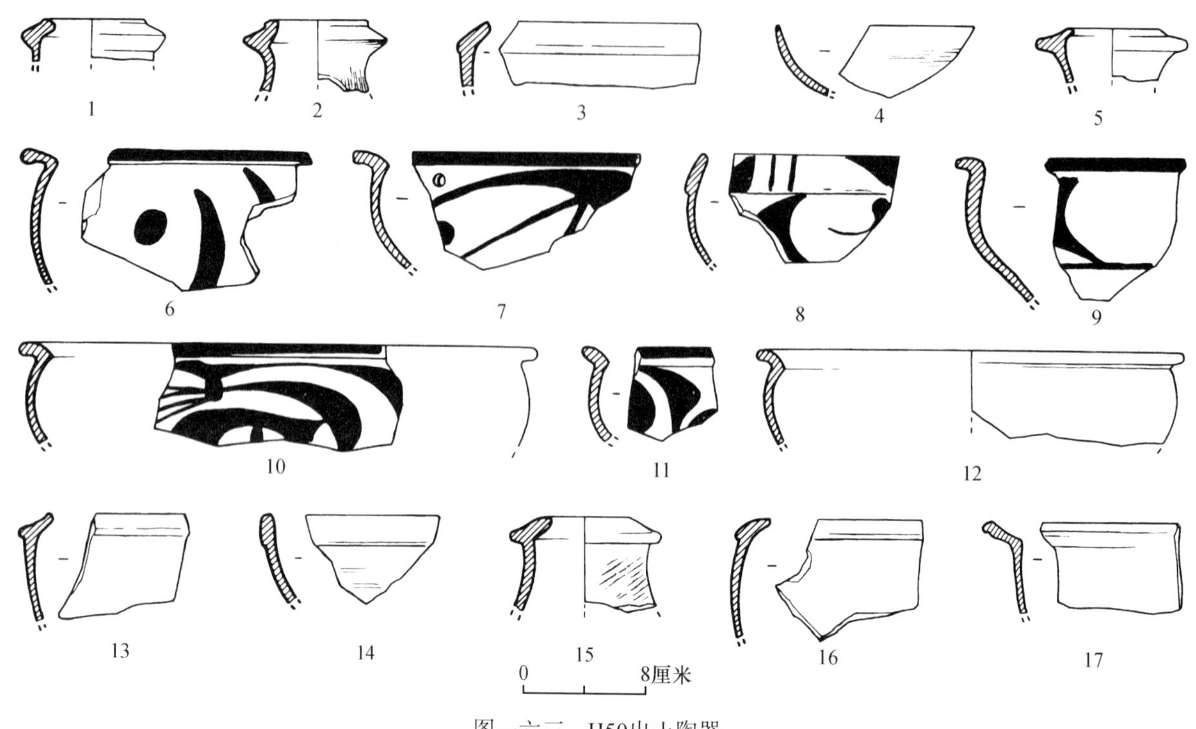

图一六三　H50出土陶器

1、2、5、15. 重唇口尖底瓶（T9H50：44、T9H50：45、T9H50：46、T9H50：47）　3、8、13、14. 叠唇弧腹盆（T9H50：34、T9H50：27、T9H50：30、T9H50：31）　4. 敞口钵（T9H50：17）　6、7、9～12、17. 折沿盆（T9H50：22、T9H50：24、T9H50：25、T9H50：23、T9H50：26、T9H50：28、T9H50：32）　16. 叠唇曲腹盆（T9H50：33）

6厘米（图一六三，11）。标本T9H50：28，泥质褐陶。敛口，圆唇，弧腹。素面。口径26、残高6厘米（图一六三，12）。标本T9H50：32，泥质红陶。直口，圆唇，折沿，沿面微凹，弧腹。素面。残高5.8厘米（图一六三，17）。

叠唇盆　5件。有弧腹、曲腹之分。

叠唇弧腹盆　4件。标本T9H50：27，泥质红陶。敛口，叠唇较宽，唇面较长，弧腹。唇部饰黑彩竖线、弧边三角，腹部饰黑彩弧边三角、圆点组成的纹样。残高7厘米（图一六三，8）。标本T9H50：34，泥质灰陶。敛口，叠唇较宽。素面。残高4.1厘米（图一六三，3）。标本T9H50：30，泥质红陶。敛口，叠唇较宽，唇面微凹，上腹较直。素面。残高6.8厘米（图一六三，13）。标本T9H50：31，泥质红陶。直口，圆唇外叠，弧腹。素面。残高5.6厘米（图一六三，14）。

叠唇曲腹盆　1件。标本T9H50：33，泥质灰陶。敛口，圆唇外叠，腹部较鼓。素面。残高7.8厘米（图一六三，16）。

钵　12件。根据口部形态可分为直口钵、敞口钵、敛口钵。

直口钵　2件。标本T9H50：1，可修复。泥质红陶，器顶陶色较深。直口，尖圆唇，弧腹，底内凹。素面。口径17.5、底径5、残高6.6厘米（图一六四，1；图版三二，3）。标本T9H50：12，口沿残片。泥质红陶。直口，圆唇，上腹较直，弧腹内收。素面，器表磨光，口部内壁可见同心圆纹。口径17.5、残高4.8厘米（图一六四，10；图版三二，4）。

敞口钵　2件。口沿残片。标本T9H50：16，泥质红陶，器顶呈红色。敞口，方圆唇，弧腹斜

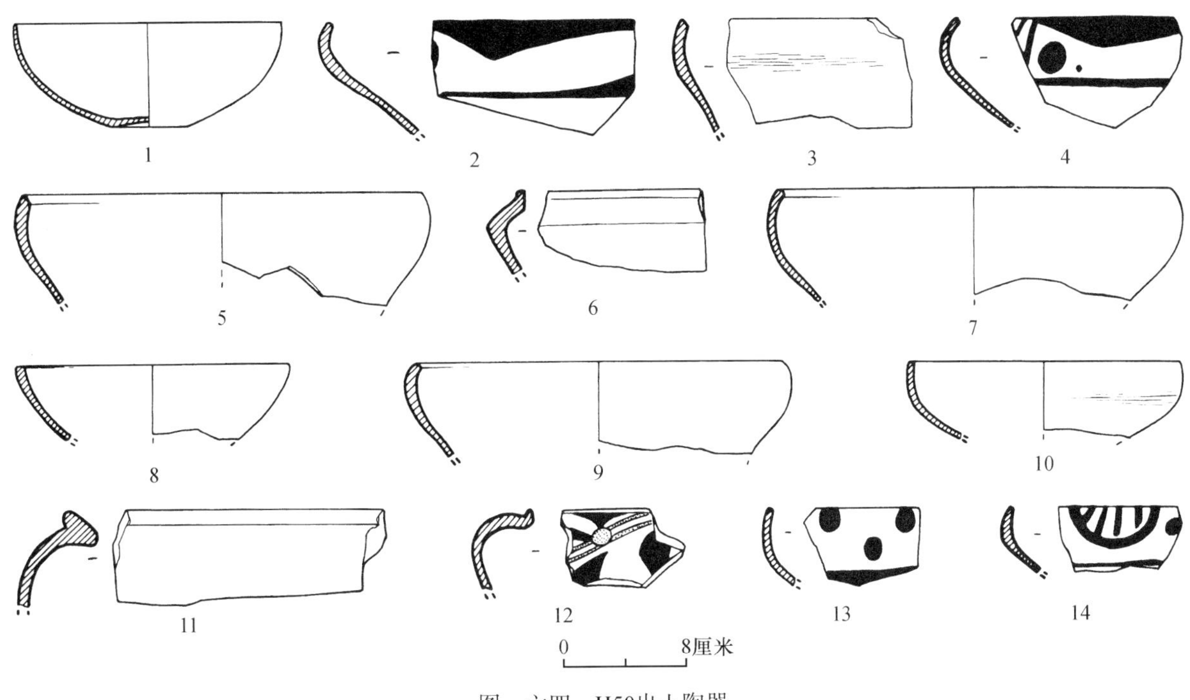

图一六四 H50出土陶器

1、10. 直口钵（T9H50：1、T9H50：12） 2～5、7、9、13、14. 敛口钵（T9H50：19、T9H50：11、T9H50：18、T9H50：13、T9H50：14、T9H50：15、T9H50：21、T9H50：20） 6、11、12. 瓮（T9H50：41、T9H50：42、T9H50：40）
8. 敞口钵（T9H50：16）

收。器表磨光，唇饰一周黑彩。口径8.6、残高4.8厘米（图一六四，8）。标本T9H50：17，泥质红陶，器顶陶色较深。口微敞，圆唇，弧腹。素面，器表磨光，唇饰一周黑彩。残高2.3厘米（图一六三，4）。

敛口钵 8件。标本T9H50：11，口、腹残片。泥质红陶。口微敛，方唇，上腹微鼓，下腹微曲、内收。素面，器表磨光，口部内可见同心圆纹。残高7厘米（图一六四，3）。标本T9H50：13，口、腹残片。泥质红陶。口微敛，方唇，上腹微鼓，下腹微曲、内收。器表磨光，素面，口部内可见同心圆纹。口径26、残高7.2厘米（图一六四，5）。标本T9H50：14，口沿残片。泥质红陶。敛口，圆唇，上腹较鼓，斜腹内收。素面，器表磨光，口部内可见同心圆纹。口径25.5、残高7.2厘米（图一六四，7）。标本T9H50：15，口沿残片。泥质红陶，器顶陶色较浅。敛口，圆唇，上腹较鼓，下腹微曲、内收。器表磨光，唇部饰一周黑彩，内壁可见同心圆纹。口径23.6、残高6厘米（图一六四，9）。标本T9H50：18，口沿残片。泥质红陶。敛口，方唇，上腹外鼓，下腹斜直内收。器表磨光，唇部饰一周黑彩，腹部饰黑彩弧线、圆点纹样，内壁可见同心圆纹。残高7厘米（图一六四，4）。标本T9H50：19，口、腹残片。泥质红陶，器顶陶色较深。敛口，方圆唇，上腹较鼓，下腹斜收。器表磨光，唇部饰一周黑彩，腹部饰黑彩弧边三角、圆点纹样，内壁可见同心圆纹。残高7.2厘米（图一六四，2）。标本T9H50：20，口沿残片。泥质红陶。口微敛，尖唇，上腹外鼓，下腹内收。器表磨光，唇部饰一周黑彩，腹部饰黑彩圆点、圆弧、斜线构成的睫毛纹，内壁可见同心圆纹。残高4.2厘米（图一六四，14）。标本T9H50：21，口沿残片。

泥质红陶。口微敛，圆唇，上腹微鼓。器表磨光，唇部饰一周黑彩，腹部饰黑彩圆点等纹样，内壁可见同心圆纹。残高5厘米（图一六四，13）。

罐　17件。根据口部形态可分为大口罐、斜沿直腹罐、矮领鼓腹罐。

大口罐　10件。铁轨式口沿退化。标本T9H50：50，口沿残片。夹砂红陶。侈口圆唇，窄平沿稍内斜，口内微凹，上腹外鼓。颈下有一鸡冠形錾，饰交错绳纹。残高8.4厘米（图一六六，3）。标本T9H50：51，口、腹残片。夹砂红陶。侈口，方唇，上腹较鼓。颈下有一鸡冠形錾，腹部饰左上至右下的斜绳纹。残高9厘米（图一六五，1）。标本T9H50：52，口沿残片。夹砂红陶。侈口，方圆唇，口内有一周浅凹槽。颈下饰右上至左下斜绳纹加弦纹。残高5厘米（图一六五，10）。标本T9H50：53，口、腹残片。夹砂红陶。直口微侈，方圆唇，上腹微鼓。腹部饰交错绳纹。残高7厘米（图一六五，4）。标本T9H50：54，口沿残片。夹砂红陶。侈口，圆唇，口内微凹。颈下饰交错绳纹。残高5厘米（图一六六，4）。标本T9H50：55，口沿残片。夹砂红陶。侈口，方唇，斜沿，沿面微凹，上腹较鼓。颈下饰较细密的右上至左下的斜绳纹。残高6.4厘米（图一六五，9）。标本T9H50：56，口、腹残片。夹砂红陶。直口微敛，圆唇，平沿稍内斜，口内微凹，束颈，上腹部较鼓。颈下饰细密的交错绳纹。口径20.8、残高10.2厘米（图一六五，2）。标本T9H50：58，

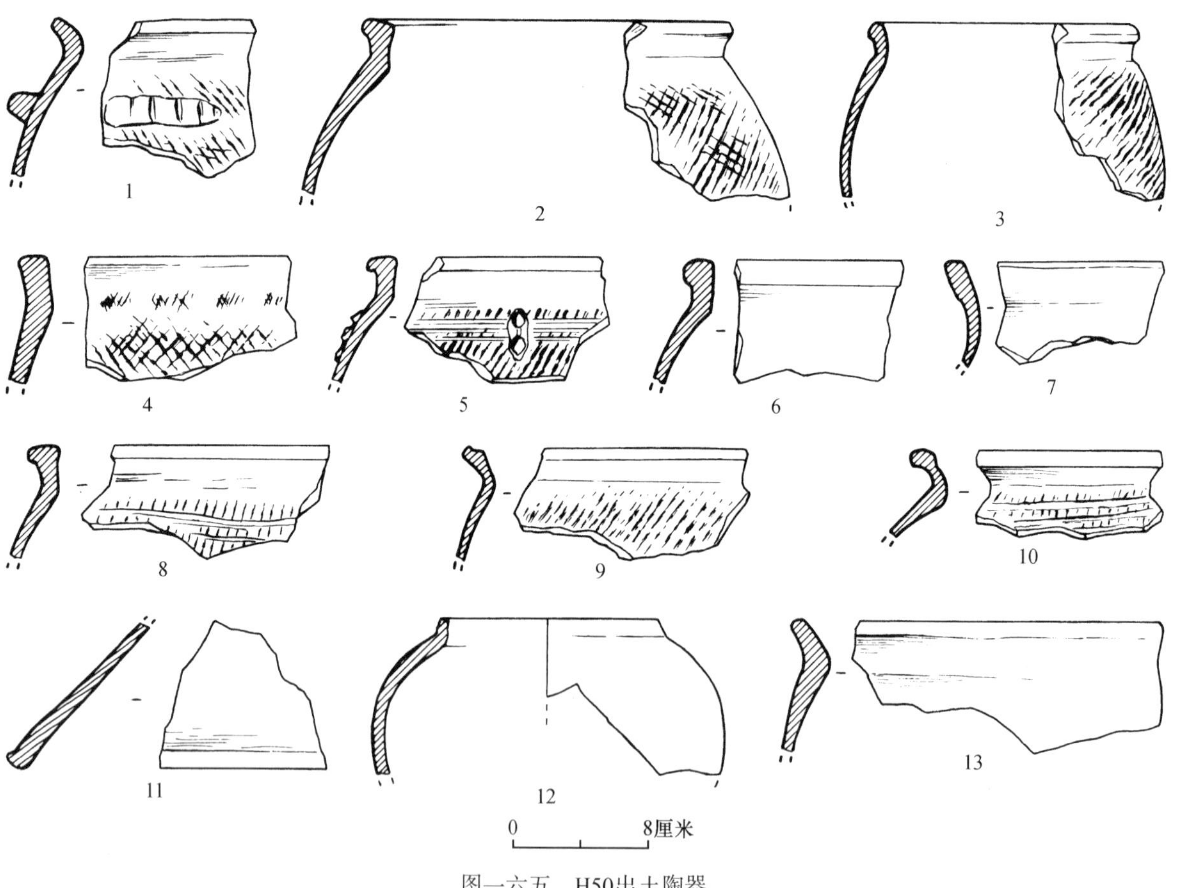

图一六五　H50出土陶器

1～5、8～10、13. 大口罐（T9H50：51、T9H50：56、T9H50：59、T9H50：53、T9H50：61、T9H50：58、T9H50：55、T9H50：52、T9H50：38）　6、13. 矮领鼓腹罐（T9H50：49、T9H50：38）　7. 缸（T9H50：29）　11. 器盖（T9H50：63）　12. 盂（T9H50：48）

口、腹残片。夹砂褐陶。直口，方唇，平沿稍外斜，口内较直，上腹较鼓。颈下饰较细密的交错绳纹加弦纹。残高6.6厘米（图一六五，8）。标本T9H50：59，口、腹残片。夹砂褐陶。直口微侈，圆唇，束颈，上腹微鼓。颈下饰右上至左下的斜绳纹。口径14.4、残高10.2厘米（图一六五，3）。标本T9H50：61，口、腹残片。夹砂褐陶，器表呈黑色。直口，圆唇，平沿稍外斜，口内较直，上腹较鼓。颈下贴附有一竖向泥条，上有按捺痕迹，饰右上至左下的斜绳纹加弦纹。残高7.2厘米（图一六五，5）。

斜沿直腹罐　1件。标本T9H50：57，口沿残片。夹砂红陶。侈口，圆唇，呈喇叭状，直腹。腹部饰右上至左下斜向绳纹加弦纹。口径13.4、残高6.4厘米（图一六七，2）。

矮领鼓腹罐　6件。均为口沿残片。标本T9H50：35，泥质红陶。直口，尖圆唇，平沿外斜。素面，沿内可见同心圆纹。残高4.8厘米（图一六六，8）。标本T9H50：36，泥质红陶。直口微侈，圆唇，窄平沿，口内有一周浅凹槽，上腹外鼓。沿面饰一周黑彩，腹部饰黑彩圆圈纹。口径14、残高4.4厘米（图一六六，9）。标本T9H50：37，泥质红陶。直口，方圆唇，窄平沿，口内有一周浅凹槽，腹较鼓。素面。残高8厘米（图一六六，1）。标本T9H50：39，泥质褐陶。敛口，圆唇，窄平沿，口内微凹，矮领束颈，上腹外鼓。素面。口径11.2、残高7.6厘米（图一六六，2）。标本T9H50：38，泥质红陶。侈口，圆唇，口沿部器壁较厚。素面。残高7.6厘米（图一六五，13）。标本T9H50：49，泥质红陶。直口，圆唇较厚，口内较直，上腹较鼓。素面。残高7厘米（图一六五，6）。

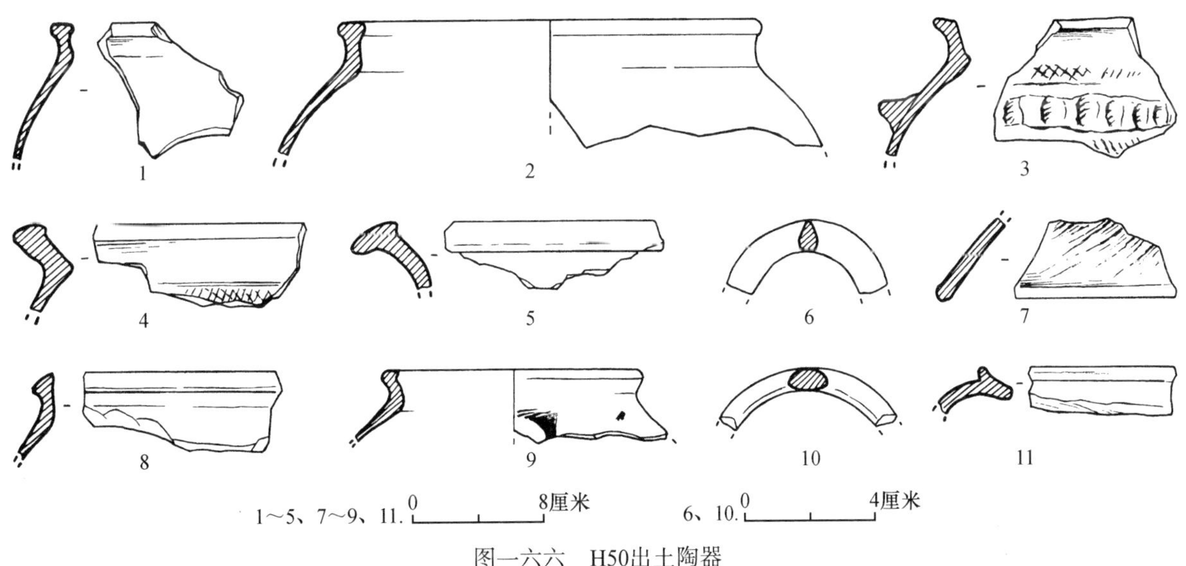

图一六六　H50出土陶器

1、2、8、9. 矮领鼓腹罐（T9H50：37、T9H50：39、T9H50：35、T9H50：36）　3、4. 大口罐（T9H50：50、T9H50：54）　5. 灶（T9H50：62）　6、10. 环（T9H50：69、T9H50：70）　7. 器盖（T9H50：64）　11. 瓮（T9H50：43）

缸　1件。标本T9H50：29，泥质红陶。侈口，方唇。素面。残高6厘米（图一六五，7）。

瓮　4件。均为口沿残片。标本T9H50：40，泥质红陶。敛口，圆唇微外卷，肩部圆鼓。唇部饰一周黑彩，肩部饰白陶衣，上绘红彩圆点、斜线和黑彩弧边三角组成的纹样。残高5厘米（图一六四，12）。标本T9H50：41，泥质灰陶。敛口，圆唇上卷，折肩。素面，唇内部可见同

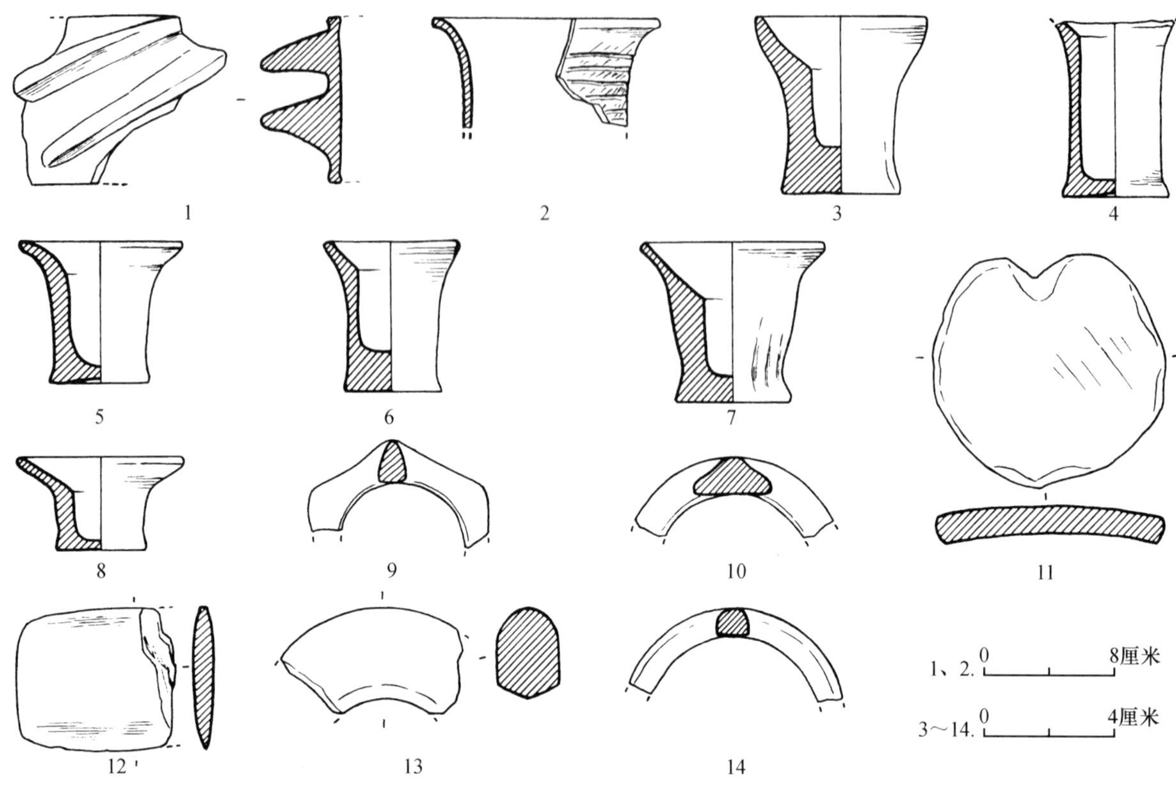

图一六七 H50出土陶、石器

1、9、10、14. 陶环（T9H50：65、T9H50：67、T9H50：66、T9H50：68） 2. 陶斜沿直腹罐（T9H50：57）
3～8. 陶杯（T9H50：2、T9H50：5、T9H50：3、T9H50：7、T9H50：4、T9H50：6） 11. 圆陶片（T9H50：8）
12. 石刀（T9H50：9） 13. 石环（T9H50：10）

心圆纹。残高5.4厘米（图一六四，6）。标本T9H50：42，泥质灰陶。敛口，圆唇外叠，唇面向内斜，口部剖面近T形，鼓肩。素面。残高6厘米（图一六四，11）。标本T9H50：43，泥质灰陶。敛口，圆唇外叠，沿面微凹，口部剖面近T形，鼓肩。素面，唇部及沿内外可见同心圆纹。残高3厘米（图一六六，11）。

盂 1件。标本T9H50：48，口、腹残片。夹砂红陶。直口微敛，方唇，腹部圆鼓。素面，器表粗糙。口径12、残高9厘米（图一六五，12）。

器盖 2件。均残。标本T9H50：63，夹砂褐陶。敞口呈喇叭形，圆唇外凸，斜直壁。素面，器表粗糙。残高8.4厘米（图一六五，11）。标本T9H50：64，夹砂褐陶。敞口呈喇叭形，圆唇，斜直壁。器表饰右上至左下斜向绳纹，有抹修痕迹。残高4.8厘米（图一六六，7）。

灶 1件。标本T9H50：62，口沿残片。夹砂红陶。侈口，折沿较宽，沿面微鼓。素面，沿面磨光。残高4厘米（图一六六，5）。

杯 6件。均为捏制。标本T9H50：2，夹砂红陶。敞口，尖圆唇，弧腹，下部微曲，平底。素面。口径5、底径3.6、高5.3厘米（图一六七，3；图版三二，6）。标本T9H50：3，泥质红陶。敞口，圆唇，沿外侈，腹较直，平底微凹。素面。口径4.8、底径3.1、高4.3厘米（图一六七，5）。标本T9H50：4，泥质褐陶。敞口，圆唇，沿外侈，腹斜直，平底。素面，腹壁留有修制的竖向印痕。口径5.5、底径3.5、残高4.8厘米（图一六七，7）。标本T9H50：5，残。夹砂红陶，器表呈灰色。直腹，平底微凹。素面。底径3.3、残高5.3厘米（图一六七，4）。标本T9H50：6，泥质褐陶。杯身矮，敞口，圆唇，宽折沿，腹较直，平底。口径5、底径2.7、高2.8厘米（图一六七，8；图版三二，7）。标本T9H50：7，残。夹砂灰陶。折沿外侈，腹较直，平底。口径3.9、底径3.1、残高4.5厘米（图一六七，6）。

环　38件。均残。标本T9H50：65，泥质灰陶。圆形螺纹状。素面。内径6.6、厚10.2厘米（图一六七，1）。标本T9H50：66，泥质褐陶。截面呈圆角的等腰三角形。素面。内径5、外径7、厚2.4厘米（图一六七，10）。标本T9H50：67，泥质灰陶。截面呈圆角的等腰三角形，平面呈齿轮状。素面。内径4、外径6.4、厚0.9厘米（图一六七，9）。标本T9H50：68，泥质灰陶。截面呈圆角方形。素面。内径5.2、外径7、厚1厘米（图一六七，14）。标本T9H50：69，泥质灰陶。截面呈圆角的等腰三角形。素面。内径3.6、外径5.5、厚0.6厘米（图一六六，6）。标本T9H50：70，泥质灰陶。截面呈椭圆形。素面。内径5.2、外径6.4、厚1.2厘米（图一六六，10）。

圆陶片　1件。标本T9H50：8，泥质灰陶。系陶瓮之类器物的残片改制而成。平面近圆形，一边有凹口。直径7.2、厚0.9厘米（图一六七，11）。

石器　2件。

刀　1件。标本T9H50：9，残。磨制，表面光滑。通体较薄，平面呈圆角长方形，背较平，刃微弧。宽4.3、厚0.6、残长4.9厘米（图一六七，12）。

环　1件。标本T9H50：10，残。磨制。截面近椭圆形，内宽，磨制规整。内径5、外径10.4、厚2厘米（图一六七，13）。

21. H51

H51位于T9的西部，部分延伸至西北壁下。开口于第2层下，打破生土，北部被H50打破，开口距地表50厘米。口部形状为不规则长条形，坑壁较直，坑底自探方壁至350厘米远处，为一西北高、东南低的斜坡，东南部为一更深的圆坑，坑底较平。口部东南—西北最长700、东北—西南最宽220、残深50～150厘米；东南部的圆坑直径270～276、自灰坑口部深150、自周围地面深50厘米（图一六八）。

坑内堆积为灰黑色土，土质疏松，夹灰烬、草木灰、礓石、细沙等，含部分残陶片。陶片以泥质红陶居多，夹砂褐陶次之；纹饰以素面最多，绳纹次之，其他还有线纹、彩陶、附加堆纹等（表五五）。

表五五　T9H51陶系、纹饰统计表

陶系/数量/纹饰	泥质陶				夹砂陶				合计	百分比
	红	褐	灰	小计	红	褐	灰	小计		
素面	160	12	80	252		8		8	260	53.28%
绳纹					6	120		126	126	25.82%
线纹	70	10		80					80	16.39%

续表

纹饰＼数量＼陶系	泥质陶				夹砂陶				合计	百分比
	红	褐	灰	小计	红	褐	灰	小计		
彩陶	15			15					15	3.07%
绳+弦						4		4	4	0.82%
附加堆纹						3		3	3	0.62%
合计	245	22	80	347	6	135		141	488	100%
百分比	50.20%	4.52%	16.39%	71.11%	1.23%	27.66%		28.89%	100%	

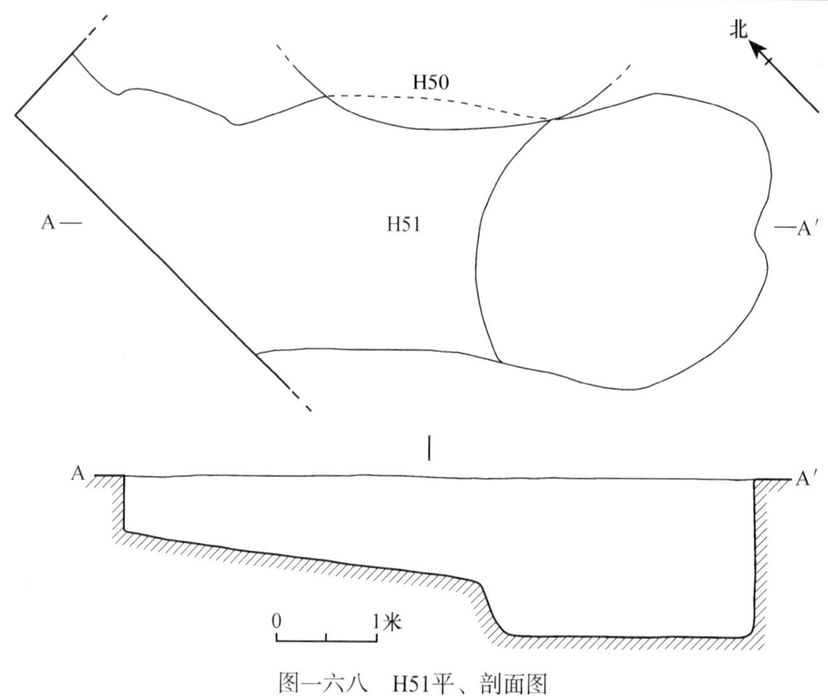

图一六八　H51平、剖面图

H51共出土标本37件。以陶器为主，另有少量石器、骨器。

陶器　34件。

重唇口尖底瓶　2件。口部残件。标本T9H51：26，泥质红陶。敛口，双唇明显，上唇沿面宽于下唇，下唇较圆，沿面较平。唇口内外可见同心圆纹。口径4.8、残高3.4厘米（图一六九，10）。标本T9H51：27，泥质红陶。敛口，双唇明显，上唇较高，沿面宽于下唇，下唇尖圆，沿面较平，颈部较直。外表饰线纹，唇口内外可见同心圆纹。口径4、残高5.8厘米（图一六九，11）。

盆　13件。根据口部形态可分为折沿盆、叠唇盆、卷沿盆。

折沿盆　8件。标本T9H51：5，可修复。泥质红陶，色偏橙黄。口微侈，圆唇，腹较深，弧腹斜收，底内凹。素面。口径42.5、底径12.8、高18.5厘米（图一六九，1；图版三三，6）。标本T9H51：6，可修复。泥质褐陶。敛口，圆唇，上腹外鼓，下腹斜向内收，平底。素面。口径34、底径13.6、高18.8厘米（图一六九，4；图版三四，1）。标本T9H51：8，可修复。泥质灰陶。敛口，圆唇，弧腹斜收，凹底。素面，器表可见刮抹的痕迹。口径31.7、底径5.5、高13.6厘米（图一六九，2；图版三四，3）。标本T9H51：14，口沿残片。泥质红陶。敛口，圆唇，弧腹，素

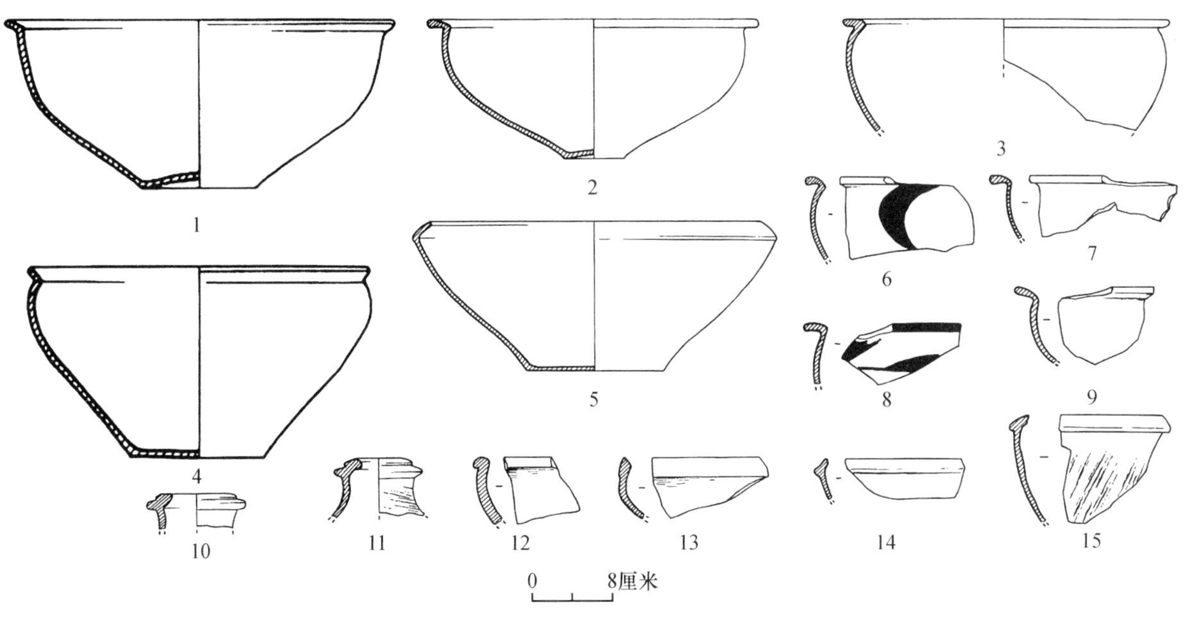

图一六九 H51出土陶器

1～4、6～9. 折沿盆（T9H51：5、T9H51：8、T9H51：21、T9H51：6、T9H51：18、T9H51：20、T9H51：19、T9H51：14）
5、13. 叠唇曲腹盆（T9H51：7、T9H51：22） 10、11. 重唇口尖底瓶（T9H51：26、T9H51：27） 12. 卷沿盆（T9H51：16）
14、15. 叠唇弧腹盆（T9H51：15、T9H51：23）

面。残高7.2厘米（图一六九，9）。标本T9H51：18，口、腹残片。泥质红陶，敛口，圆唇，上腹外鼓。唇部饰一周黑彩，器表饰黑彩纹样。残高9.4厘米（图一六九，6）。标本T9H51：19，口沿残片。泥质红陶。直口微敛，圆唇上腹较直。唇部饰一周黑彩，器表饰黑彩，器壁内部可见同心圆纹。残高6厘米（图一六九，8）。标本T9H51：20，口沿残片。泥质灰陶。直口微敛，圆唇，上腹微弧。素面。残高6厘米（图一六九，7）。标本T9H51：21，口、腹残片。泥质灰陶。敛口，圆唇，上腹微鼓，下腹曲收。素面。口径28.4、残高11厘米（图一六九，3）。

叠唇盆 4件。有弧腹、曲腹之分。

叠唇弧腹盆 2件。标本T9H51：15，口沿残片。泥质红陶。敛口，叠唇较宽。素面。残高4厘米（图一六九，14）。标本T9H51：23，口、腹残片。泥质灰陶。敛口，叠唇较宽，唇面微弧，弧腹斜收。器表饰稀疏的斜线纹。残高10厘米（图一六九，15）。

叠唇曲腹盆 2件。标本T9H51：7，可修复。泥质灰陶。敛口，腹部斜直曲收，平底。素面，沿面可见同心圆纹。口径32.6、底径13.5、高14.6厘米（图一六九，5；图版三四，2）。标本T9H51：22，口沿残片。泥质灰陶。敛口，上腹外鼓。素面，口沿内壁可见同心圆纹。残高6厘米（图一六九，13）。

卷沿盆 1件。标本T9H51：16，口沿残片。泥质红陶。口微敛，圆唇外卷，弧腹内收。素面，内壁密布同心圆纹。残高6.6厘米（图一六九，12）。

钵 5件。根据口部形态可分为直口钵、敛口钵、敞口钵。

直口钵 1件。标本T9H51：1，可修复。泥质红陶，器顶陶色较深。直口，尖圆唇，弧腹，平底微凹。素面。口径18.6、底径8、高7.2厘米（图一七〇，2；图版三三，1、2）。

敛口钵 3件。标本T9H51：3，可修复。泥质红陶。口微敛，圆唇，弧腹内收，平底微凹。素

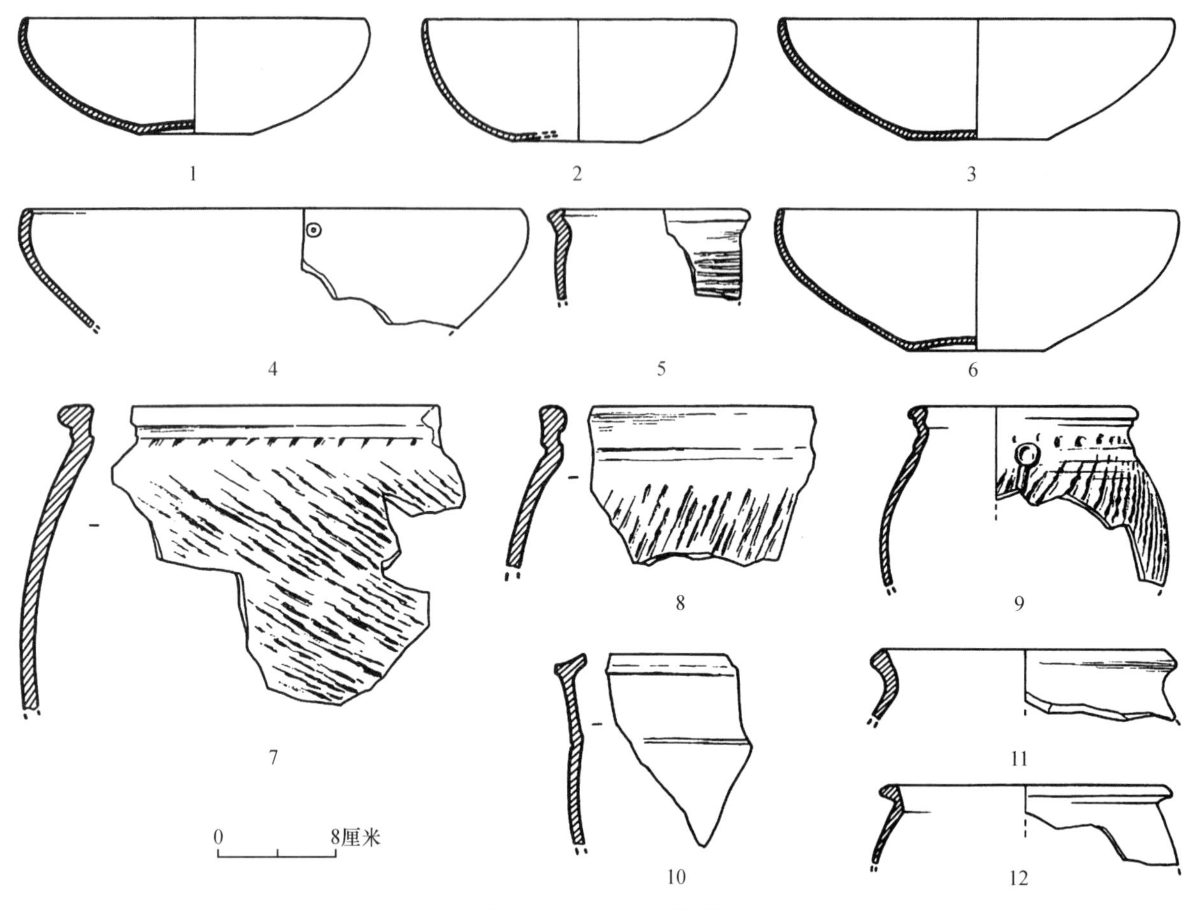

图一七〇　H51出土陶器

1、4、6. 敛口钵（T9H51：3、T9H51：13、T9H51：4）　2. 直口钵（T9H51：1）　3. 敞口钵（T9H51：2）　5. 斜沿直腹罐（T9H51：31）　7～9. 大口罐（T9H51：29、T9H51：28、T9H51：30）　10. 高领罐（T9H51：17）　11、12. 矮领鼓腹罐（T9H51：24、T9H51：25）

面。口径23、底径7.8、高7.6厘米（图一七〇，1；图版三三，4）。标本T9H51：4，可修复。泥质红陶，器顶陶色较深。口微敛，圆唇，口部略烧制变形，弧腹内收，凹底。素面。口径26.7、底径9.2、高9.4厘米（图一七〇，6）。标本T9H51：13，口、腹残片。泥质红陶。口微敛，方圆唇，上腹微鼓，下腹内收。素面，靠近口部处有一个从外向内的穿孔。口径33.4、残高8厘米（图一七〇，4）。

敞口钵　1件。标本T9H51：2，可修复。泥质红陶，陶色偏黄。敞口，圆唇，浅弧腹内收，平底。素面。口径26.4、底径9.6、高8厘米（图一七〇，3）。

罐　7件。根据口部形态可分为大口罐、斜沿直腹罐、矮领鼓腹罐、高领罐。

大口罐　3件。均为口、腹残片。铁轨式口沿退化。标本T9H51：28，夹砂褐陶。直口，方圆唇，口内有一周浅凹槽，剖面近铁轨式，腹部微鼓。器表饰粗疏的右上至左下斜向绳纹。残高9厘米（图一七〇，8）。标本T9H51：29，夹砂红陶。直口，圆唇，平沿稍外斜，口内有一周浅凹槽，外有一周凸棱，上腹微鼓。沿下有一周掐按的凹痕，器表饰粗疏的左上至右下斜向绳纹。残高20厘米（图一七〇，7）。标本T9H51：30，夹砂红褐陶。直口，圆唇，窄沿外斜，口内一周浅凹槽，束颈，上腹外鼓。颈下贴有泥饼状装饰和小泥条，器表饰较粗疏的右上至左下斜向绳纹。口径14、残高6厘米（图一七〇，9）。

斜沿直腹罐 1件。标本T9H51：31，口、腹残片。夹砂褐陶，外表有黑色烟炱。口微侈，口内有一周浅凹槽，上腹部较直，器表饰数道弦纹。口径12、残高6厘米（图一七〇，5）。

矮领鼓腹罐 2件。口沿残片。标本T9H51：24，泥质红陶。侈口，尖圆唇，窄沿外斜，口内较直，上腹外鼓。素面。口径18、残高5.2厘米（图一七〇，11）。标本T9H51：25，泥质红陶。侈口，方唇，上腹外鼓，素面。口径19、残高4.6厘米（图一七〇，12）。

高领罐 1件。标本T9H51：17，口沿残片。泥质红陶。敛口，圆唇，窄沿外斜、沿面微凹，高领。素面。残高10.8厘米（图一七〇，10）。

器盖 2件。标本T9H51：9，可修复。夹砂褐陶。喇叭口，平唇，斜直腹，微内曲，体较高，平顶，有一桥形纽。纽两侧因捏制呈花边状，纽上部及器壁饰斜绳纹。底径29.2、高14厘米（图一七一，1）。标本T9H51：32，口沿残片。夹砂褐陶。覆钵状，侈口，厚圆唇，弧腹。素面，器表抹泥修整。底径28、残高6.6厘米（图一七一，2）。

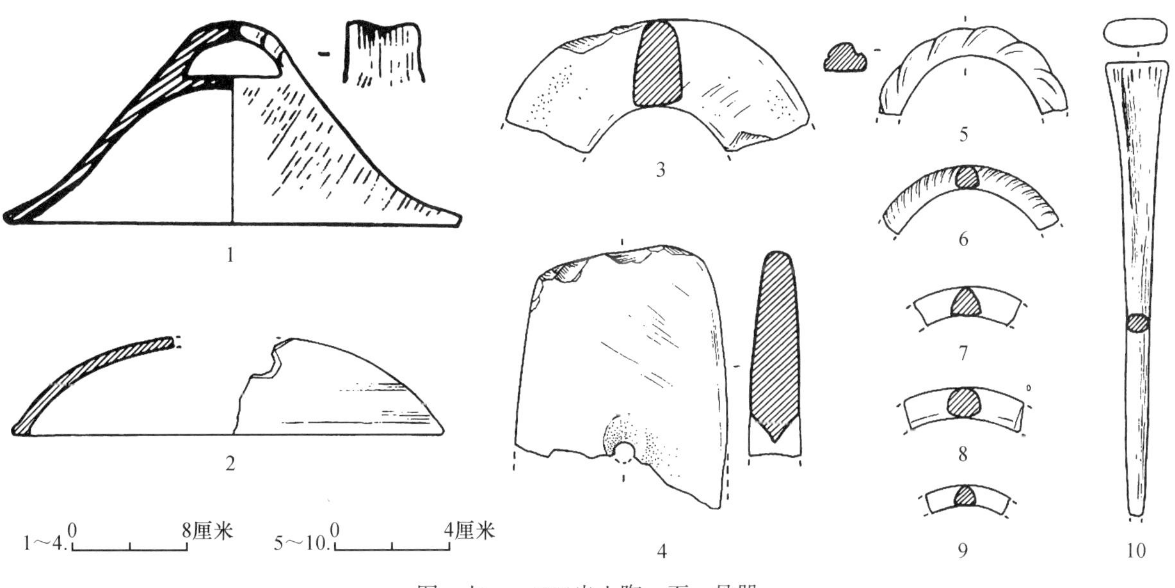

图一七一 H51出土陶、石、骨器

1、2. 陶器盖（T9H51：9、T9H51：32） 3. 石环（T9H51：12） 4. 石斧（T9H51：11）
5~9. 陶环（T9H51：33、T9H51：37、T9H51：34、T9H51：35、T9H51：36） 10. 骨器（T9H51：10）

环 5件。均残。标本T9H51：33，泥质灰陶。呈螺旋绳索状。内径5、外径6.8、厚1.3厘米（图一七一，5）。标本T9H51：34，泥质灰陶。素面，截面呈圆角的等腰三角形。内径6.8、外径8.6、厚0.8厘米（图一七一，7）。标本T9H51：35，泥质灰陶。素面，截面呈大半圆形。内径8.6、外径10.4、厚1厘米（图一七一，8）。标本T9H51：36，泥质褐陶。素面，截面呈圆角的等腰三角形。内径4.8、外径6、厚0.6厘米（图一七一，9）。标本T9H51：37，泥质灰陶。素面，截面呈半椭圆形，外表饰一周细螺旋线纹。内径5.6、外径7.2、厚0.7厘米（图一七一，6）。

石器 2件。

斧　1件。标本T9H51：11，残。磨制，表面光滑。体呈顶窄刃宽的梯形，中部有一个两面对钻的圆孔，刃部残损。宽7.4、厚1.8、残长9厘米（图一七一，4；图版三四，4）。

环　1件。标本T9H51：12，残。磨制。圆环状。截面近椭圆形，较规整。内径4.8、外径10.6、厚1.5厘米（图一七一，3）。

骨器　1件。为骨笄。标本T9H51：10，呈长条形，一段保留骨关节，磨平，一段圆钝，略缺损，截面呈椭圆形。器表磨制光滑。长15.4、最宽2厘米（图一七一，10；图版三四，5、6）。

22. H52

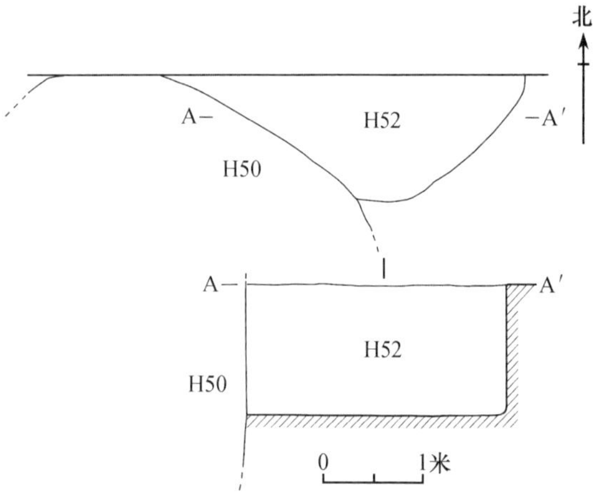

H52位于T9的北部，大部分延伸至北隔梁内。开口于第2层下，打破生土，西南部被H50打破，开口距地表50厘米。口部形状为近椭圆形，直壁，平底。口部南北宽120、东西宽364、残深125厘米（图一七二）。

坑内堆积为浅灰色土，土质较硬，带有水锈，应该与水浸有关；夹灰烬、沙土、礓石、砂石等，含少量陶片。陶片以泥质红陶居多，泥质褐陶次之；纹饰以素面居多，绳纹、彩陶次之，其他还有线纹、绳纹+弦纹（表五六）。

北　A—　H52　—A′　H50　A—　A′　H52　H50　0　1米

图一七二　H52平、剖面图

表五六　T9H52陶系、纹饰统计表

纹饰＼数量＼陶系	泥质陶				夹砂陶				合计	百分比
	红	褐	灰	小计	红	褐	灰	小计		
素面	18	9	8	35					35	53.03%
绳纹					4	6		10	10	15.15%
线纹	9			9					9	13.64%
彩陶	10			10					10	15.15%
绳+弦					2			2	2	3.03%
合计	37	9	8	54	6	6		12	66	100%
百分比	56.06%	13.63%	12.12%	81.81%	9.09%	9.09%		18.18%	100%	

H52共出土标本9件。均为陶器。

盆　5件。均为口沿残片。根据口部形态可分为折沿盆、叠唇盆。

折沿盆　3件。标本T9H52：2，泥质红陶。口微敛，圆唇，上腹微弧。唇部及沿面内外侧各饰一周黑彩，器表饰黑彩弧边三角、圆点组成的纹样。残高5.8厘米（图一七三，6）。标本T9H52：3，泥质红陶。口微敛，圆唇，上腹较直。唇部饰一周黑彩，沿面饰黑彩柳叶形纹样，腹部饰黑彩弧边三角、柳叶形纹样。残高6厘米（图一七三，9）。标本T9H52：4，泥质红陶。敛

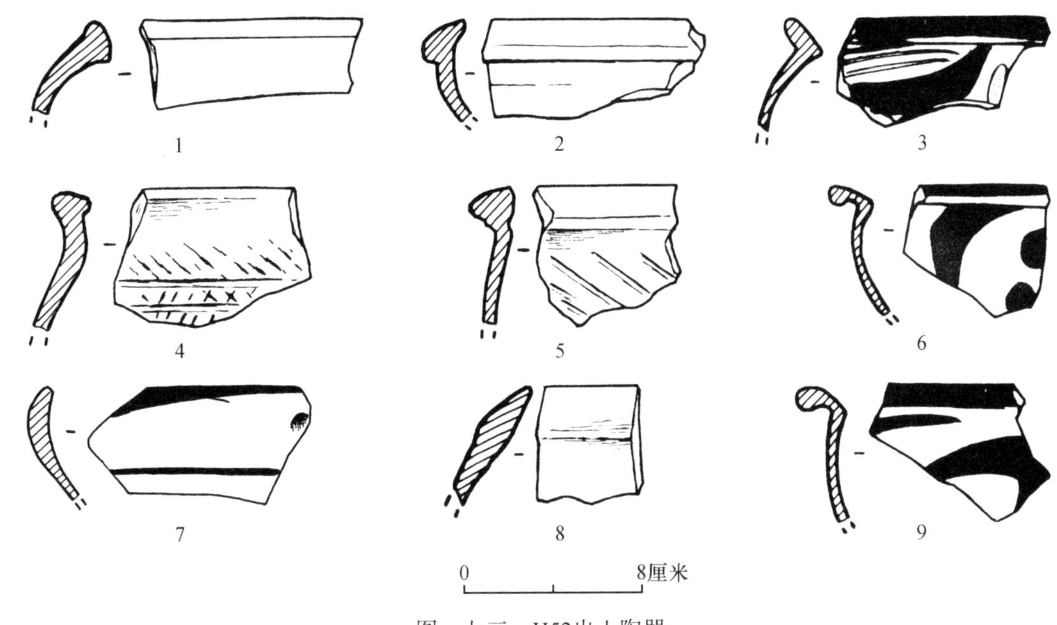

图一七三　H52出土陶器

1. 瓮（T9H52：7）　2、8. 叠唇盆（T9H52：5、T9H52：6）　3、6、9. 折沿盆（T9H52：4、T9H52：2、T9H52：3）
4、5. 大口罐（T9H52：8、T9H52：9）　7. 敛口钵（T9H52：1）

口，圆唇，上腹外鼓，唇部饰一周黑彩，腹部施白衣，上饰由三道红彩弧线纹及一道黑彩勾叶形纹组成的纹样。残高4.8厘米（图一七三，3）。

叠唇盆　2件。标本T9H52：5，泥质红陶。敛口，叠唇，弧腹下收。素面。残高4.5厘米（图一七三，2）。标本T9H52：6，泥质红陶。敛口，尖唇外叠，叠唇不明显。素面。残高5.5厘米（图一七三，8）。

敛口钵　1件。标本T9H52：1，口沿残片。泥质红陶，腹下部叠烧呈褐色。敛口，方唇，上腹较鼓。唇部饰一周黑彩，上腹部饰黑彩弧边三角纹样。残高5.2厘米（图一七三，7）。

大口罐　2件。口沿残片。标本T9H52：8，夹砂红陶。直口，圆唇，沿稍内斜，口内有一周浅凹槽，上腹微鼓。器表饰左上至右下的斜绳纹加弦纹。残高6厘米（图一七三，4）。标本T9H52：9，夹砂红陶。直口，厚圆唇，平沿外斜，口内外均有一周浅凹槽，上腹微鼓。器表饰较粗疏的左上至右下的斜绳纹。残高6.5厘米（图一七三，5）。

瓮　1件。标本T9H52：7，口沿残片。泥质灰陶。敛口，圆唇，肩部圆鼓。残高4厘米（图一七三，1）。

第三节　窑址及出土遗物

本区共清理窑址3座。编号分别为Y1、Y2、Y3，分布于T7、T8两个相邻的探方中。下面按照窑址的编号次序进行介绍。

1. Y1

Y1位于T7的中部。开口于第2层下，打破Y2及生土，残存的窑室开口距地表65厘米。仅残留火门、火膛、火道、窑箅、窑室等遗迹。该窑的整体平面形状为三角形，东西最长108、南北最宽98、残高70厘米；窑床以上仅保留10～20厘米，上部均已破坏。方向290°。火门位于西北部，形状为椭圆形，长35、宽25、残深70厘米，四壁因火烧烧成黑灰色硬面，局部呈龟裂状，外壁呈砖红色，硬面厚1～3厘米。火膛位于进火口与窑室的下部，外窄内渐宽，进深40、口部宽35、内宽95、高40厘米，内侧烧结面厚1～3厘米。火膛内侧两边有两条火道，呈斜坡状连接火膛与窑室，分布窑床两侧，长40～50、宽10～15、深0～20厘米。在两火道内侧，为平面形状为长椭圆、近似8形的窑箅（两个圆形套在一起），长96、宽30～45厘米，箅面较平（图一七四）。

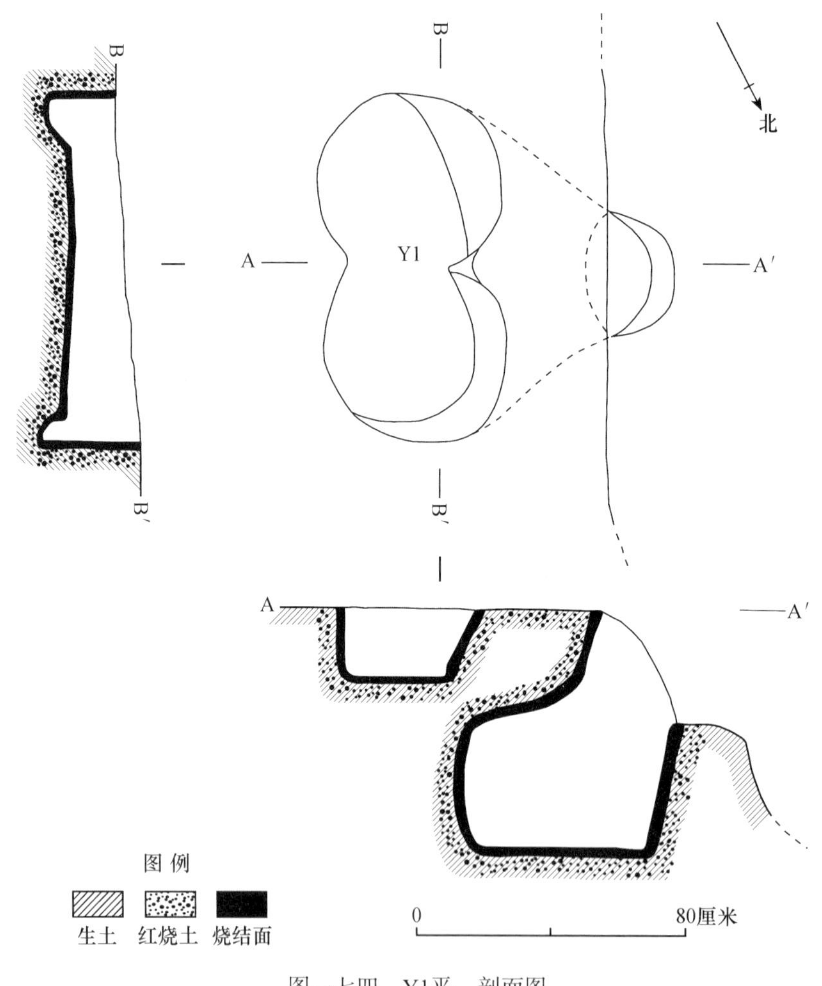

图一七四　Y1平、剖面图

窑顶已破坏，窑室残深10～20厘米，据推测窑顶应为穹顶，烟道应位于窑床后侧。因长期烧制形成厚1～3厘米的烧土，局部呈灰黑色，局部较硬呈龟裂状。窑口位于斜坡的上部，工作面情况不详。

窑内填深灰色土，土质疏松，内含灰烬，烧土，灰星，礓石，砂石，细沙等。出土陶片若干，以泥质红陶居多，夹砂红陶次之；纹饰以素面最多，线纹次之，其他还有绳纹、彩陶、弦纹、附加堆纹（表五七）。

表五七　T7Y1陶系、纹饰统计表

纹饰＼数量＼陶系	泥质陶				夹砂陶				合计	百分比
	红	褐	灰	小计	红	褐	灰	小计		
素面	42	9	19	70	3			3	73	42.94%
绳纹					36	4		40	40	23.52%
线纹	46		7	53					53	31.18%
彩陶	2			2					2	1.18%
弦纹						1		1	1	0.59%
附加堆纹						1		1	1	0.59%
合计	90	9	26	125	39	6		45	170	100%
百分比	52.95%	5.29%	15.29%	73.53%	22.94%	3.53%		26.47%	100%	

Y1共出土标本7件。均为陶器。

直口钵　1件。标本T7Y1：1，口沿残片。泥质红陶。直口，尖圆唇，弧腹。器壁较薄，素面，口内外均有同心圆纹。残高4.4厘米（图一七五，5）。

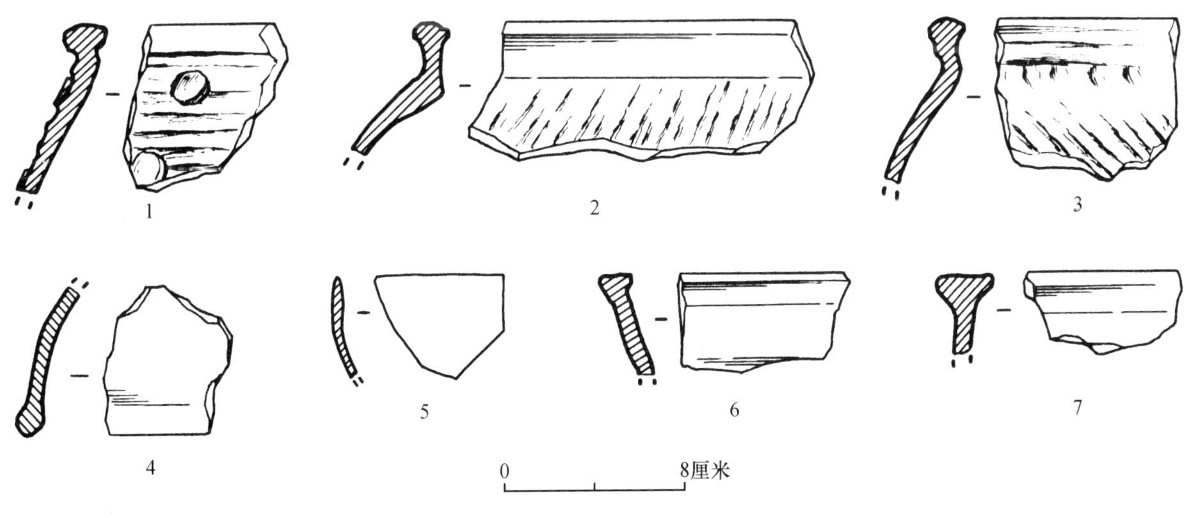

图一七五　Y1出土陶器

1～3. 大口罐（T7Y1：7、T7Y1：5、T7Y1：6）　4. 器盖（T7Y1：4）　5. 直口钵（T7Y1：1）　6. 高领罐（T7Y1：2）　7. 缸（T7Y1：3）

罐　4件。均为口沿残片。根据口部形态可分为大口罐、高领罐。

大口罐　3件。标本T7Y1：5，夹砂红陶。直口，圆唇，沿面窄且凸，口内微凹，上腹外鼓。器表饰粗疏且的右上至左下斜向绳纹。残高6.3厘米（图一七五，2）。标本T7Y1：6，夹砂红陶。直口，圆唇，沿面凸起，口内有一周浅凹槽，外有一周凸棱，腹部外鼓。器表饰粗疏的左上至右下斜绳纹。残高7厘米（图一七五，3）。标本T7Y1：7，夹砂红褐陶。敛口，圆唇，沿面微凸，口内有一周浅凹槽。颈下竖向贴附有两个小泥饼，饰弦纹。残高7.4厘米（图一七五，1）。

高领罐　1件。标本T7Y1：2，口沿残片。泥质红陶。侈口，尖圆唇，沿面窄平，领较高，领内较直。素面，口及领内外可见同心圆纹。残高4.5厘米（图一七五，6）。

缸　1件。标本T7Y1：3，口沿残片。泥质灰陶。直口，圆唇，沿宽平，断面呈T字形。素面。残高3.7厘米（图一七五，7）。

器盖　1件。标本T7Y1：4，口沿残片。夹砂红陶。敞口，圆唇加厚，壁弧曲。素面，近口部涂泥修抹。残高6.6厘米（图一七五，4）。

2. Y2

Y2位于T7的中部偏东。Y2开口于第2层下，打破生土，西部被Y1打破，西南部被H31打破，残存的窑室开口距地表65厘米。该窑的平面形状近似三角形，东西宽50～90、南北长100～140、残高30～50厘米，窑床以上仅保留6～10厘米，上部均已破坏，方向340°。火门位于北部，平面形状为椭圆形，东西长50、南北宽40、深50厘米。火膛在火门的下部，外窄内渐宽，进深40、口部宽50、内部宽85、高40厘米。在火膛内侧两边及中部共三条火道，呈斜坡状，长40～60、宽10～15、深0～30厘米。窑箅被三条火道分为两个，平面形状为长椭圆形，东西长36～50、南北宽20～45厘米，箅面较平。

窑顶已破坏，窑室东西长74～90、南北宽47～65、残深8～10厘米，据推测窑顶应为穹顶，烟道应位于窑床后侧。因长期烧制，火膛、火道、窑室内都形成厚1～3厘米的烧结面，局部呈灰黑色，较硬的局部呈龟裂状。窑口南部20厘米处为一斜坡，窑前工作面情况不详（图一七六）。

窑内填深灰色土，土质疏松，内含灰烬，烧土，灰星，礓石，砂石，细沙等，出土有陶片若干。陶片以泥质红陶居多，夹砂褐陶次之；纹饰以素面最多，绳纹次之，其他还有线纹、彩陶等（表五八）。

表五八　T7Y2陶系、纹饰统计表

陶系/数量/纹饰	泥质陶				夹砂陶				合计	百分比
	红	褐	灰	小计	红	褐	灰	小计		
素面	36		10	46		4		4	50	45.45%
绳纹					12	23		35	35	31.82%
线纹	21			21					21	19.09%
彩陶	2			2					2	1.82%
绳+弦					2			2	2	1.82%
合计	59		10	69	14	27		41	110	100%
百分比	53.64%		9.09%	62.73%	12.72%	24.55%		37.27%	100%	

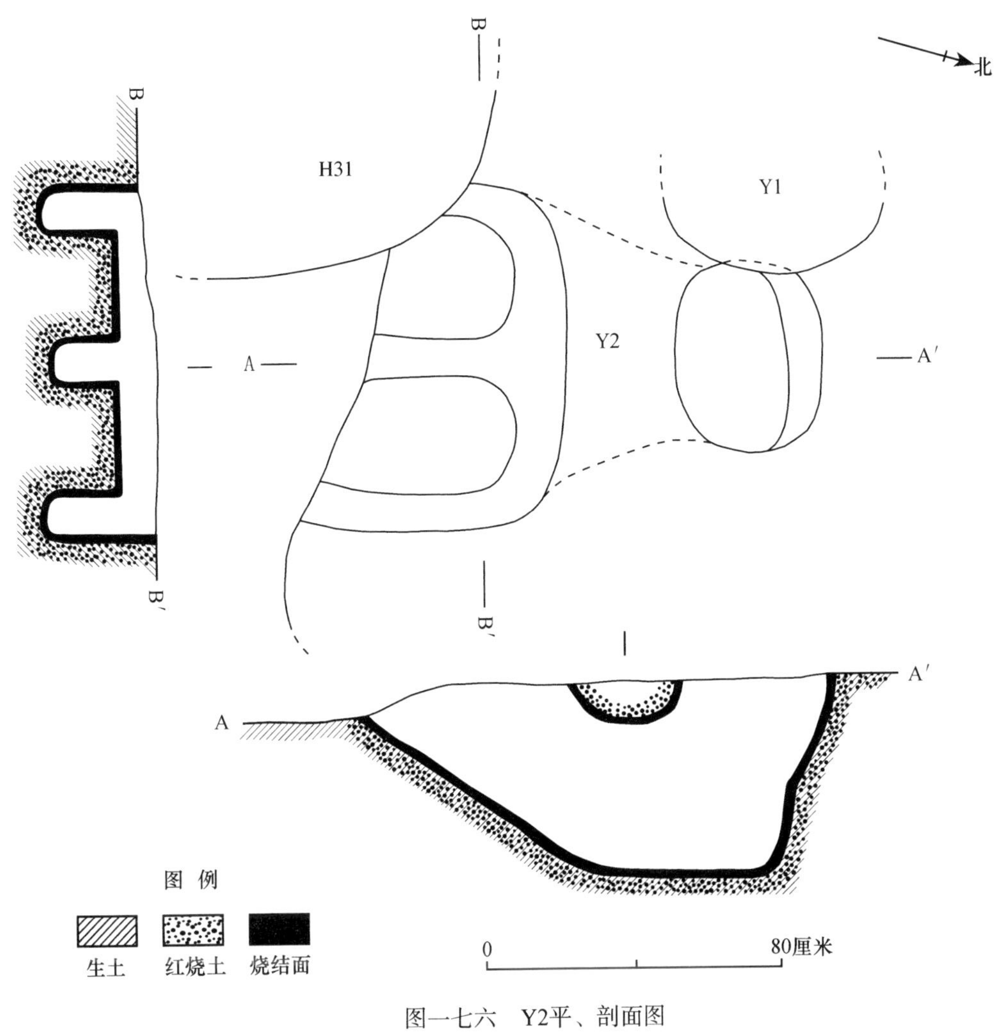

图一七六 Y2平、剖面图

Y2共出土标本10件。均为陶器。

重唇口尖底瓶 1件。标本T7Y2：5，口沿残片。泥质褐陶，表面灰红不均。敛口，双唇较明显，上唇略高，与下唇基本同宽，下唇尖圆，沿面较平。唇外可见同心圆纹。口径4.4、残高2.4厘米（图一七七，10）。

折沿盆 1件。标本T7Y2：3，口、腹残片。泥质红陶。敛口，圆唇，上腹微弧。素面。残高5.7厘米（图一七七，1）。

敛口钵 2件。均为口沿残片。标本T7Y2：1，泥质红陶。敛口，方圆唇，上腹微鼓，下腹内收。唇施一周黑彩，口内可见同心圆纹。残高5.2厘米（图一七七，2）。标本T7Y2：2，泥质红陶。敛口，方圆唇。素面。残高4厘米（图一七七，9）。

罐 4件。均为口沿残片。可分为大口罐、矮领鼓腹罐。

大口罐 3件。铁轨式口沿退化。标本T7Y2：7，夹砂红陶。口微侈，方唇，沿面微凹内斜，口内微凹。器表饰粗疏的右上至左下斜向绳纹加弦纹。残高6.3厘米（图一七七，6）。标本T7Y2：8，夹砂红陶。直口，圆唇，窄平沿，口内外均有一周凹槽，剖面近铁轨式。器表饰粗疏的右上至左下斜向绳纹。残高4.2厘米（图一七七，7）。标本T7Y2：10，夹砂褐陶。直口微侈，方

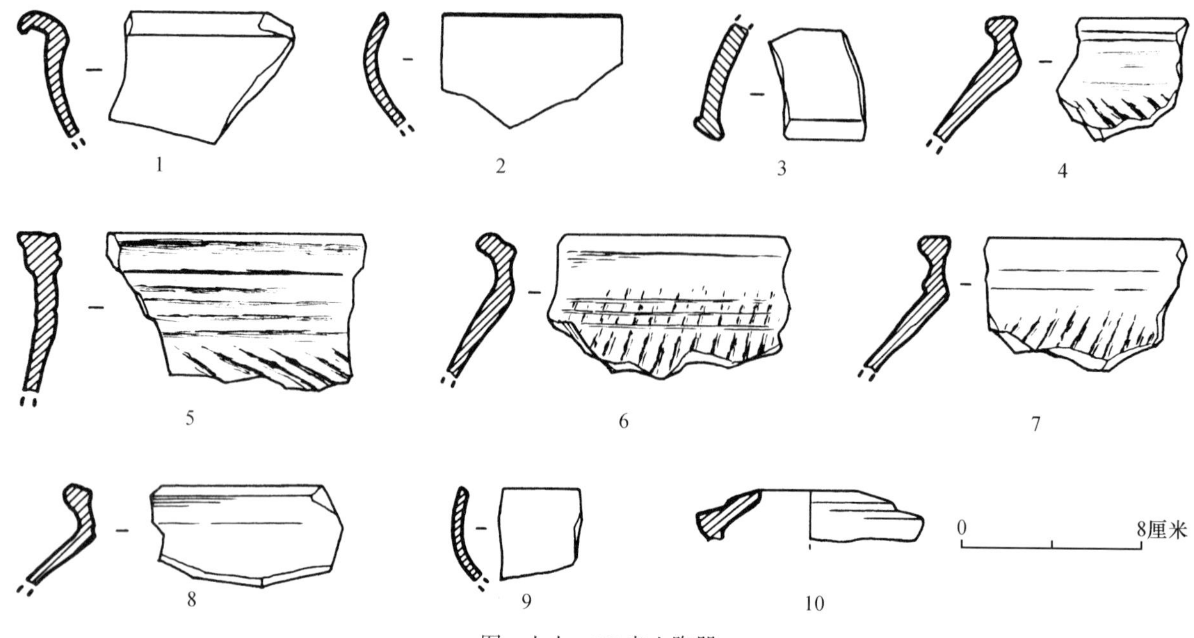

图一七七　Y2出土陶器

1. 折沿盆（T7Y2：3）　2、9. 敛口钵（T7Y2：1、T7Y2：2）　3. 器盖（T7Y2：6）　4、6、7. 大口罐（T7Y2：10、T7Y2：7、T7Y2：8）　5. 缸（T7Y2：9）　8. 矮领鼓腹罐（T7Y2：4）　10. 重唇口尖底瓶（T7Y2：5）

唇，沿面窄平，沿内有一周浅凹槽，上腹外鼓。器表饰粗疏的左上至右下斜向绳纹。残高5.5厘米（图一七七，4）。

矮领鼓腹罐　1件。标本T7Y2：4，泥质红陶。口微侈，圆唇，窄平沿内斜，上腹外鼓。素面。残高4.5厘米（图一七七，8）。

缸　1件。标本T7Y2：9，夹砂红陶。直口，方唇，平沿，口内有一周浅凹槽，腹部微鼓。颈下饰几道弦纹，其下饰粗疏的左上至右下斜向绳纹。残高7厘米（图一七七，5）。

器盖　1件。标本T7Y2：6，口沿残片。泥质红陶，夹有细砂。敞口，圆唇，器壁较直。素面。残高4.9厘米（图一七七，3）。

3. Y3

Y3位于T8的南壁中部，在方内只出露一小部分，向外扩方后仍未到窑南壁，因南部即为高速路，而未发掘。Y3开口于第2层下，打破生土，开口距地表80厘米。暴露部分平面呈V形，由火膛、火道、红烧土台组成，方向0°。破坏较严重。火膛位于窑的北部，平面呈长方形，向下凹陷，长78、宽50～88、深50厘米，四壁为烧结面，厚1厘米。火膛南端东西两侧各伸出一条火道，底部为坡状，南高北低倾斜，长74、宽10、深10～40厘米。中部为红烧土台，平面近半圆形，台上堆土呈倾斜状，南北宽74、东西最长100、高50厘米（图一七八）。

火膛内填灰土，土色泛黑，土质松散，出土尖底瓶、钵、陶环等器物残片。火道内亦填灰土，泛黑褐，土质松散，亦出土陶器残片。陶片以泥质红陶和夹砂红陶居多，夹砂褐陶次之；纹饰以绳纹为主，素面次之，其他还有线纹、彩陶（表五九）。

表五九　T8Y3陶系、纹饰统计表

纹饰＼数量＼陶系	泥质陶				夹砂陶				合计	百分比
	红	褐	灰	小计	红	褐	灰	小计		
素面	8	5	9	22					22	23.16%
绳纹					22	11	26	59	59	62.10%
线纹	7			7					7	7.37%
彩陶	7			7					7	7.37%
合计	22	5	9	36	22	11	26	59	95	100%
百分比	23.16%	5.26%	9.47%	37.89%	23.16%	11.58%	27.37%	62.11%	100%	

Y3共出土标本9件。均为陶器。

折沿盆　2件。均为口沿残片。标本T8Y3：3，泥质红陶。口微敛，圆唇，腹较直。素面。口径25.3、残高4.6厘米（图一七九，2）。标本T8Y3：4，泥质灰陶。口微敛，圆唇，上腹微鼓。素面。残高5.2厘米（图一七九，3）。

钵　2件。均为口沿残片。根据口部形态可分为直口钵、敛口钵。

直口钵　1件。标本T8Y3：1，泥质红陶。直口，尖圆唇，弧腹。素面。残高5厘米（图一七九，1）。

敛口钵　1件。标本T8Y3：2，泥质红陶。敛口，方圆唇，上腹微鼓。唇部饰一周黑彩，上腹部饰黑彩圆点、弧边三角纹样。残高4.6厘米（图一七九，5）。

罐　4件。均为口沿残片。根据口部形态可以分大口罐、斜沿直腹罐。

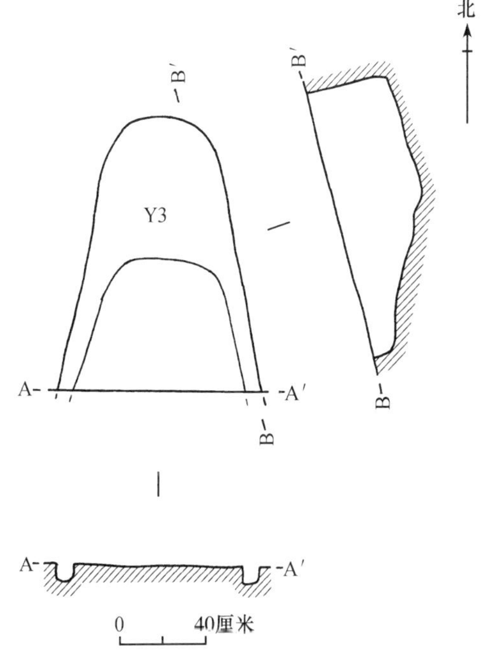

图一七八　Y3平、剖面图

大口罐　3件。标本T8Y3：7，夹砂红陶。直口微侈，圆唇，窄平沿，口内微凹，外有一周凸棱，矮领束颈，上腹较鼓。领下饰数道横弦纹。口径21.6、残高5.3厘米（图一七九，4）。标本T8Y3：6，夹砂红陶。直口，圆唇，窄平沿内斜，口内有一周凹槽，上腹微鼓。器表饰粗疏的左上至右下的斜绳纹。残高6.8厘米（图一七九，8）。标本T8Y3：8，夹砂灰陶。直口，圆唇，窄平沿，口内有一周浅凹槽，外有一周凸棱，剖面近铁轨式，上腹较鼓。饰较粗疏的左上至右下的斜绳纹。残高9.1厘米（图一七九，7）。

斜沿直腹罐　1件。标本T8Y3：9，夹砂灰陶，烧制变形。口微侈，厚圆唇，斜直腹。饰左上至右下的斜绳纹。口径15.3、残高10厘米（图一七九，6）。

瓮　1件。标本T8Y3：5，口、腹残片。泥质褐陶。敛口，圆唇微外卷，肩部圆鼓。素面。残高3.6厘米（图一七九，9）。

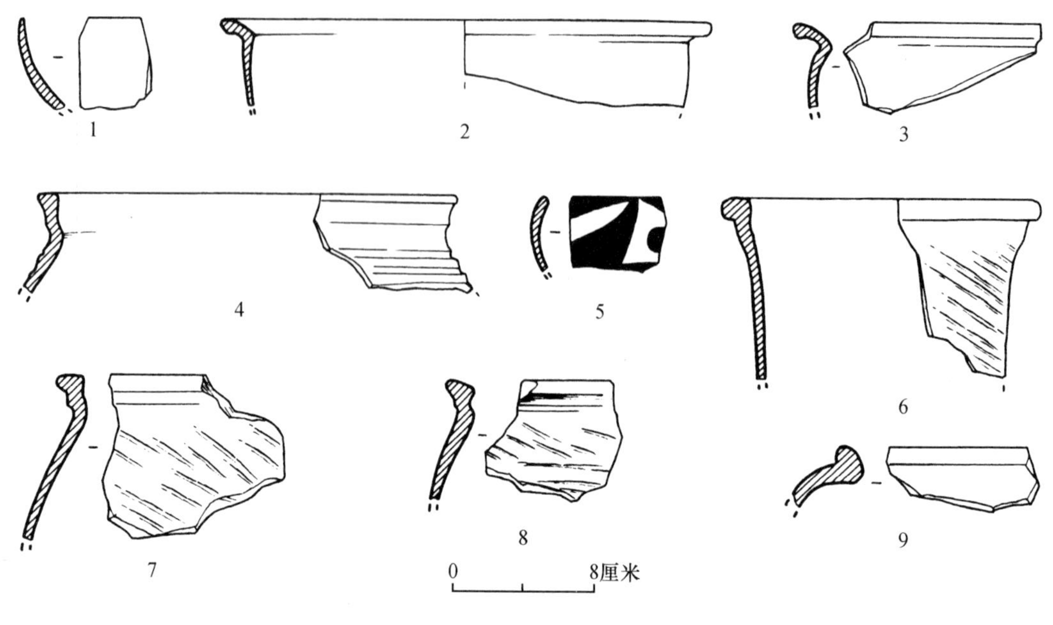

图一七九　Y3出土陶器

1. 直口钵（T8Y3：1）　2、3. 折沿盆（T8Y3：3、T8Y3：4）　4、7、8. 大口罐（T8Y3：7、T8Y3：8、T8Y3：6）　5. 敛口钵（T8Y3：2）　6. 斜沿直腹罐（T8Y3：9）　9. 瓮（T8Y3：5）

第四节　墓葬及出土遗物

本区共清理墓葬2件。包括瓮棺葬和竖穴土坑葬各1座。编号为W1、M1。W1位于T8，M1发现于遗址正南部约400米处。

1. W1

W1位于T8的中部偏北。W1开口于第2层下，打破H35，开口距地表80厘米。形制为圆角长方形竖穴土坑墓，剖面为直壁、平底。墓圹口部东西长110、南北宽80、深30厘米。方向为270°（图一八〇）。

墓坑内填土呈黑灰色，土质松散。葬具为重唇口尖底瓶，出土时破碎，可复原。尖底瓶中有小孩骨架一具，保存较差，葬式不详，头向西。无其他随葬品。

重唇口尖底瓶　1件。标本W1：1，可修复。泥质红陶。口微敛，双唇退化，内唇呈一周圆棱状、沿面较平，下唇圆唇、沿面较宽，肩部微鼓，斜直腹，尖底较钝。腹部饰竖向的细线纹，上腹部有一周按压痕，一侧烧制变形。口径4.9、肩颈26.5、高77.5厘米（图一八一；图版二九，4）。

2. M1

2009年4月28日，新营村村民高安平来工地说他在翻地时发现几座墓葬，都比较浅，个别只有5厘米深。且分布有序，相隔2～3米，成梅花状分布。说其中一座墓出土完整骨架一副，陶器3件，

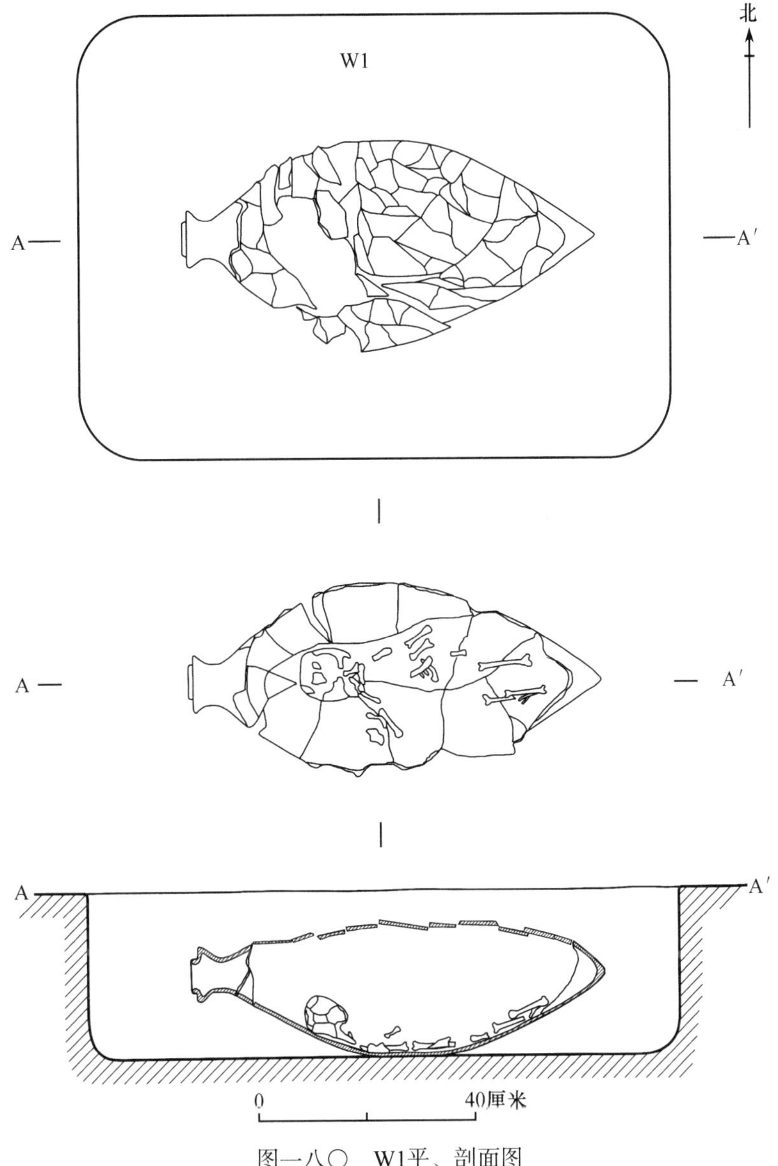

图一八〇　W1平、剖面图

陶质、纹饰、器形基本于考古队挖的一样，还出土了一件石斧。考古队员立即去现场实地勘察，并去高家看了出土物，确定是庙底沟时期的遗物无疑。随即下午就对出土器物较多的墓葬区域进行了勘探与发掘。

墓葬位于桃下镇新营村东侧，距离兴乐坊遗址南约500米。在遗址的调查中，在此区域的地表并没有发现同期陶片。墓葬开口距地表10厘米，方向270°。由于数次平整土地的破坏，墓葬应暴露于地表，现今地表耕土层也是当时墓葬的一部分，墓葬残深约20～30厘米。由于村民的掏挖，墓圹不规则，大体为长方形，东部部分为树坑打破。骨架已被全部破坏。墓葬东部出土完整陶钵一件。据高安平回忆说当时骨架完整，仰身直肢。头向西。陶器均出土于脚跟处（东部），石斧放于胸前。

考古队对墓葬的分布区域周边进行调查和勘探，并开探沟5条，均为生土，未发现墓葬。这

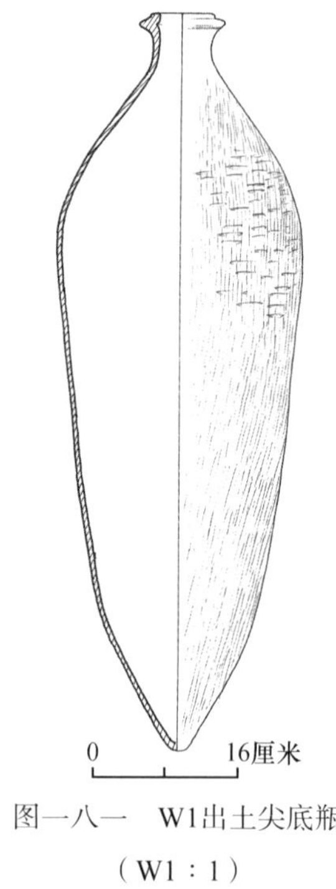

图一八一　W1出土尖底瓶（W1：1）

一区域属于山前坡地，20世纪70、80年代进行了数次比较大的平整土地运动，对此区域原始地貌破坏较严重。此次发现的这座墓葬位于平整土地后的一个台地边缘，很可能当时存在一处墓地，但是该墓以南的墓葬由于地势相对较高，在平整土地时已被破坏殆尽。另据村民描述，20世纪70年代，在M1的南部约50米处取土，曾发现陶器约20件，很多炮弹瓶（尖底瓶）。一方面印证了一处墓地的存在，也从另一方面诉说了一处墓地的消失原因。考古队数次走访当事村民，想追回全部的出土物，陶釜、陶灶、陶罐因出土时已散为碎片，已追回，但是石斧终未能追回，仅拍摄了照片。

考古队根据发掘资料和当事村民的描述，对墓葬进行了复原，并编号M1。墓葬为长方形竖穴土坑墓，墓壁较直，平底。墓室东西长230、南北宽80、深30厘米。人骨一具，仰身直肢，头向西，未见葬具痕迹。墓室堆积为细沙土，较疏松。随葬品均出土于东部墓壁下，陶钵、陶釜、陶灶、陶罐各一件，另有一石斧置于胸前（图一八二；图版三五，1）。

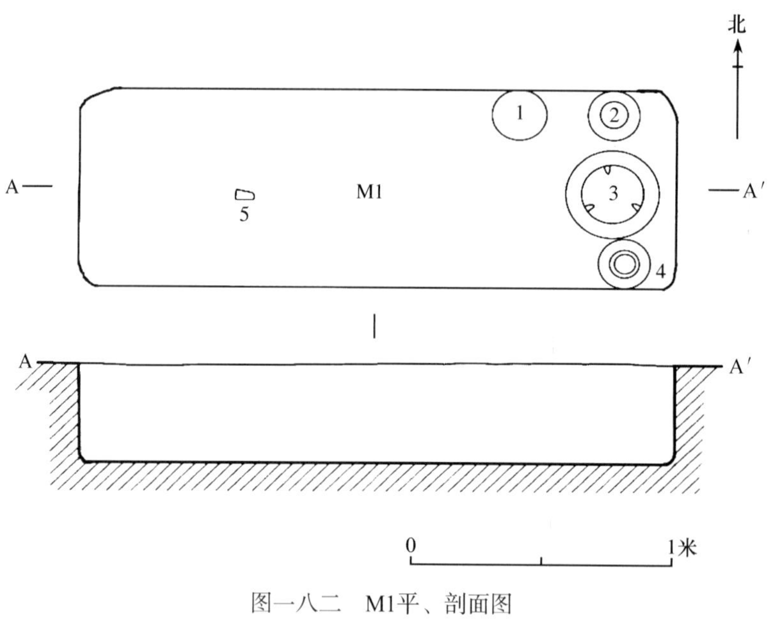

图一八二　M1平、剖面图
1. 陶钵　2. 陶釜　3. 陶灶　4. 陶罐　5. 石斧

M1共出土标本5件。以陶器为主。另有石斧1件（图一八二；图版三六，3、4）。

陶器　4件。

敛口钵　1件。标本M1：1，完整。泥质红陶。口微敛，圆唇较厚，上腹微鼓，弧腹内收，底内凹。素面。口径18、底径7.5、高7.7厘米（图一八三，1；图版三六，1）。

矮领鼓腹罐　1件。标本M1：4，可修复。泥质灰陶。口微敛，尖圆唇，沿面微凸外斜，口内一周浅凹槽，腹部圆鼓、内收，平底。素面。口径8.5、腹径12.7、底径4.7、高12.1厘米（图一八三，

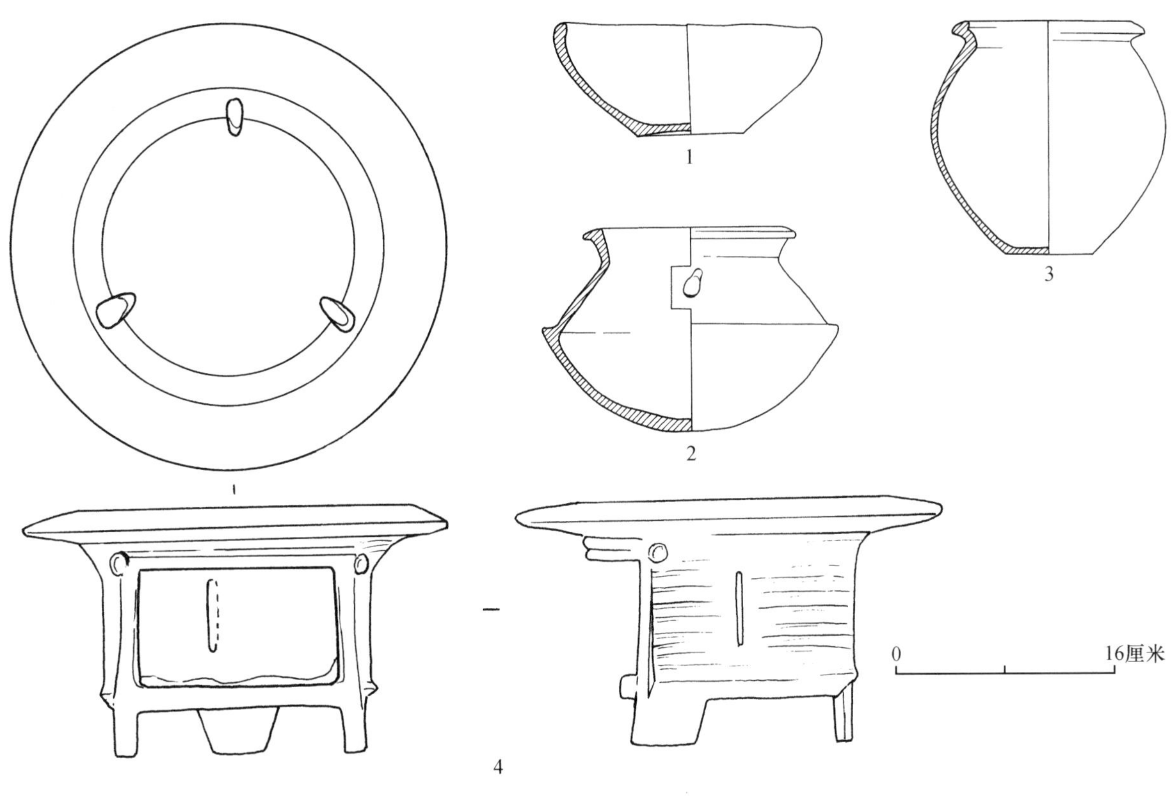

图一八三　M1出土陶器

1. 敛口钵（M1∶1）　2. 釜（M1∶2）　3. 矮领鼓腹罐（M1∶4）　4. 灶（M1∶3）

3；图版三六，2）。

釜　1件。标本M1∶2，可修复。夹砂红陶。侈口，圆唇，窄沿向外斜，斜沿外侈，束颈，上腹部外斜，圜底。腹上部可见一贴附的小泥条，腹最大径在中部偏上，以下有灰黑色的烟炱，素面。口径12.7、腹最大径21.3、高14.3厘米（图一八三，2；图版三五，5）。

灶　1件。标本M1∶3，可修复。夹砂红陶。侈口，尖唇，平沿角较长，沿内一周斜直，其上有三个呈三等分对称的小支脚，腹壁直，腹壁上有三个细长条形的通风口，灶门呈长方形，仅底部有一周凸棱，灶底在与三个支脚对应处各有一个铲形足，足略高。腹部饰弦纹，灶门上部两侧各饰一个小泥饼。口径12.9、腹径10.2、底径10.6、高9.1厘米（图一八三，4；图版三五，2～4）。

第四章　动物遗存研究

第一节　遗址出土动物遗存鉴定与分析

本节对该遗址出土的动物标本按发掘单位逐一进行了系统的鉴定，全部标本可分为兽类、鸟类、鱼类、蚌类，至少代表10个属种（附表一）。遗址中每个遗迹单位的动物种属、数量见附表二。遗址中不可鉴定的动物数量分布情况见附表三。测量内容主要参考《考古遗址出土动物骨骼测量指南》[①]一书，另对个别标本测量数据做了补充。鉴定时的对照标本是陕西省考古研究院动物标本室的标本，同时也参考中外文的动物骨骼图谱和论文。

一、分类简述

1. 中华圆田螺（*Cipangopaludina cathayensis*）

材料与最小个体数：共发现该类完整螺壳157件，还有一些破碎螺壳未作统计。在遗迹中的主要分布如表六〇。

描述和讨论：总的特征是壳大而薄呈圆锥形，有6个相当膨凸的螺环，各螺环均匀增长。体螺环膨凸而宽大，其高度是壳高的5/7。壳口呈卵圆形，上端角状，轴唇不加厚。壳面有细的生长纹。该类动物遗存发现的数量最多，是该遗址动物遗存的一个显著特征。中华圆田螺可能是当时人类捕捞的主要对象，也是主要的食物来源之一。在华县泉护村遗址也发掘出土大量的中华圆田螺。

表六〇　中华圆田螺在灰坑中的数量统计

H16②：35	H13②	H10②	H25：20	H28①：18	T6H29	H48：10	H7①	H24	H27
45	7	4	1	4	5	11	67	7	6

2. 圆顶珠蚌（*Unio douglasiae*）

材料与最小个体数：残左半壳1件（H7：5）；完整的右半壳1件（H27：5）；残右半壳1件（T1H6：215-17）；3件材料可代表的最小个体数为2个。

描述与讨论：标本H27：5为保存完整的右半壳1件（图版三七，1）。蚌壳呈卵圆形，前部短

① 安格拉·冯登德里施著、马萧林等译：《考古遗址出土动物骨骼测量指南》，科学出版社，2007年。

圆，后部变窄，长54.12、宽25.33厘米，壳面有卵圆形的生长线。

标本T1H6：215-17为残右半壳1件，壳薄且小，宽16.18厘米。华县泉护村[①]的标本长度变化在28～60毫米间，宽度变化在16～28毫米间。该标本与之相比应属于相对较小的一类。

圆顶珠蚌目前在我国境内分布很广，在关中临潼的姜寨遗址[②]、康家遗址[③]、华县泉护村遗址[④]、高陵东营遗址[⑤]及丹江上游的丹凤巩家湾新石器遗址[⑥]和商州东龙山遗址[⑦]均有出土，尤其是巩家湾遗址出土大量的蚌壳。由于其营养丰富且分布较广，应是古人类的一种食物来源。兴乐坊遗址北依渭水，蚌壳和田螺应是拾之即来的，这次发现大量的田螺和部分蚌壳也说明古人食物的多样性。

3. 鱼（Pisces）

材料与最小个体数：匙骨1件（T4H10：1）（图版三七，4）；脊椎骨1件（T5H24②：1）（图版三七，2）。最小个体数1。

描述与讨论：标本数量保存较少且匙骨保存不完整，无法做进一步的鉴定。

4. 乌鸫（*Turdus merula*）

材料与最小个体数：右肱骨近端1件（T4H10：2）（图版三七，5），最小个体数1。

描述与讨论：标本T4H10：2为右肱骨近端1件，近端最大宽Bp8.15毫米，保存长度仅9.25毫米。该标本与陕西考古研究院动物标本室现代乌鸫肱骨近端（Bp8.18毫米）大小接近，结构一致。

乌鸫栖息于次生林、阔叶林、针叶混交林和针叶林等各种不同的森林中。海拔从数百米到4500米左右均可遇到，是杂食性鸟类。

目前在我国考古遗址中从未发现过乌鸫的动物骨骼，一是由于骨骼标本本身较小，其次是由于缺乏对比标本给鉴定带来一定的困难。这件标本是浮选过程中在重浮物中获取的，按常规的发掘可能属漏网之鱼。鉴于此，我们建议在发掘过程中采用浮选法，以便漏掉和放弃重要的信息。

5. 环颈雉（*Phasianus colchicus*）

材料与最小个体数：左掌骨远端1件（T9H47：1）（图版三七，3），最小个体数1。

描述与讨论：标本T9H47：1为左掌骨远端1件，有烧痕。保存长度19.34毫米。

---

① 胡松梅：《动物遗存分析》，《华县泉护村》，文物出版社，2014年。

② 祁国琴：《姜寨新石器时代遗址动物群的分析》，《姜寨》，文物出版社，1988年，第504～538页。

③ 刘莉等：《陕西临潼康家龙山文化遗址1990年发掘动物遗存》，《华夏考古》2001年1期。

④ 胡松梅：《动物遗存分析》，《华县泉护村》，文物出版社，2014年。

⑤ 陕西省考古研究院、西北大学文化遗产与考古学研究中心：《高陵东营——新石器时代遗址发掘报告》附录：高陵东营遗址动物遗存分析，科学出版社，2010年。

⑥ 胡松梅：《陕西丹凤巩家湾新石器时代动物骨骼分析》，《考古与文物》2001年6期。

⑦ 胡松梅：《商洛东龙山遗址动物遗存分析》，《商洛东龙山》，科学出版社，2011年。

6. 狗（*Canis familiaris*）

材料与最小个体数：属于同一个体的左右盆骨各1件（T9H50：66-1）；完整左股骨1件（T9H50：66-2）；右股骨近端1件（T9H50：66-3）；完整左胫骨1件（T9H50：66-4）；右胫骨中段1件（T9H50：66-5）；全部材料可代表的最小个体数为1。

描述与讨论：标本T9H50：66-1为同一个体左右盆骨各1件（图版三七，6），且均不完整。右侧盆骨缺失髂骨前端和耻骨，髋臼窝半球形，髋臼唇缘清晰，坐骨棘不发达，坐骨大切迹较浅，坐骨结节为嵴状，且坐骨结节正在愈合中。测量数据见表六一。

表六一　狗盆骨测量数据　　单位：毫米

项目＼标本		本文	商洛东龙山[①]					高陵东营[②]
		H50：66-1	H34：1	H34：2	H34：3	H220：1	H17：1	h5：10
一侧最大长GL			132	132	120	125	124	
髋臼	长LAR	22.41	18.5	19	17.5	18	18	22.3
	宽	20.55	18	19	17	17	18	20.3
髂骨干最小高（SH）		16.75	19	15	14	15	15	
坐骨髋臼至坐骨后缘长		39.11	46	42	39	42	40	

标本T9H50：66-2为完整的左股骨1件（图版三七，7），骨干圆形，远端近梯形，无第三转子和髁上窝，近端骨骺未愈合，股骨头及大转子脱落，转子窝狭窄，大转子扁平而低于股骨头，小转子凸出。由大转子外缘直通远端的嵴显著，内侧嵴不显。远端骨骺愈合中，有内髁和外髁，向后为髁间窝所分开。内侧嵴厚钝，外侧嵴较薄锐利，内侧嵴高于外侧嵴。测量数据见表六一。

标本T9H50：66-3为右股骨近端1件（图版三七，9），股骨头球形，转子窝狭窄，股骨头正在愈合中，大转子脱落。测量数据见表六二。

表六二　狗股骨测量数据　　单位：毫米

项目＼标本	本文		商洛东龙山[③]						
	H50：66-2	H50：66-3	H34：1	H34：2	H34：3	H26：2	H220：1	ⅠT5③B：2	T3H4：3
最大长GL（股骨头至远端）			161	153	147	135	150.5	150	148
大转子至远端最大长			159	150.5	147.5	135.5	149	150	146
近端宽Bp		33.64	31	32	30	31	30	29	30
股骨头厚DC		15.7	15	16	14	15.5	13.5	13	14
远端最大宽Bd	27.9		25.5	26	25	26	25	24.5	23

① 胡松梅：《商洛东龙山遗址动物遗存分析》，《商洛东龙山》，科学出版社，2011年。

② 陕西省考古研究院，西北大学文化遗产与考古学研究中心：《高陵东营——新石器时代遗址发掘报告》附录：高陵东营遗址动物遗存分析，科学出版社，2010年。

③ 胡松梅：《商洛东龙山遗址动物遗存分析》，《商洛东龙山》，科学出版社，2011年。

标本T9H50：66-4为完整的左胫骨1件（图版三七，8），近端骨骺未愈合；远端骨骺愈合中；骨体略呈S状弯曲，骨干近段横切面近三角形，中间近圆形，向远端稍变扁。近端后面凹，背侧缘上1/3处形成三角形隆起，为胫骨粗隆，向外侧倾斜，外侧凹，内侧较平，胫骨粗隆向内下方延续为胫骨嵴，且其胫骨嵴明显。胫骨近端强大，具有两个关节隆起，即内侧髁和外侧髁，每一髁有鞍状的关节面，与相应的股骨髁成关节。两髁间有髁间隆起。内侧髁关节面呈弧形，大于外侧髁关节面，它们为踝间沟所分开。胫骨远端较小，呈四边形，其滑车关节面与距骨的滑车关节面相适应，关节面由两个深沟和沟中间低嵴构成，内侧凹深而窄，外侧凹浅而宽，被中间嵴所分开。胫骨外侧近远端有与腓骨相连接的关节面。测量数据见表六三。

表六三　狗胫骨测量数据　　单位：毫米

项目＼标本		本文	商洛东龙山[①]						高陵东营[②]	
		H50：66-4	H34：1	H34：2	H34：3	H26：2	H213：2	H17：1	h5：8	h5：9
最大长GL			156.5	148.5	143	132	152.5	152.5	200.4	
近端宽Bp			29	29.5	26	28	27	29.5	36.6	
骨干最小宽SD		11.34							14.9	14.8
远端	宽Bd	20.41	19	18	18	19	17	20	23.7	23.4
	厚Dd	11.34	13	13	12.5	12.5	12.5	14.5	17.2	17.2

标本T9H50：66-5为右胫骨中段1件。

7. 家猪（*Sus domesticus*）

材料与最小个体数：头骨残块25块、左右上颌骨各7件、右上颌前骨1件、下颌联合部1件、左下颌骨22件、右下颌24件、寰椎4件、左肩胛骨4件、右肩胛骨6件、左肱骨3件、右肱骨5件、左尺骨2件、右尺桡骨远端1件、右尺骨残段3件、左右尺桡骨各1件、左桡骨2件、左第三掌骨1件、盆骨残片9件、左股骨3件、右股骨1件、股骨残段1件、左胫骨4件、右胫骨4件、右跟骨2件、右距骨1件、右第四跖骨1件、第二指骨1件，最小个体数24。

描述与讨论：出土的动物骨骼中，可鉴定猪骨骼数量135件，最小个体数24个。该遗址有35个灰坑出土了动物骨骼，其中27个灰坑中分布有猪骨。兴乐坊遗址的年代属仰韶文化庙底沟时期，该时期我国已大量饲养家猪。本文采用比较下颌臼齿测量值和年龄结构的方法，对兴乐坊遗址出土猪的属性进行分析判断。

目前，考古遗址家猪判断的主要标准包括形体特征（包括形态和尺寸）、年龄结构、性别特征、家猪在全部动物中所占的数量比例和考古学中的文化现象等[③]。传统上，臼齿大小是用来区分家猪与野猪的一个常用标准，下颌第二、三臼齿长度更被视为一项基本的测量值。这里将兴

① 胡松梅：《商洛东龙山遗址动物遗存分析》，《商洛东龙山》，科学出版社，2011年。

② 陕西省考古研究院、西北大学文化遗产与考古学研究中心：《高陵东营——新石器时代遗址发掘报告》附录：高陵东营遗址动物遗存分析，科学出版社，2010年。

③ 袁靖：《考古遗址出土家猪的判断标准》，《中国文物报》2003年8月1日第7版。

乐坊遗址出土的猪下颌m2的长、前宽和后宽的测量数据同现生王屋山野猪的测量数据进行比较（图一八四）。结果显示，兴乐坊遗址出土猪m2的尺寸明显小于现生野猪，表明该遗址猪主体为家猪。王屋山野猪是2005年12月至2006年1月，河南省考古研究所在河南济源王屋山收集了批准狩猎的48件野猪头骨。

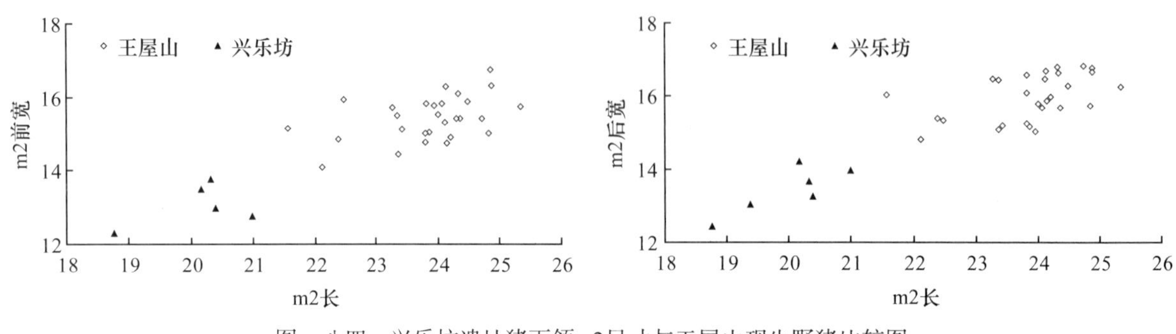

图一八四　兴乐坊遗址猪下颌m2尺寸与王屋山现生野猪比较图

通常，猪长到1～2岁后，体形和肉量不会再有明显的增加，如果继续饲养其所产生的肉料比降低，猪的屠宰年龄一般为1～2岁。我们可以根据其年龄结构推测遗址中出土猪是否为家猪。本文根据猪牙齿萌出、脱落以及磨损情况（表六四），建立了该遗址猪的年龄结构。牙齿萌出与磨损参照国际通行的格兰特方法，即根据牙齿咬合面暴露的牙质和珐琅质的图案确定牙齿萌出和磨损的级别。根据牙齿萌出与磨损年龄表，保留两个或三个臼齿的下颌骨归入相邻的年龄范围，单个的游离齿可以简单地归入某一年龄级别，图一八五为猪牙齿萌出和磨损级别的详细记录，表六四涵盖了从尚未萌出m1到深度磨损的m3的变化。根据格兰特的界定，成型而未磨蚀的牙齿分别记作C（可见齿槽孔）、V（可见牙齿）、E（刚萌出）、1/2（萌出1/2）、U（牙齿长至最高但未磨损）。据图一八五和格兰特的界定，我们对保存牙齿的下颌骨全部进行了详细的记录（表六五）。

表六四　根据下颌牙齿萌出和磨损级别确定的家猪年龄标准

年龄级别	年龄（月）	Dp4	m1	m2	m3
Ⅰ	0～4	a，b，c			
Ⅱ	4～6	d，e	萌出，a		
Ⅲ	6～12	f，g，h，j，k	b，c	萌出	
Ⅳ	12～18		d，e	a，b，c	
Ⅴ	18～24		f，g，h	d，e，f	萌出，a，b
Ⅵ	24～6		j，k	g，h	c，d，e
Ⅶ	36～		l，m，n	j，k	f，g

兴乐坊遗址中猪年龄结构统计见表六六，在31件可鉴定年龄的下颌标本中大多数为2岁以下，1岁以下的占70.97%，1～2岁间的占25.81%，2～3岁猪占到总数的3.23%，3岁以上的猪下颌未发

表六五　根据兴乐坊遗址出土猪下颌牙齿的萌出和磨损级别确定的年龄状况

单位	左/右	标本	磨损级别					m1			m2			m3		年龄级别
			m1	m2	m3	p4	Dp4	长（mm）	前宽（mm）	后宽（mm）	长（mm）	前宽（mm）	后宽（mm）	长（mm）	宽（mm）	
T1H2：47-1	左	m1+m2	c	1/2						13.38						Ⅲ
T1H6：215-1	左	i1+i2+i3+c+p3+p4+m1+m2	e	d		c		16.34	9.8	11	20.39	12.99	13.26			Ⅳ
T1H6：215-2	右	m2+m3		f							20.99	12.77	13.96			Ⅲ
T1H6：215-3	左	c+Dp2+Dp4					e									Ⅱ
T2H16②：34-1（图版三八，2）	右	p2+p3+Dp4+m1	1/2				d									Ⅱ
T4H7②：1（图版三八，3）	左	Dp3+Dp4+m1+m2	c	1/2			e	18.55	11.42	12						Ⅲ
T4H10②：1	右	Dp2+Dp3+Dp4+m1	1/2				d									Ⅱ
T4H10②：2	左	Dp2+Dp3+Dp4+m1	1/2				d									Ⅱ
T4H10②：3	左	m1+m2	e	c				15.33	9.48	10.42	18.76	12.31	12.45			Ⅳ
T4H8④：41-1	左	Dp4+m1+m2	c	1/2												Ⅲ
T4H8④：41-2（图版三八，4）	左	m3			d									30.67	15.19	Ⅵ
T5H24②：1	右	m1+m2	e	c				17.12	10.21	11.36						Ⅳ
T6H30①：32-2	左	Dp3+Dp4+m1	c					16.43	10.24	11.4						Ⅲ
T7②：77-1	右	m3			E											Ⅳ
T7②：77-2	右	m3			1/2											Ⅳ
T7②：77-3	右	m1+m2	e	c						11.76	20.16	14.34	14.87			Ⅳ
T7②：77-4	右	Dp4+m1	b				d	18.71	11.09	11.78						Ⅲ
T7②：77-5	右	Dp3+Dp4					f									Ⅲ
T8H32②：26-1	左	m1	c													Ⅲ
	右	Dp3+Dp4+m1					d									Ⅱ

续表

单位	左/右	标本	磨损级别					m1			m2			m3		年龄级别
			m1	m2	m3	p4	Dp4	长（mm）	前宽（mm）	后宽（mm）	长（mm）	前宽（mm）	后宽（mm）	长（mm）	宽（mm）	
T8H35：27-1	左	Dp4					U									Ⅰ
T8H35：27-2	右	Dp4+m1+m2	c	1/2				16.38	10.15	10.98						Ⅲ
T8H40：31-1	左	Dp2+Dp3+Dp4+m1	E				e									Ⅱ
T8H40：31-2	右	Dp4+m1	E				e									Ⅱ
T8H40：31-3（图版三八，1）	左	Dp3+Dp4+m1	C				c									Ⅰ
T8H40：31-5	左	Dp4+m1	c				e	17.8	11.08	11.35						Ⅲ
T9H47：24-1（图版三八，4）	右	p3+p4+m1+m2	d	c		b		15.42	8.81?	10.1	19.38	11.73	13.04			Ⅳ
T9H47：24-2	右	Dp4+m1	c				f	15.63	8.91	10.4						Ⅲ
T4H7：1	左	Dp4					e									Ⅱ
T4H7：2	右	c+p2+p3+Dp4+m1+m2	c	1/2			e	18.24	11.51	12.2						Ⅲ
T5H24：1	左	m1+m2	d	c						11.89	20.32	13.76	13.66			Ⅳ

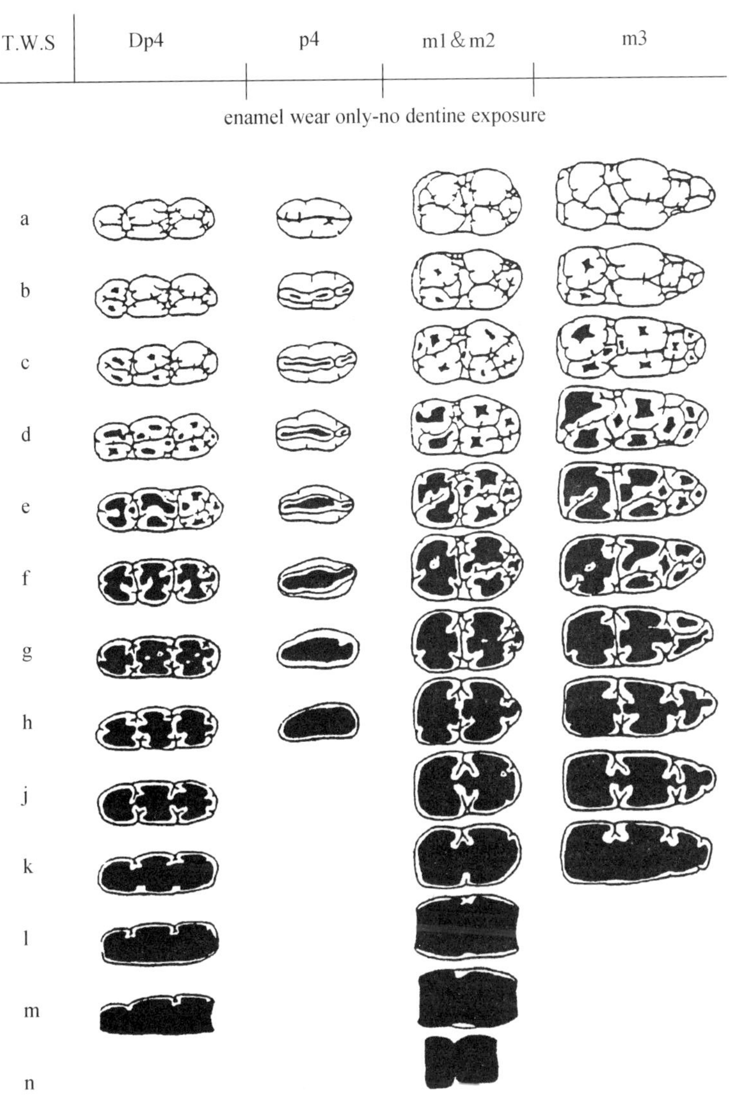

图一八五　猪牙齿磨损级别

现，而捕获的野猪正常情况下年龄分布比较均匀。国内已有资料的统计表明，考古遗址出土家猪的年龄结构基本上以年轻个体为主，据此判断该遗址的猪主要为家养。

表六六　兴乐坊遗址猪的年龄结构统计表

年龄（月）	左（数量）	右（数量）	总数（数量）	总数（%）
Ⅰ（0～4）（图版三八，1）	2		2	6.45%
Ⅱ（4～6）（图版三八，2）	4	4	8	25.81%
Ⅲ（6～12）（图版三八，3）	6	6	12	38.71%
Ⅳ（12～18）（图版三八，4）	3	5	8	25.81%
Ⅵ（24～36）（图版三八，5）	1		1	3.23%
总数	16	15	31	100.00%

8. 獐（*Hydropotes inermis*）

材料和最小个体数：带有m2的左下颌1件T10H44：19-1；左胫骨远端1件T10H44：19-2；左跟骨1件T4H12：5；左距骨1件T4H12：6；右跖骨近端1件T4H7②：12；跖骨远端1件T10H44：19-3；6件材料可代表的最小个体数为1。

典型标本描述与讨论：标本T10H44：19-1为带有m2的残左下颌1件（图版三九，1），牙齿萌发及磨蚀情况见表六七。

表六七　獐左下颌骨牙齿萌发及磨蚀情况

标本编号	标本保存情况	牙齿萌发、脱落及磨蚀情况	个体年龄估计	m2长	m2宽
H44：19-1	仅保留m2	m2磨蚀中等	青年个体	11.24	7.4

标本T10H44：19-2为左胫骨远端1件（图版三八，6），测量数据见表六八。

表六八　獐胫骨测量数据　　单位：毫米

项目＼标本		本文	泉护村				
		H7②：12	H105②D：1	H22①D：15	H22①D：16	T0502③D：5	H68③D：2
近端宽Bp		25.34	31				
远端	宽Bd			18.5	23	25	24
	厚Dd			13	18.5	20	19.5

标本T4H12：5为完整的左跟骨1件（图版三九，6），测量数据见表六九。

表六九　獐跟骨测量数据　　单位：毫米

项目＼标本	本文	泉护村				
	H12：5	H01D：21	H9①D：5	H20D：6	H161D：1	H164D：6
最大长GL	55.74	55		56	59	
最大宽GB	16.35	16	18	18	17.5	17.5

标本T4H12：6为完整左距骨1件（图版三九，7），测量数据见表七〇。

表七〇　獐距骨测量数据　　单位：毫米

项目＼标本	本文	高陵东营①	
	T4H12：6	T4H12：6	H6：15
外半部最大长GLl	26.41	30.4	26.3
内半部最大长GLm	24.78	29.4	24.5
外半部最大厚Dl	15.94	16.4	14.6
内半部最大厚Dm	16.38	17.9	15.7
远端最大宽Bd	16.99	18.4	16.8

① 陕西省考古研究院、西北大学文化遗产与考古学研究中心：《高陵东营——新石器时代遗址发掘报告》，附录：高陵东营遗址动物遗存分析，科学出版社，2010年。

标本H7②：12为一右跖骨近端（图版三八，7），近端关节面为大半圆形，背面炮骨愈合缝深，呈一窄的凹槽且偏向外侧，掌面凹槽明显，为浅的U型谷，但短于掌骨的凹槽。测量数据见表七一。

表七一　獐跖骨测量数据　单位：毫米

项目＼标本	本文		泉护村[①]							
	H7②：12	H44：19-3	H165D：3	H122①D：3	H137D：1	IT0401④D：3	H116⑤D：4	H4②：2	ⅡT1701②D：3	T0702③D：1
最大长GL			154							
近端宽Bp	18.97		20	21						
远端宽Bd		22.35	21.5		22	22	21	21	20.4	21.7

9. 梅花鹿（*Cerves hortulorum*）

材料和最小个体数：角残段1件T5H23：35；头骨残块1件T10H46①：26-6，最小个体数1。

典型标本描述与讨论：标本H46①：26-6为一右侧头骨残块（图版三九，3），保存角突、部分额骨和顶骨。额骨上的鹿角是被人为锯掉的，有明显的锯痕。骨缝明显，呈锯齿形，骨壁较厚。

10. 青羊（斑羚）（*Naemorhedus goral*）

材料和最小个体数：仅有左角心1件T10H45：14，最小个体数1。

典型标本描述与讨论：T10H45：14为不完整的左角心1件（图版三九，5），角尖部残，较细长，角的基部呈圆形，向上逐渐变成前后径长的椭圆形并向后上方斜伸，表面有细小的沟槽。角心基部最大直径18.71毫米，角心基部最小直径19.56毫米，自然脱落。

青羊雌雄两性均具角，青羊为典型的林栖动物，栖息生境多样，从亚热带至北温带地区均有分布，在关中地区的关桃园遗址[②]中也有出土，青羊常见于山地针叶林、山地针阔混交林和山地长绿阔叶林，但未见于热带森林中。常在密林间的陡峭崖坡出没。

二、各遗迹单位动物骨骼保存分布情况

09HXT1H2：47

猪：带有m1的左下颌1件T1H2：47-1，m1残、m2刚刚萌出。

09HXT1H2：48

猪：左肱骨远端1件09HXT1H2：48-1。

---

① 胡松梅：《泉护村动物遗存分析》，《华县泉护村》，科学出版社，2014年。

② 胡松梅：《宝鸡关桃园遗址动物遗存分析》，《宝鸡关桃园》，文物出版社，2007年。

09HXT1H3：9

肋骨残段1件，有烧痕。

09HXT1H6：215

猪：下颌骨4件，带有门齿、犬齿及p3、p4、m1、m2的左下颌1件，T1H6：215-1，带下颌联合部，犬齿不发达，应为一雌性个体；带有m2的右下颌1件T1H6：215-2，m3破碎；带有c（刚萌出）、p2、Dp4的左下颌1件T1H6：215-3；带有p2的左下颌1件T1H6：215-4；右上颌骨2件T1H6：215-5、6；带有P1、P2的上颌1件T1H6：215-5；左右肩胛骨残段各1件T1H6：215-7、8，左肩胛有烧痕；右肱骨远端2件T1H6：215-9、10；右尺桡骨远端1件T1H6：215-11，尺骨远端未愈合，关节头脱落，桡骨远端正在愈合中；左尺骨近端1件T1H6：215-12；左右胫骨残段各1件T1H6：215-13、14；左股骨远端1件T1H6：215-15；左坐骨残片1件T1H6：215-16；上游离右C1件。

圆顶珠蚌壳右半壳1件T1H6：215-17。

09HXT2H16②：34

猪：带有p2、p3、Dp4、m1的右下颌1件T2H16②：34-1，m1正在萌出；左肱骨远端1件T2H16②：34-2，骨骺愈合中；头骨残块1件。

09HXT2H16②：35

中华圆田螺45件。

猪：左侧第三掌骨1件T2H16②：35-1。

09HXT3H13②

中华圆田螺7件。

09HXT3H13④：65

猪：右肱骨远端1件T3H13④：65-1。

09HXT3H13④

第一指骨1件，有烧痕。

09HXT4H7①

猪：左下颌1件H7①：1，带有Dp4；右下颌1件H7①：2，带有c、Dp2、Dp3、Dp4、m1，m2正在萌出；右尺骨残段1件H7①：3；盆骨残片1件H7①：4。

中华圆田螺67件、圆顶珠蚌左半壳1件H7：5。

09HXT4H7②

猪：带有p3、Dp4、m1的左下颌1件T4H7②：1，m2正在萌出；左下颌1件T4H7②：2，有烧痕；右下颌骨残片1件T4H7②：3；右上颌前骨残片1件，T4H7②：4；头骨残块3件，其中标本T4H7②：5保留了部分枕骨、顶骨、额骨和颞骨，标本T4H7②：6保留了左侧颞骨和部分顶骨，标本T4H7②：7保留了部分右泪骨和额骨；寰椎2件T4H7②：8、9；右尺骨残段1件T4H7②：10，有烧痕；右胫骨残段1件T4H7②：11。

獐：右跖骨近端1件T4H7②：12。

09HXT4H7②：77-1

猪：左胫骨残段1件，有砍痕。

09HXT4H10①

猪：下颌骨残段1件。

09HXT4H10②

中华圆田螺4件。

猪：带有p2、p3、Dp4的左右下颌各1件T4-H10②：1、2，m1正在萌出，下颌T4-H10②：1、2为一个个体，带有m1、m2的左下颌1件T4-H10②：3；右下颌联合1件T4-H10②：4；上颌骨4件，带有DP4、M1的左上颌1件T4-H10②：5，带有M1的右上颌1件T4-H10②：6，两件带有的M2均正在萌出，T4-H10②：5、6为一个个体；带有P2、P3、P4、M1、M2的左上颌1件T4-H10②：7；带有P2、P3、P4、M1的右上颌1件T4-H10②：8；左胫骨1件T4-H10②：9，骨骺未愈合，关节头脱落；股骨残段1件T4-H10②：10，有烧痕；头骨残块1件T4H10②：11、左胫骨近端1件T4H10②：12，骨骺未愈合，关节头脱落。

09HXT4H8④：41

猪：下颌骨4件，带有Dp4、m1、m2的左下颌1件T4H8④：41-1；带有m3的左下颌1件T4H8④：41-2；带有p3、Dp4的右下颌1件T4H8④：41-3，Dp4保存破碎；右下颌T4H8④：41-4；带有P3、P4、M1、M2的上颌骨1件T4H8④：41-5；右肩胛骨远端1件T4H8④：41-6；右胫骨远端1件T4H8④：41-7；右股骨近端1件T4H8④：41-8，近端骨骺愈合中；左髋骨1件T4H8④：41-9；右第四跖骨1件T4H8④：41-10，远端骨骺未愈合，关节头脱落。

人：第一指骨1件。

09HXT4H10

鱼类：匙骨残段1件T4H10：1。

乌鸫：右肱骨近端1件T4H10：2。

猪：跟骨1件T4H10：3，近端骨骺未愈合，关节头脱落，为一幼年个体。

09HXT4H12

猪：头骨残块1件T4H12：1；盆骨残段2件T4H12：2、3；左股骨远端1件T4H12：4，远端骨骺未愈合，关节头脱落；下颌骨残片1件。

獐：左跟骨1件T4H12：5；左距骨1件T4H12：6。

09HXT4H19：16

猪：左桡骨近端1件。

09HXT5H23：35

梅花鹿：角残段1件。

09HXT5H24

中华圆田螺7件。

猪：左下颌1件H24：1，带有m1残、m2；左下颌1件H24：2，带有m1残；左上颌骨1件H24：3；头骨残块1件H24：4；右肩胛骨残段1件H24：5；盆骨残片2件H24：6、7。

09HXT5H24②

鱼类：脊椎骨1件T5H24②：1。

猪：右下颌骨1件T5H24②：2，带有m1、m2；右肩胛骨残段1件，有烧痕。

09HXT5H25：20

猪：带有M1、M2的右上颌1件T5H25：20-1，P4正在萌出。

中华圆田螺1件T5H25：20-2。

人：左下颌1件。

09HXT6H27

中华圆田螺6件、圆顶珠蚌1件H27：5。

猪：左下颌残段1件H27：1；下颌骨残片1件H27：2；右肩胛骨残片1件H27：3；左盆骨残段1件H27：4。

09HXT6H28①：18

中华圆田螺4件。

09HXT6H29

中华圆田螺5件。

09HXT6H30①：32

猪：右下颌骨1件T6H30①：32-1；带有p3、p4、m1的左下颌1件T6H30①：32-2；左下颌骨1件T6H30①：32-3；带有P4、M1、M2的右上颌骨1件T6H30①：32-4；左肩胛骨残段1件T6H30①：32-5；右尺骨残段1件T6H30①：32-6；左肩胛骨残段1件T6H30①：32-7；上游离右C1件。

09HXT7②：77

猪：下颌骨5件T7②：77-1～5，均为右侧，m3正在萌出的下颌2件T7②：77-1、2；带有m1、m2的右下颌1件T7②：77-3，m1残；带有Dp4、m1的右下颌1件T7②：77-4；带有p3、Dp4的右下颌1件T7②：77-5；带有P1、P2、P3的左上颌1件T7②：77-6；寰椎残块1件T7②：77-7。

09HXT8H32②：26

猪：左侧带有m1、右侧带有Dp3、Dp4、m1的下颌1件T8H32②：26-1，两侧m1均残；头骨残块2件T8H32②：26-2、3。

09HXT8H35

中华圆田螺残片1件。

09HXT8H35：27

猪：带有Dp4的左下颌1件T8H35：27-1；Dp4、m1的右下颌1件T8H35：27-2，m2刚刚萌出；右下颌骨冠状突残段1件T8H35：27-3。

09HXT8H36：21

猪：头骨残块4件，头骨T8H36：21-1，保留了部分枕骨、顶骨、颞骨和额骨；头骨T8H36：21-2，保留了部分枕骨、顶骨和颞骨；头骨T8H36：21-3，保留了部分枕骨；头骨T8H36：21-4，保留了部分颧骨和泪骨；寰椎1件T8H36：21-5。

09HXT8H40

猪：门齿残段1件。

09HXT8H40：31

猪：下颌骨5件，其中下颌T8H40：31-1、2为一个个体，带有Dp2、Dp3、Dp4的左下颌1件T8H40：31-1、m1正在萌出，带有Dp4的右下颌1件T8H40：31-2、m1正在萌出；下颌T8H40：31-3、4为一个个体，左下颌带有Dp3、Dp4，可见m1的齿槽孔，右下颌带有Dp3；左下颌T8H40：31-5，带有Dp4、m1；上颌骨2件T8H40：31-6、7，应为一个幼年个体，左侧带有DP4残、M1，右侧带有DP3、DP4、M1；左右肩胛骨近端残片各1件T8H40：31-8、9；肱骨3件T8H40：31-10、11、12，两1件左侧，2件右侧，近远端骨骺均未愈合，关节头脱落；尺桡骨各2件T8H40：31-13、14，左右侧各1对，近远端骨骺均未愈合，关节头脱落；胫骨2件T8H40：31-15、16，左右各1件，近远端骨骺均未愈合，关节头脱落；左股骨1件T8H40：31-17，近远端骨骺均未愈合，关节头脱落；左盆骨1件T8H40：31-18；右跟骨1件T8H40：31-19；右距骨1件T8H40：31-20；头骨残片9件。

09HXT9H47

鸡：左掌骨远端1件T9H47：1。

猪：尺骨远端残段1件T9H47：2，第二指骨1件T9H47：3，为一幼年个体。

09HXT9H47：24

猪：下颌骨3件，右下颌T9H47：24-1，带有p3、p4、m1、m2，下颌T9H47：24-2、3为一个个体，右下颌带有Dp4，m1，头骨残片1件T9H47：24-4。

09HXT9H50：66

狗：应为同一个体左右盆骨各1件T9H50：66-1；完整左股骨1件T9H50：66-2，近端骨骺未愈合，关节头脱落；右股骨近端1件T9H50：66-3，骨骺正在愈合中；完整左胫骨1件T9H50：66-4，近端骨骺未愈合；远端骨骺刚刚愈合；右胫骨中段1件T9H50：66-5。

猪：右下颌骨残片1件T9H50：66-6；左桡骨近端1件T9H50：66-7。

09HXT10H44：19

獐：左下颌1件T10H44：19-1，带有m2；左胫骨远端1件T10H44：19-2；跖骨远端1件T10H44：19-3。

09HXT10H45

猪：下颌骨残段1件T10H45：1、尺骨残段1件T10H45：2，有烧痕。

09HXT10H45：14

青羊：左角心残段1件。

09HXT10H46①：26

猪：下颌联合部残块1件T10H46①：26-1；左上颌1件T10H46①：26-2，带有M2残、M3；头骨残块2件，其中标本T10H46①：26-3，保留了部分顶骨、颞骨，标本T10H46①：26-4，保留了部分泪骨和颧骨；右肱骨残段1件T10H46①：26-5。

梅花鹿：头骨残块1件T10H46①：26-6。

09HXT10H48

中华圆田螺残片9件。

09HXT10H48：10

中华圆田螺11件。

三、小　　结

（一）遗址中动物群的成员

兴乐坊遗址中共出土10种动物，按它们和人类的关系及在遗址中数量的多少（附表四）可分为三大类：

一是由人类饲养或可能饲养的动物：猪、狗。

二是主要的狩猎动物：獐、梅花鹿、青羊。

三是偶然猎获和捕捞的动物：乌鸫、环颈雉、鱼类、中华圆田螺和圆顶珠蚌。

从附表四可看出，该遗址以大量饲养动物：猪、狗、鸡的出现为其特点，尤其是猪的标本无论是数量还是最小个体数都占到哺乳动物总数的85%以上，和关中的临潼白家、西安半坡新石器遗址动物群基本相同。不同的是：①该遗址有大量的中华圆田螺和少量圆顶珠蚌；②猪的屠宰年龄整体偏小，猪的屠宰年龄与驯养水平有关，时代愈早则年龄越大，到兴乐坊仰韶庙底沟文化时，关中地区从白家文化到半坡文化，已有两千年的驯养历史，所以兴乐坊猪的屠宰年龄偏小也是情理之中的；③发现野生动物的种类和数量较少，这和关中地区两千年的驯养史有关，兴乐坊遗址的先民们的驯养家畜的技术水平得到一定的发展，所以主要依靠饲养家畜作为肉食来源，其次是狩猎野生动物。

（二）遗骸保存特征与先民行为

兴乐坊遗址是渭河流域一处重要的新石器时代遗址，是仰韶时期庙底沟文化时期的文化堆积。该遗址除发掘出一定数量的文化遗物外，还出土了一定数量的动物骨骼。兴乐坊遗址中的脊椎动物遗骸代表着7个种类的30个个体。所发掘的标本十分破碎，无一完整头骨及大型管状骨。不同部位骨骼的破碎具有明显规律，即头骨比肢骨残破，肢骨近端比远端残破，少量完整骨骼完全限于没有食用价值的肢骨末端坚实部分，如跟骨、距骨、指（趾）骨等。管状骨的保存状况也是远端多于近端，这是由于近端骨质较疏松不易保存，肌肉、脂肪较多易被食肉动物啃咬的缘故。骨骼断口类型基本属于螺旋状断裂，往往发生在动物死亡不久骨骼尚具弹性阶段①。碎骨形态以长条状为主，实验证明在骨干中部受力时，长骨一般会沿骨干纵轴的纤维质延伸方向产生破裂②，这无疑是先民砸骨取髓的结果。兴乐坊遗址动物遗骸的最小个体数多是以下颌计算而来，其他部位骨骼损失量大，肋骨也较少，这些部位的骨骼可能已被食用或加工成骨器。

（三）遗址当时的自然环境

探索新石器遗址周围的环境，可从多方面入手，现主要根据发现的动物，尤其是哺乳动物做一分析。

哺乳动物一般可分为家养和野生两类，对自然环境的分析主要依靠野生动物，家养动物只是作为必要的补充。在该遗址中，野生动物为獐、梅花鹿和青羊。

梅花鹿因其角部粗大，在密林中生活有许多不便，一般栖息于较大的混交林或高山的森林草原，也有在稀疏灌丛中生活的。

獐骨的存在一方面说明遗址周围有沼泽地带，有高大的草丛；另一方面也说明当时的气候比现在湿润和温暖一些。现代獐常栖息在河岸芦苇丛中，山边林地及沼泽草地等环境中。现多分布在长江下游，在关中地区几乎绝迹。

青羊为典型的林栖动物，常在密林间的陡峭崖坡出没。

整个遗址兽骨中家猪的最小个体数最多，为24。占整个兽骨个体数的85%左右。家猪的数量是农产品剩余量的间接反映，由此可推想该文化农业的发达程度，人类有了农业剩余产品才会大量饲养家猪的，这也说明当时的气候非常适合农作物的生长，风调雨顺。反之，当气候环境恶劣，农业歉收，植被类型转变时，先民们自然会减少家猪的饲养量，而更多以野生动物作为肉食的主要补充。

中华圆田螺、蚌和鱼的存在，说明遗址周围有一定面积的水域存在。

综上所述，当时遗址周围的环境是一个气候比较湿润，水资源充足，林木茂盛的自然环境。有一定面积的森林、疏林及灌丛的自然景观，其间有各种鹿类动物及青羊的出没。兴乐坊庙底沟文化的气候属于全新世大暖期的太平洋期，从东洋界动物獐的存在也可说明这一点，当时的气温应比现在高1～2℃。

（四）经济类型和食物

从遗址中动物骨骼出土的属种和数量（附表四）来看，兴乐坊人赖以生存的动物资源是比较丰富的，但主要是兽类中的猪、狗、獐、梅花鹿等，以猪、狗为主的家畜动物占89.28%，其中猪85.71%、狗为3.57%；以獐和梅花鹿为主的野生动物仅占10.71%（图一八六）。

① 张云翔、薛祥煦：《甘肃武都龙家沟三趾马动物群埋藏学》，地质出版社，1995年。

② 张俊山：《峙峪遗址碎骨的研究》，《人类学学报》1991年10期，333～345页。

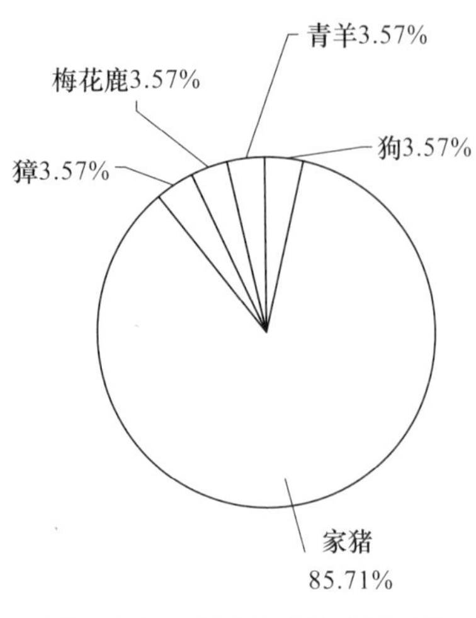

图一八六　兴乐坊遗址食用动物百分比饼状图

从兴乐坊人对动物资源的利用情况可见他们同时从事农业、狩猎、畜牧和捕捞。其中以猪和狗这两种动物的畜养为主，其次为狩猎。结合遗址中出土的石质生产工具如石刀、斧来看，当地居民从事大量的农业生产。经济生产的类型决定人们的食物来源与组成，虽然目前尚无较好的方法准确的断定各类食物的比重和详细的食谱，但从以上的讨论可以见到兴乐坊人的食物结构的大类，可以说兴乐坊人的食物中动物占有重要地位。这类动物的标本中都有一少部分经烧焦变黑炭化，说明当时人们对食品中肉食的加工方法，有一小部分仍用火直接烤熟。从现代人类学的资料来看，一个部落的经济食物情况比较复杂，如鄂伦春人采集27种植物作为辅助食物，非洲南部的昆桑人，其所在地区有500多种动植物，他们所能利用的达150种植物和100种动物[①]。由此可以看出考古遗址中的动物骨骼可能仅是当时古人类的一个主要的动物食谱，而不是全面的。这和发掘的面积及筛选的程度有关，也和当时人们战胜凶猛野兽的能力——即生产力有关。发掘面积越大，筛选愈全面，生产力愈高，越接近古人类的食物结构。

（五）骨骼痕迹分析

在兴乐坊遗址中，发现有砍、锯痕和烧痕等人工痕迹。

砍痕标本在骨骼上有1件。标本（T4H7②：77-1）为猪的左胫骨中段1件，在胫骨背侧有4条砍痕，其中2条为粗而短的平行砍痕，砍痕最大宽6.33、长10.31毫米。

在标本梅花鹿头骨残块T10H46①：26-6上有一明显的半圆形锯痕（图版三九，3），可能为分离鹿角所为。

从以上分析可看出，人骨痕迹有两类，一种是肢解动物、剔取肌肉、敲骨取髓和刮皮毛时所形成的痕迹，这种痕迹叫屠宰痕，是无意中形成的，但分布也有一定的规律性[②]。另一种是加工骨器和雕刻纹饰过程中所形成的各种痕迹，是人们有意识、有目的一种活动。

遗址出土的动物骨骼中有8件被火烧过的痕迹，火烧部位有下颌、肩胛骨、尺骨、股骨、肋骨等，其种属均为猪。相对该遗址遗留动物骨骼总数而言，有烧痕的骨骼所占比例甚微，但不能排除当时人们有吃烤肉的可能。

① 童恩正：《人类与文化》，重庆出版社，2004年，64～81页。

② 胡松梅：《旧石器考古遗址中动物骨骼的屠宰痕迹与其解剖位置的关系》，《旧石器时代论集——纪念水洞沟遗址发现80周年论文集》，文物出版社，2006年。

第二节　遗址家养动物的饲养模式

动物的驯化与饲养，为人类提供了稳定的肉食资源，极大地促进了人类心智的发育，为人类社会的发展乃至文明的形成奠定了坚实的物质基础。故此，探讨家养动物的产生与饲养模式，了解家养动物对先民肉食资源的贡献程度，自始至终是动物考古学研究的重要组成部分之一[①]。

目前，通过对考古遗址中出土动物骨中骨胶原的C、N稳定同位素分析，在揭示不同种属动物食物结构的基础上，了解家养动物与野生动物食物来源的差异，是国际生物考古界探讨家养动物饲养模式的主要研究方法[②]。该方法，已在我国多个考古遗址中得到成功运用，揭示了不同家养动物的饲养模式及可能的社会和文化机制[③~⑤]。

兴乐坊遗址出土的动物标本，主要包括以下种类：中华圆田螺、圆顶珠蚌、鱼类、环颈雉、乌鸫、狗、猪、獐、梅花鹿、青羊。其中，以猪、狗为主的家养动物占全部出土动物骨骼数量的89.28%（猪为85.71%，狗为3.57%），而以獐和梅花鹿等为代表的野生动物，仅占10.71%。这表明，家养动物的饲养业，在先民肉食资源中占有举足轻重的地位[⑥]。然而，兴乐坊遗址家养动物的饲养模式以及他们对先民肉食资源的贡献率，仍缺乏深入研究。为此，本文拟通过兴乐坊遗址出土多种动物种属和人骨的C、N稳定同位素分析，揭示家养动物的饲养模式，并借此探讨不同动物对先民肉食资源的贡献程度。

一、材料与方法

（一）样品选取

从兴乐坊遗址选择不同种属的动物（包括野生动物与家养动物）与人骨，共24例。样品的编号及种属特征，如表七二所示。

① 袁靖：《中国动物考古学》，文物出版社，2015年。

② Steele T E. The contributions of animal bones from archaeological sites: the past and future of zooarchaeology[J]. *Journal of Archaeological Science*, 2015 (56): 168-176.

③ Chen X L, et al. Isotopic Reconstruction of the Late Longshan Period (ca. 4200-3900 BP) Dietary Complexity before the Onset of State-Level Societies at the Wadian Site in the Ying River Valley, Central Plains, China [J]. *International Journal of Osteoarchaeology*, 2015.

④ Dai L L, Li Z P, Zhao C Q, et al. An Isotopic Perspective on Animal Husbandry at the Xinzhai Site During the Initial Stage of the Legendary Xia Dynasty (2070-1600 BC) [J]. *International Journal of Osteoarchaeology*, 2015.

⑤ Chen X L, Hu S M, Hu Y W, et al. Raising practices of Neolithic livestock evidenced by stable isotope analysis in the Wei River valley, North China [J]. *International Journal of Osteoarchaeology*, 2014.

⑥ 胡松梅、杨岐黄、杨苗苗：《陕西华阴兴乐坊遗址动物遗存分析》，《考古与文物》2011年6期。

（二）骨胶原的提取

机械去除样品骨样内外表面的污染物质。称取2g左右的骨样，0.5mol/L 的HCl溶液中4℃下浸泡脱钙，每隔两天换新鲜酸液，直至骨样松软，溶液无明显气泡。去离子水洗至中性，0.125mol/L 的NaOH溶液中浸泡20h。洗至中性，置于0.001mol/L 的HCl溶液中70℃加热48h，趁热过滤，冷冻干燥得骨胶原。称重，计算骨胶原的得率，等于骨胶原质量除于骨样质量。结果如表七二所示。

表七二　样品种属特征以及骨胶原的C、N含量和同位素比值

编号	种属	胶原得率（%）	C含量（%）	N含量（%）	C/N摩尔比	$\delta^{13}C$（‰）	$\delta^{15}N$（‰）
T4H12：5	獐	9.7	41.7	15.7	3.1	−19.8	3.1
T10H44：19-1	獐	4.5	29.6	11.2	3.1	−20.0	6.2
T4H7②：12	獐	4.0	39.0	14.9	3.1	−18.9	4.4
T10H44：19-3	獐	—					
T10H44：19-2	獐	—					
T4H8④：41-2	猪	***＜0.1***	***18.9***	***5.7***	***3.8***	***−13.4***	***8.3***
T4H10②：2	猪	10.3	43.1	16.1	3.1	−8.0	8.6
T4H19：16	猪	2.6	40.0	14.8	3.2	−7.1	7.9
T6H30①：32	猪	2.3	42.2	15.6	3.1	−9.8	7.7
T6H30①：32-2	猪	2.2	39.2	14.6	3.1	−6.9	8.0
T7（2）②：77-2	猪	5.0	41.6	15.4	3.2	−9.8	8.7
T8H40：31-3	猪	3.2	44.0	16.2	3.2	−6.8	8.7
T10H46①：26-2	猪	8.3	42.9	16.1	3.1	−8.5	7.5
H12：3	猪	5.1	40.3	15.0	3.1	−9.6	8.5
H13④：65	猪	8.9	38.5	14.5	3.1	−8.5	8.6
T2H16②：34-2	猪	5.6	37.6	14.2	3.1	−8.2	7.9
T1H2：48-1	猪	2.9	36.8	14.3	3.0	−20.2	5.7
T1H6：215-14	猪	4.0	39.2	15.2	3.0	−10.9	7.4
T5H23：35	梅花鹿	2.4	41.0	15.3	3.1	−13.2	6.3
T10H46①：26-6	梅花鹿	0.1	19.8	7.8	3.0	−18.7	5.3
T10H45：14	青羊	1.9	40.8	15.1	3.2	−19.6	4.0
T5H25：20	人	0.1	34.4	13.1	3.1	−8.4	10.0
T9H50：66-3	狗	1.1	24.0	9.7	2.9	−11.1	8.5
H50：66-5	狗	3.1	37.9	14.7	3.0	−11.1	7.6

注：① 骨胶原得率中“－”，表示没有提取到骨胶原。

② 斜体加粗，表示样品骨胶原已污染，不符合稳定同位素分析要求。

（三）测试分析

骨胶原的C、N 元素含量及稳定同位素比值，在中国科学院大学科技史与科技考古系考古同位素实验室进行测试。仪器为元素分析仪（Elementar Pyro Cube）联用的稳定同位素质谱分析仪（Isoprime 100）。测试C、N元素含量所用的标准物质为磺胺（Sulfanilamide）。C、N稳定同位素比值，分别以IAEA-600、IAEA-CH-6标定碳钢瓶气（以 VPDB 为基准）和IAEA-600、IAEA-N-2标定氮钢瓶气（以 AIR为基准）。此外，每测试10个样品中插入一个实验室自制胶原蛋白标样（$\delta^{13}C$值为－14.7±0.1‰，$\delta^{15}N$值为7.0±0.1‰）。样品的同位素比值，以$\delta^{13}C$和$\delta^{15}N$值表示，分析精度均为±0.2‰。测试数据亦见表七二。

（四）数据统计分析

运用Sigmaplot 12.5和SPSS 22.0 软件，对所测数据进行统计和绘图。

二、结果与讨论

（一）污染鉴别

由表七二可看出，除2例獐未提取出骨胶原以及1例猪骨胶原提取率小于0.1%外，其余样品的骨胶原得率在0.1%～10.3%，均值为4.2±3.0%（n=21），远低于现代样品（约含20%骨胶原）①，表明在长期的埋藏过程中绝大部分骨胶原已发生了不同程度的降解。然而，欲判断骨胶原是否保留其最初的生物学特性和化学组成，当属其C含量、N含量和C/N摩尔比②。22个样品的骨胶原C含量（18.9%～44.0%）及N含量（5.7%～16.2%），与现代胶原C含量（41%）和N含量（15%）基本相似③。作为判断骨胶原是否污染的最重要指标——C/N摩尔比值，当其落在2.9～3.6范围内，可视为未污染样品④⑤。据此，在表七二中除1例猪（C/N摩尔比值为3.8）外，其余样品提取出的骨胶原，皆可视为未受污染，可开展以下稳定同位素分析。

（二）稳定同位素分析

由图一八七可见，不同动物和先民的$\delta^{13}C$和$\delta^{15}N$值存在较大差异，表明它们的食物来源非常多

① Ambrose S H. Preparation and characterization of bone and tooth collagen for isotopic analysis [J]. *J Archaeol Sci*, 1990 (17): 431-451.

② 同①.

③ 同①.

④ 同①.

⑤ DeNiro M J. Post-mortem preservation and alternation of in vivo bone collagen isotope ratios in relation to palaeodietary reconstruction [J]. *Nature*, 1985 (317): 806-809.

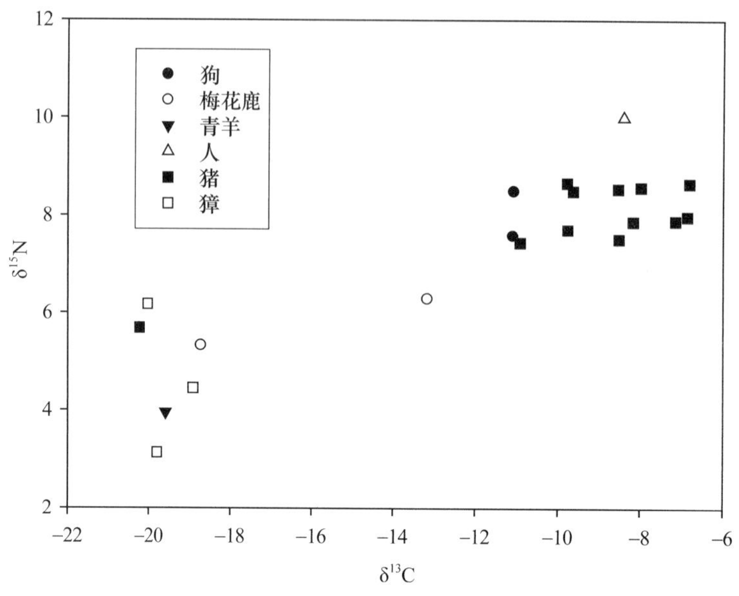

图一八七　动物与人骨胶原$\delta^{13}C$和$\delta^{15}N$值的散点图

元化。需要指出的是，家养动物（如猪、狗）与野生动物（如梅花鹿、青羊、獐），的确具有不同的$\delta^{13}C$和$\delta^{15}N$值，反映了家养动物的饲养模式强烈受到先民有意识的控制。

在图一八七中，作为食草类动物的獐，具有最低的$\delta^{13}C$和$\delta^{15}N$值。其$\delta^{13}C$和$\delta^{15}N$平均值，分别为$-19.6\pm0.6‰$（n=3）和$4.6\pm1.6‰$（n=3），表明獐主要以C_3类植物为食。青羊具有与獐相似的$\delta^{13}C$和$\delta^{15}N$值，表明其食物也以C_3类植物为主。对于梅花鹿而言，1例的$\delta^{13}C$和$\delta^{15}N$值，与以上两种食草类动物相似，另1例却显现出较高的$\delta^{13}C$值（$-13.2‰$），表明其摄取了相当量的C_4类植物。

根据动物考古资料，兴乐坊遗址可认定的家养动物，主要为猪和狗。从图一八七可以看出，除1例猪具有与野生动物相似的$\delta^{13}C$和$\delta^{15}N$值外，其余猪的$\delta^{13}C$和$\delta^{15}N$值均较高，其平均值分别为$-8.6\pm1.3‰$（n=11）和$8.1\pm0.5‰$（n=11），表明这些猪摄取了大量C_4类的动物蛋白。另一种家养动物代表——狗，其$\delta^{13}C$和$\delta^{15}N$值与以上这些猪极为接近，表明两者的食物来源基本一致。

兴乐坊遗址仅出土1例墓葬。由图一八七可见，先民具有高$\delta^{13}C$（$-8.4‰$）和$\delta^{15}N$值（$10.0‰$），表明先民的食物中也包含大量的C_4类动物蛋白。

（三）家养动物的饲喂模式

庙底沟文化时期多个考古遗址的植物考古研究显示，陕西关中地区广泛存在着粟类作物（粟和黍）的种植，同时也存在少量的稻作农业①～④。与之相似，兴乐坊遗址碳化植物遗存的浮选结果，

① 张健平等：《关中盆地 6000～2100cal. aB. P. 期间黍，粟农业的植硅体证据》，《第四纪研究》2010年2期，287～297页。

② 孙楠等：《黄土高原南部下河遗址全新世中期的植被与气候：基于木炭化石记录》，《第四纪研究》2014年1期，27～34页。

③ 尚雪等：《陕西下河遗址新石器时代早期农业活动初探》，《考古与文物》2012年4期，55～59页。

④ 王欣等：《陕西白水河流域两处遗址浮选结果初步分析》，《考古与文物》2015年2期，100～104页。

也发现该遗址的农作物主要包括粟、黍、稻[①]。其中，粟和黍具有较高的出土概率，显示兴乐坊遗址具有较为发达的粟作农业[②]。

粟和黍，均为典型的C_4类植物，其$\delta^{13}C$值分别为－12.5‰和－13.1‰[③]。考虑到化石燃烧对现代大气$\delta^{13}C$值的影响（约贫化1.5‰）以及自食物至骨胶原的同位素富集效应（约富集5‰）[④]，若忽略$\delta^{13}C$值在营养级上的分馏（约1‰）[⑤]，那么，以100%粟类作物或其副产品等为食的动物和先民，其骨胶原的$\delta^{13}C$值则约为－6.6‰～－6.0‰。故此，通过动物或人骨胶原$\delta^{13}C$值的分析，即可直接揭示其是否摄取了大量的粟作作物或其副产品。与$\delta^{13}C$值不同，$\delta^{15}N$值在营养级上升时存在明显的富集效应，每上升一个营养级，$\delta^{15}N$值约增加3‰～5‰[⑥]。通过动物或人骨胶原$\delta^{15}N$值的分析，即可直接揭示其营养级级别，探讨其食物中动物类蛋白的多寡。

兴乐坊遗址的野生动物，如獐和青羊，其$\delta^{13}C$值均显现为典型的C_3类特征，表明这两种动物主要以自然生态环境中C_3类植物为食。梅花鹿虽也被认为是野生动物，但其中1例的$\delta^{13}C$值明显偏正（－13.2‰），表明其食物中包含了相当量的C_4类植物，这很可能与其摄取了较多的粟类作物副产品（如秸秆、谷壳等）相关。该样品取自鹿角。由于鹿角中的角蛋白，仅代表了梅花鹿在短时间内鹿角生长过程中摄取食物的平均水平，故此，我们推断：先民很可能为了获取鹿角的需要，在短时间内对梅花鹿进行了有意识的饲喂活动。此外，我们在河南新砦遗址（约4000年前）也发现了2例梅花鹿具有相近的$\delta^{13}C$值（分别为－14.7‰和－12.3‰），这也可能与先民对鹿的饲养相关[⑦]。兴乐坊遗址和新砦遗址梅花鹿较高的$\delta^{13}C$值，提示我们今后仍需对我国是否在新石器时代就已存在鹿的驯养活动进行认真探索。

根据动物考古学研究成果，兴乐坊遗址出土的猪骨，绝大部分年龄偏小，被认为是家猪[⑧]。由图一八七可以看出，绝大部分的猪，较野生动物具有高的$\delta^{13}C$和$\delta^{15}N$值，反映了其食物中包含了大量粟类副产品的动物蛋白，很可能来源于先民饲喂的残羹冷炙或先民的粪便等残留物。此外，有1例猪，其具有与野生动物相似的$\delta^{13}C$和$\delta^{15}N$值，表明其主要生存于自然环境，很有可能为野

① 刘焕等：《陕西两处仰韶时期遗址浮选结果分析及其对比》，《考古与文物》2013年4期，106～112页。

② 同①。

③ Yang Q, Li X, Liu W, et al. Carbon isotope fractionation during low temperature carbonization of foxtail and common millets [J]. *Organic Geochemistry*, 2011, 42(7): 713-719.

④ Ambrose S H, Krigbaum J. Bone chemistry and bioarchaeology [J]. *Journal of Anthropological Archaeology*, 2003, 22(3): 193-199.

⑤ 同④。

⑥ Hedges R E M, Reynard L M. Nitrogen isotopes and the trophic level of humans in archaeology [J]. *Journal of Archaeological Science*, 2007, 34(8): 1240-1251.

⑦ Dai L L, Li Z P, Zhao C Q, et al. An Isotopic Perspective on Animal Husbandry at the Xinzhai Site During the Initial Stage of the Legendary Xia Dynasty (2070-1600 BC) [J]. *International Journal of Osteoarchaeology*, 2015.

⑧ 胡松梅、杨岐黄、杨苗苗：《陕西华阴兴乐坊遗址动物遗存分析》，《考古与文物》2011年6期，117～125页。

猪[①]。兴乐坊遗址中的狗，其$\delta^{13}C$和$\delta^{15}N$值与猪相似，表明两者的食物来源基本一致。

兴乐坊遗址唯一的1例先民，具有高$\delta^{13}C$和$\delta^{15}N$值，表明其主要食物为C_4类的动物蛋白，可能来源于家养动物（猪和狗）。

（四）家养动物对先民肉食资源的贡献

因不同动物骨骼形态的不同，就可能造成动物在长期的掩埋过程中存在保存程度上的差别，这可能对动物遗存的数量统计造成一定的偏差，影响对先民肉食资源的认识。而根据不同动物与先民在$\delta^{13}C$和$\delta^{15}N$值之间的差异，即可较为准确地估算先民的主要肉食来源[②]。

根据"我即我食（You are what you eat）"原理，在食物经生物体消化吸收并转化成为生物体骨胶原的过程中，$\delta^{13}C$和$\delta^{15}N$值将富集约1‰和3‰～5‰[③]。故此，若将生物骨胶原与其潜在的食物来源进行$\delta^{13}C$和$\delta^{15}N$值比较，即可较为准确地判断生物的主要食物组成，揭示不同动物对先民肉食资源的贡献程度。

在本研究中，将所有獐、青羊以及1例梅花鹿（具有低$\delta^{13}C$和$\delta^{15}N$值）作为野生动物的代表，将绝大部分的猪（排除低$\delta^{13}C$和$\delta^{15}N$值的1例）和所有狗作为家养动物的代表，结合人的$\delta^{13}C$和$\delta^{15}N$值数据，作动物与人$\delta^{13}C$和$\delta^{15}N$值的误差棒图，如图一八八所示。

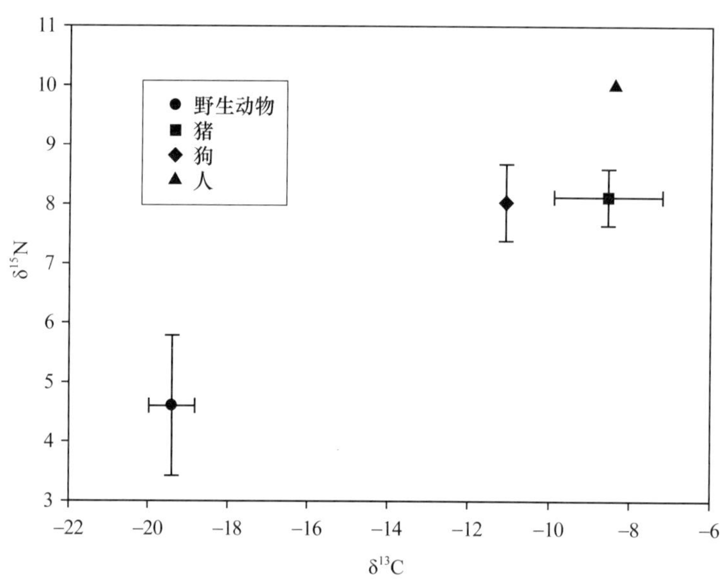

图一八八　动物与人骨胶原$\delta^{13}C$和$\delta^{15}N$值的误差棒图

① 胡耀武、栾丰实、王守功：《利用C, N稳定同位素分析法鉴别家猪与野猪的初步尝试》，《中国科学》D辑2008年6期，693～700页。

② Dai L L, Li Z P, Zhao C Q, et al. An Isotopic Perspective on Animal Husbandry at the Xinzhai Site During the Initial Stage of the Legendary Xia Dynasty (2070-1600BC) [J]. *International Journal of Osteoarchaeology*, 2015.

③ Richards M P, Trinkaus E. Isotopic evidence for the diets of European Neanderthals and early modern humans [J]. *Proceedings of the National Academy of Sciences*, 2009, 106(38): 16034-16039.

由图一八八可见，先民与野生动物之间的δ^{13}C和δ^{15}N值相差甚远，两者之差分别高达11‰和5.4‰，远远超出食物至骨胶原间的同位素分馏效应，表明野生动物（以獐、青羊、梅花鹿为代表）并不是先民的主要肉食资源。野生动物在兴乐坊遗址的出现，应该为先民的狩猎活动而得。与之相反，家养动物与先民之间的δ^{13}C和δ^{15}N值，则明显较为接近。其中，家猪与先民之间的δ^{13}C和δ^{15}N差值，为0.2‰和1.9‰，狗与人之间的δ^{13}C和δ^{15}N差值，则为2.7‰和2.0‰。两者，都落于食物至骨胶原间的同位素分馏效应范围内，表明两者都可能是先民的主要肉食资源。考虑到狗具有较小的肉食量以及与人之间较大的同位素分馏效应，其对先民肉食资源的贡献，要远远小于猪。故此，从动物与人类同位素分馏效应的角度，我们认为，兴乐坊遗址的猪，是先民主要的肉食资源。这也与该遗址出土动物骨骼中猪占大部分的研究相一致。由此可以看出，猪的大规模饲养和管理，为陕西关中地区庙底沟文化的先民提供了相当稳定的肉食资源，也为该文化的传播、兴盛、辐射乃至中华文明曙光的出现奠定了经济基础[①～④]。

第三节　遗址出土猪骨遗骸的古DNA分析[*]

兴乐坊遗址出土丰富的动物遗物，以猪、狗为主的家畜动物占89.28%，其中猪85.71%，狗为3.57%；以獐和梅花鹿等为主的野生动物仅占10.71%，反映兴乐坊人主要从事农业、狩猎、畜牧和捕捞活动[⑤]。整个遗址兽骨中家猪的最小个体数最多，经鉴定主要是家猪，但其具体的品种及其与古代和现代家猪的关系，尚不清楚，为此我们对该遗址出土的家猪进行了古DNA分析，希望在分子水平上解决上述问题。

一、材料与方法

1. 样本采集

古代猪样本由陕西省考古研究院胡松梅研究员提供，一共4例，样本详细信息见表七三，样本已经由胡松梅研究员进行了形态鉴定，均为家猪。

① Wagner M, Tarasov P, Hosner D, et al. Mapping of the spatial and temporal distribution of archaeological sites of northern China during the Neolithic and Bronze Age [J]. *Quaternary International*, 2013 (290): 344-357.

② 戴向明：《黄河流域新石器时代文化格局之演变》，《考古学报》1998年4期，389～418页。

③ 韩建业：《略论文化上“早期中国”的起源、形成和发展》，《江汉考古》2015年3期，7页。

④ 韩建业：《庙底沟时代与“早期中国”》，《考古》2012年3期，59～69页。

⑤ 胡松梅、杨岐黄、杨苗苗：《陕西华阴兴乐坊遗址动物遗存分析》，《考古与文物》2011年6期，117～125页。

* 2019年度吉林大学青年学术领袖培养计划《家养动物起源与驯化的基因组学研究》。

表七三　考古样本信息和实验结果

实验室编号	考古编号	物种	部位	结果
XLF01P	09HXT1H6：215-13	猪	骨骼	第一部分片段
XLF02P	09HXT3H13④：65	猪	骨骼	失败
XLF03P	09HXT1H2：48-1	猪	骨骼	失败
XLF04P	09HXT6H30①：32	猪	骨骼	失败

2. 样本处理

首先从颌骨上取下牙齿，用毛刷清理牙齿表面的灰尘和泥土，紫外线照射1h。随后将牙齿样本置于5%次氯酸溶液中浸泡15min，依次用无水乙醇、超纯水清洗、晾干后用紫外线照射牙齿各侧面，每个侧面30min，在装有液氮的冷冻研磨机6850 SPEX CertiPrep Freezer/mill（美国）中打碎成粉末，分装成500mg/每管，－20℃冷冻保存。

3. 古DNA抽取、PCR扩增和测序

古DNA抽提：每个样本取200mg骨粉，按照蔡大伟等人的方法进行古DNA抽提①。

PCR扩增：根据参考序列AF034253设计了两对引物扩增327bp的线粒体DNA D-loop序列，第一段扩增区域5-193，长度189bp，正向引物PIG1F 5′-CAAAACAAGCATTCCATTCG-3′，反向引物PIG1R5′-TGGGGACTAGCAATTAATGC-3′。第二段扩增区域156-331，长度176bp：Pig2F-25′-TAACCCTATGTACGTCGTGC-3′，反向引物Pig2R-2 5′-GCATGGTAGTTAAGCTCGTG-3′。

扩增程序：95℃ 3min变性，随后36个循环：94℃ 40s变性，52～55℃退火45s，72℃延伸45s，最后72℃充分延伸10min，4℃保持。扩增体系：50μL含2.5mmoL/L Mg^{2+}，1×Buffer，200μmoL/L dNTPs，1.2mg/mL BSA，0.4μmoL/L 每条引物，1UTaq酶，3μLDNA抽提模版。

DNA测序：PCR扩增产物通过2%琼脂糖凝胶电泳检测，并用QIAEX®Ⅱ GEL Extraction Kit 胶回收试剂盒纯化PCR产物。使用ABI PRISM® 310 Genetic Analyzer全自动遗传分析仪通过Dyeprimer试剂盒进行正反测序反应。

4. 数据处理

序列比对由Clustal X 1.83软件完成，并辅以人工校对，插入/缺失位点从所有分析中排除。系统发育树的构建分别采用NJ法用Mega 6软件构建。

① Cai D, Sun Y, Tang Z, et al. The origins of Chinese domestic cattle as revealed by ancient DNA analysis [J]. *Journal of Archaeological Science*, 2014 (41): 423-434.

二、结果与分析

1. 陕西古代猪的序列分析

我们对每个样本都进行了3次抽提，进行多次PCR扩增实验，结果，3个样本完全失败，1个样本（XLF01P）仅获得了第一部分189bp序列。失败的原因可能与样本的保存状态、气候环境，以及所处的地理位置有关。通常北纬35度以北地区的样本保存完好，成功率较高。而35度以南地区，越往南，效果越差。我们将XLF1P的序列与参考序列AF034253相对比，一共发现了1个缺失位点（137）和7个变异位点：109C-124A-131A-145T-153T-158G-168T。

2. 系统发育分析

Larson等对欧亚大陆7个地区686只家猪与野猪的线粒体DNA 进行了比较，结果发现不同地区的家猪还是与本地区的野猪在基因上更加相似，并指出6个可能的独立驯化中心：中欧、亚平宁半岛、东亚、印度、东南亚半岛，太平洋新几内亚半岛①。为了进一步分析古代猪与现代家猪的母系遗传关系，我们从GenBank上选取了中国多个地区如黑龙江、江西、海南、浙江、西藏、广西、广东、湖北、湖南、河南、贵州、四川、山东、江苏、福建、青海、山西、安徽、云南、内蒙古、陕西的代表性家猪品种，以及中国野猪、日本野猪、韩国野猪作为比对序列，共168个序列，用MEGA 6软件构建系统发育树（图一八九）。系统发育树明显两个分支，一个分支主要是野猪分支，包括中国野猪和韩国野猪。另一个分支为现代中国家猪分支。系统发育树显示兴乐坊古代猪与1个贵州、2个浙江、2个山东和2个黑龙江现代家猪以及4个日本Ryukyu野猪聚集在一起，这表明兴乐坊古代猪与中国现代家猪具有很近的遗传关系。兴乐坊古代猪并没有与现代陕西地区的家猪聚集在一起，而是与其他地区的现代家猪聚集在一起，这暗示两者之间并不存在基因连续性。从地理位置上看，这几个家猪地点与陕西省相隔比较远，暗示了这一类型的古代猪历经数千年可能传播到了其他地区，这可能与人群的迁徙、贸易活动有关。值得注意的是，4个日本Byukyu野猪与中国贵州浙江、山东、黑龙江现代家猪及兴乐坊古代猪聚集在一起，显示了很近的遗传关系，暗示这些野猪可能是现代家猪的野生祖先。日本的主要家畜都是由周边地区扩散过去的，例如牛就是由中国大陆经韩国扩散到日本岛的②。日本的野猪也有可能是由中国大陆扩散过去的。值得注意的是，野猪广泛分布于欧亚大陆，但并不是所有的野猪都被驯化进入现代家猪的基因池中，例如一些韩国野猪、中国、蒙古国野猪就没有被驯化。这个研究还给我们另外的启示，那就是需要对兴乐坊的古代猪进行形态再分析，以确定它们的种属。

---

① Larson G, Dobney K, Albarella U, et al. Worldwide phylogeography of wild boar reveals multiple centers of pig domestication [J]. *Science*, 2005, 307(5715): 1618-1621.

② Yuk J, Kim H K, Park H, et al. Korean Cattle. Seoul: Hyang Moon Sa, 1979. 243.

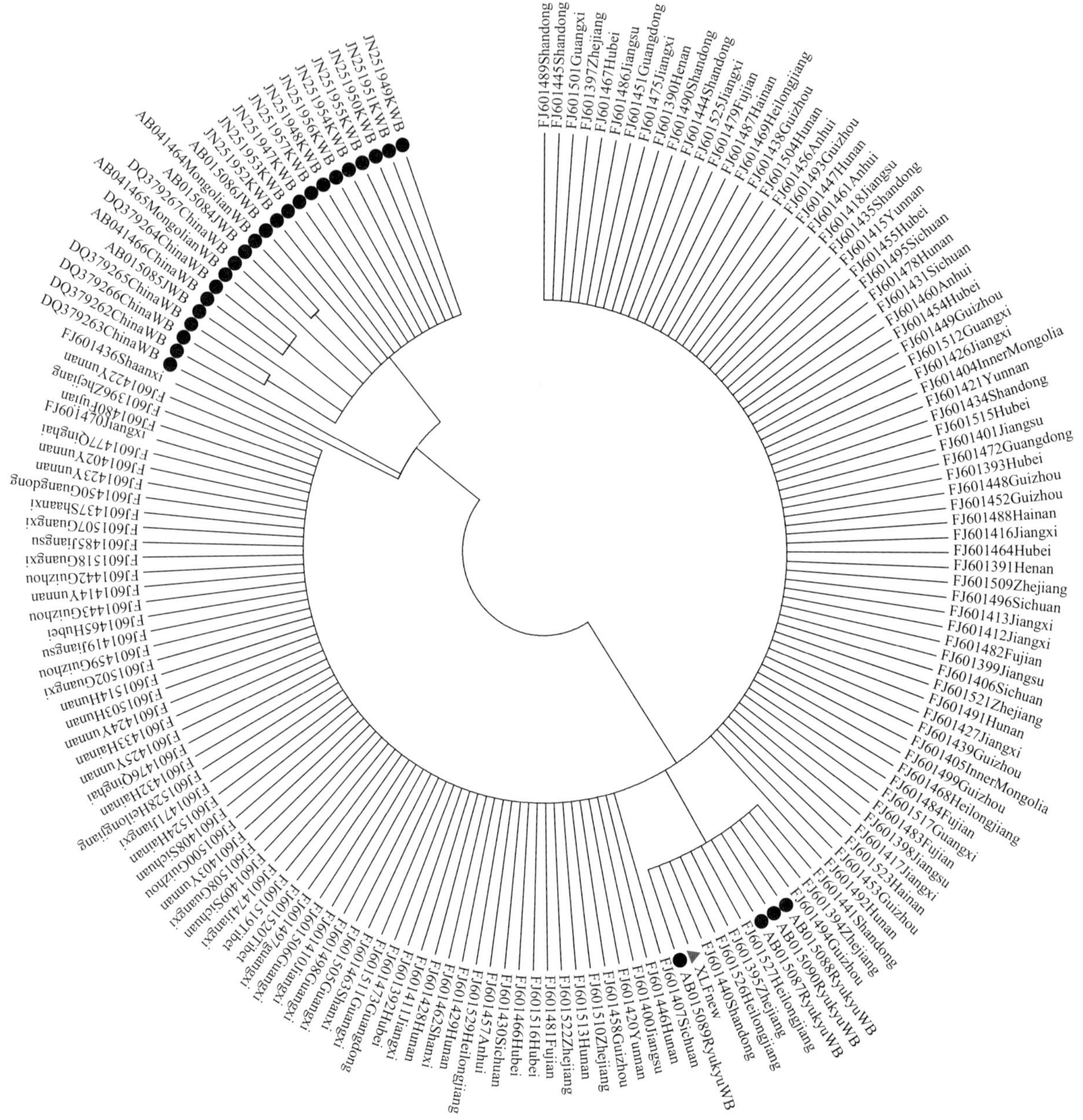

图一八九　168个现代家猪、野猪和古代猪的系统发育树

（实心圆代表野猪、三角为兴乐坊古代猪、其他为中国现代家猪）

第五章　植物遗存研究

第一节　浮选炭化植物遗存的鉴定与分析

一、采样与浮选

在兴乐坊遗址，采取了“针对性采样法”采集土样[①]，共采土样11个，分别来自10个灰坑，共193.6升（表七四）。土样在当地进行了浮选，浮选所用设备为水波浮选仪，其上细筛为80目[②]。浮选后所得轻浮部分在当地阴干后被运回中国科学院科技史与科技考古系实验室进行整理、分类和种属鉴定工作。在实验室中，只筛取了>0.5毫米的部分进行鉴定[③]。

表七四　取样灰坑土样统计

H7①	H10②	H13④	H24①	H24②	H35	H40	H45	H46②	H47	H48	总计
19.8	20.9	21.6	20.9	21.3	15.6	10.9	18.5	18.9	11.7	13.5	193.6

二、浮选结果

浮选结果显示兴乐坊遗址的炭化植物遗存包括炭化木屑和植物果实、种子。在11份样品中共发现炭化果实、种子6289粒，其中非作物禾本科颖果（Poaceae）占了大多数，共计5108粒，约占炭化果实、种子总数的81%，农作物居第二位，包括粟（*Setaria italica*）、黍（*Panicum miliaceum*）、稻（*Oryza sativa*）三种，共685粒，约占11%。此外，还鉴定出野大豆（*Glycine soja*）6粒（表七五）。

由表七五可以看出，兴乐坊遗址炭化果实、种子的种类十分丰富，共有20多种，虽然很多种类只发现1粒。除禾本科外，豆科（Fabaceae）、藜属（*Chenopodium* sp.）是数量最多的种类。

---

① 赵志军：《植物考古学的田野工作方法——浮选法》，《考古》2004年3期。

② 刘长江、靳桂云、孔昭宸：《植物考古——种子和果实研究》，科学出版社，2008年，22页。

③ 赵志军：《植物考古学的实验工作方法》，《植物考古学——理论、方法和实践》，科学出版社，2010年，45～51页。

表七五　浮选炭化植物遗存统计

		H7①	H10②	H13④	H24①	H24②	H35	H40	H45	H46②	H47	H48	总计
确定种属（包括科）	粟（*Setaria italica*）	242	99	47	18	73	9	18	4	37	32	31	610
	黍（*Panicum miliaceum*）	4	6	1		23	2		1	1	3	13	54
	稻（*Oryza sativa*）	1	15			4						1	21
	野大豆（*Glycine soja*）	1	1	4									6
	马齿苋（*Portulaca oleracea*）										2		2
	牛筋草（*Eleusine indica*）											1	1
	紫茉莉（*Mirabilis jalapa*）					2							2
	藜属（*Chenopodium* sp.）	7	12	12	1		3	1	1	2	3		42
	苋属（*Amaranthus* sp.）								2				2
	蓼属（*Polygonum* sp.）	1		3		2							6
	蛇葡萄属（*Ampelopsis* sp.）		1							1（破）			2
	车前属（*Plantago* sp.）		6										6
	紫堇属（*Corydalis* sp.）	1											1
	接骨木属（*Sambucus* sp.）					1							1
	猪殃殃属（*Galium* sp.）		1										1
	野豌豆属（*Vicia* sp.）						1						1
	筋骨草属（*Ajuga* sp.）			4									4
	豆科（Fabaceae）	6	47	36	16	1	8	2	3	11	7	1	138
	藜科（Chenopodiaceae）			1									1
	报春花科（Primulaceae）		26										26
	茜草科（Rubiaceae）							1					1
	莎草科（Cyperaceae）			1									1
	禾本科（Poaceae）	1919	303	2076	186	121	79	64	6	142	177	35	5108
	未知	6	51	39	10	12	4	15	2	12	24	1	176
疑似种属（包括科）	稻（*Oryza sativa*）		2		2碎块								3
	紫苏（*Perilla frutescens*）									1			1
	豆科（Fabaceae）	1	17	28		11				8			65
	藜科（Chenopodiaceae）			1									1
	报春花科（Primulaceae）					2							2
	茄科（Solanaceae）					1							1
	旋花科（Convolvulaceae）		1										1
	罂粟科（Papaveraceae）			1									1
	唇形科（Labiatae）									1			1

注：1　所列种属（包括科）指已鉴定到的最细水平。

2　在H24①层发现疑似稻的2碎块，在统计时将其算作了1粒稻。

3　疑似种属（包括科）只在统计炭化果实、种子总数量时算在内，讨论时不予讨论。

兴乐坊遗址发现的3种农作物中，以炭化粟粒数量最多，共计610粒，占出土农作物总数的89%。这些粟粒近圆球形，长约1.1～1.6 毫米，宽约1～1.3 毫米，凹陷的胚区窄长，通常可达颖果总长的约5/6。炭化粟粒中常见爆裂状米粒，内容物向外膨胀，使米粒产生较大的不规则形变[①]（图一九〇）。

图一九〇　兴乐坊遗址炭化粟粒标本

兴乐坊遗址共发现黍54粒，占出土农作物总数的7.9%。这些黍粒形状也是近球形，但个体较粟粒大，长约1.9～2.4 毫米，宽约1.2～1.9 毫米，胚区呈宽卵形，约占颖果总长的1/2（图一九一）。

在兴乐坊遗址发现的三种作物中，水稻的量是最少的，仅有21粒，占出土农作物总数的3.1%。这些稻粒呈椭圆形至矩圆形，长约4.2～5毫米，宽约2～2.7 毫米，两侧压扁，胚侧生，表面的2条纵棱清晰可见（图一九二）。

图一九一　兴乐坊遗址炭化黍粒标本

图一九二　兴乐坊遗址炭化水稻标本

三、浮选结果分析

兴乐坊遗址浮选炭化植物遗存中包括粟、黍、稻三种作物，为我们探讨仰韶中期关中盆地的农业提供了直接的证据。然而，植物是易腐朽的有机质，在堆积、埋藏以及提取过程中很容易受到各种自然因素和人为因素的干扰，因此，虽然浮选法可以从土壤中获取炭化植物种子，但获取的植物遗存在种类或数量上同实际情况往往有一定的误差[②]。这就需要我们综合多种手段对浮选结果进行分析，以取得尽可能客观的结果。

① 刘长江、孔昭宸：《粟、黍籽粒的形态比较及其在考古鉴定中的意义》，《考古》2004年8期。

② 赵志军：《考古出土植物遗存中存在的误差》，《植物考古学——理论、方法和实践》，科学出版社，2010年，52～59页。

在大植物遗存定量分析中，除绝对数量分析外，出土概率分析是另一种常用的手段。植物遗存的出土概率是指在遗址中发现某种植物种类的可能性，是根据出土有该植物种类的样品在采集到的样品总数中所占的比例计算得出的。这种统计方法的特点是不考虑每份浮选样品中所出土的各种植物遗存的绝对数量，仅以“有”和“无”二分法作为计量标准，其结果所反映的只是植物遗存在遗址内的分布范围，因此在客观上最大限度地减少了由绝对数量造成的误差对分析结果的影响①。

但出土概率分析通常要求较大的样品量，及各样品相互独立等条件。虽然兴乐坊遗址只有11个样品，我们也可姑且对其进行出土概率分析。在11个样品中全部发现了粟，因此粟的出土概率是100%。黍在9个样品中出现，稻则只在4个灰坑中发现，因此其对应的出土概率分别为81.8%、36.4%。可见，出土概率分析与绝对数量分析这两种方法的结果是一致的。

兴乐坊遗址发现的粟在绝对数量上是黍的十几倍，且出土概率也高于黍，因此粟在兴乐坊遗址应是最重要的作物，黍其次。稻在兴乐坊遗址可能也已被种植，但不是重要作物。

兴乐坊遗址浮选土样共计193.6升，共发现炭化果实、种子6213粒（不含疑似种属），平均密度为32粒/升。值得注意的是，H7①与H13④的炭化果实、种子密度远高于其他灰坑，超过100粒/升，其中禾本科的贡献最大（表七六）。若除去这两个样品，其余9个样品的平均密度则为12粒/升。同处陕西的扶风周原遗址炭化种子平均密度约为24粒/升，但在其仅有的庙底沟二期的一份样品中，在20升土样中只发现了10粒植物种子，密度仅为0.5粒/升②。因样品量太小，没有代表性，故在此不做深入讨论。与河南王城岗、瓦店及安徽尉迟寺等遗址相比，兴乐坊遗址的炭化果实、种子密度还是相当高的③。为什么H7①与H13④的禾本科密度如此之高？这尚需进一步的研究。

表七六　各灰坑密度统计　　单位：粒/升

标本 项目	H7①	H10②	H13④	H24①	H24②	H35	H40	H45	H46②	H47	H48
作物	12	6	2	1	5	1	2	0.27	2	3	3
禾本科	97	15	96	9	7	5	6	0.32	8	15	3
总计	111	27	103	11	11	7	9	1.03	11	21	6

众所周知，粟、黍是中国北方史前先民的两种最重要的作物。在新石器时代早期的某些遗址（如兴隆沟遗址、月庄遗址），黍多于粟，居于主导地位，但至仰韶中晚期时，粟已超越黍，成为最主要的作物④。我们可以看到，在处于仰韶中期阶段的兴乐坊遗址中，已是粟为主，黍为辅。

早在裴李岗时代及仰韶早期，在北方的某些遗址，如济南月庄⑤、舞阳贾湖⑥及陕西境内的西

① 赵志军：《植物考古学的实验工作方法》，《植物考古学——理论、方法和实践》，科学出版社，2010年，45～51页。

② 周原考古队：《周原遗址（王家嘴地点）尝试性浮选及初步结果分析》，《文物》2004年10期。

③ 刘昶、方燕明：《河南禹州瓦店遗址出土植物遗存分析》，《南方文物》2010年4期。

④ 刘长江、靳桂云、孔昭宸：《植物考古——种子和果实研究》，科学出版社，2008年，164、167、168页。

⑤ Gary W Crawford、陈雪香、王建华：《山东济南长清区月庄遗址发现后李文化时期的炭化稻》，《东方考古（第3集）》，科学出版社，2006年，247～251页。

⑥ 赵志军、张居中：《贾湖遗址2001年度浮选结果分析报告》，《考古》2009年8期。

乡何家湾遗址[①]等，就有水稻发现。仰韶中期之后，水稻栽培在关中地区得到进一步发展，在泉护村、杨官寨、案板、浒西庄等遗址都发现了水稻植硅体，包括扇形、哑铃型、颖片双峰等[②]。粟作农业在这些遗址仍然占据主导地位，但稻作也得到了一定的发展，使稻粟皆有成为这些遗址的农业特点。此次在仰韶中期的兴乐坊遗址发现水稻，为研究关中盆地稻作农业的发展提供了新的证据。

四、结　　语

通过浮选，在兴乐坊遗址发现了丰富的炭化植物遗存。农作物包括粟、黍、稻三种。由分析可以看出，粟在兴乐坊遗址是最重要的作物，黍、稻为辅。水稻的发现为我们研究稻在中国北方地区的扩散提供了重要的资料。兴乐坊遗址的炭化植物遗存密度是比较高的，而H7①与H13④如此之高的禾本科密度尚需进一步的深入研究。

第二节　石器、陶器残留物淀粉粒分析

为了解兴乐坊遗址一部分石器的功能以及当时先民对植物的利用情况，本次实验对兴乐坊遗址内一件石斧、一件石刀和一件陶甑内壁的表层残留物进行了淀粉粒分析。

一、实验材料及方法

本次实验样品石斧、石刀和陶甑的编号分别为09T1H6：214、09HXT1H6：1和T1H6：8。石斧和石刀均为磨制石器，且皆残损。淀粉粒分析中，考虑到器物在埋藏过程中可能被周围土壤所污染，因此在对样品进行淀粉粒提取时，先使用超纯水对器物表面进行冲洗，以做成背景比对样品；然后，利用超声波清洗仪采集石斧和石刀的刃部和背部共4个表层残留物样品进行分析。具体情况详见图一九三。

实验处理过程如下：

① 对所有实验设备和器具进行蒸煮、超声波清洗，避免外界污染；

② 用干净的尼龙软毛刷对石器表面进行清洁，并冲洗石器表层获得水样作为控制样品；

③ 将石器按照刃部和背部分别放入超声波水槽中，在40Khz/250W 功率下清洗 5分钟，溶液转移至带编号的50ml离心试管中；

④ 用超纯水加满离心试管后对称离心（3000rpm，10min），倒掉 4/5 上清液，加入40ml六偏磷酸钠（Calgon）振荡10min分散黏土，然后用超纯水清洗至中性；

---

① 刘长江、靳桂云、孔昭宸：《植物考古——种子和果实研究》，科学出版社，2008年，175页。

② Zhang J, Lv H, Wu N, Li F, Yang X, Wang W, Ma M, Zhang X. Phytolith evidence for rice cultivation and spread in Mid-Late Neolithic archaeological sites in central North China [J]. *Boreas*, 2010 (39): 592-602.

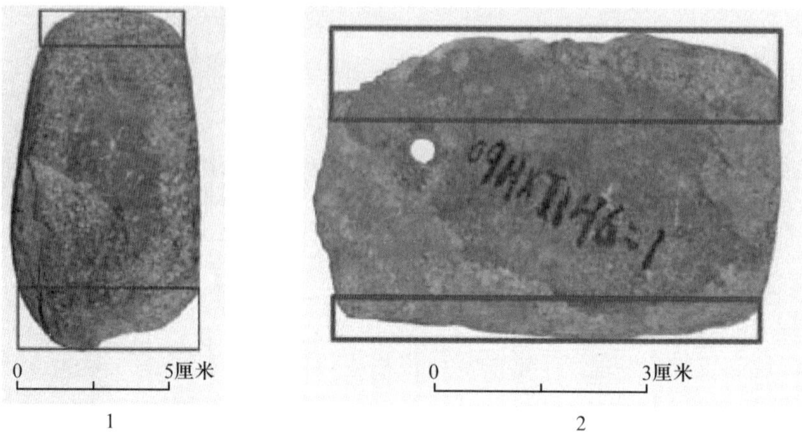

1　2

图一九三　兴乐坊遗址进行淀粉粒分析的石器（矩形范围为淀粉粒提取区域）

1. 残石斧（09T1H6：214）　2. 残石刀（09HXT1H6：1）

⑤ 倒掉 4/5上清液，加入1.8g/cm³CsCl 溶液，充分振荡后离心（3000 rpm，10 min），保留试管上部1/5溶液，用超纯水清洗至中性；

⑥ 离心（3000 rpm，10 min）后倒掉大部分的上清液，留底部溶液，加入少量 20%甘油溶液制片；

⑦ 在偏光显微镜（OLYMPUS BX～51）下放大 400 倍观察、拍照，同时记录淀粉粒形态特征。

兴乐坊遗址出土的一件陶甑，内壁附有灰褐色、质地较为坚硬的残留物（图一九四，1）。用小刀将附着内壁的固体残留物轻轻剔在干净的白色纸张上（图一九四，2），然后装入样品袋，记录编号。本次实验取0.5g粉末状的残留物进行淀粉粒分析。

1

2

图一九四　陕西兴乐坊遗址陶甑T1H6：8

1. 陶甑　2. 残留物样品

实验处理过程如下：

① 高温蒸煮并用超声波清洗实验器具，避免外界污染；

② 用电子天平秤取刮取的陶甑内壁残留物0.5g；

③ 将样品倒入50ml离心试管中，加入20ml的6% H_2O_2溶液，静置 12h；

④ 用超纯水加满离心试管后对称离心（3500 r/m，10 min），倒掉 4/5上清液，重复3次；

⑤ 加入20ml的10% HCl，静置 12h；

⑥ 用超纯水加满离心试管后对称离心（3500r/m，10min），倒掉 4/5上清液，重复3次；

⑦ 加入 40ml六偏磷酸钠（Calgon）振荡10min，然后用超纯水清洗至中性；

⑧ 倒掉大部分上清液，加入10ml的1.8g/cm^{3}氯化铯溶液，充分振荡后离心（3500r/m，10min），保留试管上部约10ml的溶液，用超纯水将其清洗至中性；

⑨ 加入少量甘油后制片；

⑩ 在OLYMPUS BX～51生物显微镜下放大400 倍观察、拍照，并记录淀粉粒形态特征。

为了识别从残留物中提取的淀粉粒，我们比对了从全国各地区收集的来自禾本科（Poaceae）、豆科（Leguminosae）、壳斗科（Fagaceae）等50多个属200多个种的淀粉粒形态数据，以及已发表的淀粉粒相关论文图版[①~⑧]。

二、实验结果

1. 石器淀粉粒分析结果

6个样品，除石刀背端超声波振荡样品中未发现淀粉粒外，其余5份样品均有发现。

（1）09T1H6石斧表面冲洗残留物样品，共发现27颗淀粉粒，根据形态特征可分为6类。

A类（图一九五，a）：17颗。多面体形，脐点居中，开放，表面光滑。无层纹，可见较深裂隙，主要有横断形、星形和Y形。长轴数值在11.85～20.19μm之间，均值为16.82μm。短轴数值在9.17～17.18μm之间，均值为13.76μm。根据Yang等（2012）[⑨]中国北方河北、甘肃、辽宁等地区的现代粟（*Setarica italica*）、粟野生近缘种青狗尾草（*Setaria viridis*）、黍（*Panicum milliaceum*）和

① Yang XY, Wan ZW, Perry L, et al. Early millet use in Northern China [J]. *Proceedings of the National Academy of Sciences of the United States of America*, 2012 (109): 3726-3730.

② Yang XY, Perry L. Identification of ancient starch grains from the Tribe Triticeae in the North China Plain [J]. *Journal of Archaeological Science*, 2013 (40): 3170-3177.

③ Torrence R, Barton H. *Ancient starch research* [M]. Walnut Creek: Left Coast Press, 2006: 1-256.

④ 杨晓燕、孔昭宸、刘长江等：《中国北方常见坚果类植物的淀粉粒形态分析》，《第四纪研究》2009年1期，153～158页。

⑤ 杨晓燕、孔昭宸、刘长江等：《中国北方现代粟、黍及其野生近缘种的淀粉粒形态数据分析》，《第四纪研究》2010年2期，364～371页。

⑥ 王维维、马永超、李昭等：《中国现代块根块茎类植物淀粉粒形态分析》，《第四纪研究》2018年6期，1409～1423页。

⑦ 万智巍、杨晓燕、李明启等：《中国常见现代淀粉粒数据库》，《第四纪研究》2012年2期，371～372页。

⑧ Yang XY, Jiang L. Starch grain analysis reveals ancient diet at Kuahuqiao site, Zhejiang Province [J]. *Chinese Science Bulletin*, 2011 (55): 1150-1156.

⑨ Yang XY, Zhang JP, Perry L, et al. From the modern to the archaeological: starch grains from millets and their wild relatives in China [J]. *Journal of Archaeological Science*, 2012 (39): 247-254.

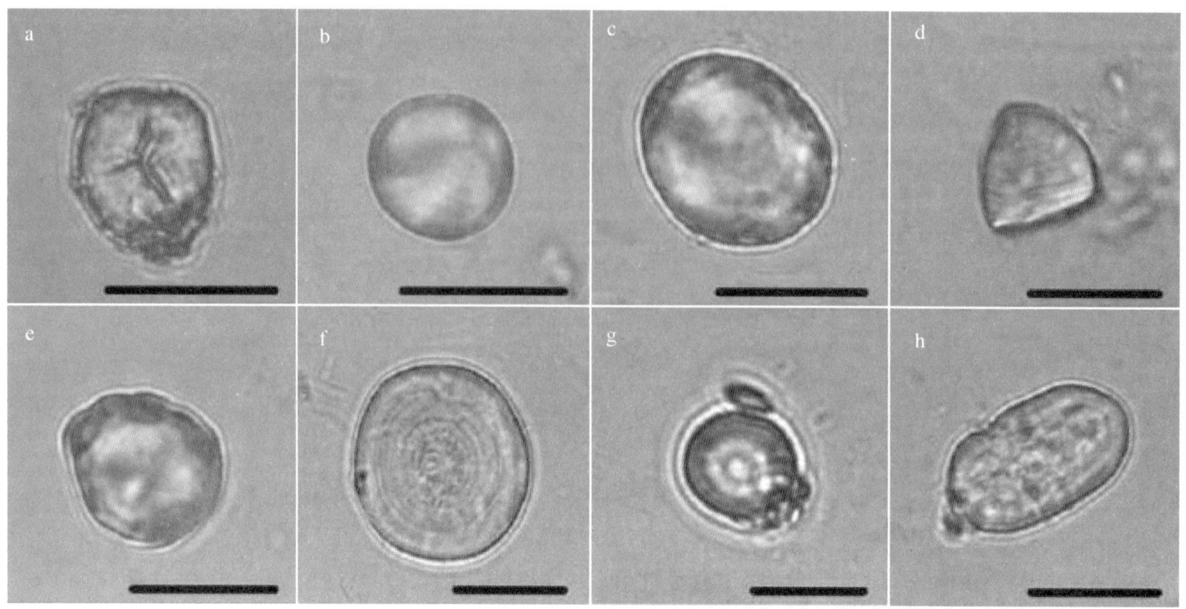

图一九五　兴乐坊遗址石器上的淀粉粒（g标尺长为10μm，其余均为20μm）

a. A类淀粉粒；b～d. B类淀粉粒；e. C类淀粉粒；f. D类淀粉粒；g. E类淀粉粒；h. F类淀粉粒

糠稷（*Panicum bisulcatum*）等种子淀粉粒的形态、粒径测量数据，该类淀粉粒形态特征和粒径范围与粟淀粉粒类似，因此，该类淀粉粒来自粟的可能性很大。

B类（图一九五，b）：1颗。近圆形，脐点偏于一端，闭合，有层纹，无裂隙，长轴数值为17.82μm，短轴数值为17.80μm。现代标本库中，块根块茎类植物淀粉粒一般粒径大，脐点多偏于一端[①]，因此，该类淀粉粒应该来自块根块茎类植物。

C类（图一九五，e）：3颗。多边形，脐点居中，闭合，偶可见层纹，部分有裂隙，表面光滑。长轴数值分别为21.82μm、22.05μm、21.21μm，短轴数值分别为14.62μm、19.13μm、17.22μm。根据Yang等（2013）[②]和Liu等（2017）[③]的研究表明，禾草类一些植物茎秆和叶子当中存在形态特征类似的淀粉粒，该类淀粉粒可能来自一些禾草类植物的茎叶淀粉粒。

D类（图一九五，f）：4颗。呈双透镜形态，在偏光下具有中心亮，边缘稍暗的典型消光特征。部分可见模糊层纹，无裂隙。轻敲使其旋转后，侧面呈细长椭球形，中间有一纵向凹痕。长轴数值分别为19.16μm、12.43μm、18.35μm、28.56μm，短轴数值分别为16.06μm、10.82μm、

① 王维维、马永超、李昭等：《中国现代块根块茎类植物淀粉粒形态分析》，《第四纪研究》2018年6期，1409～1423页。

② Liu L, Wang JJ, Levin MJ. Usewear and residue analyses of experimental harvesting stone tools for archaeological research [J]. *Journal of Archaeological Science: Reports*, 2017 (14): 439-453.

③ Yang XY, Ma ZK, Li Q, et al. Experiments with lithic tools: Understanding starch residues from crop harvesting [J]. *Archaeometry*, 2013, 56 (5): 828-840.

14.56μm、27.67μm。现代植物淀粉粒数据库显示[1]，该类淀粉粒来自小麦族（the Tribe Triticeae）植物。

E类（图一九五，g）：1颗。多面体形，脐点居中，开放，无层纹，且无通过脐点的裂隙。表面光滑。长轴数值为9.82μm，短轴数值为8.64μm。具有黍淀粉粒的典型特点。

F类（图一九五，h）：1颗。椭圆形，脐点居中，无层纹，有通过脐点的深大纵贯裂隙。长轴数值为25.09μm，短轴数值为16.59μm。该颗淀粉粒与我们现代标本库中食用豆类淀粉粒形态特征一致，应该来自豆科植物。

（2）T09T1H6石斧刃端超声波振荡样品：共发现2颗淀粉粒，其中1颗为B类（块根块茎类植物），长轴数值为11.79μm，短轴数值为9.47μm。另一颗为D类（小麦族植物），长轴数值为33.58μm，短轴数值为29.06μm。

（3）T09T1H6石斧背端超声波振荡样品：共发现2颗淀粉粒，其中1颗为A类（粟），长轴数值为16.97μm，短轴数值为14.81μm。另1颗为D类（小麦族植物），长轴数值为24.41μm，短轴数值为20.21μm。

（4）09HXT1H6：1石刀表面冲洗样品：共发现3颗淀粉粒，其中1颗为A类（粟），长轴数值为14.27μm，短轴数值为12.08μm。1颗为B类（块根块茎类植物），长轴数值为27.10μm，短轴数值为22.77μm（图一九五，c）。另1颗为E类（黍），长轴数值为10.11μm，短轴数值为8.83μm。

（5）09HXT1H6：1石刀刃端超声波振荡样品：共发现7颗淀粉粒，其中1颗为B类（块根块茎类植物），但形态特征与其他部位采集的同类淀粉粒有所不同，呈圆角三角形，脐点偏于一端，开放，有层纹，有裂隙，长轴数值为18.14μm，短轴数值为17.83μm（图一九五，d）。3颗为C类（禾草类茎叶淀粉粒），长轴数值分别为22.27μm、20.92μm、12.56μm，短轴数值分别为18.14μm、18.52μm、11.53μm。一颗为D类（小麦族植物），长轴数值为35.26μm，短轴数值为32.03μm。另两颗为E类（黍），长轴数值分别为10.90μm、10.08μm，短轴数值分别为10.53μm、8.48μm。

2. 陶甑残留物淀粉粒分析结果

在处理样品过程中发现，陶甑残留物与盐酸反应非常剧烈，说明这些残留物很可能是碳酸钙、碳酸镁之类的水垢。

经过实验分析，从0.5g陶甑残留物中共提取出4颗淀粉粒，按形态可以分为两大类。

第一类：多面体形，脐点居中，无层纹，放射状裂隙（图一九六）。粒径分别为20.9μm和19.4μm，来自粟淀粉粒的可能性很大。

第二类：半圆形、脐点偏向一端，层纹不明显（图一九七）。粒径分别为 9.9μm和13.9μm。该类淀粉粒与块根块茎类植物淀粉粒一致。

① Yang XY, Perry L. Identification of ancient starch grains from the Tribe Triticeae in the North China Plain [J]. *Journal of Archaeological Science*, 2013 (40): 3170-3177.

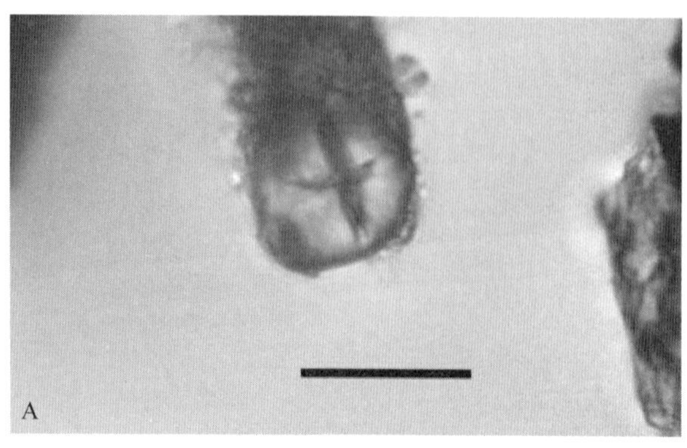

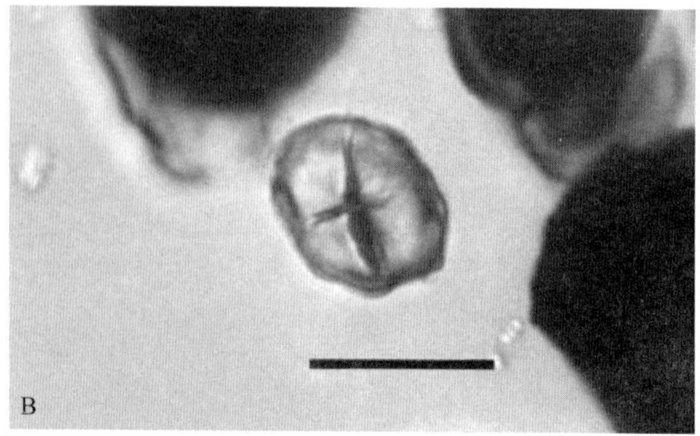

图一九六　第一类淀粉粒（比例尺：20μm）

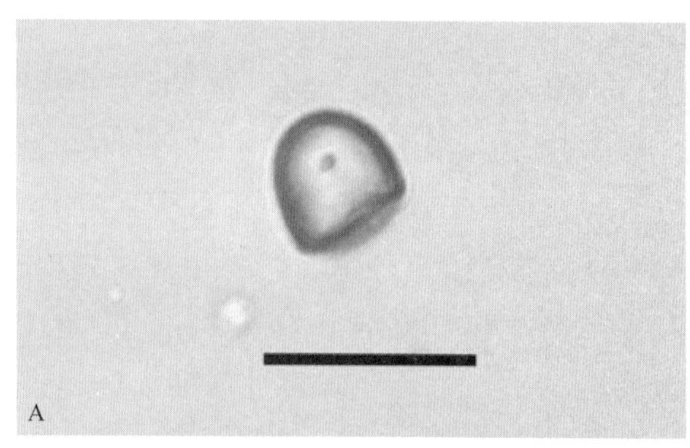

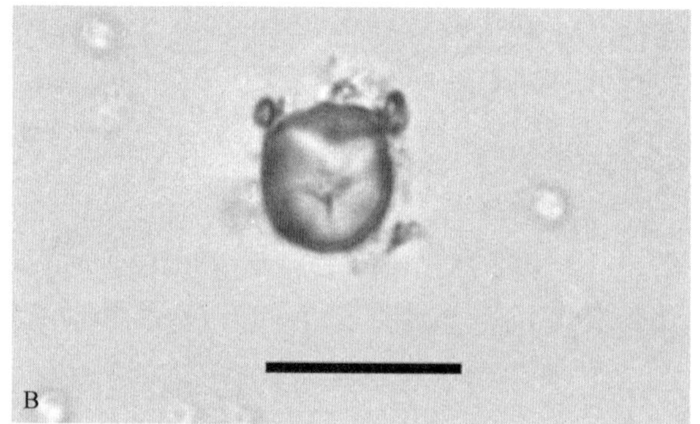

图一九七　第二类淀粉粒（比例尺：20μm）

三、讨　论

两件石器上均发现了淀粉粒，其中石斧上共发现31颗，石刀上共发现10颗， 在全部淀粉粒中，粟类（A类）淀粉为19颗，块根块茎类（B类）为4颗，禾草类茎叶植物（C 类）6颗，小麦族植物（D类）7颗，黍（E类）4颗，豆科植物（F类）1颗。淀粉粒分析结果可能暗示粟在兴乐坊遗址先民的食谱中所占比例较高，但黍及小麦族等植物种属也有一定量的发现，并且还发现有块根块茎类及豆科植物，这反映出当时先民的生计模式应该为多种旱作植物混种。其中大麦和小麦来自小麦族的大麦属（*Hordeum*）和小麦属（*Triticum*），Liu等在距今五千年左右的陕西西安米家崖遗址尖底瓶的残留物内发现了用于酿造酒类的大麦淀粉粒和植硅体[①]。同时，一些来自遗传学的研究也表明，东亚的青藏高原及周边也是大麦的一个起源中心[②③]。虽然目前关于麦类是否为中国本土起源争议较大，

① Wang JJ, Liu L, Ball T, et al. Revealing a 5,000-years-old beer recipe in China [J]. *Proceedings of the National Academy of Sciences of the United States of America*, 2016, 113 (23): 6444-6448.

② Dai F , Nevo E , Wu D , et al. Tibet is one of the centers of domestication of cultivated barley [J]. *Proceedings of the National Academy of Sciences*, 2012, 109 (42): 16969-16973.

③ Simone R, Mohsen Z, Conard NJ. Emergence of agriculture in the foothills of the Zagros Mountains of Iran [J]. *Science*, 2013, 341 (6141): 65-67.

但兴乐坊小麦族淀粉粒的出现，为讨论小麦族类植物的起源以及传播交流问题提供了新材料。

关于石器功能分析方面，我们发现此次分析的石斧表面冲洗样品发现淀粉较多，为27颗，与此相对的是使用部位的刃部超声波振荡样品中仅发现2颗淀粉粒，并且此两颗淀粉所属种类在器表冲洗样品中也都有发现，因此不能排除使用部位被周围文化层堆积物中淀粉粒污染的可能（我们注意到这件石斧来自灰坑H6，所以有可能来自灰坑中的堆积物），故而不能依据此次淀粉粒分析结果进行石斧功能的判定。

石刀表面冲洗样品中发现3颗淀粉粒，而刃端超声波振荡样品中发现7颗淀粉粒，就淀粉粒种属而言，二者有两种重复类别，但是使用面即刃部淀粉粒（$n=7$）的数量远远多于背部（$n=1$）。根据国际上关于器物使用面和非使用面淀粉粒出现概率的区别判断[①]，该件石刀表层残留物中提取的大部分淀粉粒应该是使用过程中留存下来的。根据我们的模拟实验，谷物秸秆中含有一定量的淀粉粒，石刀如果进行谷物收割，会在刃部附着大量的来自秸秆的淀粉粒[②]。而且，兴乐坊遗址该件石刀刃部除了发现粟、黍和小麦族等植物淀粉粒外，也存在3颗类似于禾草类植物茎叶的淀粉粒，所以，石刀很有可能主要用来进行谷物的收割。另外，石刀表层残留物中提取到块根块茎类植物淀粉粒，可能暗示石刀也曾经用于处理块茎块茎类植物。

在以前的研究中，我们曾经分析过浙江跨湖桥遗址共计0.3g的碳化残留物，提取到42颗淀粉粒[③]；也曾从北京东胡林遗址一件早期陶片的0.05g碳化残留物中提取到60多颗淀粉粒[④]。相较而言，本次实验中0.5g陶甑残留物中发现的淀粉粒非常少，仅有4颗。这可能反映了两种可能：一种可能是古代淀粉粒保存不好。淀粉粒在持续加热且饱水的情况下，一般会出现糊化并被破坏。也许陶甑残留物中大量的淀粉粒已经被破坏。另外一种可能性是这些灰褐色残留物的陶甑并不是用来盛取或蒸煮食物。此次分析样本有限，其功能需要更进一步的工作。

四、结　　语

兴乐坊遗址石器和陶器残留物中的淀粉粒组合，反映了当时人类利用的植物种类有粟、黍以及小麦族、块根块茎类、食用豆类等植物。由于样本量偏少，且石斧来自灰坑，石斧的功能有待更进一步的研究；石刀可能主要用于收割谷物，也用于处理一些块根块茎类植物；陶甑表层残留物中淀粉粒发现数量较少，尚无法全面复原其使用功能。

---

① Barton H. Starch residues on museum artefacts: implications for determining tool use [J]. *Journal of Archaeological Science*, 2007, 34 (10): 1752-1762.

② Yang XY, Ma ZK, Li Q, et al. Experiments with lithic tools: Understanding starch residues from crop harvesting [J]. *Archaeometry*, 2013, 56 (5): 828-840.

③ Yang XY, Jiang L. Starch grain analysis reveals ancient diet at Kuahuqiao site, Zhejiang Province [J]. *Chinese Science Bulletin*, 2011 (55): 1150-1156.

④ Yang XY, Zhang JP, Perry L, et al. From the modern to the archaeological: starch grains from millets and their wild relatives in China [J]. *Journal of Archaeological Science*, 2012 (39): 247-254.

第六章　彩陶制作工艺研究

一、引　　言

彩陶是指先民用矿物颜料在成型陶坯的内外壁上绘以各种纹饰，经入窑烧成的一种陶器①，它是史前文化的重要组成部分。如果说陶器的出现标志着人类社会由旧石器时代进入新石器时代，那么彩陶的出现则意味着人类的物质文明和精神文明被提升至一个新的阶段。关中地区是我国最早出现彩陶的区域之一，以晋、陕、豫一带为中心的庙底沟文化彩陶处于仰韶时代彩陶工艺的高峰，同时对周边文化产生了巨大影响，波及东南西北四方②。

20世纪20年代末，周仁先生开创中国古陶瓷的科技研究以来，越来越多的科技手段被应用到陶器颜料的分析之中。拉曼、红外（IR）、X射线荧光（XRF）、X射线衍射（XRD）和扫描电镜（SEM）等测试技术均得到了广泛应用，并获得了丰硕的成果③～⑤。不过需要指出的是，以往的研究多采用XRD、IR等方法，相比之下，拉曼光谱的应用成果较少，尽管它具有原位、无损、便捷等诸多优点⑥。同样需要指出的是，以往的研究多关注于甘肃、河南一带，似乎忽视了关中地区。实际上关中地区，尤其是渭水流域，那里的庙底沟文化遗址出土了数量惊人的精美彩陶，但有关科技分析至今几近空白。鉴于此，本文拟利用X射线荧光光谱（XRF）及拉曼光谱（Raman）等方法陕西华阴兴乐坊遗址出土的彩陶胎体及颜料进行科技分析，旨在揭示渭水流域庙底沟文化彩陶的胎、彩类型，为探索该类彩陶的制作工艺提供有价值的信息。

二、样品背景

兴乐坊遗址遗存属庙底沟类型中期，可细分为早晚两期，其中第一期相当于庙底沟类型中期早

---

① 王国栋：《试论中国史前彩陶的起源》，《考古与文物》2005年2期，37～42页。

② 王仁湘：《庙底沟文化彩陶向西南的传播》，《四川文物》2011年1期，31～35页。

③ 郑利平、王丽琴、李库等：《汉阳陵彩绘陶俑颜料成分分析及其病因探讨》，《考古与文物》2000年3期，80～84页。

④ 董俊卿、朱铁权、毛振伟等：《双墩遗址、侯家寨遗址彩陶与红衣陶制作工艺的初步研究》，《东南文化》2006年1期，24～30页。

⑤ 李乃胜、杨益民、何驽等：《陶寺遗址陶器彩绘颜料的光谱分析》，《光谱学与光谱分析》2008年4期，946～948页。

⑥ 陈健、谢方艳、张卫红等：《首届高技术在文物珠宝鉴定中的应用研讨会论文集》，2006年，57～61页。

段，第二期相当于庙底沟类型中期晚段[①]。

本次分析所取样品均来自考古发掘工作，所有样品均有明确出土单位，器物类型涉及盆、钵、罐、壶、瓮、环等，共计44件。其中兴乐坊遗址彩陶30件、素面陶11件，同时采集了3件来自华阴夫南遗址的彩陶器，以资对比分析。样品详情见表七七。

表七七　华阴兴乐坊遗址出土彩陶科技分析登记表

测试号	出土单位	名称	彩绘颜色	备注
WLP01	09HXT1H2：22	彩绘陶折沿盆	黑色	二期
WLP02	09HXT1H2：27	彩绘陶敛口钵	红色+黑色	二期
WLP03	09HXT1H6：146	彩绘陶敛口钵	黑色	一期
WLP04	09HXT1H6：165	彩绘陶矮领罐	黑色	一期
WLP05	09HXT1H6：175	彩绘陶葫芦口	黑色	一期
WLP06	09HXT2H16②：10	彩绘陶敛口钵	黑色	二期
WLP07	09HXT4H8④：1	彩绘陶敞口钵	黑色	二期
WLP08	09HXT4H8④：13	彩绘陶器底	黑色	二期
WLP09	09HXT4H10②：16	彩绘（黄）白陶敞口钵	棕色+白色	二期
WLP10	09HXT4H10②：17	彩绘陶敞口钵	黑色+白色	二期
WLP11	09HXT4H10②：23	带白衣彩绘陶折沿盆	黑色+白色	二期
WLP12	09HXT4H10②：31	带白衣彩绘陶折沿盆	黑色+白色	二期
WLP13	09HXT4H12：16	彩绘陶壶	棕色+黑色+白色	二期
WLP14	09HTXT5H24：3	彩绘陶葫芦口	黑色	二期
WLP15	09HTXT5H24：8	彩绘陶敞口钵	黑色+白色	二期
WLP16	09HXT6H28①：7	彩绘陶敛口钵	黑色	二期
WLP17	09HXT6H30②：6	带白衣彩绘陶折沿盆	黑色+白色	一期
WLP18	09HXT7②：42	彩绘陶矮领罐	黑色	二期
WLP19	09HXT8H35：3	彩绘陶敞口钵	红色	一期
WLP20	09HXT8H36：10	陶叠唇盆	红色+黑色	一期
WLP21	09HXT8H36：11	彩绘陶折沿盆	黑色	一期
WLP22	09HXT9H50：25	彩绘陶折沿盆	红色+黑色	二期
WLP23	09HXT9H50：26	带白衣彩绘陶折沿盆	黑色+白色	二期
WLP24	09HXT9H50：40	彩绘陶瓮	红色+黑色+白色	二期
WLP25	09HXT9H51：18	彩绘陶折沿盆	黑色	一期
WLP26	09HXT9H52：3	彩绘陶折沿盆	黑色	一期
WLP27	09HXT9H52：4	带白衣彩绘陶折沿盆	红色+黑色+白色	二期
WLP28	09HXT10H44：11	彩绘陶瓮	黑色	一期
WLP29	09HXT10H46②：10	彩绘陶敛口钵	黑色	一期
WLP30	09HXT10H46①：14	彩绘陶敛口罐	黑色	一期
WLP31	09HFFT7H2：29	彩绘陶敛口钵	黑色	夫南

① 陕西省路考古研究院等：《陕西华阴兴乐坊遗址发掘简报》，《考古与文物》2011年6期，33～47页。

续表

测试号	出土单位	名称	彩绘颜色	备注
WLP32	09HFFT7H2：43	彩绘陶敛口瓮	红色+黑色+白色	夫南
WLP33	09HFT8H1：23	彩绘陶折沿盆	黑色	夫南
WLP34	09HXH10②：12	素面陶敞口钵		二期
WLP35	09HXT1H2：25	素面陶折沿盆		二期
WLP36	09HXT1H6：134	（黄）白陶陶环		二期
WLP37	09HXT1H6：157	素面陶敛口钵		一期
WLP38	09HXT4H12：12	素面陶敛口罐		二期
WLP39	09HXT7②：39	素面陶壶		二期
WLP40	09HXT8H32①：12	陶叠唇盆		一期
WLP41	09HXT9H50：11	素面陶敛口钵		二期
WLP42	09HXT9H50：30	陶叠唇盆		二期
WLP43	09HXT9H50：41	素面陶瓮		二期
WLP44	09HXT9H51：14	素面陶折沿盆		一期

三、分析方法

1. X射线荧光光谱分析（XRF）

将制备好的陶胎及彩绘样品采用美国EDAX公司生产的Eagle-3型能量色散荧光分析仪进行成分分析。该仪器配有铑靶X光管，X光管直径为300μm，铍窗型探测器，工作电压和电流分别为40kv和150μa，真空光路。数据收集后，利用Vision32软件系统进行分析。表七八为胎体分析结果，表七九为表面彩绘分析结果。

表七八　华阴兴乐坊遗址出土彩陶XRF分析结果（wt%）

测试号	出土单位	SiO_2	Al_2O_3	K_2O	CaO	MgO	Fe_2O_3	TiO_2	MnO
WLP01	09HXT1H2：22	68.51	15.75	3.06	1.47	1.91	8.48	0.55	0.13
WLP02	09HXT1H2：27	67.68	15.94	2.95	1.6	3.05	7.68	0.61	0.13
WLP03	09HXT1H6：146	65.52	16.28	3.2	2.21	4.64	7.31	0.58	0.12
WLP04	09HXT1H6：165	65.26	15.82	2.85	1.21	5.93	8	0.62	0.1
WLP05	09HXT1H6：175	65.16	16.02	3.61	2.61	3.72	7.66	0.61	0.12
WLP06	09HXT2H16②：10	69.05	16.21	2.65	1.16	3.05	7.05	0.63	0.07
WLP07	09HXT4H8④：1	66.28	15.73	2.78	1.68	3.89	8.42	0.58	0.1
WLP08	09HXT4H8④：13	67.86	16.68	2.84	1.57	3.53	6.86	0.55	0.09
WLP09	09HXT4H10②：16	51.6	14.92	2.97	16.44	5.38	7.74	0.58	0.16
WLP10	09HXT4H10②：17	56.72	14.72	2.69	12.26	5.63	7.18	0.52	0.17

续表

测试号	出土单位	SiO_2	Al_2O_3	K_2O	CaO	MgO	Fe_2O_3	TiO_2	MnO
WLP11	09HXT4H10②：23	67.33	15.48	3.18	1.87	3.92	7.58	0.51	0.1
WLP12	09HXT4H10②：31	66.78	16.38	3.53	1.34	3.99	7.12	0.57	0.13
WLP13	09HXT4H12：16	68.53	14.91	3.61	1.25	4.36	6.68	0.54	0.12
WLP14	09HTXT5H24：3	66.99	16.38	3.43	1.56	4.09	6.82	0.56	0.12
WLP15	09HTXT5H24：8	57.42	14.79	3.14	12.04	4.26	7.53	0.54	0.18
WLP16	09HXT6H28①：7	65.22	15.57	3.19	2.64	4.36	7.94	0.59	0.11
WLP17	09HXT6H30②：6	60.66	15.7	5.92	4.06	4.86	7.39	0.59	0.13
WLP18	09HXT7②：42	66.22	17.03	3.54	1.33	3.96	7.18	0.61	0.11
WLP19	09HXT8H35：3	68.08	14.91	3.74	1.29	4.36	6.96	0.52	0.14
WLP20	09HXT8H36：10	66.71	16.22	3.38	1.15	4.76	7.03	0.63	0.11
WLP21	09HXT8H36：11	66.8	16.3	3.65	1	4.49	6.95	0.58	0.1
WLP22	09HXT9H50：25	68.58	15.68	2.77	1.58	3.66	7.01	0.57	0.09
WLP23	09HXT9H50：26	67.1	15.97	3.02	1.27	3.94	7.72	0.59	0.1
WLP24	09HXT9H50：40	68.16	15.91	3.39	1.05	4.05	6.61	0.54	0.08
WLP25	09HXT9H51：18	65.6	16.96	3.16	1.65	3.88	7.71	0.69	0.1
WLP26	09HXT9H52：3	65.57	16.54	2.82	2.04	4.67	7.51	0.57	0.09
WLP27	09HXT9H52：4	66.57	16.27	3.17	1.51	4.16	7.45	0.58	0.1
WLP28	09HXT10H44：11	66.17	15.64	2.82	2.54	4.22	7.6	0.64	0.07
WLP29	09HXT10H46②：10	66.83	16.05	2.54	1.89	3.81	7.91	0.6	0.12
WLP30	09HXT10H46①：14	65.28	16.6	3.38	1.86	4.66	7.39	0.55	0.1
WLP31	09HFFT7H2：29	65.31	17.12	3.46	1.19	4.47	7.67	0.58	0.08
WLP32	09HFFT7H2：43	65.89	16.72	4.04	1.28	4.07	7.1	0.6	0.12
WLP33	09HFT8H1：23	64.31	16.38	3.74	1.87	5.05	7.68	0.66	0.11
WLP34	09HXH10②：12	62.28	15.4	2.93	5.81	4.94	7.85	0.5	0.08
WLP35	09HXT1H2：25	66.44	16.71	2.99	1.37	4.38	7.36	0.55	0.09
WLP36	09HXT1H6：134	55.86	37.45	1.22	0.77	0.09	2.01	1.18	0.04
WLP37	09HXT1H6：157	66.97	15.23	3.34	1.88	4.56	7.17	0.64	0.11
WLP38	09HXT4H12：12	66.49	16.54	2.83	1.72	5.12	6.49	0.53	0.09
WLP39	09HXT7②：39	62.77	15.34	4.45	2.93	6.28	7.2	0.59	0.15
WLP40	09HXT8H32①：12	67.2	16.15	2.49	2.4	3.55	7.25	0.63	0.06
WLP41	09HXT9H50：11	67.72	15.76	2.84	1.66	3.77	7.21	0.61	0.08
WLP42	09HXT9H50：30	65.82	16.63	3.4	1.37	4.62	6.82	0.65	0.13
WLP43	09HXT9H50：41	66.96	16.31	2.85	1.78	4	7.46	0.52	0.08
WLP44	09HXT9H51：14	68.14	16.2	2.61	1.92	3.32	7.01	0.59	0.08

表七九　华阴兴乐坊遗址出土彩陶彩绘XRF分析结果（wt%）

测试号	SiO_2	Al_2O_3	K_2O	CaO	MgO	Fe_2O_3	TiO_2	MnO	P_2O_5	SO_3
WLP01～B	44.67	9.85	2.08	5.36	4.08	7.81	0.62	23.63	1.31	0.47
WLP02～B	48.47	11.33	2.34	2.95	3.96	14.66	0.57	13.71	1.13	0.79
WLP02～R	51.72	12.86	2.83	8.92	4.73	16.87	0.6	0.13	0.45	0.81
WLP03～B	50.23	12.19	5.39	8.37	4.11	10.77	0.73	3.56	3.32	1.26
WLP04～B	51.25	10.22	2.79	2.66	4.53	15.86	0.71	9.87	1.04	0.49
WLP05～B	45.5	13.89	2.64	8.56	4.05	12.25	0.61	8.64	2.33	1.35
WLP06～B	56.15	14.94	4.39	4.02	4.88	10.79	0.79	2.21	0.86	0.92
WLP09～W	48.02	13.95	3.71	17.39	4.86	7.81	0.59	0.15	2.79	0.67
WLP09～Br	46.08	10.2	6.49	3.87	4.36	21.07	0.5	5.01	1.72	0.55
WLP10～W	50.74	12.82	3.15	17.86	4.89	7.98	0.61	0.25	1.03	0.61
WLP10～B	44.61	12.09	3.23	7.9	5.26	13.46	0.67	11.23	1	0.48
WLP11～W	50.38	16.91	2.93	17.76	4.29	4.75	1.03	0.14	1.33	0.41
WLP11～B	50.9	12.29	2.26	8.39	6.35	10.04	1.27	6.11	1.18	0.26
WLP12～B	48.33	7.2	1.83	4.99		23.56	0.34	9.89	3.86	
WLP12～W	52.03	15.2	4.4	18.36	3.7	2.99	0.7	0.08	2.16	0.35
WLP13～Br	40.48	12.12	2.34	7.67	3.53	17.66	0.53	10.60	4.33	0.6
WLP13～R	56.72	14.56	6.24	2.26	4.01	13.91	0.68	0.18	0.92	0.47
WLP13～W	59.06	24.82	4.42	2.76	3.3	3.34	0.77	0.08	0.99	0.41
WLP14～B	51.94	9.8	2.48	6.68	4.1	11.59	0.83	10.11	1.68	0.67
WLP16～B	40.9	10.2	2.8	8.93	6.53	10.93	0.13	15.55		2.7
WLP17～W	59.81	20.35	8.07	2.47	3.35	3.59	0.68	0.06		1.58
WLP17～B	40.6	14.97	5.42	4.32		20.74	0.64	9.45	2.31	1
WLP18～B	49.21	12.2	3.32	3.65	4.3	18.58	0.55	6.55	1.01	0.49
WLP19～R	59.06	16.79	3.44	2.67	5.02	11.33	0.61	0.14	0.64	0.24
WLP21～B	40.74	8.43	1.2	3.14	5.96	26.1	0.42	11.88	1.77	0.25
WLP22～B	58.84	13.88	3.78	4.51	4.53	8.9	0.69	1.98	2.27	0.53
WLP22～R	53.39	12.08	3.99	8.05	3.8	14.41	0.6	0.24	2.35	1.01
WLP25～B	47.93	12.23	4.66	9.04	4.05	15.02	0.77	3.45	2.18	0.5
WLP26～B	53.83	12.37	2.56	8.49	4.77	9.79	0.62	3.78	3.49	0.22
WLP27～R	55.3	15.99	5.27	2.12	2.48	16.46	1.16	0.13	0.69	0.27
WLP27～W	55.06	27.87	6.12	1.48	3.47	3.75	1.71	0.06		0.32
WLP27～B	49.56	10.4	2.3	1.3	2.5	21.76	0.5	11.68		
WLP30～B	51.13	12.36	4.77	6.27	2.27	13.77	0.77	5.24	2.52	0.67
WLP31～B	47.86	12.82	2.43	0.94	3.61	14.25	0.69	16.7		0.27
WLP32～B	39.91	10.73	4.82	2.96		24.43	0.59	14.4	0.85	1.09
WLP32～R	58.14	15.37	6.11	1.87	1.06	16.05	0.59	0.22		0.5
WLP32～W	60.85	23.36	7.43	1.01	3.6	1.81	0.75	0.06		1.08
WLP33～B	51.96	12.95	1.85	6.16	3.28	7.95	0.61	12.74		2.12

注：WLP*～B表示黑彩；WLP*～Br表示棕色彩绘；WLP*～R表示红彩；WLP*～W表示白彩。

2. 拉曼光谱分析（Raman）

拉曼光谱是分子光谱，物质不同，其拉曼光谱也有所不同，如同人的指纹一样。因此，根据物质的拉曼光谱，理论上可确定其分子组成。激光显微拉曼光谱法具有无损、空间分辨率高、抗干扰强、使用方便、光斑小等优点，现在已经广泛应用于考古和艺术品的研究领域中[①]。

样品的Raman光谱分析所用仪器为法国JY公司生产的LABRAM-HR型显微共焦激光拉曼光谱仪。采用氩离子激光器，激发光波长为638nm。波数在100～1400cm^{-1}范围内，波数精度为±1cm^{-1}，物镜为50×，光斑尺寸为1微米。拉曼光谱分析结果如表八〇，代表性拉曼光谱图如图一九八～图二〇二。

表八〇 华阴兴乐坊遗址出土彩陶彩绘Raman光谱分析结果

测试号	显色物相	颜料成分	示例图
WLP01～B	黑锰矿，赤铁矿	Mn_3O_4，Fe_2O_3	图一九八
WLP02～B	黑锰矿，赤铁矿	Mn_3O_4，Fe_2O_3	图一九八
WLP02～R	赤铁矿	Fe_2O_3	图一九九
WLP03～B	赤铁矿，磁铁矿	Fe_2O_3，Fe_3O_4	图二〇〇
WLP04～B	黑锰矿，赤铁矿	Mn_3O_4，Fe_2O_3	图一九八
WLP05～B	黑锰矿，赤铁矿	Mn_3O_4，Fe_2O_3	图一九八
WLP06～B	赤铁矿，磁铁矿	Fe_2O_3，Fe_3O_4	图二〇〇
WLP09～W	天然铝土矿，白云石	Al_2O_3，$CaCO_3$	图二〇一
WLP09～Br	黑锰矿，赤铁矿	Mn_3O_4，Fe_2O_3	图一九八
WLP10～W	天然铝土矿，白云石	Al_2O_3，$CaCO_3$	图二〇一
WLP10～B	黑锰矿，赤铁矿	Mn_3O_4，Fe_2O_3	图一九八
WLP11～W	天然铝土矿，白云石	Al_2O_3，$CaCO_3$	图二〇一
WLP11～B	黑锰矿，赤铁矿	Mn_3O_4，Fe_2O_3	图一九八
WLP12～B	黑锰矿，赤铁矿	Mn_3O_4，Fe_2O_3	图一九八
WLP12～W	天然铝土矿，白云石	Al_2O_3，$CaCO_3$	图二〇一
WLP13～Br	黑锰矿，赤铁矿	Mn_3O_4，Fe_2O_3	图一九八
WLP13～R	赤铁矿	Fe_2O_3	图一九九
WLP13～W	天然铝土矿	Al_2O_3	图二〇二
WLP14～B	黑锰矿，赤铁矿	Mn_3O_4，Fe_2O_3	图一九八
WLP16～B	黑锰矿，赤铁矿	Mn_3O_4，Fe_2O_3	图一九八
WLP17～W	天然铝土矿	Al_2O_3	图二〇二
WLP17～B	黑锰矿，赤铁矿	Mn_3O_4，Fe_2O_3	图一九八
WLP18～B	黑锰矿，赤铁矿	Mn_3O_4，Fe_2O_3	图一九八
WLP19～R	赤铁矿	Fe_2O_3	图一九九
WLP21～B	黑锰矿，赤铁矿	Mn_3O_4，Fe_2O_3	图一九八
WLP22～B	赤铁矿，磁铁矿	Fe_2O_3，Fe_2O_3	图二〇〇

① Gregory D Smith, Robin J.H Clark, Raman microscopy in archaeological science [J]. *Journal of Archaeological Science*, 2004 (31):1137～1160.

续表

测试号	显色物相	颜料成分	示例图
WLP22～R	赤铁矿	Fe_2O_3	图一九九
WLP25～B	赤铁矿，磁铁矿	Fe_3O_4，Fe_2O_3	图二〇〇
WLP26～B	赤铁矿，磁铁矿	Fe_3O_4，Fe_2O_3	图二〇〇
WLP27～R	赤铁矿	Fe_2O_3	图一九九
WLP27～W	天然铝土矿	Al_2O_3	图二〇二
WLP27～B	黑锰矿，赤铁矿	Mn_3O_4，Fe_2O_3	图一九八
WLP30～B	黑锰矿，赤铁矿	Mn_3O_4，Fe_2O_3	图一九八
WLP31～B	黑锰矿，赤铁矿	Mn_3O_4，Fe_2O_3	图一九八
WLP32～B	黑锰矿，赤铁矿	Mn_3O_4，Fe_2O_3	图一九八
WLP32～R	赤铁矿	Fe_2O_3	图一九九
WLP32～W	天然铝土矿	Al_2O_3	图二〇二
WLP33～B	黑锰矿，赤铁矿	Mn_3O_4，Fe_2O_3	图一九八

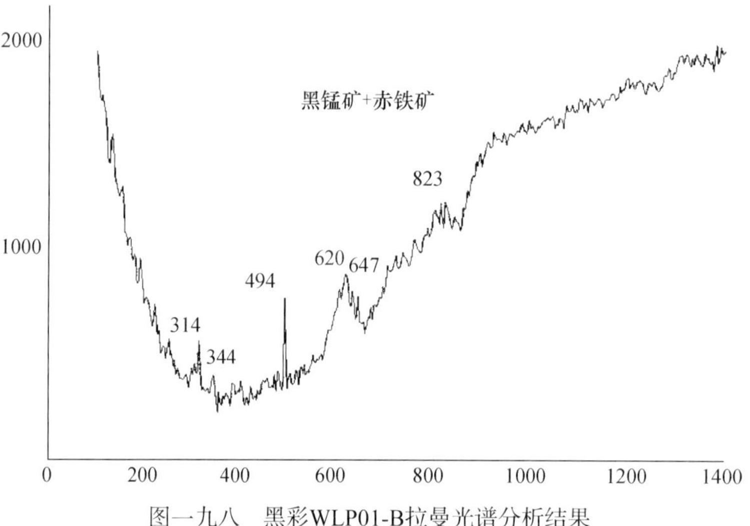

图一九八　黑彩WLP01-B拉曼光谱分析结果

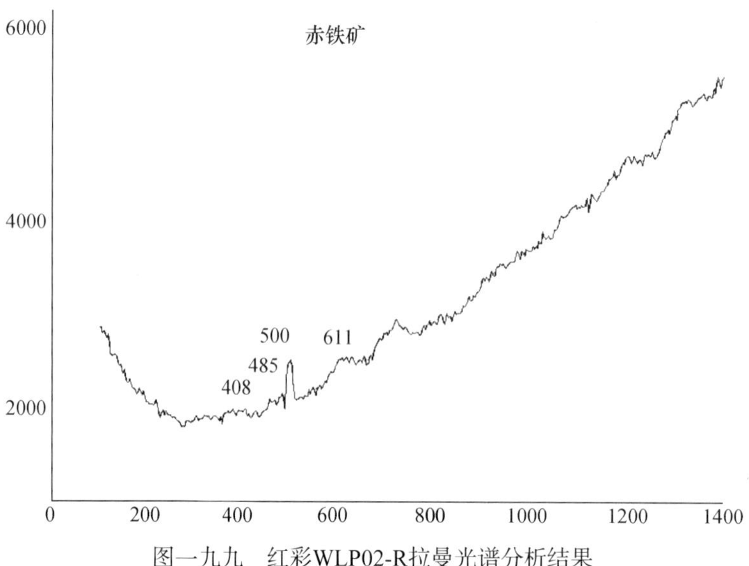

图一九九　红彩WLP02-R拉曼光谱分析结果

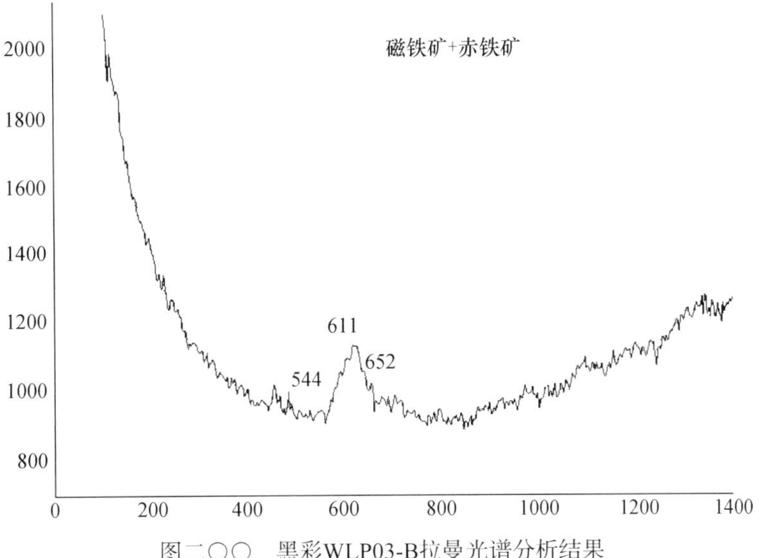

图二〇〇　黑彩WLP03-B拉曼光谱分析结果

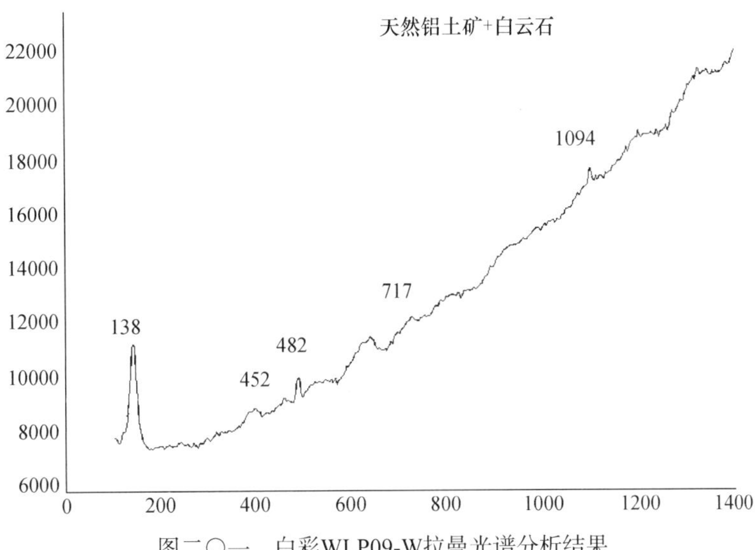

图二〇一　白彩WLP09-W拉曼光谱分析结果

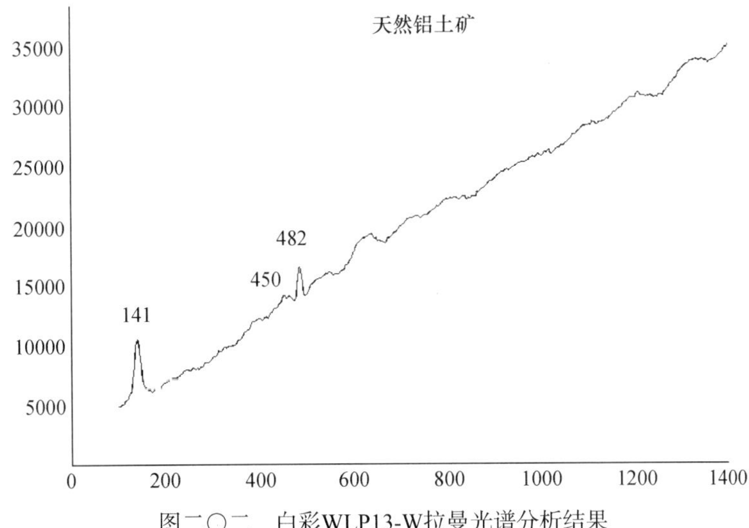

图二〇二　白彩WLP13-W拉曼光谱分析结果

四、结果及讨论

1. 胎体原料

表七六指出，本次分析的胎体原料均以SiO_2为主体，其次为Al_2O_3，同时含有较高的Fe_2O_3，另外，含有一定量的CaO 、K_2O、MgO、TiO_2及MnO。其中SiO_2多在65±5%区间波动；Al_2O_3多在16±1%区间波动；Fe_2O_3多在7.5±1%区间波动；K_2O多在3.5±1%区间波动；CaO多在2±1%区间波动；TiO_2含量较低，多在0.6%左右。总体来看，这批材料的胎体成分比较稳定，与易容黏土成分相近。

仔细观察可发现，其中WLP36号样品非常特别，其Al_2O_3成分高达37.45%，而K、Ca、Mg、Fe等含量均较低，Ti含量略高于其他样品，Si含量略低。可见其成分较为纯净，助溶剂含量很低，已非常接近高岭土的理论组分。从外观上看，这件陶环整体呈现白色。因此，初步确定其胎体主要组分为高岭土，其为以高岭土为原料制成的白陶环。白陶是在我国陶瓷史上占有特殊重要地位且具有悠久历史的一类陶器。目前我国最早的白陶为出土于湖南沅水中游高庙文化一期的白陶罐①，此外，在岳阳坟山堡遗址②③、深圳咸头岭遗址④以及浙江罗家角遗址⑤均出土有距今7千年以前的白陶。近年来，有关白陶出土报道相对较多，而对于白陶的科学研究相对较少。相关研究多集中在河南地区的殷墟、南洼、二里头等遗址出土白陶⑥。显然，本次分析确认在兴乐坊遗址庙底沟中期晚段存在高岭土材质白陶环，是一个较为重要的发现。同时，若能进一步对比分析陕西地区发现于汉中盆地仰韶文化半坡类型龙岗寺遗址最早的白陶（距今约6800～6300年）⑦⑧，则有望明晰陕西地区白陶的起源与传播路线。

对比表七六数据可知，WLP09、WLP10及WLP15三件样品的钙含量较高，均在12%以上，而宏观观察可发现其胎质细腻、呈现灰白色，因此，初步判断其为用富含钙质的易容黏土制成。

为了更为直观地认识此批器物的材质差异，利用SPSS对以上分析数据进行主因子分析，结果见图二〇三。由图可知大部分陶器分布于一个区间，WLP09、WLP10及WLP15三个样品分一个狭小区间，而WLP36单独分布。由此可知此批器物最少使用了三种不同的原料。

值得注意的是，分布于主区域之外的其他四件样品，其胎体均较为细腻，呈现白色/灰白色，

---

① 湖南省文物考古研究所：《湖南洪江市高庙新石器时代遗址》，《考古》2006年7期，9～16页。

② 张春龙：《洞庭湖地区新石器考古新收获——岳阳钱粮湖农场坟山堡遗址发掘》，《中国文物报》，1992年。

③ 岳阳市文物工作队：《钱粮湖农场坟山堡新石器时代遗址试掘报告》，《湖南考古集刊》，1994年。

④ 李松生：《试论咸头岭文化》，《深圳考古发现与研究》，文物出版社，1994年。

⑤ 罗家角考古队：《桐乡罗家角遗址发掘报告》，《浙江省文物考古学刊》，文物出版社，1981年。

⑥ 张素俭、李伟东、王芬：《中国古代白陶》，《中国陶瓷》2011年4期，73～76页。

⑦ 陕西省考古研究所：《龙岗寺——新石器时代遗址发掘报告》，文物出版社，1990年。

⑧ 杨亚长：《陕西龙岗寺遗址的白陶及相关问题研究》，《东南考古研究》，厦门大学出版社，2010年。

考古发掘表明此类器物数量非常少。因此，这类器物很可能非常珍贵，不排除有来自于其他遗址的可能性。此外，除了这四件器物外，我们并未发现其他器物的胎料有太大差别。这表明兴乐坊其他不同年代、不同器型彩陶、彩陶与素面陶使用了同一种原料，同时，兴乐坊遗址彩陶与夫南遗址彩陶的原料也没有差别。

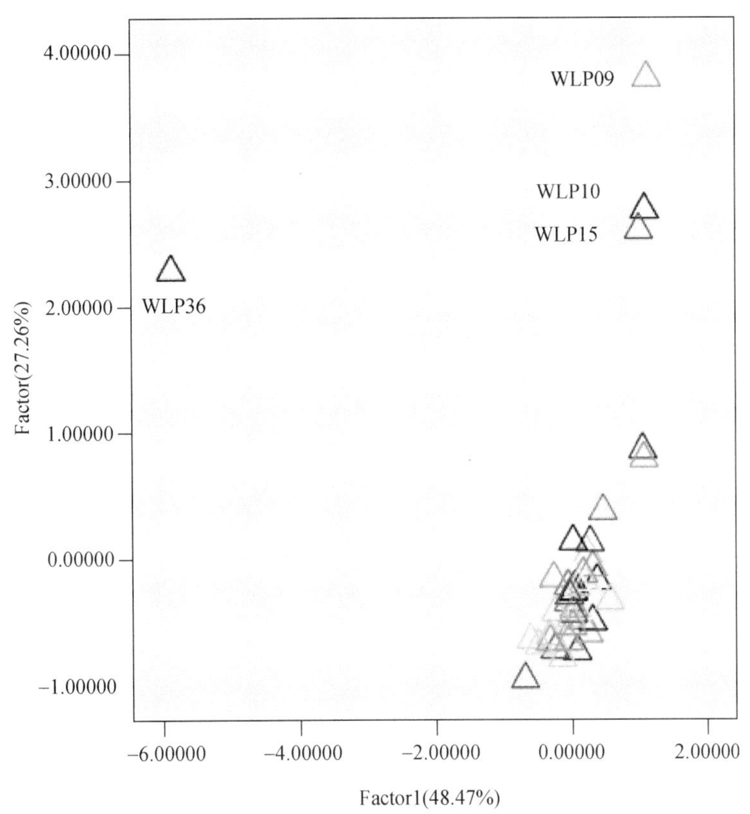

图二〇三　胎体成分因子分析散点图

2. 彩绘颜料

兴乐坊遗址出土彩陶主要有两大类，一类是红衣黑彩/红彩，另一类是白衣黑/红彩。其中，白衣彩陶器几乎均来自兴乐坊遗址二期。

XRF分析表明，白彩（衣）的主要成分与胎体差别较大，依据钙铝含量，又可以分为两类（图二〇四）。其中第一类钙含量较高，一般在18%左右，且铝含量也不低。Raman分析表明，此类白彩的显色成分主要是白云石（$CaCO_3$）和天然铝土矿（Al_2O_3）。第二类白彩，钙含量较低，一般在2%左右，但其铝含量较高，均高于20%，平均铝含量为24.1%。Raman分析表明，此类白彩的显色成分主要是天然铝土矿（Al_2O_3）。

表七七指出，与胎体或白彩相比，本次分析的黑彩均含有较高的锰，最高可达23.63%，最低也在2%左右，平均为9.5%。Raman分析指出，其黑彩显色成分主要有两类：第一类是黑锰矿及赤铁矿，其组分中含有较高的锰；第二类是赤铁矿及磁铁矿，其组分中锰含量稍低，均在5%以下，同时含有较高的铁。

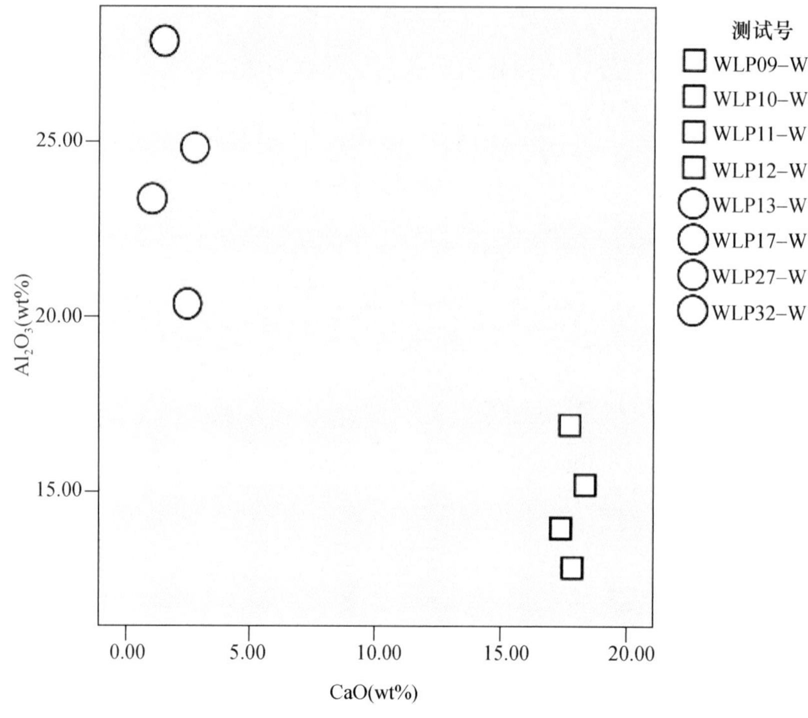

图二〇四　白彩CaO-Al_2O_3二元散点图

由XRF分析结果可知（表七七，图二〇五），本次分析的红彩铁含量均较高，与黑彩相当；而锰含量均很低，多在0.2%左右，这是红彩与黑彩最大的区别。Raman分析表明，红彩的主要显色物相是赤铁矿。

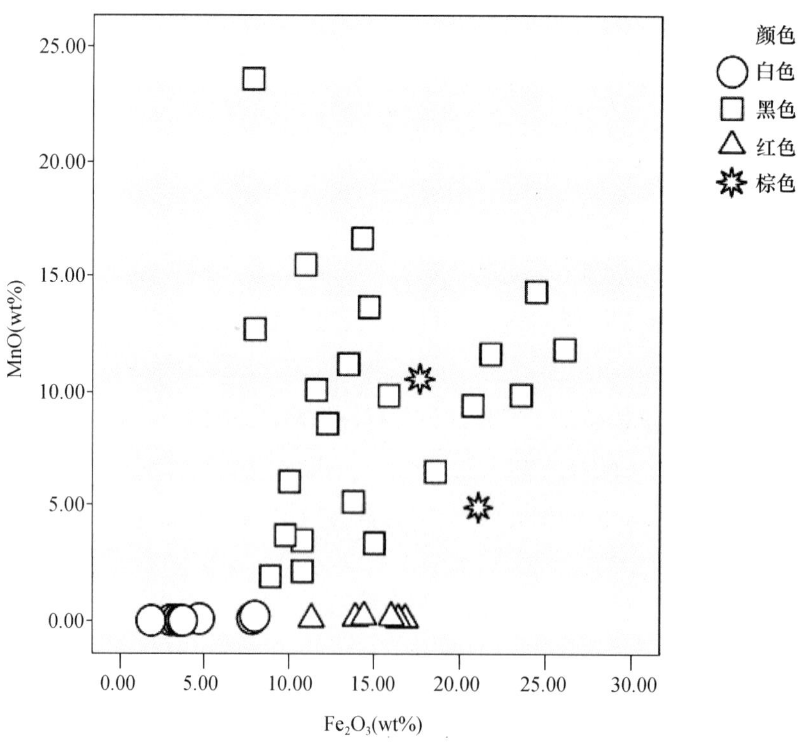

图二〇五　不同彩绘Fe_2O_3-MnO二元散点图

五、结　　语

通过上述分析，我们初步得到以下结论。

（1）兴乐坊遗址出土陶器最少使用了三种不同的原料，分别为易容黏土、高钙黏土及高岭土；大部分兴乐坊彩陶使用了与素面陶相同的原料（易容黏土），且与夫南遗址彩陶胎体原料一致；一二期之间，彩陶胎体原料变动不大。

（2）兴乐坊遗址出土彩陶存在两种类型，早期多为红衣黑/红彩，晚期白衣黑/红彩较为普遍。其中，白彩存在两种配方：其一为白云石与天然铝土矿（高钙，且含有一定量的铝），其二为天然铝土矿（高铝低钙）；黑彩亦存在两种不同显色组分：其一为黑锰矿与赤铁矿（锰、铁含量均较高），其二为赤铁矿与磁铁矿（铁含量较高，锰含量较低）；红色为单一赤铁矿显色，其锰低铁高。

（3）本次分析表明，兴乐坊遗址存在高岭土材质白陶坏。这对于探讨关中地区白陶起源及技术传播路径都有非常重要的作用。

第七章　综合研究

第一节　文 化 分 期

一、层位关系

兴乐坊遗址的文化堆积薄而单纯，属仰韶文化中期，或称为庙底沟类型，遗存遍布整个发掘区，遗迹较为丰富，共计52个灰坑、3座陶窑、墓葬2座（其中瓮棺葬1座），由于文化层堆积简单，故遗迹间的打破关系是进行分期研究的主要依据。

遗迹间的叠压打破关系较为复杂，共计11组，涉及41个单位，现将其分列如下：（本文中使用“→”表示打破关系）

（1）H12→H4

（2）H7→H8

（3）H9→H20→H21→H26

（4）H13→H19

（5）H27→H28

（6）H31→Y2
Y1↗

H35
↗
（7）H32→H33→H34
↘
H36

（8）H40
↘
W1→H35→H39

（9）H34→H38→H41
H42→H43↗

（10）H49→H50→H51
↘
H52

（11）H44→H45→H46
↘H48

以上所列打破关系中，部分遗迹中出土遗物较少，无可供比较的器型，部分属于同期间打破，遗物形态近似无法比较，故经过筛选后，典型的打破关系有以下4组，各单位出土物较为丰富，形态差别明显，为认识出土器物的型式演变、进一步解决遗址的分期问题提供了地层依据。

A组：H13→H19

B组：H31→Y2

C组：W1→H35

D组：H50→H51
　　　　↘H52

在这几组打破关系中，通过对以A组和D组为代表的遗迹单位进行比较分析，并结合其他资料可对这一时期的遗存进行分类和分期。

第一组：H13→H19

H13位于T3东北部，H19位于T4东南部，部分延续至T3东北部。H13和H19均开口于第1层下，并且H13打破了H19。

从两个单位出土的陶器来看，H13的尖底瓶呈现出退化的趋势，双唇已不太明显。从盆和钵上可以看出H13的器壁在靠近口沿处都有明显加厚。从罐上来看，H19的大口罐沿内的凹槽和沿外的凸棱比较明显，绳纹比较稀疏，而H13的罐沿内沿外均比较直，绳纹较细密。H13的大口罐的数量也比较多，并且比较流行方折肩的瓮。

通过比较可以看出，H13和H19的器物还是有较大的差别。从地层关系来看，H13打破了H19，即后者的年代应当早于前者，H19出土的器物应当早于H13（图二〇六）。

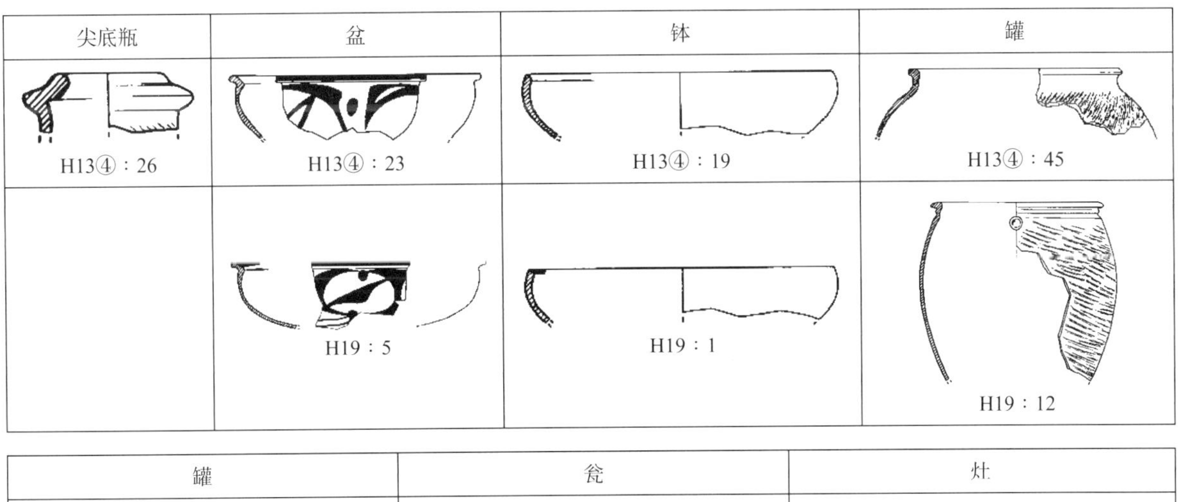

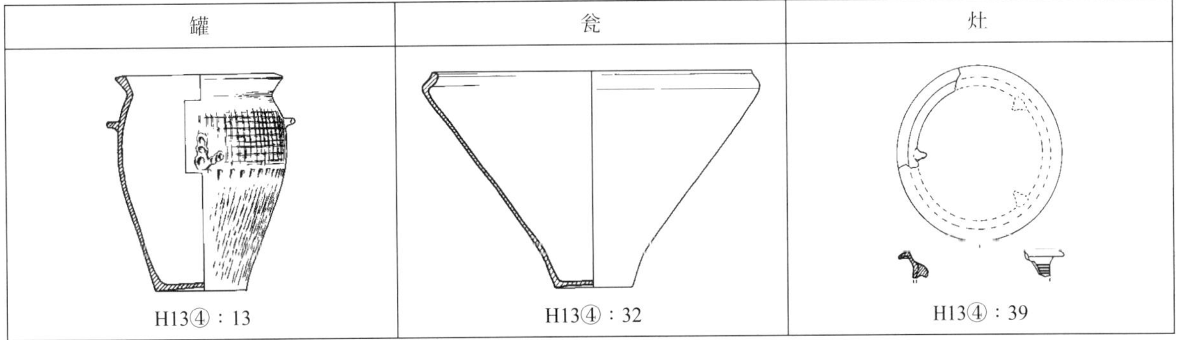

图二〇六　H13与H19出土陶器比较

第二组：H50→H51

H50、H51均位于B区T9的西北部，均开口于第2层下。H50打破了H51的北部和H52的南部。由于H52出土器物较少且碎片较小，因此主要比较H50和H51的器物。

两单位出土的器物存在比较大的区别。H51出土的尖底瓶双唇间的台棱很明显，而H50的尖底瓶则双唇退化，或内唇成一圈细泥条，或是几乎看不出内外唇的分界。H51的大口罐口部较直，可以看到铁轨式口沿内的凹槽，而H50的大口罐为侈口，铁轨式口沿退化。H50的直腹罐口部较敞，且口沿较长，H51的直腹罐则口沿较短。从盆和钵上来看H50的盆、钵均敛口更甚，而且口部的器壁有加厚的趋势。H50的钵下部曲腹较明显，而H51的钵则是直腹内收（图二〇七）。

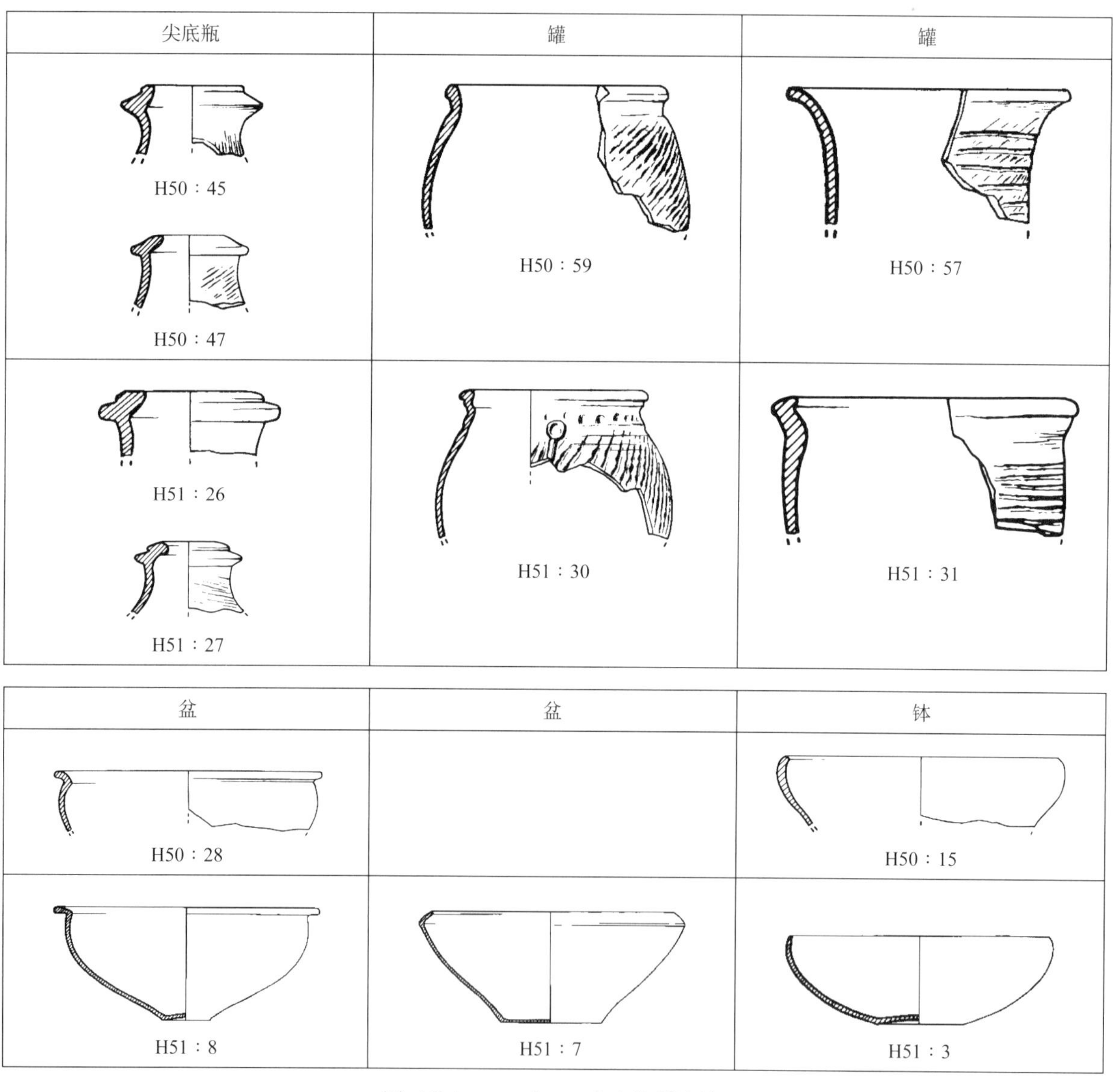

图二〇七　H50与H51出土陶器比较

通过比较可以看出，H13和H19的器物有较明显的差别。从地层关系来看，H50打破了H51，即后者的年代应当早于前者，H51出土的器物应当早于H50。两个单位出土的器物种类基本相同，但同类器有着较明显的差别，应当属于同一文化的不同发展阶段。

从以上几组单位的对比可以看出，H19、Y2、H35、H51、H52中所出陶器形态相近，可以归为第一类单位。其中重唇口尖底瓶瓶口双唇明显，上唇较高；折沿盆上腹较直；叠唇盆叠唇宽且明显；大口罐沿内槽较深，多近铁轨式口，斜绳纹较稀疏；钵口多微敛，器顶壁较薄；瓮则为圆肩。H13、H31、W1、H50中所出陶器形态近似，可以归为第二类单位。重唇尖底瓶瓶口上唇退化，沿面仅留有凸棱；折沿盆上腹外鼓，器顶外壁加厚；叠唇盆叠唇不明显；大口罐沿内槽退化变浅甚至消失，口部直口变侈；斜绳纹比较细密；钵口内敛更甚，器顶外壁多加厚；瓮则为方折肩。

二、典型遗物演变

通过对典型的遗迹单位中遗物的对比及上述分析研究可知，兴乐坊遗址的陶器的演变规律如下。

1. 瓶

重唇口尖底瓶：

是兴乐坊遗址中最为典型的器物之一，数量也较多。所发现多数为口部及底部碎片。特征为重唇敛口，长颈，圆鼓肩，腹部下收呈尖底。

早期的尖底瓶为细泥红陶。双唇明显。较早的瓶口下唇沿面低平或微下凹，上唇明显高出下唇，呈台阶状。较晚的瓶口下唇沿面向上倾斜，双唇间相接处仍呈较明显的阶状。这一时期沿面的轮修痕较明显，口颈相接处可见较明显的接痕。瓶身瘦长，器表饰斜向或交错的细线纹。

晚期的尖底瓶陶色偏橙黄。双唇不太明显。较早的瓶口下唇沿面倾斜，双唇沿面同宽，但两唇界线已较模糊。较晚的瓶口上唇退化做一周较窄的泥圈或泥条，下唇沿面较缓，双唇几乎不可见。这一时期沿面和内壁的痕迹都经过打磨，不太明显。瓶身矮胖，肩部变宽。器表饰细密的斜向或交错的细线纹。

葫芦口瓶：

这类瓶数量较少。发现部分口部及底部残片，未见完整器。通过与同时期遗址的对照可知，此类瓶应为葫芦形口，平底，腹部或带耳。早期的瓶口上部弧曲，下部圆鼓，口与颈相交处有较明显的折痕（H30①：17）。晚期的口上部弧曲，口下部为斜壁，口与颈相交处多抹圆，折棱不太明显（H13④：27）。

2. 盆

盆根据口部和腹部形态可分为折沿盆、叠唇盆、卷沿盆。

折沿盆：

泥质红陶为主，少数为泥质灰陶，可分为彩陶和素面两种。

早期为泥质红陶，口微敛，上腹较直或微鼓，最大腹径接近腹中部，沿面较平，斜腹内收，少数腹微曲，腹较浅但容积较大，平底。器壁均匀、较薄。彩陶盆器表饰圆点、弧线及弧边三角组成的纹饰。

晚期陶色偏橙红，敛口更明显，沿外卷，上腹外鼓，最大腹径在上腹部，下腹加深，弧腹或曲腹，容积变小，平底。上腹壁及唇部明显加厚。彩陶盆器表仍饰圆点、弧线及弧边三角组成的纹饰。

叠唇盆：

泥质红陶或灰陶。敛口，唇外叠，弧腹或斜直腹，部分下腹近底部处微曲，素面，一些腹部饰横向鸡冠状鋬。腹部最大径在唇外缘。早期叠唇较明显，晚期则呈现退化的趋势，叠唇不明显或几乎消失。

卷沿盆：

数量不多，泥质红陶。敛口，圆唇外卷，弧腹。素面。基本见于早期，晚期只见一例。晚期圆唇外折，变为弧折沿，折沿较窄。

3. 钵

钵根据口部形态可分为以下三种：敞口钵、直口钵、敛口钵。

敞口钵：

在钵中占比不大，泥质红陶。敞口，弧腹或折腹，平底。多为素面。早期器壁较薄，弧腹内收。少数唇边饰黑彩，晚期则基本为素面。晚期腹部变浅，有些为折腹。

直口钵：

比较常见，泥质红陶为主。直口，弧腹或折腹，平底或平底内凹。有些绘网格等黑彩。早期体量较大，弧腹较深，平底或平底内凹。晚期折腹多见，腹部变浅，体量变小。

敛口钵：

是最为常见的器类之一。泥质红陶，少量泥质灰陶。敛口，平底或微凹。早期钵口微敛，多圆唇，器壁较薄。圆肩，弧腹或下腹微曲，钵口多绘黑彩，有弧形三角等纹饰。晚期敛口较甚，出现耸肩，曲腹变明显，腹部较早期更深。

4. 罐

罐根据口部及腹部形态可以分为大口罐、斜沿直腹罐、高领罐、矮领鼓腹罐。

大口罐：

数量较多。夹砂红陶或灰陶，直口或侈口。大部分为口部残片。

早期多为夹砂红陶，直口较多，口沿内部有较明显的凹痕，外部有凸棱。器壁饰粗疏的斜绳纹，颈部有的有戳印纹，也有上腹饰弦纹、下部为斜绳纹，或是上腹部为横向弦纹夹斜绳纹的，有的上腹贴附泥饼。

晚期陶色偏褐色，夹砂灰陶增多，口沿内部凹痕较浅或已消失。器表饰较细密的斜绳纹或交错绳纹，仍有上腹饰弦纹、下部绳纹及弦纹夹斜绳纹的纹饰，上腹部多贴附泥饼或横向的鋬。

斜沿直腹罐：

仅发现口沿残片。以夹砂红陶为主，有少量夹砂灰陶。长斜沿，腹部斜直，腹壁主要饰弦纹，部分饰斜绳纹。早期以夹砂红陶为主，斜沿相对晚期较短，沿面多内凹，直腹略鼓，口沿与腹交界处折棱较明显。晚期陶色偏红褐，侈口。斜沿较长，有的近喇叭口，斜直腹。部分口沿与腹交界处较圆缓。

高领罐：

泥质红陶。高领，束颈，鼓腹。素面，有的带鸡冠状器鋬。早期长沿内凹，腹微鼓；晚期长沿较平，外侈。

矮领鼓腹罐：

泥质红陶。直口或侈口，矮领、束颈，腹部圆鼓。仅发现口沿残片。早期口沿内可见较浅的凹槽，晚期沿内凹槽消失。

瓮：

出土数目较多。以泥质灰陶为主。主要为口部残片，也有部分完整器。敛口，唇部向外卷或呈叠唇状，肩部外鼓，下腹呈弧腹或微曲内收。以泥质灰陶为主。早期肩部圆鼓。晚期则多为方折肩。

灶：

早期仅发现几件口部残片，晚期可见完整器。以泥质红陶为主，晚期陶色偏褐。腹部饰弦纹。早期为直口或微侈，宽平沿，沿内有鋬状的横向支架，直腹。晚期多为侈口，沿面向外倾斜，斜直腹。口沿内部有鹰喙状支架。

三、文化分期

根据以上两类单位的分析对比，我们可以由此建立起一组序列，并以此作为年代标尺，用考古类型学方法对比其他没有打破关系的各遗迹单位，确定其相对年代，将其归入整个年代序列之中。

第一期遗存包括H6、H11、H15、H19、H22、H30、H32、H33、H34、H35、H36、H37、H38、H39、H40、H41、H42、H43、H44、H45、H46、H47、H48、H51、H52、Y1、Y2、Y3，共25个灰坑，3座窑址。

灰坑根据形态可以分为四种类型，即圆形、椭圆形、不规则形和圆角长方形，其中椭圆形为主，占本期灰坑的68%，不规则形次之，占24%，圆形和圆角长方形各有1个；灰坑的口径长短不一，深度不一，多数在0.5～2米内。陶窑形态相近，保存状况较差。

遗物主要有陶器和少量骨器、石器。以H6、H19、H35、H51等几个典型单位为例，陶器以泥质陶为主，夹砂陶相对较少。陶色以红陶居多，占总数的63.47%，褐陶居其次，灰陶数量最少，部分陶色不均匀，有的器顶颜色较深。夹砂陶中红陶占本期陶器总数的4.12%，褐陶占20.65%，灰陶仅占0.64%。泥质陶以细泥红陶居多，占本期陶器总数的59.35%，灰陶次之，占9.72%，褐陶占5.52%。

纹饰主要有素面、绳纹、线纹、彩陶等，素面最多，占44.41%，线纹、绳纹、彩陶、弦纹等依次递减。彩陶纹样以黑彩为主，多为圆点、弧线、弧边三角构成的几何纹。制法多为手制，一些大型器多采用泥条盘筑之法，器形比较规整，小型器口沿均浑圆周正，内壁留有同心圆纹，已广泛应用轮修技术。

器形以典型重唇口瓶、铁轨式口沿大口罐、直口深腹钵、敛口浅腹钵、宽沿叠唇盆、折沿盆、敛口圆肩瓮构成基本器物组合。从这些特征观察，兴乐坊遗址的第一期遗存与泉护村一期Ⅰ段比较相近，应属庙底沟类型早段。

第二期遗存包括H1、H2、H3、H4、H5、H7、H8、H9、H10、H12、H13、H14、H16、H17、H18、H20、H21、H23、H24、H25、H26、H27、H28、H29、H31、H49、H50、W1、M1，共27个灰坑，瓮棺葬、墓葬各1座。

灰坑根据形态可以分为四种类型，即圆形、椭圆形、不规则形和圆角长方形，其中以椭圆形为主，占本期灰坑的51.85%，圆形和不规则形次之，分别占25%和14.28%，圆角长方形灰坑最少；口径长短不一，深度多在0.6～2.5米。瓮罐葬则以尖底瓶为葬具，埋葬一儿童。竖穴土坑墓随葬有釜、灶、钵、罐，钵、罐似为明器，制作粗糙，与遗址所见器物略有差别。

遗物主要有陶器和少量骨器、石器。以H7、H13、H31、H50等几个典型单位为例，陶器以泥质陶为主，夹砂陶数量较少。陶色以红陶居多，占总数的53.82%，褐陶居其次，占37.16%，灰陶数量最少，部分陶色斑驳，有少数内外不同色的现象。夹砂陶中褐陶占本期陶片总数的27.81%，红陶占3.68%，灰陶仅占0.52%。泥质陶以细泥红陶居多，占50.14%，泥质灰陶和褐陶次之，分别占9.35%和8.49%。

纹饰主要有素面、绳纹、线纹、彩陶、弦纹、附加堆纹等，素面最多，占38.19%，绳纹、线纹、彩陶、弦纹等依次递减。彩陶纹样与一期相仿，仍以黑彩为主，多为圆点、弧线、弧边三角构成的几何纹，还有少量黑彩鸟纹和黑红双彩，还见到个别先以白彩或红彩为底、再在其上饰彩纹的陶器。

这一阶段陶器形态有一些变化，尖底瓶重唇口退化；折沿盆上腹外鼓，器体变深；叠唇盆叠唇不明显；大口罐沿内凹槽变浅、变平；敛口钵口部外鼓；直口、敞口钵腹变浅，且出现折腹；敛口瓮变为折肩；陶杯、小器盖的数量增多。从文化特征观察，第二期遗存与泉护村一期Ⅱ段相近，应属庙底沟类型晚段。

四、遗址的绝对年代

遗址选取了早晚两期共4个兽骨样本，送交西安加速器质谱中心进行^{14}C测年，测年报告如下（表八一、表八二）。

表八一　Report on AMS ^{14}C dating result

测定结果 Results	实验室编号 Lab. Code	样品编号 Sub. code	$\delta^{13}C$（‰）		pMC（%）		^{14}C Age（a BP）	
			$\delta^{13}C$	Error（1σ）	pMC	Error（1σ）	^{14}C Age	Error（1σ）
	XA12477	H2：48	～18.30	0.16	63.03	0.25	3707	32
	XA12478	H6：211	～6.85	0.13	56.25	0.21	4622	31
	XA12479	H13④：65	～4.70	0.18	56.34	0.25	4609	35
	XA12480	H30①：32	～7.03	0.12	56.09	0.25	4645	36

注：1. 当您发表文章时请写上我中心实验室编号、野外采样号和提供的年龄。

2. 若无特别说明，计算年龄所用的^{14}C半衰期为5568年。

表八二　校正数据（Calib 7.0）

		^{14}C age	Error	Cal BP（1σ）	
XA12477	H2：48	3707	32	3985	4089
XA12478	H6：211	4622	31	5309	5445
XA12479	H13④：65	4609	35	5300	5445
XA12480	H30①：32	4645	36	5315	5449

4个测年数据中其中H2：48样品的数据偏离比较大，可能后期标本采集及保存中受到污染。而另外三个数据集中在5300～5400B.P，没有明显的两期差别。

这三个样品，其中H6、H30属于早期遗存，H13为晚期遗存。H13灰坑堆积可分为4层，而此次的样品选取了H13最早的第4层中的兽骨进行测年，因此该层所测年代与早期较为接近。如果后期条件允许，将辅助进行碳样测年或者光释光测年，以弥补此次测年的一些不足。

第二节　文化属性

兴乐坊第一、第二期遗存，前后衔接，均属仰韶文化的庙底沟类型。关中地区发现的这一时期经过大规模发掘的主要遗址有华阴南城子、西关堡、华县泉护村、渭南北刘，临潼姜寨、扶风案板、宝鸡福临堡等。关中东部有华阴南城子、西关堡、华县的泉护村和渭南北刘等；关中西部有临潼姜寨、扶风案板、宝鸡福临堡等。

兴乐坊遗址的典型器物有重唇口尖底瓶、大口罐、折沿盆、瓮等。第一期的重唇口瓶，以H32②：18、H34②：2、H51：26和27为代表与泉护村一期Ⅰ段的ⅡA尖底瓶及案板遗址一期的典型尖底瓶相同；第二期的以H13④：26、H50：45和47为代表的重唇口尖底瓶与1997年发掘的泉护村二期的C型Ⅲ式尖底瓶及案板一期的退化型重唇口瓶基本相同。第一期的大口罐，以H19：12、H44：16、H51：30等为代表与97年泉护村的A型Ⅰ式罐相同，与案板、福临堡遗址的同类器相比，凹槽和凸棱相对浅一些；第二期的以H13④：49等为代表的大口罐则与97年泉护村的A型Ⅱ式罐相同。第一期的折沿盆，以H6：160、H19：5、H46①：12等为代表与泉护村一期Ⅰ段的1C盆相同；第二期的以H28②：3、H24：2等为代表的盆与97年泉护村的B型Ⅱ式和Aa型Ⅱ式盆相同。第一期以H34②：1为代表的圆肩瓮和第二期以H13④：32为代表的方折肩瓮也分别与97年泉护村的Ⅰ式和Ⅱ式瓮相同。

通过典型器物的对比，兴乐坊遗址的陶器与关中地区东部的庙底沟类型的文化面貌相同，第一期和第二期可与泉护村遗址一期的Ⅰ段和Ⅱ段及97泉护村一、二期相对应，是基本同时的。

而与关中地区西部的遗址相比，总体文化面貌上有着较大的一致性，如典型陶器的种类基本一致，同类器物的形态及纹饰的种类相近，纹饰上以绳纹、线纹、附加堆纹数量较多；彩陶以黑彩为主，红彩少见，白衣彩陶数量更少，图案以圆点、弧边三角、弧线常见。器形以重唇口瓶、折沿盆，铁轨式口沿大口罐、敛口凹底钵为多。但东西部地区还是略有差异，如铁轨式口沿不典型，罐上没有西部流行的条带形附加堆纹而是多带鸡冠鋬，东部地区少量发现的鼎和白衣彩陶，在西部地区也基本不见。

关中地区这一时期遗存，与豫西、晋南地区以陕县庙底沟、渑池班村、夏县西阴村、垣曲小赵、东关等为代表的一类遗存在文化面貌上也较为相近，但也存在着一定差异。豫西、晋南地区的彩陶图案较为丰富，以黑彩为主，有少量的白衣彩陶，多在白衣饰黑红复合彩。象生性动物纹除鸟纹外，以蛙纹多见，图案花纹也比关中地区发达，除圆点、弧边三角、弧线常见外，还有网格纹、羽状纹、横X形纹。在器形方面，鼎、釜、灶、器座数量也多于关中地区。这些差异应是受到东部郑洛地区的影响后形成的地区间差异。

由于本次发掘区发现的遗迹现象较为简单，未发现房址等居住设施，故目前还无法对该遗址的聚落形态做进一步的研究。但重要的是，在遗址B区发现儿童瓮棺葬1座，南侧约200米发现成人墓葬1座，由于仰韶文化庙底沟时期墓葬发现较少，埋葬习俗尚不清楚，这一发现显得尤为珍贵。成人墓葬为竖穴土坑墓，随葬有釜、灶、钵、罐4件陶器，与灵宝西坡墓地相比，不见生土二层台和脚坑，但随葬器物组合基本相近。其中钵、罐似乎是专为随葬烧制，制作粗糙；釜、灶则为实用器，釜为窄折沿束颈，腹径大于口径，与泉护一期Ⅱ段所见H1003：386陶釜形制十分相近；灶、罐口内仍有浅凹槽，也是比较早的特征。因此判断其时代应早于西坡墓地。

第三节　环境与生业方式

一、兴乐坊遗址及周边地区的地理环境

关中盆地介于秦岭和黄土高原之间，西至宝鸡、东到潼关，总长400多千米，东端南北宽近100千米，西边至宝鸡逐渐呈闭合状。在地质构造上，关中盆地南北侧均有巨大的断裂，中部呈凹陷状，形成了一个地堑式的构造盆地。在关中盆地，海拔300～600米之间是渭河冲积平原区，地势平坦宽阔，渭河东西向横贯平原中央，平原两侧有海拔高度在900米以下的黄土台塬。渭河平原的南界是地势陡峭、高耸的秦岭山地，北界为断续相连的山地，一般称为“北山”。渭河两岸阶地发育良好，从上至下被称作“头道塬”“二道塬”和“三道塬”，各高出河床70～180、20～35、5～10米。其中“头道塬”已被现代河谷分割的支离破碎，“二道塬”和“三道塬”保存尚较完整，其地形正适合引河水灌溉。因此，关中盆地自古就是中国土地肥沃、物产丰富、人口稠密、经济繁盛的地区之一。

兴乐坊遗址位于华阴市西北部桃下镇的兴乐坊村，华阴市地处关中盆地东端、渭水下游，南至秦岭山脉的老爷岭，北以渭河中心为界与大荔县相望。遗址位于山前洪积扇地区，东起华阴，西至华县，东西长28千米，南北宽3千米，呈带状分布，北部与渭河的一级阶地平缓，地层上覆盖较薄的黄土，地势呈南高北低的阶梯状。渭河盆地的洪积扇主要发育于晚更新世，全新世时已被黄土覆

盖，北部已形成第二级阶地。上述地理环境为兴乐坊遗址先民们的生产、生活提供了较好的条件。

二、兴乐坊遗址动植物遗存反映的气候特征

1. 动物遗存反映的环境及气候特征

通过考古遗址中出土的动物遗存来复原古代自然环境及气候是动物考古学主要的研究目的之一。鉴于兴乐坊遗址的两期遗存时间上很接近，代表了庙底沟期的紧密衔接的两段，因此遗址中所出土的动物遗存能够在一定程度上反映兴乐坊先民生活时期的环境与气候。

兴乐坊遗址出土的动物反映了当时人在大量饲养猪等家畜的特点。在可鉴定标本数量和最小个体数的统计中，猪的比例分别占到哺乳动物总数91.61%和85.71%，野生动物的数量较少。但据以往的研究可知，家养动物因人为的驯化，生存习惯也受到较大的影响和改变，因此在复原遗址的环境信息时，家养动物不应作为参考，而应主要根据野生动物的习性来进行判断。其依据是野生动物一般各自需要不同的生存环境，尤其是那些对环境条件敏感的动物更能帮助我们准确得出结论。通过对兴乐坊遗址中包含的野生动物的生存习性的研究，可在一定程度上推测遗址周边的环境、气候和地貌等。

从动物的生态特征看，遗址中出土的软体动物有贝类中的中华圆田螺和蚌类中的圆顶珠蚌。中华圆田螺一般生活在水草茂盛的湖泊、水库、河沟、池塘及水田内，对干燥和寒冷的气候均有很强的适应性，现代广泛分布于吉林、陕西、山西、河北、山东、江苏、安徽等省。圆顶珠蚌可栖息的环境广泛，多见于湖泊、河流、水库及池塘的沿岸，也大量生存在泥底或泥沙底部。鸟纲有乌鸫，栖息于次生林、阔叶林、针阔叶混交林和针叶林等各种不同的森林中，属杂食性鸟类。兽纲有獐，一般栖息于芦苇比较多的河岸或湖边的沼泽地及湿地中，也可见于山边、耕地或有高大草原的旷野中，善于并喜好在各种隐蔽的地方藏身。现代的獐多分布在长江流域，在关中地区几乎绝迹。青羊是典型的林栖动物，常栖息于较高的山林中，在山顶的岩石堆等人们不易看见的地方活动，多选择在山上向阳的地方。梅花鹿一般栖息于混交林，山地草原和森林边缘附近，由于角部粗大，较少见它们出现在茂密的大森林中或岩石很多的地方，也在灌丛中生活。现代分布广泛，在东北、华北、华东、华南地区都可见到它们的身影。

从以上资料可以看出，遗址中大量中华圆田螺和少量圆顶珠蚌的存在说明在附近有一定范围的淡水环境，乌鸫的出现也说明周围有次生林及森林。各种野生哺乳动物说明遗址附近应当有湿地、一定面积的森林、山地。总体反映了当时遗址周边的自然景观应为气候较温暖湿润。由此可知，兴乐坊遗址处于较优越的地理环境中，气候湿润，有充足的水资源，一定面积的疏林、灌丛及湿地等。

兴乐坊遗址的史前遗存属于仰韶文化的庙底沟期，本期延续年代是6000～5600BP，遗址的年代也不超出这个范围。欧洲学者将冰期后的全新世分为四期，其中的大西洋期为距今8000～5500年，是气候逐渐变暖的时期，而中国大陆在距今8500年左右也进入全新世大暖期，并持续到距今

3000年。兴乐坊遗址两期的年代属于全新世大暖期的中段，是气候最温暖湿润的时期，较多哺乳类动物及如今在当地已基本消失的东洋界动物——獐骨的出现证实了这一情况，据推测当时气温应高出当地今日气温2～3℃。

2. 植物遗存反映的环境及气候特征

植物的生长是有着强烈环境适应性的，每一种植物对于生存环境的要求和选择都不一样。兴乐坊遗址对遗址的两期共10个灰坑中进行浮选，得到一定数量的种子和果实，并鉴定其种属。经过浮选和鉴定可知，兴乐坊遗址共发现炭化果实、种子6289粒，其中非作物禾本科颖果占了大多数，共计5108粒，约占炭化果实、种子总数的81%，农作物的数量居于第二位，包含粟、黍、稻三种，共计695粒，约占总数的11%，其他的果实、种子包括野大豆6粒，剩余的基本都是杂草。在全部炭化果实、种子中，另有176粒无法鉴定出种属，76粒只能鉴定得出疑似种属。在具体讨论时暂不参考。

通过对兴乐坊遗址浮选所得的各种属植物遗存的生存环境的分析，我们也可一窥当时遗址的自然环境。接下来将对农作物和其他野生植物的生存环境分别进行分析。

农作物中有粟、黍、稻。野生植物中有野大豆、马齿苋、牛筋草、紫茉莉、藜属等。兴乐坊遗址中鉴定出了大豆属中的野大豆。野大豆为一年生草本。在中国除新疆、青海和海南外的地方广泛分布。喜水耐湿，一般生长于海拔150～2650米，在山野及河流沿岸、湿草地、湖边、沼泽附近或灌丛中比较多见，而少见于树林内及多风沙干旱的荒地。在山地、丘陵、平原及其他地方可见其缠绕别的植物生长。野大豆耐盐碱、抗寒，可在土壤pH值9.18～9.23的盐碱地上可良好生长，零下41℃的低温下可安全越冬。马齿苋为田间常见杂草，耐旱亦耐涝，广泛分布于温带及热带地区，遍布中国南北各省，可做饲料。牛筋草也是广泛分布于温带和热带地区，中国南北各省均可见到，可药用。紫茉莉主要产地为热带美洲地区，根叶可药用。现代中国南北均有养殖。藜属为一年生或多年生草本，多数为杂草，分布广泛，南北各省均有发现，中国现有种及亚种。可采集食用。苋属为一年生草本，分布广泛，南北均可见到，中国产种，可采集食用及药用。蓼属为蓼科的一年生植物，在温带分布广泛，喜湿、近水生长，许多可以药用。紫堇属为一年、二年或多年生草本，或草本状半灌木，广泛分布于北温带地区，中国南北方都有。多生长于森林地区，原生者多见于亚高山针叶林，并向荒漠、草原地区扩展。接骨木属为落叶乔木或灌木，分布于温带和亚热带地区，中国原产有4～5种，在南北均可见到。蛇葡萄属为木质藤本，在中国南北方均有发现，部分产生的浆果可以采集食用。车前属为一年、二年或多年生草本，陆生或沼生。广泛分布于温带及热带地区。中国有20种。猪殃殃属为多年生草本。主要产于温带，中国南北方都可见到，以西南、北方居多。野豌豆属为一、二年生或多年生草本。在全温带分布。中国43种，广泛见于全国各省区，以西北、华北、西南地区居多。筋骨草属为一年生、二年生或多年生草本，稀灌木。广泛分布于亚、欧大陆温带，极少在热带发现。在中国多分布于秦岭以南各地的高山和森林区、山谷林下或山坡阴处。中国18种。藜科为草本或灌木，分布于温寒带，多为盐碱地或旱生植物，在中国的西北、内蒙古和东北各省多见，包含许多杂草品种。报春花科为一年生或多年生草本，主产于北半球温带及较寒冷地区。在中国各地均有，以西部高原和山区最丰富。茜草科属双子叶植物纲，多为木本，主要分布于热带及亚热带地区，少数分布在北温带。现在中国境内南方各省、陕西秦岭以南可见其分布，喜好温和凉爽、阳光充足之处。莎草科为多年生草本，属种繁多，世界范围分布广泛。中国南北方均可见，但倾向于分布在热带潮湿地区的土壤贫瘠处，多生长在潮湿处或沼泽中，也生长在山坡草地或林下。禾本科作为植物中的一大科，有660余属，10000种以上。兴乐坊遗址的非农作物中未能鉴定到属的未本科植物可能为农田杂草。

通过对以上的各属种植物生长环境的统计和分析，可以看出不同植物对环境的适应和选择有不同要求。一些植物在温带及热带均可生存，分布广泛，对环境要求不大，有马齿苋、牛筋草、接骨木属、车前属等，但其中一些更倾向于生活在温暖的环境中，如紫茉莉及茜草科植物等。一些植物主要在温带生存，有紫堇属、猪殃殃属、野豌豆属等。植物种子、果实对其条件的要求也不一样，有的耐旱和盐碱，可以生存在沙荒地、盐碱地等较恶劣环境中，也有不少喜好潮湿、近水而居的属种。以上分析说明兴乐坊遗址当时的气候应是温暖、湿润的，遗址中偏好温湿环境和干冷环境的果实和种子的共存表示当时气候应四季分明，夏季温暖、光照充足，冬季温凉湿润，平均气温较高。周围的自然环境中应当有可以耕种作物的平原，生长着草地或灌丛，还有一定面积的水域和树林。

3. 兴乐坊遗址的气候特征

通过对动物和植物遗存的分析，我们可以看出兴乐坊遗址所处的环境比较优越。结合周边的地形地貌来看，遗址的北边和西边为渭河及其支流，因此这两个方向不远处应当有较为平坦的冲积平原，可以耕种作物；南边接近秦岭山麓，应当有较大面积的树林，植被主要应为落叶阔叶林。遗址位于山前洪积扇地区，有不太厚的黄土堆积，地势呈南高北低的坡状，因此遗址的本身的植被环境可能为一定面积的草地或灌丛，在附近应有水域和湿地，包括渭河以及附近的一些其他河流。兴乐坊遗址当时的气候温暖湿润，接近今暖温带甚至亚热带的气候，平均温度应比现代略高，因此一些今日只见于秦岭以南的动物和植物才会出现在秦岭北麓的本遗址中。

兴乐坊遗址庙底沟期的气候和环境的状况也可通过其他方面的资料得到印证。遗址的两期均属于仰韶文化的庙底沟期。据^{14}C测年可知，该期延续时间为距今6000～5600年，这一范围正属于由施雅风等研究者所划分的中国全新世大暖期中。所谓的中国的全新世大暖期主要发生于8.5～3ka BP，又包含4个时期，分别为8.5～7.2ka BP的冷暖波动的气候不稳定时期，7.2～6ka BP的气候暖湿、稳定的大暖期鼎盛时期，6～5ka BP气候波动时期和5～3ka BP的前一千年亚稳定暖湿期和后一千年气候加剧波动时期。庙底沟期从时代上来看正属于第3期的前半段。从植被上来看，在距今8000～3000年，中国的森林与草原面积十分广阔，当时华北、东北和黄土高原大部分、山东半岛为暖温带森林区，山西霍山、陕西黄龙山、山东蒙山南麓至23N°以北地区为亚热带森林区。具体到关中盆地、汾河下游谷地、黄淮平原等地在大暖期的距今8500～5000年间属于湖沼发育、气候温暖的森林繁盛期，年均温高出现在约2～3℃。之前的研究表明，仰韶文化中、晚期的大部分时间中，渭河流域的植被是以栎一类的阔叶树为主的森林草原，还有今生活在南方水域和喜水的动物也反映出在当时温湿的气候带来了更多的降水和丰富的水源。但在约5.5ka BP前后，中国北方发生了一次降温事件，表现为海平面下降、落叶阔叶林的减少、寒温性及温性树种的增加。

另一方面，通过对关中东部的渭南杨郭镇的黄土剖面所做的综合分析，发现关中地区自万年以来各出现3次气候温暖湿润和寒冷干燥的时期，其中以温湿期为主，冷干期都较为短暂。其中第2次温湿期对应了仰韶文化时期的7000～5000BP，其中距今5500～5000年的仰韶晚期气候变得相对干燥寒冷，而之前的仰韶文化早、中期气候都属于相对温暖湿润的状态，温度及湿度总体在提升。通过以上自然及地理环境的分析可以看出，兴乐坊遗址所处的仰韶文化庙底沟期应属于全新世大暖期中较温暖湿润的时段，当时的年均温、湿度比现在要高，遗址周边包含山地、冲积平原、坡地、水域等多样的地形，生活并分布着适应暖温带及亚热带气候的动、植物群。这一结论与通过遗址的动植物遗存分析得出的是相符的。

三、兴乐坊遗址仰韶文化时期的生业模式

1. 动物遗存反映的生业模式

肉食一直是人类生活中重要的部分。旧石器时代时，人类主要靠自然界给予果腹的资源，食物的选择严重受到环境的限制。但自从人们可以用火熟食、逐渐发明农业后，获取动、植物资源的方式都发生了改变。获取动物资源的方式在史前时期主要有家畜的饲养、渔猎等几种方式。我们通过对兴乐坊遗址中出土的动物遗存可一窥当时的生存方式。遗址的动物遗存的提取主要进行了两个方法的尝试：一是对动物骨骼的提取；二是对动物骨骼C、N同位素及DNA检测。

兴乐坊遗址出土的动物遗存主要包括三类：第一类是人类饲养或可能饲养的动物，包括狗和猪；第二类是主要的狩猎对象，包括獐、梅花鹿和青羊；第三类为偶然猎获和捕搜的动物，包括鱼类、乌鸫、环颈雉、中华圆田螺和圆顶珠蚌。

在这三类动物遗存中，中华圆田螺的数量最多，所占比例最大，这与螺类体积小、一次性捕捞多的特点有关。蚌类、螺类和鱼类存在反映了当时兴乐坊的居民可能会进行一些捕捞活动来获取食物，而兴乐坊遗址邻近存在着水域，也为当时的捕捞提供了场所。在其他的可食用动物中，以猪、狗为主的家养动物占全部出土动物骨骼数量的89.28%（猪为85.71%，狗为3.57%），而以獐和梅花鹿等为代表的野生动物仅占10.71%。这表明家养动物的饲养业在先民肉食资源中占有举足轻重的地位[①]。家猪的数量是最多的，并且远高出狗，反映了当时的家畜饲养在兴乐坊遗址所占的比重是比较大的，并且最主要的家畜应当为猪，其次是狗。根据之前对环境的分析可知，遗址的附近存在一定面积的平原和山地，平原种植大宗的农作物，人类主要以饲喂的方式进行饲养。从比例来看，狩猎野生动物在庙底沟时期的兴乐坊遗址应当是作为获取肉食的补充手段。

家猪的数量在可供食肉的动物遗存中最多也反映了当时农业的情况，对家畜的饲养间接地反映了农产品的剩余量。想要大量饲养某种非野生动物，人们需要用剩余的农产品供给饲料。这说明当

① 胡松梅、杨岐黄、杨苗苗：《陕西华阴兴乐坊遗址动物遗存分析》，《考古与文物》2011年6期，115～124页。

时的气候合适，农业在适宜的条件下得到了足够的发展，在满足居民食物的情况下还有剩余的农产品可供喂食。此外，在兴乐坊遗址的浮选所得的野生植物种子及果实中有数种是可以作为饲料的，如果采用放养的方法也是方便且行得通的。通过对遗址中选取的13例猪骨标本的C、N稳定同位素的分析可以看出[①]，绝大部分的猪，较野生动物具有高的$\delta^{13}C$和$\delta^{15}N$值，反映了其食物中包含了大量粟类副产品的动物蛋白，很可能来源于先民饲喂的残羹冷炙或先民的粪便等残留物。此外，有1例猪，其具有与野生动物相似的$\delta^{13}C$和$\delta^{15}N$值，表明其主要生存于自然环境，很有可能为野猪[②]。兴乐坊遗址中的狗，其$\delta^{13}C$和$\delta^{15}N$值与猪相似，表明两者的食物来源基本一致。

兴乐坊遗址的灰坑H25中发现人骨标本，对其进行了稳定同位素检测，具有高$\delta^{13}C$和$\delta^{15}N$值，表明其主要食物为C_4类的动物蛋白，可能来源于家养动物（猪和狗）。

2. 植物遗存反映的生业模式

新石器时代的人们不仅从遗址周边的动物身上获取必需的肉食，从植物资源上所获得的食物也是很重要的一部分。兴乐坊遗址在发掘过程中采用了两种方法来提取植物遗存，一种是水浮选法，另一种则是对石器和陶器残留的淀粉粒进行分析的方法。

通过水浮选法所提取到的植物遗存包括非农作物的禾本科颖果、野大豆、马齿苋、紫茉莉等，占炭化果实、种子的81%，而农作物包含粟、黍、稻三种，占全部炭化果实种子的11%。在第二种方法中，对陶甑、石斧和石刀各一件进行了残留物的提取和分析。陶甑中共提取出淀粉粒4粒，其中2粒为粟，另外2粒为块根块茎类植物的淀粉粒。两件石器上均发现了淀粉粒，石斧31粒，石刀10粒。具体种属和数目为：粟类19粒，块根莲类4粒，高粱6粒，小麦族7粒，黍4粒，豆科植物1粒。其中粟和黍可确定为农作物。

在兴乐坊遗址所出土的全部植物遗存中，包含农作物和非农作物。其中浮选农作物的果实和种子为粟、黍和稻。新石器时代粟和黍已是黄河流域的主要作物。前仰韶时期在内蒙古、山东、河南、河北及甘肃东部地区已发现过粟和黍的遗存，仰韶时期已在黄淮流域、华北平原与辽河平原普遍发现，其中仰韶早期已在陕西、甘肃、山东等黄河中下游地区做过系统的浮选和鉴定，在仰韶中期位于渭河流域的兴乐坊遗址的出现也符合这两种农作物的农业发展过程。

从遗存的数量来看，兴乐坊遗址中出土的粟的绝对数量远高于黍，出土概率也是粟比较高。根据以往的数据，在绝对数量上，前仰韶时期的浮选显示黍的数量多于粟，但至迟在仰韶时代的早期粟的数量已多于黍。虽然粟的单位面积产量一般数倍于黍，但兴乐坊遗址中粟的绝对数量上为黍的十几倍，出土概率也高于黍，因此粟应是兴乐坊遗址最重要的作物，黍则次之。

新石器时代栽培稻的遗存在北方发现也比较早，前仰韶时期舞阳贾湖遗址已有发现。在仰韶时期，良好的生存环境也使稻作农业在黄河中游得到发展。同为仰韶中期的泉护村遗址也有水稻的发

① 本报告第四章第二节：陕西华阴兴乐坊遗址家养动物的饲养模式。

② 胡耀武、栾丰实、王守功等：《利用 C, N 稳定同位素分析法鉴别家猪与野猪的初步尝试》，《中国科学（D辑）》2008年6期，693～700页。

现。兴乐坊遗址出土的水稻遗存从绝对数量和出土概率上都远远低于粟和黍，说明虽然水稻已在这里被种植，但很可能不是当时最主要的作物。在淀粉粒分析的结果中，器物上残留的粟、黍属于农作物，也从另一方面证实了这两种作物被种植的情况。其中所发现的具有喜温、抗旱、耐涝等特点的高粱很可能也是当时种植的作物。

兴乐坊遗址的植物遗存中非农作物的种类很多，所占比例也很大。其中一些种属的植物与农业和人们的采集生活关系紧密。

豆科植物的品种繁多，可分为木本、藤木和草本三大类，豆科中的草本科与人类生活关系紧密，有可能是杂草、牧草或农作物。兴乐坊遗址中鉴定出了该科大豆属中的野大豆。野大豆为一年生草本，喜水耐湿。其种子含有大量的油脂、蛋白质，可供食用、榨油和药用。澧县八十垱、渑池班村、蓝田新街、舞阳贾湖、胶州赵家庄等遗址都有野大豆种子的发现。可能是周围的杂草，也很可能是人们采集来作为补充的食物资源。

禾本科植物作为种子植物中的大科之一，种属众多，在兴乐坊遗址的浮选中也发现了5000余粒。这些无法鉴定到属的禾本科颖果可能是与人类采集活动相关的，也有可能是从农田收割时带来的杂草。

除此之外，遗址中发现的黎属、苋属、蛇葡萄属、野豌豆属和块根茎的植物中也有几种可产生出供食用的部分。也可能被人类采集利用。而其他的如蓼科、莎草科等大部分应属于遗址周围的杂草及野生植物。

3. 兴乐坊遗址的生业模式

中国自古以来有两种根据地域范围所划分的农业经济模式，在南方为稻作农业区，以长江中下游地区为中心，主要种植水稻。在北方为旱作农业区，其中心为黄河流域的中下游地区，主要种植粟和黍。这两种不同的模式也得到了考古资料及植物考古学的支持，在新石器时代的中晚期，这种南北方不同的格局可能已经形成。

兴乐坊遗址的居民生活在仰韶文化中期，地理位置在中国北方的关中东部地区。从兴乐坊遗址出土的植物遗存来看，粟和黍的绝对数量和在农作物中所占的比例远远高于稻，两者相加占到了遗址农作物总量的96.93%，反映出兴乐坊遗址是符合当时的旱作农业模式的，并且粟是其中最重要的农作物。黍和高粱等其他耐旱作物的出现说明并非只是种植单一作物，而是多种旱作植物混种，水稻在这里只是作为旱作农业之外的有限的补充。据我们所知，这样一种以粟、黍等多种旱作植物为主体，水稻所占比例甚小、仅作为补充的模式还延续到了仰韶文化晚期和龙山时代早期的一些遗址中去。

兴乐坊遗址之所以会出现这种农业模式，与当时的环境及粟作、稻作农业的特点有关。粟和稻都属于喜温、所需日照时间较短的农作物，但稻谷喜湿怕旱、粟抗旱怕涝，两种作物对水的需求有明显区别。关中东部地区本身远离中国南北方的分界线，兴乐坊遗址所处的位置离渭河及其支流均有一定的距离，虽然北方和周边有较平坦的土地，但离河流较远使得灌溉并非十分方便，遗址本身及南部的坡地在种植作物上对于当时的人来说可能也有难度。曾有学者对渭河流域新石器时代的气候变化做过研究，表明在仰韶文化时期的中晚期，渭河流域大部分时间的植被是以阔叶树为主的森林草原，总体的气候温暖湿润，是全新世以来气候最适宜时期，当时的年均温及降水量均应高于现代。但是从兴乐坊遗址的喜湿植物的种类不多、周围有较大面积的草地来看降水量或许并未丰沛到足以支持大面积的种植稻谷，而兴乐坊遗址本身的周边环境对于大面积种植农业也许有一定程度的限制。

另一方面来看，水稻虽然早在前仰韶时期就已出现在淮河上游的舞阳贾湖遗址，但渭河流域直至仰韶文化中期才在泉护村遗址中出现了稻作遗存，属于同一时期的兴乐坊遗址的水稻传播至此的时间应不久，一种新的农作物从出现到普及是需要时间的。因此，兴乐坊遗址在仰韶文化时代中期形成了以粟为主、多种旱作农作物混种，稻为辅助的农业经济模式是合理的、符合当时的情况的。

在兴乐坊遗址所处的仰韶文化中期，还可以找到其他能反映当时生业模式的证据。在动物遗存的发现及研究方面，关中地区自前仰韶时期就已开始家畜饲养。在东部的临潼白家遗址的前仰韶遗存中，出土有猪和狗的家养动物。在零口二期的动物中也发现了家猪。两遗址中出土猪骨都占较高的比例，家养动物与野生动物基本占同样的比重，反映了当时家畜饲养和狩猎两种生业模式并重的状况。但在西部的宝鸡关桃园遗址中，出土的野生鹿骨的比例远高于猪骨，占到了61.1%，反映了在获取肉食的方式上更侧重于狩猎的方式。

从对以上三个遗址的分析中可以看出，在前仰韶时期，关中地区的家畜饲养这种生产性经济已开始发展，但东西部的遗址反映出来不同的比重，这种状况应与两区的自然环境的差异有关。西部的关桃园遗址的环境较东部优越，是以森林为主、有少部分灌丛草原的环境，而东部的遗址则反映了森林和大面积的丛林及草原共存的环境。西部优越的自然环境使得家畜饲养的产出量不及渔猎丰富，从而一定程度上限制了生产性经济的发展。

到了仰韶文化早期时，关中地区已发现动物遗存的遗址又有增加，包括西安半坡、宝鸡北首岭、姜寨一二期、临潼零口三期等。本期总体上家畜所占的比例比前一时期有所增长，在肉食获取方面已显出主要依靠家畜饲养的趋势，但或许是因为气候的波动，在个别遗址如姜寨中家畜的比例也在较晚阶段反而有所下降。

至仰韶文化中期时，有西安半坡、扶风案板一期、宝鸡福临堡一期、华县泉护村一期等遗址做过动物骨骼的鉴定。仅泉护村遗址的动物遗存有明确的地层归属，其中家猪个体数为48个，所占比重已超出一半。反映出在仰韶文化中期泉护村地区家畜饲养的日趋成熟，而狩猎野生动物仅是肉食的补充。这一结论与兴乐坊遗址的分析结果可相互印证。另外据对西坡遗址的研究，发现自前仰韶至仰韶中期，骨器所占工具的比例有明显下降，从前仰韶和仰韶早期的近40%降到了中期的10%，在兴乐坊遗址的工具中，骨器的比例也接近15%。这一现象与仰韶中期鹿科食草动物的减少可相对应，野生动物骨骼在遗址中的减少也印证了当时家猪是肉食主要来源的观点。

农业在渭河流域和黄河流域从新石器时代的早期就开始出现。旱作农业是中国北方的传统，而粟和黍也被认为是主要的农作物。水稻在黄河下游的出现也不算晚，在新石器时代早期的河南舞阳贾湖遗址和山东月庄遗址都发现了稻谷遗存，但月庄遗址的稻谷尚不能断定是栽培稻。粟和黍在新石器时代早期在裴李岗文化和黄河下游地区的各遗址中有诸多发现。在河北武安磁山遗址有大量的粮食遗存出土，其中黍出现的较早，而粟在距今8700～7500年期间才有少量发现，且比例不超过3%，远小于黍。在同时期的黄河上游的葫芦河流域，先发现的也是黍米，直至仰韶文化早期少量的粟出现，占粟、黍籽粒总数的2.3%，黍仍是当地的主要作物。水稻在黄河中游的种植伴随着全新世大暖期稳定的升温增湿而到来。近几年在河南三门峡南交口遗址的半坡期遗存中发现了栽培稻遗存，从而将黄河中游一带开始栽培水稻的时间提前至仰韶早期，因此在邻近的纬度相近的关中地区早期有栽培稻的可能性也大大增加。这一结果表明在仰韶文化早期晋豫陕交界地带的农作物已开始由单一的旱地作物种植向实行旱地和水田作物多品种的种植模式转变，这种粟、黍、稻多品种种植的模式就此在黄河流域逐渐发展并推广。

到了仰韶文化中期，水稻遗存的发现更为普遍，在晋豫陕交界地区有泉护村遗址的炭化稻米、兴乐坊遗址的浮选所得的稻谷、南交口遗址仰韶中期的水稻，在河南郑州大河村、洛阳西高崖、渑池仰韶村有仰韶中期稻米印痕的记录，而粟类作物在各个遗址中发现的数量均为最多，反映出至迟在仰韶文化中期，粟类已取代黍成为中原地区的主要作物，以粟为主、兼种黍稻的生业模式取代了在新石器时代早期还占有一定比重的以狩猎采集为主的生业模式，成为当时关中及中原地区人们维持生存的主要方式。

从以上分析可知，兴乐坊遗址的生业经济包括农业、家畜饲养、渔猎和采集几个方面。农业的经济模式为以粟为主、多种旱作农作物混种，就目前来看水稻至迟在仰韶文化中期已传播到关中东部地区，但在农业经济中仅起到补充性的食物的作用。根据浮选结果来看，农作物种子与果实的绝对数量约占总数的11%，这一结果与本次浮选样品采集的遗迹种类也有关系。本次浮选的灰坑中并没有储藏的窖穴和类似房屋的遗迹，主要的用途可能是用来倾倒生活废弃物，因此这次浮选的结果中农作物所占的比例并不能完全代表当时农业所占的真正比重。并且通过遗址中工具的发现我们可知，遗址中可作为农具的石刀和陶刀的数量远多于其他工具，也证明了兴乐坊遗址中农业是占相当的比重的。

在农业之外，采集活动在这一时期也是不可忽视的。在遗址出土的非农作物种子中有好几种是能产生可供采集食用的果实的植物，还发现了野大豆和豆科的其他植物。比例很大的非农作物的禾本科中既可能有农田中的杂草，也可能有可供采集的属种。在肉食的获取上，家畜的饲养应为最主要的途径。当时的居民饲养最多的是猪，其次为狗。但人们还是会去狩猎野生的梅花鹿、青羊、獐等作为补充。在当时的遗物中发现有数个石球，或许可以做狩猎用。从大量蚌类的出现和鱼类的存在说明当时的居民应当还从事着捕捞活动。

第四节　主要收获

兴乐坊遗址是一处重要的仰韶中期大型聚落遗址，其发现与发掘丰富了关中东部地区庙底沟类型遗存的材料，为探讨渭水流域史前考古文化、聚落形态、环境变迁和生计方式等问题的研究增添了新的资料，尤其是墓葬的发现，为今后庙底沟时期遗址墓葬区的找寻提供了新的线索。此次发掘的意义有：

（1）兴乐坊遗址的仰韶文化遗存可以分为两期，代表了庙底沟期关中东部地区两个紧密发展阶段。通过与关中西部、豫西、晋南地区同时期典型遗址分期对比，仰韶文化庙底沟期遗存可分为早、中、晚三个发展阶段。兴乐坊遗址的两期相当于中期偏晚、晚期早段。

（2）发现庙底沟类型时期的墓葬5座，其中一座墓葬中随葬器物5件。庙底沟时期的墓葬一直是学界关注的焦点，这一时期经考古发掘的墓葬资料屈指可数，现有可确定的资料有泉护村遗址发现的1座和西坡遗址发现的墓地一处，而且这两处墓葬的时代学界还有不同的认识，有的认为并非庙底沟时期的墓葬，而应归属于仰韶晚期。此次发现的墓葬资料对了解庙底沟时期墓葬的分布、形制、随葬情况都有十分重要的意义。

（3）通过对遗址出土的动物和植物遗存的分析，我们可以看出兴乐坊遗址所处的环境比较优越。结合周边的地形地貌来看，遗址的北边和西边为渭河及其支流，因此这两个方向不远处应当有较为平坦的冲积平原，可以耕种作物；南边接近秦岭山麓，应当有较大面积的树林，植被主要应为落叶阔叶林。遗址位于山前洪积扇地区，有不太厚的黄土堆积，地势呈南高北低的坡状，因此遗址的本身的植被环境可能为一定面积的草地或灌丛，在附近应有水域和湿地，包括渭河以及附近的一些其他河流。兴乐坊遗址当时的气候温暖湿润，接近今暖温带甚至亚热带的气候，平均温度应比现代略高。

（4）兴乐坊遗址的生业经济包括农业、家畜饲养、渔猎和采集几个方面。从兴乐坊遗址出土的植物遗存来看，粟和黍的绝对数量和在农作物中所占的比例远远高于稻，两者相加占到了遗址农作物总量的97.1%，反映出兴乐坊遗址是符合当时的旱作农业模式的，并且粟是其中最重要的农作物。黍和高粱等其他耐旱作物的出现说明并非只是种植单一作物，而是多种旱作植物混种，水稻在这里只是作为旱作农业之外的有限的补充。因此，兴乐坊遗址在仰韶文化时代中期形成了以粟为主、多种旱作农作物混种，稻为辅助的农业经济模式。在农业之外，采集活动在这一时期也是不可忽视的。在遗址出土的非农作物种子中有好几种是能产生可供采集食用的果实的植物，还发现了野大豆和豆科的其他植物。比例很大的非农作物的禾本科中既可能有农田中的杂草，也可能有可供采集的属种。在肉食的获取上，家畜的饲养应为最主要的途径。当时的居民饲养最多的是猪，其次为狗。但人们还是会去狩猎野生的梅花鹿、青羊、獐等作为补充。在当时的遗物中发现有数个石球，或许可以做狩猎用。从大量蚌壳和鱼骨的发现说明当时的居民应当还从事着捕捞活动。

（5）遗址选取了部分石刀、陶刀、石斧、陶甑、陶杯等器物进行了残留物检测分析，在石刀、石斧上发现了淀粉粒。在全部淀粉粒中，粟类（A类）淀粉为19粒，块根块茎类（B类）为4粒，高粱（C 类）6粒，小麦族（D类）7粒，黍（E类）4粒，豆科植物（F类）1粒。这些结果可能暗示粟在此遗址先民的食谱中所占比例较高，但高粱、黍及小麦族等植物种属也有一定量的发现，并且还发现有块根块茎类及豆科植物，这反映出当时先民的生计模式应该是以多种旱作植物混种。其中小麦族植物出现在这一时期，意义较为重要。虽然在陶杯、陶甑中并为检测出淀粉粒，但是残留物分析的方法为了解当时器物的定名和功能提供了新的方法，是一种新的尝试。

（6）运用XRF、拉曼光谱技术，对兴乐坊遗址出土陶器的制作方式进行研究，分析结果显示兴乐坊遗址出土陶器最少使用了易容黏土，高钙黏土及高岭土等三种不同的原料；大部分兴乐坊彩陶使用了与素面陶相同的原料（易容黏土），一二期之间，彩陶胎体原料变动不大。兴乐坊遗址出土彩陶存在两种类型，早期多为红衣黑/红彩，晚期白衣黑/红彩较为普遍。其中，白彩存在两种配方：其一为白云石与天然铝土矿（高钙，且含有一定量的铝），其二为天然铝土矿（高铝低钙）；黑彩亦存在两种不同显色组分：其一为黑锰矿与赤铁矿（锰、铁含量均较高），其二为赤铁矿与磁铁矿（铁含量较高，锰含量较低）；红色为单一赤铁矿显色，其锰低铁高。这一研究为同一时期陶器及彩陶的制作研究提供了非常重要的资料。另外，兴乐坊遗址存在高岭土材质白陶环，对于探讨关中地区白陶起源及技术传播路径都有非常重要的作用。

（7）对兴乐坊遗址出土的家猪所做得古DNA分析，系统发育树显示兴乐坊古代猪与1个贵州、2个浙江、2个山东和2个黑龙江现代家猪以及4个日本Ryukyu野猪聚集在一起，这表明兴乐坊古代猪与中国现代家猪具有很近的遗传关系。兴乐坊古代猪并没有与现代陕西地区的家猪聚集在一起，而是与其他地区的现代家猪聚集在一起，这暗示两者之间并不存在基因连续性。从地理位置上看，这几个家猪地点与陕西省相隔比较远，暗示了这一类型的古代猪历经数千年可能传播到了其他地区，这可能与人群的迁徙、贸易活动有关。

附　表

附表一　兴乐坊遗址出土的动物群（10种）

无脊椎动物	Invertebrate
腹足纲	Gastropoda
中腹足目	Mesogastropoda
田螺科	Viviparidae
中华圆田螺	*Cipangopaludina cathayensis*
瓣腮纲	Lamellibranchia
真瓣腮目	Eulamellibranchia
蚌科	Unionidae
圆顶珠蚌	*Unio douglasiae*
脊椎动物	Vertebrate
鱼纲	Pisces
鸟纲	Aves
鸡形目	Galliformes
雉科	Phasianidae
环颈雉	*Phasianus colchicus*
雀形目	Passeriformes
鸫科	Turdidae
乌鸫	*Turdas merula*
哺乳纲	Mammalia
食肉目	Carnivora
犬科	Canidae
狗	*Canis familiaris*
偶蹄目	Artiodactyla
猪科	Suidae
家猪	*Sus domesticus*
鹿科	Cervidae
獐	*Hydropotes inermis*
梅花鹿	*Cervus nippon*
牛科	Bovidae
青羊	*Naemorhedus goral*

附表二　兴乐坊遗址各遗迹单位出土骨骼种属、数量统计表

遗迹编号	动物属种数	骨骼总数量	属种的骨骼数量
T1H2：47	1	1	猪1
T1H2：48	1	1	猪1
T1H6：215	2	17	圆顶珠蚌1、猪16
T2H16②：34	1	2	猪2
T2H16②：35	2	46	中华圆田螺45、猪1
T3H13②	1	7	中华圆田螺7
T3H13④：65	1	1	猪1
T3H13④	1	1	食肉目1

续表

遗迹编号	动物属种数	骨骼总数量	属种的骨骼数量
T4H7	3	72	中华圆田螺67、圆顶珠蚌1、猪4
T4H7①	1	1	中华圆田螺1
T4H7②	2	12	猪11、獐1
T4H7②：77	1	1	猪1
T4H8④：41	1	10	猪10
T4H10	3	3	鱼类1、乌鸫1、猪1
T4H10①	1	1	猪1
T4H10②	2	16	中华圆田螺4、猪12
T4H12	2	6	猪4、獐2
T4H19：16	1	1	猪1
T5H24	2	14	中华圆田螺7、猪7
T5H24②	2	3	鱼类1、猪2
T5H23：35	1	1	鹿1
T5H25：20	2	2	中华圆田螺1、猪1
T6H27	3	11	中华圆田螺6、圆顶珠蚌1、猪4
T6H28①：18	1	4	中华圆田螺4
T6H29	1	5	中华圆田螺5
T6H30①：32	1	8	猪8
T7②：77	1	7	猪7
T8H32②：26	1	3	猪3
T8H35	1	1	中华圆田螺1
T8H35：27	1	3	猪3
T8H36：21	1	5	猪5
T8H40	1	1	猪1
T8H40：31	1	20	猪20
T9H47	2	3	环颈雉1、猪2
T9H47：24	1	3	猪3
T9H50：66	2	7	狗5、猪2
T10H44：19	1	3	梅花鹿3
T10H45	1	2	猪2
T10H45：14	1	1	青羊1
T10H46①：14	2	6	猪5、鹿1
T10H48	1	9	中华圆田螺9
T10H48：10	1	11	中华圆田螺11

附表三　兴乐坊遗址各遗迹单位不可鉴定动物骨骼统计表

遗迹单位	脊椎骨数量	肋骨数量	碎骨		备注	小计
			管状骨	片状骨	烧、切痕等	
T1H3：9		1			烧1	2
T1H6：215		8	2	6	烧1	17
T2H16②：35		1				1
T3H13④：65	1		2			3
T4H7②		2		3		5
T4H7②：77-1					砍1	1
T4H8④：41		1	2	2		5
T4H10②		4		13	烧1	18
T5H22：31		1				1
T7②：77			1			1
T8H40：31	6	29				35
T9H50：66	1	2	1	2		6
T10H44：19			2			2
T5H24	1	1		2		4
T6H27	1	1	1			3
小计	10	51	11	28	4	104

附表四　兴乐坊遗址动物骨骼的数量及对应的最小个体数

动物种类	可鉴定标本	最小个体数
	数量	数量
中华圆田螺*Cipangopaludina cathayensis*	157	157
圆顶珠蚌*Unio douglasiae*	3	2
鱼类Pisces	1	1
环颈雉*Phasianus colchicus*	1	1
乌鸫*Turdas merula*	1	1
狗*Canis familiaris*	5	1
家猪*Sus domesticus*	142	24
獐*Hydropotes inermis*	6	1
梅花鹿*Cervus nippon*	1	1
青羊*Naemorhedus goral*	1	1
动物的总数	318	190
无脊椎动物总数	160	159
脊椎动物总数	158	31
哺乳动物的总数	155	28
野生哺乳动物	8	3
家养哺乳动物	147	25
野生哺乳动物（MNI）/家养哺乳动物（MNI）	12	

MNI：最小个体数（minimum number of individual）

附表五　兴乐坊遗址灰坑登记表

编号	所在探方	形状		尺寸（厘米）								层位关系	出土遗物	期别	备注
		口形	壁底	口				底							
				长	宽	直径	开口深度	长	宽	直径	深				
H1	T1东北角	近椭圆形	直壁、平底	140	100		25	140	100		80	①→H1	陶瓶、罐	第二期	部分压于东、北隔梁下
H2	T1西部	不规则形	直壁、底西高东低	408	130～280		25	408	130～280		80～122	①→M1→H2	陶瓶、盆、钵、罐、瓮、缸、盂、杯、器盖、环，石器	第二期	
H3	T1中部偏西	圆形	袋状，斜弧壁、平底			130	25			250	120	①→H3	陶尖底瓶、盆、钵、罐、瓮、灶、器盖、环，石刀、球	第二期	斜弧壁外扩
H4	T3北部	圆形	袋状，上部斜弧壁、下部直壁，平底			100	20			210	200	①→H12→H4	陶尖底瓶、盆、钵、罐、缸、灶、器盖	第二期	
H5	T1西北角	圆形	袋状，斜弧壁、平底			100	25			200	100	①→M1、M2→H5	陶瓶、盆、钵、罐、瓮、灶、环	第二期	大部分压在北隔梁下
H6	T1南部	不规则长条形	直壁；底部中间高、东西低，近探方东西壁呈坡状	900	76～206		25～35	900	76～206		90～240	①→H6	陶瓶、盆、钵、罐、瓮、缸、盂、灶、甑、壶、器盖、杯盖、刀、圆陶片、环，石刀、斧，骨笄、铲	第一期	部分压在东、南、西隔梁下；灰坑中部有一生土台隔开东西两部分
H7	T4东南部	近椭圆形	口大底小，坡壁、平底	320	250		20	320	220		320	①→H7→H8	陶瓶、盆、钵、罐、瓮壶、盂、灶、器盖、杯盖、杯、环，石环，骨锥	第二期	坑内堆积分为上下两层；部分压在东隔梁下
H8	T4东部	不规则长条形	口大底小，坡壁、底西高东低	390	170～220		20	360	170～208		200～320	①→H7→H8	陶瓶、盆、钵、罐、瓮、灶、器底、环	第二期	坑内堆积由上至下可分四层；底部呈坡状；部分压在东隔梁下
H9	T4东北部	近椭圆形	口大底小，坡壁、平底	186	96		20	130	66		76	①→H9→H20	陶瓶、盆、钵、罐、瓮、盂、环	第二期	部分压在北隔梁下

续表

编号	所在探方	形状		尺寸（厘米）								层位关系	出土遗物	期别	备注
		口形	壁底	口				底							
				长	宽	直径	开口深度	长	宽	直径	深				
H10	T4西北角	近椭圆形	口大底小，上部坡壁、下部南面斜弧壁，余直壁；平底			446～490	20			350～380	250	①→H10	陶瓶、盆、钵、罐、瓮、盂、釜、杯、环、器盖，石环、斧、球，骨笄	第二期	坑内堆积可以分为两层；坑壁不太规整
H11	T4西南部	近长椭圆形	口大底小，坡壁、平底	170	156		20	160	140		32	①→H11	陶瓶、盆、钵、罐、缸、环、圆陶片，石环	第一期	部分压在西壁下
H12	T4南部	椭圆形	口大底小，坡壁、平底	420	360		20	318	140		250	①→H12→H4	陶瓶、盆、钵、罐、瓮、盂、灶、彩陶壶、环，石环	第二期	底部不规则；部分压在南壁下
H13	T3东北角	不规则形	口小底略大，壁不规整，底西高东低	286	270		20	300	270		190～230	①→H13→H19	陶瓶、盆、钵、罐、瓮、杯、器盖、纺轮、圆陶片、环、釜、灶，石斧、刀	第二期	部分压在东隔梁下；东西壁较直，南北壁斜
H14	T3西南部	椭圆形	口大底小，坡壁、平底	320	270		20	260	234		170	①→H14	陶瓶、盆、钵、罐	第二期	
H15	T2西北角	近椭圆形	直壁、平底	140	110		25	140	110		50	①→H15	陶罐、器盖	第一期	部分压在西壁及北隔梁下
H16	T2东南部	近长椭圆形	近袋状，斜弧壁、平底边缘呈坡状	150	150		25	175	154		160	①→H16	陶瓶、盆、钵、罐、瓮、缸、杯、环、圆陶片，石刀	第二期	部分压在东隔梁下；堆积可分为上下两层；壁中部最宽
H17	T2西南部	近椭圆形	直壁、平底	270	140		25	270	140		70	①→H17	陶尖底瓶、盆、钵、罐、器盖、器底	第二期	部分压在西壁下
H18	T2西部	近椭圆形	直壁、平底	250	190		25	250	190		60	①→H18	陶瓶、盆、钵、罐、盂、器盖	第二期	部分压在西壁下且南边被近代墓打破

续表

编号	所在探方	形状		尺寸（厘米）								层位关系	出土遗物	期别	备注
				口				底							
		口形	壁底	长	宽	直径	开口深度	长	宽	直径	深				
H19	T4 东南部	近圆形	袋状，斜弧壁、平底	200	190		20	208	198		130	①→H13→H19	陶盆、钵、罐、瓮、釜、器盖纺轮、环，石斧	第一期	部分压在南壁下
H20	T4 东北部	椭圆形	口大底小，坡壁、平底	230	200		20	210	180		30	①→H9→H20→H21	陶瓶、盆、钵、罐、瓮	第二期	
H21	T4 东北部	椭圆形	口大底小，坡壁、平底	170	144		20	152	127		30	①→H20→H21→H26	陶瓶、盆、钵、罐、瓮	第二期	
H22	T5 西北部	不规则长条形	直壁、底西高东低	650	130～230		30	650	130～230		134～150	①→H22	陶瓶、盆、钵、罐、甑、器盖、杯盖、瓮、釜、环	第一期	部分压在西壁下
H23	T5 东北角	不规则形	直壁、平底	230	200		30	230	200		110	①→H23	陶瓶、盆、钵、罐、瓮、釜、器盖、漏斗、杯、纺轮、环	第二期	部分压在东隔梁下
H24	T5 西南部	近椭圆形	口大底小，北壁直、其余坡壁，底南高北低	370	350		30	370	104～280		165～210	①→H24	陶瓶、盆、钵、罐、器盖，瓮、壶、杯、灶、钏、纺轮、环，石环	第二期	部分压在南壁下；堆积可分为上下两层
H25	T5 南部	圆形	袋状，斜弧壁、平底			150	25			202	70	①→H25	陶瓶、盆、钵、罐、瓮、釜、环，石刀	第二期	
H26	T4 东北部	圆形	口大底小，坡壁、平底			120				100	30	①→H21→H26	陶瓶、盆、钵、罐、瓮	第二期	
H27	T6 西北部	近椭圆形	口大底小，坡壁、平底	310	190	25		216	135		170	①→H27→H28	陶瓶、盆、钵、罐、瓮、环，石刀	第二期	部分压在北隔梁下
H28	T6 北部	圆形	袋状，斜弧壁、平底			140	25			240	240	①→H27→H28	陶瓶、盆、钵、罐、瓮、缸、灶、杯、器盖、环、纺轮、陶片，石球	第二期	部分压在北隔梁下；堆积可分两层；上层可能有塌陷

续表

编号	所在探方	形状		尺寸（厘米）								层位关系	出土遗物	期别	备注
		口形	壁底	口				底							
				长	宽	直径	开口深度	长	宽	直径	深				
H29	T6东北角	近圆角长方形	直壁、平底	200	130		25	200	130		25	①→H29	陶瓶、盆、钵、罐、缸、器盖、环	第二期	
H30	T6东南部	近椭圆形	袋状，西壁直、其余斜弧壁，底西高东低	372	202～218		25	385	250		180～200	①→H30	陶瓶、盆、钵、罐、瓮、盂、灶、器盖、纺轮、环、圆陶片、缸，石环	第一期	部分压在南壁下；堆积可分为上下两层
H31	T7中部偏南	圆形	袋状，斜弧壁、平底			130	75			160	60	②→H31→Y2	陶盆、钵、罐、杯、环，石斧	第二期	
H32	T8中部偏西	近椭圆形	袋状，斜直壁、平底	250	230		80	278	244		210	②→H32→H33	陶瓶、盆、钵、罐、瓮、环、刀、陶片	第一期	坑内堆积可分为上下两层；南部与一长条状坑相连
H33	T8中部	椭圆形	口大底小，坡壁、平底			250～300	80			280	110	②→H32→H33→H34、H35、H36	陶瓶、盆、钵、罐、瓮、器盖、环，石刀	第一期	
H34	T8中部偏南	椭圆形	袋状，斜弧壁、平底			170～187	80			203～220	140	②→H33→H34→H38	陶瓶、钵、瓮、缸、器盖、环、泥坯	第一期	坑内堆积可分上下两层
H35	T8中部偏东北	椭圆形	口大底小，坡壁，底西高东低			260～360	80			220～320	160	②→H33、H40、W1→H35→H39	陶瓶、盆、钵、罐、瓮、器盖、环	第一期	
H36	T8中部偏西	椭圆形	袋状，斜直壁、平底			167～230	80			206～270	112～126	②→H33→H36	陶盆、钵、罐、瓮、缸、盂	第一期	
H37	T8西南角	圆角长方形	口大底小，坡壁、平底	230	124		80	202	102		60	②→H37	陶盆、钵、罐、环	第一期	大部分叠压在西、南壁下
H38	T8东南角	不规则形	口大底小，西、北壁坡壁，其余直壁，底东高西低	440	348		80	450	348		40～85	②→H34→H38→H41	陶瓶、盆、钵、罐、瓮、器盖、环	第一期	坑底有一层硬面，硬面上铺有一层石子，内有陶片

续表

编号	所在探方	形状		尺寸（厘米）								层位关系	出土遗物	期别	备注
		口形	壁底	口				底							
				长	宽	直径	开口深度	长	宽	直径	深				
H39	T8东北部	不规则形	袋状，东西为斜弧壁、底凹凸不平	200	150		80	200	176		150～180	②→H35→H39	陶瓶、盆、钵、罐、器盖、环	第一期	部分叠压于北壁下
H40	T8东北部	近椭圆形	口大底小，东北斜弧壁，西部有两个生土台，平底	250	196		240	274	168		210	②→W1→H40→H35	陶瓶、盆、钵、罐、瓮、缸、盂、灶、器盖、杯、环，石环	第一期	
H41	T8东偏南	近半个椭圆形	口大底小，坡壁，锅底状底	180	120		80	180	100		60	②→H38、H43→H41	陶瓶、盆、钵、罐	第一期	近一半叠压于东壁下
H42	T8东北部	近椭圆形	口大底小，坡壁略弧，平底	300	71		80	200	50		90	②→H42→H43	陶钵、罐、瓮	第一期	大部分叠压于东壁下
H43	T8东北部	近椭圆形	口大底小，坡壁、圜底	230	100		80	170	62		132	②→H42→H43→H41		第一期	部分叠压于东壁下
H44	T10西北部	不规则形	口大底小，坡壁内收、底部北高南低	374	270～338		50	360	240		34～44	②→H44→H45、H48	陶瓶、盆、钵、罐、瓮、器盖、环	第一期	东壁有一方形外凸的小坑
H45	T10中部偏北	近椭圆形	口大底小，坡壁内收、底西部有一土台，西高东低	410	120		50	370	62		180	②→H44→H45→H46	陶瓶、盆、钵、罐、环	第一期	部分叠压于北隔梁下；壁面凹凸不平，底部西部有一凸起的土台
H46	T10东北部	近椭圆形	袋状，斜壁、壁底均凹凸不平	360	250		50	380	270		200	②→H45→H46	陶瓶、盆、钵、罐、瓮、缸、器盖、环、纺轮、盂，石凿、刀、残器	第一期	部分叠压于东、北隔梁下；坑内堆积可分两层

续表

编号	所在探方	形状		尺寸（厘米）								层位关系	出土遗物	期别	备注
		口形	壁底	口				底							
				长	宽	直径	开口深度	长	宽	直径	深				
H47	T9东南部	近椭圆形	袋状，斜弧壁、平底	230	160		50	270	180		175	②→H47	陶瓶、盆、钵、罐、瓮、器盖、环	第一期	部分叠压在南壁下
H48	T10中部偏西	椭圆形	袋状，斜直壁、平底	120	100		50	153	138		84	②→H44→H48		第一期	
H49	T9东部	圆角长方形	直壁、平底	526	160		50	526	160		25	②→H49→H50	陶瓶、盆、钵、罐、瓮、纺轮、环	第二期	
H50	T9中部偏北	椭圆形	口大底小，上部直壁、下部坡壁、平底	498	350		50	400	264		260	②→H49→H50→H51、H52	陶瓶、盆、钵、罐、缸、瓮、盂、器盖、灶、杯、环、圆陶片，石刀、环	第二期	除东南直壁外，其余均为下部坡状壁
H51	T9西部	不规则长条形	直壁，西部底面呈西北高、东南低，东南部有一圆形坑	700	220		50	700	220		50～150	②→H50→H51	陶瓶、盆、钵、罐、器盖、环，石斧、环，骨笄	第一期	部分压在西、北壁下；东南部有一圆坑
H52	T9北部	近椭圆形	直壁、平底	364	120		50	364	120		125	②→H50→H52	陶盆、钵、罐、瓮	第一期	部分压在北壁下；可能被水浸过

附表六　兴乐坊遗址典型单位陶片陶系统计表

期别	单位	夹砂陶				泥质陶				合计
		红陶	褐陶	灰陶	小计	红陶	褐陶	灰陶	小计	
第一期	H6	342	1200	14	1556	4013	348	688	5049	6605
	H19	35	196		231	146	25	23	194	425
	H30	19	702	45	766	1700	116	250	2066	2832
	H32	43	187	8	238	675	60	88	823	1061
	H35	30	79	15	124	328	58	55	441	565
	H40	35	121		156	410	72	48	530	686
	H42		5		5	25		1	26	31
	H51	6	135		141	245	22	80	347	488
	H52	6	6		12	37	9	8	54	66
	Y2	14	27		41	59		10	69	110
	小计	530	2658	82	3270	7638	710	1251	9599	12869
	比例	4.12%	20.65%	0.64%	25.41%	59.35%	5.52%	9.72%	74.59%	100.00%
第二期	H2	55	250	11	316	273	370	34	677	993
	H7	81	806	6	893	1385	100	170	1655	2548
	H10	123	663	20	806	1920	338	300	2558	3364
	H13	180	1356		1536	1315	130	312	1757	3293
	H16	4	221	36	261	635	176	126	937	1198
	H23	20	246		266	286	40	90	416	682
	H31	2	22		24	155	10	7	172	196
	H49	4	21		25	50	9	11	70	95
	H50	48	334		382	1045	145	146	1336	1718
	M1	2			2	1		1	2	4
	小计	519	3919	73	4511	7065	1318	1197	9580	14091
	比例	3.68%	27.81%	0.52%	32.01%	50.14%	9.35%	8.49%	67.99%	100.00%

附表七　兴乐坊遗址典型单位陶器纹饰统计表

期别	单位	素面	绳纹	线纹	彩陶	弦纹	绳纹+弦纹	附加堆纹	白衣	红衣	合计
第一期	H6	3018	1414	1428	640	25	60	20			6605
	H19	115	220	57	22	3	4	4			425
	H30	1077	694	728	304	7	16	6			2832
	H32	514	218	225	98		5	1			1061
	H35	258	118	98	85		3	3			565
	H40	283	132	142	120		3	6			686
	H42	16	4	6	4	1					31

续表

期别	单位	素面	绳纹	线纹	彩陶	弦纹	绳纹+弦纹	附加堆纹	白衣	红衣	合计
第一期	H51	260	126	80	15		4	3			488
	H52	35	10	9	10		2				66
	Y2	50	35	21	2		2				110
	小计	5626	2971	2794	1300	36	99	43			12869
	百分比	43.72%	23.09%	21.71%	10.10%	0.28%	0.77%	0.33%			100.00%
第二期	H2	510	237	160	50	23	6	7			993
	H7	890	806	320	445	20	30	37			2548
	H10	1318	700	900	382	15	31	10	7	1	3356
	H13	950	1460	534	273	30	28	18			3293
	H16	423	244	271	248		6	6			1198
	H23	280	230	115	36	10	5	6			682
	H31	97	20	30	45	2	2				196
	H49	46	21	17	9	1		1			95
	H50	861	300	235	280		28	14			1718
	M1	3				1					4
	小计	5378	4018	2582	1768	102	136	99	7	1	14083
	百分比	38.19%	28.53%	18.33%	12.55%	0.72%	0.97%	0.70%	0.05%	0.01%	100.00%

附表八　兴乐坊遗址典型单位陶器器形统计表

期别	单位	瓶	盆	钵	罐	瓮	缸	盂	釜	灶	甑	壶	器盖	杯	合计
第一期	H6	6	18	15	20	4	1	1		2	1	1	4		73
	H19		1	2	4	1			1				1		10
	H30	8	9	5	13	1	1	1		1			2		41
	H32	3	8	9	12	7									39
	H35	2	2	7	8	1							1		21
	H40	1	2	7	4	1	1	2		1			1	1	21
	H42			1	5	1									7
	H51	2	13	5	7								2		29
	H52		5	1	2	1									9
	Y2	1	1	2	4		1						1		10
	小计	23	59	54	79	17	4	4	1	4	1	1	12	1	260
	百分比	8.85%	22.69%	20.77%	30.39%	6.54%	1.54%	1.54%	0.38%	1.54%	0.38%	0.38%	4.62%	0.38%	100.00%
第二期	H2	4	6	6	16	1	2	1					2	1	39
	H7	6	6	14	20	1		1		1		1	9	9	68
	H10	7	21	21	30	5		3	2				3	5	97
	H13	9	14	12	31	5			1	2			4	6	84

续表

期别	单位	瓶	盆	钵	罐	瓮	缸	盂	釜	灶	甑	壶	器盖	杯	合计
第二期	H16	3	6	7	16	6	1							3	42
	H23	3	7	4	10	2			1				3	1	31
	H31		3	1	4									2	10
	H49	1	2	2	1	1									7
	H50	4	12	12	17	4	1	1		1			2	6	60
	M1			1	1				1	1					4
	小计	37	77	80	146	25	4	6	5	5		1	23	33	442
	百分比	8.37%	17.42%	18.09%	33.03%	5.67%	0.90%	1.36%	1.13%	1.13%		0.23%	5.20%	7.47%	100.00%

Abstract

The Xinglefang site is located in the southern Xinglefang village, Taoxia Town, around 10km to the southwest of Huayin City. The Luofu River is about 1.3km to its west and the Huashan Mountain is about 2km to its south. The site sits on a fluvial fan that is about 8km away from the Wei River in the north, and is covered by loess deposits. The local landscape has a ladder-like topography, elevating gradually from the north to the south. This open land would have provided an ideal place for the prehistoric occupation with sufficient sunlight and water.

The site was found during the third national census of cultural relics. Based on the distribution of ceramic sherds, the site measures around 285000m^2 (c. 600m in length and c. 500m in width). In November 2008 to January 2009, as part of the rescue archaeology for the highway extension project between Tongguan and Xi' an, a new survey of the site was conducted by the Shaanxi Provincial Institute of Archaeology, followed by excavation in March to July 2009.

The excavated area can be divided into two zones: A and B. Zone A is situated in the middle of the site. Along the north-south direction, six 10m*10m trenches were excavated, numbered T1-T6. Zone B is located in the middle-east part of the site; and here four 10m*10m trenches (no. T7-T10) were arranged towards the east-west direction and excavated. The excavated area is 1000m^2 in size, from which rich archaeological remains were unearthed, including 52 ash pits, three kilns, one burial and one urn burial of the Miaodigou period of the Yangshao culture.

Through a comparative and detailed examination of evolutionary path, combinations, raw materials and decorative motifs of the ceramics discovered at Xinglefang, we can divide the Yangshao cultural remains at the site into two phases, both belonging to the middle Yangshao culture period, that is, the Miaodigou period.

Remains belonging to the first phase are mainly distributed in the southeastern part of the site, including the 25 ash pits and three kilns that have been excavated. The kilns all have a horizontal chamber and two to three fire tunnels, but contain very few artefacts. The plans of the ash pits are of rounded, oval, rectangular (with rounded corners) and irregular shapes, whilst the cross sections are of pocket, vertical and pan shapes. Some irregular-shaped pits might have been related to earth-quarrying activities.

Ceramic vessels of the first phase include *jiandiping* typical double-rimmed and pointed-based bottles, *caitaopen* painted colour basins with a curved rim and a shallow belly, *pen* double-rimmed basins, *caitaobo* painted colour bowls with a bended belly, *bo* bowls with a straight mouth and a shallow and curved belly, *guan* jars with a typical railway-shaped rim, and *weng* rounded shouldered urns. Other types of ceramics also present, such as *zao* cooking stoves, high-necked jars, jars with a long and skewed rim and a straight belly, lids and cups. The majority of the ceramics were made of clay, and the rest are made of clay tempered with sand. The colour of the ceramics is predominantly red; brown is the second most common colour; least number of pottery is gray in colour. More ceramics have a plain surface than those with decorative motifs, concentrated in the category that were made of clay. A large proportion of decorated ceramics have cord marks on the surface. Carved line marks were the second largest category of decorative motifs, followed by painted motifs. In addition to these are string marks, additional heap patterns, and combinations of cord and string marks. Cord marks were mainly applied onto the surface of the railway-shaped rims with a skewed and coarse distribution pattern, whereas colour-painted motifs were often found on basins and bowls. For bowls, the decorative motifs are mostly combinations of vertically curved lines, triangles with curved sides and diagonal lines with dots. For basins, the decorative motifs are dominated by geometric patterns consisting of dots, curved lines and triangles with curved sides. The patterns of these motifs are complicated and condense and normally have bold lines. The ceramics unearthed are mostly made by the coiling technique (*nitiaopanzhu*). The surface of them is often spread and scraped as evidenced by the mark preserved on the surface.

The cultural traits of the phase one remains at Xinglefang share similarity with those of the late phase of the period one remains at Quanhucun, both belonging to the early Miaodigou period of the Yangshao culture. Contemporary archaeological remains in the surrounding regions include the cultural remains represented by the ash pit H66 at the Xiguanbu site, the cultural remains represented by the burial M1 at the Beiliu site, the late phase one remains at the An' ban site of western Guanzhong Plain, the early phase one remains at the Fulinbu site, the phase one remains at the Xiyin site of southern Shanxi Province, and the phase one remains of the Miandigou period of the Yangshao culture in western Henan Province.

Archaeological remains belonging to the second phase at the site include 27 ash pits, one urn burial and one vertical-pit burial. Judging from the discoveries from the past excavations that urn burials for children were often located inside or close to houses, it can be inferred that the residential area of the site should be also close to the urn burial. Same as those discovered at Beiliu and the burial M601 at Quanhucun, pointed-based bottles were used to keep the bones of infants. The vertical-pit burial was located around 400m to the south of the main excavated area and was not within the range of the pottery distribution area. Its location is similar to that of the burials at the Quanhucun site and the Xipo cemetery, being in the southern part of the site with a higher topography. This similarity indicates a high consistency in settlement patterns during this time. Compared to those unearthed at Xipo, the burial at Xinglefang does not have an *ercengtai* secondary platform and a foot pit, but they have similar sets of ceramic vessels, including a bowl, a *fu* cooking port, a cooking stove, and a jar. The crudely made bowl and jar seem to be produced specially for the funeral, whereas the cooking port and stove were objects of practical functions. The cooking port has a narrow rim and a tight neck, with the diameter of its belly larger than that of its rim. This characteristic is the same as sample H1003 : 386 discovered at Quanhucun. There is a shallow groove inside the rim of the cooking stove and jar, which is also a distinctive early phase style. According to the above, the date of the burial at Xinglefang should be earlier than that of the Xipo cemetery.

Ceramics of the second phase primarily include pointed-based bottles with a regressive doubled rim, painted colour basins with a curved rim and a deep belly, double rimmed basins, bowls with a retracted mouth and a curved belly, bowls with a wide mouth and a shallow and curved belly, jars with a regressive railway-shaped rim, and sharp shouldered urns, as well as flat-bottomed bottles, cooking stoves, high-necked jars, pots, lids and cups. The raw material is still dominated by clay; some was clay tempered with sand. The majority of the ceramics are red in colour. Compared to the previous phase, more ceramics are brown in colour. Very few are gray coloured. Most of the ceramics have a plain surface. For decorative motifs, cord marks account for the largest percentage, followed by string lines and painted colour. Other decorative motifs include string lines, additional heap patterns, and combinations of cord marks and string lines. The cord marks seen in this phase are characterized by very fine lines, often crisscrossed, and their dense distribution on the surface of the pottery. In addition to commonly seen black coloured painted motifs, there are also examples of red or red and black coloured motifs being painted on a white background. The basic elements of these painted coloured motifs are the same as those from the previous phase, but have more fluid and finer lines, opener arrangement of space. The bird motifs are particularly vivid. The shape-forming techniques remain the same as the previous phase.

The cultural traits of the phase two remains at Xinglefang are close or similar to those of the second phase of the period one remains at Quanhucun, belonging to the late phase of the Miaodigou period of the Yangshao culture. Contemporary archaeological remains include the remains represented by the urn burial W1 at the Beiliu site of eastern Guanzhong Plain, the phase two of period one remains at the Fulinbu site and the period four remains at the Yuanzitou site in western Guanzhong Plain, the phase two remains of the Miandigou period of the Yangshao culture in western Henan Province, and the early Yangshao culture remains at the Xiwangcun site of western Shanxi Province.

The phase one and two archaeological remains at the Xinglefang site were tightly connected chronologically, representative of two different developmental stages of the Miaodigou period of the Yangshao culture in eastern Guanzhong Plain. According to the archaeological data currently available, the early phase of the period one remains at Quanhucun are the earliest remains of the Miaodigou period of the Yangshao culture discovered in the eastern Guanzhong Plain to date, whereas the phase one remains at Xinglefang is roughly contemporary with the late phase of the period one remains at Quanhucun, both belonging to the middle phase of the Miaodigou period of the Yangshao culture in the region.

Though the cultural remains represented by the phase two at Xinglefang and the phase two of the period one at Quanhucun are connected immediately with the phase one remains, they are not the latest remains of the Miaodigou period of the Yangshao culture in eastern Guanzhong Plain. The rims of the pointed-based bottles have not been completely regressive, the motifs on the sharp-rimmed basins and bowls are still complicated, the bird motifs are still vivid, and the bended bellies of the curved-rimmed basins continue to develop.

Xinglefang site is an important and large middle Yangshao culture settlement. The discovery and excavation of it greatly enriches the archaeological data of the Miaodigou culture in the eastern Guanzhong Basin and provide new material to the research of prehistoric cultures, settlement patterns, environmental changes and subsistence strategies in the Wei River valley. Especially, the excavation of the burials offers important clues to the search of Miaodigou period cemeteries in the future. Implications of this excavation include:

1. The Yangshao culture remains at Xinglefang can be divided into two phases, each representative of two consecutive developmental stages of the Miaodigou period of the Yangshao culture in eastern Guanzhong Plain. Through the comparison with archaeological assemblages of the contemporary period in western Guanzhong Plain, western Henan Province and southern Shanxi Province, the archaeological remains of the Miaodigou period of the Yangshao culture could be divided into early, middle and late developmental stages. The two phases at Xinglefang fall into the latter two stages.

2. Five Miaodigou period burials were excavated at the site, with one being buried with five grave goods. Miaodigou period burials have been a long-standing scholarly focus, yet very few Miaodigou period burials have been excavated. To date only one burial at Quanhucun and the Xipo cemetery are thought to be belonging to the Miaodigou period, although there is other opinion considering the date of these burials to be of the late Yangshao period. The newly discovered burials at Xinglefang are therefore crucial evidence for an improved understanding of the distribution, patterns and mortuary practices of the Miaodigou period burials.

3. Based on the detailed examination of the faunal and floral remains discovered, it can be inferred that the environment during the occupation at Xinglefang was quite favourable to the prehistoric living. The alluvial plains of the Wei River and its tributaries were located not far away from the site and would have been an ideal place for prehistoric farming. To the south were the foothills of the Qinling Mountain where large-scale deciduous forest was growing. The site is located on a fluvial fan with loess deposits that are not too thick. The vegetation in slope area, with a higher topography in the south and a lower one in the north, might have been grass or shrub. Located nearby were sizeable areas of water bodies, including the Wei River and other rivers, and wetlands. The climate was warm and humid, close to a temperate or even sub-tropical climate, with average temperature higher than present.

The subsistence at Xinglefang includes farming, animal husbandry, hunting-fishing and gathering. The archaeobotanical assemblage at the site suggests a much higher percentage of foxtail and broomcorn millets than rice. Foxtail millets account for a particularly high proportion, pointing to a dryland farming system dominated by the cultivation of foxtail millets. This appearance of broomcorn millet and sorghum in the crop assemblage implies that a multi-cropping system including different dryland crops was established. In addition to this was the small amount of rice, as a limited supplement to the dryland farming. Apart from farming, gathering was still important during this period. Many species of the non-crop carbonized plants discovered at the site were wild edible fruits, wild soybean and other leguminous plants. A large percentage of the non-crop seeds belong to the *Gramineae* family, some of which were probably weedy plants growing in the cultivated field, whereas others might have been wild gathered plants. As to meat consumption, domesticated animals were the main source. The largest domesticated species was pig, second was dog, and then followed by chicken. But wild deer, *Naemorhedus goral* and river deer were hunted as meat supplement. Several stone balls were discovered, which might have been used in hunting. The discovery of a large amount of shells and fish bones also points to fishing activity by the prehistoric occupants.

后　记

2009年，为配合潼西高速公路改扩建项目，两位女性考古工作者带领考古团队在长达180多千米的工程线路上奔走，发掘保护了大量古代文化遗存，本报告公布的兴乐坊遗址只是其中的一个发掘地点。

发掘结束后，项目组在开展其他发掘工作的同时，断断续续地进行了资料整理，期间申请了国家社科基金项目并顺利结项，而今报告终于要出版了。本报告的编写凝聚了团队的智慧和辛劳，其中，第一、二、三章由杨岐黄、胡松梅编写；第四章第一节由胡松梅、杨苗苗编写，第二节由胡耀武、张昕煜、王婷婷编写，第三节由蔡大伟、栾怡婷编写；第五章第一节由刘焕编写，第二节由马志坤、王强、杨晓燕编写；第六章由罗武干编写；第七章由胡松梅、杨岐黄、郭晓兰编写；由胡松梅、杨岐黄进行统稿。

报告中的田野遗迹及工作照由郭小强、刘建峰、张军龙拍摄；器物照片由张庆波拍摄；遗址GIS测绘赵林涛；器物修复刘建峰、张军龙、史高强；器物绘图刘军幸，线图扫描马平志，线图排版杨岐黄、赵文正、郭晓兰。英文摘要翻译庄奕杰。

在兴乐坊遗址发掘过程中，渭南市文物考古研究所、华阴市文物旅游局给予了积极的支持；在书稿的编辑和评审过程中，西北大学文化遗产学院的张宏彦教授、钱耀鹏教授，陕西省考古研究院张天恩研究员、孙周勇研究员、赵西晨研究员对于报告的编写及体例的修改提出了许多宝贵意见；科学出版社王琳玮编辑为本书的编辑出版付出了辛勤的劳动，在报告即将付梓之际，一并致以最诚挚的谢意！

兴乐坊遗址发掘前原始地貌

图版二

兴乐坊遗址考古发掘现场

1. 遗址开工现场

2. A区探方分布情况

兴乐坊遗址考古发掘工作场景

图版四

1. 遗址考古调查

2. 周边遗址考古调查

兴乐坊遗址及其周边遗址考古调查

1. 遗址测绘

2. 陶片拼对

考古工作场景

图版六

1. 王炜林院长来工地检查指导

2. 史前研究室同仁来工地参观指导

专家现场指导

图版七

1. 陶敛口钵（T1H2：2）

2. 陶敞口钵（T1H2：3）

3. 陶折沿盆（T1H3：2）

4. 陶器盖（T1H2：1）

5. 陶杯（T1H2：4）

6. 石斧（T1H2：5）

T1H2、T1H3出土器物

图版八

1. 陶灶（T1H5：1）

2. 陶灶（T1H5：1）

3. 陶灶（T1H5：1）

4. 石球（T1H3：3）

5. 陶甑（T1H6：8）

6. 陶甑（T1H6：8）

T1H3、T1H5、T1H6出土器物

图版九

1. 骨铲（T1H6：2）

2. 骨铲背面（T1H6：2）

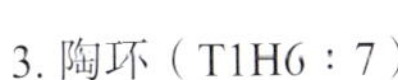

3. 陶环（T1H6：7）

4. 陶环（T1H6：19）

5. 骨笄（T1H6：4）

6. 骨笄（T1H6：6）

T1H6出土器物

图版一〇

1. 刀（T1H6：5）

2. 深腹盆（T3H4：1）

3. T4H7出土部分陶器组合

4. 器盖（T4H7①：3）

5. 杯（T4H7①：4）

6. 杯（T4H7①：9）

T3H4、T1H6、T4H7出土陶器

图版一一

1. 陶敛口钵（T4H7①：1）

2. 陶敞口钵（T4H7②：84）

3. 陶器盖（T4H7①：10）

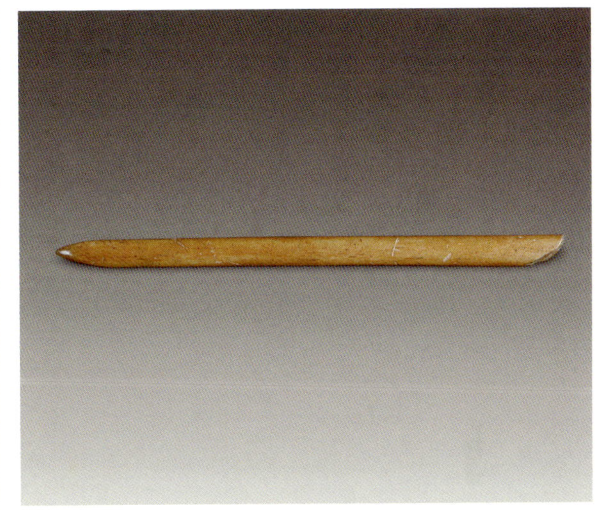

4. 骨笄（T4H10②：2）

5. 陶器盖（T4H7①：8）

6. 陶杯（T4H7①：6）

7. 陶杯（T4H7①：2）

T4H7、T4H10出土器物

图版一二

1. 高领罐（T4H7②：77）

2. 带流罐（T4H7②：80）

3. 高领罐（T4H7②：78）

4. 敛口钵（T4H7②：81）

5. 敛口钵（T4H7②：82）

T4H7出土陶器

图版一三

1. 盂（T4H7②：83）

2. 盂（T4H7②：83）

3. 敛口钵（T4H7②：88）

4. 敞口钵（T4H7②：85）

5. 敞口钵（T4H7②：85）

6. 敞口钵（T4H7②：85）

T4H7②出土陶器

图版一四

1. T4H7②：86

2. T4H7②：86

3. T4H7②：86

4. T4H7②：87

5. T4H7②：87

6. T4H7②：87

T4H7②出土陶敞口钵

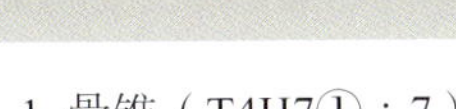

1. 骨锥（T4H7①：7）

2. 骨锥（T4H7①：7）

3. 陶敞口钵（T4H7②：89）

4. 陶杯（T4H7②：90）

5. 陶杯（T4H10①：5）

6. 石斧（T4H10①：4）

T4H7、T4H10①出土器物

图版一六

1. 陶敛口钵（T4H10②：4）

2. 陶敛口钵（T4H10②：5）

3. 陶敞口钵（T4H10②：6）

4. 陶敛口钵（T4H10②：7）

5. 石球（T4H10②：3）

6. 陶杯（T4H10①：2）

7. 陶杯（T4H10②：1）

T4H10出土器物

1. 敛口钵（T4H10②：8）

2. 敛口钵（T4H10②：8）底部

3. 敛口钵（T4H10②：8）内壁

4. 敛口钵（T4H10②：8）修补痕迹

5. 敛口钵（T4H10②：9）

6. 敞口钵（T4H10②：10）

T4H10②出土陶器

图版一八

1. 敞口钵（T4H10②：11）

2. 盂（T4H10②：14）

3. T3H13出土部分陶器组合

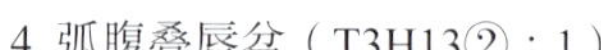

4. 弧腹叠唇盆（T3H13②：1）

5. 折沿盆（T3H13④：5）

T4H10②、T3H13出土陶器

1. 深腹盆（T3H13④：6）

2. 大口罐（T3H13④：13）

3. 直口钵（T3H13④：9）

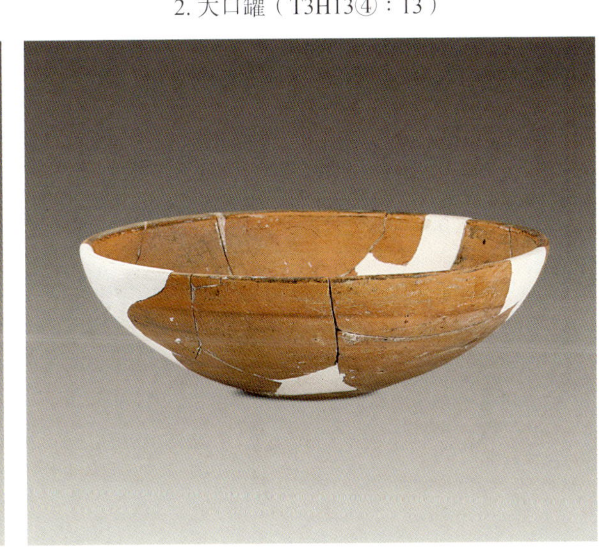

4. 敞口钵（T3H13④：10）

5. 器盖（T3H13④：4）

6. 杯（T3H13②：2）

7. 杯（T4H13②：7）

T3H13出土陶器

图版二〇

1. 敞口钵（T3H13④：8）

2. 直口钵（T5H22：1）

3. 敛口钵（T3H13④：11）

4. 敛口钵（T3H13④：12）

5. 杯（T3H13④：66）

6. 杯（T3H13④：67）

7. 杯（T3H13④：3）

T3H13④、T5H22出土陶器

图版二一

1. 陶瓮（T3H13④：32）

4. 陶杯（T3H16②：2）

2. 陶瓮（T3H13④：32）

5. 陶杯（T3H13④：1）

3. 陶折沿盆（T3H13④：7）

6. 石斧（T4H19：3）

T3H13④、T3H16②、T4H19出土器物

图版二二

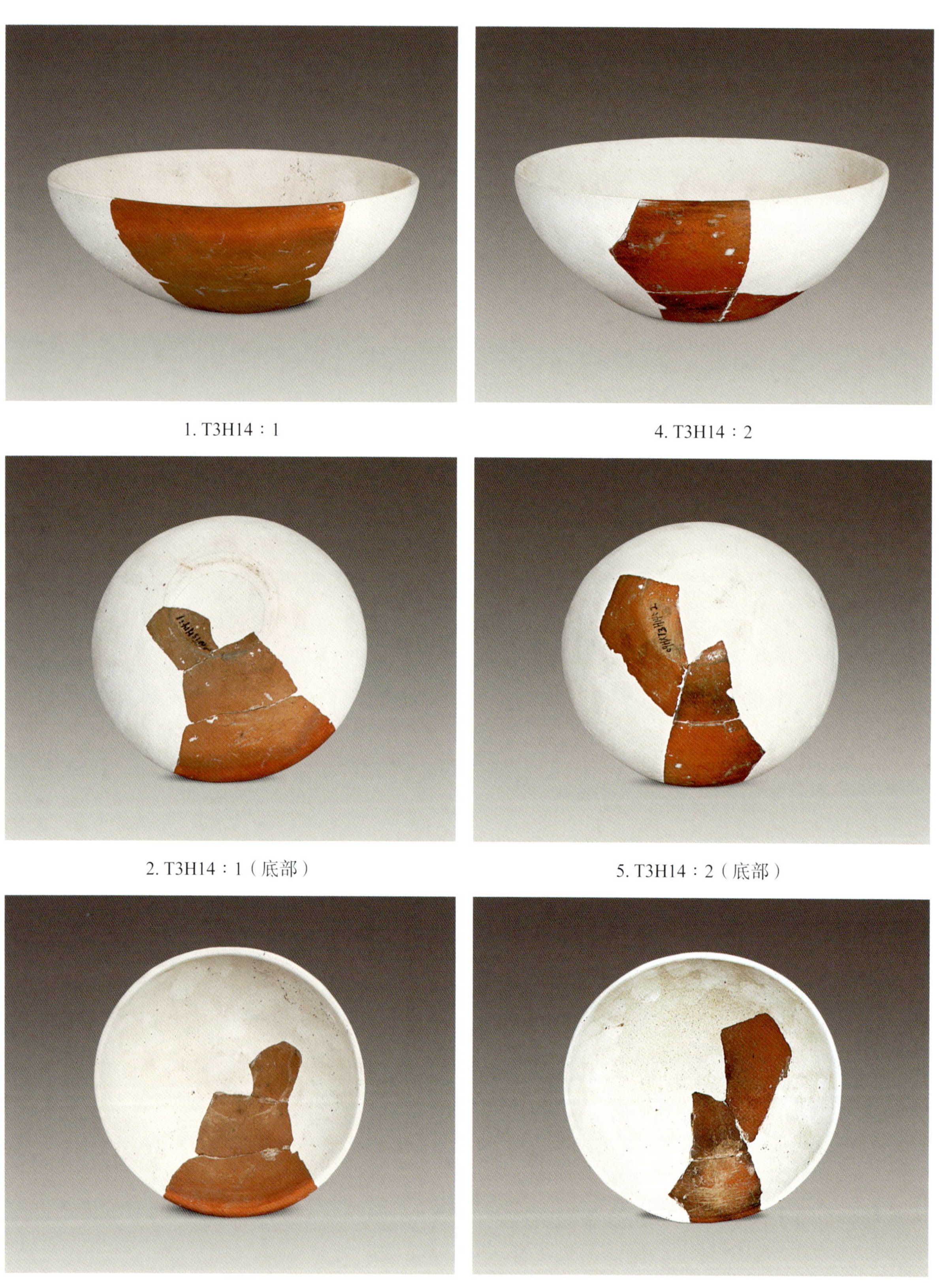

1. T3H14：1　　4. T3H14：2

2. T3H14：1（底部）　　5. T3H14：2（底部）

3. T3H14：1（内壁）　　6. T3H14：2（内壁）

T3H14出土陶直口钵

1. 大口罐（T2H16②：1）

4. 纺轮（T5H24：1）

2. 漏斗（T5H23：1）

5. 杯（T6H28②：1）

3. 敞口钵（T6H27：1）

6. 杯（T6H28②：5）

T2H16②、T5H23、T5H24、T6H27、T6H28②出土陶器

图版二四

1. 陶钏（T5H24：31）

2. 陶环（T5H24：48）

3. 石刀（T5H24：1）

4. 石刀（T6H27：2）

5. 陶敛口钵（T5H25：3）

6. 陶折沿盆（T5H24：2）

T5H24、T5H25、T6H27出土器物

图版二五

1. 敞口钵（T6H27：3）

2. 敞口钵（T6H27：3）底部

3. 敛口钵（T6H28②：4）

4. 纺轮（T6H28②：6）

5. 折沿盆（T6H28②：3）

6. 敛口钵（T6H28②：2）

T6H27、T6H28②出土陶器

图版二六

1. 陶敛口钵（T6H29：1）

2. 陶敛口钵（T6H29：2）

3. 陶斜直腹叠唇盆（T6H30②：1）

4. 石球（T6H28①：3）

5. 陶杯（T6H28②：30）

6. 陶杯（T7H31：1）

7. 陶杯（T7H31：2）

T6H28、T6H29、T6H30、T7H31出土器物

1. 盂（T7②：1）

4. 杯（T8②：1）

2. 折沿盆（T7②：3）

5. 杯（T10②：2）

3. 敛口钵（T7②：4）

6. 杯（T10②：3）

T7、T8、T10地层出土陶器

图版二八

1. 陶敞口钵（T9②：2）

2. 泥坯（T8H34②：3）

3. 陶敛口钵（T7②：2）

4. 陶直口钵（T8H32②：1）

5. 陶纺轮（T6H30①：1）

6. 陶杯（T9H50：3）

7. 陶杯（T9H50：7）

T7、T9地层出土器物和T6H30、T8H32、T8H34、T9H50出土陶器

1. 重唇口尖底瓶（T8H34②：2）

2. 重唇口尖底瓶（T8H34②：2）

3. 尖底瓶身（T8H34②：4）

4. 重唇口尖底瓶（T8W1：1）

T8H34②、T8W1出土重唇口尖底瓶

图版三〇

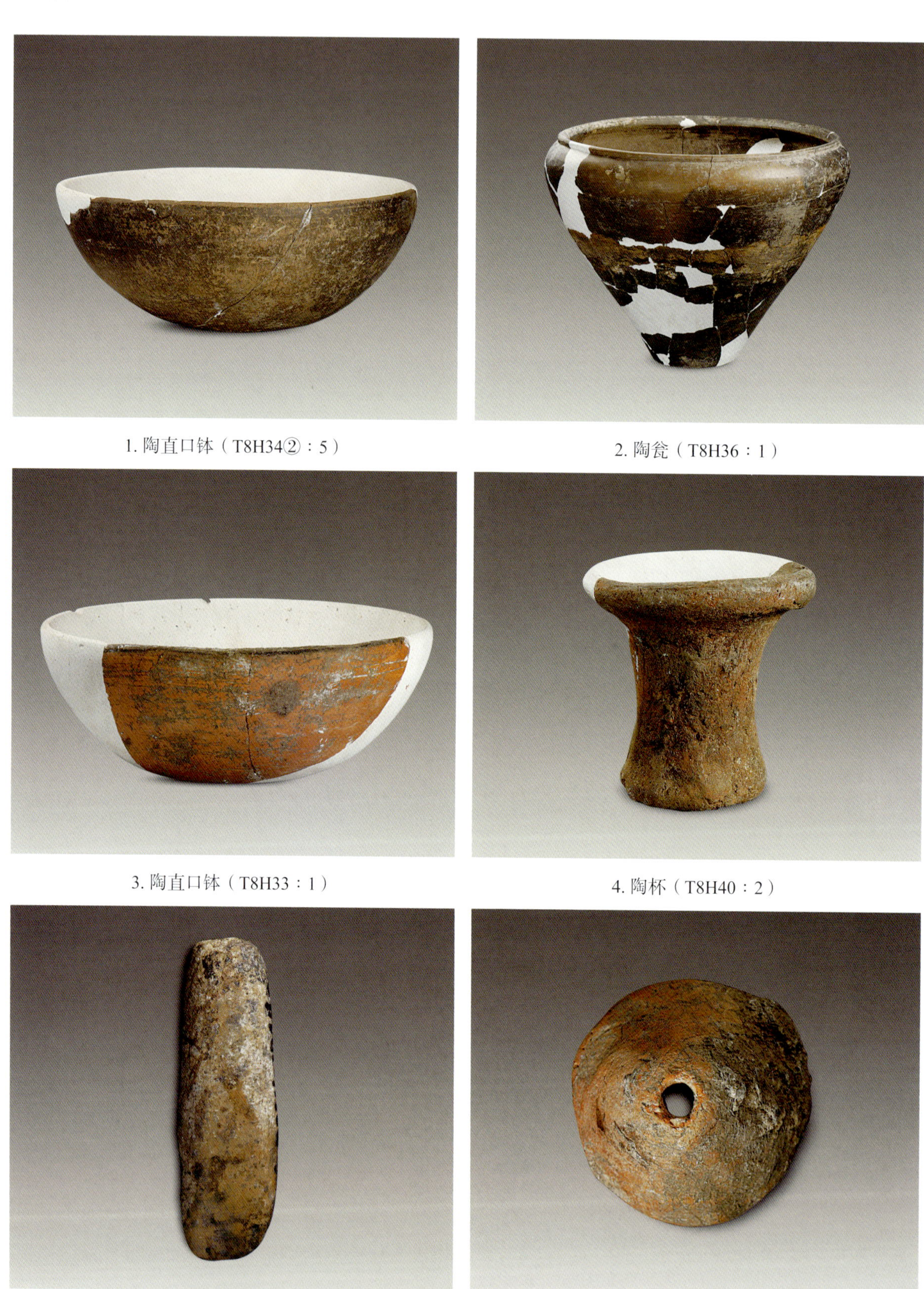

1. 陶直口钵（T8H34②：5）

2. 陶瓮（T8H36：1）

3. 陶直口钵（T8H33：1）

4. 陶杯（T8H40：2）

5. 石凿（T10H46①：3）

6. 陶纺轮（T10H46①：4）

T8H34②、T8H36、T8H33、T8H40、T10H46①出土器物

图版三一

1. 敛口钵（T8H36：2）

2. 敛口钵（T8H36：2）底部

3. 盂（T8H40：1）

4. 盂（T8H40：1）内部

5. 大口罐（T8H36：3）

6. 矮领鼓腹罐（T8H39：19）

T8H36、T8H39、T8H40出土陶器

图版三二

1. 折沿盆（T9H47：2）

2. 折沿盆（T9H47：2）

3. 直口钵（T9H50：1）

4. 敞口钵（T9H51：12）

5. 纺轮（T9H49：1）

6. 杯（T9H50：2）

7. 杯（T9H50：6）

T9H47、T9H49、T9H50出土陶器

图版三三

1. 直口钵（T9H51：1）

2. 直口钵（T9H51：1）底部

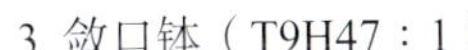

3. 敛口钵（T9H47：1）

4. 敛口钵（T9H51：3）

5. 敛口钵（T9H51：4）

6. 折沿盆（T9H51：5）

T9H47、T9H51出土陶器

图版三四

1. 陶折沿盆（T9H51：6）

2. 陶曲腹叠唇盆（T9H51：7）

3. 陶折沿盆（T9H51：8）

4. 石斧（T9H51：11）

5. 骨笄（T9H51：10）

6. 骨笄（T9H51：10）

T9H51出土器物

1. M1出土陶器组合

2. 灶（M1：3）

3. 灶（M1：3）内部

4. 灶（M1：3）

5. 釜（M1：2）

M1出土陶器

图版三六

1. 陶敛口钵（M1：1）

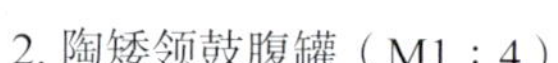

2. 陶矮领鼓腹罐（M1：4）

3. 玉斧正面（M1出土）

4. 玉斧背面（M1出土）

M1出土器物

图版三七

1. 圆顶珠蚌右半壳H27：5外视

2. 鱼脊椎骨H24②：1前视

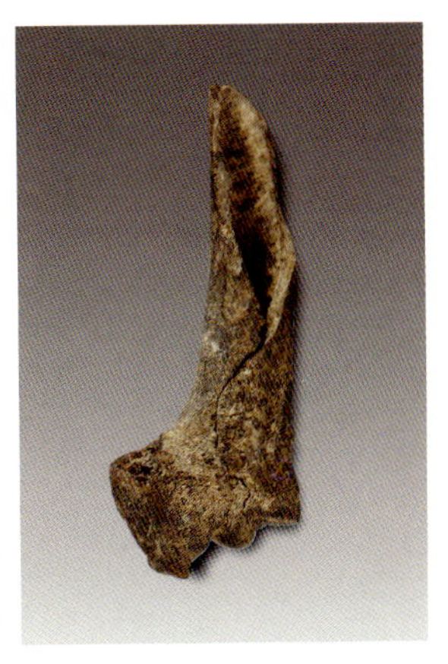

3. 鸡左掌骨远端H47：1内侧视

4. 鱼匙骨H10：1

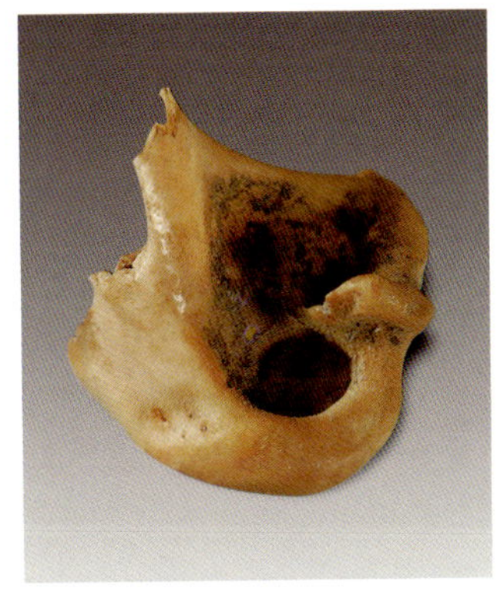

5. 乌鸫右肱骨近端H10：2内侧视

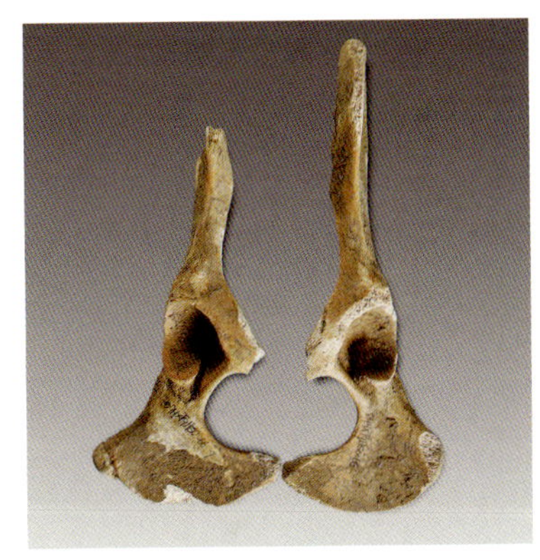

6. 狗同一个体左右盆骨H50：66-1外视

7. 狗左股骨H50：66-2后视

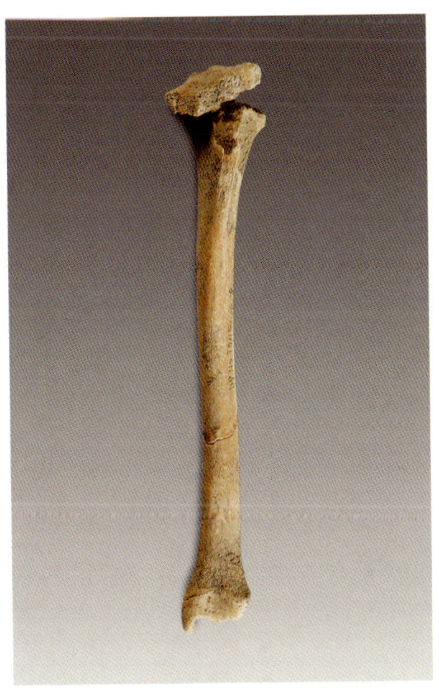

8. 狗左胫骨H50：66-4前视

9. 狗右股骨近端H50：66-3前视

兴乐坊遗址出土动物骨骼

1. 猪左下颌H40：31-3嚼面视

2. 猪右下颌H16②：34-1嚼面视

3. 猪左下颌H7②：1嚼面视

4. 猪右下颌H47：24-1嚼面视

5. 猪右下颌H8④：41-2嚼面视

6. 獐左胫骨远端H44：19-2后视

7. 獐右跖骨近端H7②：12前视

兴乐坊遗址出土动物骨骼

图版三九

1. 獐左下颌H44：19-1唇面视、嚼面视

2. 梅花角残段H23：35

3. 梅花鹿右侧头骨H46①：26-6上锯痕

4. 獐跖骨远端H44：19-3后视

5. 青羊左角心H45：14前视

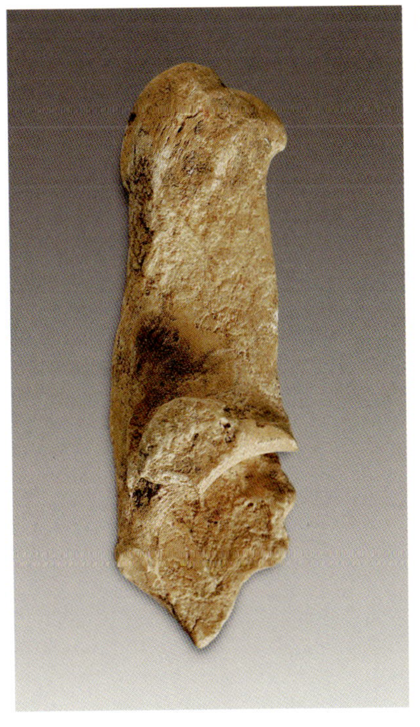

6. 獐左跟骨H12：5内视

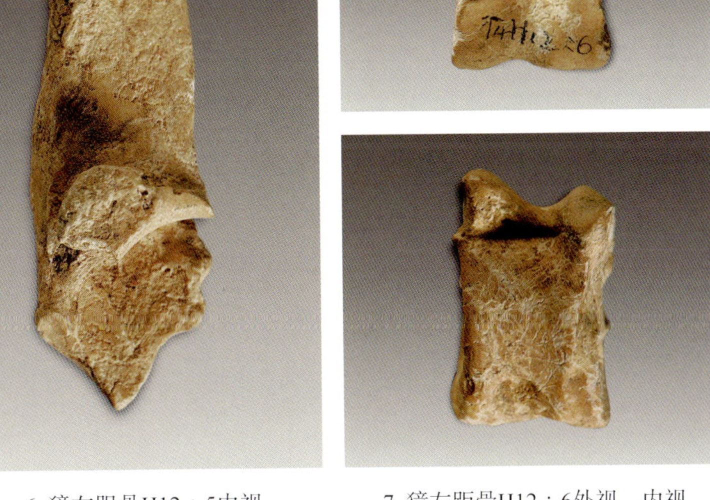

7. 獐左距骨H12：6外视、内视

兴乐坊遗址出土动物骨骼